BUSINESS ADMINISTRATION CLASSICS　　工商管理经典译丛

BUSINESS STATISTICS
商务与经济统计学

（精编版第5版）

托尼斯·威廉斯（Thomas A. Williams）
丹尼斯·斯威尼（Dennis J. Sweeney）
戴维·安德森（David R. Anderson）

著

张建华　王健　等　译

中国人民大学出版社
·北京·

《工商管理经典译丛》
出 版 说 明

  随着中国改革开放的深入发展,中国经济高速增长,为中国企业带来了勃勃生机,也为中国管理人才提供了成长和一显身手的广阔天地。时代呼唤能够在国际市场上搏击的中国企业家,时代呼唤谙熟国际市场规则的职业经理人。中国的工商管理教育事业也迎来了快速发展的良机。中国人民大学出版社正是为了适应这样一种时代的需要,从1997年开始就组织策划《工商管理经典译丛》,这是国内第一套与国际管理教育全面接轨的引进版工商管理类丛书,该套丛书凝聚着100多位管理学专家学者的心血,一经推出,立即受到了国内管理学界和企业界读者们的一致好评和普遍欢迎,并持续畅销数年。全国人大常委会副委员长、国家自然科学基金会管理科学部主任成思危先生,以及全国MBA教育指导委员会的专家们,都对这套丛书给予了很高的评价,认为这套译丛为中国工商管理教育事业做了开创性的工作,为国内管理专业教学首次系统地引进了优秀的范本,并为广大管理专业教师提高教材甄选和编写水平发挥了很大的作用。据统计,本丛书现已成为目前国内管理院校和企业培训中采用率最高、影响最大的引进版教材。其中《人力资源管理》(第六版)获第十二届"中国图书奖";《管理学》(第四版)获全国优秀畅销书奖。

  进入21世纪后,随着经济全球化和信息化的发展,国际MBA教育在课程体系上进行了重大的改革,从20世纪80年代以行为科学为基础,注重营销管理、运营管理、财务管理到战略管理等方面的研究,到开始重视沟通、创业、公共关系和商业伦理等人文类内容;并且增加了基于网络的电子商务、技术管理、业务流程重组和统计学等技术类内容。另外,管理教育的国际化趋势也越来越明显,主要表现在师资的国际化、生源的国际化和教材的国际化方面。近年来,随着我国MBA和工商管理教育事业的快速发展,国内管理类引进版教材的品种越来越多,出版和更新的周期也在明显加快。为此,我们这套《工商管理经典译丛》也适时更新版本,增加新的内容,同时还将陆续推出新的系列和配套的案例教材、教学参考书,以顺应国际管理教育发展的大趋势。

  本译丛入选的书目,都是培生教育出版集团、美国麦格劳-希尔教育出版公司、圣智学习出版公司、约翰威立出版公司等世界著名的权威出版机构畅销全球的工商管理教材,被世界各国(地区)的著名大学商学院和管理学院所普遍选用,是国际工商管理教育界最具影响力的教科书。本丛书的作者,皆为美国管理学界享有盛誉的著名教授,他们的这些教材,经过了美国和世界各地数千所大学和管理学院教学实践的检验,被证明是论述精辟、视野开阔、资料丰富、通俗易懂,又具有生动性、启发性和可操作性的经典之作。本译丛的译者,大多是国内各著名大学的优秀中青年学术骨干,他们大都曾留学欧美,在长期的教学研究和社会实践中积累了丰富的经验，具有较高的翻译水平。

本丛书的引进和运作过程，从市场调研与选题策划、每本书的推荐与论证、对译者翻译水平的考察与甄选、翻译规程与交稿要求的制定、对译者质量的严格把关和控制，到版式、封面和插图的设计等各方面，都坚持高水平和高标准的原则，力图奉献给读者一套译文准确、文字流畅、从内容到形式都保持原著风格的工商管理精品图书。

本丛书参考了国际上通行的 MBA 和工商管理专业核心课程的设置，并充分兼顾了我国管理各专业现行通开课与专业课程设置，以及企业管理培训的要求，故适应面较广，既可用于管理各专业不同层次的教学，又可供各类管理人员培训和个人自学使用。

为了本丛书的出版，我们成立了由中国人民大学、北京大学、中国社会科学院等单位专家学者组成的编辑委员会，德高望重的袁宝华同志、黄达教授和中国人民大学校长纪宝成教授，都给了我们强有力的支持，使本丛书得以在管理学界和企业界产生较大的影响。许多我国留美学者和国内管理学界著名专家教授，参与了原著的推荐、论证和翻译工作，原我社编辑闻洁女士在这套书的总体策划中付出了很多心血。在此，谨向他们致以崇高的敬意并表示衷心的感谢。

愿这套丛书为我国 MBA 和工商管理教育事业的发展，为中国企业管理水平的不断提升继续做出应有的贡献。

中国人民大学出版社

译者前言

统计学是研究不确定性现象数量规律性的方法论科学，在众多的专业、学科领域中都发挥着重要的作用。应用统计学的概念与方法来处理商务与经济中的各种问题，就产生了商务与经济统计学，它是解决商务与经济中各种问题的有力工具之一。

托马斯·威廉斯等三位教授合著的《商务与经济统计学》是一本很有特色的教材，该书多个版次被译成中文介绍给我国的读者，并获得众多读者的认可与积极的反响。现在《商务与经济统计学》（精编版第5版）问世了，我们愿以最快的速度再次将新版的中文译本奉献给读者。

《商务与经济统计学》（精编版第5版）保留了以前版本的叙述风格与可读性，其最大特色是应用性强。全书以大量数据为基础，介绍各种统计方法在实践中的应用，每一种统计方法的介绍都联系一个案例，并配有大量的例题和练习。新版的实际数据基本来自2005年以后的《华尔街日报》、《今日美国》、《财富》等报刊，这些统计信息不但能使学生产生兴趣，而且还便利了学习统计方法及其应用。

本书的另一特色是通俗易懂。本书是为应用者准备的，书中避免了烦琐的数学推导，采用深入浅出、循序渐进的方法系统地介绍了统计学的知识。叙述严谨，基础坚实，实例与图表丰富，易于读者理解与掌握。

Excel已经融入到本书的每一章中，在统计方法的讨论之后紧接着就是利用Excel完成该统计方法的讨论。本书详细介绍了Excel 2010进行各种统计分析的程序步骤，学生可以很容易地利用Excel 2010完成各种统计分析的运算。

本书安排了大量习题，帮助学生更好地理解书中内容。其中带有 SELF test 标识的练习题为自测题，用以评价学生对书中介绍的各种统计方法的掌握程度。为方便读者自学，在附录中给出了习题的解答。

作为教材，本书有较多的应用层次，既可用作研究生、MBA和本科生的教材，也可供从事工商行政管理和经济分析的各类人员参考。读者可根据时间和需要，有选择地学习有关内容。

本书的翻译分工如下：第1～3章，张建华；第5～9章，王健；第10～13章，张建华、邹华。

全书由张建华负责整理和统校，杨莉、张丽华、杜静、刘伟、周威至、谭欢、刘渊泽、马鑫、马林娜、黄岩和李超然参加了本书的部分翻译和校对工作，王公恕通读了全书译稿，并提出了宝贵的意见。

本书在翻译过程中得到了中国人民大学出版社工商管理分社诸位编辑的指导与帮助，他们严谨的工作作风、尽职尽责的工作态度促成本书能在最短的时间内与读者见面。

囿于译者的水平，译文中的疏漏和差错在所难免，恳请读者批评指正。

前　言

《商务与经济统计学》的目的是向学生，主要是向那些工商管理和经济学研究领域的学生概念性地介绍统计学及其各种应用方面的知识。本书的编写以应用为导向，并考虑到非数学专业人员的需要；所需要的必备数学基础为代数知识。

数据分析与统计方法的应用是本书的结构及讲述内容的一个不可或缺的部分。每种方法的讨论与发展都通过应用呈现出来，并运用统计结果进行问题的决策和解答。

尽管本书以应用为导向，但我们还是谨慎地给出了适当的方法推导过程，并且运用了所涉及论题通常使用的符号。因此，同学们将会发现，本书为学习高级统计学打下了坚实的基础。

利用 Microsoft Excel 进行统计分析

《商务与经济统计学》主要是强调统计概念和应用的统计教材。但是，由于许多实际问题用手工计算解决工作量太大，因此需要利用统计软件包来解答这些问题。目前有一些可以使用的优秀统计软件包，但是，由于大多数学生和潜在的雇主重视电子数据表的训练，现在许多学校在统计课上使用电子数据表软件。Microsoft Excel 是在商务领域以及大学中使用最为广泛的电子数据表软件包。我们特地为使用 Microsoft Excel 软件包的统计课程编写了本书。

Excel 已经融入到每一章中，并且在应用方面扮演着重要角色。虽然我们假定使用本书的读者熟悉诸如设置单元格、输入函数、复制等基本的 Excel 操作，但我们假定读者不熟悉 Excel 2010。因此，书后提供了一个介绍 Excel 2010 和统计分析工具的附录。

全书将用 Excel 完成统计方法的讨论部分安排在统计方法的讨论之后，我们坚信这种方式能使读者充分理解 Excel 的使用，不过仍然保留了主要强调的统计方法。在这些章节中，我们使用了利用 Excel 进行统计分析的标准格式。有三项主要任务：输入数据、输入函数和公式以及应用工具。我们坚信通过使用 Excel 的统一架构，可以帮助使用者关注统计方法，而不会被使用 Excel 的细节束缚。

在展示工作表数字时，我们常常使用嵌套的方式，即在背景工作表中显示公式，而在前景工作表中显示用这些公式计算得到的数值。用背景颜色来突出包含数值的工作表单元格、包含 Excel 函数和公式的单元格以及利用一个或多个数据分析工具由 Excel 输出的结果。

第5版的变化

感谢读者对《商务与经济统计学》以前版本的认可与积极的反响。因此,在这次新版修订时,我们保留了以前版本的叙述风格与可读性。新版中的显著变化汇总如下:

- **Microsoft Excel 2010**。通过逐步介绍和屏幕截图来演示如何用最新版本的 Excel 来完成统计方法。
- **修订了第2章**。通过本章附录展开如何使用 Excel 数据透视表的讨论,从而使我们缩减 Excel 的覆盖范围。附录2—1展示了如何使用 Excel 数据透视表汇总分类型数据,附录2—2展示了如何使用 Excel 数据透视表汇总数量型数据。
- **修订了抽样素材**。修订了第6章的导言部分,新版包括抽样总体和抽样框的概念。阐明了从有限总体和无限总体抽样的区别,用一个过程抽样说明从一个无限总体中随机样本的选择。应用中的建议部分强调了得到抽样总体和目标总体一致性的重要性。
- **修订了假设检验的简介**。8.1节修订了建立原假设和备择假设的表述,建立了确定原假设和备择假设的一系列比较好的指导方针。情况背景和抽取样本的目的是关键。当关注发现证据去支持研究结果时,研究假设是备择假设。当关注对某个假定的质疑时,该假定是原假设。
- **新增12.8节——模拟曲线关系**。新的一节介绍了利用多元回归模型,如何容易地处理曲线关系。我们说明了利用 Excel 的图表工具和 Excel 的回归工具来拟合二次曲线。
- **以实际数据为基础的新例题与练习**。我们以近来的实际数据和统计信息资料为基础,增加了多道新例题和练习。利用《华尔街日报》(*The Wall Street Journal*)、《今日美国》(*USA Today*)、《财富》(*Fortune*)和《巴隆周刊》(*Barron's*)以及一系列其他资料来源,我们进行了实际研究,以说明并创建练习来演示商务与经济统计学的多种应用。我们相信,实际数据的使用可使更多的学生对统计资料产生兴趣,并使学生既学习了统计方法,又学到其应用。
- **新案例**。本版增加了一些新案例。这些新案例出现在有关描述统计、假设检验和回归分析的各章中。教材中的案例为学生提供了分析较大数据集并以分析结果为基础准备管理报告的机会。

特色与教学

作者继续保留了以前版本中的许多特色,对学生来说重要的特色说明如下。

实践中的统计

每一章都以一篇"实践中的统计"专栏文章开始,这些文章描述了该章将要介绍的统计方法的一个应用。

方法练习与应用练习

节后的练习分成两部分，即"方法"和"应用"。方法练习要求学生利用公式进行必要的计算。应用练习要求学生利用书中的实际资料。这样，学生需首先把注意力集中在"基本问题"的计算上，然后再转向精巧的统计应用与解释上。

自测练习

某些练习作为自测题出现。其完整解答见书后的附录，学生们可试着做自测题并可以核对答案，以评估自己对书中各章讲述的概念的理解程度。

注释与评注

为学生提供额外知识的注释是本书的一个重要特色。之所以设计这些出现在页下的注释，是为了强调和提高对书中介绍的术语和概念的理解。

在许多小节的末尾提供了"评注"专栏，以帮助学生更深入地了解统计方法及其应用。"评注"专栏中包括一些注意事项，如方法的局限性、对应用的建议、对其他方法的简要描述及其他事项。

本书附带的数据文件

本书中使用了 WEBfile 标识来提示该数据文件可从本书所在的网站上获得。* 这些数据集可以在 Excel 2010 中使用。书中数据集的标识与网站上的数据集是一致的。

戴维·安德森

丹尼斯·斯威尼

托马斯·威廉斯

---

* 读者可登录 www.rdjg.com.cn 获取这些数据文件。——译者注

目　录

第1章　数据与统计 ·· (1)
 1.1　统计学在商务和经济中的应用 ·· (3)
 1.2　数据 ·· (4)
 1.3　数据来源 ·· (9)
 1.4　描述统计 ··· (13)
 1.5　统计推断 ··· (14)
 1.6　利用 Microsoft Excel 进行统计分析 ·· (16)

第2章　描述统计学：表格法和图形法 ·· (25)
 2.1　分类型数据汇总 ·· (26)
 2.2　数量型数据汇总 ·· (36)
 2.3　探索性数据分析：茎叶显示 ··· (48)
 2.4　交叉分组表和散点图 ·· (53)

第3章　描述统计学：数值方法 ·· (75)
 3.1　位置的度量 ·· (76)
 3.2　变异程度的度量 ·· (86)
 3.3　分布形态、相对位置的度量以及异常值的检测 ································ (94)
 3.4　探索性数据分析 ·· (100)
 3.5　两变量间关系的度量 ·· (105)
 3.6　加权平均数和使用分组数据 ··· (113)

第4章　离散型概率分布 ··· (124)
 4.1　随机变量 ··· (125)
 4.2　离散型概率分布 ·· (127)
 4.3　数学期望与方差 ·· (131)
 4.4　二项概率分布 ··· (135)
 4.5　泊松概率分布 ··· (143)
 4.6　超几何概率分布 ·· (144)

第5章　连续型概率分布 ··· (149)
 5.1　均匀概率分布 ··· (150)
 5.2　正态概率分布 ··· (153)

第6章 抽样和抽样分布 (168)
- 6.1　EAI 公司的抽样问题 (170)
- 6.2　抽样 (170)
- 6.3　点估计 (177)
- 6.4　抽样分布简介 (180)
- 6.5　$\bar{x}$ 的抽样分布 (182)
- 6.6　$\bar{p}$ 的抽样分布 (187)

第7章 区间估计 (194)
- 7.1　总体均值：σ 已知 (195)
- 7.2　总体均值：σ 未知 (202)
- 7.3　样本容量的确定 (211)
- 7.4　总体比率 (213)

第8章 假设检验 (226)
- 8.1　原假设和备择假设的建立 (227)
- 8.2　第一类错误和第二类错误 (230)
- 8.3　总体均值：σ 已知 (233)
- 8.4　总体均值：σ 未知 (247)
- 8.5　总体比率 (254)

第9章 均值比较、实验设计和方差分析 (264)
- 9.1　两总体均值之差的推断：σ_1 和 σ_2 已知 (265)
- 9.2　两总体均值之差的推断：σ_1 和 σ_2 未知 (274)
- 9.3　两个总体均值之差的推断：匹配样本 (284)
- 9.4　实验设计和方差分析简介 (290)
- 9.5　方差分析和完全随机化设计 (295)

第10章 比率的比较和独立性检验 (311)
- 10.1　两个总体比率之差的推断 (312)
- 10.2　多项总体比率的假设检验 (320)
- 10.3　独立性检验 (325)

第11章 简单线性回归 (335)
- 11.1　简单线性回归模型 (336)
- 11.2　最小二乘法 (339)
- 11.3　判定系数 (348)
- 11.4　模型的假定 (355)
- 11.5　显著性检验 (356)
- 11.6　应用估计的回归方程进行估计和预测 (365)
- 11.7　Excel 回归工具 (371)
- 11.8　残差分析：证实模型假定 (376)

第 12 章　多元回归 ……………………………………………………………（391）
　　12.1　多元回归模型 ……………………………………………………（392）
　　12.2　最小二乘法 ………………………………………………………（394）
　　12.3　多元判定系数 ……………………………………………………（402）
　　12.4　模型的假定 ………………………………………………………（405）
　　12.5　显著性检验 ………………………………………………………（406）
　　12.6　利用估计的回归方程进行估计和预测 …………………………（412）
　　12.7　定性自变量 ………………………………………………………（414）
　　12.8　模拟曲线关系 ……………………………………………………（421）
附录 A　统计表格 ……………………………………………………………（432）
附录 B　习题答案 ……………………………………………………………（445）
附录 C　Microsoft Excel 2010 和统计分析工具 …………………………（485）

第1章 数据与统计

实践中的统计

《彭博商业周刊》*
纽约州纽约市

《彭博商业周刊》（*Bloomberg Businessweek*）是世界上拥有最广泛读者的商业类杂志，其全球发行量超过100万份。该杂志在全球的145个记者站中有1 700多名忠于职守的记者和编辑，主要刊载各类有关全球经济和贸易活动的令人饶有兴趣的文章。除了刊登当前热门话题的特色文章，还有一些关于国际贸易、经济分析、信息处理和科技进展等的常设栏目。特色文章和常设栏目所传递的信息能帮助读者及时透视时事风云变幻，以便评估其对商务和经济状况产生的影响。

几乎每一期《彭博商业周刊》都会发表一篇有关当前热门话题的深度报告，通常这些深度报告包含统计论据和概述，以帮助读者了解商务和经济信息。例如，2011年3月3日那一期的封面故事，讨论了工商业逐渐把其主要业务处理向云计算转移；2011年5月30日那一期，包含了一篇关于濒临崩溃的美国邮政服务业的报告；2011年8月1日那一期，发表了一篇关于为什么债务危机比想象的更为严重的文章。另外，每一期《彭博商业周刊》都会发布关于经济状况的统计资料，包括产品指数、股票价格、共同基金和利息率等。

《彭博商业周刊》还利用统计报告和统计信息来帮助管理其自身的经营。例如，一份关于订阅者的年度综述报告可以帮助公司了解订阅者的人口特征、阅读习惯、购物偏好、生活方式，等等。《彭博商业周刊》的

---

* 非常感谢为"实践中的统计"专栏提供了本案例的调研经理Charlene Trentham。

管理人员利用从调查中得出的统计结论更好地为订阅者和广告客户提供服务。最近对《彭博商业周刊》北美订阅者的调查数据表明，90%的《彭博商业周刊》订阅者在家使用计算机，并且64%的订阅者因工作需要购买了计算机。这一统计结果提醒《彭博商业周刊》的管理者：订阅者会对个人计算机的发展趋势方面的文章感兴趣，而且，调查的结论也会引起潜在的广告客户的兴趣。订阅者中在家使用计算机和因工作使用计算机有如此之高的百分比，将会刺激个人计算机厂商考虑在《彭博商业周刊》上做广告。

本章讨论可用于统计分析的数据的类型，并说明如何取得这些数据。我们将介绍描述统计和统计推断，它们是将数据转为有意义的且易于解释的统计信息的方法。

我们经常在报纸、杂志和网站上的文章中看到类似下列各种报道：
- 2011年5月6日道琼斯工业平均指数收于12 639点（*Barron's*，May 9, 2011）。
- 被提议的通往美特尔海滩的州际公路将在4年内偿还债务，并为南卡罗来纳州创造22 000个职位（*The Sun News*，May 13, 2011）。
- 2001年第二季度商务旅行机票的平均花费为447美元，比上年同期上涨9.3%（*The Wall Street Journal*，August 18, 2011）。
- 2011年1月，586 271人乘飞机去夏威夷参观，比2010年1月增长了12%（Hawaii's Business Resource website，May 13, 2011）。
- 截止到2011年1月，中国持有1.155万亿美元的美国国债，占美国国债海外债权的26%（*Market Insight*，J. P. Morgan Asset Management，March 31, 2011）。
- 2010年春季，美国人口普查局（Census Bureau）得到42%的美国家庭的年收入在50 000～150 000美元之间（*Ad Age* website，February 25, 2011）。
- 据说在移动电话中使用第三方应用程序的成年人所占比例为29%（*Delta Sky Magazine*，March 2011）。

上述报道中的数据事实（12 639点，4年，22 000个，447美元，9.3%，586 271人，12%，1.155万亿美元，26%，42%，50 000美元，150 000美元，29%）称为统计资料。在这种使用中，术语统计资料是指数据事实，如指数、预测值、百分数和平均数等，它们可以帮助我们了解各种商务和经济状况。然而，统计学的研究领域或对象的内涵更加丰富。广义上讲，**统计学**（statistics）是收集、分析、表述和解释数据的艺术与科学。特别是在商务和经济活动中，收集、分析、表述、解释数据旨在帮助管理者和决策者更好地理解商务和经济环境的变化，从而使其能科学、正确地做出决策。在本书中，我们强调统计学在商务和经济决策方面的用途。

本章以统计学在商务和经济中的一些应用实例开篇，在1.2节定义了数据这一术语的含义，并给出了数据集的概念。在这一节中，还介绍了变量和观测值等一些重要的术语，讨论了数量型数据和分类型数据之间的区别，并且说明了截面数据和时间序列数据的应用。在1.3节，我们探讨了如何从现有的资料来源中获得数据，或通过调查和设计的实验研究获得新数据。对如今在数据获取中起着重要作用的互联网，也给予了高度的重视。在1.4节和1.5节，论述了数据在进行描述统计和统计推断中的用途。在1.6节，讨论了如何利用Excel进行统计分析。

1.1 统计学在商务和经济中的应用

在如今的全球商务与经济环境中，人们可以获取大量的统计信息。最成功的管理者和决策者是那些能够理解信息并有效利用信息的人。本节举例说明统计学在商务和经济中的应用。

1.1.1 会计

会计师事务所在对其客户进行审计时需要使用统计抽样程序。例如，假设一个事务所想确定列示在客户资产负债表上的应收账款金额是否真实地反映了应收账款的实际金额。通常应收账款的数量是如此之大，以致查看和验证每一账户将花费大量的时间和费用。在这种情况下，一般的做法是：审计人员从账户中选择一个子集作为样本，在查看样本账户的准确性后，审计师得出有关列示在客户资产负债表上的应收账款金额是否可以接受的结论。

1.1.2 财务

财务顾问利用各种各样的统计信息进行投资指导。在股票市场中，财务顾问综合了包括市盈率和股息等方面的财务数据，通过对比单只股票和股票市场平均状况的信息，就可以得出某一只股票其价值是被高估还是被低估的结论。例如，《华尔街日报》(*The Wall Street Journal*，November 1，2010)报道说，道琼斯工业平均指数的30种股票的平均股息收益率是2.54%，雪佛龙（Chevron）的股息收益率是3.5%。在这种情况下，关于股息收益率的统计信息表明，雪佛龙的股息收益率比道琼斯工业平均指数股票的平均收益率高。财务顾问从而可能得出雪佛龙的股票被低估的结论。这一信息和其他有关雪佛龙的信息将帮助财务顾问做出买入、卖出或是持股的建议。

1.1.3 市场营销

零售结账柜台的电子扫描仪已广泛用于为各种营销调研收集数据。例如，数据提供商 ACNielsen 公司和 Information Resources 公司，从商店购买 POS 扫描数据，经过加工处理，进行统计汇总后再出售给制造商。制造商为取得这些扫描数据，每一类产品要花费数十万美元。制造商也购买特价销售和利用店内陈列品等促销活动的数据及统计研究报告。产品品牌经理可以查看扫描资料和促销活动统计资料，从而能更好地理解促销活动和销售额之间的关系。这样的分析对制定各种产品未来的市场营销战略大有裨益。

1.1.4 生产

由于当今进入了重视质量的时代，因此质量管理是统计学在生产中的一项重要应用。有多种统计质量管理图用于监测生产过程的产出。特别地，利用 $\bar{x}$ 控制图可以监测平均产出。假定有一台 12 盎司软饮料的灌装机，定期从中选择一些灌装饮料作为样本，计算出样本灌装量的平均数。这一平均数或 $\bar{x}$ 的值标在一张 $\bar{x}$ 控制图上。当该数值超过控制上限时，则表明产品灌装过量；当该数值低于控制下限时，则表明产品灌装不足；当 $\bar{x}$ 的值位于控制图中的控制上限和控制下限之间时，称这一过程处于"受控"状态，允许连续生产。更贴切的解释是，$\bar{x}$ 控制图能帮助确定何时必须调整和修正生产过程。

1.1.5 经济学

人们经常要求经济学家对未来的经济或其某一方面的发展作出预测。他们在进行预测时需要用到各种统计信息。例如，在预测通货膨胀率时，经济学家会利用诸如生产者价格指数、失业率、制造业开工率等指标的统计信息。这些统计指标往往要输入到预测通货膨胀率的数学模型中。

本节所介绍的统计学的这些应用是本书的组成部分。这些例子可使我们对统计学的广泛应用有一个大致的了解。为了丰富这些例子，我们请商务和经济领域的专家提供每章开篇的"实践中的统计"专栏文章，以便引出每章所要讲解的内容。"实践中的统计"专栏充分显示了统计在各种各样的商务和经济问题中的重要性。

1.2 数　据

数据（data）是所收集、分析、汇总的用于描述和解释的事实与数字。为特定研究而收集的所有数据称为研究的**数据集**（data set）。表1—1是一个有25只共同基金信息的数据集，它们是2008年的《晨星基金500强》（*Morningstar Funds 500*）报告的一部分。晨星（Morningstar）是一家公司，该公司追踪7 000多只共同基金并对其中2 000只做深度分析，它的建议受到财务分析家和个体投资者的密切关注。

表1—1　25只共同基金的数据集

基金名称	基金类型	资产净值（美元）	5年的平均回报率（%）	费用比率（%）	晨星评级
American Century Intl. Disc	IE	14.37	30.53	1.41	3星
American Century Tax-Free Bond	FI	10.73	3.34	0.49	4星
American Century Ultra	DE	24.94	10.88	0.99	3星
Artisan Small Cap	DE	16.92	15.67	1.18	3星
Brown Cap Small	DE	35.73	15.85	1.20	4星
DFA U.S. Micro Cap	DE	13.47	17.23	0.53	3星
Fidelity Contrafund	DE	73.11	17.99	0.89	5星
Fidelity Overseas	IE	48.39	23.46	0.90	4星
Fidelity Sel Electronics	DE	45.60	13.50	0.89	3星

续前表

基金名称	基金类型	资产净值（美元）	5年的平均回报率（%）	费用比率（%）	晨星评级
Fidelity Sh-Term Bond	FI	8.60	2.76	0.45	3星
Gabelli Asset AAA	DE	49.81	16.70	1.36	4星
Kalmar Gr Val Sm Cp	DE	15.30	15.31	1.32	3星
Marsico 21st Century	DE	17.44	15.16	1.31	5星
Mathews Pacific Tiger	IE	27.86	32.70	1.16	3星
Oakmark I	DE	40.37	9.51	1.05	2星
PIMCO Emerg Mkts Bd D	FI	10.68	13.57	1.25	3星
RS Value A	DE	26.27	23.68	1.36	4星
T. Rowe Price Latin Am.	IE	53.89	51.10	1.24	4星
T. Rowe Price Mid Val	DE	22.46	16.91	0.80	4星
Thornburg Value A	DE	37.53	15.46	1.27	4星
USAA Income	FI	12.10	4.31	0.62	3星
Vanguard Equity-Inc	DE	24.42	13.41	0.29	4星
Vanguard Sht-Tm TE	FI	15.68	2.37	0.16	3星
Vanguard Sm Cp Idx	DE	32.58	17.01	0.23	3星
Wasatch Sm Cp Growth	DE	35.41	13.98	1.19	4星

资料来源：*Morningstar Funds 500*（2008）.

1.2.1 个体、变量和观测值

个体（elements）是指收集数据的实体。在表1—1的数据集中，每一只共同基金都是一个个体，个体的名称列在表中的第一列。有25只共同基金，数据集中就有25个个体。

变量（variable）是所感兴趣的个体特征。表1—1的数据集中有5个变量：

- 基金类型：共同基金的类型，标记为DE（国内股本）、IE（国际股本）和FI（固定收益）。
- 资产净值：2007年12月31日的每股收盘价。
- 5年的平均回报率：基金过去5年的年平均回报率。
- 费用比率：每财政年度扣除的基金费用占资产的百分比。
- 晨星评级：每只基金综合风险调整星级，从最低的1星级到最高的5星级。

数据通过收集研究中与每个个体相应的任一变量的度量值获得。针对某一特定个体收集的度量值的集合称作一组**观测值**（observation）。由表1—1，我们看到第一组观测值（American Century Intl. Disc）的度量值集合是IE，14.37，30.53，1.41和3星。第二组观测值（American Century Tax-Free Bond）的度量值集合是FI，10.73，3.34，0.49和4星。25个个体的数据集有25组观测值。

1.2.2 测量尺度

收集数据需要按下列几种测量尺度之一来度量：名义尺度、顺序尺度、间隔尺度和比率尺度。测量尺度决定了数据中蕴涵的信息量，并指出其最适合的数据描述和统计分析。

当变量的数据包含用来识别个体属性的标记或名称时，测量尺度称为**名义尺度**

(nominal scale)。例如，在表1—1的数据中，我们看到基金类型变量的测量尺度是名义尺度，因为 DE，IE 和 FI 是用来识别基金类别或类型的标记。在测量尺度是名义尺度的情形中，可以使用数值代码及非数字的标记。例如，为了便于数据收集，并做好将数据录入计算机数据库的准备，我们可以使用数值代码：用1代表国内股本（DE）；用2代表国际股本（IE）；用3代表固定收益（FI）。在这种情形下，数值1，2和3代表基金类别。即使数据是数值型的，此时的测量尺度仍是名义尺度。

如果数据具有名义数据的性质，并且数据的顺序或等级有明确意义，则这种变量的测量尺度是**顺序尺度**（ordinal scale）。例如，Eastside Automotive 公司向顾客发放调查问卷，以征询顾客对汽车维修服务质量方面的意见，每一个顾客反馈一个维修服务质量的等级：优秀、好或差。因为获得的数据——优秀、好或差——是标记，具有名义数据的性质。另外，还可以按服务质量对数据进行排序或划分等级：优秀表示服务质量最好，其次是好，然后是差。这样的测量尺度是顺序尺度。在另一个例子中，我们注意到，表1—1中的晨星评级数据也是顺序数据，它以晨星对基金风险调整后的回报的评估为依据，给出了从1星到5星的评级。顺序尺度也可以用数值代码，例如你在班级中的排名。

如果数据具有顺序数据的所有性质，并且可以按某一固定度量单位表示数值间的间隔，则这种变量的测量尺度是**间隔尺度**（interval scale）。间隔数据永远是数值型。学术能力评估测试（SAT）的分数是间隔尺度数据的一个例子。例如，三个学生的 SAT 分数分别为 620，550 和 470，它们能够按最好到最差进行排序。另外，分数之差是有一定意义的。比如，学生1的分数比学生2的分数多 620－550＝70 分，学生2的分数比学生3的分数多 550－470＝80 分。

如果数据具有间隔数据的所有性质，并且两个数值之比是有意义的，则这种变量的测量尺度是**比率尺度**（ratio scale）。像距离、高度、重量和时间等变量都用比率尺度来度量。比率尺度需要有一个零值，变量取零值时表示什么都不存在。例如，让我们来考虑汽车的成本，零值意味着汽车没有成本或是免费的。另外，如果我们比较成本为 30 000 美元的汽车与成本为 15 000 美元的汽车，比率值 30 000/15 000＝2，表示第一辆汽车的成本是第二辆汽车的2倍。

1.2.3 分类型数据和数量型数据

数据还可以进一步划分为分类型和数值型。归属于某一类别的数据称为**分类型数据**（categorical data），分类型数据既可以用名义尺度度量也可以用顺序尺度度量。用于表示大小或多少的数值称为**数量型数据**（quantitative data）。数量型数据既可以用间隔尺度度量也可以用比率尺度度量。

> 适合汇总数据的统计方法取决于数据是分类型数据还是数量型数据。

分类变量（categorical variable）是用分类型数据表示的变量，**数量变量**（quantitative variable）是用数量型数据表示的变量。统计分析方法是否适合一个特定变量，取决于变量是分类变量还是数量变量。如果变量是分类变量，则统计分析方法极其有限。我们通过记录每一类别中观测值的数目，或计算每一类别中观测值的比例来汇总分类型数据。但是，即使分类型数据用数值代码表示，对其进行加、减、乘、除等数学运算也是没有意义的。2.1节将介绍汇总分类型数据的方法。

另一方面，对数量变量进行数学运算，可以得到有意义的结果。例如，对于数量变量，可以先求和，然后除以观测值的个数，计算出平均数。这个平均数通常是有意义的并且易于解释。一般地，当数据是数值型时，有更多的统计方法可供选择。2.2节和第3章将介绍汇总数量型数据的方法。

1.2.4 截面数据和时间序列数据

为了便于统计分析，有必要对截面数据和时间序列数据进行区分。**截面数据**（cross-sectional data）是在相同或近似相同的同一时点上收集的数据。表1—1中的数据是截面数据，因为它们描述的是25只共同基金的5个变量在同一时点上的情况。**时间序列数据**（time series data）是在几个时期内收集的数据。例如，图1—1是从2008年1月至2011年5月美国常规普通汽油每加仑的平均价格曲线。我们注意到，汽油价格在2008年上半年持续上涨，7月份达到每加仑4.06美元的高值；然而，2008年下半年汽油价格急剧下降，到2008年12月已达1.69美元的低值。2009年全年和2010年前5个月，油价大致是上涨的，近似稳定在每加仑2.75美元；2010年第4季度和2011年第1季度，油价开始急速上涨。

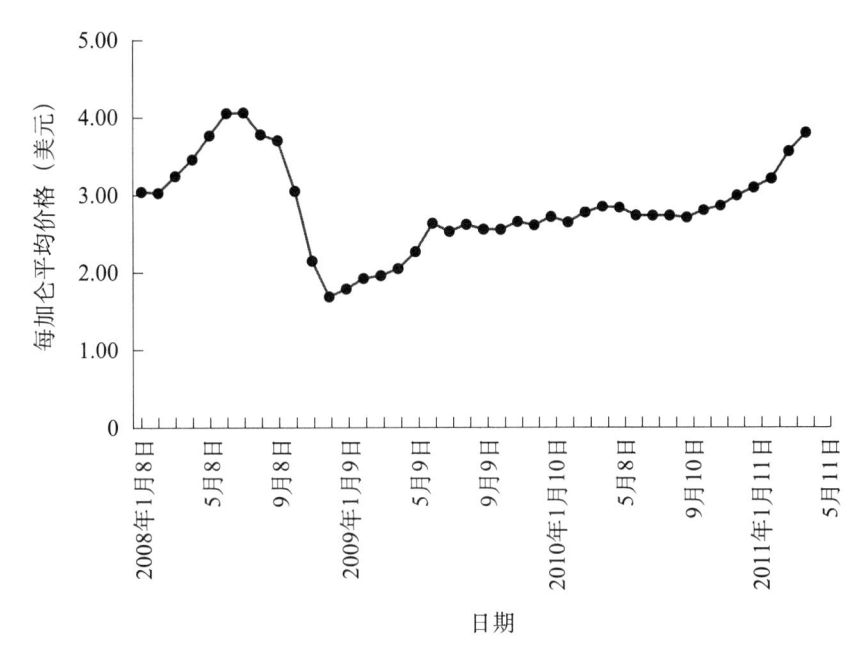

图1—1 美国常规普通汽油每加仑的平均价格

资料来源：U. S. Energy Information Administration, May 2011.

在商务与经济出版物中经常可以看到时间序列数据的图形，这些图形可以帮助分析者了解过去发生的情况，确定现象随时间变动的趋势，推测时间序列的未来水平。时间序列数据的图形有各种形态，如图1—2所示。稍加研究，就可发现这些图形通常易于了解和解释。

例如，图1—2（A）是1998—2011年道琼斯工业平均指数的图形。1997年4月，普通股票市场指数接近7 000点，在随后的10年中股指不断攀升，到2007年

7月超过14 000点。然而，在2007年创历史新高后，股指急速下降。到2009年3月，糟糕的经济条件迫使道琼斯工业平均指数重新回到了1997年的7 000点的水平。对投资者来说，这是一个令人恐慌、失去信心的时期。到2011年2月，股指有所复苏，达到12 000点。

图1—2（B）是2004—2010年麦当劳公司的净收益图，2008年和2009年的经济衰退，实际上对麦当劳公司而言是有益的，这期间其净收益创下了历史新高。麦当劳公司的净收益的增长表明公司的繁荣是由于在经济衰退期人们减少了去相对昂贵的餐厅就餐，转而寻求麦当劳提供更便宜的替代食品。

图1—2（C）是一年间佛罗里达州南部旅店入住率的一个时间序列图形。在2—3月，当佛罗里达州南部的气候对游客有吸引力时，出现95%～98%的极高入住率。事实上，每年的1—4月份是佛罗里达州南部旅店典型高入住率的季节。另外，8—10月份入住率较低，最低的50%入住率出现在9月，高温以及飓风季是这段时间入住率下降的主要原因。

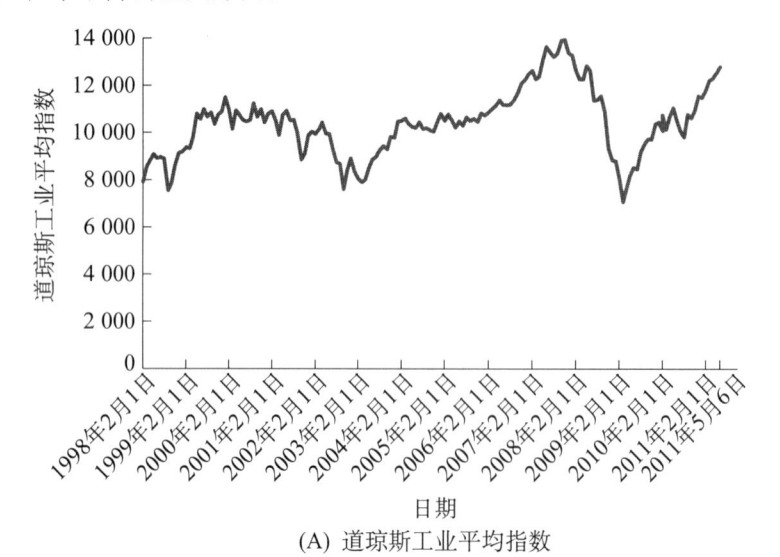

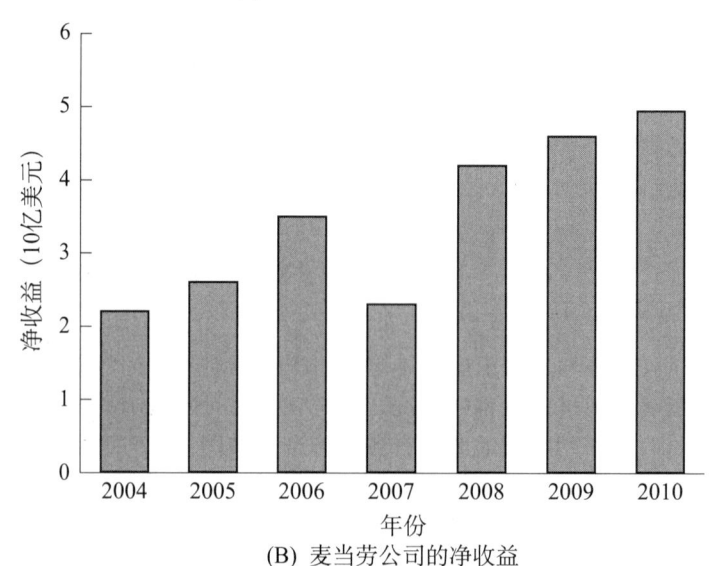

(A) 道琼斯工业平均指数

(B) 麦当劳公司的净收益

(C) 佛罗里达州南部旅店的入住率

图1—2 时间序列数据的各种图形

———— 评 注 ————

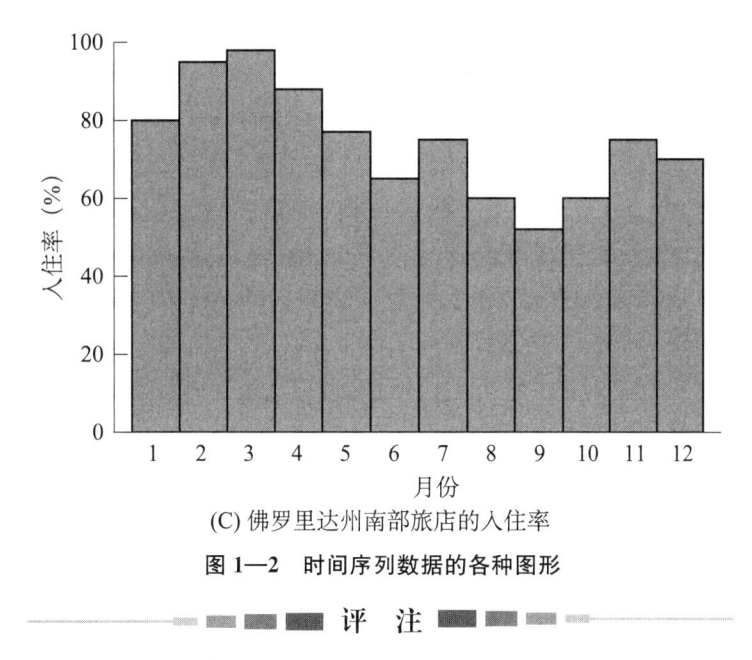

1. 观测值是数据集中每个个体的测量值的集合。因此，观测值的个数总是与个体的个数一致。每个个体的测量值的个数等于变量的个数。因此，数据项的总数是个体的个数乘以变量的个数。

2. 数量型数据可以是离散的也可以是连续的。度量个数多少（如5分钟内接到电话的个数）的数量型数据是离散的，度量不可分事物的多少（如体重或时间）的数量型数据是连续的。

1.3 数据来源

数据可以从现有来源中收集，也可以通过调查和为得到新数据而设计的实验性研究获得。

1.3.1 现有来源

在某些情况下，已经存在某一特定应用所需要的数据。公司会维护有关其雇员、客户和业务运作等各种数据库。关于雇员薪酬、年龄和服务年限的数据通常可以从内部个人记录中获得；关于销售收入、广告支出、配送成本、库存水平以及产量的数据通常可以从其他内部记录中获得；绝大多数公司还保存有其客户的详细资料。表1—2是一些从公司内部记录中得到的数据。

可以从专门从事收集和保存数据业务的机构那里获得大量的商务和经济数据。公司可以通过租赁或购买的方式使用这些外部数据。邓白氏（Dun &

Bradstreet)、彭博社（Bloomberg）和道琼斯（Dow Jones & Company）是三家能够为客户提供大量商业数据服务的公司。ACNielsen 和 Information Resources 也成功地为广告商和制造商提供商务数据收集和加工服务。

表 1—2　　　　　　　　　　　　从公司内部记录得到的可用数据的例子

数据来源	一些典型的可用数据
雇员记录	姓名、地址、社会保障号码、工资、休假天数、病假天数和奖金
生产记录	部件或产品号、生产数量、直接人工成本和原材料成本
存货记录	部件或产品号、库存量、再订货水平、经济订货批量和折扣表
销售记录	产品号、销售量、区域销售量和分类客户销售量
信用记录	客户名称、地址、电话号码、信贷额度和应收账款余额
客户资料	年龄、性别、收入水平、家庭规模、地址和偏好

数据还可从各类行业协会和营利性机构中获得。美国旅游业协会（The Travel Industry Association of America）保存各州与旅游相关的信息，如游客数量和旅游费用等，旅游行业的公司和个人会对这些数据感兴趣。研究生管理咨询委员会（The Graduate Management Admission Council）保存了关于考试成绩、学生特长和研究生培养计划等数据。大多数这类来源的数据需要支付一定的使用费用。

互联网的持续发展已使其成为数据和统计信息的一个重要来源。几乎所有的公司都有提供关于公司一般信息（如销售额、雇员数、产量、产品价格和产品说明）的网站。另外，大多数公司专门在互联网上获取有用的市场信息资料。因此，人们能从网上查阅到股价、餐馆菜价、工资数据等几近无限的各种信息。

政府机构是现有数据的另一个重要来源。例如，美国劳工部（U. S. Department of Labor）保存了大量关于就业率、工资率、劳动力规模和工会会员等的数据。表 1—3 列示了部分政府机构和它们能提供的一些数据。大部分政府机构还通过网站向社会提供其收集和加工处理的数据。例如，美国人口普查局在其网站 www.census.gov 上有大量的数据。图 1—3 显示了美国人口普查局的主页。

表 1—3　　　　　　　　　　　　选自政府机构的可用数据的例子

政府机构	一些可用的数据
美国人口普查局（Census Bureau）	人口数、家庭数和家庭收入
联邦储备委员会（Federal Reserve Board）	货币供应量、信用记录、汇率和贴现率
管理和预算办公室（Office of Management and Budget）	财政收入、支出和联邦政府债务
商务部（Department of Commerce）	商务活动数据、分行业总产值、分行业利润水平以及行业增长和下降的情况
劳工统计局（Bureau of Labor Statistics）	消费支出、小时工资、失业率、安全记录和国际统计资料

图1—3 美国人口普查局主页

资料来源：United States Census Bureau.

1.3.2 统计研究

有时一些特殊用途的数据并非总能从现有来源中获得。在这种情况下，常通过统计研究的方式获得数据。统计研究可分为实验性的和观测性的两类。

在一项实验性的研究中，首先要确定感兴趣的主要变量，然后控制一个或多个其他变量，以便获得它们影响主要变量的数据。例如，一家制药公司可能会进行一项实验，以获得一种新药影响血压的情况。在研究中，血压是感兴趣的主要变量，新药的剂量是影响血压的另一个变量，研究人员希望通过实验能发现新药的剂量与血压之间的因果关系。为了获得有关新药效果的数据，研究人员选择一些个体组成样本。控制新药的剂量，不同的个体组给予不同的药剂水平，然后收集每组服药前后的血压数据。实验数据的统计分析将会有助于了解新药如何影响血压。

> 曾经进行过的最大规模的实验性统计研究是 1954 年美国公共卫生署（Public Health Service）的沙克（Salk）脊髓灰质炎疫苗实验，该研究从全美 1～3 年级的小学生中选择了近 200 万名儿童。

在非实验性或观测性统计研究中，并不是有目的地去控制感兴趣的变量。调查也许是观测性研究中最常用的方法。例如，在一项征求顾客意见的调查中，首先要明确研究的问题，然后设计调查问卷，选择一些人作为样本。一些饭店利用观测研究来获取顾客对饭店的食品质量、服务和就餐环境等方面的数据。佛罗里达州那不勒斯的 Chops City Grill 饭店所使用的顾客意见调查表如图1—4所示。请注意，顾客需要根据自己的感受对整体体验、接待问候、管理（餐桌巡视）等12个变量按优秀、良好、平均、普通和较差的等级顺序打分，得到的数据能帮助 Chops City Grill 的管理人员保持高水平的饭店食品和服务质量。

> 对吸烟者和不吸烟者的研究是观测性研究,因为调查者并不能确知或控制哪些人会吸烟,哪些人不吸烟。

Chops CITY GRILL

日期:_____   服务员姓名:_____

顾客是我们的上帝。请抽出您一点宝贵的时间填写这张调查表,这将使我们更好地为您提供服务。您可将此表交到前台或邮寄给我们,谢谢!

调查项目	优秀	良好	平均	普通	较差
整体体验	☐	☐	☐	☐	☐
接待问候	☐	☐	☐	☐	☐
管理(餐桌巡视)	☐	☐	☐	☐	☐
整体服务	☐	☐	☐	☐	☐
职业素养	☐	☐	☐	☐	☐
菜单知识	☐	☐	☐	☐	☐
服务态度	☐	☐	☐	☐	☐
酒品选择	☐	☐	☐	☐	☐
菜单选择	☐	☐	☐	☐	☐
食品质量	☐	☐	☐	☐	☐
食品展示	☐	☐	☐	☐	☐
消费金额	☐	☐	☐	☐	☐

对改进我们的服务您还有何建议?

非常感谢您的建议。——Chops City Grill 饭店全体员工

图1—4 佛罗里达州那不勒斯的 Chops City Grill 饭店的顾客意见调查表

将数据和统计分析结果用于管理决策时,管理人员必须清楚获得数据所需的时间和成本。当必须在一个相对较短的时期内获得数据时,利用现有数据来源是一个比较理想的方法;如果重要的数据不容易从现有来源获取,则必须考虑获取数据所要占用的时间和成本。在所有的情况中,决策制定者必须意识到统计分析对决策制定过程的贡献。数据收集和进行统计分析所付出的成本不会超过利用这些信息制定一个好的决策所节省的费用。

1.3.3 数据收集误差

管理人员任何时候都应牢记统计研究中的数据是可能有误差的。使用错误的数据也许会比不使用任何数据更糟糕。当取得的数据值不等于真值或实际值时,就会产生数据收集误差(真值或实际值可以通过一个正确的程序获得),这类错误见于许多数据收集方法中。例如,采访者可能会犯记录错误,如将 24 岁误记为 42 岁,或者受访者回答问题时曲解了问题并给出不正确的回答。

实验数据分析人员在收集和记录数据时要特别小心,以确保不发生错误。可采取一些特殊措施以检查数据的内在一致性。例如,这种措施会提醒分析人员查看一下有关数据的准确性,如一个年龄仅为 22 岁的人说自己有 20 年的工作经验。数据分析人员也应注意查看一些过大或过小的被称为异常值的数值,它们可能是有错误

的数据。第 3 章将介绍一些统计学家用来识别异常值的方法。

在数据收集过程中经常会产生误差。盲目地利用一切可以得到的或不认真收集到的数据,将可能产生误差并导致做出错误的决策。因此,按照正确的步骤收集数据可以确保决策信息的可信度,提高数据的利用价值。

1.4 描述统计

绝大多数的报纸、杂志、公司报告和其他出版物上的统计信息都以读者易于理解的方式汇总和披露。将数据以表格、图形或数值形式汇总的统计方法称为**描述统计**(descriptive statistics)。

再来看表 1—1 中 25 只共同基金的数据集。用描述统计的方法对这一数据集中的信息进行汇总。例如,表 1—4 给出了基金类型这个分类变量数据的表格汇总,图 1—5 给出了相同数据的图形汇总,该类图形称为条形图。这些表格和图形形式汇总一般能使数据更易于理解。我们能很容易地从表 1—4 和图 1—5 看出,绝大多数共同基金是国内股本类型。用百分数的形式表示,有 64% 是国内股本类型,有 16% 是国际股本类型,有 20% 是固定收益类型。

表 1—4　　　　　　　　　共同基金类型的频数和百分数

共同基金类型	频数	百分比(%)
国内股本(DE)	16	64
国际股本(IE)	4	16
固定收益(FI)	5	20
总计	25	100

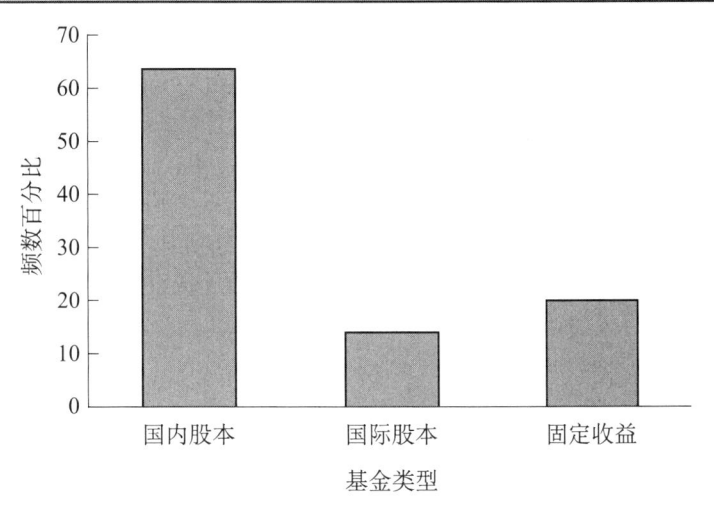

图 1—5　共同基金类型的条形图

图 1—6 是资产净值变量数据的图形汇总,该类图形称为直方图。从直方图上很容易看出,资产净值的变动范围是 0~75 美元,主要集中在 15~30 美元,只有一只基金的资产净值超过 60 美元。

除了表格和图形表示方式以外,数值型描述统计也可用于汇总数据。最常用的数值型描述统计是平均数,或称均值。利用表 1—1 中共同基金的 5 年的平均回报率数据,我们可以将所有 25 只共同基金的回报率相加再除以 25,计算出平均数。

这样可得到 5 年的平均回报率的平均数为 16.50%。这个平均数是 5 年的平均回报率变量数据的中心趋势或中心位置的一个度量。

近年来，人们关注描述统计的拓展和表述，对这类统计方法的兴趣不断提高。在第 2 章和第 3 章中将集中讨论描述统计的表格、图形和数值方法。

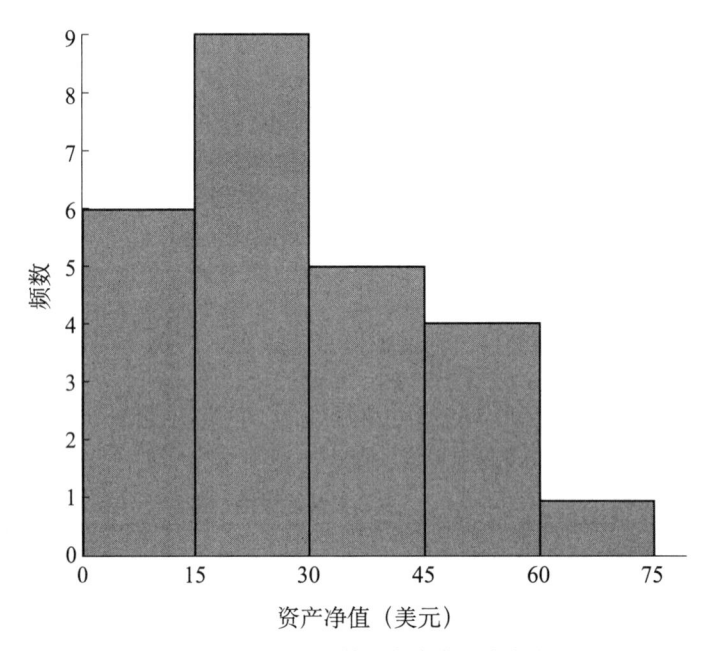

图 1—6 25 只共同基金资产净值的直方图

1.5 统计推断

在很多情形下，需要收集关于一个有大量个体的群组（个人、公司、选民、家庭、产品、客户，等等）的信息。出于对时间、费用和其他因素的考虑，只能从这个群组中的一个较小部分收集数据。在特定研究中，含有大量个体的群组称为**总体**（population），收集数据的较小部分称为**样本**（sample）。我们使用下列正式的定义。

总体
总体是在一个特定研究中所有个体组成的集合。

样本
样本是总体的一个子集。

收集总体全部数据的调查过程称为**普查**（census）。收集样本数据的调查过程称为**抽样调查**（sample survey）。统计学的一个主要贡献就是利用样本数据对总体特征进行估计和假设检验。这一过程称为**统计推断**（statistical inference）。

美国政府每 10 年进行一次人口普查，而市场调查机构每天进行抽样调查。

举一个统计推断的例子,我们考察由 Norris 电器公司所做的一项研究。Norris 电器公司生产一种能在各种电器产品上使用的高亮度灯泡。为了提高灯泡的使用寿命,产品设计部门开发出一种使用新型灯丝的灯泡。在这个例子中,总体定义为使用新灯丝生产的所有灯泡。为了估计新灯丝的优点,用生产出的 200 只新灯丝灯泡组成样本,并进行测试,记录每只灯泡在灯丝被烧断之前使用的小时数,所得到的样本数据见表 1—5。

表 1—5　　　　　　　　Norris 电器公司 200 只灯泡的使用寿命　　　　　　单位:小时

107	73	68	97	76	79	94	59	98	57
54	65	71	70	84	88	62	61	79	98
66	62	79	86	68	74	61	82	65	98
62	116	65	88	64	79	78	79	77	86
74	85	73	80	68	78	89	72	58	69
92	78	88	77	103	88	63	68	88	81
75	90	62	89	71	71	74	70	74	70
65	81	75	62	94	71	85	84	83	63
81	62	79	83	93	61	65	62	92	65
83	70	70	81	77	72	84	67	59	58
78	66	66	94	77	63	66	75	68	76
90	78	71	101	78	43	59	67	61	71
96	75	64	76	72	77	74	65	82	86
66	86	96	89	81	71	85	99	59	92
68	72	77	60	87	84	75	77	51	45
85	67	87	80	84	93	69	76	89	75
83	68	72	67	92	89	82	96	77	102
74	91	76	83	66	68	61	73	72	76
73	77	79	94	63	59	62	71	81	65
73	63	63	89	82	64	85	92	64	73

假设 Norris 电器公司希望利用样本数据对用新灯丝生产的所有灯泡总体的平均使用寿命进行推断。将表 1—5 中的 200 个数值相加再除以 200,可以计算出灯泡的样本平均使用寿命为 76 小时。我们可以用这一样本结果估计灯泡总体的平均使用寿命是 76 小时。图 1—7 是 Norris 电器公司的统计推断过程的示意图。

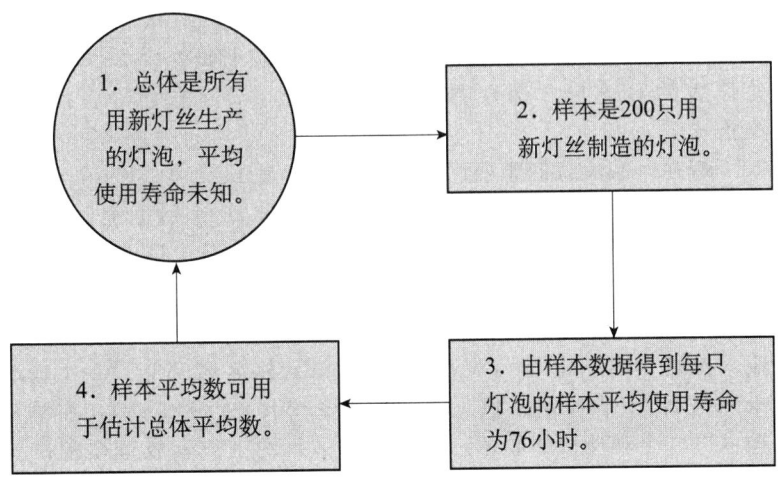

图 1—7　Norris 电器公司统计推断的过程

当统计学家利用样本对我们感兴趣的总体的特征进行估计时，他们通常都要注明估计的质量或精确度。以 Norris 电器公司为例，统计学家可能指出，新灯泡总体的平均使用寿命的点估计是 76 小时，边际误差为 ±4 小时。这样，新灯泡总体的平均使用寿命的区间估计是 72～80 小时。统计学家也可以指出，在 72～80 小时的区间内有多大的把握包含总体平均数。

1.6 利用 Microsoft Excel 进行统计分析

由于涉及大量的数据，因此统计人员经常要使用计算机软件进行分析。通常，要分析的数据可存储于电子表格中。给定现代电子表格的数据管理、数据分析和展示功能，也可以利用它们进行统计分析。本书将演示如何用 Microsoft Excel 进行统计分析。

我们需要强调的是本书是关于统计学的，而不是关于电子表格的。因此，我们只关注演示收集、分析、描述和解释数据时的适当的统计程序。由于 Excel 在企业组织中应用广泛，你可以预期将从这里学到的知识用于当前或将来的工作中。如果在学习过程中，你变得对 Excel 非常精通，那就更好了。

在大多数章节中，我们以统计程序的应用开篇，在描述了这些统计程序及其使用之后，描述如何用 Excel 执行这些程序。因此，你将会理解这些程序的含义、何时使用这些程序以及如何利用 Excel 的功能执行这些程序。

1.6.1 数据集和 Excel 工作表

在 Excel 工作表中建立的数据集，与表 1—1 中的 25 只共同基金公司的数据集完全相同。图 1—8 是该数据集的 Excel 工作表。注意第 1 行和 A 列包含标签，单元格区域 B1：F1 包含变量名，单元格区域 A2：A26 包含观测值名，单元格区域 B2：F26 包含所收集的数据。背景色是为了突出数据，因为数据是统计分析的中心。除了第 1 行的标题外，工作表中的每一行对应一个观测值，每一列对应一个变量。例如，工作表的第 2 行包含第 1 个观测值（American Century Intl. Disc）的数据；第 3 行包含第 2 个观测值（American Century Tax-Free Bond）的数据，以此类推。因此，A 列中的名称很方便地对应于研究中 25 个观测值的每一个。注意工作表的 B 列包含基金类型变量的数据，C 列包含净资产值变量的数据，以此类推。

现在，假设我们想要用 Excel 来分析表 1—5 中的 Norris 电器公司的数据。表 1—5 中的数据被安排成 10 列，每一列包含 20 个数据值，这样数据就能完整地放置在教材的一个页面上。尽管表中有许多列，但它只是一个变量（使用寿命）的数据。在统计工作表中，我们习惯将一个变量的所有数据放置在一列上，见图 1—9 中的 Excel 工作表。为了便于识别数据集中的每一个观测值，我们在单元格 A1 中输入标题 Observation（观测值），在单元格区域 A2：A201 输入数值 1～200，在单元格 B1 中输入标题 Hours until Burnout（使用寿命），在单元格区域 B2：B201 输入 200 个观测值的数据。将包含许多行的工作表放置在教材的一整页上不实际，因此，我们隐藏一些行以控制篇幅。在 Norris 电器问题的 Excel 工作表中，我们隐藏了行 7～195（观测值 6～194）以减少篇幅。①

图 1—8　25 只共同基金数据集的 Excel 工作表

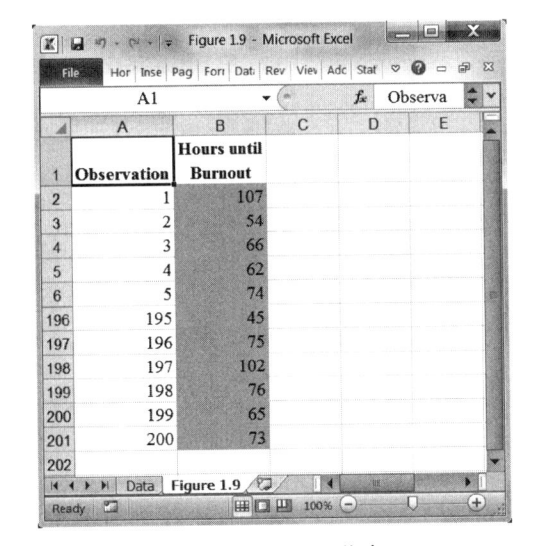

注：行 7～195 被隐藏。

图 1—9　Norris 电器公司的 Excel 工作表

---

① 为了在 Excel 工作表中隐藏行 7～195，首先选择行 7～195，然后点击鼠标右键并选择 Hide 选项。为了再次显示行 7～195，仅选择行 6 和行 196，点击右键并选择 Unhide 选项。

1.6.2 利用 Excel 进行统计分析

本书将严格区分统计程序的讨论和利用 Excel 完成这些统计程序的讨论。讨论 Excel 使用的资料通常放在单独的小节中，并冠以特定标题，如 "用 Excel 的 COUNTIF 函数编制频数分布"，"用 Excel 的图表工具绘制条形图和饼形图"，等等。在利用 Excel 进行统计分析时，需要完成三项任务：输入数据、输入函数和公式以及应用工具。

输入数据：选择数据单元格的位置，并输入适当的描述标记和数据。

输入函数和公式：选择单元格的位置，并输入 Excel 函数和公式，以及与结果相关的描述资料。

应用工具：利用 Excel 工具进行数据管理、数据分析和表述。

我们的方法是描述每次如何用 Excel 执行任务来完成一个统计程序。输入数据是必有的，但是，根据统计分析的复杂性不同，可能只需要完成后面两项任务中的一项。

为了阐明本书如何使用 Excel 进行讨论，下面例示如何用 Excel 的 AVERAGE 函数计算表 1—5 中 200 只灯泡的平均使用寿命。可参考图 1—10。图 1—10 中的前景工作表显示问题的数据和分析的结果，称为数值工作表。图 1—10 中的背景工作表显示用于计算平均使用寿命的 Excel 公式，称为公式工作表。深背景色在两个工作表中用于突出数据。另外，浅背景色在公式工作表中用于突出函数和公式，在数值工作表中用于突出相应的结果。

注：行 7~195 被隐藏。

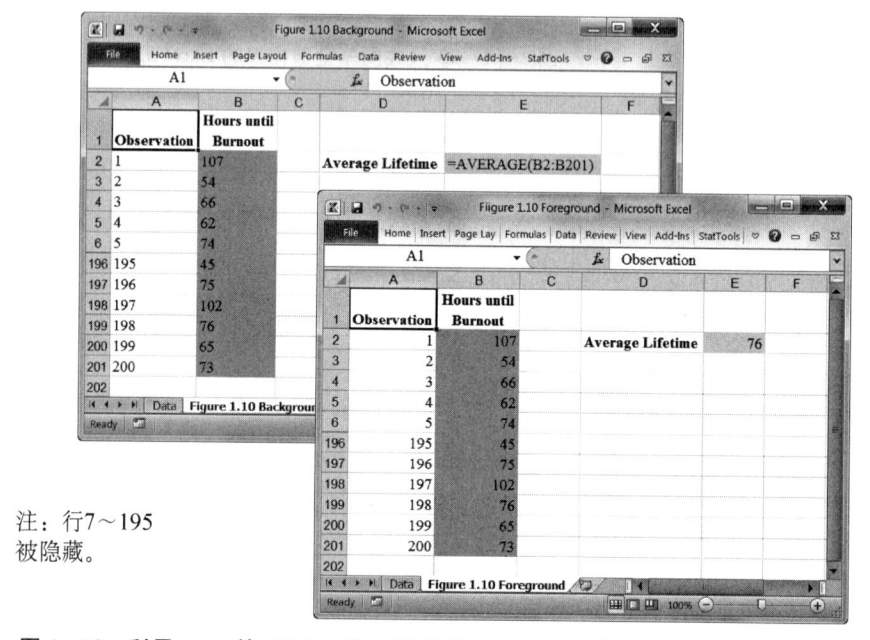

图 1—10 利用 Excel 的 AVERAGE 函数计算 Norris 电器公司灯泡的平均使用寿命

输入数据：在工作表的单元格区域 A1：B1 输入标题 Observation（观测值）和 Hours until Burnout（使用寿命）；为了识别每一个观测值，在单元格区域 A2：A201 输入数值 1~200；在单元格区域 B2：B201 输入每一个观测值的使用寿命数据。

输入函数和公式：Excel 的 AVERAGE 函数可以用于计算 200 只灯泡使用寿命的平均数。在单元格 E2 中输入下列公式，可以计算平均寿命：

＝AVERAGE（B2：B201）

为了识别这个结果，在单元格 D2 中输入标签 Average Lifetime（平均寿命）。注意，对于这个问题，不需要完成"应用工具"这项任务。数值工作表中显示用 AVERAGE 函数计算出的数值为 76 小时。

小　结

统计学是收集、分析、表述和解释数据的艺术与科学。几乎每个商务或经济专业的大学生都要学习统计学课程。我们通过描写商务和经济中典型的统计应用开始本章的论述。

数据是指所收集、分析的事实、汇总与数字。可以用四种测量尺度来取得一个特定变量的数据，它们是名义尺度、顺序尺度、间隔尺度和比率尺度。当数据用来确认个体属性的标记或名称时，变量的测量尺度为名义尺度。如果数据显示名义数据的性质以及数据的顺序或等级是有意义的，则测量尺度是顺序尺度。如果数据具有顺序数据的性质，并可以按某一固定度量单位表示数值间的间隔，则测量尺度是间隔尺度。最后，如果数据具有间隔数据的所有性质，并且两个数值之比是有意义的，则测量尺度是比率尺度。

为了便于统计分析，数据可划分为分类型数据和数量型数据。分类型数据使用标记或名称来识别每一个体属性，分类型数据既可以用名义尺度度量也可以用顺序尺度度量。数量型数据是表示大小或多少的数值。数量型数据既可以用间隔尺度度量也可以用比率尺度度量。只有当数据是数量型的，普通的算术运算才有意义。因而，适合于数量型数据的统计计算并非总适用于分类型数据。

1.4 节和 1.5 节分别介绍了描述统计和统计推断。描述统计是用于汇总数据的表格、图形和数值方法。统计推断是利用样本数据估计总体特征并进行假设检验的过程。在本章最后，给出了计算机在统计分析中的角色信息。

关键术语

统计学（statistics）　收集、分析、表述和解释数据的艺术与科学。

数据（data）　所收集、分析和汇总的用于描述和解释的事实与数字。

数据集（data set）　为特定研究而收集的所有数据。

个体（elements）　收集数据的实体。

变量（variable）　个体中所感兴趣的特征。

观测值（observation）　针对某一特定个体收集的测量值的集合。

名义尺度（nominal scale）　用数据的标记或名称来识别个体属性的一种变量的测量尺度。名义数据既可以是非数值型的，也可以是数值型的。

顺序尺度（ordinal scale）　数据具有名义数据的性质，并且数据的顺序或等级有明确意义，则这种变量的测量尺度为顺序尺度。顺序数据既可以是非数值型的，也可以是数值型的。

间隔尺度（interval scale）　数据具有顺序数据的性质，并可以按某一固定度量单位表示数值间的间隔，则这种变量的测量尺度为间隔尺度。间隔数据永远是数值型的。

比率尺度（ratio scale）　数据具有间隔数据的所有性质，并且两个数值之比是有意义的，则这变量的测量尺度为比率尺度。比率数据永远是数值型的。

分类型数据（categorical data）　用于识别每一个体属性的标记或名称。分类型数据既可以用名义尺度度量也可以用顺序尺度度量，既可以是非数值型的也可以是数值型的。

数量型数据（quantitative data）　表示事物大小或多少的数值。数量型数据既可以用间隔尺度度量也可以用比率尺度度量。

分类变量（categorical variable）　用分类型数据表示的变量。

数量变量（quantitative variable）　用数量型数据表示的变量。

截面数据（cross-sectional data）　在相同或近似相同的同一时点上收集的数据。

时间序列数据（time series data）　在几个时期内收集的数据。

描述统计（descriptive statistics）　将数据以表格、图形或数值形式汇总的方法。

总体（population）　在一个特定研究中所有个体组成的集合。

样本（sample）　总体的一个子集。

普查（census）　收集总体全部数据的调查过程。

抽样调查（sample survey）　收集样本数据的调查过程。

统计推断（statistical inference）　利用样本数据对总体特征进行估计或假设检验的过程。

补充练习

1. 《外交事务》（*Foreign Affairs*）杂志进行了一项调查，以了解其订阅者的简况（Foreign Affairs website，February 23，2008）。提出的问题如下：

 a. 在过去的 12 个月内您有几天住在旅店？

 b. 您在哪儿购书？有三个选项：书店、互联网和读书俱乐部。

 c. 您是否拥有或租赁豪华车？（是或否）

 d. 您多大年龄？

 e. 过去 3 年的国外旅行中，您的目的地是哪里？列出了 7 个国际目的地。

 确定每一个问题回答所得的数据是分类型的还是数量型的。

2. 美国能源部（The U. S. Department of Energy）提供各种汽车燃料燃烧效率的信息。表 1—6 是由 10 种汽车组成的一个样本（Fuel Economy website，February 22，2008）。数据有汽车类型（小型、中型或大型）、发动机的气缸数、每加仑燃油市区行驶里程、每加仑燃油公路行驶里程以及推荐使用的燃油（柴油、优质汽油或普通汽油）。

 a. 这个数据集中有多少个体？

 b. 这个数据集中有多少变量？

 c. 哪些变量是分类变量？哪些变量是数量变量？

 d. 每个变量使用哪种类型的测量尺度？

3. 参考表 1—6 中的数据。
   a. 平均每加仑燃油市区行驶里程是多少？
   b. 就平均数而言，每加仑公路行驶里程比每加仑市区行驶里程多出多少？
   c. 4 缸发动机汽车占多大的百分比？
   d. 使用普通汽油的汽车占多大的百分比？

表 1—6　　10 种汽车燃料燃烧效率信息

汽车	类型	气缸数	市区行驶（英里/加仑）	公路行驶（英里/加仑）	燃料
奥迪 A8	大型	12	13	19	优质汽油
宝马 328Xi	小型	6	17	25	优质汽油
凯迪拉克 CTS	中型	6	16	25	普通汽油
克莱斯勒 300	大型	8	13	18	优质汽油
福特福克斯	小型	4	24	33	普通汽油
现代伊兰特	中型	4	25	33	普通汽油
吉普大切诺基	中型	6	17	26	柴油
庞蒂亚克 G6	小型	6	15	22	普通汽油
丰田凯美瑞	中型	4	21	31	普通汽油
大众捷达	小型	5	21	29	普通汽油

4. 表 1—7 中给出了 7 所大学的数据，其中有捐赠额和申请者被接受的比例（*USA Today*，February 3，2008）。每所学校所在的州、校园所处位置以及学校代表队在美国大学生体育总会（NCAA）的分级可以从美国教育统计中心网站（National Center of Education Statistics website，February 22，2008）上得到。
   a. 这个数据集中有多少个体？
   b. 这个数据集中有多少个变量？
   c. 哪些是分类变量？哪些是数量变量？

表 1—7　　7 所大学的数据

学校	州	校园位置	捐赠（10 亿美元）	申请者被接受的比例（%）	NCAA 的分级
阿默斯特学院（Amherst College）	马萨诸塞	城镇：边缘	1.7	18	Ⅲ
杜克大学（Duke）	北卡罗来纳	城市：中型	5.9	21	I-A
哈佛大学（Harvard University）	马萨诸塞	城市：中型	34.6	9	I-AA
斯沃斯莫尔学院（Swarthmore College）	宾夕法尼亚	市郊：大型	1.4	18	Ⅲ
宾夕法尼亚大学（University of Pennsylvania）	宾夕法尼亚	城市：大型	6.6	18	I-AA
威廉姆斯学院（Williams College）	马萨诸塞	城镇：边缘	1.9	18	Ⅲ
耶鲁大学（Yale University）	康涅狄格	城市：中型	22.5	9	I-AA

5. 运输统计局综合住房调查（The Bureau of Transportation Statistics Omnibus Household Survey）是一项年度调查，为美国交通运输部（U. S. Department of Transportation）提供信息。在部分调查中询问了如下问题："机动车驾驶员在开车时是否可以用手持电话接听电话？"可能的答案有：非常同意，同意，反对和非常反对。对这个问题有44人表示非常同意，130人表示同意，165人表示反对，741人表示非常反对（Bureau of Transportation website，August 2010）。

a. 这个问题的答案提供的是分类型数据还是数量型数据？
b. 对这一问题的答案，用平均数汇总或用百分比汇总，哪种方法更合适？
c. 表示非常同意机动车驾驶员在开车时可以用手持电话接听电话的回答占多大百分比？
d. 该结果预示普遍支持还是反对允许机动车驾驶员在开车时可以用手持电话接听电话？

6. 夏威夷旅游局（Hawaii Visitors Bureau）收集在夏威夷的游客数据。下列问题是在飞往夏威夷的航班上，向乘客分发的问卷中所征询的16个问题中的一部分：

(1) 此行是我的第几次夏威夷之旅：第1次，第2次，第3次，第4次……
(2) 此行的主要理由是：包括度假、惯例、度蜜月等10种
(3) 我计划住在：包括旅店、公寓、亲戚和宿营等11类
(4) 在夏威夷逗留的总天数

a. 研究的总体是什么？
b. 对飞往夏威夷航班的乘客总体，使用问卷调查是一个好方法吗？
c. 对4个问题中的每一个所提供的是分类型数据还是数量型数据进行解释。

7. 《金融时报》/哈里斯民意调查（Financial Times/Harris Poll）对6个欧洲国家和美国的成年人每月进行一次在线民意调查。美国有1 015名成年人参加了1月份的民意调查，其中的一个问题是："您如何评价联邦银行（Federal Bank）在处理金融市场信用问题时的表现？"可能的答案有：优秀，良好，中等，较差和极差（Harris Interactive website，January 2008）。

a. 这项调查的样本容量为多少？
b. 数据是分类型的还是数量型的？
c. 对这一问题，用平均数或百分比数据汇总，哪种方法更合适？
d. 在美国的回答者中，10%的人说联邦银行做得很好，有多少人给出这种回答？

8. 图1—11是2004—2010年间联邦支出总额的条形图（Congressional Budget Office website，May 15，2011）。

a. 感兴趣的变量是什么？
b. 数据是分类型数据还是数量型数据？
c. 数据是时间序列数据还是截面数据？
d. 对联邦支出随着时间变动的趋势进行评价。

9. 下面是2007—2010年间Hertz，Avis和Dollar这3家提供租车服务的公司的租车数量数据。

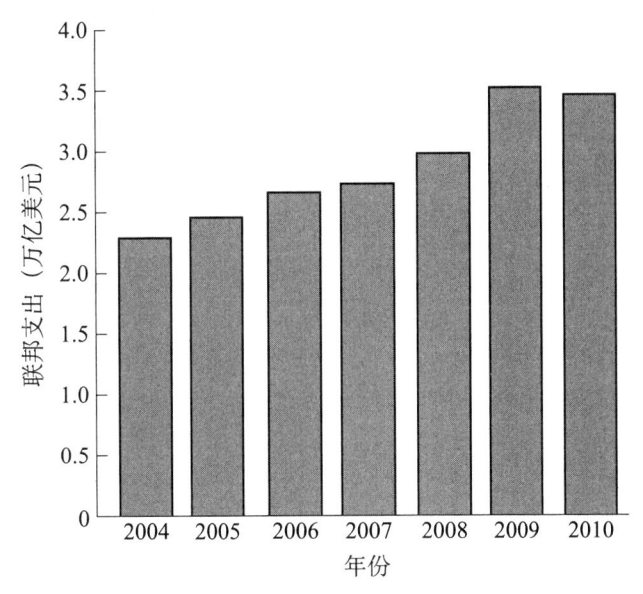

图1—11 联邦支出

单位：千辆

公司	2007 年	2008 年	2009 年	2010 年
Hertz	327	311	286	290
Dollar	167	140	106	108
Avis	204	220	300	270

a. 绘制2007—2010年间每家租车公司租车数量的时间序列图，在同一张图上显示3家公司的时间序列。

b. 市场占有率最大的租车公司是哪家？对市场占有率如何随时间变动加以评价。

c. 用2010年的租车数据绘制条形图。这张图是依据截面数据还是时间序列数据绘制的？

10. 《巴伦周刊》(Barron's) 对131名投资经理进行了一次 Big Money 民意调查，结果如下：

● 43%的经理认为自己在股票市场操作极佳。

● 在接下来的12个月里，股票的平均预期回报率为11.2%。

● 21%的经理认为医疗保健类股票极有可能是接下来12个月中股票市场的主导板块。

● 当问及预计科技股和电信股估计大约需要多长时间才恢复上涨时，他们的回答平均是2.5年。

a. 列举两种描述统计。

b. 对接下来12个月里投资经理总体的股票平均预期回报率做出推断。

c. 对科技股和电信股恢复上涨的时间进行推断。

11. 尼尔森公司 (Nielsen Company) 在欧洲、亚太、美洲和中东的47个市场对消费者进行调查，以确定影响他们购买食品地点的最主要因素。用分数1（最低）到5（最高）表示。评分最高的因素是物有所值，平均分为4.32；评分次高的因素是更多的优质品牌和产品，平均分为 3.78；评分最低的因素是使用可循环购物袋和包装，平均分为 2.71（Nielsen website，February 24，2008）。假设你受雇于一个食品连锁店进行类似的调查，以确定在北卡罗来纳州夏洛特市连锁店的消费者认为哪个因素是他们确定购买食品地点的最主要因素。

  a. 你进行的这项研究的总体是什么？

  b. 你如何收集这项研究的数据？

12. 就 CompleteTax——一种在线纳税筹划和电子申报服务，舆论研究公司（Opinion Research Corporation）对 1 021 名成年人（18 岁及以上）进行电话随机调查。调查结果表明其中有 684 人计划使用电子申报服务（CompleteTax Tax Prep Survey 2010）。

  a. 确定一种描述统计量，能用于估计所有使用电子申报的纳税人的百分数。

  b. 调查报告说，人们最常用的报税方法是雇用会计师或职业报税人。如果有 60% 的调查者使用了这种方式，那么有多少人会雇用会计师或职业报税人？

  c. 人们申报纳税常用的其他方法还有手工填报、使用在线税务服务和使用税务软件。申报纳税方法是分类型数据还是数量型数据？

13. 5 名学生期中考试成绩的样本数据如下：72，65，82，90，76。下列表述中哪一个是正确的，哪一个因太空泛而受到怀疑？

  a. 5 名学生的平均期中成绩是 77。

  b. 参加考试的所有学生的平均期中成绩是 77。

  c. 参加考试的所有学生的平均期中成绩的估计值是 77。

  d. 一半以上参加考试的学生的成绩在 70～85 之间。

  e. 如果这个样本中还包含其他 5 名学生，他们的成绩将在 65～90 之间。

第 2 章
描述统计学：表格法和图形法

实践中的统计

高露洁-棕榄公司[*]
纽约州纽约市

高露洁-棕榄公司（Colgate-Palmolive Company）于 1806 年在纽约以一家经营香皂和蜡烛的小商店起步。今天，高露洁-棕榄公司已是一家遍布世界 200 多个国家和地区，拥有超过 40 000 名员工的大公司。除了最著名的品牌高露洁、棕榄、Ajax 和 Fab 外，还兼营 Mennen，Hill's Science Diet 和 Hill's Prescription Diet 等品牌的产品。

高露洁-棕榄公司在其家用洗涤剂产品生产过程的质量保证程序中使用了统计学方法。顾客对盒装洗涤剂分量的满意度是一个关键问题。相同尺寸的每一个盒子里都装入相同重量的洗涤剂，但是洗涤剂所占的体积受洗涤剂密度的影响。例如，如果洗涤剂的密度较大时，要达到所规定的包装重量，就只需要较小体积的洗涤剂。这样，当顾客打开包装盒时，盒子看上去显然没有装满。

为了控制洗涤剂密度过大这个问题，需要对洗涤剂密度的可接受范围加以限制。定期抽取统计样本，并测量每一个洗涤剂样本的密度。然后将汇总数据提供给操作人员，以便在需要将密度保持在规定的质量规格内时，操作人员可以采取正确的措施。

根据在一周内采集的一个容量为 150 的样本，得到密度的频数分布和直方图分别如下页所示。密度水平超过 0.40 是不可接受的。频数分布表和直方图显示，所有产品的密度小于或等于 0.40 时，操作符合质量标准。检查这些统计汇总结果的管理人员将对洗涤剂生产质量感到满意。

---

[*] 非常感谢为"实践中的统计"专栏提供了本案例的高露洁-棕榄公司质量保证部经理 William R. Fowle。

密度数据的频数分布	
密度	频数
0.29～0.30	30
0.31～0.32	75
0.33～0.34	32
0.35～0.36	9
0.37～0.38	3
0.39～0.40	1
总计	150

密度数据的直方图

不到1%的样本数据接近不可接受的0.40水平

在本章中，你将学习有关描述统计的表格法和图形法，包括频数分布、条形图、直方图、茎叶图、交叉分组表等内容。这些方法的目的是汇总数据，以便使统计数据易于理解和解释。

正如第 1 章所述，数据可以分为分类型或数量型，**分类型数据**（categorical data）使用标记或名称来识别项目的类型。**数量型数据**（quantitative data）是表示多少或大小的数值。

本章主要介绍通常用于汇总分类型数据和数量型数据的表格法和图形法。在年度报告、报刊文章和研究报告中常常可以看到数据的表格和图形汇总，因此，理解它们是怎样形成的以及如何解释它们至关重要。我们首先介绍汇总单变量数据的表格法和图形法，最后介绍汇总两个变量之间关系的数据方法。

本章将广泛使用 Excel 的各种统计函数和工具，图表工具和数据透视表工具尤为有用。使用这些工具既可以提供单个分类或数量变量的表格和图形汇总，同时也可以提供两个及以上变量的数据集的交叉分组表和图形显示。

2.1 分类型数据汇总

2.1.1 频数分布

我们从**频数分布**（frequency distribution）的定义开始，讨论如何使用表格法和图形法汇总分类型数据。

频数分布

频数分布是一种数据的表格汇总方法，表示在几个互不重叠组别中的每一组项目的个数（即频数）。

我们用下面的例子来说明如何编制和解释分类型数据的频率分布。Coca-Cola,

Diet Coke，Dr. Pepper，Pepsi 和 Sprite 是 5 种受欢迎的软饮料。假设表 2—1 中的数据是在只选择 5 种软饮料的情况下，50 次软饮料购买的样本数据。

表 2—1　　　　　　　　　50 次软饮料购买的样本数据

Coca-Cola	Sprite	Pepsi
Diet Coke	Coca-Cola	Coca-Cola
Pepsi	Diet Coke	Coca-Cola
Diet Coke	Coca-Cola	Coca-Cola
Coca-Cola	Diet Coke	Pepsi
Coca-Cola	Coca-Cola	Dr. Pepper
Dr. Pepper	Sprite	Coca-Cola
Diet Coke	Pepsi	Diet Coke
Pepsi	Coca-Cola	Pepsi
Pepsi	Coca-Cola	Pepsi
Coca-Cola	Coca-Cola	Pepsi
Dr. Pepper	Pepsi	Pepsi
Sprite	Coca-Cola	Coca-Cola
Coca-Cola	Sprite	Dr. Pepper
Diet Coke	Dr. Pepper	Pepsi
Coca-Cola	Pepsi	Sprite
Coca-Cola	Diet Coke	

为了编制这些数据的频数分布，我们需要计算表 2—1 中每一种软饮料的出现次数。Coca-Cola 出现 19 次，Diet Coke 出现 8 次，Dr. Pepper 出现 5 次，Pepsi 出现 13 次，Sprite 出现 5 次。这些数字汇总在表 2—2 的频数分布中。

这个频数分布汇总说明了在 50 次软饮料购买的样本中，5 种软饮料是如何分配的。它提供了比表 2—1 中的原始数据更多的内涵。观察这个频数分布，我们看到 Coca-Cola 排在首位，Pepsi 位居第二，第三位是 Diet Coke，Sprite 和 Dr. Pepper 并列第四。频数分布还揭示了这 5 种销售量最高的软饮料受欢迎程度的信息。

表 2—2　　　　　　　　　购买软饮料的频数分布

软饮料	频数	软饮料	频数
Coca-Cola	19	Pepsi	13
Diet Coke	8	Sprite	5
Dr. Pepper	5	总计	50

我们现在学习如何使用 Excel 计算表 2—1 中每一种软饮料的出现次数，并编制软饮料数据的频数分布。

2.1.2　用 Excel 的 COUNTIF 函数编制频数分布

用 Excel 的 COUNTIF 函数编制频数分布包含两项任务：输入数据及输入函数和公式。在我们描述要做的工作时参考图 2—1，其背景是公式工作表，而前景是数值工作表。

输入数据：将标签 Brand Purchased（购买品牌）和 50 次软饮料的购买数据输入单元格区域 A1：A51。

输入函数和公式：Excel 的 COUNTIF 函数能用于计算单元格区域 A2：A51 中的每一种软饮料的出现次数。首先将标签和软饮料的名称输入到单元格区域 C1：C6 及单元格 D1 中，然后计算 Coca-Cola 出现的次数，我们在单元格 D2 中输入如下公式：

=COUNTIF（＄A＄2：＄A＄51，C2）

为了计算其他软饮料出现的次数，我们在单元格区域 D3：D6 中复制相同的公式。

> 附录 2—1 中显示了如何用 Excel 的数据透视表来编制分类型数据的频数分布。

图 2—1 前景的数值工作表中显示了用这些单元格公式计算出的数值；可以看到这个工作表中显示的频数分布与所编制的表 2—2 相同。

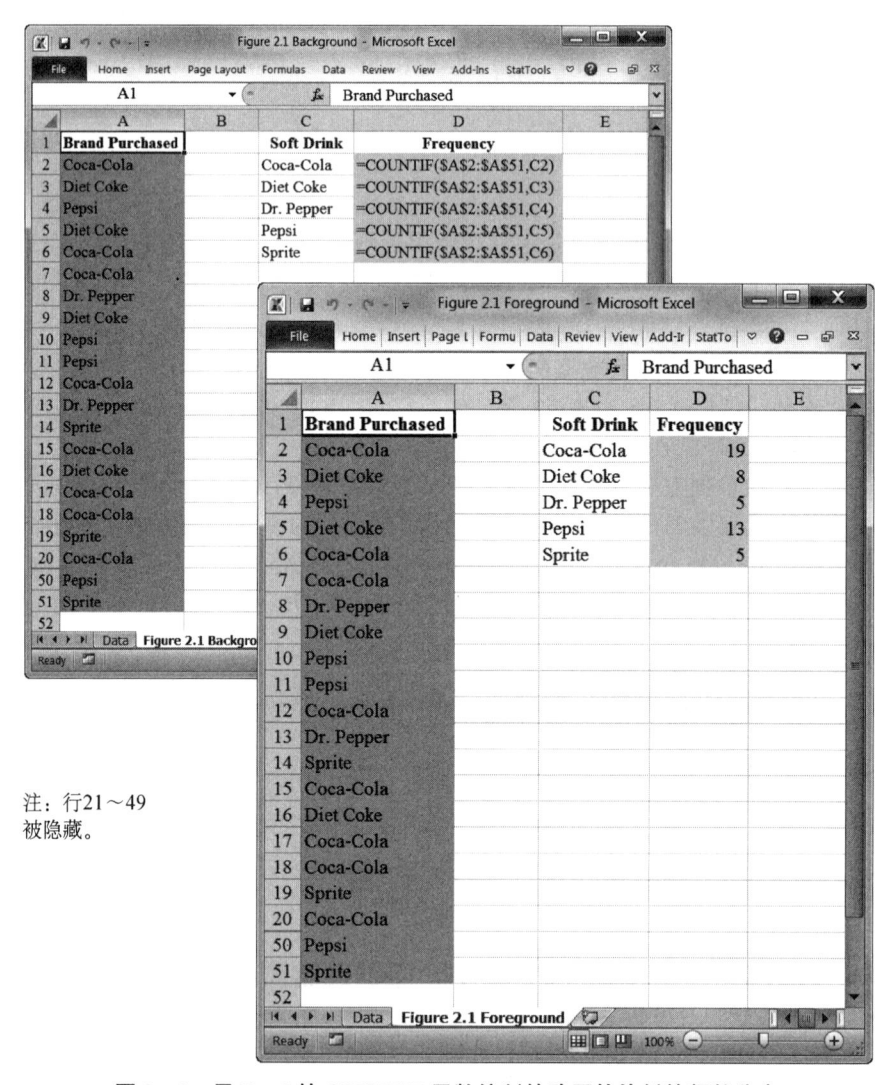

图 2—1　用 Excel 的 COUNTIF 函数编制的购买软饮料的频数分布

2.1.3 相对频数分布和百分数频数分布

频数分布表明在几个互不重叠的组别中每一组项目的个数（即频数）。然而，我们往往对每一组的项目所占的比例或百分比更感兴趣。一个组的相对频数是属于该组的项目个数占总数的比例。对一个有 n 个观测值的数据集，每一组的相对频数由下式给出。

相对频数

$$组的相对频数 = \frac{组的频数}{n} \tag{2.1}$$

一个组的百分数频数是其相对频数乘以 100。

相对频数分布（relative frequency distribution）是每一组相对频数数据的表格汇总。**百分数频数分布**（percent frequency distribution）是每一组百分数频数数据的表格汇总。表 2—3 是软饮料数据的相对频数分布的百分数频数分布。在表 2—3 中，Coca-Cola 的相对频数为 $19/50 = 0.38$，Diet Coke 的相对频数为 $8/50 = 0.16$，其余以此类推。从百分数频数分布中，可以看到在购买的软饮料中，有 38% 是 Coca-Cola，有 16% 是 Diet Coke，等等。我们还注意到前三类软饮料占购买量的 80%（$= 38\% + 26\% + 16\%$）。

表 2—3   购买软饮料的相对频数和百分数频数分布

软饮料	相对频数	百分数频数
Coca-Cola	0.38	38
Diet Coke	0.16	16
Dr. Pepper	0.10	10
Pepsi	0.26	26
Sprite	0.10	10
总计	1.00	100

2.1.4 用 Excel 编制相对频数分布和百分数频数分布

扩展图 2—1 中的工作表，我们就可以编制出表 2—3 中显示的相对频数和百分数频数分布。在我们描述所做的工作时请参考图 2—2，其背景是公式工作表，而前景是数值工作表。

输入数据：将标签 Brand Purchased（购买品牌）和 50 次软饮料的购买数据输入单元格区域 A1：A51。

输入函数和公式：单元格区域 C1：D6 中的信息与图 2—1 中相同，在单元格 D7 中使用 Excel 的 SUM 函数计算单元格区域 D2：D6 中的频数之和，其结果值 50 恰好是数据集中观测值的个数。利用式（2.1）计算 Coca-Cola 的相对频数，在单元格 E2

中输入公式"＝D2/＄D＄7";其结果为 0.38,是 Coca-Cola 的相对频数。将单元格 E2 复制到单元格区域 E3:E6,可以计算出其他各种软饮料的相对频数。

为了计算 Coca-Cola 的百分数频数,在单元格 F2 中输入公式"＝E2 * 100";其结果为 38%,表明在购买的软饮料中有 38% 是 Coca-Cola。将单元格 F2 复制到单元格区域 F3:F6,可以计算出其他各种软饮料的百分数频数。最后,将单元格 D7 复制到单元格区域 E7:F7,可以计算出相对频数总和 1 与百分数频数总和 100。

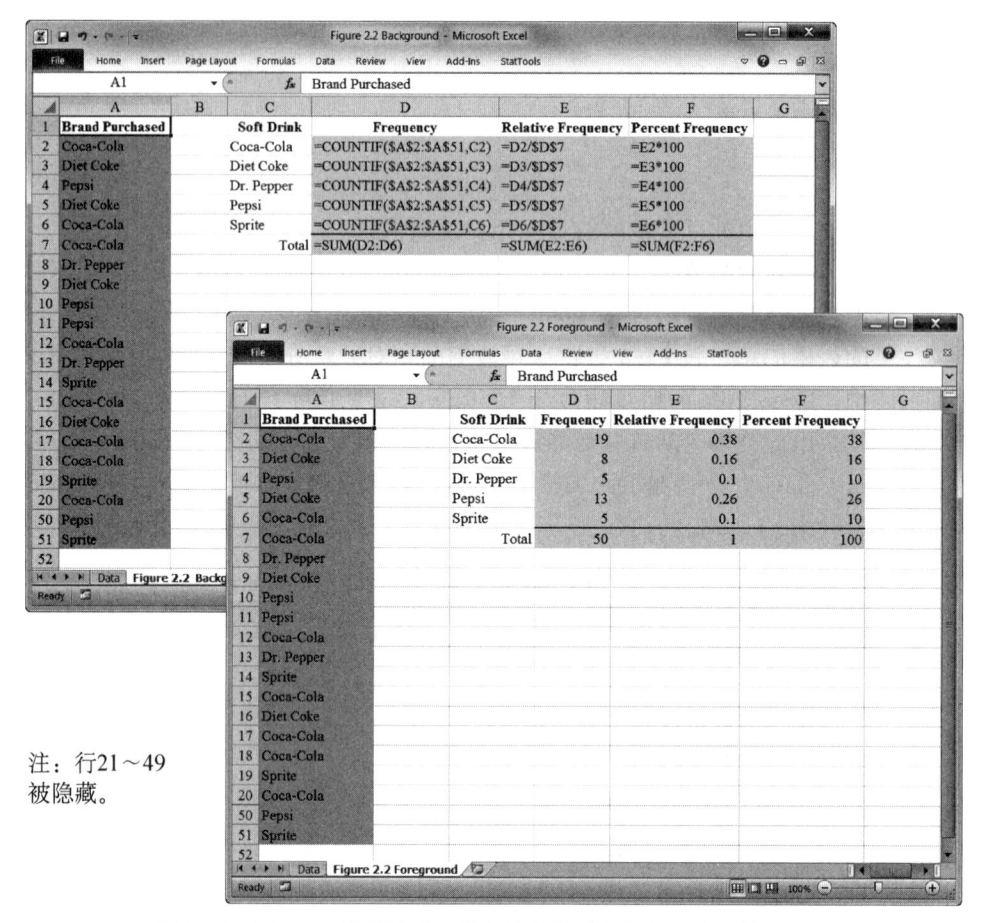

注:行21～49被隐藏。

图 2—2　用 Excel 编制的购买软饮料的相对频数和百分数频数分布

2.1.5　条形图和饼形图

条形图(bar chart)是一种图形方法,用来描绘已汇总的分类型数据的频数分布、相对频数分布或百分数频数分布。在图形的一个轴上(通常是横轴),我们规定了数据组(类)的标签,在图形的另一个轴上(通常是纵轴),标出频数、相对频数或百分数频数的刻度。然后,将一个固定宽度的长条绘制在对应于每一组的标签的位置,将这个长条的高度延伸,直至达到该组的频数、相对频数或百分数频数。对于分类型数据,应将这些长条分隔开,以强调每一组是相互独立的这一事实。图2—3是50次购买软饮料情况的频数分布的条形图。请注意图形如何凸显Coca-Cola，Pepsi和Diet Coke这些最受欢迎的品牌。

> 在质量管理应用中，条形图用于确定产生问题的最重要原因。当条形图按高度降序从左到右依次排列时，最频繁发生的原因出现在第一位时，这种条形图称作帕累托（Pareto）图。这种图形以其创立者意大利经济学家维尔弗雷多·帕累托（Vilfredo Pareto）的名字命名。

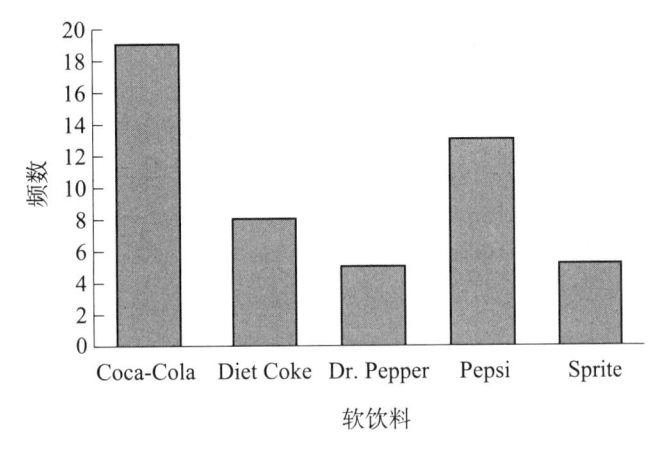

图2—3 购买软饮料的条形图

饼形图（pie chart）是另一种描绘分类型数据的相对频数和百分数频数分布的图形方法。为了绘制饼形图，首先画一个圆来代表所有的数据，然后用相对频数把圆细分成若干扇形部分，这些扇形与每一组的相对频数相对应。例如，因为一个圆有360°，而Coca-Cola的相对频数是0.38，则饼形图中代表Coca-Cola的扇形部分为0.38×360°=136.8°，而代表Diet Coke的扇形部分为0.16×360°=57.6°，对其他组进行相似的计算，从而得到图2—4所示的饼形图。表示每一个扇形部分的数值可以是频数、相对频数或百分数频数。

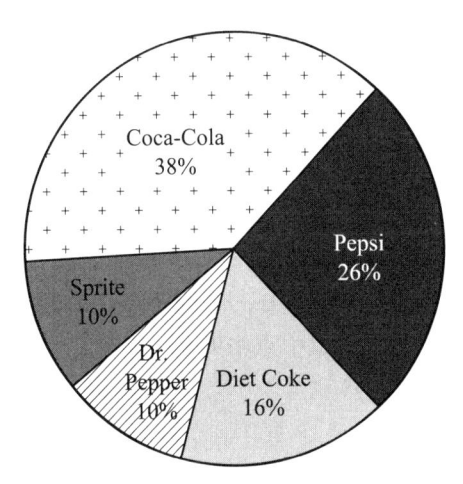

图2—4 购买软饮料的饼形图

2.1.6 用 Excel 的图表工具绘制条形图和饼形图

Excel 的图表工具使绘制条形图、饼形图等多种图形变得很容易。使用这些工具时，需要执行数据表构建的第三个任务：应用工具。我们以演示如何绘制购买软饮料的条形图来说明。在描述所做的工作时可参考图 2—5。

> 附录 2—1 中介绍了如何用 Excel 的数据透视表来绘制分类型数据的条形图。

输入数据：与图 2—1 相同。

输入函数和公式：与图 2—1 相同。

应用工具：下列步骤描述如何利用 Excel 图表工具，根据单元格区域 C1：D6 中的频数分布来绘制软饮料数据的条形图，我们以纵轴显示频数来绘制条形图。在 Excel 中这类图形称为柱形图。

第 1 步：选择单元格区域 C2：D6。

第 2 步：点击功能区菜单栏的 **Insert** 按钮。

第 3 步：在 **Charts** 组中，点击 **Column**。

第 4 步：当 Column Chart subtypes 列表出现时：

　　进入 **2-D Column** 部分；

　　点击 **Clustered Column**（最左侧那个图）。

第 5 步：在 **Chart Layouts** 组中，点击 **More** 按钮（在上方有一个向下的指示箭头）以显示所有的选项。

第 6 步：选择 **Layout 9**。

第 7 步：点击 **Chart Title**，并用 **Bar Chart of Soft Drink Purchases** 替换。

第 8 步：点击 **Horizontal (Category) Axis Title**，并用 **Soft Drink** 替换。

第 9 步：点击 **Vertical (Value) Axis Title**，并用 **Frequency** 替换。

第 10 步：右键点击 **Series 1 Legend Entry**，从出现的一列选项中选择 **Delete**。

第 11 步：右键点击 **Vertical Axis**，从出现的选项中选择 **Format Axis**。

第 12 步：当 **Format Axis** 对话框出现时：

　　进入 **Axis Options** 部分；

　　对 **Major Unit** 选择 **Fixed**，并在相应的对话框中输入 5.0；

　　点击 **Close**。

经过上述步骤得到的条形图如图 2—5 所示。[①] 如果你愿意，在第 3 步选择 **Bar** 代替 Column，你就可以将长条显示在横轴上。

还可以以类似的方式用 Excel 的图标工具得到软饮料数据的饼形图。主要的区别在第 3 步，在 **Charts** 组中点击 **Pie**。

[①] 图 2—5 中的条形图与点击 Close 后 Excel 提供的图略微不同。调整 Excel 图表的尺寸并不难。首先，选择图表，尺寸控制器将出现在图表的边缘处，点击尺寸控制器并拖放直到需要的大小。

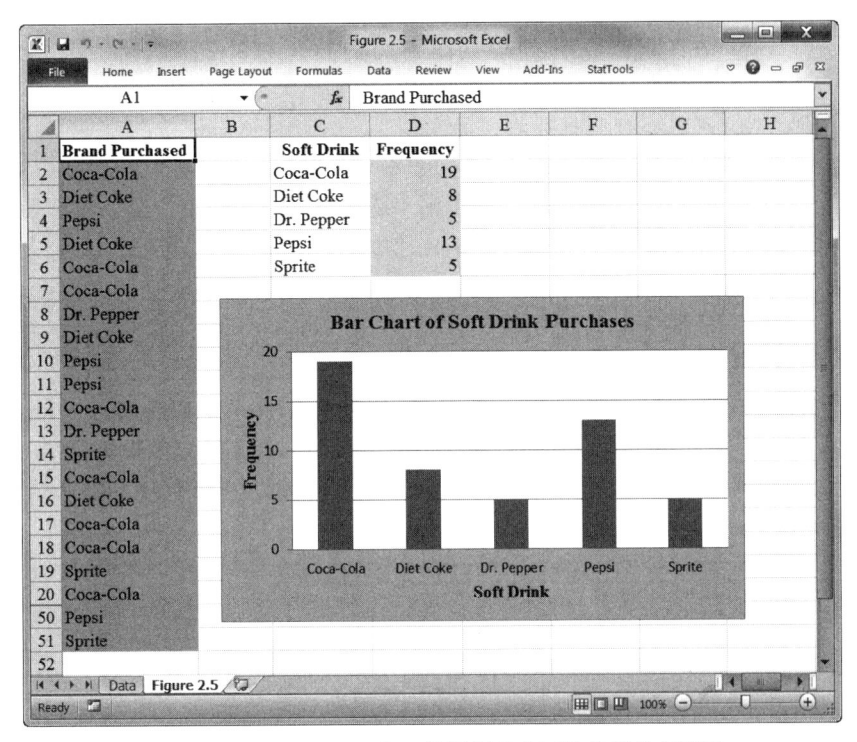

图 2—5 利用 Excel 图表工具绘制的购买软饮料的条形图

评 注

1. 在一个频数分布中，组数通常与在数据中发现的类别数相同，就像本节中购买软饮料数据中的情况一样。数据只涉及 5 种软饮料，每一种软饮料定义为一个独立的频数分布组别。涉及所有的软饮料的数据将需要很多类别，其中的大部分组别只有很少的购买次数。大多数统计专家建议把频数较小的组合并到"其他"综合组中去。通常只有 5% 或更少频数的组这样处理。

2. 在任何频数分布中，频数的总和总是等于观测值的数目。在任何相对频数中，相对频数的总和总是等于 1，在任何百分数频数分布中，百分数的总和总是等于 100。

3. Excel 的数据透视表对汇总数据和作图是一个很有用的工具。附录 2—1 中将演示如何用其来绘制分类型数据的频数分布和条形图。

练 习

方法

1. 下面给出了部分相对频数分布：

组别	相对频数
A	0.22
B	0.18
C	0.40
D	

a. 组别 D 的相对频数是多少？
b. 若样本容量为 200，则组别 D 的频数是多少？
c. 求频数分布。
d. 求百分数频数分布。

2. 一份调查表的回答中有 58 个"是"、42 个"否"和 20 个"无意见"。
a. 在绘制饼形图时，回答为"是"的部分对应多少度？
b. 在绘制饼形图时，回答为"否"的部分对应多少度？
c. 绘制饼形图。
d. 绘制条形图。

应用

3. 黄金时段收视率最高的 4 个电视节目是：Law & Order (L&O), CSI, Without a Trace (Trace) 和 Desperate Housewives (DH) (Nielsen Media Research, January 1, 2007)。由 50 名电视观众组成一个样本，表明首选节目的数据如下：

DH	CSI	DH	CSI	L&O
Trace	CSI	L&O	Trace	CSI
CSI	DH	Trace	CSI	DH
L&O	L&O	L&O	CSI	DH
CSI	DH	DH	L&O	CSI
DH	Trace	CSI	Trace	DH
DH	CSI	CSI	L&O	CSI
L&O	CSI	Trace	Trace	DH
L&O	CSI	CSI	CSI	DH
CSI	DH	Trace	Trace	L&O

a. 这些数据是分类型数据还是数量型数据？
b. 编制这些数据的频数分布和百分数频数分布。
c. 绘制这些数据的条形图和饼形图。
d. 以样本为依据，哪个节目拥有最多的电视观众？哪个位居第二？

4. 尼尔森媒体研究（Nielsen Media Research）的电视收视率度量了一个观看特定电视节目电视用户的百分数。电视史上收视率最高的电视节目是 1983 年 2 月 28 日的 M*A*S*H Last Episode Special。其 60.2 的收视率表明有 60.2% 的电视用户观看了这个节目。尼尔森媒体研究提供了电视史上收视率前 50 名的每个节目的清单 (*The New York Times Almanac*, 2006)。下面是制作收视率前 50 名电视节目的电视网的数据。

ABC	ABC	ABC	NBC	CBS
ABC	CBS	ABC	ABC	NBC
NBC	NBC	CBS	ABC	NBC
CBS	ABC	CBS	NBC	ABC
CBS	NBC	NBC	CBS	NBC
CBS	CBS	CBS	NBC	NBC
FOX	CBS	CBS	ABC	NBC
ABC	ABC	CBS	NBC	NBC
NBC	CBS	NBC	CBS	CBS
ABC	CBS	ABC	NBC	ABC

a. 编制数据的频数分布、百分数频数分布以及条形图。

b. 在提供收视率最高的电视节目方面，哪个电视网做得最好？比较 ABC，CBS 和 NBC 的表现。

5. Canmark 研究中心的机场顾客满意度调查使用在线问卷，根据乘客飞行经历得到航班和机场顾客满意度评级（Airport Survey website, January, 2010）。在完成一次飞行之后，乘客会收到一封电子邮件，要求其登录网站，对预订过程、办理登机过程、行李保险、登机门区域的清洁度、空乘人员的服务、食品/饮料的选择、正点到达等一系列因素进行评价。对每一个调查问题用优秀（E）、很好（V）、好（G）、一般（F）和差（P）五个等级记录乘客的评价。假设搭乘达美航空公司（Delta Airlines）从南卡罗来纳州的美特尔海滩到佐治亚州的亚特兰大的航班的乘客，对问题"请根据你本次飞行的总体感受对航空公司进行评价"，得到如下样本数据：

E	E	G	V	V	E	V	V	V	E
E	G	V	E	E	V	E	E	E	V
V	V	V	F	V	E	V	E	G	E
G	E	V	E	V	E	V	V	V	V
E	E	V	V	E	P	E	V	P	V

a. 用百分数频数分布和条形图来汇总数据。这些汇总显示出达美航空公司总体顾客满意度如何？

b. 在线调查问卷能使回答者解释飞行未达到预期的方方面面，这些是否有助于管理者寻找提高达美航空公司的总体顾客满意度的方法？请解释。

6. 美国棒球名人堂（Baseball Hall of Fame）位于纽约州的古柏镇。由入选名人堂的 55 名球员组成一个样本，样本数据如下：

L	P	C	H	2	P	R	1	S	S	1	L	P	R	P
P	P	P	R	C	S	L	R	P	C	C	P	P	R	P
2	3	P	H	L	P	1	C	P	P	P	S	1	L	R
R	1	2	H	S	3	H	2	L	P					

各观测值表示入选名人堂的球员打球时的主要位置：投手（P），接手（H），一垒手（1），二垒手（2），三垒手（3），游击手（S），左外场手（L），中外场手（C）和右外场手（R）。

a. 用频数分布和相对频数分布来汇总数据。
b. 哪一个位置的名人堂球员最多？
c. 哪一个位置的名人堂球员最少？
d. 哪一个外场位置（L，C 或 R）的名人堂球员最多？
e. 比较内场人数（1，2，3 和 S）与外场人数（L，C 和 R）。

7. 《金融时报》/哈里斯民意调查对 6 个欧洲国家和美国的成年人每月进行一次民意在线调查。有 1 015 名成年人参加了 2008 年 1 月份的调查，其中一个问题是："您如何评价联邦银行在处理金融市场信用问题时时的表现"，可能的回答有：优秀、良好、中等、较差和极差（Harris Interactive website, January 2008）。这 1 015 人的回答数据保存在名为 FedBank 的文件中。

a. 编制频数分布。

b. 编制百分数频数分布。
c. 绘制百分数频数分布的条形图。
d. 美国成年人如何评价联邦银行对金融市场中的信用问题的处理。
e. 在西班牙，1 114名成年人被问及"您如何评价对欧洲中央银行（European Central Bank）在处理金融市场信用问题时的表现"，得到如下的百分数频数分布：

等级	百分数频数分布
优秀	0
良好	4
中等	46
较差	40
极差	10

比较西班牙和美国的结果。

2.2 数量型数据汇总

2.2.1 频数分布

正如 2.1 节中定义的，频数分布是表示在几个互不重叠的组中每一组所包含的项目个数（或频数）的表格汇总。这个定义也适用于数量型数据。然而，对于数量型数据，在定义用于编制频数分布的互不重叠的组时，我们必须更加小心。

考虑表 2—4 中的数量型数据。这些样本数据是桑德森和克利福德（Sandersen and Clifford）这家小型会计师事务所为其 20 位客户完成年末审计所需要的时间。在确定数量型数据频数分布的组时，三个必要的步骤是：

（1）确定互不重叠组的组数。
（2）确定每组的宽度。
（3）确定组限。

表 2—4　　　　　　　　　　　　　年末审计时间　　　　　　　　　　　　　单位：天

12	14	19	18
15	15	18	17
20	27	22	23
22	21	33	28
14	18	16	13

我们通过编制表 2—4 的审计时间数据的频数分布来演示这些步骤。

组数　组是通过对数据规定范围而形成的，这个规定的范围用于对数据进行分组。作为一般性原则，我们建议分成 5～20 个组。如果数据项较少，分成 5 组或 6 组就可以汇总数据。如果数据项较多，通常需要更多的组。分组的目的是用足够多的组来显示数据的变异，而不是分成过多的组以使某些组内只包含很少的数据项。因为表 2—4 中的数据项相对较少（$n = 20$），我们决定分成 5 组来编制频数分布。

组宽 编制数量型数据频数分布的第二步是选择组宽。作为一般性原则，我们建议每组的宽度相同。因此，对组数和组宽的选择是不能各自独立决定的。较大的组数意味着较小的组宽，较少的组数意味着较大的组宽。为了确定一个近似的组宽，我们要找出数据的最大值和最小值，然后，一旦确定了期望的组数，我们就可以用下面的表达式来确定近似的组宽。

$$近似组宽 = \frac{数据最大值 - 数据最小值}{组数} \tag{2.2}$$

由式（2.2）给出的近似组宽，可以根据编制频数分布者的偏好取整为更方便的值。例如，近似组宽为 9.28，可以简单地取整为 10，因为 10 作为组宽在编制频数分布时更方便。

> 每组的宽度相同，可减少使用者的不恰当诠释。

对于年末审计时间数据，最大值是 33，最小值是 12。由于我们决定分成 5 组来汇总数据，由式（2.2），可计算出近似组宽为 (33－12)/5 = 4.2，因此，在频数分布中以 5 天作为组宽。

在实践中，组数和近似组宽要通过反复试验确定。一旦选定了一个可能的组数，根据式（2.2），就可以找出近似组宽。这个过程可针对不同的组数重复进行。最后，分析人员利用判断来确定组数和组宽的组合，得到最佳的汇总数据的频数分布。

> 对一个数据集，不存在最佳的频数分布。不同的人可以编制不同的，但同样可以接受的频数分布。频数分布的目的是揭示自然的分组和数据的变异性。

对于表 2—4 中的审计时间数据，在决定了分成 5 组，每一组以 5 天为组宽后，下一步就是规定每一组的组限。

组限 必须选择组限以使每一个数据值属于且只属于一组。下组限定义为被分到该组的最小可能值，上组限定义为被分到该组的最大可能值。在编制分类型数据的频数分布时，不需要规定组限，因为每一数据项都会自然地落入分隔开的组内。但对于数量型数据，比如表 2—4 中的审计时间，组限对确定每个数据项的归属非常必要。

对于表 2—4 中的审计时间数据，第一组分别选择 10 天为下组限和 14 天为上组限，该组在表 2—5 中标记为 10～14。最小数据值 12 包含在 10～14 天组。然后，对第二分组别选择 15 天为下组限和 19 天为上组限。继续确定下组限和上组限，直到获得全部 5 个组：10～14，15～19，20～24，25～29 和 30～34。最大数据值 33 包含在 30～34 天组。相邻两组的下组限之差就是组宽。利用前两个下组限 10 和 15，得到组宽为 15－10 = 5。

一旦确定了组数、组宽和组限，通过统计属于每一组的数据项的个数，就可以得到频数分布。例如，表 2—4 中的数据显示，有 4 个值（12，14，14 和 13）属于 10～14 天组。因此，10～14 天组的频数是 4。对 15～19，20～24，25～29 和 30～34 各组继续进行计数过程，就得到表 2—5 中的频数分布。利用这个频数分布，我们可以观察到：

（1）最频繁发生的审计时间处于 15～19 天组，在 20 个审计时间中有 8 个属于这一组。

(2) 只有一次审计需要 30 天或更长的时间。

表 2—5 审计时间数据的频数分布

审计时间（天）	频数	审计时间（天）	频数
10～14	4	25～29	2
15～19	8	30～34	1
20～24	5	总计	20

根据人们对频数分布观察的角度不同，也可得出其他结论。频数分布的价值就在于它提供了对数据的深入洞察，而直接观察原始的未经组织的数据是无法获得这种深入洞察的。

组中值　在某些应用中，我们需要知道数量型数据频数分布的组中值，**组中值**（class midpoint）是下组限和上组限的中间值。对于上述审计时间数据，5 个组的组中值分别是 12，17，22，27 和 32。

2.2.2　利用 Excel 的数据透视表编制频数分布

Excel 的数据透视表是汇总数据的有力工具。本小节通过演示如何编制审计时间数据的频数分布，来说明如何使用 Excel 的数据透视表编制数量型数据的频数分布。

> 也可以使用 Excel 的 FREQUENCY 函数来编制数量型数据的频数分布。

输入数据：将标签 Audit Time（审计时间）和 20 个审计时间输入图 2—6 中的 Excel 工作表的单元格区域 A1：A21。

输入函数和公式：不需要任何函数和公式。

应用工具：下列步骤描述了如何利用 Excel 的数据透视表来编制审计时间数据的频数分布。在使用 Excel 数据透视表时，每一列称为一个字段。因此，在审计时间的例子中，数据出现在单元格区域 A2：A21 中，单元格 A1 中相应的标签就称为 Audit Time 字段。

第 1 步：点击功能区菜单栏中的 **Insert** 按钮。

第 2 步：在 **Tables** 组中，点击 **PivotTable** 文字上方的图标。

第 3 步：当 **Create PivotTable** 对话框出现时：

　　选择 **Select a table or range**；

　　在 **Table/Range** 框中输入 A1：A21；

　　选择 **Existing Worksheet** 作为数据透视表的位置；

　　在 **Location** 框中输入 C1；

　　点击 **OK**。

第 4 步：在 **PivotTable Field List** 中，进入 **Choose Fields to add to report**：

　　拖动 **Audit Time** 字段到 **Row Labels** 区域；

　　拖动 **Audit Time** 字段到 **Values** 区域。

第 5 步：在 **Values** 区域中点击 **Sum of Audit Time**。

第 6 步：在出现的选项列表中点击 **Value Field Settings**。

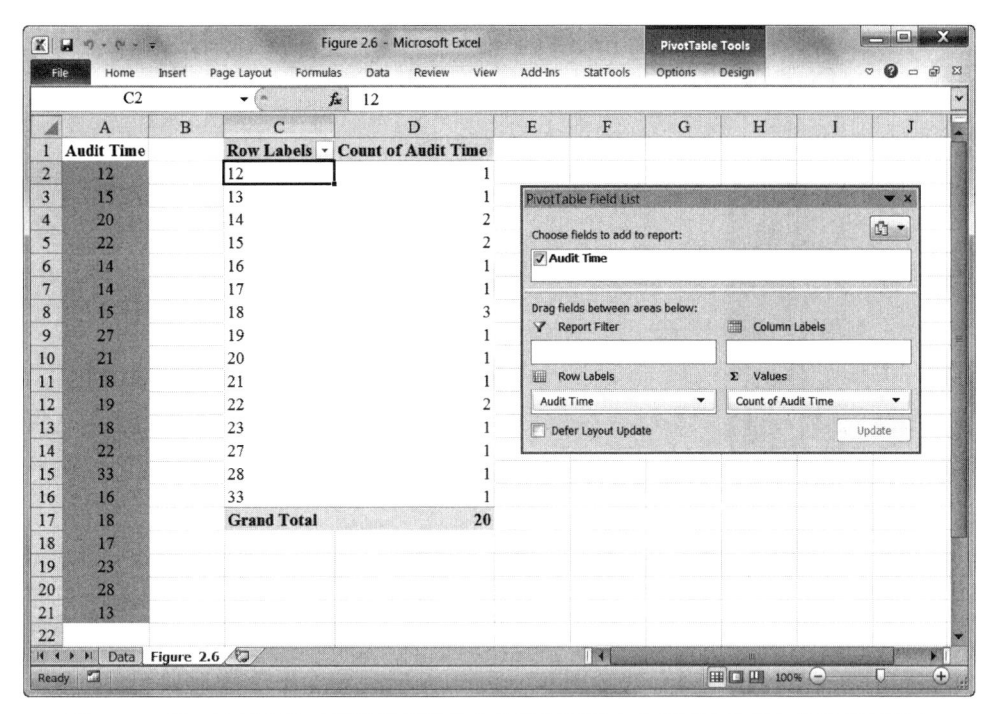

图 2—6 用于编制审计时间数据频数分布的数据透视表字段列表和最初的数据透视表

第 7 步：当 **Value Field Settings** 对话框出现时：

　　在 **Summarize value field by** 下选择 **Count**；

　　点击 **OK**。

图 2—6 显示了数据透视表字段列表和相应的数据透视表结果，为了编制表 2—5 所示的频数分布，需要对包含审计时间的行进行组合，可以通过下列步骤来实现。

第 1 步：右键点击数据透视表的单元格 C2，或右键点击包含审计时间的任何一个单元格。

第 2 步：从出现的选项列表中选择 **Group**。

第 3 步：当 **Grouping** 对话框出现时：

　　在 **Starting at** 框中输入 10；

　　在 **Ending at** 框中输入 34；

　　在 **By** 框中输入 5；

　　点击 **OK**。

图 2—7 显示了完成的数据透视表字段列表和数据透视表。可以看到除了列标题外，数据透视表给出了与表 2—5 中的频数分布相同的信息。如果需要，可以通过选择单元格并键入新的标签来更改标签，与表 2—5 的标签相匹配。

2.2.3　相对频数分布和百分数频数分布

我们以与分类型数据相同的方式来定义数量型数据的相对频数和百分数频数分布。首先，我们知道相对频数是属于一个组的观测值所占的比例。对于 n 个观测值，有

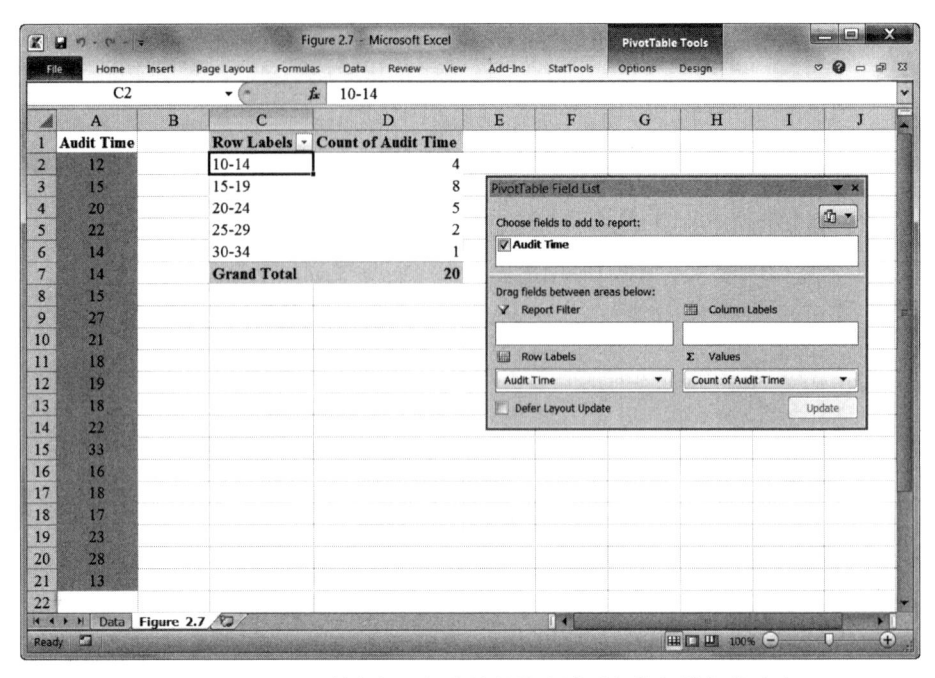

图 2—7　用 Excel 的数据透视表编制的审计时间数据的频数分布

$$组的相对频数 = \frac{组频数}{n}$$

组的百分数频数是相对频数乘以 100。

根据表 2—5 中的组频数和 $n=20$，得到表 2—6 中的审计时间数据的相对频数分布和百分数频数分布。注意，有 0.40 或 40% 的审计需要 15~19 天时间，只有 0.05 或 5% 的审计需要 30 天或更长时间。使用表 2—6，我们还能够得到其他的解释和洞察。

表 2—6　　　　　　　　审计时间数据的相对频数和百分数频数分布

审计时间（天）	相对频数	百分数频数
10~14	0.20	20
15~19	0.40	40
20~24	0.25	25
25~29	0.10	10
30~34	0.05	5
总计	1.00	100

2.2.4　打点图

打点图（dot plot）是一种最简单的数据图形汇总方式。横轴表示观测值的值域，每一个数据值由位于横轴上的点表示。图 2—8 是表 2—4 中审计时间数据的打点图，3 个点位于横轴数值 18 之上，表明有 3 次审计时间为 18 天。打点图能够显示数据的细节，且有利于比较两个或更多变量的数据分布。

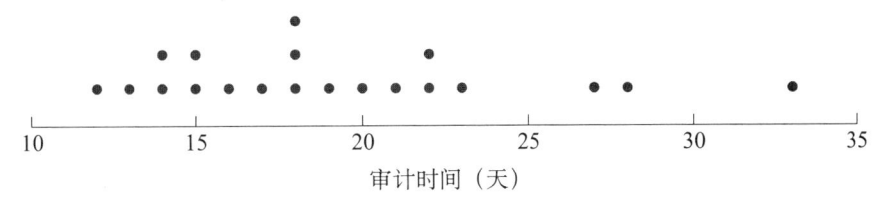

[图 2—8 审计时间数据的打点图]

2.2.5 直方图

直方图（histogram）是一种常用的数量型数据的图形描述方式。利用先前已汇总出的频数分布、相对频数分布或百分数频数分布等资料可以绘制出直方图。将所关心的变量放置在横轴上，将频数、相对频数或百分数频数放置在纵轴上，就可以绘制一个直方图。每组的频数、相对频数或百分数频数用一个长方形绘制，长方形的底放置在横轴上，以组宽为底，以每组相应的频数、相对频数或百分数频数为高。

图 2—9 是审计时间数据的直方图。我们注意到，最大频数的组由 15～19 天这一组的长方形表示，长方形的高度表示这一组的频数是 8。这些数据的相对频数分布或百分数频数分布的直方图看起来与图 2—9 中的直方图一样，只是纵轴用相对频数或百分数频数标记。

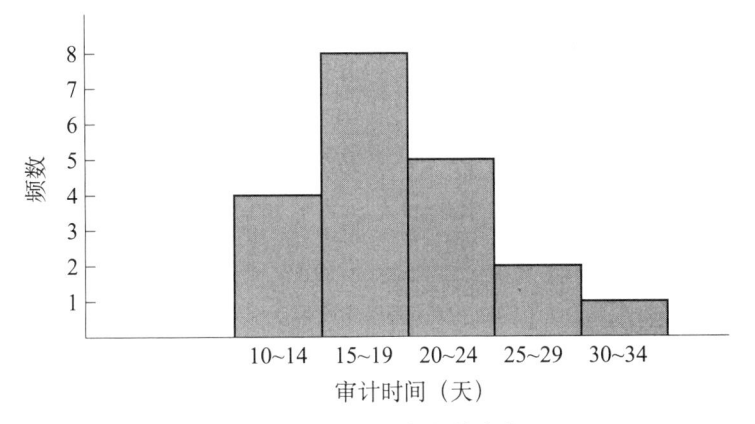

[图 2—9 审计时间数据的直方图]

正如图 2—9 所示，直方图中相邻的长方形是互相连接的。与条形图不同，直方图相邻组的长方形之间没有自然的间隔。这种形式是直方图的惯例。因为审计时间数据的各组分别表示为 10～14，15～19，20～24，25～29 和 30～34，各组间从 14～15，19～20，24～25 和 29～30 有一个单位的间隔，在绘制直方图时可以消除该间隔。在审计时间数据的直方图中消除了组间的间隔，有助于说明在上一组的下限和本组的上限间所有的值都是可能的。

直方图的一个最重要应用是提供了关于分布形态的信息。图 2—10 是四个根据相对频数分布绘制的直方图，图 2—10A 显示的数据集的直方图有一定程度的左偏。这个直方图说明，如果图形的尾部向左延伸一些，则图形左偏。考试成绩是这种直方图的典型应用。因为没有成绩在 100% 之上，大多数成绩通常在 70% 之上，只有极少数的成绩很低。图 2—10B 显示的数据集的直方图有一定程度的右偏。这个直方图说明，如果图形的尾部向右延伸一些，则图形右偏。房屋价格的数据可能是这种直方图的例子之一，少数昂贵的住宅造成右尾偏斜。

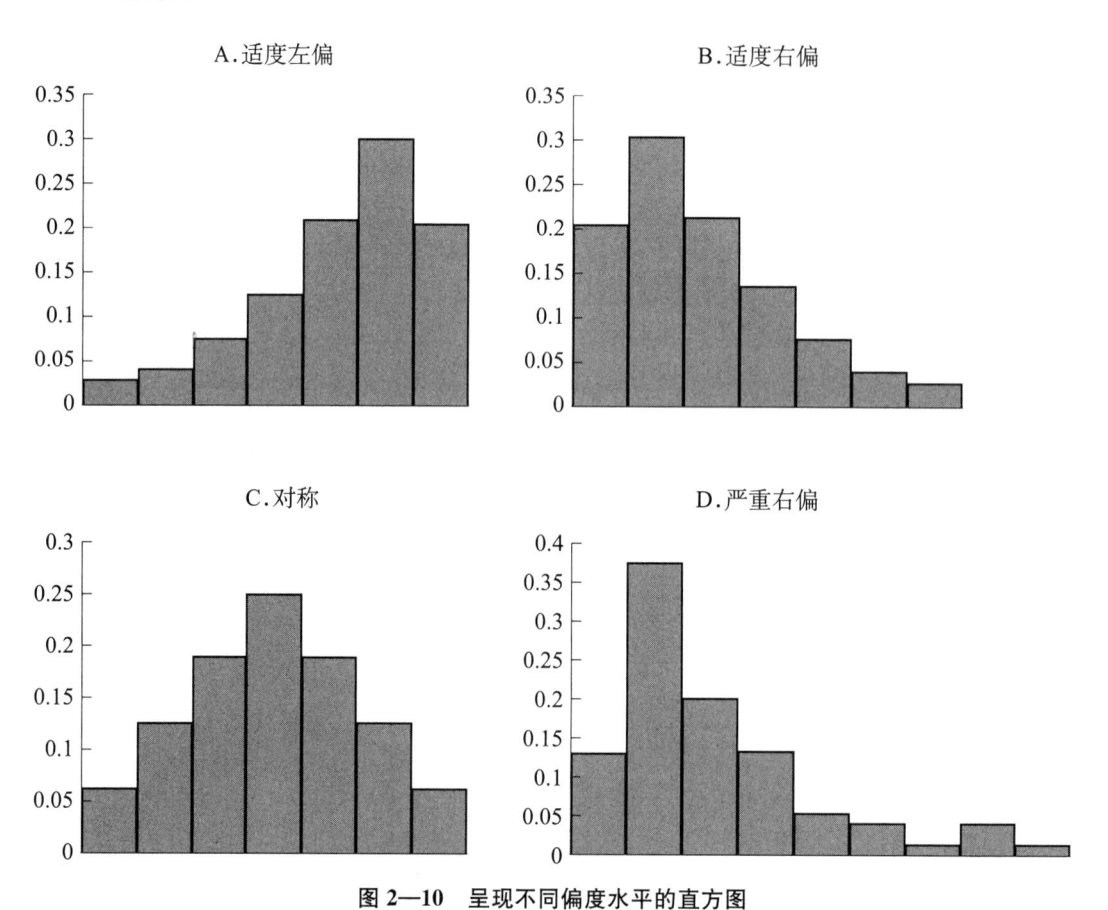

图 2—10　呈现不同偏度水平的直方图

图 2—10C 是一个对称的直方图。在对称的直方图中，左尾和右尾的形状相同。在实际应用中所得到的数据的直方图永远不会完全对称，但许多应用中的直方图可能大致对称。SAT 成绩数据、人的身高和体重数据等的直方图是大致对称的。图 2—10D 显示的直方图严重右偏。这个直方图是根据一家女装店一整天的销售量数据绘制出来的。在商务与经济应用中得到的数据，常常使直方图右偏。例如，房屋价格、工资、销售量等数据，常常导致直方图右偏。

2.2.6　用 Excel 的图表工具绘制直方图

在 2.1 节，我们演示了如何用 Excel 的图表工具绘制分类型数据频数分布的条形图，利用 Excel 的图表工具同样可以绘制数量型数据频数分布的直方图。我们将利用根据 Excel 的数据透视表编制的审计时间数据的频数分布，来演示 Excel 的图表工具的用法。在描述所涉及的工作时可参考图 2—11。

输入数据：与图 2—7 相同。

输入函数和公式：不需要任何函数和公式。

应用工具：下列步骤描述了如何利用 Excel 的图表工具，根据单元格区域 C1：D6 中的频数分布来绘制审计时间数据的直方图。

第 1 步：选择单元格区域 C2：D6。

第 2 步：点击功能区菜单栏上的 **Insert** 按钮。

第 3 步：在 **Charts** 组中，点击 **Column**。

第 4 步：当 Column Chart subtypes 列表出现时：

进入 **2-D Column** 部分；

点击 **Clustered Column**（最左侧那个图）。

第 5 步：在 **Chart Layouts** 组中，点击 **More** 按钮（在上方有一个向下的指针箭头）以显示所有的选项。

第 6 步：选择 **Layout 8**。

第 7 步：点击 **Chart Title**，并用 **Histogram for Audit Time Data** 替换。

第 8 步：点击 **Horizontal（Category）Axis Title**，并用 **Audit Time（Days）**替换。

第 9 步：点击 **Vertical（Value）Axis Title**，并用 **Frequency** 替换。

第 10 步：右键点击 **Vertical Axis**，从出现的选项中选择 **Format Axis**。

第 11 步：当 **Format Axis** 对话框出现时：

进入 **Axis Options** 部分；

对 **Major Unit** 选择 Fixed，并在相应的对话框中输入 1.0。

点击 **Close**。

图 2—11 显示了利用数据透视表的输入结果和 Excel 图表工具绘制的审计时间数据的完整直方图。由于直方图是根据 Excel 数据透视表得到的频数描述分布编制的，因此，在输出图的左上角包含数值字段按钮，在图的左下角包含轴字段按钮。如果想要去掉这些按钮，可以右键点击按钮，选择去掉图上一个或所有按钮的选项。

2.2.7 累积分布

对频数分布略加变动，可得到数量型数据的另一种表格汇总方式——**累积频数分布**（cumulative frequency distribution）。累积频数分布使用编制频率分布的组数、组宽和组限。但是，累积频数分布表示的是小于或等于每一组上组限的数据项个数，而不是表示每一组的频数。表 2—7 中前两列给出了审计时间数据的累积频数分布。

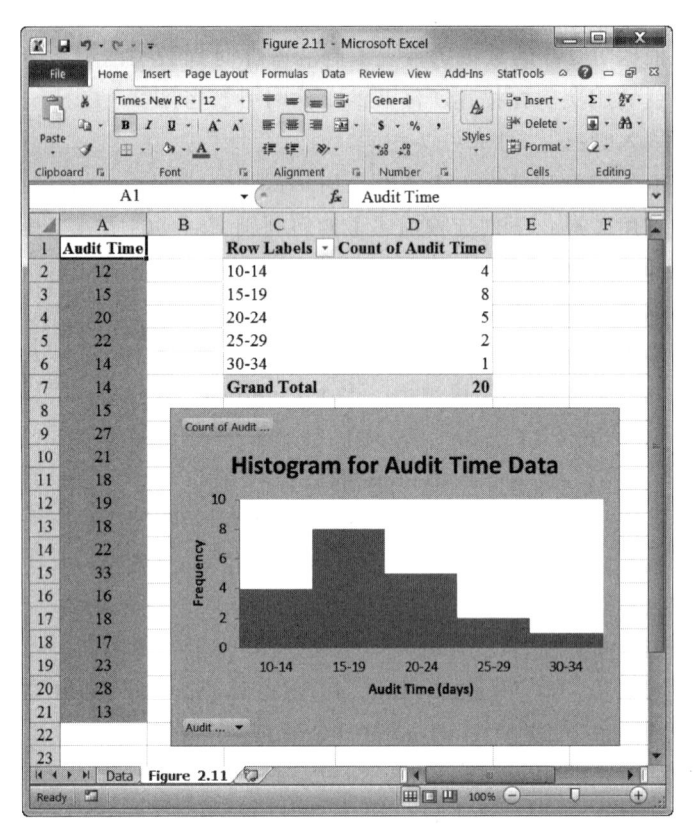

图 2—11 利用 Excel 图表工具绘制的审计时间数据的直方图

表 2—7　　　　审计时间数据的累积频数、累积相对频数和累积百分数频数分布

审计时间（天）	累积频数	累积相对频数	累积百分数频数
≤14	4	0.20	20
≤19	12	0.60	60
≤24	17	0.85	85
≤29	19	0.95	95
≤34	20	1.00	100

为了解释累积频数是如何确定的，考虑"≤24"的这一组。这一组的累积频数仅仅是数据中小于或等于 24 的所有组的频数之和。对表 2—5 中的频数分布而言，组 10～14，15～19 和 20～24 的频数之和为 4+8+5=17，它表明有 17 个数据小于或等于 24。因此，这一组的累积频数是 17。另外，表 2—7 中的累积频数分布表明有 4 次审计在 14 天内完成，有 19 次审计在 29 天内完成。

最后，我们注意到**累积相对频数分布**（cumulative relative frequency distribution）和**累积百分数频数分布**（cumulative percent frequency distribution）分别表示小于或等于每一组上组限的数据项的比例和百分数。我们既可以对相对频数分布中的相对频数求和，也可以用累积频数除以数据总数，来计算累积相对频数分布。利用后一种方法，我们将表 2—7 中第 2 列的累积频数除以数据总数（$n=20$），可得到第 3 列的累积相对频数分布。累积百分数频数由累积相对频数乘以 100 计算得出。累积相对频数和累积百分数频数分布显示，有 0.85 或 85% 的审计在 24 天内完成，有 0.95 或 95% 的审计在 29 天内完成，等等。

2.2.8 累积曲线

累积分布的图形表示称为**累积曲线**（ogive），在横轴上显示数据值，在纵轴上显示累积频数或累积相对频数，抑或累积百分数频数。图 2—12 是表 2—7 中审计时间数据的累积频数曲线。

通过标出对应于每一组累积频数的点，可以得到累积曲线。因为审计时间数据的组是 10～14，15～19，20～24 等，则在 14～15，19～20 等之间有一个单位的间隔。可通过标出组限间的中点来消除这些间隔。于是 14.5 用于 10～14 组，19.5 用于 15～19 组，以此类推。"≤14" 这一组的累积频数为 4，这一组在图 2—12 的累积曲线上所对应的点的横坐标为 14.5，纵坐标为 4。"≤19" 这一组的累积频数为 12，它所对应的点的横坐标为 19.5，纵坐标为 12。注意，还有一个额外的点位于累积曲线的最左端，这一点是累积曲线的起点，表明没有数值处于 10～14 天组以下。它的横坐标为 9.5，纵坐标为 0。将这些点用直线连接起来，就完成了累积曲线。

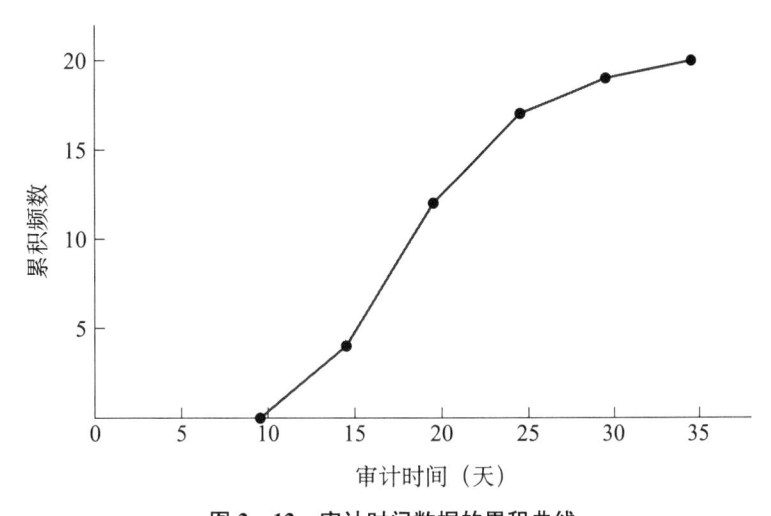

图 2—12 审计时间数据的累积曲线

━━━━━━━ 评 注 ━━━━━━━

1. 条形图和直方图本质上是同一事物，它们都是频数分布数据的图形表示。直方图是各纵条之间没有间隔的条形图。有些离散的数量型数据，各纵条之间有间隔是合适的。例如，考虑大学中注册学生的班级数，这些数据只能取整数，像 1.5 和 2.73 等中间值是不可能存在的。对于连续的数量型数据，如表 2—4 中的审计时间，各纵条之间的间隔是不合适的。

2. 对于数量型数据，适当的组限依赖于数据的精度水平。例如，对表 2—4 中的审计时间数据，我们取整数值为组限。如果数据近似到小数点后 1 位（如 12.3，14.4 等），那么组限将以 1/10 天表示。例如，第一组将会设为 10.0～14.9。如果数据近似到小数点后保留 2 位（如 12.34，14.45 等），那么组限将以 1/100 天表示。例如，第一组将会设为 10.00~14.99。

3. 开口组是指只有一下组限或上组限的组。例如，在表 2—4 中的审计时间数据中，假设有两次审计时间分别为 58 天和 65 天，我们将不是继续以 5 为组宽，将组延伸到 35~39，40~44，45~49 等，而是以一个开口组 "35 及以上" 来简化频数分布，这一组的频数为 2。开口组经常出现在分布的最上端，有时开口组也出现在分布的最下端，偶尔会在两端出现。

4. 累积频数分布的最后一个数据项总等于观测值的总数。累积相对频数分布的最后一个数据项总等于 1，累积百分数频数分布的最后一个数据项总等于 100。

练 习

方法

8. 考虑下面的频数分布：

组	频数	组	频数
10~19	10	40~49	7
20~29	14	50~59	2
30~39	17		

编制累积频数分布和累积相对频数分布。

9. 考虑下面的数据：

| 8.9 | 10.2 | 11.5 | 7.8 | 10.0 | 12.2 | 13.5 | 14.1 | 10.0 | 12.2 |
| 6.8 | 9.5 | 11.5 | 11.2 | 14.9 | 7.5 | 10.0 | 6.0 | 15.8 | 11.5 |

a. 绘制打点图。
b. 编制频数分布。
c. 编制百分数频数分布。

应用

10. 一名医务室工作人员研究了需要急诊服务的病人到达医务室后的等待时间。以下是在一个月的期间内收集的等待时间数据（单位：分钟）：

| 2 | 5 | 10 | 12 | 4 | 4 | 5 | 17 | 11 | 8 | 9 | 8 | 12 | 21 | 6 | 8 | 7 | 13 | 18 | 3 |

以下按 0~4，5~9 等分组。

a. 编制频数分布。
b. 编制相对频数分布。
c. 编制累积频数分布。
d. 编制累积相对频数分布。
e. 需要急诊服务的病人的等待时间不超过 9 分钟的比例有多大？

11. 候选人的不足需要学区支付较高的薪水和额外的补助以吸引和留住学区的负责人。纽约州大罗切斯特地区 20 个学区负责人的基本年薪数据如下所示（*The Rochester Democrat and Chronicle*，February 10，2008）。

单位：千美元

187	184	174	185
175	172	202	197
165	208	215	164
162	172	182	156
172	175	170	183

以下按150～159，160～169等分组。

a. 编制频数分布。

b. 编制百分数频数分布。

c. 编制累积百分数频数分布。

d. 绘制基本年薪的直方图。

e. 数据是否呈现偏斜？请解释。

f. 基本年薪超过200 000美元的负责人占多大比例？

12. NRF/BIG研究机构提供消费者假日消费的调查结果（*USA Today*，December 20，2005）。由25名消费者组成一个样本，提供的假日消费总额数据如下：

单位：美元

1 200	850	740	590	340
450	890	260	610	350
1 780	180	850	2 050	770
800	1 090	510	520	220
1 450	280	1 120	200	350

a. 最低和最高假日消费额分别是多少？

b. 以250美元为组宽，编制这些数据的频数分布、百分数频数分布。

c. 绘制直方图，并评论分布的形态。

d. 关于假日消费你能得出怎样的观察结论？

13. 《高尔夫文摘》（*Golf Digest*）列出了年总收入最高的50名职业高尔夫球员。总收入是比赛奖金和非赛事收入之和。泰格·伍兹以总收入1.22亿美元排在首位，但是，他有近1亿美元的收入来自非赛事活动，如产品赞助和个人代言。下面是非赛事收入最高的前10名职业高尔夫球员的数据（Golf Digest website，February 2008）。

姓名	非赛事收入（千美元）
泰格·伍兹（Tiger Woods）	99 800
菲尔·米克尔森（Phil Mickelson）	40 200
阿诺德·帕尔默（Arnold Palmer）	29 500
维杰·辛格（Vijay Singh）	25 250
艾尔·埃尔斯（Ernie Els）	24 500
格雷格·诺曼（Greg Norman）	24 000
杰克·尼克劳斯（Jack Nicklaus）	20 750
塞尔吉奥·加西亚（Sergio Garcia）	14 500
魏圣美（Michelle Wie）	12 500
吉姆·福瑞克（Jim Furyk）	11 000

所有这 50 名职业高尔夫球员的非赛事收入见名为 OffCourse 的数据文件，收入以千美元计。按 0~4 999，5 000~9 999，10 000~14 999……分组，包含最高收入组 50 000 及以上这样一个开口组。回答下列问题。

a. 编制 50 名职业高尔夫球员非赛事收入的频数分布、百分数频数分布。
b. 绘制这些数据的直方图。
c. 评论非赛事收入分布的形态。
d. 50 名职业高尔夫球员非赛事收入出现次数最多的是哪个组？根据你的图表汇总，关于这 50 名职业高尔夫球员的非赛事收入，你能得到什么补充意见？

2.3 探索性数据分析：茎叶显示

探索性数据分析（exploratory data analysis）技术由简单算术和易画的图形组成，可用于快速地汇总数据。**茎叶显示**（stem-and-leaf display）技术可同时用于显示数据集的等级顺序和形状。

为了说明茎叶显示的使用，考虑表 2—8 中的数据。这些数据是 Haskens 制造公司最近面试 50 名应聘某职位的人提出的 150 个能力测验问题中，回答正确的问题个数。

表 2—8　在能力测验中回答正确的问题个数

112	72	69	97	107
73	92	76	86	73
126	128	118	127	124
82	104	132	134	83
92	108	96	100	92
115	76	91	102	81
95	141	81	80	106
84	119	113	98	75
68	98	115	106	95
100	85	94	106	119

为了绘制茎叶显示，我们首先把每个数据值的高位数字排在竖线左边。在竖线右边，我们记录每个数据值的最后一位数字。根据表 2—8 中的第一行数据值（112，72，69，97 和 107），绘制茎叶显示的前 5 个数据值如下：

```
 6 | 9
 7 | 2
 8 |
 9 | 7
10 | 7
11 | 2
12 |
13 |
14 |
```

例如，数值 112 的高位数字 11 在竖线左边，最后一位数字 2 在竖线右边。类似地，数值 72 的高位数字 7 在竖线左边，最后一位数字 2 在竖线右边。对应每个数据值的高位数字，继续把它的最后一位数字放置在竖线的右边，得到如下显示：

```
 6 | 9 8
 7 | 2 3 6 3 6 5
 8 | 6 2 3 1 1 0 4 5
 9 | 7 2 2 6 2 1 5 8 8 5 4
10 | 7 4 8 0 2 6 6 0 6
11 | 2 8 5 9 3 5 9
12 | 6 8 7 4
13 | 2 4
14 | 1
```

这样组织数据后，对每一行的数字排出等级顺序就简单了。排序后的茎叶显示如下：

```
 6 | 8 9
 7 | 2 3 3 5 6 6
 8 | 0 1 1 2 3 4 5 6
 9 | 1 2 2 2 4 5 5 6 7 8 8
10 | 0 0 2 4 6 6 6 7 8
11 | 2 3 5 5 8 9 9
12 | 4 6 7 8
13 | 2 4
14 | 1
```

竖线左边的数字（6，7，8，9，10，11，12，13和14）形成了茎，竖线右边的每个数字就是一个叶。例如，考虑第一行，6是茎的值，8和9是两个叶的值：

$$6 \mid 8 \quad 9$$

表示有两个数据值的首位数字是6，叶表示数据值是68和69。类似地，对于第二行：

$$7 \mid 2 \quad 3 \quad 3 \quad 5 \quad 6 \quad 6$$

表示有6个数据值的首位数字是7，叶表示数据值是72，73，73，75，76和76。

为了关注茎叶显示所显示出的形状，让我们用一个长方形围住每个茎的叶。由此得到下图：

```
 6 | 8 9
 7 | 2 3 3 5 6 6
 8 | 0 1 1 2 3 4 5 6
 9 | 1 2 2 2 4 5 5 6 7 8 8
10 | 0 0 2 4 6 6 6 7 8
11 | 2 3 5 5 8 9 9
12 | 4 6 7 8
13 | 2 4
14 | 1
```

将本页面逆时针方向旋转 90°，所得到的图形与以 60～69，70～79，80～89 等分组的直方图非常相似。

茎叶显示可以提供与直方图相同的信息，而且它还有以下两个主要优点：

（1）茎叶显示易于手工绘制。

（2）在一个组内，由于茎叶显示提供了实际的数据值，因此茎叶显示比直方图提供了更多的信息。

就像频数分布或直方图没有绝对的组数一样，茎叶显示也没有绝对的行数或茎数。如果我们认为初始的茎叶显示聚集了太多的数据，可以把高位数字拆分为两个或更多的茎，从而可以扩展这个显示。例如，对每一高位数字使用两个茎，我们把所有以 0，1，2，3 和 4 结尾的数据放在一行，而把所有以 5，6，7，8 和 9 结尾的数据放在另一行。下列扩展的茎叶显示演示了这种方法：

6	8 9
7	2 3 3
7	5 6 6
8	0 1 1 2 3 4
8	5 6
9	1 2 2 4
9	5 5 6 7 8 8
10	0 0 2 4
10	6 6 6 7 8
11	2 3
11	5 5 8 9 9
12	4
12	6 7 8
13	2 4
13	
14	1

注意，数值 72，73 和 73 的叶在 0～4 范围内，并且列在数值 7 的第一个茎上。数值 75，76 和 76 的叶在 5～9 范围内，列在数值 7 的第二个茎上。这个扩展的茎叶显示与间隔为 65～69，70～74，75～79 等的频数分布很相似。

> 在扩展的茎叶显示中，如果茎被重复两次，则第一个茎对应于叶 0～4，第二个茎对应于叶 5～9。

上面的例子说明了三位数数据的茎叶显示。对于超过三位数的数据，也能做出茎叶显示。例如，考虑下列数据，它们是一家快餐店 15 周的汉堡包的销售数量。

| 1 565 | 1 852 | 1 644 | 1 766 | 1 888 | 1 912 | 2 044 | 1 812 |
| 1 790 | 1 679 | 2 008 | 1 852 | 1 967 | 1 954 | 1 733 |

这些数据的茎叶显示如下：

叶单位＝10

```
15 | 6
16 | 4 7
17 | 3 6 9
18 | 1 5 5 8
19 | 1 5 6
20 | 0 4
```

注意，这里用一个单一数字来表示每一个叶，并且每个观测值只用前三位数字来编制茎叶显示。在该茎叶显示的顶部，我们规定了叶单位为 10。为了说明如何解释茎叶显示中的数值，考虑第一个茎 15，以及它的叶 6。把它们连起来，得到数 156。要得到原始观测值的一个近似值，我们需要把它乘以叶单位的值 10。因此，156×10 = 1 560 就是用来绘制茎叶显示的原始观测值的近似值。虽然从茎叶显示中得出精确数据值是不可能的，但是根据每个叶使用一位数表示的惯例，可以保证我们对位数较多的数据也能绘制出茎叶显示。对于没有给出叶单位的茎叶显示，我们假设它等于 1。

> 在茎叶显示中使用一个单一数字来表示每个叶。叶单位是为了得到原始数据的近似值，而在茎叶显示中应该乘上的数值。叶单位可以是 100，10，1，0.1 等。

练 习

方法

14. 绘制下列数据的茎叶显示。

| 70 | 72 | 75 | 64 | 58 | 83 | 80 | 82 |
| 76 | 75 | 68 | 65 | 57 | 78 | 85 | 72 |

15. 绘制下列数据的茎叶显示。

| 11.3 | 9.6 | 10.4 | 7.5 | 8.3 | 10.5 | 10.0 |
| 9.3 | 8.1 | 7.7 | 7.5 | 8.4 | 6.3 | 8.8 |

16. 绘制下列数据的茎叶显示，叶单位为 10。

| 1 161 | 1 206 | 1 478 | 1 300 | 1 604 | 1 725 | 1 361 | 1 422 |
| 1 221 | 1 378 | 1 623 | 1 426 | 1 557 | 1 730 | 1 706 | 1 689 |

应用

17. 一位心理学家发明了一种测试成年人智力的新方法。对 20 人进行测试，得到如下数据：

| 114 | 99 | 131 | 124 | 117 | 102 | 106 | 127 | 119 | 115 |
| 98 | 104 | 144 | 151 | 132 | 106 | 125 | 122 | 118 | 118 |

绘制这些数据的茎叶显示。

18. 《钱经》(Money) 杂志列出了工作的最佳职业机会是令人愉快、薪酬丰厚以及迄今为止工作10年之久（Money，November 2009）。下面是拥有2～7年工作经验的20个最佳职业机会其员工薪金的中位数收入和最高收入数据。

单位：千美元

职业	中位数收入	最高收入
客户主管	81	157
注册会计师	74	138
计算机安全顾问	100	138
通信主管	78	135
财务分析师	80	109
财务主管	121	214
财务研究分析师	66	155
酒店总经理	77	146
人力资源经理	72	111
投资银行业务员	106	221
IT业务分析师	83	119
IT项目经理	99	140
营销经理	77	126
质量保证经理	80	122
销售代表	67	125
高级内部审计师	76	106
软件开发员	79	116
软件项目经理	110	152
系统工程师	87	130
文档工程师	67	100

对中位数收入和最高收入编制茎叶显示，并评价这些职业的收入状况。

19. 2004年在佛罗里达州那不勒斯举行的半程马拉松赛（13.1英里）有1 228名参赛者（Naples Daily News，January 17，2004），比赛分为6个年龄组。由40名参赛者组成的一个样本的年龄数据如下：

49	33	40	37	56
44	46	57	55	32
50	52	43	64	40
46	24	30	37	43
31	43	50	36	61
27	44	35	31	43
52	43	66	31	50
72	26	59	21	47

a. 绘制扩展的茎叶显示。
b. 哪个年龄组的参赛者最多？
c. 哪个年龄出现的次数最多？
d. 《那不勒斯日报》（Naples Daily News）的专栏文章强调了20多岁参赛者的人数。在20多岁这个年龄组中，参赛者的比例是多少？你推测文章的重点是什么？

2.4 交叉分组表和散点图

迄今为止，我们已集中讨论了用于汇总一个变量在一个时点上的数据的表格法和图形法。管理人员和决策者往往还需要利用表格法和图形法来理解两个变量间的关系。交叉分组表和散点图就是这样的方法。

> 交叉分组表和散点图用于汇总数据，在某种程度上可揭示两个变量间的关系。

2.4.1 交叉分组表

交叉分组表（crosstabulation）是一种汇总两个变量数据的表格方法。为了说明交叉分组表的使用方法，我们考虑下面根据《Zagat 饭店评论》（*Zagat's Restaurant Review*）得到的数据。由位于洛杉矶地区的 300 家饭店组成一个样本，收集它们的质量等级和餐价数据。表 2—9 给出了前 10 家饭店的质量等级和代表性餐价的数据。质量等级是一个类型变量，等级类别有好、很好和优秀；餐价是一个数量变量，变化范围从 10～49 美元。

表 2—9　　　　　　　　300 家洛杉矶饭店的质量等级和餐价

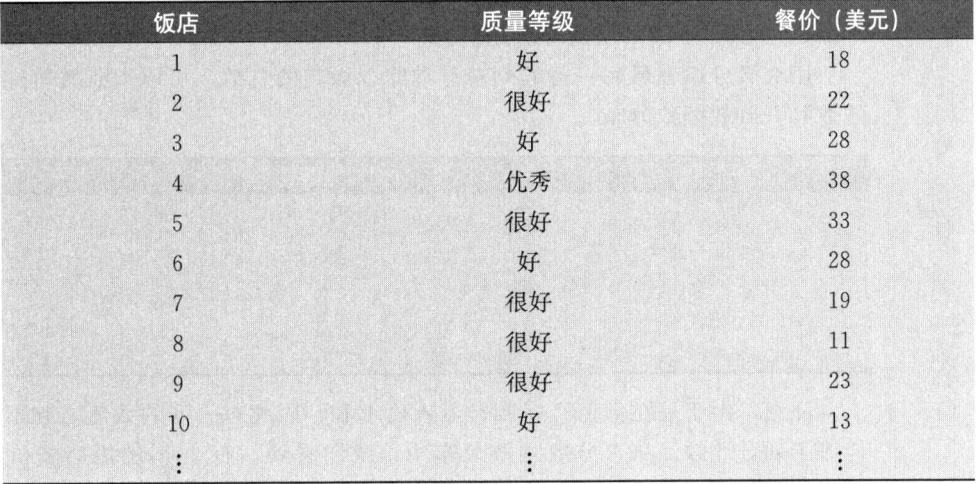

饭店	质量等级	餐价（美元）
1	好	18
2	很好	22
3	好	28
4	优秀	38
5	很好	33
6	好	28
7	很好	19
8	很好	11
9	很好	23
10	好	13
⋮	⋮	⋮

这一应用数据的交叉分组表如表 2—10 所示。左边栏和顶部边栏规定了两个变量的组别。左边栏的行标签（好、很好和优秀）对应着质量等级变量的三个组。顶部边栏的列标签（10～19，20～29，30～39 和 40～49）对应着餐价变量的四个组。样本中的每个饭店都给出了质量等级和餐价。因此，样本中的每个饭店都与交叉分组表中的某一列和某一行的交叉单元相联系。例如，饭店 5 质量等级为很好，餐价 33 美元。它属于表 2—10 中第 2 行和第 3 列的交叉单元。在编制交叉分组表时，只须简单地计算出属于交叉分组表每个单元的饭店数。

观察表 2—10，可以看到，样本中质量等级为很好且餐价在 20～29 美元的饭店最多（64 家）。质量等级为优秀且餐价在 10～19 美元的饭店只有两家。其他频

数也可以进行类似的解释。另外,我们注意到交叉分组表的右边和最后一行分别给出了质量等级和餐价的频数分布。从右边的频数分布中我们看到,质量等级为好的饭店有 84 家,很好的饭店有 150 家,优秀的饭店有 66 家。类似地,最后一行是餐价变量的频数分布。

表 2—10　　　　　300 家洛杉矶饭店的质量等级和餐价的交叉分组表

质量等级	餐价（美元）				总计
	10～19	20～29	30～39	40～49	
好	42	40	2	0	84
很好	34	64	46	6	150
优秀	2	14	28	22	66
总计	78	118	76	28	300

用交叉分组表右边栏的行总计数除以饭店总数,可以得到质量等级变量的相对频数和百分数频数分布。

质量等级	相对频数	百分数频数
好	0.28	28
很好	0.50	50
优秀	0.22	22
总计	1.00	100

从百分数频数分布中,我们看到有 28% 的饭店的质量等级是好,有 50% 质量等级是很好,有 22% 质量等级是优秀。

用交叉分组表最后一行的列总计数除以饭店的总数,可以得到餐价变量的相对频数和百分数频数分布。

餐价（美元）	相对频数	百分数频数
10～19	0.26	26
20～29	0.39	39
30～39	0.25	25
40～49	0.09	9
总计	1.00	100

注意,由于是在数值经过四舍五入后求和,因此每一列的数值之和不一定精确地等于列合计数。从百分数频数分布中,我们看到,有 26% 的饭店餐价在最低价格组（10～19 美元）,有 39% 的餐价在次低价格组,等等。

利用交叉分组表边栏得到的频数分布和相对频数分布,可以提供每一个变量单独的信息,但它们不能提供变量间关系的任何信息。交叉分组表的主要价值在于提供了变量间关系的深刻含义。再次查看表 2—10 中的交叉分组表,表中揭示出较高的餐价与较高的质量等级相联系,而较低的餐价对应于较低的质量等级。

把交叉分组表中的项目转换成行百分数或列百分数,还可以对变量间的关系提供更深入的了解。对行百分数,可用表 2—10 中的每个频数除以对应的行总计数,所得的结果显示在表 2—11 中。表 2—11 中的每一行是同一质量等级的餐价的百分数频数分布。对于质量等级最低（好）的饭店,我们看到最大的百分数是较便宜的饭店（50%的饭店餐价是10～19美元，47.6%的饭店餐价是20～29美元）。对于质量等级最高（优秀）的饭店，我们看到最高的百分数是较昂贵的饭店（42.4%的饭店餐价是30～39美元，33.4%的饭店餐价是40～49美元）。因此，我们继续看到较昂贵的餐价与较高质量等级相联系。

表 2—11　　　　　　　　　　每一个质量等级类的行百分比

质量等级	餐价（美元）				总计
	10～19	20～29	30～39	40～49	
好	50.0	47.6	2.4	0.0	100
很好	22.7	42.7	30.6	4.0	100
优秀	3.0	21.2	42.2	33.4	100

还可以绘制展现交叉分组表信息的图形以加强对交叉分组表的描述，图2—13是显示表2—11结果的Excel柱形图。

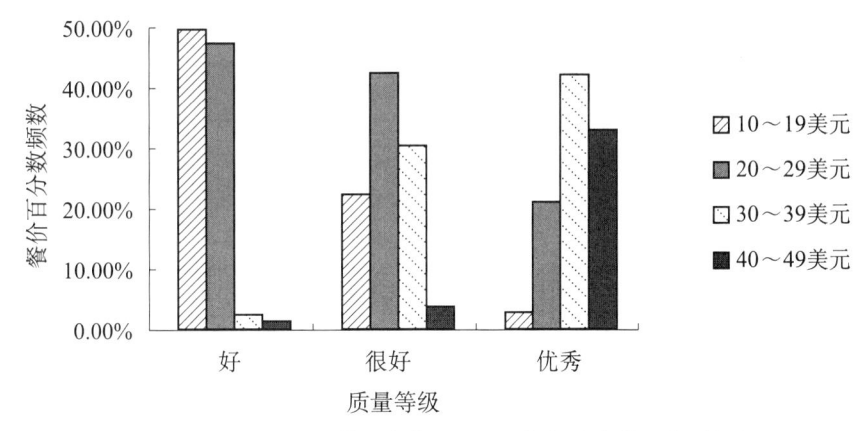

图 2—13　每一个质量等级类的行百分数频数分布的 Excel 柱形图

在实践中，许多统计研究的最终报告包括大量的交叉分组表。在洛杉矶饭店调查中，交叉分组表是基于一个分类变量（质量等级）和一个数量变量（餐价）编制的。当两个变量都是分类变量或数量变量时，也可以编制交叉分组表。然而，当用数量变量编制交叉分组表时，我们首先必须对变量值划分组别。例如，在饭店例子中，我们将餐价划分为四个组（10～19美元，20～29美元，30～39美元和40～49美元）。

2.4.2　用 Excel 的数据透视表编制交叉分组表

Excel的数据透视表对同时汇总两个或多个变量数据提供了非常好的方法。我们用洛杉矶的300家饭店的样本数据来说明如何用Excel数据透视表编制质量等级和餐价的交叉分组表。

输入数据：标签 Restaurant（饭店），Quality Rating（质量等级）和 Meal Price（$）（餐价（美元））被输入到工作表的单元格区域A1：C1，如图2—14所示。300家饭店中每一个饭店的数据被输入到单元格区域B2：C301。

输入函数和公式：不需要任何函数和公式。

图 2—14 包含饭店数据的 Excel 工作表

应用工具：为了利用数据透视表编制交叉分组表，需要完成三个任务：显示最初的数据透视表字段列表和数据透视表；放置数据透视表字段列表；完成数据透视表。

显示最初的数据透视表字段列表和数据透视表：需要三个步骤来显示最初的数据透视表字段列表和数据透视表。

第 1 步：点击功能区菜单栏上的 **Insert** 按钮。

第 2 步：在 **Tables** 组中，点击 PivotTable 文字上方的图标。

第 3 步：当 **Create PivotTable** 对话框出现时：

选择 **Select a table or range**；

在 **Table/Range** 框中输入 A1：C301；

选择 **New Worksheet** 来放置数据透视表；

点击 **OK**。

得到最初的数据透视表字段列表和数据透视表如图 2—15 所示。

放置数据透视表字段列表：图 2—14 中的 3 列（标签为 Restaurant，Quality Rating 和 Meal Price（＄））中的每一列被定义为一个 Excel 字段，字段可以选择用来代表数据透视表表体中的行、列或数值。下面的步骤显示了如何用 Excel 的数据透视表字段列表来指派字段 Quality Rating 为行、字段 Meal Price（＄）为列和字段 Restaurant 为数据透视表表体。

第 1 步：在 **PivotTable Field List** 中，进入 **Choose Fields to add to report**：

拖动字段 **Quality Rating** 到 **Row Labels** 区域；

拖动字段 **Meal Price（＄）** 到 **Column Labels** 区域；

拖动字段 **Restaurant** 到 **Values** 区域。

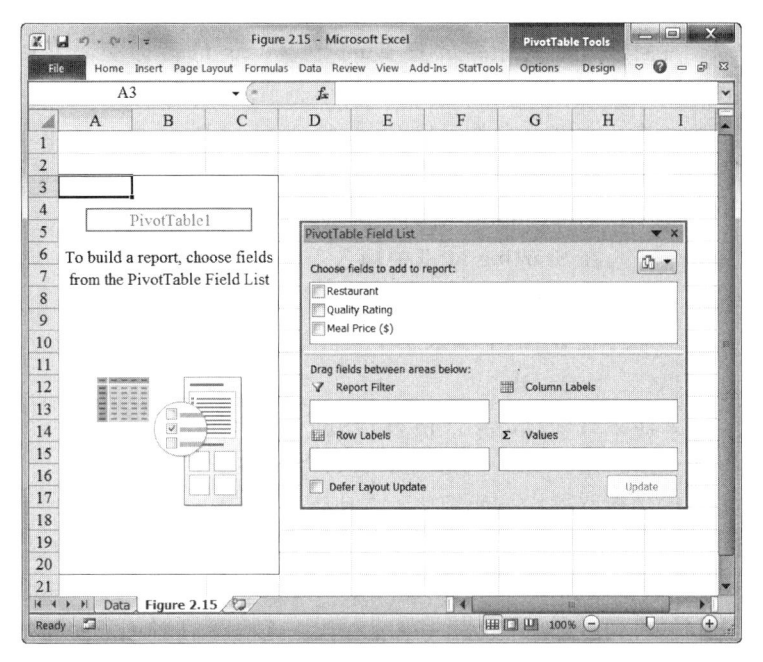

图 2—15　饭店数据的最初的数据透视表字段列表和数据透视表字段

第 2 步：在 **Values** 区域点击 **Sum of Restaurant**。

第 3 步：从出现的列表中点击 **Value Field Settings**。

第 4 步：当 **Value Field Settings** 对话框出现时：

在 **Summarize value field by** 下选择 **Count**；

点击 **OK**。

图 2—16 中显示了完整的数据透视表字段列表和得到的部分数据透视表工作表。

图 2—16　饭店数据的完整的数据透视表字段列表和部分数据透视表（列 **H～AK** 被隐藏）

完成数据透视表：为了完成数据透视表，我们需要将代表 Meal Price 的列进行分组，并且以合适的顺序放置 Quality Rating 的行标签，下列步骤可以实现这些工作。

第 1 步：右键点击单元格 B4 或包含 Meal Price 的任意单元格。

第 2 步：从出现的列表中选择 **Group**。

第 3 步：当 **Grouping** 对话框出现时：

在 **Starting at** 框中输入 10。

在 **Ending at** 框中输入 49。

在 **By** 框中输入 10。

点击 **OK**。

第 4 步：右键点击单元格 A5 内的 Excellent。

第 5 步：选择 **Move** 并点击 **Move "Excellent" to End**。

最终的数据透视表如图 2—17 所示。注意，它与表 2—10 的交叉分组表提供了相同的信息。现在我们用 Excel 图表工具来绘制图 2—13 中显示的柱形图。而且，Excel 的数据透视图可以同时编制交叉分组表和绘制相应的柱形图。

我们看到，Excel 数据透视表和数据透视图对汇总单变量数据和双变量数据都非常有用。一旦你利用这些工具对一个或两个数据集得到表格和图形汇总，我们确信你会发现这两个工具不仅使用简单，而且对快速汇总非常复杂的数据集提供了功能强大的选项。

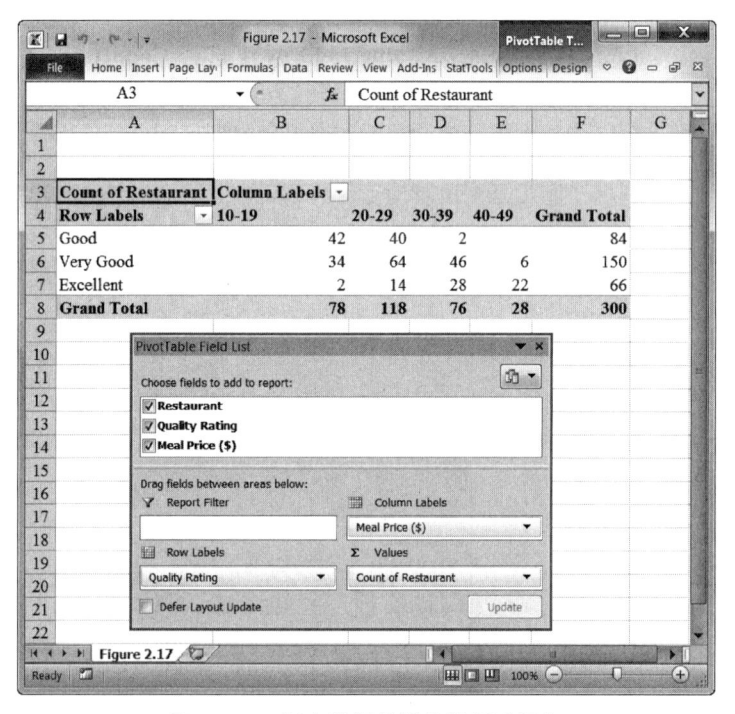

图 2—17 饭店数据的最终数据透视表

2.4.3 散点图和趋势线

散点图（scatter diagram）是对两个数量变量间关系的图形表述。**趋势线**（trendline）是显示相关性近似程度的一条直线。作为一个实例，考虑旧金山一家音像设备商店的广告次数与销售额之间的关系。该商店在过去的三个月内有 10 次利用周末电视广告来促销。管理人员想证实广告播出次数和下一周商店销售额之间是否有关系。表 2—12 中给出了 10 周销售额的样本数据。

表 2—12　　　　　　　　　　音像设备商店的样本数据

周次	广告次数 x	销售额（100 美元）y
1	2	50
2	5	57
3	1	41
4	3	54
5	4	54
6	1	38
7	5	63
8	3	48
9	4	59
10	2	46

图 2—18 是表 2—12 中数据的散点图和趋势线。① 广告次数（x）显示在横轴上，销售额（y）显示在纵轴上。对第 1 周，$x=2$ 和 $y=50$，在散点图上按这两个值画出该点。用相同的方法画出其他 9 周的点。注意，有两周做了一次广告，有两周做了两次广告，以此类推。

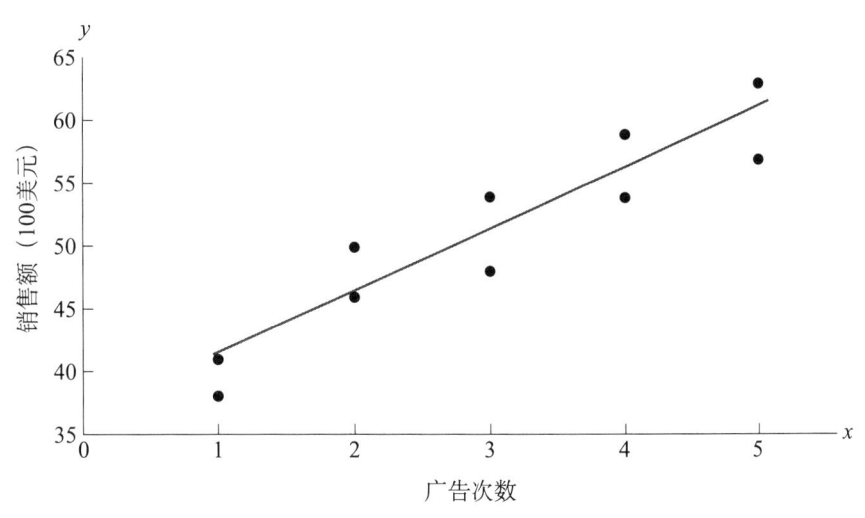

图 2—18　音像设备商店的散点图和趋势线

---

① 趋势线方程是 $y=36.15+4.95x$。趋势线的斜率是 4.95，y 轴截距（趋势线与 y 轴的交点）是 36.15。

绘制好的散点图（见图 2—18）表明，广告次数和销售额之间存在正相关的关系。较高的销售额与较高的广告次数相联系。因为所有的点并不在一条直线上，所以这种关系是不完全的。然而，这些点的分布模式和趋势线表明整体关系是正相关的。

在图 2—19 中给出了一些一般的散点图模式和它们所显示的关系类型。左上图描绘了正相关关系，与广告次数和销售额例子相似；而在右上图中，散点图显示变量间没有明显的关系；在下方的图中，显示了负相关关系，即随着 x 增加，y 趋于减少。

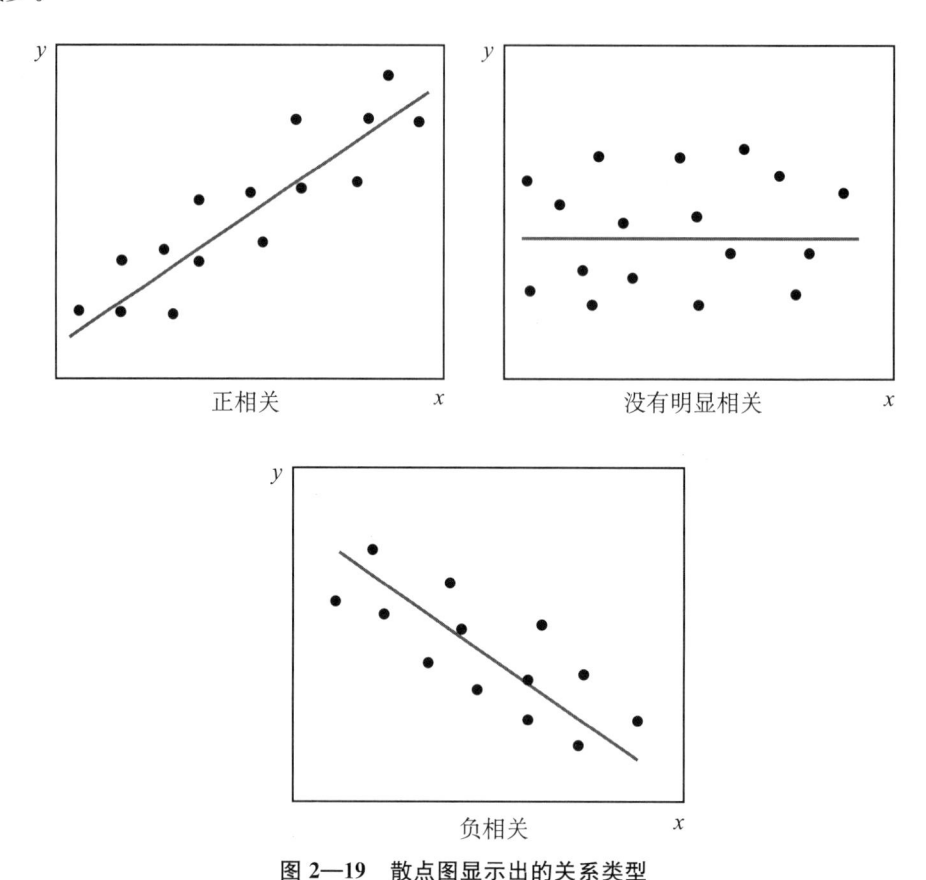

图 2—19 散点图显示出的关系类型

2.4.4　用 Excel 的图表工具绘制散点图和趋势线

我们可以用 Excel 的图表工具绘制音响设备商店数据的散点图和趋势线。在描述所涉及的工作时可参见图 2—20 和图 2—21。

输入数据：适当的标签和样本数据被输入工作表的单元格区域 A1：C11，见图 2—20。

输入函数和公式：不需要任何函数和公式。

应用工具：下列步骤描述了如何利用 Excel 的图表工具来生成工作表中数据的散点图。

第 1 步：选择单元格区域 B1：C11。

第 2 步：点击功能区菜单栏的 **Insert** 按钮。

第 3 步：在 **Charts** 组，点击 **Scatter**。

第 4 步：当所有 Scatter 的图表类型列表出现时，点击 **Scatter with only Markers**（在左上角的图）。

第 5 步：在 **Chart Layouts** 组中，选择 **Layout 1**。

第 6 步：选择 **Chart Title**，并用 **Scatter Diagram for the Stereo and Sound Equipment Store** 替换。

第 7 步：选择 **Horizontal（Category）Axis Title**，并用 **Number of Commercials** 替换。

第 8 步：选择 **Vertical（Value）Axis Title**，并用 **Sales（$100s）** 替换。

第 9 步：右键点击 **Series 1 Legend Entry** 并点击 **Delete**。

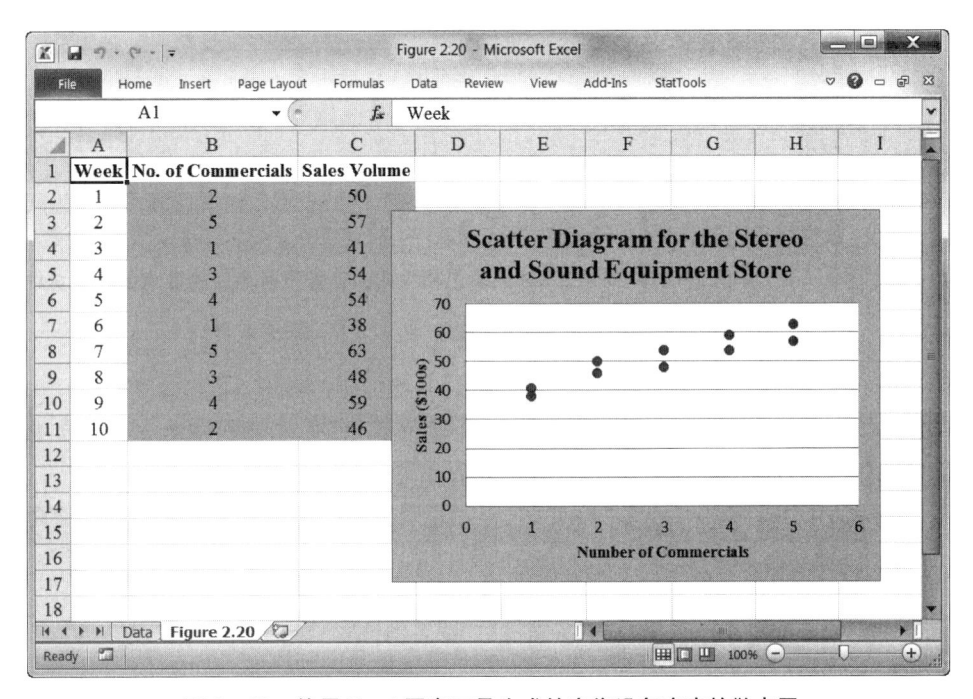

图 2—20　使用 Excel 图表工具生成的音像设备商店的散点图

图 2—20 中的工作表显示了由 Excel 得到的散点图。下列步骤描述如何添加趋势线。

第 1 步：将鼠标指针放在散点图中任何一个数据点上，右键点击以显示选项列表。

第 2 步：选择 **Add Trendline** 选项。

第 3 步：当 **Format Trendline** 对话框出现时：

　　　　选择 **Trendline Options**。

　　　　从 **Trend/Regression Type** 列表中选择 **Linear**。

　　　　点击 **Close**。

图 2—21 中的工作表显示了添加趋势线的散点图。

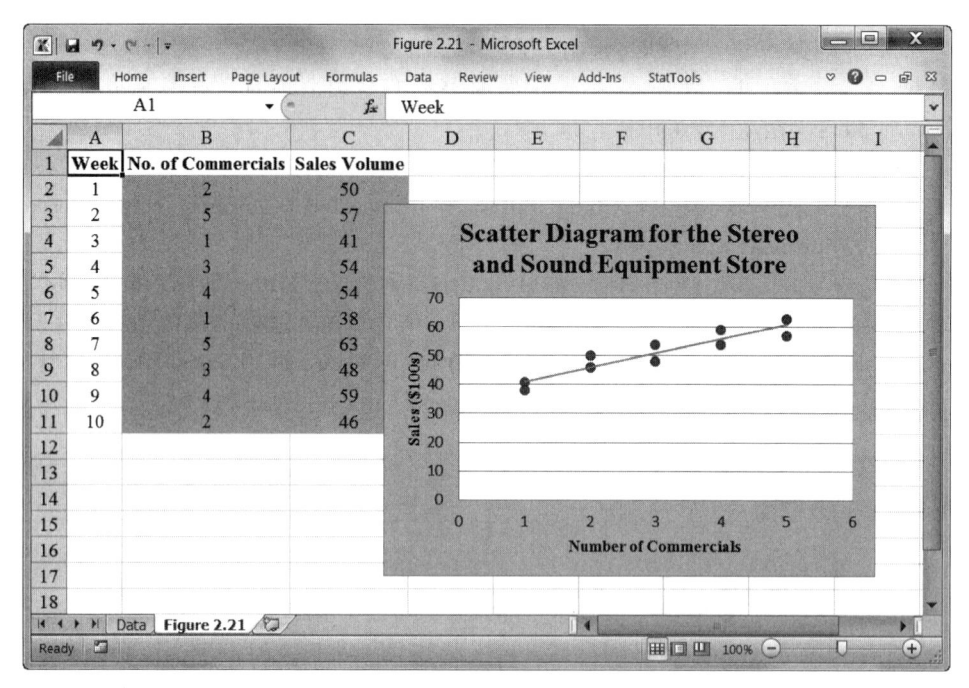

图 2—21　使用 Excel 图表工具生成的音像设备商店的散点图和趋势线

练　习

方法

20. 下列数据是两个品质变量 x 和 y 的 30 次观测结果。x 的分类是 A，B 和 C；y 的分类是 1 和 2。

观测次数	x	y	观测次数	x	y
1	A	1	16	B	2
2	B	1	17	C	1
3	B	1	18	B	1
4	C	2	19	C	1
5	B	1	20	B	1
6	C	2	21	C	2
7	B	1	22	B	1
8	C	2	23	C	2
9	A	1	24	A	1
10	B	1	25	B	1
11	A	1	26	C	2
12	B	1	27	C	2
13	C	2	28	A	1
14	C	2	29	B	1
15	C	2	30	B	2

a. 以 x 为行变量，y 为列变量，编制数据的交叉分组表。
b. 计算行百分数。
c. 计算列百分数。

d. 如果 x 和 y 之间存在相关关系的话，将会是什么类型的关系？

21. 下表是两个数量变量 x 和 y 的 20 次观测结果。

观测次数	x	y	观测次数	x	y
1	−22	22	11	−37	48
2	−33	49	12	34	−29
3	2	8	13	9	−18
4	29	−16	14	−33	31
5	−13	10	15	20	−16
6	21	−28	16	−3	14
7	−13	27	17	−15	18
8	−23	35	18	12	17
9	14	−5	19	−20	−11
10	3	−3	20	−7	−22

a. 绘制出 x 和 y 之间的关系的散点图。

b. 如果 x 和 y 之间有明显的关系，将会是什么类型的关系？

应用

22. 下面是家庭收入与家长的教育水平的交叉分组表（*Statistical Abstract of the United States*：2008）。

教育水平	家庭收入（千美元）					总计
	25 以下	25.0~49.9	50.0~74.9	75.0~99.9	100 及以上	
高中以下	4 207	3 459	1 389	539	367	9 961
高中毕业	4 917	6 850	5 027	2 637	2668	22 099
大学	2 807	5 258	4 678	3 250	4 074	20 067
学士学位	885	2 094	2 848	2 581	5 379	13 787
学士以上	290	829	1 274	1 241	4 188	7 822
总计	13 106	18 490	15 216	10 248	16 676	73 736

a. 计算列百分数，并绘制百分数频数分布。家长高中未毕业的比例是多少？

b. 对家庭收入在 100 000 美元及以上，家长具有学士以上学历的比例是多少？家长具有学士以上学历，家庭收入在 100 000 美元及以上的比例是多少？二者有何区别？

c. 比较家庭收入在"25 以下"，"100 及以上"和"总计"的百分数频数分布。评价家庭收入和家长的教育水平之间的关系。

23. 表 2—13 是一个由 45 只共同基金的信息组成的数据集，它们是 2008 年的《晨星基金 500 强》报告的一部分，数据集中包含下列 5 个变量：

基金类型：共同基金的类型，标记为 DE（国内股本）、IE（国际股本）和 FI（固定收益）；

资产净值：每股收盘价；

5 年的平均回报率：基金过去 5 年的年平均回报率；

费用比率：每财政年度扣除的基金费用占资产的百分比；

晨星评级：每只基金综合风险调整星级，从最低的 1 星级到最高的 5 星级。

表 2—13　　45 只共同基金样本的财务数据

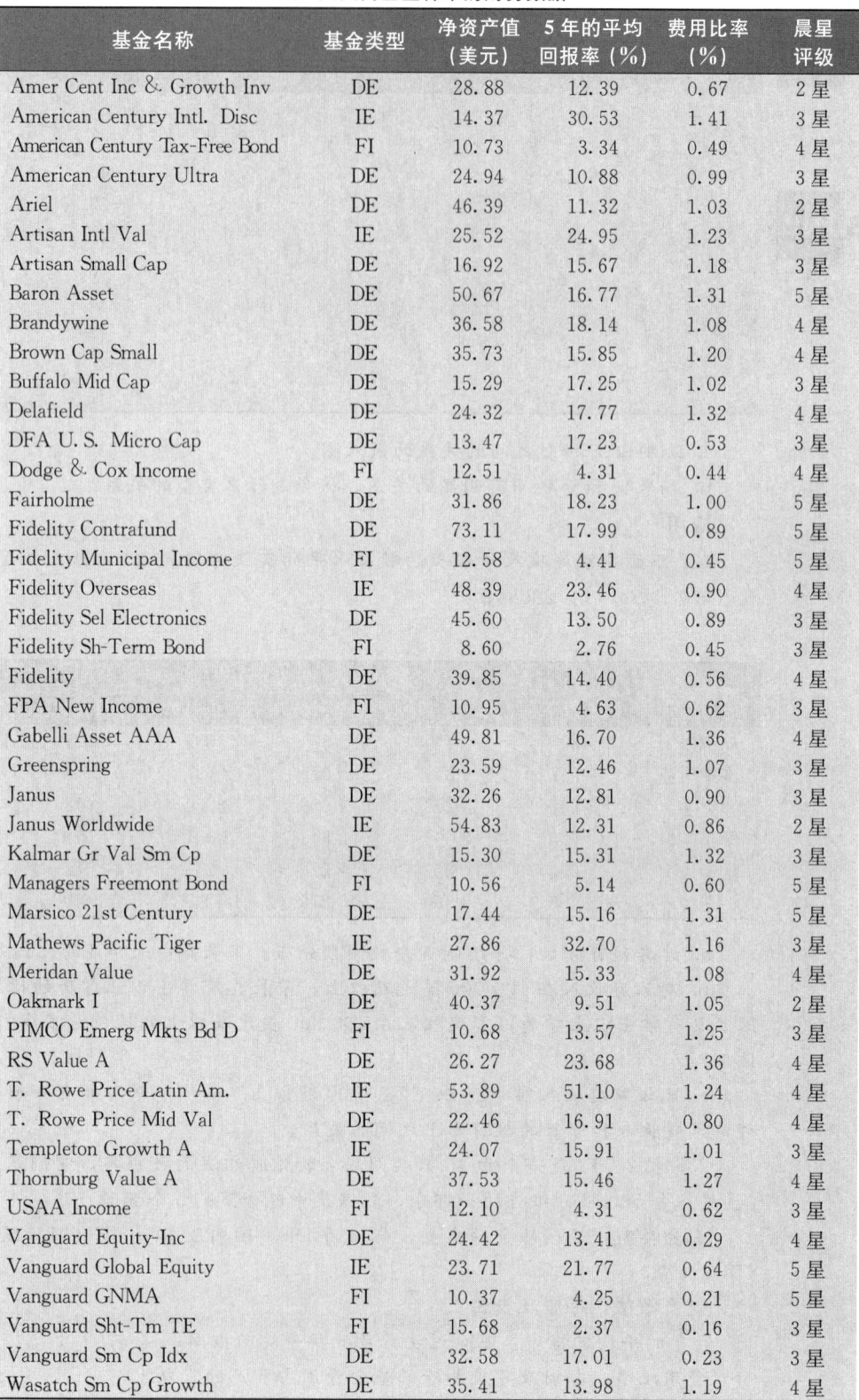

基金名称	基金类型	净资产值（美元）	5 年的平均回报率（%）	费用比率（%）	晨星评级
Amer Cent Inc & Growth Inv	DE	28.88	12.39	0.67	2 星
American Century Intl. Disc	IE	14.37	30.53	1.41	3 星
American Century Tax-Free Bond	FI	10.73	3.34	0.49	4 星
American Century Ultra	DE	24.94	10.88	0.99	3 星
Ariel	DE	46.39	11.32	1.03	2 星
Artisan Intl Val	IE	25.52	24.95	1.23	3 星
Artisan Small Cap	DE	16.92	15.67	1.18	3 星
Baron Asset	DE	50.67	16.77	1.31	5 星
Brandywine	DE	36.58	18.14	1.08	4 星
Brown Cap Small	DE	35.73	15.85	1.20	4 星
Buffalo Mid Cap	DE	15.29	17.25	1.02	3 星
Delafield	DE	24.32	17.77	1.32	4 星
DFA U.S. Micro Cap	DE	13.47	17.23	0.53	3 星
Dodge & Cox Income	FI	12.51	4.31	0.44	4 星
Fairholme	DE	31.86	18.23	1.00	5 星
Fidelity Contrafund	DE	73.11	17.99	0.89	5 星
Fidelity Municipal Income	FI	12.58	4.41	0.45	5 星
Fidelity Overseas	IE	48.39	23.46	0.90	4 星
Fidelity Sel Electronics	DE	45.60	13.50	0.89	3 星
Fidelity Sh-Term Bond	FI	8.60	2.76	0.45	3 星
Fidelity	DE	39.85	14.40	0.56	4 星
FPA New Income	FI	10.95	4.63	0.62	3 星
Gabelli Asset AAA	DE	49.81	16.70	1.36	4 星
Greenspring	DE	23.59	12.46	1.07	3 星
Janus	DE	32.26	12.81	0.90	3 星
Janus Worldwide	IE	54.83	12.31	0.86	2 星
Kalmar Gr Val Sm Cp	DE	15.30	15.31	1.32	3 星
Managers Freemont Bond	FI	10.56	5.14	0.60	5 星
Marsico 21st Century	DE	17.44	15.16	1.31	5 星
Mathews Pacific Tiger	IE	27.86	32.70	1.16	3 星
Meridan Value	DE	31.92	15.33	1.08	4 星
Oakmark I	DE	40.37	9.51	1.05	2 星
PIMCO Emerg Mkts Bd D	FI	10.68	13.57	1.25	3 星
RS Value A	DE	26.27	23.68	1.36	4 星
T. Rowe Price Latin Am.	IE	53.89	51.10	1.24	4 星
T. Rowe Price Mid Val	DE	22.46	16.91	0.80	4 星
Templeton Growth A	IE	24.07	15.91	1.01	3 星
Thornburg Value A	DE	37.53	15.46	1.27	4 星
USAA Income	FI	12.10	4.31	0.62	3 星
Vanguard Equity-Inc	DE	24.42	13.41	0.29	4 星
Vanguard Global Equity	IE	23.71	21.77	0.64	5 星
Vanguard GNMA	FI	10.37	4.25	0.21	5 星
Vanguard Sht-Tm TE	FI	15.68	2.37	0.16	3 星
Vanguard Sm Cp Idx	DE	32.58	17.01	0.23	3 星
Wasatch Sm Cp Growth	DE	35.41	13.98	1.19	4 星

a. 以基金类型为行，以5年的平均回报率为列，编制数据的交叉分组表，5年的平均回报率按0~9.99，10~29.99，30~39.99，40~49.99和50~59.99分组。

b. 编制基金类型数据的频数分布。

c. 编制5年的平均回报率数据的频数分布。

d. 交叉分组表如何有助于编制b和c的频数分布？

e. 关于基金类型和过去5年的平均回报率，你能得出什么结论？

24. 参考表2—13中的数据。

a. 以5年的平均回报率为横轴，资产净值为纵轴，绘制散点图。

b. 如果变量间存在关系，对它们之间的关系进行评价。

25. 美国能源部的燃料燃烧效率指南提供汽车和卡车的能源效率数据（Fuel Economy website，September 8，2012）。表2—14是149辆小型、中型或大型汽车数据的一部分，数据集包含下列变量：

类型：小型、中型或大型；

排量：发动机的容量（升）；

汽缸数：发动机的汽缸数；

驱动：全轮驱动（A）、前轮驱动（F）和后轮驱动（R）；

燃料类型：优质汽油（P）、普通汽油（R）；

市区行驶：市区驾驶的能源效率等级（英里/加仑）；

公路行驶：公路驾驶的能源效率等级（英里/加仑）。

完整的数据集在文件FuelData2012中。

表2—14　　　　　　　　　　　149辆汽车的燃料效率数据

汽车	类型	排量	汽缸数	驱动	燃料类型	市区行驶	公路行驶
1	小型	2.0	4	F	P	22	30
2	小型	2.0	4	A	P	21	29
3	小型	2.0	4	A	P	21	31
⋮	⋮	⋮	⋮	⋮	⋮	⋮	⋮
94	中型	3.5	6	A	R	17	25
95	中型	2.5	4	F	R	23	33
⋮	⋮	⋮	⋮	⋮	⋮	⋮	⋮
148	大型	6.7	12	R	P	11	18
149	大型	6.7	12	R	P	11	18

a. 以排量为行、公路行驶为列编制数据的交叉分组表，对排量按1~2，2~3，3~4，4~5，5~6和6~7分组，对公路行驶按15~19，20~24，25~29，30~34和35~39分组。

b. 如果排量和公路行驶之间存在关系，对它们之间进行关系评价。

c. 绘制排量和公路行驶数据的散点图，以公路行驶为纵轴。

d. 如果排量和公路行驶之间存在关系，则在c中的散点图显示的是何种关系？

e. 在研究排量和公路行驶之间的关系时，你编制了数据的表格汇总（交叉分组表）和图形汇总（散点图），在这个案例中你倾向于哪种方法？请解释。

小　结

对于一个数据集，即使它的规模适中，对其原始形式进行直接解释也经常是困难的。表格法和图形法提供了组织和汇总数据的方法，使人们能够揭示出数据的特征模式，并能更加容易地解释数据。频数分布、相对频数分布、百分数频数分布、条形图以及饼形图是汇总分类型数据的表格法和图形法。频数分布、相对频数分布、百分数频数分布、直方图、累积频数分布、累积相对频数分布、累积百分数频数分布和累积曲线是汇总数量型数据的方法。茎叶显示作为一种探索性数据分析技术，可以用来汇总数量型数据。交叉分组表是汇总两个变量数据的表格方法。散点图是显示两个数量变量之间关系的图形方法。图 2—22 是本章介绍的表格法和图形法的总结。

对于大型的数据集，像 Excel 等计算机软件包在编制数据的表格和图形汇总时是必要的。

```
                        数据
                ┌────────┴────────┐
            分类型数据            数量型数据
          ┌─────┴─────┐        ┌─────┴─────┐
        表格法        图形法    表格法        图形法
          │            │         │            │
     ·频数分布      ·条形图   ·频数分布     ·打点图
     ·相对频数分布  ·饼形图   ·相对频数分布 ·直方图
     ·百分数频数分布         ·百分数频数分布 ·累积曲线
     ·交叉分组表             ·累积频数分布   ·茎叶显示
                             ·累积相对频数分布·散点图
                             ·累积百分数频数分布
                             ·交叉分组表
```

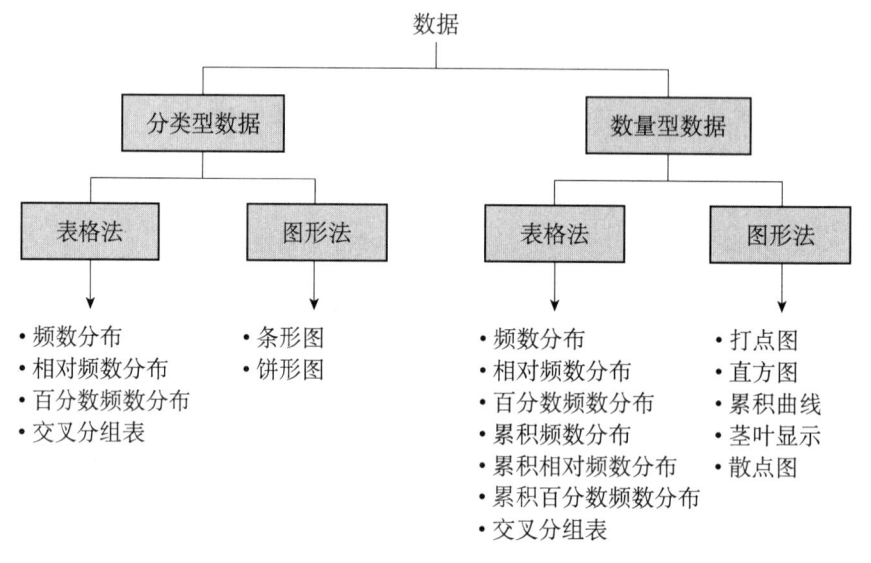

图 2—22　汇总数据的表格法和图形法

关键术语

分类型数据（categorical data）　用来识别项目类型的标记或名称。

数量型数据（quantitative data）　表示大小或多少的数值。

频数分布（frequency distribution）　一种数据的表格汇总方法，表示在几个互不重叠的组别中每一组项目的个数（频数）。

相对频数分布（relative frequency distribution）　一种数据的表格汇总方法，表示在几个互不重叠的组别中每一组项目的分数或比例。

百分数频数分布（percent frequency distribution）　一种数据的表格汇总方法，表示在几个互不重叠的组别中，每一组项目的百分数。

条形图（bar graph）　一种图形方法，用来描绘已汇总成频数分布、相对频数分布或百分数频数分布的分类型数据。

饼形图（pie graph） 一种汇总数据的图形方法，该方法的依据是把一个圆细分为若干个扇形，使得每一组的相对频数与一个扇形相对应。

组中值（class midpoint） 下组限和上组限的中间值。

打点图（dot plot） 用横轴上每个数值上方的点的个数来汇总数据的一种图形方法。

直方图（histogram） 一种描述数量型数据的频数分布、相对频数分布或百分数频数分布的图形方法，将所关心的变量放置在横轴上，频数、相对频数或百分数频数放置在纵轴上。

累积频数分布（cumulative frequency distribution） 一种数量型数据的表格汇总方式，表示小于或等于每一组上组限的数据项的个数。

累积相对频数分布（cumulative relative frequency distribution） 一种数量型数据的表格汇总方式，表示小于或等于每一组上组限的数据项的分数或比例。

累积百分数频数分布（cumulative percent frequency distribution） 一种数量型数据的表格汇总方式，表示小于或等于每一组上组限的数据项的百分数。

累积曲线（ogive） 累积分布的图形表示。

探索性数据分析（exploratory data analysis） 用简单的算术和易画的图形来快速汇总数据的一种方法。

茎叶显示（stem-and-leaf display） 一种能同时为数量型数据排序和提供分布形状的探索性数据分析技术。

交叉分组表（crosstabulation） 一种对两个变量的数据进行汇总的表格方法，其中一个变量的组用行来描述，另一个变量的组用列来描述。

散点图（scatter diagram） 两个数量变量之间关系的图形表述，其中一个变量用横轴表示，另一个变量用纵轴表示。

趋势线（trendline） 表示两个变量之间相关性近似程度的一条直线。

补充练习

26. 美国人口普查局提供的各州的人口数据如下（*The World Almanac*, 2006）：

单位：百万人

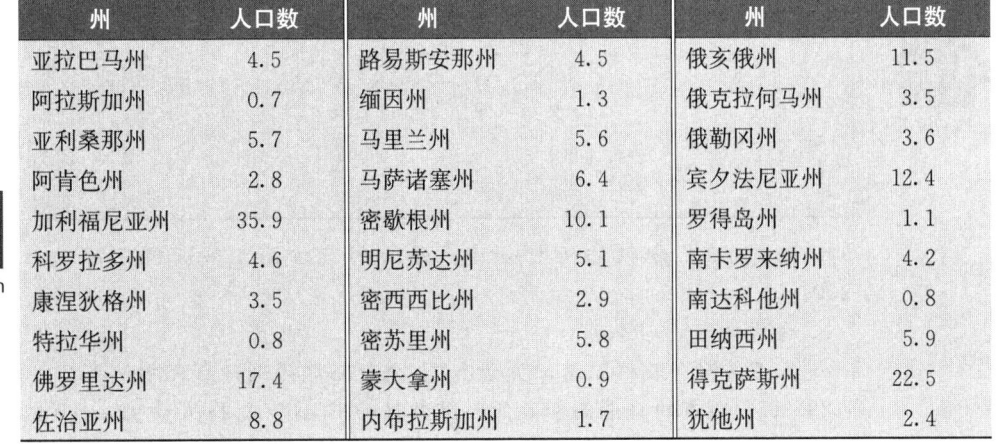

州	人口数	州	人口数	州	人口数
亚拉巴马州	4.5	路易斯安那州	4.5	俄亥俄州	11.5
阿拉斯加州	0.7	缅因州	1.3	俄克拉何马州	3.5
亚利桑那州	5.7	马里兰州	5.6	俄勒冈州	3.6
阿肯色州	2.8	马萨诸塞州	6.4	宾夕法尼亚州	12.4
加利福尼亚州	35.9	密歇根州	10.1	罗得岛州	1.1
科罗拉多州	4.6	明尼苏达州	5.1	南卡罗来纳州	4.2
康涅狄格州	3.5	密西西比州	2.9	南达科他州	0.8
特拉华州	0.8	密苏里州	5.8	田纳西州	5.9
佛罗里达州	17.4	蒙大拿州	0.9	得克萨斯州	22.5
佐治亚州	8.8	内布拉斯加州	1.7	犹他州	2.4

续前表

州	人口数	州	人口数	州	人口数
夏威夷州	1.3	内华达州	2.3	佛蒙特州	0.6
爱达荷州	1.4	新罕布什尔州	1.3	弗吉尼亚州	7.5
伊利诺伊州	12.7	新泽西州	8.7	华盛顿州	6.2
印第安纳州	6.2	新墨西哥州	1.9	西弗吉尼亚州	1.8
艾奥瓦州	3.0	纽约州	19.2	威斯康星州	5.5
堪萨斯州	2.7	北卡罗来纳州	8.5	怀俄明州	0.5
肯塔基州	4.1	北达科他州	0.6		

a. 以 2.5 为组宽，编制频数分布、百分数频数分布，并绘制直方图。

b. 讨论分布的偏度。

c. 关于 50 个州的人口数，你有什么观测结果？

27. 通用汽车公司（General Motors）占据了汽车行业 23% 的份额，其销售来自 8 个类别：Buick, Cadillac, Chevrolet, GMC, Hummer, Pontiac, Saab 和 Saturn（*Forbes*, December 22, 2008）。GMSales 是一个 200 次通用汽车销售样本的数据集，提供每次销售的汽车类别。

a. 编制通用汽车销售类别的频数分布和百分数频数分布。

b. 绘制百分数频数分布的条形图。

c. 哪类汽车是通用汽车公司的销售冠军？该类汽车的销售百分数是多少？它是通用汽车最重要的类别吗？请解释。

d. 由于汽车行业的衰退、高油价和汽车销售量的下降，2009 年通用汽车公司面临破产。由于政府担保贷款以及预期的公司重组，展望未来通用汽车将不可能持续经营所有 8 个类别。根据销售的百分数频数，8 个类别中哪一个最有可能被通用汽车放弃？哪一个最不可能被通用汽车放弃？

28. 每年大约有 150 万名高中生参加学术能力评估测试（SAT），近 80% 没有公开招生政策的学院和大学，在做出录取决定时用到 SAT 分数（College Board, March 2009）。目前 SAT 包括三部分：阅读理解、数学和写作，三部分的分数之和为 2 400 分。一个 SAT 总分样本如下：

1 665	1 525	1 355	1 645	1 780
1 275	2 135	1 280	1 060	1 585
1 650	1 560	1 150	1 485	1 990
1 590	1 880	1 420	1 755	1 375
1 475	1 680	1 440	1 260	1 730
1 490	1 560	940	1 390	1 175

a. 编制 SAT 分数的频数分布，并绘制直方图，第一组下限为 800，组宽为 200。

b. 评价分布的形态。

c. 基于图形和表格汇总，关于 SAT 分数还能得到什么观测结果？

29. 20 个城市的日最高和最低气温数据如下（*USA Today*, March 3, 2006）：

城市	最高气温	最低气温	城市	最高气温	最低气温
阿尔伯克基	66	39	洛杉矶	60	46
亚特兰大	61	35	迈阿密	84	65
巴尔的摩	42	26	明尼阿波利斯	30	11
夏洛特	60	29	新奥尔良	68	50
辛辛那提	41	21	俄克拉何马	62	40
达拉斯	62	47	菲尼克斯	77	50
丹佛	60	31	波特兰	54	38
休斯敦	70	54	圣路易斯	45	27
印第安纳波利斯	42	22	旧金山	55	43
拉斯韦加斯	65	43	西雅图	52	36

　　a. 绘制最高气温的茎叶显示。
　　b. 绘制最低气温的茎叶显示。
　　c. 比较两个茎叶显示，并对最高和最低气温之间的差异进行评论。
　　d. 绘制最高气温和最低气温数据的频数分布。

30. 辛辛那提煤气与电力公司（Cincinnati Gas & Electric Company）对商业建筑进行了一项调查，询问使用的主要取暖燃料以及商业建筑的建造年份。得到的部分结果的交叉分组表如下：

建造年份	燃料类型				
	电力	天然气	石油	丙烷	其他
1973 及以前	40	183	12	5	7
1974—1979	24	26	2	2	0
1980—1986	37	38	1	0	6
1987—1991	48	70	2	0	1

　　a. 通过计算行合计和列合计完成交叉分组表。
　　b. 编制建设年份和燃料类型的频数分布。
　　c. 编制显示列百分数的交叉分组表。
　　d. 编制显示行百分数的交叉分组表。
　　e. 对建造年份和燃料类型之间的关系进行评论。

31. 《金融时报》/哈里斯民意调查中的一个问题是："你赞成还是反对对碳排放较高的汽车征收较高的税？"可能的回答有非常赞成、赞成、反对和非常反对。在 4 个欧洲国家和美国调查了 5 372 个成年人，下面是他们回答的交叉分组表（Harris Interactive website，February 27，2008）。

支持水平	国家					合计
	英国	意大利	西班牙	德国	美国	
非常赞成	337	334	510	222	214	1 617
赞成	370	408	355	411	327	1 871
反对	250	188	155	267	275	1 135
非常反对	130	115	89	211	204	749
合计	1 087	1 045	1 109	1 111	1 020	5 372

　　a. 编制支持水平变量的百分数频数分布。你是否认为民意调查的结果是赞成

对碳排放较高的汽车征收较高的税？

b. 编制国家变量的百分数频数分布。

c. 欧洲国家成年人的支持水平是否显著不同于美国成年人的支持水平？请解释。

32. 50家《财富》500强公司组成一个样本，表2—15给出了所有者权益、市场价值和利润的部分数据。完整数据集在名为Fortune的文件中。

表2—15　　　　　　　50家《财富》500强公司的样本数据　　　　　　单位：千美元

公司	所有者权益	市场价值	利润
AGCO	982.1	372.1	60.6
AMP	2 698.0	12 017.6	2.0
Apple Computer	1 642.0	4 605.0	309.0
Baxter International	2 839.0	21 743.0	315.0
Bergen Brunswick	629.1	2 787.5	3.1
Best Buy	557.7	10 376.5	94.5
Charles Schwab	1 429.0	35 340.6	348.5
⋮	⋮	⋮	⋮
Walgreen	2 849.0	30 324.7	511.0
Westvaco	2 246.4	2 225.6	132.0
Whirlpool	2 001.0	3 729.4	325.0
Xerox	5 544.0	35 603.7	395.0

a. 绘制市场价值和所有者权益变量之间关系的散点图。

b. 评价这两个变量之间的关系。

33. 参考表2—15中的数据集。

a. 编制市场价值和利润变量的交叉分组表。

b. 计算a中交叉分组表的行百分数。

c. 评价这两个变量之间的关系。

案例2—1　Pelican商店

Pelican商店是National Clothing公司的一个分部，是一家在全美范围内经营女装的连锁商店。最近，它举办了一项促销活动，向其他National Clothing公司的顾客赠送优惠券。在促销活动期内的某一天，在Pelican商店内选择了100名持信用卡交易的顾客组成一个样本，收集到的数据存在名为使用PelicanStores的文件中。表2—16是数据集的一部分。使用National Clothing签账卡收费的顾客定义为使用Proprietary Card支付方法，使用优惠券购买的顾客定义为促销顾客，没有使用优惠券购买的顾客定义为普通顾客。因为优惠券不会派发给Pelican商店的普通顾客，管理者认为，持促销优惠券的顾客产生的销售额与其他顾客不同。当然，Pelican商店的管理者也希望促销顾客会继续在它的商店购物。

表2—16中的大多数变量不需要解释，但有两个变量需要稍作说明。

件数指购买商品的总件数。

净销售额指信用卡支付的总金额。

Pelican 商店的管理者希望利用这些样本数据了解其顾客的基本情况并对使用优惠券的促销活动进行评估。

表 2—16　　在 Pelican 商店 100 名持信用卡购物的顾客的样本数据

顾客	顾客类型	件数	净销售额（美元）	支付方法	性别	婚姻状况	年龄（岁）
1	普通	1	39.50	Discover	男	已婚	32
2	促销	1	102.40	Proprietary Card	女	已婚	36
3	普通	1	22.50	Proprietary Card	女	已婚	32
4	促销	5	100.40	Proprietary Card	女	已婚	28
5	普通	2	54.00	MasterCard	女	已婚	34
⋮	⋮	⋮	⋮	⋮	⋮	⋮	⋮
96	普通	1	39.50	MasterCard	女	已婚	44
97	促销	9	253.00	Proprietary Card	女	已婚	30
98	促销	10	287.59	Proprietary Card	女	已婚	52
99	促销	2	47.60	Proprietary Card	女	已婚	30
100	促销	1	28.44	Proprietary Card	女	已婚	44

管理报告

使用描述统计的表格和图形方法来帮助管理部门建立顾客档案，并对促销活动进行评估。你的报告至少应该包括下列几方面的内容：

1. 主要变量的百分数频数分布。
2. 条形图或饼形图，以显示顾客使用各种付款方式的购物数量。
3. 顾客类型（普通或促销）与净销售额的交叉分组表，对相似性与差异性进行评价。
4. 考察净销售额与顾客年龄关系的散点图。

附录 2—1　用 Excel 数据透视表汇总分类型数据

在 2.1 节，我们演示了如何用 Excel 的 COUNTIF 函数编制分类型数据的频数分布，以及如何用 Excel 的图表工具绘制分类型数据的条形图和饼形图。在本附录中，我们将演示如何使用 Excel 的数据透视表编制分类型数据的频数分布和图形显示。我们将以图 2—1 中的软饮料数据为例来说明。在描述编制频数分布并同时绘制条形图的工作时，可参考图 2—23。

输入数据：与图 2—1 相同。

输入函数和公式：不需要任何函数和公式。

应用工具：在使用 Excel 数据透视表时，每一列称为一个字段。因此，在购买软饮料的例子中，单元格 A1 中的标签和出现在单元格区域 A2：A51 的数据称为购买品牌字段。

第 1 步：点击功能区菜单栏上的 **Insert** 按钮。
第 2 步：在 **Tables** 组中，点击 **PivotTable** 文字上方的图标。
第 3 步：从出现的选项中选择 **PivotChart**。
第 4 步：当 **Create PivotChart** 对话框出现时：
　　　　选择 **Select a table or range**；
　　　　在 **Table/Range** 框中输入 A1：A51；

选择 Existing Worksheet 作为数据透视表和数据透视图的位置；

在 Location 框中输入 C1；

点击 OK。

第 5 步：在 PivotTable Field List，进入 Choose Fields to add to report：

拖动 Brand Purchased 字段到 Axis Fields (Categories) 区域；

拖动 Brand Purchased 字段到 Values 区域。

> 数据透视表在输出图的左上角包含数值字段按钮，在图的左下角包含轴字段按钮。如果你想去掉这些按钮，可以右键点击按钮，选择去掉图上一个或所有按钮的选项。

图 2—23 中显示了得到的结果。单元格区域 C1：D7 给出了软饮料数据的频数分布，结果中还给出了相应的条形图。如果需要，我们通过选择单元格并键入新的标签，来更改频数分布中任意单元格中的标签，也可以用 Excel 图表工具重新设计条形图。

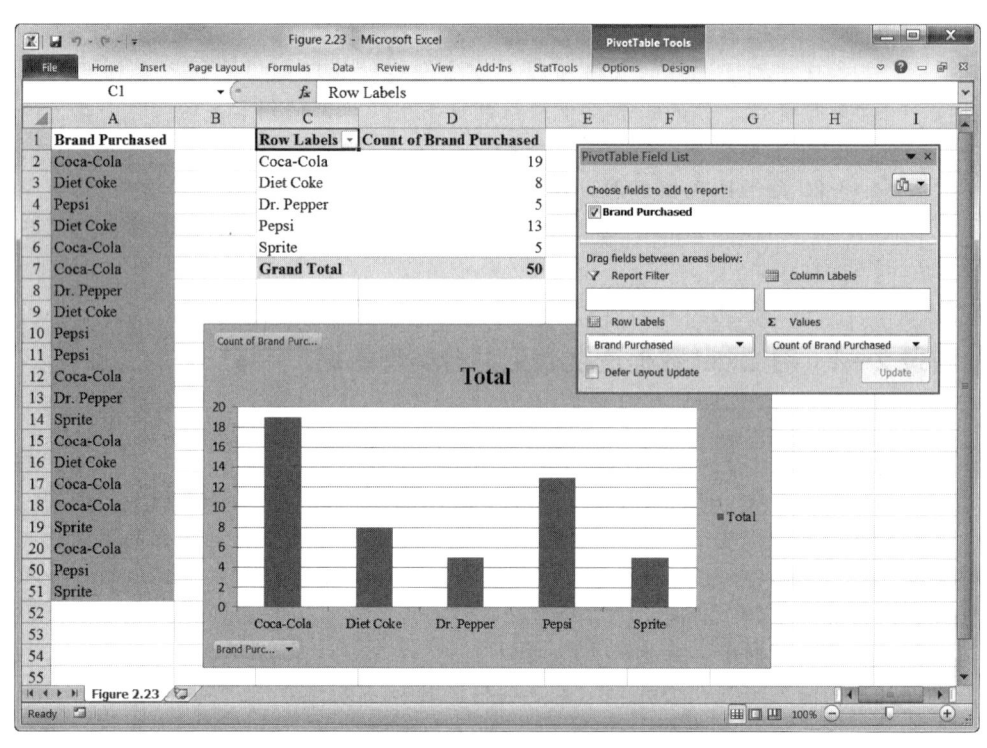

图 2—23　用于编制购买软饮料的频数分布和条形图的 Excel 数据透视表

附录 2—2　用 Excel 数据透视表汇总数量型数据

在 2.2 节中，我们演示了如何用 Excel 的数据透视表编制数量型数据的频数分布，Excel 的数据透视表也可以同时用于编制频数分布和绘制直方图。我们以表 2—4 中的审计时间数据为例来说明，在描述所做的工作时请参考图 2—24。

输入数据：将标签 Audit Time（审计时间）和 20 个审计时间输入 Excel 工作

表的单元格区域 A1：A21。

输入函数和公式：不需要任何函数和公式。

应用工具：以下步骤描述如何用 Excel 数据透视表编制审计时间的频数分布和直方图。

第 1 步：点击功能区菜单栏上的 **Insert** 按钮。

第 2 步：在 **Tables** 组中，点击 **PivotTable**。

第 3 步：从出现的选项中选择 **PivotChart**。

第 4 步：当 **Create Pivot Table With PivotChart** 对话框出现时：

  选择 **Select a table or range**；

  在 **Table/Range** 框中输入 A1：A21；

  选择 **Existing Worksheet** 作为输出的位置；

  在 **Location** 框中输入 C1；

  点击 **OK**。

第 5 步：在 **PivotTable Field List** 中，进入 **Choose Fields to add to report**：

  拖动 **Audit Time** 字段到 **Axis Fields（Categories）** 区域；

  拖动 **Audit Time** 字段到 **Values** 区域。

第 6 步：在 **Values** 区域中点击 **Sum of Audit Time**。

第 7 步：在出现的选项列表中点击 **Value Field Settings**。

第 8 步：当 **Value Field Settings** 对话框出现时：

  在 **Summarize value field by** 下选择 **Count**；

  点击 **OK**。

第 9 步：右键点击数据透视表中的单元格 C2 或包含审计时间的任何一个单元格。

第 10 步：从出现的选项列表中选择 **Group**。

第 11 步：当 **Grouping** 对话框出现时：

  在 **Starting at** 框中输入 10；

  在 **Ending at** 框中输入 34；

  在 **By** 框中输入 5；

  点击 **OK**（将出现数据透视图）。

第 12 步：点击生成的数据透视图内部。

第 13 步：点击功能区菜单栏上的 **Design** 按钮。

第 14 步：在 **Chart Layouts** 组中点击 **More** 按钮（在上方有一个向下的指针箭头）以显示所有的选项。

第 15 步：选择 **Layout 8**。

第 16 步：选择 **Chart Title**，并用 **Histogram of Audit Time Data** 替换。

第 17 步：选择 **Horizontal (Category) Axis Title**，并用 **Audit Time in Days** 替换。

第 18 步：选择 **Vertical (Value) Axis Title**，并用 **Frequency** 替换。

图 2—24 显示了得到的结果。其中给出了审计时间数据的频数分布和相应的直方图。如果需要，我们可以选择单元格并键入新的标签来更改频数分布任意单元格中的标签。我们也可以像前面那样用 Excel 图表工具重新设计直方图。

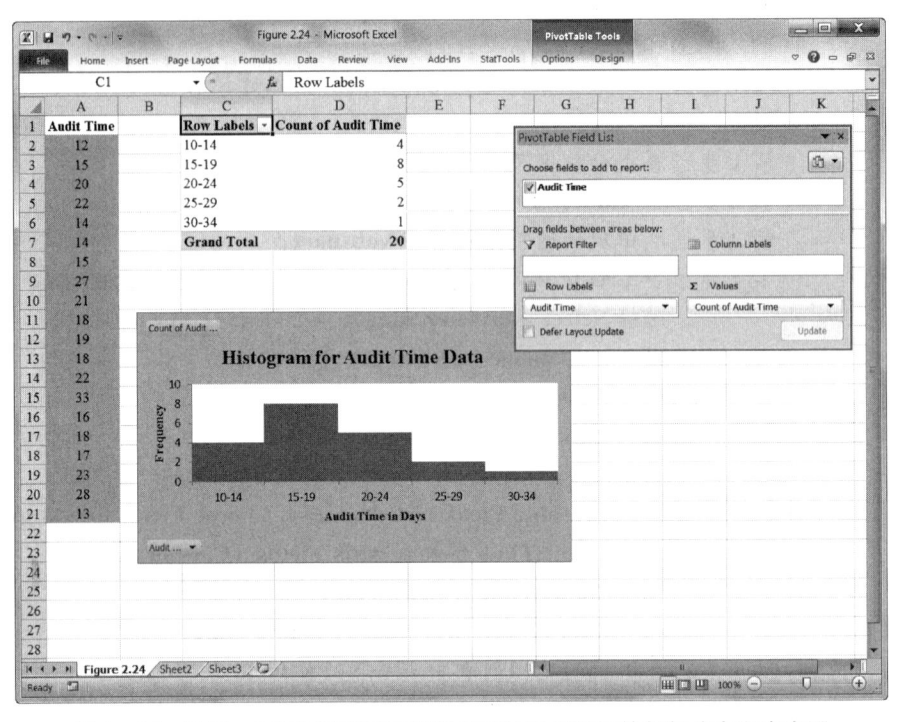

图 2—24　用 Excel 的数据透视表编制的审计时间数据的频数分布和直方图

第 3 章
描述统计学：数值方法

实践中的统计

Small Fry Design 公司[*]
加利福尼亚州圣安娜

Small Fry Design 公司成立于1997年，是一家设计和进口婴幼儿产品的公司，主要经营玩具及附属用品。公司的产品包括泰迪熊、悬挂饰物、音乐玩具、拨浪鼓和安全毯，以及注重颜色、材质和声音的高品质的毛绒玩具。公司的产品在美国设计，在中国生产。

Small Fry Design 公司使用独立的销售代理，把产品分销给婴幼儿用品零售商、儿童用品及服饰商店、礼品店、大型百货商店和主要的邮购公司。目前，Small Fry Design 公司的产品由美国的1 000多家零售批发商店经销。

在这家公司的日常运营中，现金流量管理是最重要的经营活动之一。能否保证公司拥有足够的现金收入，以满足目前和未来的偿债义务，决定着公司业务的成败。现金流量管理的一个关键因素是对应收账款的分析和控制。通过未付款发票的平均期限和资金数额，管理人员能够预测可用现金供应并监视应收账款状态的变化。公司设定了如下目标：未付款发票的平均期限不应超过45天；超过60天的未付款发票的资金数额不应超过所有应收账款总额的5%。

在最近对应收账款的汇总中，该公司使用了下面的描述统计量来衡量未付款发票的期限：

平均数	40 天
中位数	35 天
众数	31 天

---

[*] 非常感谢为"实践中的统计"专栏提供了本案例的 Small Fry Design 公司的总裁 John A. McCarthy。

> 对这些统计量的解释表明，一张发票的平均数或平均期限是 40 天；中位数表明有一半的发票已经超过 35 天没有付款；发票期限的最高频数（众数）为 31 天，表明一张未付款发票的最常见时间长度是 31 天。统计汇总还显示出应收账款总额中只有 3% 超过 60 天。基于这些统计信息，管理人员很满意，因为应收账款和收入现金流都处于可控状态。
>
> 在本章中，你将学习如何计算和理解 Small Fry Design 公司所使用的一些描述统计量。除了平均数、中位数和众数外，你还将学到其他的描述统计量，比如极差、方差、标准差、百分位数和相关系数。这些数值测度将有助于对数据的理解和解释。

第 2 章讨论了汇总数据的表格法和图形法。在本章中，我们将给出几种描述统计学的数值方法，它们提供了汇总数据的其他方法。

首先，我们对只包含一个变量的数据集建立数值汇总的度量方法。当数据集包含的变量不止一个时，可以对每个变量分别计算同样的数值度量。然后，在两个变量的情况下，我们还将建立变量间相互关系的度量。

本章将介绍位置、变异程度、分布形态和相关程度的数值度量。如果数据来自样本，则计算的这些度量称为**样本统计量**（sample statistic）。如果数据来自总体，则计算的这些度量称为**总体参数**（population parameter）。在统计推断中，样本统计量被称为相应总体参数的**点估计量**（point estimator）。本书第 6 章将详细讨论点估计方法。

3.1 位置的度量

3.1.1 平均数

在位置的数值度量中，最重要的大概是变量的**平均数**（mean），或称均值。平均数提供了数据中心位置的度量。如果数据来自某个样本，则平均数用 $\bar{x}$ 表示；如果数据来自某个总体，则平均数用希腊字母 μ 表示。

在统计公式中，我们习惯用 x_1 来表示变量 x 的第一个观测值，用 x_2 来表示变量 x 的第二个观测值，以此类推。一般地，用 x_i 来表示变量 x 的第 i 个观测值。对一个拥有 n 个观测值的样本，其样本平均数的计算公式如下：

样本平均数

$$\bar{x} = \frac{\sum x_i}{n} \tag{3.1}$$

在上式中，分子是 n 个观测值的数值之和，即

$$\sum x_i = x_1 + x_2 + \cdots + x_n$$

希腊字母 $\sum$ 是求和符号。

> 样本平均数 $\bar{x}$ 是一个样本统计量。

为了说明样本平均数的计算，我们考虑一个由 5 个大学班级组成的样本，每个班级的学生人数如下：

$$46 \quad 54 \quad 42 \quad 46 \quad 32$$

我们用符号 x_1，x_2，x_3，x_4 和 x_5 分别表示这 5 个班的学生人数。

$$x_1 = 46 \quad x_2 = 54 \quad x_3 = 42 \quad x_4 = 46 \quad x_5 = 32$$

因此，为了计算样本平均数，我们有

$$\bar{x} = \frac{\sum x_i}{n} = \frac{x_1 + x_2 + x_3 + x_4 + x_5}{5} = \frac{46 + 54 + 42 + 46 + 32}{5} = 44$$

班级人数的样本平均数是 44 人。

以下是计算样本平均数的另一个例子。假设某大学就业指导办公室对一个商学院毕业生样本进行问卷调查，以获取大学毕业生起始月薪的有关信息。表 3—1 给出了收集到的数据。

表 3—1　　　　　　　12 名商学院毕业生样本的起始月薪

毕业生	起始月薪（美元）	毕业生	起始月薪（美元）
1	3 450	7	3 490
2	3 550	8	3 730
3	3 650	9	3 540
4	3 480	10	3 925
5	3 355	11	3 520
6	3 310	12	3 480

12 名商学院毕业生的平均起始月薪可计算如下：

$$\bar{x} = \frac{\sum x_i}{n} = \frac{x_1 + x_2 + \cdots + x_{12}}{12} = \frac{3\ 450 + 3\ 550 + \cdots + 3\ 480}{12}$$

$$= \frac{42\ 280}{12} = 3\ 540$$

式（3.1）说明了对含有 n 个观测值的样本如何计算平均数。而计算总体平均数的公式也基本相同，但是使用不同的符号来表示是对整个总体进行计算的。我们用 N 表示总体观测值的个数，用 μ 表示总体平均数。

总体平均数

$$\mu = \frac{\sum x_i}{N} \tag{3.2}$$

> 样本平均数 $\bar{x}$ 是总体平均数 μ 的点估计量。

3.1.2 中位数

中位数（median）是对数据中心位置的另一种度量。将所有数据按升序（从小

到大的顺序）排列后，位于中间的数值即为中位数；当观测值的个数是奇数时，中位数就是位于中间的那个数值；当观测值的个数是偶数时，则没有单一的中间数值。在这种情况下，遵循惯例，定义中位数为中间两个观测值的平均数。为了方便起见，重新定义中位数如下：

中位数

将数据按升序（从小到大的顺序）排列。
（a）对于奇数个观测值，中位数是中间的数值。
（b）对于偶数个观测值，中位数是中间两个数值的平均数。

我们利用上述定义来计算 5 个大学班级样本的班级人数的中位数。将这 5 个数值按升序排列如下：

$$32 \quad 42 \quad 46 \quad 46 \quad 54$$

由于 $n=5$ 是奇数，则中位数就是中间的数值，因此，班级人数的中位数是 46 人。当按升序排列数据时，尽管数据中有两个观测值为 46，但我们对每个观测值单独处理。

我们再来计算表 3—1 中商学院毕业生起始月薪的中位数。首先将数据按升序排列如下：

3 310　3 355　3 450　3 480　3 480　<u>3 490　3 520</u>　3 540　3 550　3 650　3 730　3 925
中间两个值

由于 $n=12$ 是偶数，我们找出中间的两个值：3 490 和 3 520。中位数就是它们的平均数。

$$中位数 = \frac{3\,490 + 3\,520}{2} = 3\,505$$

虽然在表示数据中心位置的度量时，更常用的是平均数，但在某些情况下，使用中位数更合适。平均数往往会受到异常大或异常小的数值影响。假设某个毕业生（见表 3—1）的起始月薪为每月 10 000 美元（也许他的家族拥有这家公司）。如果我们把表 3—1 的最高起始月薪从 3 925 美元改为 10 000 美元，再重新计算平均数，则样本平均数将从 3 540 美元变为 4 046 美元。然而中位数却没有改变，仍为 3 505。因为 3 490 和 3 520 还是中间的两个值。当存在异常高的起始月薪情况时，中位数提供了比平均数更好的中心位置度量。我们可以概括地说，当数据集含有极端值时，中位数往往更适合于度量数据的中心位置。

> 中位数作为位置的量度，经常用在年收入及资产价值数据的报告中，因为少数异常大的收入和资产价值将会夸大平均数。在这种情况下，中位数就是对中心位置更好的度量。

3.1.3 众数

第三种位置度量是**众数**（mode）。众数的定义如下：

众数

众数是数据集中出现次数最多的数值。

为了说明如何确定众数，我们考虑由 5 个班级人数组成的样本。出现次数超过一次的数值只有 46。由于这个数值的出现次数为 2，是出现次数最多的数值，所以它就是众数。再举一个例子，考虑商学院毕业生起始月薪数据的样本。只有 3 480 美元是唯一出现次数超过一次的起始月薪数值。既然它出现次数最多，它就是众数。

有时出现次数最多的数值可能有两个或更多。在这种情况下，存在不止一个众数。如果在数据中正好有两个众数，称数据集是双众数的。如果在数据中众数超过两个，称数据集是多众数的。在多众数的情况下，几乎从不报告众数。因为列出三个或以上的众数，对于描述数据的位置并不能起多大作用。

3.1.4 用 Excel 计算平均数、中位数和众数

Excel 提供了计算平均数、中位数和众数的函数。我们用表 3—1 的起始月薪数据来说明如何使用这些 Excel 函数计算平均数、中位数和众数。在描述所做的工作时可参考图 3—1。背景是公式工作表，而前景是数值工作表。

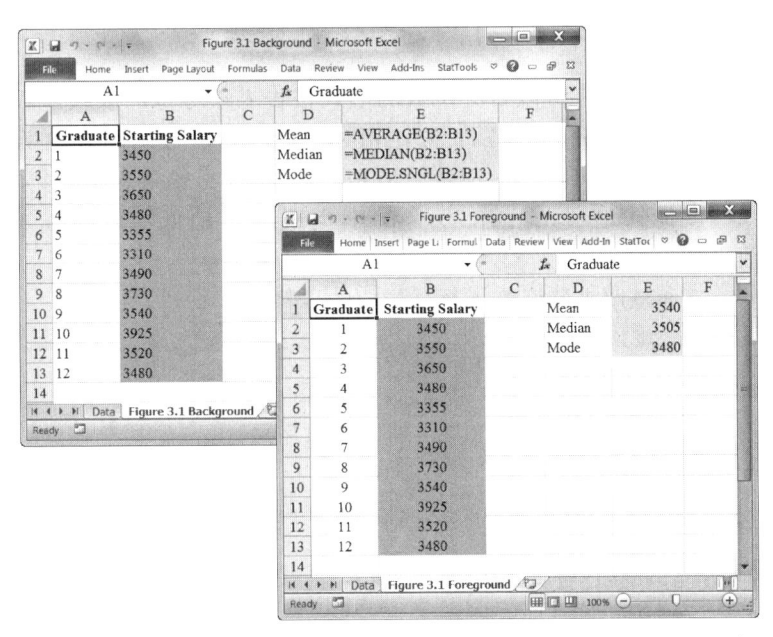

图 3—1　用于计算起始月薪数据平均数、中位数和众数的 Excel 工作表

输入数据：将标签和起始月薪数据输入工作表的单元格区域 A1：B13。

输入函数和公式：Excel 的 AVERAGE 函数可用于计算平均数，需要在单元格 E1 中输入如下公式：

＝AVERAGE（B2：B13）

类似地，在单元格 E2 和 E3 中分别输入公式"＝MEDIAN（B2：B13）"和

"=MODE.SNGL（B2：B13）"，就能计算出中位数和众数。在单元格区域 D1：D3 输入平均数、中位数和众数的标签，用以识别输出的结果。

> 如果数据是双众数或多众数，Excel 的 MODE.SNGL 函数将错误地识别出一个单一的众数。

图 3—1 中的背景公式工作表的单元格区域 E1：E3 中出现的是公式，前景工作表显示的是用 Excel 函数计算出的数值。注意，平均数（3 540）、中位数（3 505）和众数（3 480）与我们前面计算的结果相同。

3.1.5 百分位数

百分位数（percentile）提供了数据如何在最小值与最大值之间分布的信息。对于没有多个重复数值的数据，第 p 百分位数将数据分割为两个部分：大约有 $p\%$ 的观测值比第 p 百分位数小；而大约有 $(100-p)\%$ 的观测值比第 p 百分位数大。第 p 百分位数的严格定义如下：

百分位数

第 p 百分位数是满足下列条件的一个数值：至少有 $p\%$ 的观测值小于或等于该值，且至少有 $(100-p)\%$ 的观测值大于或等于该值。

高等院校经常以百分位数的形式报告入学考试的成绩。假设一名申请者入学考试的语言部分得分是 54 分，相对于参加同样考试的其他学生，这个学生的表现如何，人们可能不大清楚。但是，如果 54 分恰好对应着第 70 百分位数，那么我们就能知道：大约有 70% 的学生成绩比他低，大约有 30% 的学生成绩比他高。

下面是用来计算第 p 百分位数的步骤：

计算第 p 百分位数

第 1 步：把数据按升序排列（从小到大的顺序）。
第 2 步：计算指数 i。

$$i = \left(\frac{p}{100}\right)n$$

式中，p 是所求的百分位数；n 是观测值的个数。
第 3 步：（a）若 i 不是整数，则向上取整。大于 i 的下一个整数表示第 p 百分位数的位置。
（b）若 i 是整数，则第 p 百分位数是第 i 项和第 $(i+1)$ 项数据的平均数。

> 遵循这些步骤将使计算百分位数变得相当容易。

我们以确定表 3—1 中的起始月薪数据的第 85 百分位数为例，说明上面的计算步骤。

第 1 步：将数据按升序排列：
3 310　3 355　3 450　3 480　3 480　3 490　3 520　3 540　3 550　3 650　3 730　3 925

第 2 步：
$$i = \left(\frac{p}{100}\right)n = \left(\frac{85}{100}\right)12 = 10.2$$

第 3 步：由于 i 不是整数，故向上取整。第 85 百分位数的位置是大于 10.2 的下一个整数，即第 11 项。

再回到数据中，我们得到第 85 百分位数是第 11 项的数值，即 3 730。

再举一个例子，我们考虑第 50 百分位数的计算。应用第 2 步，得到：
$$i = \left(\frac{50}{100}\right)12 = 6$$

由于 i 是整数，由第 3 步（b）项可知，第 50 百分位数是第 6 项与第 7 项数据的平均数。因此第 50 百分位数是（3 490＋3 520）/2＝3 505。注意，第 50 百分位数同时也是中位数。

3.1.6　四分位数

人们经常需要将数据划分为四部分，每一部分大约包含 1/4 或 25％ 的观测值。图 3—2 显示了一个被分为四部分的数据集，分割点就是**四分位数**（quartiles）。四分位数的定义为：

$Q_1 =$ 第一四分位数或第 25 百分位数
$Q_2 =$ 第二四分位数或第 50 百分位数（也是中位数）
$Q_3 =$ 第三四分位数或第 75 百分位数

> 四分位数是一种特殊的百分位数，因此，计算百分位数的步骤可以直接用于四分位数的计算。

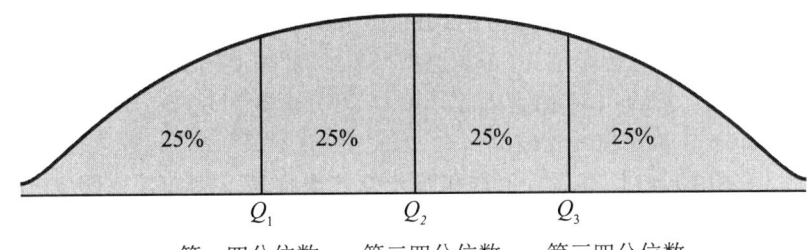

图 3—2　四分位数的位置

将起始月薪数据按照升序重新排列。我们已经确定 Q_2，即第二四分位数（中位数）为 3 505。

3 310　3 355　3 450　3 480　3 480　3 490　3 520　3 540　3 550　3 650　3 730　3 925

计算 Q_1 和 Q_3 需要利用计算第 25 百分位数和第 75 百分位数的方法。这些计算如下：

对于 Q_1，有

$$i = \left(\frac{p}{100}\right)n = \left(\frac{25}{100}\right)12 = 3$$

由于 i 是整数，由第 3 步（b）项可知，第一四分位数即第 25 百分位数，是第 3 项与第 4 项数值的平均数。所以 Q_1 =（3 450+3 480）/2＝3 465。

对于 Q_3，有

$$i = \left(\frac{p}{100}\right)n = \left(\frac{75}{100}\right)12 = 9$$

同样，由于 i 是整数，由第 3 步（b）项可知，第三四分位数即第 75 百分位数，是第 9 项与第 10 项数值的平均数。所以 Q_3 =（3 550+3 650）/2＝3 600。

四分位数将起始月薪数据划分为四部分，每部分包含 25% 的观测值。

3 310 3 355 3 450 | 3 480 3 480 3 490 | 3 520 3 540 3 550 | 3 650 3 730 3 925
　　　Q_1＝3 465　　　　　Q_2＝3 505　　　　　Q_3＝3 600
　　　　　　　　　　　　（中位数）

我们已将四分位数分别定义为第 25 百分位数、第 50 百分位数和第 75 百分位数。因此，我们用与计算百分位数相同的方法计算四分位数。但是，有时也用其他方法来计算四分位数，而且根据所用方法的不同，计算出四分位数的实际值也会略有不同。不过，计算四分位数的所有方法的目的都是将数据划分为相等的四部分。

3.1.7　用 Excel 计算百分位数和四分位数

并非所有的计算机软件包都用相同的方法计算百分位数和四分位数。用于计算第 p 百分位数位置（L_p）的 Excel 公式为：

$$L_p = \left(\frac{p}{100}\right)n + \left(1 - \frac{p}{100}\right)$$

例如，对于起始月薪数据，Excel 计算的第 85 百分位数位置为：

$$L_{85} = 0.85 \times 12 + (1 - 0.85) = 10.20 + 0.15 = 10.35$$

L_{85}＝10.35 表明第 85 百分位数介于由小到大顺序排序的第 10 个和第 11 个观测值之间。它等于第 10 个观测值（3 650）加上第 11 个观测值（3 730）与第 10 个观测值之差的 0.35 倍。因此，第 85 百分位数为 3 650+0.35×（3 730－3 650）＝3 650+0.35×80＝3 678。①

用 Excel 计算百分位数和四分位数很容易。例如，在图 3—1 的工作表中任意空单元格中输入如下公式，Excel 的 PERCENTILE.INC 函数就可以用于计算起始月薪数据的第 85 百分位数：

　　　＝PERCENTILE.INC（B2：B13，0.85）

Excel 提供的数值为 3 678。我们简单改变数值 0.85 就可计算不同的百分位数。

---

① Excel 计算出的第 85 百分位数没有严格满足第 85 百分位数的定义，因为只有 83% 的数值小于或等于 3 678。在这个例子中，我们的程序是向上取整，得到 3 730 作为满足第 85 百分位数定义的数值。对于较大的数据集，由 Excel 得到的近似值和利用第 3 步程序计算的数值之差没有实际的重要性。

例如，我们分别用数字 0.25（第 25 百分位数或第一四分位数），0.50（第 50 百分位数或第二四分位数）和 0.75（第 75 百分位数或第三四分位数）代替 0.85，则 Excel 的 PERCENTILE.INC 函数就能计算起始月薪数据的四分位数。

除此之外，我们也可以用 Excel 的 QUARTILE.INC 函数计算四分位数。例如，为了计算起始月薪数据的第一四分位数，我们可在图 3—1 的工作表中任意空单元格中输入如下公式：

=QUARTILE.INC（B2：B13，1）

Excel 提供的数值为 3 472.5。我们用数值 2 代替 1 可计算第二四分位数或中位数，用数值 3 代替 1 可计算第三四分位数。

> 如果 QUARTILE.INC 函数中数值 1 变成 0，则 Excel 计算数据集中的最小值；如果数值 1 变成 4，则 Excel 计算最大值。

对于那些对数值在数据集中如何分布感兴趣的数据分析者来说，计算百分位数和四分位数很有用。然而，如果你是一名学生，想了解你得到的起始月薪排位与所有其他起始月薪的比较，则你需要做的是拿到你的薪金，计算其排位和百分位数。或许你知道你考试的分数，想了解其排位和百分位数。Excel 的排位和百分比排位工具可以用来提供整个数据集的这些信息。

我们通过计算表 3—1 中起始月薪的排序和百分位数，来说明 Excel 的排位和百分比排位工具的使用。在描述所做的工作时可参考图 3—3。

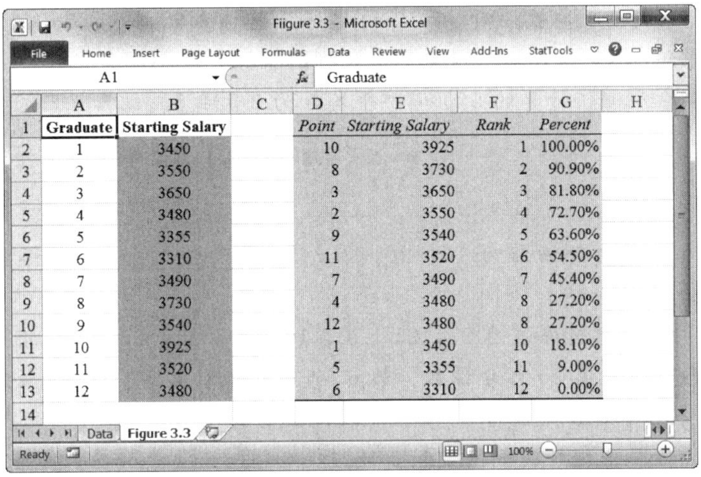

Graduate	Starting Salary		Point	Starting Salary	Rank	Percent
1	3450		10	3925	1	100.00%
2	3550		8	3730	2	90.90%
3	3650		3	3650	3	81.80%
4	3480		2	3550	4	72.70%
5	3355		9	3540	5	63.60%
6	3310		11	3520	6	54.50%
7	3490		7	3490	7	45.40%
8	3730		4	3480	8	27.20%
9	3540		12	3480	8	27.20%
10	3925		1	3450	10	18.10%
11	3520		5	3355	11	9.00%
12	3480		6	3310	12	0.00%

图 3—3　对起始月薪数据使用 Excel 的排位和百分比排位工具

输入数据：将标签和起始月薪数据输入单元格区域 A1：B13。

输入函数和公式：不需要任何函数和公式。

应用工具：下列步骤将计算每一个观测值的排序和百分位数。

第 1 步：点击功能区菜单栏上的 **Data** 按钮。

第 2 步：在 **Analysis** 组中，选择 **Data Analysis** 选项。

第 3 步：从分析工具列表中选择 **Rank and Percentile**。

第 4 步：当 **Rank and Percentile** 对话框出现时：

在 **Input Range** 框中输入 B1：B13；

选择 **Grouped by Columns**；
选择 **Labels in First Row**；
选择 **Output Range**；
在 **Output Range** 框中输入 D1（这里输入需要输出结果左上角的任意单元格）；
点击 **OK**。

使用排位和百分比排位工具的输出结果出现在单元格区域 D1：G13。单元格区域 F2：F13 包含每一个观测值的排位，最高薪金赋予排位 1，而最低薪金赋予 12。单元格区域 G2：G13 显示每一个薪金代表的百分位数。例如，3 450 的百分位数是 18.10%，因为其余 11 个薪金中有 2 个小于 3 450。最低薪金是第 0 百分位数，最高薪金是第 100 百分位数。除了结点（相同数值），从最低到最高，百分位数以百分之（1/11）的速度递增。对于有一个结点的例子，Excel 对结点值赋予相同的排位和百分位数。注意，有两个观测值为 3 480，它们的排位都为 8，百分位数都为 27.20%。

━━━━━━ 评 注 ━━━━━━

当数据集中含有极端值时，使用中位数作为中心位置的度量比平均数更合适。有时，在存在极端值的情况下，我们使用调整平均数。从数据中剔除一定比例的最大值和最小值，然后计算剩余数据的平均数，就能得到调整平均数。例如，我们从数据中剔除 5% 最小的数值和 5% 最大的数值，然后计算剩余数据的平均数，就得到 5% 调整平均数。对 $n=12$ 的起始月薪样本数据，$0.05 \times 12 = 0.6$。四舍五入得这个值为 1，表明 5% 调整平均数将剔除一个最小的数值和一个最大的数值。用 10 个剩余观测值计算的 5% 调整平均数为 3 524.50。

━━━━━━ 练 习 ━━━━━━

方法

1. 考虑数据值为 10，20，21，17，16 和 12 的一个样本，计算平均数和中位数。

2. 考虑数据值为 27，25，20，15，30，34，28 和 25 的一个样本，计算第 20 百分位数、第 25 百分位数、第 65 百分位数和第 75 百分位数。

3. 考虑数据值为 53，55，70，58，64，57，53，69，57，68 和 53 的一个样本，计算平均数、中位数和众数。

应用

4. 在 2007—2008 年美国大学体育协会（NCAA）的美国大学生篮球联赛赛季，男子篮球队试图创 3 分球投篮历史新高，场均 19.07 个（Associated Press Sport，January 24，2009）。为了阻止这么多的 3 分球投篮，并且鼓励在禁区里面进攻，从 2008—2009 篮球赛季开始，NCAA 规则委员会将 3 分线从 19 英尺 9 英寸向后移到 20 英尺 9 英寸。由 2008—2009 赛季 NCAA 的 19 场篮球比赛组成一个样本，下表是 3 分球投篮次数和 3 分球投篮命中次数的样本数据。

3分球投篮次数	3分球投篮命中次数	3分球投篮次数	3分球投篮命中次数
23	4	17	7
20	6	19	10
17	5	22	7
18	8	25	11
13	4	15	6
16	4	10	5
8	5	11	3
19	8	25	8
28	5	23	7
21	7		

a. 每场比赛 3 分球投篮的平均次数是多少？

b. 每场比赛 3 分球投篮命中的平均次数是多少？

c. 较近的 3 分线，球员的命中率为 35.2％。对新的 3 分线，球员的命中率是多少？

d. 在 2008—2009 赛季，NCAA 改变规则，将 3 分线向后移到 20 英尺 9 英寸的影响是什么？美联社体育（Associated Press Sport）的文章称："3 分线后移并没有使比赛发生显著的变化。"你是否赞同这个观点？请解释。

5. 《华尔街日报》（*The Wall Street Journal*，January 2，2007）提供了消费者购买诸如独栋住宅、汽油、互联网服务、报税服务和住院治疗等方面的费用。由 H&R Block 公司提供服务的纳税申报准备费用的典型样本数据如下：

| 120 | 230 | 110 | 115 | 160 | 130 | 150 | 105 | 195 | 155 |
| 105 | 360 | 120 | 120 | 140 | 100 | 115 | 180 | 235 | 255 |

a. 计算平均数、中位数和众数。

b. 计算第一四分位数和第三四分位数。

c. 计算并解释第 90 百分位数。

6. 一组经济学家给出了美国经济 2007 年前 6 个月的预测值（*The Wall Street Journal*，January 2，2007）。30 名经济学家预测国内生产总值（GDP）的增长速度（％）如下：

2.6	3.1	2.3	2.7	3.4	0.9	2.6	2.8	2.0	2.4
2.7	2.7	2.7	2.9	3.1	2.8	1.7	2.3	2.8	3.5
0.4	2.5	2.2	1.9	1.8	1.1	2.0	2.1	2.5	0.5

a. GDP 增长速度的最小预测值是多少？最大预测值是多少？

b. 计算平均数、中位数和众数。

c. 计算第一四分位数和第三四分位数。

d. 经济学家对美国经济持乐观还是悲观态度？请讨论。

7. 沃尔特·迪士尼公司（Walt Disney Company）以 74 亿美元买下了皮克斯动画工作室公司（Pixar Animation Studious，Inc.）（*CNN Money* website，January 24，2006）。下面是过去 10 年中迪士尼和皮克斯制作的动画片和票房收入一览表。计算票房总收入、平均数、中位数和四分位数，并对两家公司制作的动画片票房收入进行比较。统计数据是否说明了迪士尼有意收购皮克斯的至少一个原因？请讨论。

迪士尼电影	收入（百万美元）	皮克斯电影	收入（百万美元）
《风中奇缘》（Pocahontas）	346	《玩具总动员》（Toy Story）	362
《钟楼怪人》（Hunchback of Notre Dame）	325	《虫虫危机》（A Bug's Life）	363
《大力神》（Hercules）	253	《玩具总动员2》（Toy Story 2）	485
《花木兰》（Mulan）	304	《怪物公司》（Monsters, Inc.）	525
《人猿泰山》（Tarzan）	448	《海底总动员》（Finding Nemo）	865
《恐龙》（Dinosaur）	354	《超人总动员》（The Incredibles）	631
《变身国王》（The Emperor's New Groove）	169		
《星际宝贝》（Lilo & Stitch）	273		
《星银岛》（Treasure Planet）	110		
《森林王子2》（The Jungle Book 2）	136		
《熊的传说》（Brother Bear）	250		
《牧场是我家》（Home on the Range）	104		
《四眼天鸡》（Chicken Little）	249		

3.2 变异程度的度量

除了位置的度量，人们往往还需要考虑变异程度亦即离散程度的度量。假设你是一家大型制造公司的采购代理商，你经常向两个不同的供应商下订单。经过几个月的运营，你发现两个供货商完成订单所需的平均时间都是 10 天左右。二者完成订单所需时间的直方图如图 3—4 所示。尽管两个供货商的平均交货时间都是 10 天，但它们在按时交货方面是否拥有相同的可信度？注意直方图中交货时间的变异程度或离散程度，你会选择哪一家供货商？

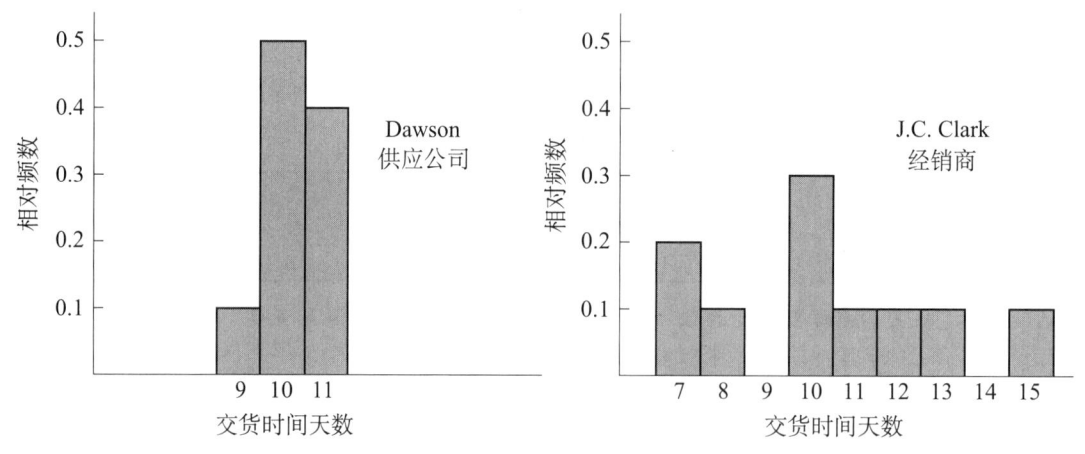

图 3—4　完成订单所需时间的直方图

交货时间的变异性造成按时完成生产的不确定性，本节的方法有助于测量和了解变异性。

对于大多数公司来说，按时收到原材料和货物供给是很重要的。从 J. C. Clark 经销商的直方图来看，7 天或 8 天交货可能会受到称赞，但是一部分延迟到 13~15 天的交货，对于协调公司员工的安排和按时完成生产将非常困难。这个例子说明了这样一种情形，即交货时间的变异程度往往是选择供应商的最主要考虑因素。对大多数的采购代理商来说，像 Dawson 供应公司这样变异程度较小的供应商，才是较理想的供应商。

现在我们来讨论一些常用的变异程度的度量。

3.2.1 极差

极差（range）是一种最简单的变异程度的度量。

极差

极差＝最大值－最小值

让我们以表 3—1 中商学院毕业生的起始月薪数据为例。最高起始月薪为 3 925 美元，最低为 3 310 美元。因此，极差为 3 925－3 310 ＝ 615 美元。

尽管极差是最容易计算的变异程度的度量，但它很少被单独用来度量变异程度。原因是极差仅仅以两个观测值为依据，因此极易受到异常值的影响。假设某个毕业生的起始月薪为 10 000 美元，在这种情况下，极差将为 10 000－3 310 ＝ 6 690 美元，而不是 615 美元。如此大的极差将不能准确地描述数据的变异程度，因为在 12 个起始月薪数据中有 11 个都集中在 3 310~3 730 美元。

3.2.2 四分位数间距

四分位数间距（interquartile range，IQR）作为变异程度的一种度量，能够克服异常值的影响。它是第三四分位数 Q_3 与第一四分位数 Q_1 的差值。也就是说，四分位数间距是在中间的 50％的数据的极差。

四分位数间距

$$\text{IQR} = Q_3 - Q_1 \tag{3.3}$$

对于起始月薪数据，四分位数 $Q_3 = 3\,600$ 和 $Q_1 = 3\,465$。因此，四分位数间距等于 3 600－3 465 ＝ 135。

3.2.3 方差

方差（variance）是用所有数据对变异程度所做的一种度量。方差依赖于每个观测值（x_i）与平均数之间的差异，每个观测值 x_i 与平均数（对样本而言是 $\bar{x}$，对总体而言是 μ）的差称为离差。对于样本而言，离差记为（$x_i - \bar{x}$）；对于总体而言，则记为（$x_i - \mu$）。在计算方差时，需要将离差平方。

如果数据来自总体，则离差平方的平均数称为总体方差，总体方差用希腊字母 σ^2 表示。对于有 N 个观测值的总体，用 μ 表示总体平均数，总体方差的定义如下：

总体方差

$$\sigma^2 = \frac{\sum (x_i - \mu)^2}{N} \tag{3.4}$$

在大多数的统计应用中，需要分析样本数据。当我们计算样本方差时，更希望用它来估计总体方差 σ^2。虽然关于样本方差的详细解释已超出了本书的范围，但可以证明，如果样本的离差平方和除以 $n-1$，而不是 n 时，所得到的样本方差是总体方差的无偏估计。鉴于此，用 s^2 表示的样本方差定义如下：

样本方差

$$s^2 = \frac{\sum (x_i - \bar{x})^2}{n-1} \tag{3.5}$$

> 样本方差 s^2 是总体方差 σ^2 的点估计量。

为了说明样本方差的计算过程，我们以 3.1 节的 5 个大学班级样本的班级人数数据为例。表 3—2 给出了数据汇总，包括离差和离差平方的计算过程。离差平方和为 $\sum (x_i - \bar{x})^2 = 256$，并且 $n-1 = 4$。所以样本方差为：

$$s^2 = \frac{\sum (x_i - \bar{x})^2}{n-1} = \frac{256}{4} = 64$$

表 3—2　　　　　　　班级人数数据的离差和离差平方的计算

班级学生数 (x_i)	班级人数平均数 ($\bar{x}$)	离差 ($x_i - \bar{x}$)	离差的平方 ($x_i - \bar{x})^2$
46	44	2	4
54	44	10	100
42	44	−2	4
46	44	2	4
32	44	−12	144
		0	256
		$\sum (x_i - \bar{x})$	$\sum (x_i - \bar{x})^2$

我们注意到，样本方差的单位往往会引起人们的混淆。因为在方差的计算中，求和的数值 $(x_i - \bar{x})^2$ 都是平方，所以样本方差的单位也是平方。例如，班级人数数据的样本方差为 $s^2 = 64$ 人^2。方差的平方单位使得人们对于方差的数值很难找到直观的理解和诠释。我们认为方差是比较两个或以上变量变异程度的有用工具。在

变量的比较中，拥有较大方差的变量显示其变异程度也较大，而对于方差数值的进一步解释可能就没有必要了。

> 方差在比较两个或以上变量的变异程度时很有用。

作为计算样本方差的另一个例子，考虑表 3—1 中 12 名商学院毕业生的起始月薪数据。在 3.1 节中，我们计算出起始月薪的样本平均数为 3 540。样本方差（$s^2 = 27\ 440.91$）的计算过程如表 3—3 所示。

表 3—3   起始月薪数据的样本方差的计算

起始月薪 (x_i)	样本平均数 ($\bar{x}$)	离差 ($x_i - \bar{x}$)	离差的平方 ($x_i - \bar{x})^2$
3 450	3 540	−90	8 100
3 550	3 540	10	100
3 650	3 540	110	12 100
3 480	3 540	−60	3 600
3 355	3 540	−185	34 225
3 310	3 540	−230	52 900
3 490	3 540	−50	2 500
3 730	3 540	190	36 100
3 540	3 540	0	0
3 925	3 540	385	148 225
3 520	3 540	−20	400
3 480	3 540	−60	3 600
		0	301 850
		$\sum(x_i - \bar{x})$	$\sum(x_i - \bar{x})^2$

由式 (3.5)，可知

$$s^2 = \frac{\sum(x_i - \bar{x})^2}{n-1} = \frac{301\ 850}{11} = 27\ 440.91$$

在表 3—2 和表 3—3 中，我们列出了离差之和，也列出了离差平方之和。对任何数据集，离差之和将总是等于零。在表 3—2 和表 3—3 中，我们注意到 $\sum(x_i - \bar{x}) = 0$。由于正的离差和负的离差总是相互抵消，从而导致离差之和等于零。

3.2.4 标准差

我们定义**标准差**（standard deviation）为方差的正平方根。沿用前面的样本方差和总体方差的符号，我们以 s 表示样本标准差，以 σ 表示总体标准差。标准差可以用以下方法从方差推导而来：

标准差

样本标准差 $s = \sqrt{s^2}$ (3.6)

总体标准差 $\sigma = \sqrt{\sigma^2}$ (3.7)

> 样本标准差 s 是总体标准差 σ 的点估计量。

我们已知 5 个大学班级人数的样本方差 $s^2 = 64$,因此样本标准差为 $s = \sqrt{64} = 8$。对于起始月薪数据,样本标准差为 $s = \sqrt{27\,440.91} = 165.65$。

将方差转为与其相对应的标准差有什么好处?我们知道方差的单位都是平方,例如,对于商学院毕业生的起始月薪数据,样本方差为 $s^2 = 27\,440.91$ 美元^2。由于标准差是方差的平方根,因此方差的单位平方美元就转化为标准差的单位美元。所以,起始月薪数据的标准差为 165.65 美元。换句话说,标准差和原始数据的度量单位相同。鉴于这个原因,标准差更容易和单位与原始数据相同的平均数等其他统计量进行比较。

> 标准差比方差更易于解释,因为标准差与数据的单位相同。

3.2.5 用 Excel 计算样本方差和样本标准差

Excel 提供了计算样本方差和样本标准差的函数,我们用起始月薪数据来说明这些函数。在描述涉及的步骤时参见图 3—5,图 3—5 是图 3—1 的一个扩充,在图 3—1 中我们说明了如何用 Excel 函数计算平均数、中位数和众数。背景是公式工作表,前景是数值工作表。

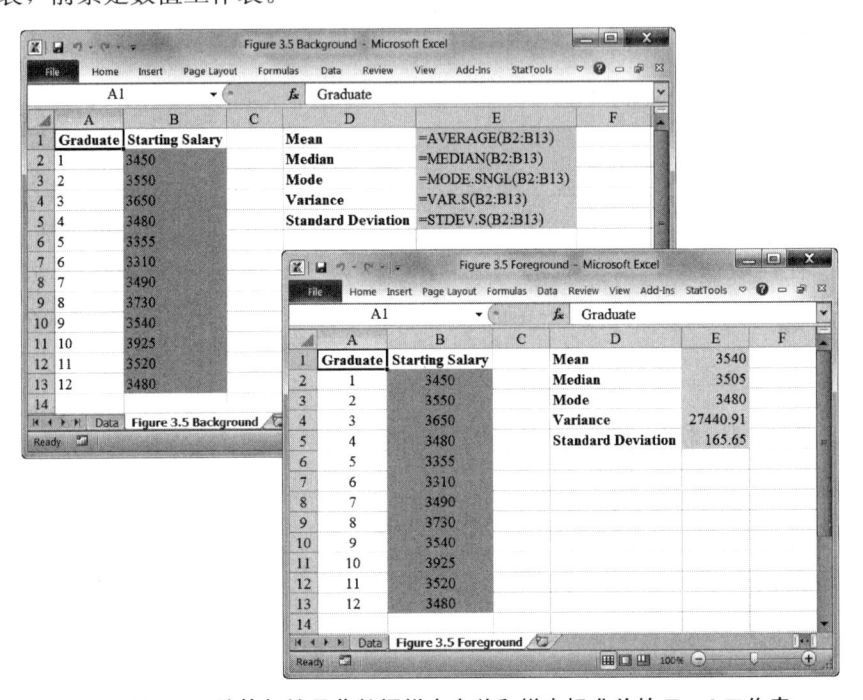

图 3—5 用于计算起始月薪数据样本方差和样本标准差的 Excel 工作表

输入数据：将标签和起始月薪数据输入工作表的单元格区域 A1：B13。

输入函数和公式：在前面的描述中，Excel 的 AVERAGE，MEDIAN 和 MODE.SNGL 函数已输入单元格区域 E1：E3。Excel 的 VAR.S 函数可以用于计算样本标准差，需要在单元格 E4 中输入如下公式：

=VAR.S（B2：B13）

类似地，将计算样本标准差的函数"=STDEV.S（B2：B13）"输入到单元格 E5 中，为了识别输出结果在单元格区域 D1：D5 中输入适当的标签。

在前景的数值工作表中显示了用 Excel 函数计算的数值。注意，样本方差和样本标准差与我们前面用定义计算的结果相同。

3.2.6　标准差系数

在某些情况下，我们可能对表示标准差相对于平均数大小的描述统计量感兴趣。这一量度称为**标准差系数**（coefficient of variation），它通常表示成百分数。

标准差系数

$$\frac{标准差}{平均数} \times 100\% \tag{3.8}$$

> 标准差系数是对变异程度的相对度量，它衡量标准差相对于平均数的大小。

对于班级人数数据，我们知道样本平均数为 44，样本标准差为 8，因此标准差系数为（8/44）×100% =18.2%。也就是说，标准差系数告诉我们，样本标准差是样本平均数的 18.2%。对于起始月薪数据，样本平均数为 3 540，样本标准差为 165.65，因此标准差系数为（165.65/3 540）×100% = 4.7%，它说明样本标准差仅为样本平均数的 4.7%。一般地，在比较具有不同标准差和不同平均数的变量的变异程度时，标准差系数是一个很有用的统计量。

3.2.7　用 Excel 的描述统计工具

我们已经看到，Excel 提供了用于计算数据集的描述统计量的统计函数。这些函数可以每次计算一个统计量（如平均数、方差等）。Excel 也提供各种数据分析工具，其中之一称为描述统计（Descriptive Statistics），它允许使用者同时计算出各种描述统计量。我们将演示如何利用它来计算表 3—1 中起始月薪数据的描述统计量。在描述所做的工作时参见图 3—6。

输入数据：将标签和起始月薪数据输入工作表的单元格区域 A1：B13。

输入函数和公式：不需要任何函数和公式。

应用工具：下列步骤描述如何对这些数据使用 Excel 描述统计工具。

第 1 步：点击功能区菜单栏上的 **Data** 按钮。

第 2 步：在 **Analysis** 组中，选择 **Data Analysis** 选项。

第 3 步：从分析工具列表中选择 **Descriptive Statistics** 选项。

第 4 步：当 **Descriptive Statistics** 对话框出现时（见图 3—6）：

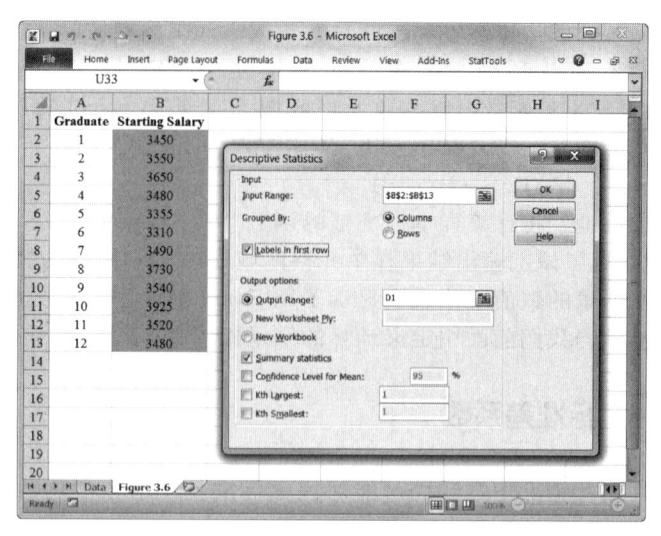

图 3—6 Excel 的描述统计工具的对话框

在 **Input Range** 框中输入 B1：B13；

选择 **Grouped By Columns**；

选择 **Labels in First Row**；

选择 **Output Range**；

在 **Output Range** 框中输入 D1（指定描述统计量输出结果出现在工作表区域的左上角）；

选择 **Summary Statistics**；

点击 **OK**。

图 3—7 中的单元格区域 D1：E15 给出了 Excel 计算出的描述统计量的结果。背景色用于突出输出结果。粗体项目是本章介绍的描述统计量，非粗体项目的描述统计量会在以后的课程或更高级的课程中讨论。

图 3—7 由 Excel 给出的起始月薪数据的描述统计量

━━━■■■ 评 注 ■■■━━━

1. 标准差通常用来度量与股票和股票基金投资相关的风险。它给出了月收益率围绕长期平均收益率波动状况的度量。

2. 当使用计算器计算方差和标准差时，对样本平均数 $\bar{x}$ 和离差平方 $(x_i - \bar{x})^2$ 进行四舍五入处理，可能会引起方差或标准差的计算误差。为了减少舍入误差，我们建议在计算的中间步骤至少保留6位有效数字，而得到的方差或标准差可以保留少一些的位数。

3. 计算样本方差的另一个公式为：

$$s^2 = \frac{\sum x^2 - n\bar{x}^2}{n-1}$$

式中，$\sum x_i^2 = x_1^2 + x_2^2 + \cdots + x_n^2$。

━━━■■■ 练 习 ■■■━━━

方法

8. 考虑数据值分别为 10，20，12，17 和 16 的一个样本，计算方差和标准差。

9. 考虑数据值分别为 27，25，20，15，30，34，28 和 25 的一个样本，计算极差、四分位数间距、方差和标准差。

应用

10. 一名保龄球手在六局比赛中的得分分别为 182，168，184，190，170 和 174。以这些数据作为一个样本，计算下列描述统计量：

a. 极差。
b. 方差。
c. 标准差。
d. 标准差系数。

11. 下面是7个美国东部城市日租车费用的数据（*The Wall Street Journal*，January 16，2004）。

城市	日租车费用（美元）
波士顿	43
亚特兰大	35
迈阿密	34
纽约	58
奥兰多	30
匹兹堡	30
华盛顿特区	36

a. 计算日租车费用的平均数、方差和标准差。

b. 7个美国西部城市的一个类似样本得到平均日租车费用为 38 美元，方差和标准差分别为 12.3 和 3.5。讨论美国东部城市和西部城市日租车费用之间的差异。

12. 下面的数据用于绘制直方图，这些数据分别是 Dawson 供应公司和 J. C. Clark 经销商完成订单所需的时间（见图3—4）。

Dawson 供应公司的交货时间	11	10	9	10	11	11	10	11	10	10
J. C. Clark 经销商交货时间	8	10	13	7	10	11	10	7	15	12

用极差和标准差来证明前面的观察结果：Dawson 供应公司在交货时间上更一致和更可靠。

13. 美国零售业联盟（The National Retail Federation）报告大学一年级学生比其他年级的大学生在开学时花费更多（*USA Today*，August 4, 2006）。25 名一年级学生和 20 名四年级学生开学花费的样本数据在名为 BackToSchool 的文件中。

a. 每个年级开学花费的均值是多少？这是否与美国零售业联盟的报告一致？
b. 每个年级花费的极差是多少？
c. 每个年级花费的四分位数间距是多少？
d. 每个年级花费的标准差是多少？
e. 在花费上一年级学生和四年级学生哪个变异更大？

14. 下面的数据是一所大学田径队的队员跑完 0.25 英里和 1 英里的时间（单位：分钟）。

| 0.25 英里的时间 | 0.92 | 0.98 | 1.04 | 0.90 | 0.99 |
| 1 英里的时间 | 4.52 | 4.35 | 4.60 | 4.70 | 4.50 |

一位教练看到这个样本后认为，跑完 0.25 英里的时间更具有一致性。用标准差和标准差系数来汇总数据的变异程度，标准差系数是否说明教练的说法成立？

3.3 分布形态、相对位置的度量以及异常值的检测

我们已经讲述了几种对数据位置和变异程度的度量方法，但对分布形态的度量往往也很重要。在第 2 章中，我们注意到，直方图对分布的形态提供了一种很好的图形描述。分布形态的一种重要度量方法是**偏度**（skewness）。

3.3.1 分布形态

图 3—8 是根据相对频数分布绘制的 4 个直方图。分图 A 和分图 B 中的直方图呈现一定程度的偏态：分图 A 中的直方图是左偏，它的偏度为 −0.85；分图 B 中的直方图是右偏，它的偏度为 0.85。分图 C 中的直方图是对称的，它的偏度为 0。分图 D 中的直方图严重右偏，它的偏度为 1.62。用来计算偏度的公式有些复杂[①]，但是使用统计软件很容易计算偏度。对于左偏的数据，偏度是负值；对于右偏的数据，偏度是正值。如果数据是对称的，则偏度为 0。

对于一个对称的分布，平均数和中位数是相等的。当数据的偏度是正值时，通常平均数比中位数要大；当数据的偏度是负值时，通常平均数比中位数要小。用于绘制图 3—8 中分图 D 直方图的数据是消费者在一家女装店购物的金额。平均购物金额是 77.60 美元，中位数是 59.70 美元。少数较大的购物金额将平均数拉大，但中位数不受影响。当数据严重偏离时，中位数是位置的首选度量。

---

① 计算样本数据偏度的公式为：

$$\text{偏度} = \frac{n}{(n-1)(n-2)} \sum \left(\frac{x_i - \bar{x}}{s} \right)^3$$

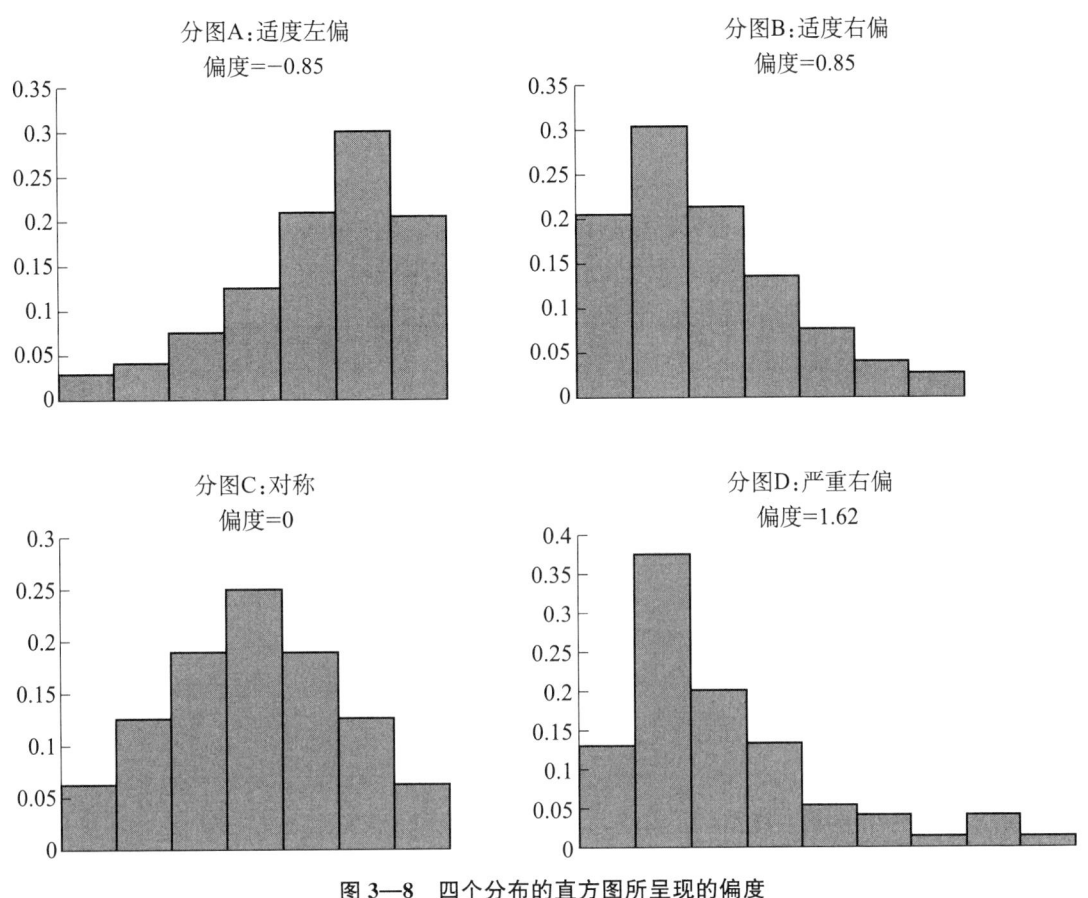

图 3—8 四个分布的直方图所呈现的偏度

3.3.2 z 分数

对一个数据集，除了对位置、变异程度和形态的度量外，我们还对数据集中的数值的相对位置感兴趣。相对位置的度量值能帮助我们确定一个特殊的数值距平均数有多远。

利用平均数和标准差，我们可以确定任何观测值的相对位置。假设我们有一个包含 n 个观测值 x_1，x_2，…，x_n 的样本。假设样本平均数 $\bar{x}$ 和样本标准差 s 已经被计算出来。与任何一个数值 x_i 有关的另一个数值称为 x_i 的 **z 分数**（z-score）。式（3.9）是计算每个 x_i 的 z 分数的公式。

z 分数

$$z_i = \frac{x_i - \bar{x}}{s} \tag{3.9}$$

式中：z_i——x_i 的 z 分数；
　　　$\bar{x}$——样本平均数；
　　　s——样本标准差。

z 分数也常被称为标准化值。z 分数 z_i，可以解释为 x_i 与平均数 $\bar{x}$ 的距离是 z_i 个标准差。例如，$z_1=1.2$，表示 x_1 比样本平均数大 1.2 个标准差。类似地，$z_2=-0.5$，表示 x_2 比样本平均数小 0.5 或 1/2 个标准差。当观测值大于平均数时，z 分数将大于零；当观测值小于平均数，z 分数将小于零。z 分数等于零，则表示观测值等于平均数。

任何观测值的 z 分数都被认为是对数据集中观测值相对位置的量度。因此，若两个不同数据集的观测值具有相同的 z 分数，则可以说它们具有相同的相对位置，因为它们与平均数的距离有相同个数的标准差。

表 3—4 中计算了班级人数数据的 z 分数。我们已知样本平均数 $\bar{x}=44$，样本标准差 $s=8$。第 5 个观测值的 z 分数为 -1.5，说明它距离平均数最远，且比平均数小 1.5 个标准差。

表 3—4　　　　　　　　　　班级人数数据的 z 分数

班级人数 (x_i)	离差 ($x_i-\bar{x}$)	z 分数 $\left(\dfrac{x_i-\bar{x}}{s}\right)$
46	2	2/8=0.25
54	10	10/8=1.25
42	-2	-2/8=-0.25
46	2	2/8=0.25
32	-12	-12/8=-1.5

3.3.3　切比雪夫定理

切比雪夫定理（Chebyshev's theorem）使我们能指出与平均数的距离在某特定个数的标准差之内的数据值所占的比例。

切比雪夫定理

与平均数的距离在 z 个标准差之内的数据值所占比例至少为 $(1-1/z^2)$，其中 z 是大于 1 的任意实数。

当 z=2，3 和 4 个标准差时，该定理的一些应用如下：
- 至少 0.75 或 75% 的数据值与平均数的距离在 z=2 个标准差之内。
- 至少 0.89 或 89% 的数据值与平均数的距离在 z=3 个标准差之内。
- 至少 0.94 或 94% 的数据值与平均数的距离在 z=4 个标准差之内。

应用切比雪夫定理的一个实例是，假设某大学 100 名学生商务统计课期中考试的平均成绩为 70 分，标准差为 5 分。那么有多少学生的考试成绩在 60～80 分之间？有多少学生的考试成绩在 58～82 分之间？

对于 60～80 分之间的考试成绩，我们注意到 60 比平均数低 2 个标准差，而 80 比平均数高 2 个标准差。利用切比雪夫定理，我们知道至少有 0.75 或 75% 的观测值与平均数的距离在 2 个标准差之内。因此，至少有 75% 的学生考试成绩在 60～

80 分之间。

对于 58~82 分之间的考试成绩，我们看到，（58－70）/5＝－2.4，表明 58 比平均数低 2.4 个标准差；而（82－70）/5＝2.4，表明 82 比平均数高 2.4 个标准差。应用切比雪夫定理且 $z=2.4$，得到：

$$\left(1-\frac{1}{z^2}\right)=\left(1-\frac{1}{2.4^2}\right)=0.826$$

即至少有 82.6% 的学生考试成绩在 58~82 分之间。

> 切比雪夫定理要求 $z>1$，但是 z 不一定是整数。

3.3.4 经验法则

切比雪夫定理的优点之一就是它适用于任何数据集而不论其数据分布的形状如何。的确，它可以用于图 3—8 中任何一个分布。但是，在实际应用中，人们发现许多数据集具有类似图 3—9 所示的对称的峰形或钟形分布。当数据被认为近似于这种分布时，就可以运用**经验法则**（empirical rule），来确定与平均数的距离在某特定个数的标准差之内的数据值所占的比例。

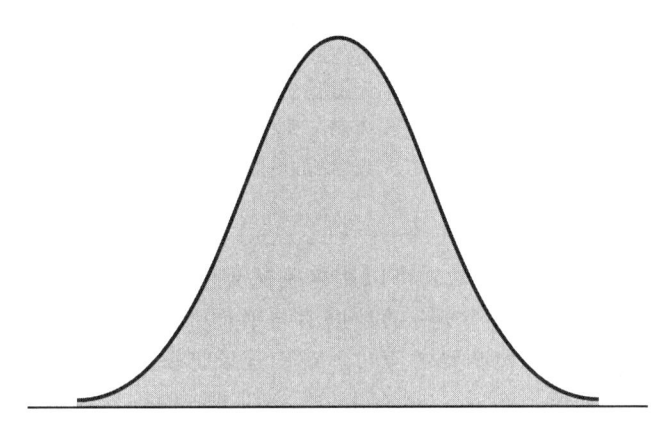

图 3—9 对称的峰形或钟形分布

经验法则

对于具有钟形分布的数据：
- 大约 68% 的数据值与平均数的距离在 1 个标准差之内。
- 大约 95% 的数据值与平均数的距离在 2 个标准差之内。
- 几乎所有的数据值与平均数的距离都在 3 个标准差之内。

> 经验法则以正态分布为依据，该分布将在第 5 章中予以介绍，正态分布在本书中有广泛应用。

例如，罐装液体清洁剂是在生产线上自动灌注装满，灌注的重量通常服从钟形分布。如果平均灌注重量是 16 盎司，标准差是 0.25 盎司，利用经验法则可以得到下面的结论：
- 大约 68% 的罐装清洁剂的灌注重量在 15.75~16.25 盎司之间（即与平均数的距离在 1 个标准差之内）。
- 大约 95% 的罐装清洁剂的灌注重量在 15.50~16.50 盎司之间（即与平均数的距离在 2 个标准差之内）。
- 几乎所有的罐装清洁剂的灌注重量都在 15.25~16.75 盎司之间（即与平均数的距离在 3 个标准差之内）。

3.3.5 异常值的检测

有时数据集中会包含一个或多个数值异常大或异常小的观测值，这样的极端值称为**异常值**（outliers）。有经验的统计人员会采取一定的步骤来识别异常值，并对它们进行仔细鉴别。异常值可能是一个被错误记录的数据值，如果是这样，则可以在进一步分析之前把它更正。异常值也可能是一个被错误包含在数据集中的观测值，如果是这样，则可以把它剔除。最后，异常值也可能就是一个反常的数据值，它被正确地记录并且的确属于数据集。在这种情况下，它应该保留。

> 在以数据分析为依据做出决策之前，检测异常值是有意义的。在记录数据和将数据输入计算机时，经常会有误差。异常值并非都要剔除，但对它们的精确度和适应性应予以检验。

标准化值（z 分数）可以用来确认异常值。经验法则告诉我们，对于具有钟形分布的数据，几乎所有的数据值与平均数的距离都在 3 个标准差之内。因此，在利用 z 分数来检测异常值时，我们建议把 z 分数小于 −3 或大于 3 的任何数值都视为异常值。然后，对它们的准确性进行检查，以确定它们是否属于数据集。

以表 3—4 中班级人数数据的 z 分数为例。第 5 项的 z 分数为 −1.5，表明它距离平均数最远。但是，这个标准化值仍在判定异常值的界限 −3~3 之内。因此，根据 z 分数，班级人数数据中没有异常值。

━━━━■ ■ ■ 评 注 ■ ■ ■━━━━

1. 切比雪夫定理可应用于任何数据集，并能够估计与平均数在一定个数的标准差之内的最少数量的数据值。如果已知数据集近似服从钟形分布，则有更多的数据值在此范围之内。例如，经验法则告诉我们，大约有 95% 的数据值与平均数的距离在 2 个标准差之内；而切比雪夫定理只告诉我们至少 75% 的数据值在此范围之内。

2. 在对数据集进行分析之前，统计人员经常会对数据进行各种检查，以确保其有效性。在大型研究中，在记录数据或将数据输入计算机时往往会发生误差。检测异常值是检查数据有效性的一个工具。

练 习

方法

15. 考虑平均数为 500、标准差为 100 的一个样本，数值 520，650，500，450 和 280 的 z 分数是多少？

16. 考虑平均数为 30、标准差为 5 的一个样本，利用切比雪夫定理确定在下列范围之内的数据值所占的比例：
   a. 20～40
   b. 15～45
   c. 22～38
   d. 18～42
   e. 12～48

17. 假设数据服从钟形分布，其平均数为 30，标准差为 5，利用经验法则确定在下列范围之内的数据值所占的比例：
   a. 20～40
   b. 15～45
   c. 25～35

应用

18. 一项全美性的调查结果显示，美国成年人每天平均睡眠 6.9 小时，假设标准差为 1.2 小时。
   a. 利用切比雪夫定理计算每天睡眠时间在 4.5～9.3 小时之间的成年人比例。
   b. 利用切比雪夫定理计算每天睡眠时间在 3.9～9.9 小时之间的成年人比例。
   c. 假设睡眠时间服从钟形分布，利用经验法则计算每天睡眠时间在 4.5～9.3 小时之间的成年人比例。如何将这个结果与 a 中用切比雪夫定理得出的结果相比较？

19. 美国能源信息署（Energy Information Administration，November 2010）报告，每加仑普通汽油的平均零售价为 2.81 美元。假设每加仑汽油的零售价服从钟形分布，且标准差为 0.10 美元。
   a. 每加仑普通汽油的零售价在 2.71～2.91 美元之间的比例是多少？
   b. 每加仑普通汽油的零售价在 2.61～3.01 美元之间的比例是多少？
   c. 每加仑普通汽油的零售价超过 3.01 美元的比例是多少？

20. 在加利福尼亚州，许多家庭用后院小屋作为家庭办公室、艺术工作室和业余爱好的储藏室。单个木制的后院小屋的平均价格为 3 100 美元，假设标准差为 1 200 美元。
   a. 后院小屋的成本为 2 300 美元的 z 分数是多少？
   b. 后院小屋的成本为 4 900 美元的 z 分数是多少？
   c. 解释 a 和 b 中的 z 分数，评价它们是否都被认为是异常值。
   d. 在加利福尼亚州的奥尔巴尼建造后院小屋办公室的价格为 13 000 美元。这个价格是否被认为是异常值？为什么？

21. 由 10 支 NCAA 大学篮球队组成的一个样本，提供的数据如下（USA Today，January 26，2004）：

获胜队	获胜队得分	失利队	失利队得分	得分差
Arizona	90	Oregon	66	24
Duke	85	Georgetown	66	19
Florida State	75	Wake Forest	70	5
Kansas	78	Colorado	57	21
Kentucky	71	Notre Dame	63	8
Louisville	65	Tennessee	62	3
Oklahoma State	72	Texas	66	6
Purdue	76	Michigan State	70	6
Stanford	77	Southern Cal	67	10
Wisconsin	76	Illinois	56	20

a. 计算获胜队得分的平均数和标准差。

b. 假设所有 NCAA 比赛中获胜队的得分服从钟形分布。利用 a 中计算的平均数和标准差，估计所有 NCAA 比赛中获胜队得分在 84 分及以上的比例；估计所有 NCAA 比赛中，获胜队得分超过 90 分的比例。

c. 计算得分差的平均数和标准差，得分差数据是否包含异常值？请解释。

3.4 探索性数据分析

第 2 章介绍了作为一种探索性数据分析技术的茎叶显示。探索性数据分析使我们能够用简单的算术和易画的图形来汇总数据。本节将继续介绍探索性数据分析技术——五数概括法和箱形图。

3.4.1 五数概括法

五数概括法（five-number summary）使用下面五个数来汇总数据：

（1）最小值；

（2）第一四分位数（Q_1）；

（3）中位数（Q_2）；

（4）第三四分位数（Q_3）；

（5）最大值。

实施五数概括法的最容易的方式是先将数据按升序排列，然后确定最小值、三个四分位数和最大值。对表 3—1 中的 12 个商学院毕业生的起始月薪数据，按照升序排列如下：

3 310　3 355　3 450　|　3 480　3 480　3 490　|　3 520　3 540　3 550　|　3 650　3 730　3 925

　　　　　$Q_1 = 3\ 465$　　　　　　　　$Q_2 = 3\ 505$　　　　　　　　$Q_3 = 3\ 600$
　　　　　　　　　　　　　　　　　（中位数）

在 3.1 节中已经计算了中位数为 3 505，四分位数 $Q_1 = 3\ 465$ 和 $Q_3 = 3\ 600$。观察上述数据，可知最小值为 3 310，最大值为 3 925。于是，对起始月薪数据的五数概括为：3 310，3 465，3 505，3 600，3 925。大约有 1/4 或 25% 的观测值在五数概括法的相邻两个数之间。

3.4.2 箱形图

箱形图（box plot）是基于五数概括法的数据的一个图形汇总。绘制箱形图的关键是计算中位数、四分位数 Q_1 和 Q_3，还需要用到四分位数间距 $IQR = Q_3 - Q_1$。图3—10是起始月薪数据的箱形图。绘制箱形图的步骤如下：

（1）画一个箱体，其边界分别是第一四分位数和第三四分位数。对于起始月薪数据，$Q_1 = 3\,465$，$Q_3 = 3\,600$。这个箱体包含了数据中间的50%。

（2）在箱体上中位数的位置画一条垂线（对于起始月薪数据，中位数为3 505）。

（3）利用四分位数间距 $IQR = Q_3 - Q_1$，来设定界限的位置。箱形图的界限位置是在 Q_1 左侧的1.5个IQR处和在 Q_3 右侧的1.5个IQR处。对于起始月薪数据，$IQR = Q_3 - Q_1 = 3\,600 - 3\,465 = 135$。因此，界限位置分别为：$3\,465 - 1.5 \times 135 = 3\,262.5$ 和 $3\,600 + 1.5 \times 135 = 3\,802.5$。界限以外的数据被认为是异常值。

> 箱形图提供了另外一种检测异常值的方法。但是它检测出的异常值不一定与用 z 分数检测出的异常值（即 z 分数大于3或小于-3的值）相同。可选用一种或两种方法。

（4）图3—10中的虚线称作触须线。触须线从箱体的边界一直画到步骤3计算出的界线内的原始数据最大值和最小值处。因此对于起始月薪数据，触须线的两个端点分别是3 310 和 3 730 处。

（5）最后，每个异常值的位置用符号"*"来标出。在图3—10中，我们看到有一个异常值3 925。

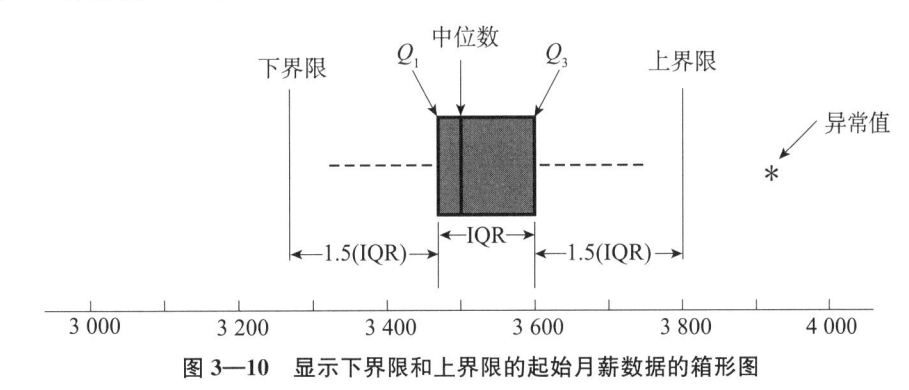

图3—10 显示下界限和上界限的起始月薪数据的箱形图

图3—10中包括了下界限、上界限位置的线条。画这些线是为了说明如何计算界限值以及它们的位置所在。虽然总是需要计算界限，但通常情况下，箱形图中并不画出它们。图3—11是起始月薪数据的箱形图的一般形状。

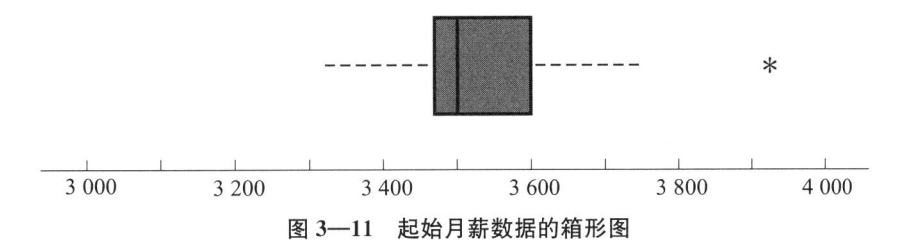

图3—11 起始月薪数据的箱形图

3.4.3 利用箱形图进行比较分析

箱形图还可以提供两组或多组图形汇总，以便于各组间的直观比较。假设就业指导办公室进行一项追踪研究，以比较会计、金融、信息系统、管理和市场营销等商科专业毕业生的起始月薪。选择了111名商学院新近毕业的学生组成一个样本，每一名毕业生的专业和起始月薪数据存在名为 MajorSalary 的数据集中。图3—12是相应各专业的箱形图。注意专业在横轴上，每一个箱形图出现在相对应专业的纵轴上。在对两个或多个组进行对比时，以这种方式展示箱形图是一种很好的图形技术。

对于图3—12中各专业的起始月薪的箱形图，你能得出怎样的观测结果？特别地，我们注意到：

- 会计专业的起始月薪较高；而管理和市场营销专业的起始月薪较低。
- 根据中位数，会计、信息系统专业有相似的和较高的中位数，金融专业次之，而管理和市场营销专业显示出较低的中位数。
- 在会计、金融和市场营销专业中存在高起始月薪的异常值。
- 金融专业起始月薪的变异性最小，会计专业起始月薪的变异性最大。

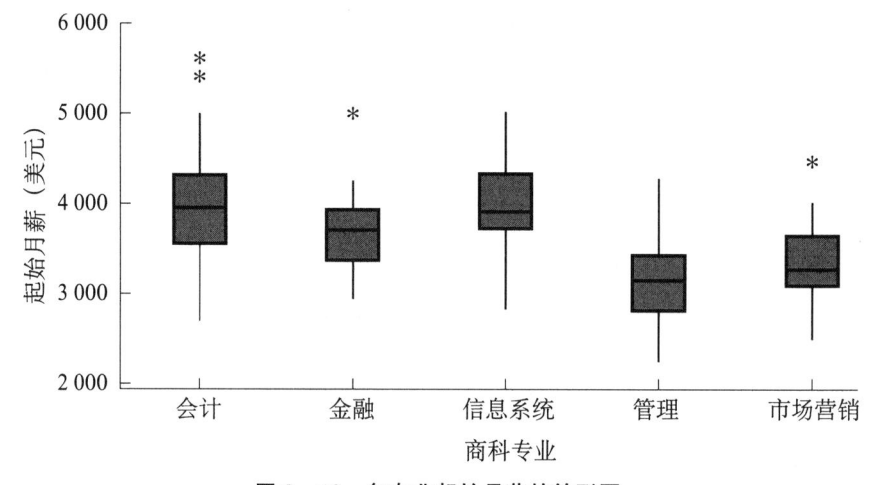

图3—12 各专业起始月薪的箱形图

评 注

探索性数据分析的一个优点就是使用简便，且只需进行少量的数学计算。我们只需要简单地将数据按升序排列，就可以确定五数概括法中的五个数值。然后，我们就能绘制箱形图，而不必计算数据的平均数和标准差。

练 习

方法

22. 考虑数据值为27，25，20，15，30，34，28和25的一个样本。用五数概括法来汇总数据。

23. 用五数概括法汇总数据5，15，18，10，8，12，16，10和6，绘制箱形图。

应用

24. 一些最著名的食品特许经营商及其零售店的数量如下所示：

特许经营商	零售店数量	特许经营商	零售店数量
Arby's	2 558	McDonald's	24 799
Baskin-Robbins	5 889	Pappa John's	2 615
Dairy Queen	5 619	Pizza Hut	10 238
Domino's	8 053	Quizno's	5 110
Dunkin Donuts	8 082	Subway	29 612
Hardee's	1 397	Taco Bell	4 516
KFC Corp	11 553		

a. 最大的特许经营商是谁？它有多少个零售店？
b. 特许经营区域的中位数是多少？
c. 用五数概括法来汇总数据。
d. 有异常值吗？
e. 绘制箱形图。

25. 在佛罗里达州那不勒斯每年1月举行半程马拉松比赛，比赛吸引了全美以及世界各国的顶级运动员。在2009年1月，有22名男子和31名女子参加了19～24岁年龄组的比赛，比赛完成时间如下（*Naples Daily*，January 19，2009）：

单位：分钟

名次	男子	女子	名次	男子	女子	名次	男子	女子
1	65.30	109.03	12	110.23	125.78	23		139.00
2	66.27	111.22	13	112.90	129.52	24		147.18
3	66.52	111.65	14	113.52	129.87	25		147.35
4	66.85	111.93	15	120.95	130.72	26		147.50
5	70.87	114.38	16	127.98	131.67	27		147.75
6	87.18	118.33	17	128.40	132.03	28		153.88
7	96.45	121.25	18	130.90	133.20	29		154.83
8	98.52	122.08	19	131.80	133.50	30		189.27
9	100.52	122.48	20	138.63	136.57	31		189.28
10	108.18	122.62	21	143.83	136.75			
11	109.05	123.88	22	148.70	138.20			

a. 佐治亚州的乔治·托威特（George Towett）获得男子第一名，佛罗里达州的劳伦·沃尔德（Lauren Wald）获得女子第一名。比较男子和女子第一名的成绩，如果53名男女运动员在一组比赛，劳伦·沃尔德将是第几名？
b. 男女运动员的成绩中位数各是多少？根据中位数，对男女运动员的成绩进行比较。
c. 分别用五数概括法汇总男女运动员的成绩。
d. 每个组有异常值吗？
e. 分别绘制两组的箱形图。男子运动员还是女子运动员比赛成绩的变异程度更大？请解释。

26. 《消费者报告》（Consumer Reports）提供了遍及全美主要大都会地区对 AT&T，Sprint，T-Mobile 和 Verizon 等移动电话服务公司的顾客满意度得分数据。每一家公司的评分反映了客户对诸如费用、连线、掉线、静电干扰和客户支持等一系列因素的总体满意度，满意度得分从 0~100，0 表示完全不满意，100 表示完全满意。在 20 个大都会地区的四个移动电话服务公司的得分如下（Consumer Reports，January，2009）：

大都会地区	AT&T	Sprint	T-Mobile	Verizon
亚特兰大	70	66	71	79
波士顿	69	64	74	76
芝加哥	71	65	70	77
达拉斯	75	65	74	78
丹佛	71	67	73	77
底特律	73	65	77	79
杰克逊维尔	73	64	75	81
拉斯韦加斯	72	68	74	81
洛杉矶	66	65	68	78
迈阿密	68	69	73	80
明尼阿波利斯	68	66	75	77
费城	72	66	71	78
菲尼克斯	68	66	76	81
圣安东尼奥	75	65	75	80
圣迭戈	69	68	72	79
旧金山	66	69	73	75
西雅图	68	67	74	77
圣路易斯	74	66	74	79
坦帕	73	63	73	79
华盛顿	72	68	71	76

a. 首先考虑 T-Mobile，得分中位数是多少？
b. 用五数概括法汇总 T-Mobile 公司的数据。
c. T-Mobile 公司有异常值吗？请解释。
d. 对其他三家移动电话服务公司重复做 b 和 c 的问项。
e. 在一张图上绘制出四家移动电话服务公司的箱形图，对四家公司的箱形图进行比较，并讨论比较的结果。根据顾客的总体满意度，哪家是《消费者报告》推荐的最佳移动电话服务公司？

27. 表 3—5 是 46 只共同基金 12 个月的总回报率数据（Smart Money，February 2004）。

表 3—5　　共同基金 12 个月的回报率

共同基金	回报率（%）	共同基金	回报率（%）
Alger Capital Appreciation	23.5	Nations Small Company	21.4
Alger LargeCap Growth	22.8	Nations SmallCap Index	24.5
Alger MidCap Growth	38.3	Nations Strategic Growth	10.4
Alger Small Cap	41.3	Nations Value Inv	10.8
AllianceBernstein Technology	40.6	One Group Diversified Equity	10.0
Federated American Leaders	15.6	One Group Diversified Int'l	10.9
Federated Capital Appreciation	12.4	One Group Diversified Mid Cap	15.1
Federated Equity-Income	11.5	One Group Equity Income	6.6
Federated Kaufmann	33.3	One Group Int'l Equity Index	13.2
Federated Max-Cap Index	16.0	One Group Large Cap Growth	13.6
Federated Stock	16.9	One Group Large Cap Value	12.8
Janus Adviser Int'l Growth	10.3	One Group Mid Cap Growth	18.7
Janus Adviser Worldwide	3.4	One Group Mid Cap Value	11.4
Janus Enterprise	24.2	One Group Small Cap Growth	23.6
Janus High-Yield	12.1	PBHG Growth	27.3
Janus Mercury	20.6	Putnam Europe Equity	20.4
Janus Overseas	11.9	Putnam Int'l Capital Opportunity	36.6
Janus Worldwide	4.1	Putnam International Equity	21.5
Nations Convertible Securities	13.6	Putnam Int'l New Opportunity	26.3
Nations Int'l Equity	10.7	Strong Advisor Mid Cap Growth	23.7
Nations LargeCap Enhd. Core	13.2	Strong Growth 20	11.7
Nations LargeCap Index	13.5	Strong Growth Inv	23.2
Nation MidCap Index	19.5	Strong Large Cap Growth	14.5

a. 这些共同基金回报率的平均数和中位数分别是多少？
b. 第一四分位数和第三四分位数各为多少？
c. 用五数概括法汇总数据。
d. 数据是否包含异常值？绘制箱形图。

3.5　两变量间关系的度量

到目前为止我们已经介绍了对一个变量汇总数据的数值方法。但是管理者或决策者常常更关心的是两个变量之间的关系。本节将介绍描述两个变量间关系的度量：协方差和相关系数。

首先，我们再次考虑 2.4 节中关于旧金山音像设备商店的例子。商店经理想确定周末电视广告播出次数与下一周商店销售额之间的关系。表 3—6 中是销售额数据，有 10 个观测值（$n=10$），每周一个观测值。图 3—13 的散点图中显示二者是正相关关系，较高的销售额（y）对应着较多的广告次数（x）。事实上，散点图暗示我们，可以用一条直线来近似这种关系。在下面的讨论中，我们将介绍度量两变量间线性关系的**协方差**（covariance）。

表 3—6　　　　　　　　　音像设备商店的样本数据

周次	电视广告数 x	销售额 y（百美元）
1	2	50
2	5	57
3	1	41
4	3	54
5	4	54
6	1	38
7	5	63
8	3	48
9	4	59
10	2	46

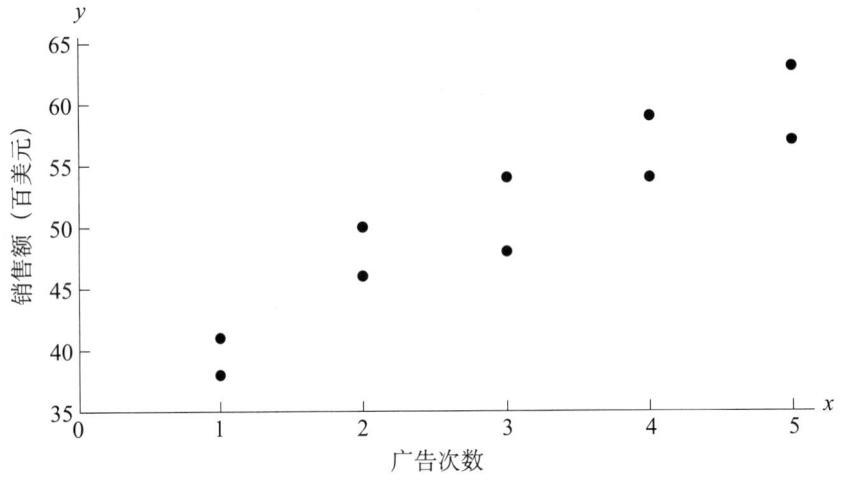

图 3—13　音像设备商店的散点图

3.5.1　协方差

对于一个容量为 n 的样本，其观测值为 (x_1, y_1)，(x_2, y_2)，…，(x_n, y_n)，样本协方差的定义如下：

样本协方差

$$s_{xy} = \frac{\sum (x_i - \bar{x})(y_i - \bar{y})}{n-1} \tag{3.10}$$

在这个公式中,一个 x_i 与一个 y_i 相对应。我们将每个 x_i 与其样本平均数 $\bar{x}$ 的离差乘以对应的 y_i 与其样本平均数 $\bar{y}$ 的离差,再对所得的结果加总,然后除以 $n-1$。

在音像设备商店问题中,为了度量广告次数 x 与销售额 y 之间线性关系的强度,我们利用式(3.10)来计算样本协方差。计算 $\sum(x_i-\bar{x})(y_i-\bar{y})$ 的过程如表3—7 所示。注意,$\bar{x}=30/10=3$,$\bar{y}=510/10=51$。利用式(3.10),我们可以得出样本协方差为:

$$s_{xy}=\frac{\sum(x_i-\bar{x})(y_i-\bar{y})}{n-1}=\frac{99}{9}=11$$

表 3—7　　　　　　　　　　　样本协方差的计算

x_i	y_i	$x_i-\bar{x}$	$y_i-\bar{y}$	$(x_i-\bar{x})(y_i-\bar{y})$
2	50	−1	−1	1
5	57	2	6	12
1	41	−2	−10	20
3	54	0	3	0
4	54	1	3	3
1	38	−2	−13	26
5	63	2	12	24
3	48	0	−3	0
4	59	1	8	8
2	46	−1	−5	5
合计 30	510	0	0	99

$$s_{xy}=\frac{\sum(x_i-\bar{x})(y_i-\bar{y})}{n-1}=\frac{99}{10-1}=11$$

计算容量为 N 的总体协方差的公式与式(3.10)相似。但是我们使用不同的符号,表示正在处理的是整个总体。

总体协方差

$$\sigma_{xy}=\frac{\sum(x_i-\mu_x)(y_i-\mu_y)}{N} \tag{3.11}$$

在式(3.11)中,我们用符号 μ_x 表示变量 x 的总体平均数,用符号 μ_y 表示变量 y 的总体平均数,σ_{xy} 表示容量为 N 的总体的协方差。

3.5.2　协方差的解释

图3—14 有助于对样本协方差进行解释。它与图3—13 中的散点图相同,只是在 $\bar{x}=3$ 处有一条垂直虚线,在 $\bar{y}=51$ 处有一条水平虚线。这两条线将图划分为

四个象限。第Ⅰ象限的点对应于 x_i 大于 $\bar{x}$ 且 y_i 大于 $\bar{y}$，第Ⅱ象限的点对应于 x_i 小于 $\bar{x}$ 且 y_i 大于 $\bar{y}$，以此类推。因此，$(x_i-\bar{x})(y_i-\bar{y})$ 的值，对第Ⅰ象限的点一定为正，第Ⅱ象限的点为负，第Ⅲ象限的点为正，第Ⅳ象限的点为负。

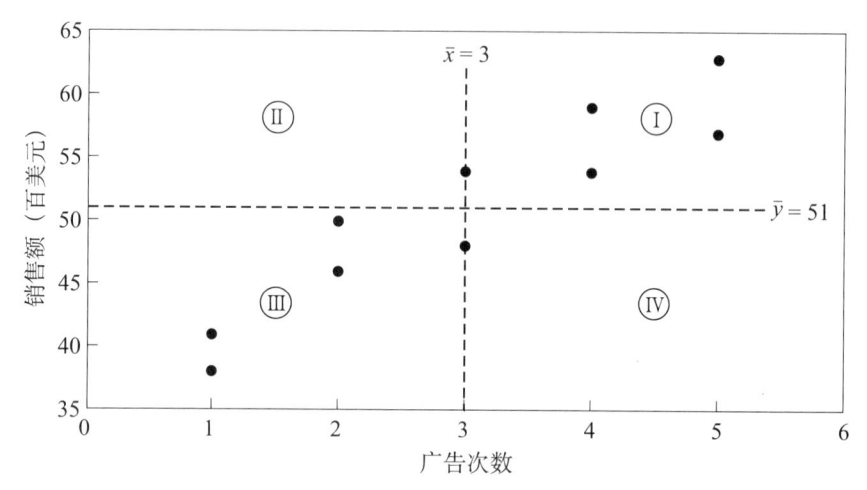

图 3—14 音像设备商店的分区散点图

如果 s_{xy} 的值是正的，那么对 s_{xy} 的值影响最大的点必然在第Ⅰ和Ⅲ象限。因此，s_{xy} 为正值表示 x 和 y 之间存在正的线性关系；也就是说，随着 x 的值增加，y 的值也增加。如果 s_{xy} 的值是负的，则对 s_{xy} 的值影响最大的点在第Ⅱ和Ⅳ象限。因此，s_{xy} 为负值表示 x 和 y 之间存在负的线性关系；也就是说，随着 x 的值增加，y 的值减少。最后，如果各点在四个象限中分布均匀，则 s_{xy} 的值将接近于零，这表明 x 和 y 之间不存在线性关系。图 3—15 显示了与三种不同类型的散点图相对应的 s_{xy} 值。

> 协方差是两变量线性关系的度量。

回到图 3—14，我们可以看到音像设备商店的散点图与图 3—15 中顶部的图形相似。正如我们所期望的，样本协方差 $s_{xy}=11$ 表示正的线性关系。

从上面的讨论中可以看出，似乎协方差是一个大的正数就表示强的正线性相关关系，一个大的负数就表示强的负线性相关关系。但是，在使用协方差作为线性关系强度的度量时，存在的一个问题是协方差的值依赖于 x 和 y 的计量单位。例如，假设我们要研究人的身高 x 与体重 y 的关系。显然，无论用英尺还是英寸来度量身高，二者关系的强度都应该相同。但是，如果用英寸来度量身高的话，我们计算出的 $(x_i-\bar{x})$ 的数值将比用英尺度量时大得多。因此，用英寸来度量身高时，式 (3.10) 中的分子 $\sum(x_i-\bar{x})(y_i-\bar{y})$ 的数值会更大，协方差也随之变大，而事实上二者的相关关系并无变化。为了避免这种情况，我们将使用**相关系数**（correlation coefficient）对两变量间的相关关系进行量度。

s_{xy} 为正数
(x和y为正线性关系)

s_{xy} 近似为0
(x和y无线性关系)

s_{xy} 为负数
(x和y为负线性关系)

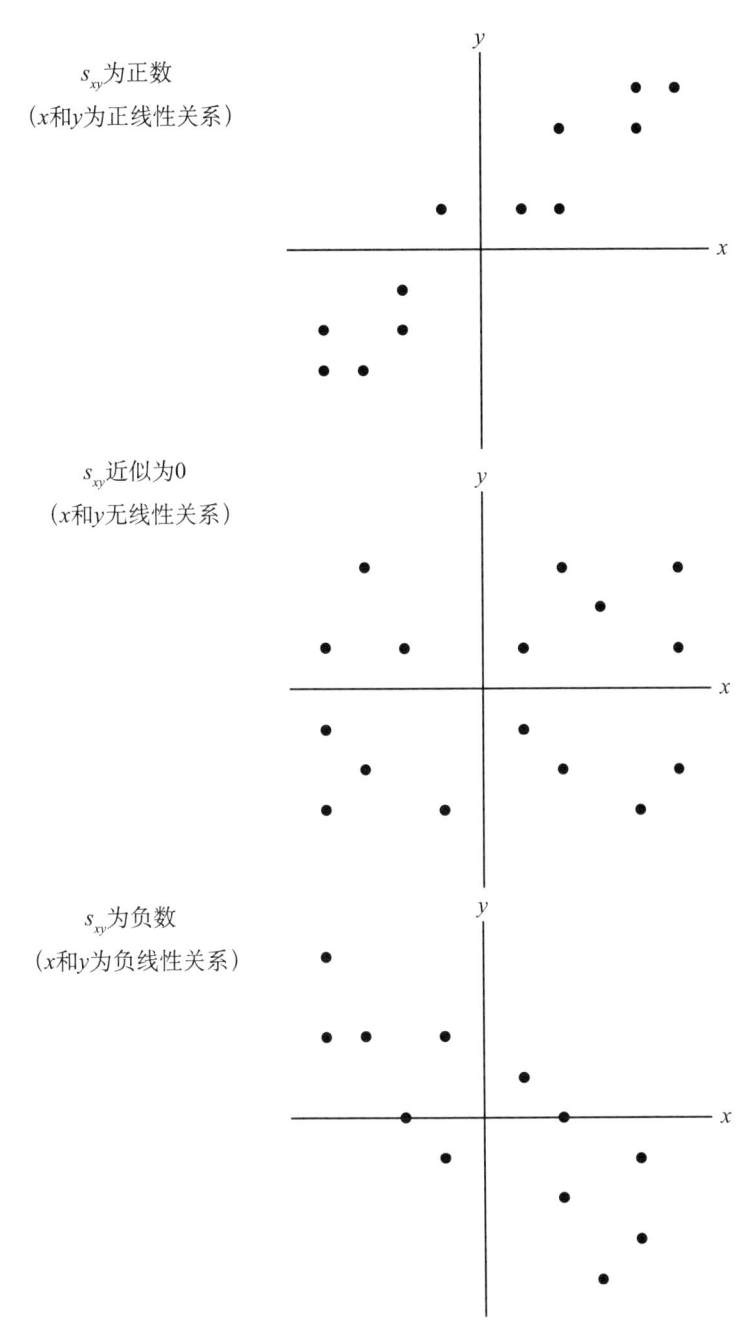

图 3—15 样本协方差的解释

3.5.3 相关系数

对于样本数据，皮尔逊积矩相关系数的定义如下：

皮尔逊积矩相关系数：样本数据

$$r_{xy} = \frac{s_{xy}}{s_x s_y} \tag{3.12}$$

式中：r_{xy}——样本相关系数；
　　　s_{xy}——样本协方差；
　　　s_x——x 的样本标准差；
　　　s_y——y 的样本标准差。

式（3.12）表明样本数据的皮尔逊积矩相关系数（通常简称为样本相关系数）的计算方法是：用样本协方差除以 x 的标准差与 y 的标准差的乘积。

现在让我们来计算音像设备商店的样本相关系数。使用表 3—7 中的数据，我们可以得到两个变量的样本标准差。

$$s_x = \sqrt{\frac{\sum (x_i - \bar{x})^2}{n-1}} = \sqrt{\frac{20}{9}} = 1.49$$

$$s_y = \sqrt{\frac{\sum (y_i - \bar{y})^2}{n-1}} = \sqrt{\frac{566}{9}} = 7.93$$

现在，由于 $s_{xy} = 11$，可以得到样本相关系数为：

$$r_{xy} = \frac{s_{xy}}{s_x s_y} = \frac{11}{1.49 \times 7.93} = 0.93$$

总体相关系数用希腊字母 ρ_{xy} 表示，其计算公式如下：

皮尔逊积矩相关系数：总体数据

$$\rho_{xy} = \frac{\sigma_{xy}}{\sigma_x \sigma_y} \tag{3.13}$$

式中：ρ_{xy}——总体相关系数；
　　　σ_{xy}——总体协方差；
　　　σ_x——x 的总体标准差；
　　　σ_y——y 的总体标准差。

> 样本相关系数 r_{xy} 是总体相关系数 ρ_{xy} 的点估计量。

3.5.4　样本相关系数的解释

首先考虑一个简单的样本，以说明完全正线性相关的概念。图 3—16 中的散点图描述了下列样本数据 x 和 y 之间的关系。

x_i	5	10	15
y_i	10	30	50

经过这三个点的直线显示，在 x 和 y 之间存在完全线性关系。为了应用式（3.12）来计算样本相关系数，我们必须先计算出 s_{xy}，s_x 和 s_y。在表 3—8 中列出了一些计算过程，利用表 3—8 中的结果，得

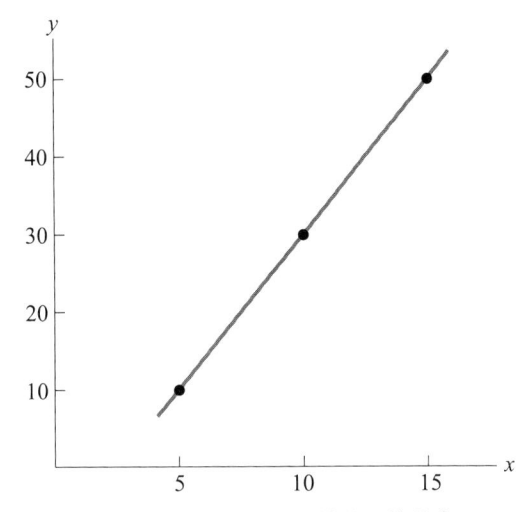

图 3—16 描述完全正线性关系的散点图

$$s_{xy} = \frac{\sum (x_i - \bar{x})(y_i - \bar{y})}{n-1} = \frac{200}{2} = 100$$

$$s_x = \sqrt{\frac{\sum (x_i - \bar{x})^2}{n-1}} = \sqrt{\frac{50}{2}} = 5$$

$$s_y = \sqrt{\frac{\sum (y_i - \bar{y})^2}{n-1}} = \sqrt{\frac{800}{2}} = 20$$

$$r_{xy} = \frac{s_{xy}}{s_x s_y} = \frac{100}{5 \times 20} = 1$$

因此,样本相关系数的值为 1。

表 3—8　　　　　　　　　　样本相关系数的计算过程

x_i	y_i	$x_i - \bar{x}$	$(x_i - \bar{x})^2$	$y_i - \bar{y}$	$(y_i - \bar{y})^2$	$(x_i - \bar{x})(y_i - \bar{y})$
5	10	−5	25	−20	400	100
10	30	0	0	0	0	0
15	50	5	25	20	400	100
合计 30	90	0	50	0	800	200
$\bar{x}=10$	$\bar{y}=30$					

一般地,如果数据集中所有的点都在一条斜率为正的直线上,则样本相关系数的值为 1;也就是说,样本相关系数的值为 1 就对应于 x 和 y 的完全正线性关系。如果数据集中所有的点都在一条斜率为负的直线上,则样本相关系数的值为 −1;也就是说,样本相关系数的值为 −1 就对应于 x 和 y 的完全负线性关系。

相关系数的范围是在 −1～1 之间。当相关系数接近于 −1 或 1 时,表示强的线性关系,而相关系数越接近于 0,线性关系越弱。

现在我们假设,某个数据集表示 x 和 y 存在正的线性关系,但不是完全线性的,则 r_{xy} 的值将小于 1,表示在散点图上就是所有的点不全在一条直线上。当随着数据集中的点越来越偏离完全正线性关系时,r_{xy} 的值就变得越来越小。当 r_{xy}

等于零时,表明 x 和 y 之间不存在线性关系,r_{xy} 的值接近于零则表明弱的线性关系。

对于音像设备商店的数据,我们知道 $r_{xy}=0.93$。因此,可以得出广告次数和销售额之间存在强的线性关系。更具体地说,广告次数的增加会带来销售额的增加。

最后,我们注意到,相关系数提供了线性但不是因果关系的一个度量。两个变量之间较高的相关系数,也不意味着一个变量的变化会引起另一个变量的变化。例如,我们看到,饭店的质量等级和代表性餐价是正相关的,但是,简单地提高餐价并不会提高饭店的质量等级。

3.5.5 用 Excel 计算协方差和相关系数

Excel 提供了用于计算协方差和相关系数的函数。我们将演示如何使用这些函数来计算音像设备商店的样本协方差和样本相关系数。在描述所做的工作时,可参考图 3—17。背景是公式工作表,前景是数值工作表。

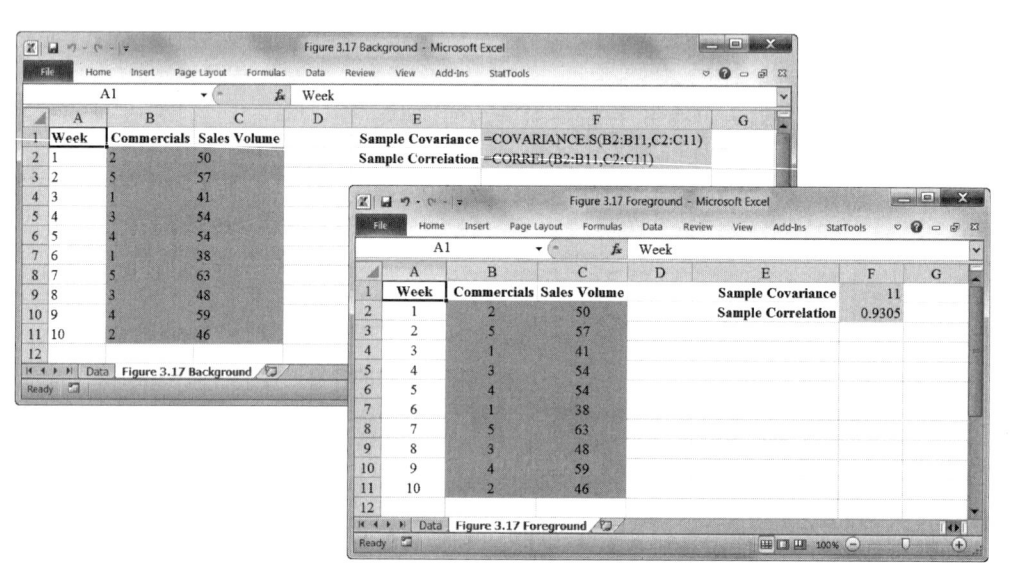

图 3—17 用于计算协方差和相关系数的 Excel 工作表

输入数据:将标签及广告次数和销售额数据输入工作表的单元格区域 A1:C11。

输入函数和公式:Excel 中的协方差函数 COVARIANCE.S,可用于计算样本的协方差。只需在单元格 F1 中输入如下公式:

=COVARIANCE.S(B2:B11,C2:C11)

类似地,在单元格 F2 中输入公式"=CORREL(B2:B11,C2:C11)",就可以计算相关系数。将标签样本协方差和样本相关系数分别输入单元格 E1 和 E2,以识别输出结果。

在图 3—17 的背景工作表的单元格区域 F1:F2 显示的是公式,前景工作表中显示的是用 Excel 函数计算所得的数值。注意,除了舍入误差外,这些数值与前面用式(3.10)和式(3.12)计算的结果相同。

练习

方法

28. 下面是两个变量的 5 个观测值：

x_i	4	6	11	3	16
y_i	50	50	40	60	30

a. 以 x 为横轴绘制散点图。
b. a 中绘制的散点图表明两个变量之间存在何种关系？
c. 计算并解释样本协方差。
d. 计算并解释样本相关系数。

29. 下面是两个变量的 5 次观测值：

x_i	6	11	15	21	27
y_i	6	9	6	17	12

a. 绘制这些数据的散点图。
b. 散点图说明 x 和 y 之间存在何种关系？
c. 计算并解释样本协方差。
d. 计算并解释样本相关系数。

应用

30. 运输部门对中型汽车的行驶速度和油耗进行了研究，结果数据如下：

行驶速度（英里/小时）	30	50	40	55	30	25	60	25	50	55
油耗（英里/加仑）	28	25	25	23	30	32	21	35	26	25

计算并解释样本相关系数。

31. 道琼斯工业平均指数（DJIA）和标准普尔（S&P）500 指数都是用来度量股票市场的业绩的指数。DJIA 以 30 家大公司的股票价格为依据；S&P 500 指数以 500 家公司的股票价格为依据。如果以 DJIA 和 S&P 500 度量股票市场的业绩，它们相关吗？下面是 DJIA 和 S&P 500 的上涨和下跌的百分比数据（*The Wall Street Journal*, January 15 to March 10，2006）。

DJIA	0.20	0.82	−0.99	0.04	−0.24	1.01	0.30	0.55	−0.25
S&P 500	0.24	0.19	−0.91	0.08	−0.33	0.87	0.36	0.83	−0.16

a. 绘制散点图。
b. 计算这些数据的样本相关系数。
c. 讨论 DJIA 和 S&P 500 之间的关系。在得到每天股票市场业绩的总体印象之前，你是否需要审核这两个指数？

3.6 加权平均数和使用分组数据

在 3.1 节，我们将平均数视为中心位置最重要的量度之一。n 个观测值的样本平均数的公式重新叙述如下：

$$\bar{x} = \frac{\sum x_i}{n} = \frac{x_1 + x_2 + x_3 + \cdots + x_n}{n} \tag{3.14}$$

在这个公式中，每个 x_i 都有相同的重要性或权重。虽然实践中这种情况最常见，但有时在计算平均数时会对每个观测值赋予显示其重要性的权重。以这种方式计算的平均数称作**加权平均数**（weighted mean）。

3.6.1 加权平均数

加权平均数的计算公式如下：

加权平均数

$$\bar{x} = \frac{\sum w_i x_i}{\sum w_i} \tag{3.15}$$

式中：x_i——第 i 个观测值的数值；
w_i——第 i 个观测值的权重。

当数据来自样本时，式（3.15）计算的是加权样本平均数。当数据来自总体时，式（3.15）计算的是加权总体平均数，并用 μ 取代 $\bar{x}$。

作为一个需要加权平均数的例子，考虑下面一个在过去 3 个月中 5 次购买原材料的样本：

购买批次	价格（美元/磅）	数量（磅）
1	3.00	1 200
2	3.40	500
3	2.80	2 750
4	2.90	1 000
5	3.25	800

注意，价格在 2.80～3.40 美元之间变化，且采购数量也在 500～2 750 磅之间变化。假设某经理想知道原材料平均价格的有关信息。因为每次购买数量不等，必须使用加权平均数公式。5 个价格的数据值分别为 $x_1=3.00$，$x_2=3.40$，$x_3=2.80$，$x_4=2.90$ 和 $x_5=3.25$。计算价格的平均数时，要根据每个价格所对应的数量来加权。在本例中，五个权重分别为：$w_1=1\ 200$，$w_2=500$、$w_3=2\ 500$、$w_4=1\ 000$ 和 $w_5=800$。利用式（3.15），计算加权平均数如下：

$$\bar{x} = \frac{1\ 200 \times 3.00 + 500 \times 3.40 + 2\ 750 \times 2.80 + 1\ 000 \times 2.90 + 800 \times 3.25}{1\ 200 + 500 + 2\ 750 + 1\ 000 + 800}$$

$$= \frac{18\ 500}{6\ 250} = 2.96$$

于是，利用加权平均数计算的原材料的平均价格为 2.96 美元。注意，如果不是使用加权平均数公式而是使用式（3.14）计算，就会得到带有误导性的结果。在这种情况下，5 个价格的平均数为 $(3.00+3.40+2.80+2.90+3.25)/5=15.35/$

5＝3.07美元，夸大了实际的平均价格。

在某个特殊的加权平均数的计算中，对权重的选择依赖于具体的应用。一个大学生们熟知的例子是平均等级分（GPA）的计算。在计算中，普遍使用的数值是：A级是4，B级是3，C级是2，D级是1，F级是0。权重就是取得每一等级的学分数。在其他加权平均数的计算中，经常会使用诸如磅、美元、体积等数值作为权重。在任何情况下，当观测值的重要性变化时，分析人员必须选择能够最好地反映每个观测值重要性的权重，来计算加权平均数。

> 计算平均等级分是一个很好的应用加权平均数的例子。

3.6.2 分组数据

在多数情况下，对位置和变异程度的量度是利用个体数据值来计算的。但有时，我们得到的只是分组数据或频数分布形式的数据。在下面的讨论中，我们将说明对于**分组数据**（grouped data），如何利用加权平均数公式来近似计算平均数、方差和标准差。

在2.2节，我们得到了桑德森和克利福德会计师事务所完成年末审计所需天数的频数分布。表3—9中列出了年末审计时间的频数分布。根据这一频数分布，样本平均审计时间是多少？

为了只使用分组数据来计算平均数，我们将每一组的组中值作为该组所有数据的代表值。令 M_i 表示第 i 组的组中值；f_i 表示第 i 组的频数。然后，加权平均数公式（3.15）就用 M_i 表示数据值，用频数 f_i 作为权重。在这种情形下，式（3.15）的分母是所有频数之和，即样本容量 n，也就是 $\sum f_i = n$。因此，分组数据的样本平均数计算公式如下：

分组数据的样本平均数

$$\bar{x} = \frac{\sum f_i M_i}{n} \tag{3.16}$$

式中：M_i——第 i 组的组中值；
f_i——第 i 组的频数；
n——样本容量。

表3—9　　　　　　　　　　审计时间的频数分布

审计时间（天）	频数	审计时间（天）	频数
10～14	4	25～29	2
15～19	8	30～34	1
20～24	5	合计	20

由于组中值 M_i 为上、下组限的中点，因此表3—9中第一组10～14天的组中值为 (10＋14)/2＝12。5个组的组中值和审计时间的加权平均数计算过程汇总在表3—10中。我们可以看到，审计时间的样本平均数为19天。

表 3—10　　　　　　　对分组数据审计时间样本平均数的计算过程

审计时间（天）	组中值 (M_i)	频数 (f_i)	$f_i M_i$
10～14	12	4	48
15～19	17	8	136
20～24	22	5	110
25～29	27	2	54
30～34	32	1	32
		20	380

$$\text{样本平均数 } \bar{x} = \frac{\sum f_i M_i}{n} = \frac{380}{20} = 19 \text{（天）}$$

为了计算分组数据的方差，我们对方差公式（3.5）略作修改。在式（3.5）中，每个数值对样本平均数 $\bar{x}$ 的离差平方写为 $(x_i - \bar{x})^2$。但对于分组数据，数值 x_i 并不知道。这种情况下，我们就把组中值 M_i 作为该组 x_i 值的代表。因此，离差平方 $(x_i - \bar{x})^2$ 被替换成 $(M_i - \bar{x})^2$。然后，就像我们计算分组数据样本平均数那样，用组频数 f_i 作为每个值的权重。所有数据的离差平方之和可近似写作 $\sum f_i (M_i - \bar{x})^2$。分母使用 $n-1$ 而不是 n，其目的是用样本方差估计总体方差。因此，分组数据的样本方差计算公式如下：

分组数据的样本方差

$$s^2 = \frac{\sum f_i (M_i - \bar{x})^2}{n-1} \tag{3.17}$$

根据分组数据，审计时间的样本方差的计算过程汇总在表 3—11 中。我们可以看到，样本方差为 30。

分组数据的标准差是分组数据方差的正平方根。对于审计时间数据，样本标准差为 $s = \sqrt{30} = 5.48$。

表 3—11　　对分组数据审计时间样本方差的计算过程（样本平均数 $\bar{x}=19$）

审计时间（天）	组中值 (M_i)	频数 (f_i)	离差 ($M_i - \bar{x}$)	离差平方 $(M_i - \bar{x})^2$	$f_i (M_i - \bar{x})^2$
10～14	12	4	−7	49	196
15～19	17	8	−2	4	32
20～24	22	5	3	9	45
25～29	27	2	8	64	128
30～34	32	1	13	169	169
		20			570
					$\sum f_i (M_i - \bar{x})^2$

$$\text{样本方差 } s^2 = \frac{\sum f_i (M_i - \bar{x})^2}{n-1} = \frac{570}{19} = 30$$

在结束本节对分组数据位置和离散程度的度量计算之前，我们注意到式（3.16）和式（3.17）是关于样本的。总体的位置度量和离散程度度量的计算与此类似。分组数据的总体平均数和方差的计算公式如下：

分组数据的总体平均数

$$\mu = \frac{\sum f_i M_i}{N} \tag{3.18}$$

分组数据的总体方差

$$\sigma^2 = \frac{\sum f_i (M_i - \mu)^2}{N} \tag{3.19}$$

■ ■ ■ 评 注 ■ ■ ■

在计算分组数据的描述统计量时，可用各组组中值近似代表每组的数据值。这样做的结果是，分组数据的描述统计量只是直接利用原始数据计算出的描述统计量的近似值。所以，我们建议在可能的情况下，尽量使用原始数据而非分组数据来计算描述统计量。

■ ■ ■ 练 习 ■ ■ ■

方法

32. 考虑下列数据和相应的权重：

x_i	权重（w_i）
3.2	6
2.0	3
2.5	2
5.0	8

a. 计算数据的加权平均数。
b. 计算 4 个数据不加权的样本平均数。注意这两个计算结果的差异。

33. 考虑下列样本数据的频数分布：

组	组中值	频数
3～7	5	4
8～12	10	7
13～17	15	9
18～22	20	5

a. 计算样本平均数。
b. 计算样本方差和样本标准差。

应用

34. 大学生的平均等级分是根据计算加权平均数得到的。在大多数学校中，用下列数值分别代表各个等级：A（4），B（3），C（2），D（1），F（0）。州立大学的某个学生在结束了 60 个学分的课程学习之后，有 9 个学分获得 A，15 个学分获得 B，33 个学分获得 C，3 个学分获得 D。

a. 计算这个学生的平均等级分。

b. 州立大学的学生们在前60个学分的课程学习中，应至少达到2.5个平均等级分才能被商学院录取。该学生能被录取吗？

35. 根据425个工商管理硕士项目的调查，《美国新闻与世界报道》（*U. S. News & World Report*）将印第安纳大学Kelley商学院排在全美最佳工商管理项目的第20位（*America's Best Graduate School*，2009）。排名的依据是对商学院院长和企业招聘人员的调查，每一名调查对象对学院硕士项目的综合质量评定分数，从1（勉强够格）到5（杰出）。利用下表商学院院长和企业招聘人员评定的样本数据，计算加权平均得分，并讨论。

质量评估	商学院院长	企业招聘人员
5	44	31
4	66	34
3	60	43
2	10	12
1	0	0

小 结

本章介绍了几种能汇总数据分布的位置、变异程度和形态的描述统计量。与第2章介绍的表格和图形方法不同，本章介绍的度量方法是依据数值来汇总数据。当数值是来自样本时，它们被称为样本统计量；当数值是来自总体时，它们被称为总体参数。下面是一些用来表示样本统计量和总体参数的符号：

	样本统计量	总体参数
平均数	$\bar{x}$	μ
方差	s^2	σ^2
标准差	S	σ
协方差	s_{xy}	σ_{xy}
相关系数	r_{xy}	ρ_{xy}

在统计推断中，样本统计量被称为总体参数的点估计量。

作为对中心位置的度量，我们定义了平均数、中位数和众数。百分位数的概念用来描述数据集中的其他位置。接着，作为变异程度或离散程度的度量，我们介绍了极差、四分位数间距、方差、标准差和标准差系数。数据分布形态的最基本度量是偏度，偏度的值为负数时显示数据分布左偏；偏度的值为正数时显示数据分布右偏。然后我们介绍了在应用经验法则和切比雪夫定理时，如何同时使用平均数和标准差，从而对数据分布提供更多的信息，以及识别出异常值。

3.4节演示了如何实施五数概括法和绘制箱形图，它们对数据分布的位置、变异程度和形态提供了类似的信息。3.5节介绍了作为两变量间关系度量的协方差和相关系数。在最后一节中，讲述了如何计算加权平均数，以及如何计算分组数据的平均数、方差和标准差。

关键术语

样本统计量（sample statistic） 用来对样本进行综合度量的数值（如样本平均数 $\bar{x}$、样本方差 s^2 和样本标准差 s）。

总体参数（population parameter） 用来对总体进行综合度量的数值（如总体平均数 μ、总体方差 σ^2 和总体标准差 σ）。

点估计量（point estimator） 用来估计相应总体参数的样本统计量，如 $\bar{x}$，s^2 和 s。

平均数（mean） 数据中心位置的一种度量。计算方法是将所有数据值加总，再除以数据的个数。

中位数（median） 数据中心位置的一种度量。它是当数据按照升序排列时，位于数据中间位置的数据值。

众数（mode） 数据位置的一种度量，被定义为出现次数最多的数据值。

百分位数（percentile） 第 p 百分位数是一个数值，在数据集中至少有 $p\%$ 的观测值小于或等于该值，且至少有 $(100-p)\%$ 的观测值大于或等于该值。第 50 百分位数就是中位数。

四分位数（quartiles） 第 25，50 和 75 百分位数分别是第一四分位数、第二四分位数（中位数）和第三四分位数。四分位数将数据集分为四个部分，每个部分大约包含 25% 的数据。

极差（range） 数据变异程度的一种度量，它的定义是最大值与最小值之差。

四分位数间距（interquartile range，IQR） 数据变异程度的一种度量，它的定义是第三四分位数与第一四分位数之差。

方差（variance） 数据变异程度的一种度量，计算的依据是数据值与平均数的平方离差。

标准差（standard deviation） 数据变异程度的一种度量，是方差的正平方根。

标准差系数（coefficient of variation） 数据相对变异程度的一种度量，是标准差除以平均数再乘以 100%。

偏度（skewness） 数据分布形态的一种度量。数据左偏导致偏度为负值；数据分布对称导致偏度为 0；数据右偏导致偏度为正值。

z 分数（z-score） x_i 的离差（$x_i - \bar{x}$）除以标准差 s 得到的数值。z 分数也称为标准化值，表示 x_i 距离平均数的标准差的个数。

切比雪夫定理（Chebyshev's theorem） 用来陈述与平均数的距离在一个指定个数的标准差之内的数据值所占比例的定理。

经验法则（empirical rule） 对于服从钟形分布的数据，可用来计算与平均数的距离在 1 个、2 个和 3 个标准差之内的数据值所占百分比的法则。

异常值（outlier） 小得不正常或大得不正常的数值。

五数概括法（five-number summary） 一种探索性数据分析技术。它用五个数值来概括数据：最小值、第一四分位数、中位数、第三四分位数和最大值。

箱形图（box plot） 以五数概括法为依据的一种数据的图形汇总方法。

协方差（covariance） 两变量间线性关系的一种度量。正值表示正相关，负

相关系数（correlation of coefficient）　两变量间线性关系的一种度量，其取值在—1～1之间。接近1的值表示强的正线性关系；接近—1的值表示强的负线性关系；接近于零的值表示缺乏线性关系。

加权平均数（weighted mean）　通过给每一个观测值分配一个反映其重要性的权重，而得到的平均数。

分组数据（grouped data）　可用数值是将频数分布按组距汇总后得到的数据，而原始数据的单个数值是不可用的。

补充练习

36. 根据年度消费支出调查，美国银行（Bank of America）Visa信用卡月平均支付金额为1 838美元（*U. S. Airway Attaché Magazine*，December 2003）。一个信用卡支付金额的样本数据如下：

236	1 710	1 351	825	7 450
316	4 135	1 333	1 584	387
991	3 396	170	1 428	1 688

a. 计算平均数和中位数。
b. 计算第一四位数和第三四分位数。
c. 计算极差和四分位数间距。
d. 计算方差和标准差。
e. 这些数据的偏度为2.12，对这个分布的形态进行评价。是你期望的分布形态吗？为什么？
f. 数据中是否含有异常值？

37. 美国房地产协会（The National Association of Realtors）报道了美国房屋价格的中位数和5年间房屋价格中位数的增长率（*The Wall Street Journal*，January 16, 2006）。用房屋价格的样本数据回答下列问题：

| 995.9 | 48.8 | 175.0 | 263.5 | 298.0 | 218.9 |
| 628.3 | 111.0 | 212.9 | 92.6 | 2 325.0 | 958.0 |

a. 房屋价格样本中位数是多少？
b. 在2001年1月，美国房地产协会报道了美国房屋价格的中位数为139 300美元。5年间房屋价格中位数的增长率是多少？
c. 样本数据的第一四分位数和第三四分位数是多少？
d. 对房屋价格应用五数概括法描述。
e. 数据中含有异常值吗？
f. 房屋价格的样本均值是多少？为什么美国房地产协会在报道中更倾向于使用房屋价格的中位数？

38. 在一条限速每小时55英里的公路上行驶的汽车会受到州警用雷达系统的车速检测。下面一个是车速的频数分布：

车速（英里/小时）	频数
45～49	10
50～54	40
55～59	150
60～64	175
65～69	75
70～74	15
75～79	10
合计	475

a. 在这条公路上行驶的汽车的平均车速是多少？

b. 计算方差和标准差。

39. 小型企业主往往雇用薪酬服务公司来处理其员工的工资问题。原因是小型企业主要面临复杂的税收条例以及对就业缴税错误的昂贵罚款。根据美国国税局（IRS）的报告，有26％的小型企业主的就业纳税申报单有错误，从而导致对企业主的税务罚款（*The Wall Street Journal*，January 30，2006）。20个小型企业主税务罚款的样本数据如下：

| 820 | 270 | 450 | 1 010 | 890 | 700 | 1 350 | 350 | 300 | 1 200 |
| 390 | 730 | 2 040 | 230 | 640 | 350 | 420 | 270 | 370 | 620 |

a. 对于不正确的就业纳税申报单，平均税务罚款是多少？

b. 标准差是多少？

c. 最高的罚款2 040美元是异常值吗？

d. 小型企业主雇用薪酬服务公司来处理包括其就业纳税申报单等员工的工资问题，有哪些优点？

40. 职业棒球大联盟（MLB）的球队春训期间的记录能说明球队在常规赛中的表现吗？在过去6年期间，球队在春训期间的获胜率与它在常规赛中的获胜率之间的相关系数为0.18（*The Wall Street Journal*，March 30，2009）。下面是2008赛季14支MLB球队获胜率数据。

球队	春训	常规赛	球队	春训	常规赛
Baltimore Orioles	0.407	0.422	Minnesota Twins	0.500	0.540
Boston Red Sox	0.429	0.586	New York Yankees	0.577	0.549
Chicago White Sox	0.417	0.546	Oakland A's	0.692	0.466
Cleveland Indians	0.569	0.500	Seattle Mariners	0.500	0.377
Detroit Tigers	0.569	0.457	Tampa Bay Rays	0.731	0.599
Kansas City Royals	0.533	0.463	Texas Rangers	0.643	0.488
Los Angeles Angels	0.724	0.617	Toronto Blue Jays	0.448	0.531

a. 春训和常规赛获胜率之间的相关系数是多少？

b. 对一支球队春训期间的记录能否说明球队在常规赛中的表现，你有什么结论？出现这种情况的原因是什么？请讨论。

41. *Travel ＋ Leisure* 杂志提供世界上500家最佳酒店的年度一览表（*Travel ＋ Leisure*，January 2009）。杂志给出了每一家酒店的排名，同时还对每一家酒店的规模、环境、双人间的每晚价格进行简单的描述。美国12家顶级酒店的样本如下：

酒店	地点	客房数	每晚价格
Boulders Resort & Spa	菲尼克斯，亚利桑那州	220	499
Disney's Wilderness Lodge	奥兰多，佛罗里达州	727	340
Four Seasons Hotel Beverly Hill	洛杉矶，加利福尼亚州	285	585
Four Seasons Hotel	波士顿，马萨诸塞州	273	495
Hay-Adams	华盛顿特区	145	495
Inn on Biltmore Estate	阿什维尔，北卡罗来纳州	213	279
Loews Ventana Canyon Resort	菲尼克斯，亚利桑那州	398	279
Mauna Lani Bay Hotel	夏威夷岛	343	455
Montage Laguna Beach	拉古纳海滩，加利福尼亚州	250	595
Sofitel Water Tower	芝加哥，伊利诺伊州	414	367
St. Regis Monarch Beach	达纳半岛，加利福尼亚州	400	675
The Broadmoor	科罗拉多泉，科罗拉多州	700	420

a. 客房的平均数是多少？

b. 双人间每晚价格的平均数是多少？

c. 以客房数为横轴，每晚价格为纵轴绘制散点图。客房数和每晚价格之间相关吗？请讨论。

d. 样本相关系数是多少？关于客房数和双人间每晚价格之间的关系，这个相关系数能告诉你怎样的信息？这个结论合理吗？请讨论。

42. 股息报酬率是用百分数表示的公司支付的每股年股息除以当前市场的股票价格。下面是10家公司的股息报酬率数据（*The Wall Street Journal*，January 16，2004）：

公司	股息报酬率(%)	公司	股息报酬率(%)
奥驰亚集团（Altria Group）	5.0	通用汽车（General Motors）	3.7
美国运通（American Express）	0.8	摩根大通（JPMorgan Chase）	3.5
卡特彼勒（Caterpillar）	1.8	麦当劳（McDonald's）	1.6
伊士曼柯达（Eastman Kodak）	1.9	联合科技（United Technology）	1.5
埃克森美孚（Exxon Mobil）	2.5	沃尔玛（Walmart Stores）	0.7

a. 股息报酬率的平均数和中位数各是多少？

b. 方差和标准差各是多少？

c. 哪家公司的股息报酬率最高？

d. 麦当劳的 z 分数是多少？解释这个 z 分数。

e. 通用汽车的 z 分数是多少？解释这个 z 分数。

f. 基于 z 分数，数据中是否含有异常值？

案例 3—1 电影业

电影业是一个竞争激烈的行业，有50多个制片厂每年制作出300～400部新影片，每部电影商业上是否成功差异很大。首映票房收入、总票房收入、放映电影的影院数以及电影票房收入在排行榜前60名的周数是衡量一部电影是否成功最常用的变量。2005年制作的100部电影的样本数据存在名为 Movies 的文件中。表3—

12是文件中前10部电影的有关数据。

表3—12　　　　　　　　　　10部电影的业绩数据

电影	首映票房收入（百万美元）	总票房收入（百万美元）	影院数	排行前60名的周数
《铁血教练》（Coach Carter）	29.17	67.25	2 574	16
《等爱的女孩》（Ladies in Lavender）	0.15	6.65	119	22
《蝙蝠侠：开战时刻》（Batman Begins）	48.75	205.28	3 858	18
《狼犬丹尼》（Unleashed）	10.90	24.47	1 962	8
《美丽坏宝贝》（Pretty Persuasion）	0.06	0.23	24	4
《极度狂热》（Fever Pitch）	12.40	42.01	3 275	14
《哈利波特与火焰杯》（Harry Potter and the Goblet of Fire）	102.69	287.18	3 858	13
《怪兽婆婆》（Monster-in-Law）	23.11	82.89	3 424	16
《鬼讯号》（White Noise）	24.11	55.85	2 279	7
《史密斯夫妇》（Mr. and Mrs. Smith）	50.34	186.22	3 451	21

管理报告

使用本章介绍的描述统计方法来了解这些变量对一部电影成功有怎样的贡献。你的报告应该包括以下内容：

1. 四个变量中每个变量的描述统计量，并对每个描述统计量得出的关于电影业的情况进行讨论。

2. 如果有，哪些电影被认为是具有优异表现的异常值？请解释。

3. 列出总票房收入与其他各变量之间相关关系的描述统计量，并解释。

第 4 章
离散型概率分布

实践中的统计

花旗银行[*]
纽约州长岛市

花旗银行是花旗集团属下的一个分支机构，它提供全方位的金融服务，包括支票和储蓄账户、贷款和抵押、保险以及投资服务。花旗银行通过其独一无二的 Citibanking 系统提供这些服务。

花旗银行是美国第一家引进自动柜员机（ATM）的金融机构。花旗银行卡中心（CBC）的 ATM 使得客户能够在任何一个地方只需用手指便能瞬间完成他们的银行业务。每天 24 小时，每周 7 天，从存款到投资管理超过 150 种不同的银行服务项目都可以轻松完成。目前，客户 80% 的交易是通过 ATM 完成的。

CBC 向随机到达的客户提供服务。这是一个排队等待系统，如果遇到所有的 ATM 都忙的话，那么新来的客户只能排队等候。定期研究 CBC 的接纳能力可以分析客户的等待时间，以决定是否需要增加新的 ATM。

花旗银行收集的数据表明，随机到达的客户人数服从泊松分布。利用泊松分布，花旗银行可以计算任意时间段内到达 CBC 的顾客人数的概率，从而确定所需 ATM 的数目。比如，令 x 代表 1 分钟内到达的顾客人数。假定到达某一个 CBC 的顾客人数的平均数是每分钟 2 人，下表显示了在 1 分钟内到达顾客数的概率。

x	概率
0	0.135 3
1	0.270 7
2	0.270 7
3	0.180 4
4	0.090 2
≥5	0.052 7

[*] 非常感谢花旗银行的 Stacey Karter 女士，她为"实践中的统计"专栏提供了本案例。

本章主要介绍离散型概率分布，比如花旗银行分析使用的泊松分布。除泊松分布之外，还要介绍二项分布和超几何分布，说明如何利用它们得到有用的概率信息。

本章将介绍随机变量和概率分布的概念，继续对概率论进行研究。主要介绍离散型概率分布，包括三种常用分布——二项分布、泊松分布和超几何分布。

4.1 随机变量

随机变量提供了用数值描述试验结果的方法。随机变量的取值必须是数值。

随机变量
随机变量（random variable）是对一个试验结果的数值描述。

> 随机变量的取值必须是数值。

实际上，随机变量将每一个可能出现的试验结果赋予一个数值，随机变量的值取决于试验结果。随机变量根据取值可分为离散型或连续型。

4.1.1 离散型随机变量

可以取有限多个值或无限可数多个值（如 0，1，2，…）的随机变量称为**离散型随机变量**（discrete random variable）。例如，考虑一名会计人员参加注册会计师（CPA）考试的试验。该考试共有 4 门课程。令随机变量 x 为通过 CPA 考试的课程数，则 x 是一个离散型随机变量，因为它的取值分别是 0，1，2，3 或 4，是有限个。

下面给出离散型随机变量的另一个例子——考虑汽车到达某个收费站的试验。此时，感兴趣的随机变量 x 为在一天中到达的汽车数。x 是一个离散型随机变量，x 的可能值来自整数序列 0，1，2，…，有无限可数多个取值。

尽管很多试验的结果都可以自然而然地用数值来表示，但有些试验的结果却不能。例如，在一个调查电视观众能否回忆起最近看到的一则电视广告的信息试验中，有两种可能的试验结果：观众能回忆起信息和观众不能回忆起信息。定义离散型随机变量如下：如果观众不能回忆起信息，则令 $x=0$；如果观众能回忆起信息，则令 $x=1$。这样的随机变量的数据值是任意的（我们也可以取为 5 或 10），但是它们符合随机变量的定义，即由于 x 提供了对一次试验结果的数值性描述，因而 x 是随机变量。

表 4—1 给出了其他一些离散型随机变量的例子。我们注意到在每一个例子中，离散型随机变量取有限多个或无限可数多个值（如 0，1，2，…）。在本章中，我们将详细讨论这样的离散型随机变量。

表 4—1　　　　　　　　　　　　　　离散型随机变量的例子

试验	随机变量（x）	随机变量的可能值
与 5 位客户洽谈	下订单的客户数	0，1，2，3，4，5
检验一批由 50 台收音机组成的货物	损坏的收音机数	0，1，2，…，49，50
一家餐馆营业一天	顾客数	0，1，2，3，…
销售一辆汽车	顾客性别	男性为 0，女性为 1

4.1.2 连续型随机变量

可以在某一区间或多个区间内任意取值的随机变量称为**连续型随机变量**（continuous random variable）。度量时间、重量、距离、温度时，其试验结果可以用连续型随机变量来描述。例如，考虑监控打进一家大型保险公司投诉办公室的电话的试验。假定感兴趣的随机变量为：$x=$相邻两个电话的间隔时间（单位：分钟）。随机变量的值可以是区间 $x \geqslant 0$ 中的任意值。事实上，x 可能的取值是无穷的，比如：1.26 分钟，2.751 分钟，4.333 分钟，等等。再举一个例子，佐治亚州亚特兰大以北有一条 90 英里长的州际高速公路 I-75。亚特兰大有一个紧急救护机构，我们可以定义随机变量 $x=$在 I-75 公路上发生下一起事故的位置。这时，x 是一个连续型随机变量，可以是区间 $0 \leqslant x \leqslant 90$ 上的任一数值。表 4—2 列出了其他一些连续型随机变量的例子。注意，每一个例子中随机变量都假定可以取某个区间中的任意值。我们将在第 6 章介绍连续型随机变量及其概率分布。

表 4—2　　　　　　　　　　　　　　连续型随机变量的例子

试验	随机变量（x）	随机变量的可能值
银行开业	两客户到达的时间间隔（单位：分钟）	$x \geqslant 0$
填充一个饮料罐（最大容量为 12.1 盎司）	盎司数	$0 \leqslant x \leqslant 12.1$
新建一座图书馆	6 个月后工程完成进度	$0 \leqslant x \leqslant 100\%$
检验一次新的化学反应过程	反应发生的温度（最低 150 ℉，最高 212 ℉）	$150 \leqslant x \leqslant 212$

■ 评　注 ■

一种确定随机变量是离散型还是连续型的方法，是把随机变量的值看做一条线段上的点。任意选择随机变量的两个值，假如线段上这两点之间的所有点都可能是随机变量的取值，则该随机变量就是连续型的。

■ 练　习 ■

方法

1. 考虑一个抛两次硬币的试验。
   a. 列出试验结果。
   b. 定义一个随机变量，用以表示两次抛掷中硬币正面出现的次数。

c. 对每一种试验结果，给出随机变量的取值。
d. 这个随机变量是离散型的还是连续型的？
2. 考虑工人组装产品的试验。
a. 定义一个随机变量，用以表示组装产品所需的时间（单位：分钟）。
b. 随机变量可取什么值？
c. 这个随机变量是离散型的还是连续型的？

应用

3. 三名学生想要暑假时在布鲁克伍德学院（Brookwood Institute）工作，经过面试后有两种可能结果：录用或不录用。定义试验结果为三人面试的结果。
a. 列出试验结果。
b. 定义一个随机变量，描述面试的录取人数。该随机变量是连续型的吗？
c. 列出与每一试验结果相对应的随机变量的值。

4. 11月份美国失业率为8.7%（U.S. Department of Labor website, January 10, 2010）。美国人口普查局从东北部地区选取9个州。假定我们感兴趣的随机变量是东北部地区9个州中11月份的失业率低于8.7%的州的数目。试问，这个随机变量可能取哪些值？

5. 以下是一系列试验及相关的随机变量。在每一个试验中，确定随机变量的取值，并说明随机变量是离散型的还是连续型的。

试验	随机变量（x）
a. 一个有20道题的考试	回答正确的问题数
b. 观察1小时中到达收费站的汽车	到达收费站的汽车数
c. 审计50份税务报告	出现错误的报告数
d. 观察一名雇员的工作	在8小时工作日中非生产性的小时数
e. 称量一批货物的重量	磅数

4.2 离散型概率分布

随机变量的**概率分布**（probability distribution）描述随机变量取不同值的概率。对于离散型随机变量 x，概率分布通过**概率函数**（probability function）来定义，记作 $f(x)$。概率函数给出了随机变量每一取值的概率。

举一个离散型随机变量及其概率分布的例子，考虑纽约DiCarlo汽车公司的汽车销售量。销售数据显示，在过去300天里，有54天销售量为0，117天为1辆，72天为2辆，42天为3辆，12天为4辆，3天为5辆。假设我们选择DiCarlo汽车公司一天的经营情况做试验，定义随机变量 x 为一天中售出的汽车数。从历史数据我们知道 x 是一个随机变量，可取值0，1，2，3，4或5。用 $f(0)$ 表示销售0辆汽车的概率，$f(1)$ 表示销售1辆汽车的概率，其余以此类推。历史数据显示，300天中有54天销售0辆汽车，于是有 $f(0) = 54/300 = 0.18$，表示一天中销售0辆汽车的概率为0.18。同样，根据历史数据，300天中有117天销售1辆汽车，于是有 $f(1) = 117/300 = 0.39$，表示一天中销售1辆汽车的概率为0.39。对随机变量的其他值继续用这种方法，计算 $f(2)$，$f(3)$，$f(4)$，$f(5)$ 的值如表4—3

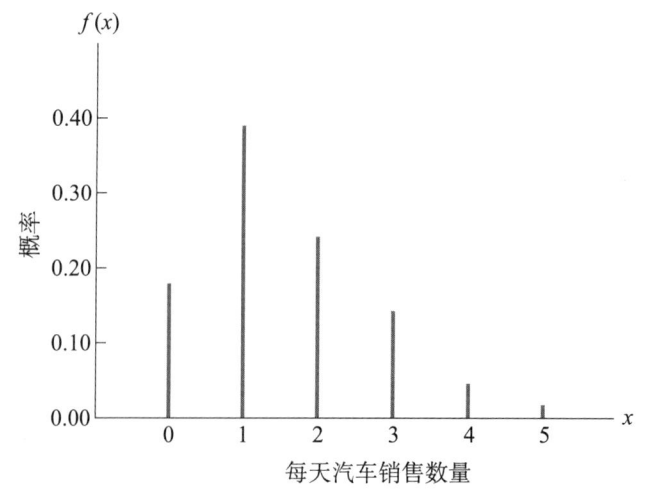

所示，得到 DiCarlo 汽车公司每天汽车销售量的概率分布。

表 4—3　　　　DiCarlo 汽车公司一天中汽车销售量的概率分布

x	$f(x)$
0	0.18
1	0.39
2	0.24
3	0.14
4	0.04
5	0.01
合计	1.00

定义一个随机变量及其概率分布的最大好处在于，一旦掌握概率分布，决策者确定各种感兴趣的事件的概率就变得相对简单了。例如，根据表 4—3 中的 DiCarlo 汽车公司的概率分布，由概率 $f(1)=0.39$ 可知，一天最有可能卖出的汽车数辆为 1。另外，一天中汽车销售量大于或等于 3 辆的概率是 $f(3)+f(4)+f(5)=0.14+0.04+0.01=0.19$。决策者根据这些概率及其他因素，便可以掌握 DiCarlo 汽车公司的汽车销售情况。

任一离散型随机变量的概率函数都必须满足式（4.1）和式（4.2）中的条件：

离散型概率函数的性质

$$f(x) \geqslant 0 \tag{4.1}$$

$$\sum f(x) = 1 \tag{4.2}$$

表 4—3 表明，随机变量 x 的概率满足式（4.1），即对于任意 x，有 $f(x)$ 大于或等于零。另外，因为概率和为 1，满足式（4.2）。于是，DiCarlo 汽车公司的概率函数确实是离散型概率函数。

我们也可以用图形来表示概率分布。在图 4—1 中，横轴表示 DiCarlo 汽车公司随机变量 x 的值，纵轴表示相应的概率。

图 4—1　DiCarlo 汽车公司每天汽车销售量的概率分布图

除了图和表，还可以用代数表达式给出随机变量 x 的概率函数 $f(x)$。$f(x)$ 常用来描述随机变量 x 每一取值的概率。在离散型概率分布中，**离散型均匀概率分布**（discrete uniform probability distribution）是最简单的一类，其概率函数的定义如下：

离散型均匀概率函数

$$f(x) = 1/n \tag{4.3}$$

式中，n 代表随机变量可能取值的个数。

例如，考虑掷一枚骰子的试验，定义随机变量 x 为骰子面朝上的点数。对于这个试验，随机变量有 $n=6$ 个可能值，即 $x=1, 2, 3, 4, 5$ 和 6。从而，离散型均匀随机变量的概率函数为：

$$f(x) = 1/6, \quad x = 1, 2, 3, 4, 5, 6$$

随机变量的可能值及其相应的概率如下：

x	$f(x)$	x	$f(x)$	x	$f(x)$
1	1/6	3	1/6	5	1/6
2	1/6	4	1/6	6	1/6

再举一个例子，考虑服从如下离散型概率分布的随机变量 x。

x	$f(x)$	x	$f(x)$
1	1/10	3	3/10
2	2/10	4	4/10

其概率分布可用下面的公式定义：

$$f(x) = \frac{x}{10}, \quad x = 1, 2, 3 \text{ 或 } 4$$

对于随机变量的一个给定值，$f(x)$ 将给出相应的概率。例如，使用前面的概率函数，我们看到，随机变量取值为 2 的概率是 $f(2) = 2/10$。

大量离散型概率分布通常以代数表达式的形式给出。其中两个最重要的分布是二项分布和超几何概率分布。本章随后将予以讨论。

---- 练 习 ----

方法

6. 随机变量 x 的概率分布如下：

x	$f(x)$	x	$f(x)$
20	0.20	30	0.25
25	0.15	35	0.40

a. 这是一个概率分布吗？为什么？

b. x 等于 30 的概率是多少？

c. x 小于或等于 25 的概率是多少？

d. x 大于 30 的概率是多少？

应用

7. 以下数据是坦帕总医院（Tampa General Hospital）20 天中手术室的使用情况：有 3 天只使用 1 间，有 5 天使用 2 间，有 8 天使用 3 间，有 4 天医院的 4 间手术室都被使用。

   a. 根据相对频数法，对一天中手术室的使用数编制概率分布。
   b. 绘制概率分布图。
   c. 说明这个概率分布满足离散型概率分布的条件。

8. 由信息系统中的高层管理者和中层管理者组成一个样本，下表是他们工作满意度得分的百分数频数分布，工作满意度得分从 1（非常不满意）到 5（非常满意）。

工作满意度得分	高层管理者（%）	中层管理者（%）
1	5	4
2	9	10
3	3	12
4	42	46
5	41	28

   a. 编制高层管理者工作满意度得分的概率分布。
   b. 编制中层管理者工作满意度得分的概率分布。
   c. 一名高层管理者的工作满意度为 4 或 5 的概率是多少？
   d. 中层管理者对工作非常满意的概率是多少？
   e. 对比高层管理者和中层管理者整体工作满意度。

9. 康卡斯特有线传播公司（Comcast Cable Communications）和时代华纳有限公司（Time Warner Cable）是两家最大的有线电视供应商，它们分别有 2 150 万用户和 1 100 万用户（*The New York Times Almanac*, 2007）。假设时代华纳的管理人员主观估计明年纽约州新用户数的概率分布如下：

x	$f(x)$	x	$f(x)$
100 000	0.10	400 000	0.30
200 000	0.20	500 000	0.10
300 000	0.25	600 000	0.05

   a. 这是一个概率分布吗？请说明理由。
   b. 时代华纳新用户超过 400 000 户的概率是多少？
   c. 时代华纳新用户少于 200 000 户的概率是多少？

10. 下表是 MRA 公司第一年营业时预计利润的概率分布，x 代表利润（单位：千美元），负值代表亏损。

x	$f(x)$	x	$f(x)$
−100	0.10	100	0.25
0	0.20	150	0.10
50	0.30	200	

   a. $f(200)$ 的值是多少？你怎样解释这个值？
   b. MRA 盈利的概率是多少？
   c. MRA 至少盈利 100 000 美元的概率是多少？

4.3 数学期望与方差

4.3.1 数学期望

随机变量的**数学期望**（expected value）或均值是对随机变量中心位置的一种度量。离散型随机变量 x 的数学期望的数学表达式如式（4.4）所示。

> 数学期望是随机变量取值的加权平均，其中的权重是概率。

离散型随机变量的数学期望

$$E(x) = \mu = \sum x f(x) \tag{4.4}$$

通常采用记号 $E(x)$ 或 μ 表示随机变量的数学期望。

式（4.4）表明，计算离散型随机变量的数学期望时，首先将随机变量的所有可能取值乘以相应的概率值 $f(x)$，然后再将乘积相加。以 4.2 节中 DiCarlo 汽车公司汽车销售量为例，我们将演示如何计算每天汽车销售量的数学期望，如表 4—4 所示。表 4—4 中 $xf(x)$ 列的总和等于 1.50，说明每天汽车销售量的数学期望等于 1.50 辆。因此，我们得到：尽管每天可能销售 0，1，2，3，4 或 5 辆汽车，但是随着时间的推移，DiCarlo 汽车公司可以预期每天平均销售 1.50 辆汽车。假设一个月营业 30 天，我们根据数学期望为 1.50 辆可预计，汽车的月平均销售量为 30×1.50＝45 辆。

> 随机变量的数学期望不一定是随机变量的某个值。

表 4—4　DiCarlo 汽车公司每天汽车销售量的数学期望的计算

x	$f(x)$	$xf(x)$
0	0.18	0×0.18 = 0.00
1	0.39	1×0.39 = 0.39
2	0.24	2×0.24 = 0.48
3	0.14	3×0.14 = 0.42
4	0.04	4×0.04 = 0.16
5	0.01	5×0.01 = 0.05
		1.50

$$E(x) = \mu = \sum x f(x)$$

4.3.2 方差

虽然数学期望给出了随机变量的均值，但我们通常还需要度量随机变量的变异性或分散度。正如我们在第 3 章中描述数据的变异性一样，现在用**方差**（variance）

来描述随机变量的变异性。离散型随机变量方差的数学表达式如下：

离散型随机变量的方差

$$\text{Var}(x) = \sigma^2 = \sum (x-\mu)^2 f(x) \tag{4.5}$$

> 方差是随机变量与其平均数的离差平方的加权平均。权重为相应的概率。

如式（4.5）所示，方差公式的关键是离差 $(x-\mu)$ ——度量随机变量的某一特定值与数学期望或均值 μ 的距离。在计算随机变量的方差时，将离差平方以相应的概率函数值为权重加权求和。随机变量所有值的离差平方的加权求和称为方差，通常用记号 $\text{Var}(x)$ 和 σ^2 来表示随机变量的方差。

表 4—5 汇总了 DiCarlo 汽车公司每天汽车销售量的方差的计算过程。我们看到方差为 1.25。定义方差的算术平方根为**标准差**（standard deviation），记作 σ。于是，每天汽车销售量的标准差是：

$$\sigma = \sqrt{1.25} = 1.118$$

标准差的单位与随机变量的单位相同（$\sigma=1.118$ 辆），所以通常用标准差来描述一个随机变量的变异性。方差 σ^2 的单位是随机变量的单位的平方，其含义较难解释。

表 4—5　　　DiCarlo 汽车公司每天汽车销售量的方差的计算

x	$x-\mu$	$(x-\mu)^2$	$f(x)$	$(x-\mu)^2 f(x)$
0	0−1.50 = −1.50	2.25	0.18	2.25×0.18 = 0.405 0
1	1−1.50 = −0.50	0.25	0.39	0.25×0.39 = 0.097 5
2	2−1.50 = 0.50	0.25	0.24	0.25×0.24 = 0.060 0
3	3−1.50 = 1.50	2.25	0.14	2.25×0.14 = 0.315 0
4	4−1.50 = 2.50	6.25	0.04	6.25×0.04 = 0.250 0
5	5−1.50 = 3.50	12.25	0.01	12.25×0.01 = 0.122 5
				1.250 0

$$\sigma^2 = \sum (x-\mu)^2 f(x)$$

4.3.3　用 Excel 计算数学期望、方差和标准差

在 Excel 工作表中可以很方便地计算离散型随机变量的数学期望和方差。一种方法是输入合适的公式完成计算。另一种更为方便的方法是使用 Excel 中的函数 SUMPRODUCT。下面以 DiCarlo 汽车公司为例，说明如何使用函数 SUMPRODUCT 计算每天汽车销售量的数学期望和方差，见图 4—2。背景是公式工作表，前景是数值工作表。

输入数据：计算所需的随机变量的取值及相应概率，单元格区域 A1：B7 已输入随机变量的标签、取值以及相应概率。

输入函数和公式：函数 SUMPRODUCT 将某一范围内的取值与另一范围内相应的概率值两两对应相乘后加总求和。要用函数 SUMPRODUCT 计算每天汽车销

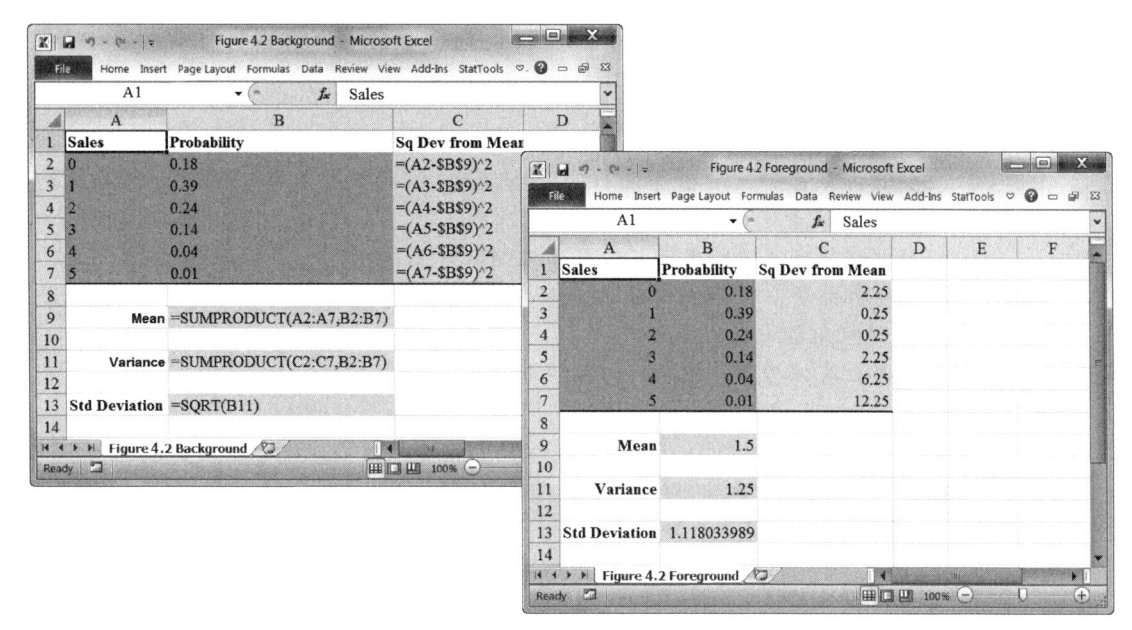

图 4—2　计算数学期望、方差和标准差的 Excel 工作表

售量的数学期望和方差，仅需在单元格 B9 中输入公式"＝SUMPRODUCT（A2：A7，B2：B7）"，其中第一个范围 A2：A7 中是随机变量的值——每日汽车销售量；第二个范围 B2：B7 中是相应的概率。单元格 B9 中的函数 SUMPRODUCT 计算的是 A2＊B2＋A3＊B3＋A4＊B4＋A5＊B5＋A6＊B6＋A7＊B7，即用式（4.4）中的公式计算数学期望。结果见数值工作表中单元格 B9，等于 1.5。

单元格区域 C2：C7 中的公式计算与数学期望（均值）1.5 的离差平方。结果见数值工作表，与表 4—5 中的结果相同。在单元格 B11 中输入公式计算每日汽车销售量的方差，函数 SUMPRODUCT 将范围 C2：C7 内的取值与范围 B2：B7 内相应的概率值两两对应相乘后加总求和。结果见数值工作表，等于 1.25。标准差是方差的算术平方根，在单元格 B13 中输入公式"＝SQRT（B11）"计算每日汽车销售量的标准差。结果见数值工作表，等于 1.118 034。

── 练　习 ──

方法

11. 下表是随机变量 y 的概率分布：

y	$f(y)$	y	$f(y)$
2	0.20	7	0.40
4	0.30	8	0.10

a. 计算 $E(y)$。
b. 计算 $\text{Var}(y)$ 和 σ。

应用

12. 下表是美国住房调查（American Housing Survey）报告的中心城市自有住房和租赁住房的卧室间数的数据（U.S. Census Bureau website，March 31，2003）：

卧室间数	租赁住房（千个）	自有住房（千个）	卧室间数	租赁住房（千个）	自有住房（千个）
0	547	23	3	2 644	8 690
1	5 012	541	≥4	557	3 783
2	6 100	3 832			

a. 令随机变量 x 表示租赁住房的卧室间数（$x=4$ 表示有 4 间及 4 间以上卧室）。编制随机变量 x 的概率分布。

b. 计算租赁住房中卧室间数的数学期望和方差。

c. 令随机变量 y 表示自有住房的卧室间数（$y=4$ 表示有 4 间及 4 间以上卧室）。编制随机变量 y 的概率分布。

d. 计算自有住房中卧室间数的数学期望和方差。

e. 比较自有住房和租赁住房的卧室间数，你有什么发现？

13. Newton 汽车保险公司对碰撞事故保险损害赔付的概率分布如下：

赔付金额（美元）	概率	赔付金额（美元）	概率
0	0.85	5 000	0.02
500	0.04	8 000	0.01
1 000	0.04	10 000	0.01
3 000	0.03		

a. 根据碰撞事故赔付金额的数学期望来确定使公司止损的碰撞保险费金额。

b. 对车辆碰撞险，保险公司每年收取 520 美元的保险费，保单持有人碰撞事故保险单的数学期望是多少（提示：数学期望是指从保险公司取得的期望赔付金额减去碰撞险的成本）？在这一数学期望下，为什么客户会购买这种碰撞事故保险？

14. Carolina 工业公司的产品月需求量存在明显差异。基于过去两年的数据，得到公司月需求量的概率分布如下：

需要的单位数	概率	需要的单位数	概率
300	0.20	500	0.35
400	0.30	600	0.15

a. 如果公司根据月需求量的数学期望来确定每月的订货量，则这种产品的每月订货量是多少？

b. 假设每单位产品的销售收入为 70 美元，每单位产品的订货成本为 50 美元。如果订购是基于 a 中的答案，并且该产品的实际需求量为 300 单位，那么这个月公司的盈利或亏损是多少？

15. J. R. Ryland 计算机公司正在考虑一项厂房扩建计划，以便公司能够开始生产一种新的计算机产品。公司总裁必须决定是进行中型还是大型扩建工程。新产品的需求量是一个不确定因素，对于规划目标可能出现低、中或高三种需求，估计的需求概率分别为 0.20，0.50 和 0.30。在表中，x 和 y 分别表示策划者预测中型和大型扩建工程的年利润。

需求	中型扩建工程利润 x（千美元）	$f(x)$	大型扩建工程利润 y（千美元）	$f(y)$
低	50	0.20	0	0.20
中	150	0.50	100	0.50
高	200	0.30	300	0.30

a. 计算两种扩建方案的利润的数学期望。基于期望利润最大化的目标，你推荐哪种决策？

b. 计算两种扩建方案的利润的方差。基于风险或不确定性最小化的目标，你推荐哪种决策？

4.4 二项概率分布

二项概率分布是一种离散型概率分布，具有广泛的应用。它与一个称为二项试验的多步骤试验有关。

4.4.1 二项试验

二项试验（binomial experiment）具有以下四个性质：

二项试验的性质

1. 试验由一系列相同的 n 次试验组成。
2. 每次试验有两种可能的结果。我们把其中一个称为成功，另一个称为失败。
3. 每次试验成功的概率都是相同的，用 p 表示；失败的概率也都相同，用 $1-p$ 表示。
4. 试验是相互独立的。

如果一个试验具有性质2、性质3和性质4，我们称该试验是由伯努利过程产生的。另外，如果该试验还具有性质1，则称其为二项试验。图4—3给出了一种可能的成功和失败序列，它是一个8次试验的二项试验结果。

> 瑞士人雅各布·伯努利（Jakob Bernoulli, 1654—1705）是伯努利家族最杰出的数学家，发表了关于排列和组合理论以及二项式定理的概率论文。

性质1. 试验由 $n=8$ 次相同的试验组成。

性质2. 每次试验结果为成功（S）或失败（F）。

```
试验 ——————→  1 2 3 4 5 6 7 8
结果 ——————→  S F F S S F S S
```

图4—3 对于一个8次试验的二项试验一种可能的成功和失败序列

在二项试验中，我们感兴趣的是在 n 次试验中成功出现的次数。如果令 x 代表 n 次试验中成功的次数，则 x 的可能值为 0，1，2，3，…，n。由于随机变量取值的个数是有限的，所以 x 是一个离散型随机变量。与这一随机变量相对应的概率分布称为**二项概率分布**（binomial probability distribution）。例如，考虑抛5次硬币的试验，每一次都观察硬币着地时正面朝上还是反面朝上。假设我们想要计算5次中正面出现的次数。这个试验具备二项试验的性质吗？感兴趣的随机变量是什么？注意：

(1) 该试验由 5 次相同的试验组成，每次试验都是抛一枚硬币。

(2) 每次试验都有两种可能的结果：正面朝上或反面朝上。定义正面朝上为成功，反面朝上为失败。

(3) 在每次试验中，正面朝上和反面朝上的概率都是一样的，即 $p=0.5, 1-p=0.5$。

(4) 因为任意一次试验的结果都不影响其他各次抛掷，所以各次试验或抛掷都是独立的。

于是，满足二项试验的性质。感兴趣的随机变量为 $x=$ 抛掷 5 次硬币正面朝上的次数，这时 x 的可能取值为 0，1，2，3，4 或 5。

考虑另一个例子，一名保险推销员随机选择 10 个家庭进行访问。每次访问的结果无外乎两种：成功——该家庭购买保险；失败——该家庭没有购买保险。根据过去的经验，已知推销员随机选择的家庭会购买保险的概率为 0.10。检查其二项试验的性质，可见：

(1) 该试验由 10 次相同的试验组成，每一次试验都是访问一个家庭。

(2) 每次试验中都有两种可能的结果：成功——该家庭购买保险；失败——该家庭没有购买保险。

(3) 每次访问中，家庭是否购买保险的概率相同，$p=0.10, 1-p=0.90$。

(4) 由于家庭是随机选择的，所以试验是独立的。

该试验满足二项试验的四条性质，这是一个二项试验。感兴趣的随机变量是访问的 10 个家庭中购买保险的家庭数。这时，x 的可能取值为 0，1，2，3，4，5，6，7，8，9 或 10。

二项试验的性质 3 称为平稳性假设，它有时容易与性质 4（试验的独立性）混淆。为了区分它们，再次考虑推销员访问家庭推销保险的例子。如果一段时间后，推销员由于疲惫而失去热情，比如，到第 10 次访问时，成功（卖出保险）的概率下降到 0.05。这时，性质 3（平稳性）不能满足，从而试验不再是二项试验。即便该试验满足性质 4（即每个家庭的购买决策是独立的），但如果不满足性质 3，那么它也不是一个二项试验。

在二项试验的应用中，常常用到一个称为二项概率函数的公式，它用于计算 n 次试验中 x 次成功的概率。我们将通过下面的例子说明如何使用这一公式。

4.4.2 马丁服装商店的问题

考虑光顾马丁服装商店的 3 名顾客购买服装的情况。根据过去的经验，商店经理估计每名顾客购买服装的概率是 0.30。在 3 名顾客中有 2 名顾客购买的概率是多少？

根据树形图（见图 4—4），3 名顾客中的每名顾客各自做出购买决策，从而试验有 8 种可能的结果。用 S 表示成功（购买），F 表示失败（未购买），我们感兴趣的是 3 次试验（购买决策）中有 2 次成功的试验结果。下面，我们将说明由 3 次购买决策组成的试验序列可看做一个二项试验。检查其二项试验的四条性质，我们看到：

(1) 可以将该试验认为是一个 3 次相同试验的序列，光临商店的 3 名顾客中每名顾客即为一次试验。

(2) 每次试验都有两种试验结果：顾客购买（成功）或不购买（失败）。

(3) 假设对所有顾客，顾客购买的概率（0.30）或不购买的概率（0.70）都相同。

(4) 每个顾客的购买决策与其他顾客的购买决策独立。

于是这一试验满足二项试验的性质。

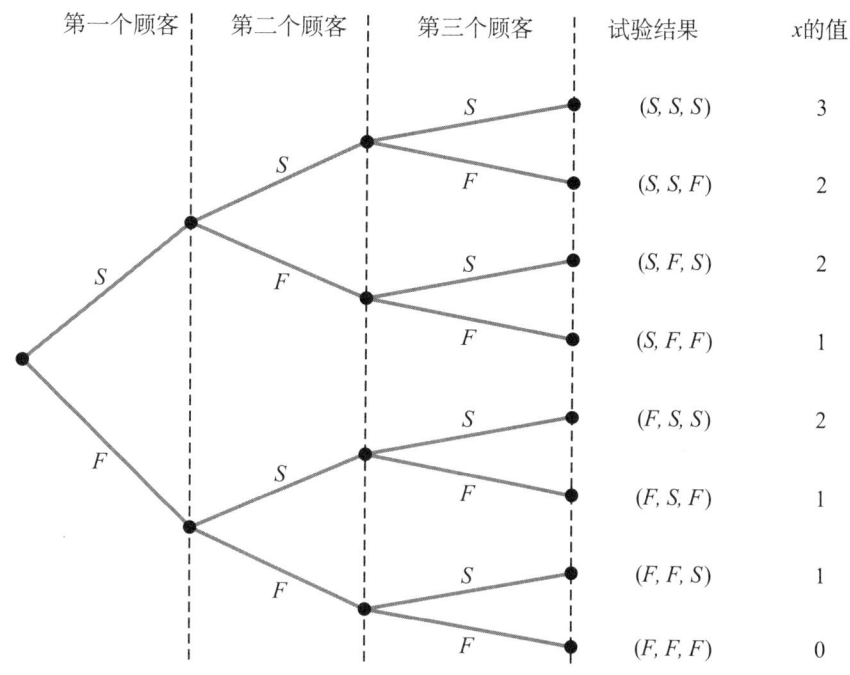

```
第一个顾客   第二个顾客   第三个顾客   试验结果    x的值

                            S        (S, S, S)     3
                    S
                            F        (S, S, F)     2
            S
                            S        (S, F, S)     2
                    F
                            F        (S, F, F)     1
                            S        (F, S, S)     2
                    S
            F               F        (F, S, F)     1
                            S        (F, F, S)     1
                    F
                            F        (F, F, F)     0
```

S=购买
F=未购买
x=购买的顾客人数

图 4—4　马丁服装商店问题的树形图

在 n 次试验中，恰有 x 次成功的二项试验里，可用以下公式计算各种不同结果的数目[①]：

---

n 次试验中恰有 x 次成功的试验结果的个数

$$\binom{n}{x} = \frac{n!}{x!(n-x)!} \tag{4.6}$$

式中：$n! = n(n-1)(n-2)\cdots(2)(1)$
并且定义
$0! = 1$

现在回到马丁服装商店的例子中，它涉及 3 名顾客的购买决策。式（4.6）可用来确定"有 2 人购买"的试验结果的个数。即在 $n=3$ 次试验中，有多少种方式

---

① 对于二项试验，n 次试验序列中有 x 次成功，组合公式计算出有多少种不同的情形。

能得到 $x=$ 成功 2 次。由式（4.6），有

$$\binom{n}{x} = \binom{3}{2} = \frac{3!}{2!(3-2)!} = \frac{3\times 2\times 1}{2\times 1\times 1} = \frac{6}{2} = 3$$

式（4.6）显示，成功两次的试验结果有 3 种。从图 4—4 可知，这 3 种结果分别是（S，S，F），（S，F，S）和（F，S，S）。

利用式（4.6），确定 3 次试验中有 3 次成功（购买）的试验结果有多少种，有

$$\binom{n}{x} = \binom{3}{3} = \frac{3!}{3!(3-3)!} = \frac{3!}{3!0!} = \frac{3\times 2\times 1}{3\times 2\times 1\times 1} = \frac{6}{6} = 1$$

从图 4—4 中发现，只有一个试验结果是"3 次成功"，记做（S，S，S）。

式（4.6）可用来确定与 x 次成功相对应的试验结果的个数。如果我们想要确定 n 次试验中 x 次成功的概率，还必须要知道其中每一个试验结果发生的概率。由于二项试验的各个试验是相互独立的，我们可以简单地将各个试验结果发生的概率相乘，就能得到某个由成功和失败所组成的特定试验序列发生的概率。

令（S，S，F）表示事件"前两名顾客购买而第 3 名顾客未购买"，它的概率是：

$$pp(1-p)$$

由于在每次试验中，购买的概率为 0.30，则"前两次试验购买而第三次未购买"的概率是：

$$0.30\times 0.30\times 0.70 = 0.30^2\times 0.70 = 0.063$$

还有其他试验结果也会导致两次成功和一次失败。"三次试验中恰有两次成功"的试验结果及概率如下：

试验结果			试验结果	试验结果的概率
第1个	第2个	第3个		
购买	购买	未购买	（S，S，F）	$pp(1-p) = p^2(1-p) = (0.30)^2\times 0.70 = 0.063$
购买	未购买	购买	（S，F，S）	$p(1-p)p = p^2(1-p) = (0.30)^2\times 0.70 = 0.063$
未购买	购买	购买	（F，S，S）	$(1-p)pp = p^2(1-p) = (0.30)^2\times 0.70 = 0.063$

我们可以发现，与"恰有两次成功"对应的三个试验结果有相同的概率。这一观察结果通常总是成立的。在二项试验中，n 次试验中恰有 x 次成功的所有试验序列有相同的概率。在 n 次试验中有 x 次成功的每个试验序列的概率如下：

$$\text{在 } n \text{ 次试验中有 } x \text{ 次成功的特定试验结果的概率} = p^x(1-p)^{(n-x)} \tag{4.7}$$

对于马丁服装商店问题，任何一个"两次成功"试验结果发生的概率为：

$$p^2(1-p)^{(3-2)} = p^2(1-p)^1 = (0.30)^2\times 0.70 = 0.063$$

式（4.6）给出了一个二项试验中有 x 次成功的试验结果的个数，式（4.7）给出了 x 次成功的每个试验序列的概率，结合式（4.6）和式（4.7）得到下面的**二项概率函数**（binomial probability function）：

二项概率函数

$$f(x) = \binom{n}{x} p^x (1-p)^{(n-x)} \tag{4.8}$$

式中：x——成功的次数；

p——一次试验中成功的概率；

n——代表试验的次数；

$f(x)$——n 次试验中有 x 次成功的概率；

$\binom{n}{x}$——$\dfrac{n!}{x!(n-x)!}$。

对于二项概率分布，x 是一个离散型随机变量，概率函数为 $f(x)$（$x=0$，1，2，3，…，n）。

以马丁服装商店问题为例，我们利用式（4.8）计算"没有顾客购买"的概率、"恰有一名顾客购买"的概率、"恰有两名顾客购买"的概率和"所有三名顾客均购买"的概率。计算结果汇总于表 4—6 中，它给出了发生购物行为的顾客人数的概率分布。图 4—5 是它的概率分布图。

表 4—6　　　　　　　　购物的顾客人数的概率分布

x	$f(x)$
0	$\dfrac{3!}{0!3!}(0.30)^0(0.70)^3=0.343$
1	$\dfrac{3!}{1!2!}(0.30)^1(0.70)^2=0.441$
2	$\dfrac{3!}{2!1!}(0.30)^2(0.70)^1=0.189$
3	$\dfrac{3!}{3!0!}(0.30)^3(0.70)^0=\underline{0.027}$
	1.000

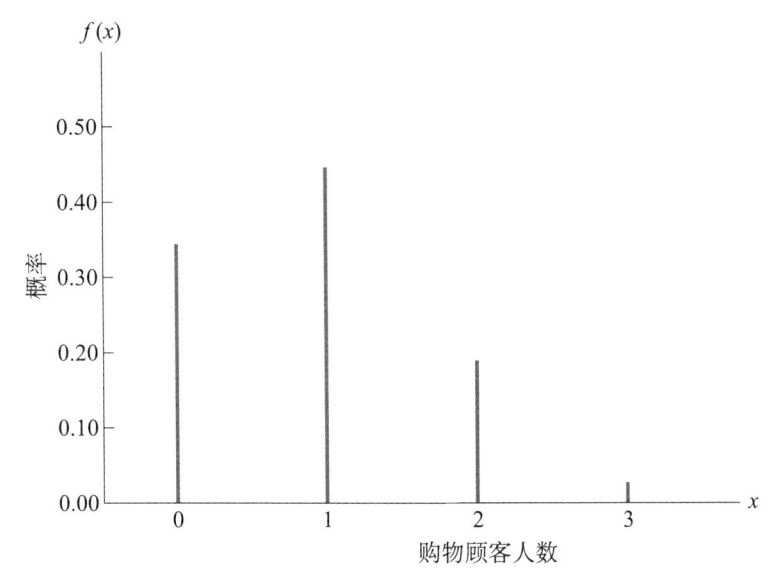

图 4—5　购物顾客人数的概率分布图

二项概率函数可用于任何二项试验。只要试验满足二项试验的性质，并且已知 n 和 p 的值，便可使用式（4.8）计算 n 次试验中有 x 次成功的概率。

如果我们对马丁试验稍做变动，比如进入商店的顾客不是 3 名而是 10 名，由式（4.8）给出的二项概率函数仍是可用的。这也是一个二项试验，其中 $n = 10$，$x = 4$，$p = 0.30$。从而，10 名进入商店的顾客中恰好有 4 人购物的概率是：

$$f(4) = \frac{10!}{4!6!} \times (0.30)^4 \times (0.70)^6 = 0.200\ 1$$

4.4.3 用 Excel 计算二项概率

许多概率函数可以用于生成公式，Excel 中就有可用于计算概率和累积概率的函数。下面演示如何用 Excel 中的函数计算二项概率和二项累积概率。对表 4—6 中马丁服装商店的例子，先演示如何计算二项概率，见图 4—6。背景中的是公式工作表，前景中的是数值工作表。

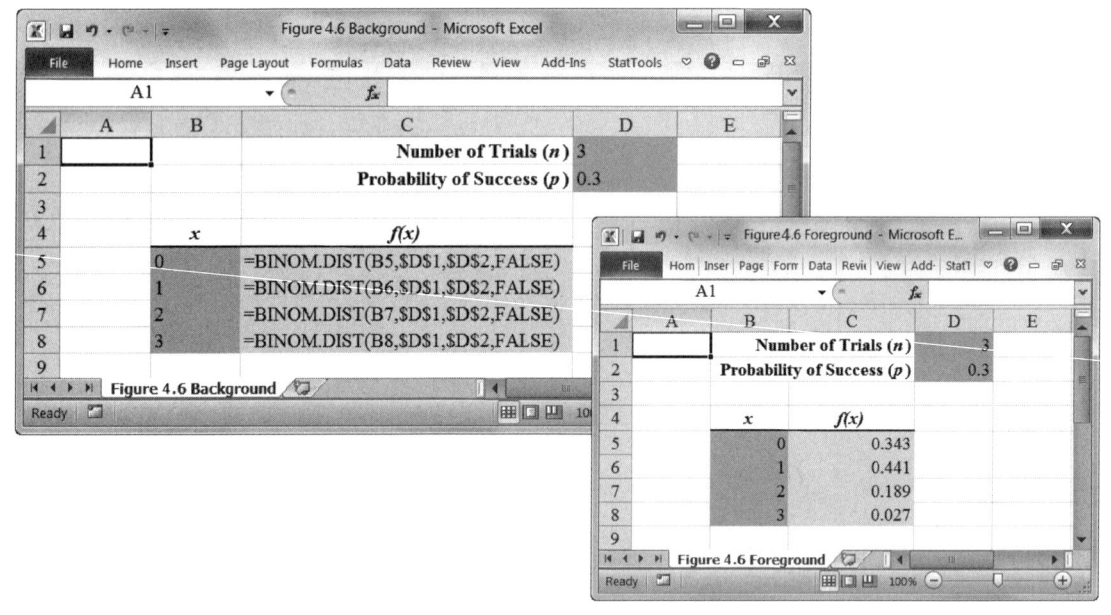

图 4—6　计算购物顾客人数的二项概率的 Excel 工作表

输入数据：计算二项概率，必须已知试验的次数（n）、成功的概率（p）、随机变量的值（x）。在马丁服装商店的例子中，试验次数是 3，输入单元格 D1；成功的概率是 0.3，输入单元格 D2；我们想要计算 $x = 0, 1, 2$ 和 3 时的概率，于是在单元格区域 B5：B8 输入 0，1，2 和 3。

输入函数和公式：函数 BINOM. DIST 有四个选项：第一个选项 x。第二个选项 n。第三个选项 p。第四个选项是逻辑值，取 TRUE 或者 FALSE。若逻辑值为 FALSE，则计算的是概率；若逻辑值为 TRUE，则计算的是累积概率。为计算三次试验中成功 0 次的概率，在单元格 C5 中输入公式"＝BINOM. DIST（B5，＄D＄1，＄D＄2，FALSE）"。数值工作表中计算得到概率 $f(0) = 0.343$，与表 4—6 中的值相同。将单元格 C5 中的公式复制到单元格区域 C6：C8 分别计算 $x = 1, 2$ 和 3 时的概率。

我们还可以用 Excel 中的函数 BINOM. DIST 计算累积概率。比如，对 10 名光顾马丁服装商店的顾客，计算购物顾客人数的概率和累积概率。$x = 1$ 的累积概率是购物人数小于或者等于1的概率；$x=2$ 的累积概率是购物人数小于或者等于2的概率。于是，$x=10$ 的累积概率是1。累积概率的计算见图4—7，背景中的是公式工作表，前景中的是数值工作表。

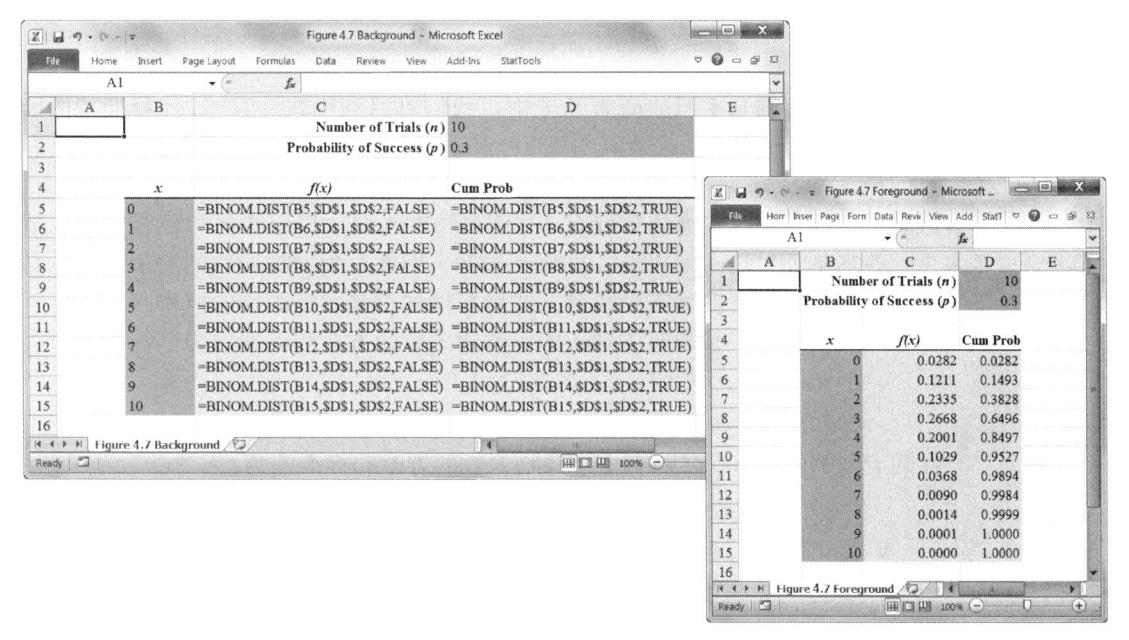

图4—7 计算10名顾客中购物人数的概率及累积概率的Excel工作表

输入数据：在单元格D1中输入试验次数10，单元格D2中输入成功的概率0.3，在单元格区域B5：B15输入随机变量的值。

输入函数和公式：列C中计算了随机变量各个取值的二项概率，列D中计算了随机变量各个取值的累积概率。在单元格C5中输入公式"＝BINOM.DIST（B5，\$D\$1，\$D\$2，FALSE）"计算10次试验中0次成功的概率，注意函数BINOM.DIST中的第四个选项是FALSE。数值工作表中的单元格C5给出了概率0.028 2。将单元格C5中的公式复制到单元格区域C6：C15计算其余的概率。

在单元格D5中输入公式"＝BINOM.DIST（B5，\$D\$1，\$D\$2，TRUE）"计算累积概率。注意，函数BINOM.DIST中的第四个选项是TRUE。将单元格D5中公式复制到单元格区域D6：D15计算其余的概率。数值工作表中的单元格D5给出的 $x=0$ 的累积概率与 $x=0$ 的概率相同。其余的累积概率是已得累积概率和列C中概率之和。比如，$x=4$ 的累积概率为 $0.649\ 6+0.200\ 1=0.849\ 7$。注意，$x=10$ 的累积概率为1。由于在保留四位小数时 $x=10$ 的概率为0，所以 $x=9$ 的累积概率仍是1。

4.4.4 二项分布的数学期望和方差

在4.3节我们给出了计算离散型随机变量的数学期望和方差的公式。在随机变量服从二项分布的特定情形下，已知试验次数为 n，成功的概率为 p，数学期望和方差公式得以简化，具体形式如下：

二项分布的数学期望与方差

$$E(x) = \mu = np \tag{4.9}$$

$$\text{Var}(x) = \sigma^2 = np(1-p) \tag{4.10}$$

在有 3 名顾客的马丁服装商店例子中,我们可以利用式(4.9)计算期望的购物顾客人数:

$$E(x) = np = 3 \times 0.30 = 0.9$$

假设下个月马丁服装商店预计有 1 000 名顾客光顾,将会购物的顾客期望人数是多少?答案是 $\mu = np = 1\,000 \times 0.30 = 300$。因此,为增加购物的期望人数,马丁服装商店必须吸引更多顾客光顾和(或者)增加每名顾客购物的概率。

在 3 名顾客的马丁服装商店例子中,购物人数的方差和标准差为:

$$\sigma^2 = np(1-p) = 3 \times 0.3 \times 0.7 = 0.63$$

$$\sigma = \sqrt{0.63} = 0.79$$

在随后光临的 1 000 名顾客中,购物人数的方差和标准差为:

$$\sigma^2 = np(1-p) = 1\,000 \times 0.3 \times 0.7 = 210$$

$$\sigma = \sqrt{210} = 14.49$$

■ ■ ■ 评 注 ■ ■ ■

统计学家编制了可用于计算二项分布的概率和累积概率的数学用表。在许多统计学教材中,都给出了这些表。不过随着计算器的普及和函数 BINOM.DIST 的应用,人们越来越少问津这些表。

■ ■ ■ 练 习 ■ ■ ■

方法

16. 考虑一个由两次试验组成的二项试验,其中 $p = 0.4$。
    a. 绘制试验的树形图(见图 4—4)。
    b. 计算成功次数为 1 的概率 $f(1)$。
    c. 计算 $f(0)$。
    d. 计算 $f(2)$。
    e. 计算至少有一次成功的概率。
    f. 计算数学期望、方差和标准差。

17. 考虑一个 $n = 10$,$p = 0.10$ 的二项试验。
    a. 计算 $f(0)$。
    b. 计算 $f(2)$。
    c. 计算 $P(x \leq 2)$。
    d. 计算 $P(x \geq 1)$。
    e. 计算 $E(x)$。
    f. 计算 $\text{Var}(x)$ 和 σ。

应用

18. 对洲际酒店及度假村(InterContinental Hotels & Resorts)进行一项哈里斯互动调查(Harris Interactive Survey),询问受访者:"在国际旅行中,你通常是为了文化体验而独自冒险还是随旅行团按行程出行？"调查发现，有 23% 的受访者选择跟随旅行团（*USA Today*，January 21，2004）。

a. 在一个由 6 名国际游客组成的样本中，恰好有两人跟随旅行团旅行的概率是多少？

b. 在一个由 6 名国际游客组成的样本中，至少有两人跟随旅行团旅行的概率是多少？

c. 在一个由 10 名国际游客组成的样本中，没有人跟随旅行团旅行的概率是多少？

19. 当新机器正常运转时，只有 3% 的产品是废品。假设随机选取机器生产的两个零部件，我们感兴趣的是废品的数目。

a. 若这个试验是二项试验，应满足哪些条件？

b. 绘制与图 4—4 类似的树形图，说明这是一个由两次试验组成的试验序列。

c. 有多少个试验结果是"恰好发现一个废品"？

d. 计算"没有发现废品"、"恰好发现一件废品"以及"恰好发现两件废品"的概率。

20. 军事雷达和导弹探测系统被设计用来在敌人入侵时发出警报。可靠性问题指探测系统是否能发现攻击并发出警告。假设某探测系统能探测到导弹攻击的概率为 0.90。运用二项概率分布回答以下问题：

a. 单个探测系统能够发现攻击的概率是多少？

b. 如果将两套探测系统安装在同一地区，并使其独立工作，则至少有一套探测系统能发现攻击的概率是多少？

c. 如果安装了三套探测系统，则至少有一套系统能发现攻击的概率是多少？

d. 你建议使用多套探测系统吗？为什么？

21. 美国人口普查局最近的人口调查显示，年龄在 25 岁及以上的人中有 28% 已经完成了四年的大学学业（*The New York Time Almanac*，2006）。对于由 15 名年龄在 25 岁及以上的人组成的样本，回答下列问题：

a. 恰好有 4 人完成了四年的大学学业的概率是多少？

b. 至少有 3 人完成了四年的大学学业的概率是多少？

22. TD Ameritrade 进行的一次调查发现，有 1/4 的投资者在其投资组合中有交易所指数基金（*USA Today*，January 11，2007）。考虑 20 名投资者组成的一个样本。

a. 计算恰好有 4 名投资者在其投资组合中有交易所指数基金的概率。

b. 计算至少有 2 名投资者在其投资组合中有交易所指数基金的概率。

c. 如果你发现恰有 12 名投资者在其投资组合中有交易所指数基金，你会对调查结果的精确度产生质疑吗？

d. 计算在投资组合中有交易所指数基金的投资者的数学期望。

4.5 泊松概率分布

本节介绍另一个常用的离散型随机变量，它主要用于估计某事件在特定时间段或空间中发生的次数。例如，我们感兴趣的随机变量可能是一个小时内到达洗车房的汽车数、10英里长的高速公路上需要维修的路段数或者100英里长的水管上漏水点的个数。如果满足以下两个性质，则出现次数是一个适于用**泊松概率分布**（Poisson probability distribution）描述的随机变量。

> 泊松概率分布经常用来模拟排队时的随机到达问题。西蒙·泊松（Siméon Poisson）于1802—1808年期间在巴黎综合理工学院（Ecole Polytechnique）讲授数学。在他1837年发表的一篇文章中，对这种分布进行了研究，后人以其名字命名该分布为泊松分布。

泊松试验的性质
1. 在任意两个相等长度的区间，事件发生的概率是相同的。
2. 事件在任一区间是否发生与事件在其他区间是否发生是独立的。

泊松概率函数（Poisson probability function）由式（4.11）给出：

泊松概率函数

$$f(x) = \frac{\mu^x e^{-\mu}}{x!} \tag{4.11}$$

式中：$f(x)$——事件在一个区间发生 x 次的概率；
　　　μ——事件在一个区间发生次数的数学期望或均值；
　　　e——2.718 28。

对于泊松概率分布，x 是一个离散型随机变量，它表示在一个区间事件发生的次数。由于没有对事件发生的次数指明上限，因此概率函数 $f(x)$ 中 $x = 0, 1, 2, \cdots$。在实际应用中，x 的取值最终将变得足够大，使得 $f(x)$ 近似为 0。从而，对任何较大的 x，$f(x)$ 近乎为 0。

4.6　超几何概率分布

超几何概率分布（hypergeometric probability distribution）与二项概率分布联系密切。这两种概率分布主要有两处不同：超几何分布中的各次试验不是独立的，且各次试验中成功的概率不等。

在超几何分布中，符号 N 表示总体容量，r 表示总体中具有成功标志的元素的个数，$N-r$ 表示总体中具有失败标志的元素的个数。采用不放回抽样方法，从总体中抽取 n 个元素，**超几何概率函数**（hypergeometric probability function）用来计算在这 n 个元素中恰有 x 个元素具有成功标志，$n-x$ 个元素具有失败标志的概率。当这种试验结果出现时，我们是从总体的 r 个具有成功标志的元素中抽取 x 个，从总体的 $N-r$ 个具有失败标志的元素中抽取 $n-x$ 个。下面的超几何概率函数 $f(x)$ 给出了 n 次试验中有 x 次成功的概率。

超几何概率函数

$$f(x) = \frac{\binom{r}{x}\binom{N-r}{n-x}}{\binom{N}{n}} \tag{4.12}$$

式中：x——成功的次数；
n——试验次数；
$f(x)$ ——n 次试验中 x 次成功的概率；
N——总体中元素个数；
r——总体中成功的元素的个数。

注意，$\binom{N}{n}$ 表示从一个容量为 N 的总体中抽取 n 个元素的抽取方式数目；

$\binom{r}{x}$ 表示从总体的 r 个具有成功标志的元素中抽取 x 个元素的抽取方式数目；

$\binom{N-r}{n-x}$ 表示从总体 $N-r$ 个具有失败标志的元素中抽取 $n-x$ 个元素的抽取方式数目。

对于超几何概率分布，x 是一个离散型随机变量，式（4.12）给出概率函数 $f(x)$ 中 $x=0,1,2,3,\cdots,n$。但是，只有观测到的成功次数小于或等于总体中的成功次数（$x \leqslant r$），并且观测到的失败次数小于或等于总体中的失败次数（$n-x \leqslant N-r$）时，x 的取值才是有效的。对一个或多个 x 值，如果这两个条件不成立，则 $f(x)=0$，即 x 取这些值的概率为 0。

为说明如何利用式（4.12），我们考虑其在质量控制中的应用。安大略电器公司（Ontario Electric）生产的保险丝每盒有 12 件。假定一名质检人员从一盒产品中随机检验 3 件。若这盒产品中有 5 个保险丝是次品，则质检员抽出的 3 件产品中恰好发现 1 件次品的概率是多少？此时，$n=3$，$N=12$，$r=5$，$x=1$，从而

$$f(1) = \frac{\binom{5}{1}\binom{7}{2}}{\binom{12}{3}} = \frac{\left(\frac{5!}{1!4!}\right)\left(\frac{7!}{2!5!}\right)}{\left(\frac{12!}{3!9!}\right)} = \frac{5 \times 21}{220} = 0.4773$$

现在假定我们想知道至少有 1 件次品的概率。那么，一种最简单的做法是先计算出质检员没有发现次品的概率。$x=0$ 的概率是：

$$f(0) = \frac{\binom{5}{0}\binom{7}{3}}{\binom{12}{3}} = \frac{\left(\frac{5!}{0!5!}\right)\left(\frac{7!}{3!4!}\right)}{\left(\frac{12!}{3!9!}\right)} = \frac{1 \times 35}{220} = 0.1591$$

由于 0 件次品的概率 $f(0)=0.1591$，我们的结论是，至少有 1 件次品的概率是 $1-0.1591=0.8409$。因此，质检员至少发现 1 件次品的概率是相当高的。

超几何分布的均值和方差如下：

$$E(x) = \mu = n\left(\frac{r}{N}\right) \tag{4.13}$$

$$\text{Var}(x) = \sigma^2 = n\left(\frac{r}{N}\right)\left(1-\frac{r}{N}\right)\left(\frac{N-n}{N-1}\right) \tag{4.14}$$

在前面的例子中，$n=3$，$r=5$，$N=12$，于是次品保险丝件数的均值和方差是：

$$\mu = n\left(\frac{r}{N}\right) = 3 \times \frac{5}{12} = 1.25$$

$$\sigma^2 = n\left(\frac{r}{N}\right)\left(1-\frac{r}{N}\right)\left(\frac{N-n}{N-1}\right) = 3 \times \frac{5}{12} \times \left(1-\frac{5}{12}\right) \times \frac{12-5}{12-1} = 0.60$$

标准差 $\sigma = \sqrt{0.60} = 0.77$。

4.6.1 用 Excel 计算超几何概率

Excel 函数 HYPGEOM.DIST 用于计算超几何概率。它有五个输入选项：第一个选项 x。第二个选项 n。第三个选项 r。第四个选项 N。第五个选项是逻辑值，取 TRUE 或者 FALSE。若逻辑值为 FALSE，则计算的是概率；若逻辑值为 TRUE，则计算的是累积概率。函数 HYPGEOM.DIST 的用法与二项分布的 Excel 函数 BINOM.DIST 类似，因此这里不再给出工作表的图示，只是说明如何使用该函数。

仍考虑保险丝质量检验的例子。一盒保险丝共 12 件，其中有 5 件次品。现从中随机检验 3 件，想要计算恰好发现 1 件次品的概率。此时，$x=1$，$n=3$，$r=5$，$N=12$，逻辑值为 FALSE。在 Excel 工作表的单元格中输入公式"=HYPGEOM.DIST（1，3，5，12，FALSE）"，得到超几何概率等于 0.477 3。

如果我们想要计算随机检验的 3 件保险丝中没有发现次品的概率，则函数的五个输入选项分别为 $x=0$，$n=3$，$r=5$，$N=12$ 和 FALSE。使用函数 HYPGEOM.DIST 计算随机检验的 3 件保险丝中没有发现次品的概率时，在 Excel 工作表的单元格中输入公式"=HYPGEOM.DIST（0，3，5，12，FALSE）"，得到概率为 0.159 1。

类似地，若第五个选项取 TRUE 便可得到累积概率。比如，如果想要计算随机检验的 3 件保险丝中最多发现 1 件次品的概率，则公式为"=HYPGEOM.DIST（1，3，5，12，TRUE）"，在 Excel 工作表的单元格中输入该公式，得到概率为 0.636 4。

评 注

考虑 n 次试验的超几何分布，令 $p=r/N$ 表示首次试验中成功的概率。当总体容量足够大的时候，式（4.14）中的 $(N-n)/(N-1)$ 趋近于 1。于是，数学期望 $E(x)=np$，方差 $\text{Var}(x)=np(1-p)$。这与二项分布的数学期望和方差的表达式相同，见式（4.9）和式（4.10）。因此，当总体容量足够大的时候，超几何分布可以用试验次数为 n，成功概率 $p=r/N$ 的二项分布近似。

练 习

方法

23. 假定 $N=10$，$r=3$。计算 n 和 x 取下列值时的超几何概率：

a. $n=4$，$x=1$。
b. $n=2$，$x=2$。
c. $n=2$，$x=0$。
d. $n=4$，$x=2$。
e. $n=4$，$x=4$。

应用

24. 在一项盖洛普调查中,受访者被问及"你最喜欢观看什么运动?"按照偏爱程度分,足球和篮球分别排名第一和第二(Gallup website,January 3,2004)。假设一个10人小组中,有7人偏爱足球,有3人偏爱篮球。在小组中随机抽出3个人组成一个样本。

    a. 恰有2人偏爱足球的概率是多少?

    b. 多数人(2人或3人)偏爱足球的概率是多少?

25. Axline计算机公司在两个工厂生产个人电脑,一个位于得克萨斯,另一个位于夏威夷。得克萨斯的工厂有40名员工,夏威夷的工厂有20名员工。随机选取10名员工组成一个样本,要求他们填写福利调查问卷。

    a. 样本中没有夏威夷工厂员工的概率是多少?

    b. 样本中有1名夏威夷工厂员工的概率是多少?

    c. 样本中至少有2名夏威夷工厂员工的概率是多少?

    d. 样本中有9名得克萨斯工厂员工的概率是多少?

26. 2008年10月美国国会通过了问题资产救助计划(TARP),为苦苦挣扎的美国经济提供70亿美元的帮助。其中超过20亿美元拨给了陷入困境的金融机构,希望能增加贷款助推经济复苏。但是,3个月过去了,美联储经调查发现,接受TARP基金的银行中有2/3收紧了商业贷款项目(The Wall Street Journal,February 3,2009)。在接受TARP基金最多的10家银行中,实际上这期间仅有3家银行增加了贷款。

增加贷款	减少贷款
BB&T公司	美国银行(Bank of America)
太阳信托银行(Sun Trust Banks)	第一资本金融公司(Capital One)
合众银行(U. S. Bancorp)	花旗银行
	Fifth Third Bancorp
	摩根大通(JPMorgan Chase)
	Regions Financial
	富国银行(Wells Fargo)

本题的目的是,假定你随机从这10家银行中选取3家银行进行研究,以便继续对银行贷款业务进行监督。令随机变量 x 表示研究中增加了贷款的银行数。

    a. $f(0)$ 是多少?你对该值做何解释?

    b. $f(3)$ 是多少?你对该值做何解释?

    c. 计算 $f(1)$ 和 $f(2)$。编制研究中增加了贷款的银行数的概率分布。x 取多大值时,概率最大?

    d. 至少有一家银行增加了贷款的概率是多少?

    e. 计算随机变量的数学期望、方差和标准差。

小 结

随机变量是对试验结果的数值描述。随机变量的概率分布描述了随机变量取不同值的概率。对任何离散型随机变量 x,可以通过概率函数来定义概率分布,记做

$f(x)$。它给出了随机变量取每一个值的概率。一旦定义了概率函数，就可计算随机变量的数学期望、方差和标准差。

二项分布可用来确定 n 次试验中有 x 次成功的概率，其中二项试验满足如下性质：

1. 试验由一系列完全相同的 n 次试验组成。
2. 每次试验有两种可能结果。一个称为成功，另一个称为失败。
3. 成功的概率 p 不随试验的不同而改变。因此，失败的概率 $1-p$ 也不随试验不同而改变。
4. 试验是相互独立的。

当以上四条性质都满足时，可使用二项概率函数确定 n 次试验有 x 次成功的概率。还给出了计算二项分布的均值和方差的公式。

在4.6节中介绍了第二种离散型概率分布——超几何概率分布。像二项分布一样，它也用于计算 n 次试验中有 x 次成功的概率，但与二项分布不同的是，各次试验中成功的概率不同。

关键术语

随机变量（random variable） 对试验结果的数值描述。

离散型随机变量（discrete random variable） 有有限多个取值或无限可数多个取值的随机变量。

连续型随机变量（continuous random variable） 在某一区间或多个区间内任意取值的随机变量。

概率分布（probability distribution） 描述随机变量取不同值的概率。

概率函数（probability function） 一个记做 $f(x)$ 的函数，该函数给出了离散型随机变量 x 取特定值的概率。

离散均匀型概率分布（discrete uniform probability distribution） 一种概率分布，随机变量取每个值的概率都相等。

数学期望（expected value） 对随机变量中心位置的一种度量。

方差（variance） 对随机变量的变异性或离散性的一种度量。

标准差（standard deviation） 方差的算术平方根。

二项试验（binomial experiment） 具有4.4节中四个性质的试验。

二项概率分布（binomial probability distribution） 一种概率分布，给出二项试验中 n 次试验有 x 次成功的概率。

二项概率函数（binomial probability function） 用来计算二项概率的函数。

泊松概率分布（Poisson probability distribution） 一种概率分布，给出在一段特定时间或空间中一个事件发生 x 次的概率。

泊松概率函数（Poisson probability function） 用来计算泊松概率的函数。

超几何概率分布（hypergeometric probability distribution） 一种概率分布，从具有 r 个"成功"元素和 $N-r$ 个"失败"元素的总体中，抽取 n 次时恰好有 x 次成功的概率。

超几何概率函数（hypergeometric probability function） 用来计算超几何概率的函数。

第 5 章
连续型概率分布

实践中的统计

宝洁公司[*]
俄亥俄州辛辛那提市

宝洁公司生产和销售诸如洗涤剂、纸尿布、非处方药、牙膏、肥皂、漱口水和纸巾等产品。在世界各地,它比其他任何日用消费品公司都拥有更多的知名品牌。由于收购了吉列公司,宝洁公司还生产和销售剃须刀、刀片以及许多其他个人护理产品。

作为在决策中应用统计方法的领导者,宝洁公司雇用了具有各种学术背景的人士:工程学、统计学、运筹学和商务。这些人士提供的主要定量技术包括概率决策和风险分析、高级模拟、质量改进和数量方法(如线性规划、回归分析、概率分析)。

宝洁公司的工业化学部是脂肪醇的主要供应者,脂肪醇从天然原料如椰子油和衍生石油产品中提取。该部门想知道扩建其脂肪醇生产设备的经济风险和机会,于是求助于宝洁公司概率决策和风险分析领域的专家。经过对问题的建模分析,他们确定获利能力的关键在于以石油为原料和以椰子为原料的成本差异。未来的成本是未知的,但是分析人员能用下列连续型随机变量对它们进行近似:

x——提取 1 磅脂肪醇所需椰子油的成本;

y——提取 1 磅脂肪醇所需石油原料的成本。

由于盈利能力的关键是这两个随机变量间的差,于是在分析中引入第三个随机变量 $d=x-y$。首先与专家们访谈后确定 x 和 y 的概率分布。然后,根据这些信息建立价格

---

[*] 非常感谢宝洁公司的 Joel Kahn 先生,他为"实践中的统计"专栏提供了本案例。

差异 d 的概率分布。这个连续型概率分布表明,价格差小于等于 0.065 5 美元的概率是 0.90,价格差小于等于 0.035 美元的概率是 0.50。另外,价格差小于等于 0.004 5 美元的概率只有 0.10。①

工业化学品部认为,将原材料价格差的影响量化是达成共识的关键。利用所得到的概率对原材料的价格差进行灵敏度分析,将为管理层的决策提供充分的依据。

使用连续型随机变量及其概率分布有助于宝洁公司对其脂肪醇产品的经济风险进行分析。在本章,你将会得到对连续型随机变量及其概率分布的认识,包括统计学中最重要的概率分布——正态分布。

前面章节中我们介绍了离散型随机变量及其概率分布。本章转向研究连续型随机变量。我们着重讨论两种连续型概率分布:均匀分布和正态分布。

离散型随机变量和连续型随机变量之间最根本的区别在于二者在概率计算上是不同的。对于一个离散型随机变量,概率函数 $f(x)$ 给出了随机变量 x 取某个特定值的概率。而对连续型随机变量,与概率函数相对应的是**概率密度函数**(probability density function),也记做 $f(x)$。不同的是,概率密度函数并没有直接给出概率。但是,通过给定区间上曲线 $f(x)$ 下的面积可得到连续型随机变量在该区间取值的概率。因此,当我们计算连续型随机变量的概率时,计算的是随机变量在某个区间内取值的概率。

由于在任一特定点上曲线 $f(x)$ 下的面积为零,所以连续型随机变量概率的定义意味着它取某一特定值的概率为零。在 5.1 节,我们以服从均匀分布的连续型随机变量为例来说明这些概念。

本章的大部分内容致力于描述和展示正态分布的应用。正态分布是非常重要的分布,它具有广泛的适用性并且在统计推断中应用广泛。

5.1 均匀概率分布

假设随机变量 x 表示从芝加哥飞往纽约的某航班的飞行时间。同时假定飞行时间可以是 120~140 分钟区间中的任意值。由于随机变量 x 可以在该区间中取任意值,因此 x 不是离散型随机变量而是一个连续型随机变量。假定有足够多的实际飞行数据可以得出结论:对于区间 120~140 分钟内的任意两个 1 分钟长度的子区间,飞行时间在这两个子区间的概率是相同的。由于飞行时间在每个 1 分钟的子区间内是等可能的,因此我们说随机变量 x 服从**均匀概率分布**(uniform probability distribution)。飞行时间是服从均匀分布的随机变量,它的概率密度函数为:

$$f(x) = \begin{cases} 1/20, & 120 \leqslant x \leqslant 140 \\ 0, & \text{其他} \end{cases}$$

只要概率与区间长度成比例,随机变量就是均匀分布。

图 5—1 是这一概率密度函数的图形。在一般情形下,如果一个随机变量 x 服

---

① 为保护数据所有权,此处给出的价格差异是经过改动的。

$f(x)$

$\frac{1}{20}$

120　125　130　135　140　x

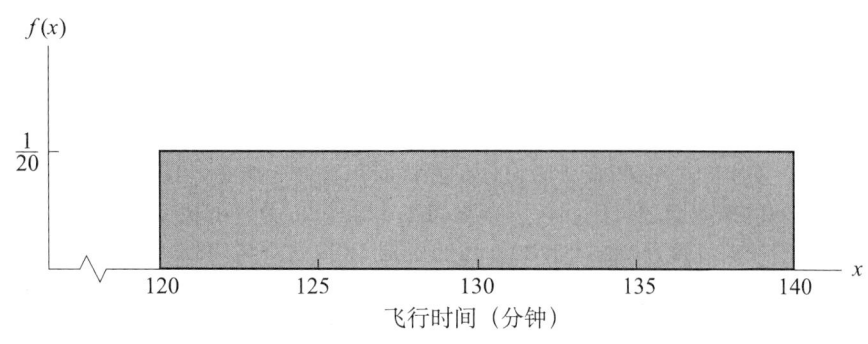

飞行时间（分钟）

图 5—1　飞行时间的均匀概率分布

从均匀概率分布，则它的密度函数由下面的公式给出：

均匀概率密度函数

$$f(x) = \begin{cases} \dfrac{1}{b-a}, & a \leqslant x \leqslant b \\ 0, & \text{其他} \end{cases} \tag{5.1}$$

对于飞行时间这一随机变量，$a = 120$，$b = 140$。

正如本章前面所提及的，对于连续型随机变量，我们仅仅按照某一随机变量在一特定区间取值的可能性来考虑概率。在飞行时间的例子中，一个可接受的概率问题是：飞行时间在 120 分钟到 130 分钟的概率是多大？即 $P(120 \leqslant x \leqslant 130)$ 等于多少？由于飞行时间一定介于 120 分钟和 140 分钟之间，并且概率在这一区间上的分布是均匀的，因此我们有理由认为 $P(120 \leqslant x \leqslant 130) = 0.50$。在下一小节，我们说明这一概率可以通过计算区间 [120, 130] 上曲线 $f(x)$ 下的面积来得到（见图 5—2）。

5.1.1　作为概率测量的面积

我们观察一下图 5—2 中区间 [120, 130] 上曲线 $f(x)$ 下的面积。该区域是长方形，长方形的面积等于长乘宽。区间的长等于 $130 - 120 = 10$，宽等于概率密度函数的值 $f(x) = 1/20$，于是面积 ＝长×宽 ＝ $10 \times 1/20 = 10/20 = 0.50$。

$f(x)$

$P(120 \leqslant x \leqslant 130) =$ 面积 ＝ (1/20)(10) ＝ 10/20 ＝ 0.50

$\frac{1}{20}$

←――10――→

120　125　130　135　140　x

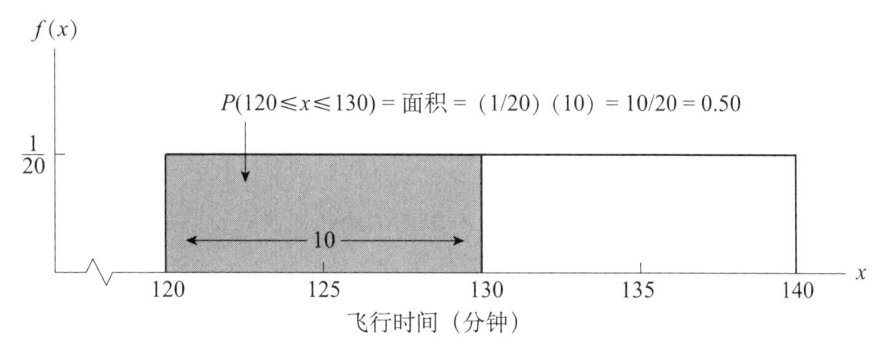

飞行时间（分钟）

图 5—2　面积是飞行时间在 120～130 分钟之间的概率

对于曲线 $f(x)$ 下的面积和概率，你发现了什么？二者是相同的！事实上，这一结论对所有的连续型随机变量都成立。一旦确定了概率密度函数 $f(x)$，则 x 在某一较小值 x_1 和某一较大值 x_2 之间取值的概率可通过计算在区间 $[x_1，x_2]$ 上曲线 $f(x)$ 下的面积得到。

假定飞行时间服从均匀分布并将面积解释为概率，我们就可以回答许多关于飞行时间的概率问题。例如，飞行时间在 128～136 分钟的概率是多少？区间长度是 136—128=8，宽度 $f(x)$ =1/20，我们得到 $P(128 \leqslant x \leqslant 136)$ =8×1/20=0.40。

注意，$P(120 \leqslant x \leqslant 140)$ =20×1/20=1，即曲线 $f(x)$ 下的总面积等于 1。所有连续型概率分布都具有这一性质，这与离散型概率函数的概率之和必须等于 1 的情况类似。对连续型概率密度函数，我们还要求对所有的 x 值必须满足 $f(x) \geqslant 0$，这与离散型概率函数要求 $f(x) \geqslant 0$ 类似。

连续型随机变量和离散型随机变量的处理主要存在以下两方面的区别。

1. 我们不再讨论随机变量取某一特定值的概率。取而代之，讨论随机变量在某一给定区间上取值的概率。

2. 连续型随机变量在某一给定区间 $[x_1，x_2]$ 上取值的概率被定义为在区间 $[x_1，x_2]$ 上概率密度函数 $f(x)$ 曲线下的面积。因为单点是宽度为零的区间，这意味着连续型随机变量取某一特定值的概率为零。这也意味着，无论是否包括端点，连续型随机变量在任何一个区间上取值的概率都是相同的。

> 为说明任一单一点的概率为 0，参考图 5—2。计算某单一点的概率，比如说，x=125，$P(x=125) = P(125 \leqslant x \leqslant 125)$ =0×1/20=0。

连续型随机变量的数学期望和方差的计算与离散型随机变量类似。然而，由于计算过程涉及积分计算，公式的严格推导请参见高级教程。

对于本节介绍的连续型概率分布，均匀分布的数学期望和方差分别是：

$$E(x) = \frac{a+b}{2} \qquad \text{Var}(x) = \frac{(b-a)^2}{12}$$

式中，a 是随机变量所能取的最小值；b 是随机变量所能取的最大值。

把这些公式应用于服从均匀概率分布的从芝加哥到纽约的飞行时间，得到：

$$E(x) = \frac{120+140}{2} = 130 \qquad \text{Var}(x) = \frac{(140-120)^2}{12} = 33.33$$

飞行时间的标准差是方差的算术平方根。于是，σ = 5.77 分钟。

■ ■ ■ ■ 评 注 ■ ■ ■ ■

为了更清楚地说明为什么概率密度函数的高度不是概率，考虑一个具有下列均匀概率分布的随机变量。

$$f(x) = \begin{cases} 2, & 0 \leqslant x \leqslant 0.5 \\ 0, & \text{其他} \end{cases}$$

x 值在 0 和 0.5 之间的概率密度函数的高度是 2。然而，我们知道概率不可能大于 1。因此，$f(x)$ 并非 x 的概率。

■ ■ ■ ■ 练 习 ■ ■ ■ ■

方法

1. 已知随机变量 x 在区间 $[1.0，1.5]$ 服从均匀分布。

a. 绘制概率密度函数图。
b. 计算 $P(x=1.25)$。
c. 计算 $P(1.0 \leqslant x \leqslant 1.25)$。
d. 计算 $P(1.20 < x < 1.5)$。

2. 已知随机变量 x 在区间 [10，20] 上服从均匀分布。
a. 绘制概率密度函数图。
b. 计算 $P(x<15)$。
c. 计算 $P(12 \leqslant x \leqslant 18)$。
d. 计算 $E(x)$。
e. 计算 $\text{Var}(x)$。

应用

3. 大多数计算机语言都有一个能够生成随机数的函数。在 Excel 中，RAND 函数可用于产生 0~1 之间的随机数。如果我们令 x 表示用 RAND 函数生成的随机数，那么 x 是具有下列概率密度函数的随机变量。

$$f(x) = \begin{cases} 1, & 0 \leqslant x \leqslant 1 \\ 0, & 其他 \end{cases}$$

a. 绘制概率密度函数图。
b. 生成一个在 0.25~0.75 间的随机数的概率是多少？
c. 生成一个小于或等于 0.30 的随机数的概率是多少？
d. 生成一个大于 0.60 的随机数的概率是多少？
e. 在 Excel 工作表中的 50 个单元格中输入"＝RAND（）"，生成 50 个随机数。
f. 计算 e 中所产生的随机数的均值和标准差。

4. 在 30 分钟的电视情景喜剧中，平均有 22 分钟是节目（CNBC，February 23，2006）。假定节目的时间近似服从 18~26 分钟的均匀概率分布。
a. 一个情景喜剧的节目时间大于或等于 25 分钟的概率是多少？
b. 一个情景喜剧的节目时间介于 21~25 分钟的概率是多少？
c. 一个情景喜剧的广告或其他非节目插播时间超过 10 分钟的概率是多少？

5.2 正态概率分布

正态概率分布（normal probability distribution）是描述连续型随机变量的重要的概率分布。正态分布有着广泛的实际应用，比如，人的身高和体重、考试成绩、科学测量、降雨量以及其他类似的问题，都近似服从正态概率分布。正态概率分布也广泛应用于统计推断，而统计推断正是本书其余部分的主要内容。在这些应用中，正态分布是对抽样可能得到的结果的描述。

法国数学家亚伯拉罕·棣莫弗（Abraham de Moivre）于 1733 年出版了《机会的学说》（*The Doctrine of Chances*）。他推导了正态分布。

5.2.1 正态曲线

正态分布的形状或形态可以通过图 5—3 正态分布的钟形曲线来说明。正态分布钟形曲线的概率密度函数定义如下:

正态概率密度函数

$$f(x)=\frac{1}{\sigma\sqrt{2\pi}}e^{-(x-\mu)^2/2\sigma^2} \tag{5.2}$$

式中:μ——均值;
　　　σ——标准差;
　　　π——3.141 59;
　　　e——2.718 28。

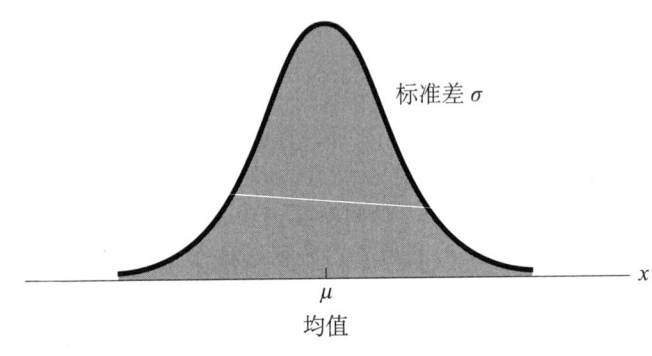

图 5—3　正态分布的钟形曲线

我们观察到正态分布的一些特征。

(1) 所有的正态分布构成一个分布族,分布因均值 μ 和标准差 σ 两个参数的不同而变化。

> 正态曲线有 μ 和 σ 两个参数,参数确定了正态分布的位置和形状。

(2) 正态曲线的最高点在均值处,均值也是分布的中位数和众数。

(3) 分布的均值可以是任意数值:负数、零或正数。下图给出了有相同的标准差但有不同均值(-10,0 和 20)的三个正态分布。

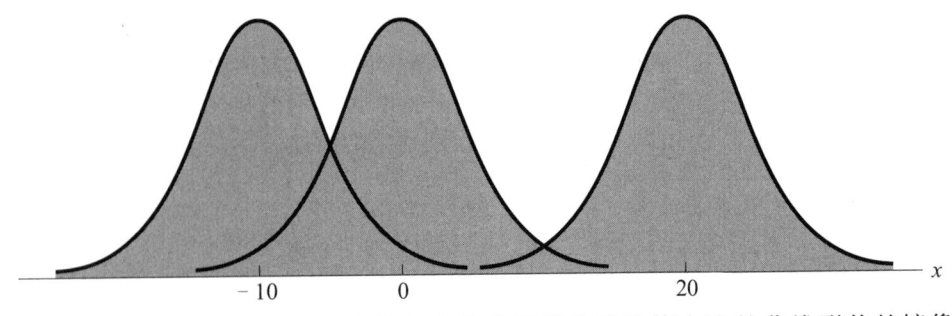

(4) 正态分布是对称的。均值左边的曲线形状是均值右边的曲线形状的镜像。

曲线的尾端向两个方向无限延伸，且理论上永远不会与横轴相交。由于正态分布是对称的，从而它不是偏斜的，偏度为零。

（5）标准差决定曲线的宽度和平坦程度。标准差越大则曲线越宽、越平坦，表明数据有更大的变异性。下图给出了有相同均值但有不同标准差的两个正态分布。

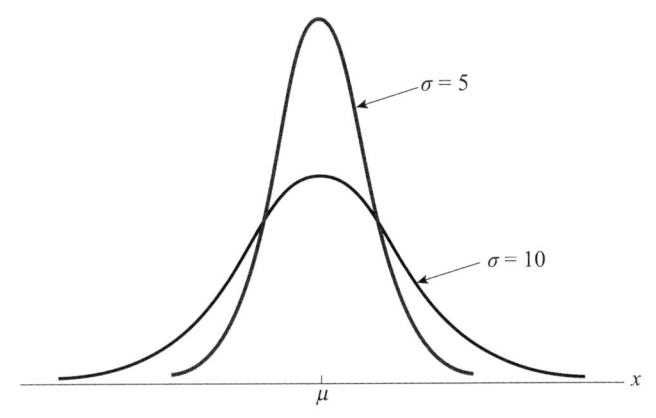

（6）正态随机变量的概率由正态曲线下的面积给出。正态分布曲线下的总面积是1。由于分布是对称的，曲线下方均值左侧的面积为0.5，曲线下方均值右侧的面积也是0.5。

（7）在一些常用区间内取值的百分比为：

a. 正态随机变量有68.3%的值在均值加减一个标准差的范围内。

b. 正态随机变量有95.4%的值在均值加减两个标准差的范围内。

c. 正态随机变量有99.7%的值在均值加减三个标准差的范围内。

> 这些百分比是3.3节介绍的经验法则的基础。

图5—4图示了上述三条性质。

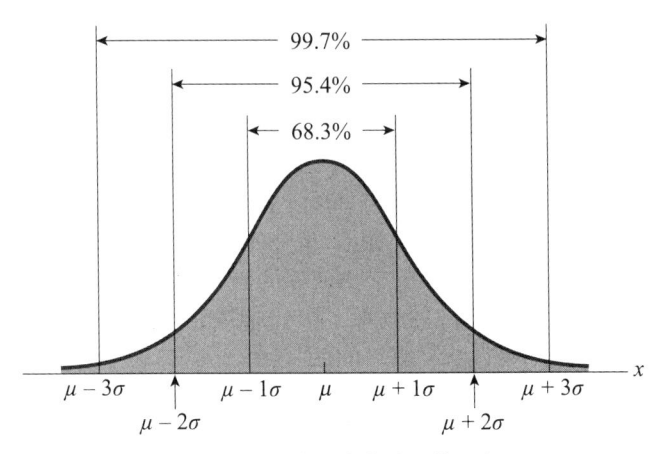

图5—4 正态分布曲线下的面积

5.2.2 标准正态概率分布

如果一个随机变量服从均值为0、标准差为1的正态分布，则称该随机变量服从**标准正态概率分布**（standard normal probability distribution）。通常用字母 z 表示这一特殊的正态随机变量。图 5—5 是标准正态分布的图，它与其他正态分布有相同的形状，不同的是 $\mu = 0$ 和 $\sigma = 1$。

> 对于正态概率密度，曲线的高度是不断变化的，需要采用积分计算曲线下的面积——概率。

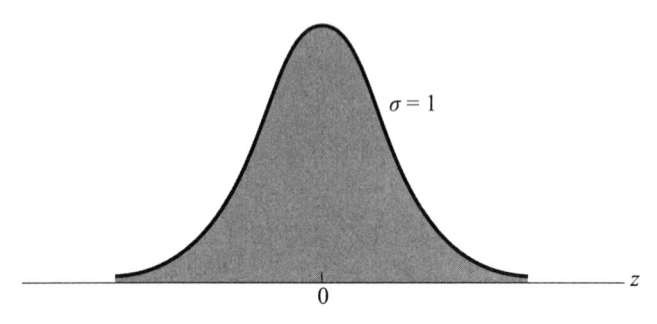

图 5—5　标准正态分布

由于 $\mu = 0$ 和 $\sigma = 1$，标准正态概率密度函数是式（5.2）的一个更简单的形式。

标准正态密度函数

$$f(z) = \frac{1}{\sqrt{2\pi}} e^{-z^2/2}$$

与其他连续型随机变量一样，任意一个正态分布的概率都可以通过计算概率密度函数曲线下的面积得出。于是，为了得到一个正态随机变量在任何特定区间内的概率，我们必须计算在该区间上正态曲线下的面积。

> 对正态概率密度函数，正态曲线的高度是变化的，需要高等数学的方法来计算表示概率的面积。

对于标准正态分布，正态曲线下的面积已计算出来并已经编制成表，从而可以用于计算概率。这个表就是附录 A 中的表 1，分别是 z 值小于或等于均值零的面积或累积概率；z 值大于或等于均值零的面积或累积概率。

需要计算三种类型的概率：（1）标准正态随机变量 z 小于或等于一给定值的概率；（2）z 在两个给定值之间的概率；（3）z 大于或等于一给定值的概率。我们通过一些例子来说明如何使用标准正态分布累积概率表来计算这三种类型的概率。

首先，我们说明怎样计算标准正态随机变量 z 小于或等于 1.00 的概率；即 $P(z \leq 1.00)$。这个累积概率是下图中 $z = 1.00$ 左边正态曲线下的面积。

> 由于标准正态随机变量是连续的，$P(z \leq 1.00) = P(z < 1.00)$。

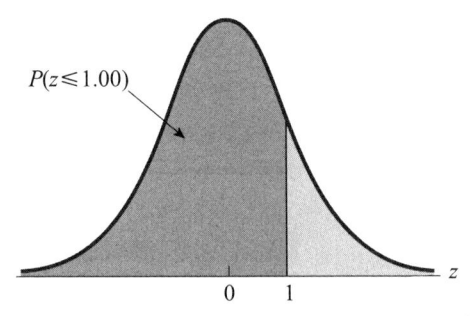

查标准正态分布累积概率表，对应 $z=1.00$ 的累积概率是行标记为 1.0、列标记为 0.00 相交处的值。我们首先在表左侧第一列中找到 1.0，然后在表的第一行中找到 0.00。通过观察表体，我们发现 1.0 所在行和 0.00 所在列相交处的值为 0.841 3；于是，$P(z\leqslant 1.00)=0.841\ 3$。下表是说明了上述步骤的部分分布表：

z	0.00	0.01	0.02
⋮			
0.9	0.815 9	0.818 6	0.821 2
1.0	0.841 3	0.843 8	0.846 1
1.1	0.864 3	0.866 5	0.868 6
1.2	0.884 9	0.886 9	0.888 8
⋮			

$P(z\leqslant 1.00)$

下面通过计算 z 在区间 $-0.50\sim 1.25$ 的概率，即 $P(-0.50\leqslant z\leqslant 1.25)$ 来说明如何计算第二种类型的概率。下图显示了这一面积或概率。

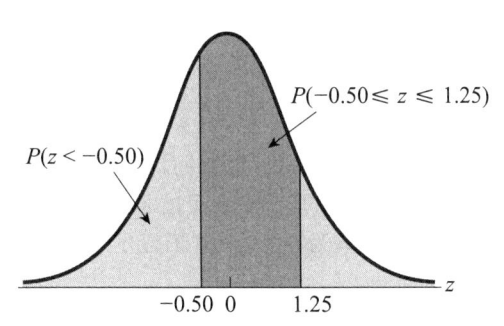

计算这一概率需要经过三个步骤。首先，计算 $z=1.25$ 左边正态曲线下的面积。其次，计算 $z=-0.50$ 左边正态曲线下的面积。最后，用 $z=1.25$ 左边的面积减去 $z=-0.50$ 左边的面积即得到 $P(-0.50\leqslant z\leqslant 1.25)$。

为了得到 $z=1.25$ 左边正态曲线下的面积，首先在标准正态分布累积概率表中找到 1.2 所在行，然后移到 0.05 所在的列。因为 1.2 所在行和 0.05 所在列相交处的数值为 0.894 4，即 $P(z\leqslant 1.25)=0.894\ 4$。类似地，$-0.5$ 所在行和 0.00 所在列相交处的数值是 $z=1.25$，查表得到左边正态曲线下的面积为 0.308 5，即 $P(z\leqslant -0.50)=0.308\ 5$。于是，$P(-0.50\leqslant z\leqslant 1.25)=P(z\leqslant 1.25)-P(z\leqslant -0.50)=0.894\ 4-0.308\ 5=0.585\ 9$。

我们再考虑另外一个计算 z 在两个给定值之间的概率的例子。人们感兴趣的往往是计算正态随机变量的取值在均值一定倍数的标准差范围内的概率。假定我们想要计算标准正态随机变量的取值在均值一个标准差范围内的概率,即 $P(-1.00 \leqslant z \leqslant 1.00)$。为了计算这个概率,需要算出在 -1.00 和 1.00 之间曲线下的面积。前面已经有 $P(z \leqslant 1.00) = 0.841\ 3$。再次查表,得到 $z = -1.00$ 左边曲线下的面积为 $0.158\ 7$,即 $P(z \leqslant -1.00) = 0.158\ 7$。于是,$P(-1.00 \leqslant z \leqslant 1.00) = P(z \leqslant 1.00) - P(z \leqslant -1.00) = 0.841\ 3 - 0.158\ 7 = 0.682\ 6$。下图是这一概率的一个图示。

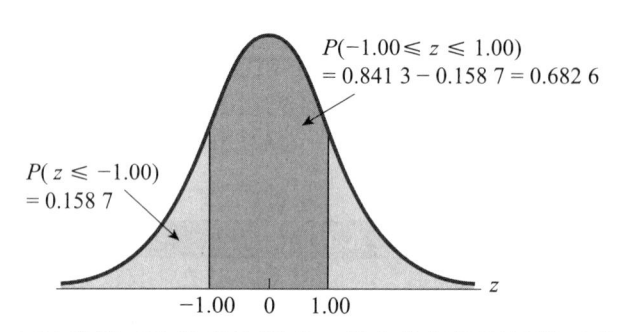

为了说明如何计算第三种类型的概率,假定我们想要计算 z 值至少为 1.58 的概率,即 $P(z \geqslant 1.58)$。累积正态表中 $z = 1.5$ 所在行和 0.08 所在列交叉处的值为 $0.942\ 9$,于是 $P(z < 1.58) = 0.942\ 9$。然而,由于正态曲线下总面积等于 1,从而 $P(z \geqslant 1.58) = 1 - 0.942\ 9 = 0.057\ 1$。下图显示了这一概率。

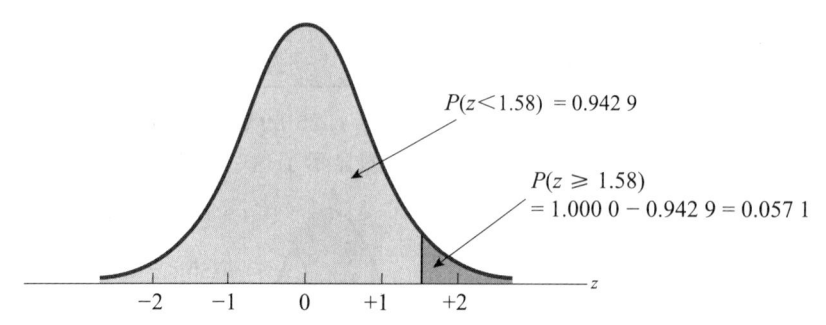

在前面的例子中,我们展示了如何计算给定的 z 值的概率。在某些情况下,我们给定一个概率,感兴趣的问题是反过来求相应的 z 值。假定,我们想要求出 z 值,使得大于 z 值的概率为 0.10。下图显示了这一概率。

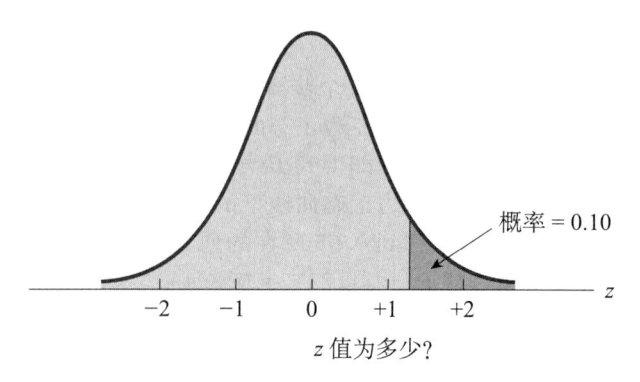

这一问题与前面的例子正好相反。前面,我们设定了感兴趣的 z 值,然后找相应的概率或面积。本例中,我们给定概率或面积,要求找到相应的 z 值。为此,我

们以不同的方式使用标准正态分布累积概率表。

> 对于一个已知的概率值,我们可以利用标准正态分布累积概率表以相反的方式求出相应的 z 值。

标准正态分布累积概率表给出了一个特定 z 值左边正态曲线下的面积。我们已经获得的信息是,曲线右侧的面积是 0.10。因此,在未知 z 值左边正态曲线下的面积是 0.900 0。查看概率表,我们发现 0.899 7 是最接近 0.900 0 的累积概率值。提供这一结果的部分概率表如下所示:

z	0.06	0.07	0.08	0.09
⋮				
1.0	0.855 4	0.857 7	0.859 9	0.862 1
1.1	0.877 0	0.879 0	0.881 0	0.883 0
1.2	0.896 2	0.898 0	0.899 7	0.901 5
1.3	0.913 1	0.914 7	0.916 2	0.917 7
1.4	0.927 9	0.929 2	0.930 6	0.931 9
⋮				

表中最接近 0.900 0 的概率

从表最左边一列和最上一行读 z 值,我们发现相应的 z 值是 1.28。这样,$z = 1.28$ 左边的面积近似为 0.900 0(实际为 0.899 7)。[①] 根据问题最初的提法,z 值大于 1.28 的概率大约为 0.10。

这些例子说明了标准正态分布累积概率表可以用于求出与标准正态随机变量 z 值相联系的概率。它可以回答两类问题。第一类问题是,指定 z 的一个或多个值,要求我们利用表确定相应的面积或概率。第二类问题是,给定一个面积或概率,要求我们利用概率表确定相应的 z 值。于是,我们需要灵活地运用标准正态分布累积概率表来回答所需要的概率问题。在大多数情况下,画一张标准正态概率分布的草图并用恰当的阴影表示相应的面积,将有助于使问题形象化,从而帮助确定正确的答案。

5.2.3 计算任一正态概率分布的概率

我们如此深入地讨论标准正态分布的原因在于,所有正态分布的概率都可利用标准正态分布来计算。也就是说,当我们有一个具有任意均值 μ 和标准差 σ 的正态分布时,在回答有关的概率问题前,首先应将其转换成标准正态分布,然后再使用标准正态分布累积概率表和恰当的 z 值来计算所需要的概率。用来把具有均值 μ 和标准差 σ 的任一正态随机变量 x 转换为标准正态随机变量 z 的公式如下所示:

[①] 我们可以在表体中使用插值法得到与面积 0.900 0 相对应的最接近的 z 值。这样做可以给出更精确(有更多的小数位)的 z 值,$z = 1.282$。然而,在大多数实际情况中,通过简单地用最接近概率的表值便可达到足够的精确度。

转换为标准正态随机变量

$$z = \frac{x-\mu}{\sigma} \tag{5.3}$$

> 标准正态随机变量的公式类似于我们在第 3 章介绍的计算数据集 z 分数的公式。

当 x 的值等于其均值 μ 时,有 $z=(\mu-\mu)/\sigma=0$。这样,我们看到 x 的值等于其均值 μ 时,对应 z 值等于 0。现在假定 x 大于其均值一个标准差,即 $x=\mu+\sigma$。应用式(5.3),我们看到相应的 z 值是 $z=[(\mu+\sigma)-\mu]/\sigma=\sigma/\sigma=1$。这样,$x$ 的值大于其均值一个标准差时,对应的 $z=1$。换句话说,如果用标准差来度量正态随机变量 x 与其均值 μ 之间的差,我们可以把 z 解释成正态随机变量 x 与其均值 μ 之差按其标准差度量的倍数。

为了说明这一转换怎样能够使我们计算任意正态分布的概率,假定有一个 $\mu=10$ 和 $\sigma=2$ 的正态分布。随机变量 x 在 10~14 之间的概率是多少?利用式(5.3),我们看到当 $x=10$ 时,$z=(x-\mu)/\sigma=(10-10)/2=0$;当 $x=14$ 时,$z=(14-10)/2=4/2=2$。这样,x 在 10~14 之间的概率问题等价于 z 在 0~2 之间的标准正态分布的概率问题。换句话说,我们正在查找的概率是随机变量 x 在其均值和超过均值两个标准差的值之间的概率。利用 $z=2.00$ 和标准正态分布累积概率表,我们看到概率是 $P(z\leqslant 2.00)=0.977\,2$。由于 $P(z\leqslant 0)=0.500\,0$,我们计算出 $P(0\leqslant z\leqslant 2.00)=P(z\leqslant 2.00)-P(z\leqslant 0)=0.977\,2-0.500\,0=0.477\,2$。因此,$x$ 在 10~14 之间的概率是 0.477 2。

5.2.4 Grear 轮胎公司的问题

现在我们研究正态概率分布的应用。假定 Grear 轮胎公司刚刚开发了一种新的钢带子午线轮胎,将通过全美连锁折扣商店出售。由于这种轮胎是一种新产品,Grear 轮胎公司经理认为,提供轮胎可行驶里程的质量保证将是影响产品接受度的一个重要因素。在最终落实轮胎行驶里程保证政策之前,Grear 轮胎公司经理需要有关轮胎可行驶里程 x 的概率信息。

根据对轮胎的实际道路测试,Grear 轮胎公司的工程小组已估计出轮胎可行驶里程的均值 $\mu=36\,500$ 英里,标准差 $\sigma=5\,000$。另外,收集的数据表明正态分布是一个合理的假设。预期轮胎可行驶里程超过 40 000 英里的比例有多大?换句话说,轮胎行驶里程 x 超过 40 000 英里的概率是多少?这一问题可以通过计算图 5—6 深色阴影区域的面积来回答。

当 $x=40\,000$ 时,有

$$z = \frac{x-\mu}{\sigma} = \frac{40\,000-36\,500}{5\,000} = \frac{3\,500}{5\,000} = 0.70$$

现在注意观察图 5—6 的底部。我们看到 Grear 轮胎公司正态分布 $x=40\,000$ 的值对应标准正态分布 $z=0.70$ 的值。利用标准正态分布累积概率表,可以知道在 $z=0.70$ 左边正态曲线下的面积为 0.758 0。因此,z 大于 0.70 的概率为 $1-0.758\,0=0.242\,0$,从而 x 超过 40 000 的概率为 0.242 0。我们可以得出结论,大约 24.2%的轮胎行驶里程将超过 40 000 英里。

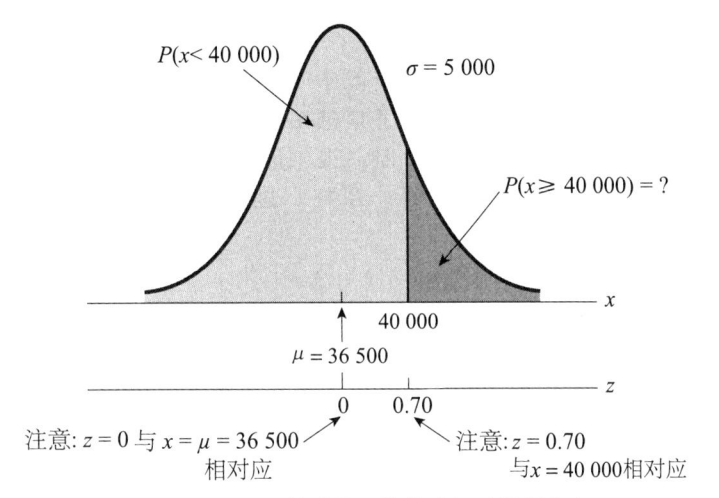

图 5—6 Grear 轮胎公司的轮胎行驶里程分布

现在让我们假设 Grear 轮胎公司正在考虑一项质量保证：如果轮胎的行驶里程没有达到质量保证规定的里程，公司将以折扣价提供更换轮胎的服务。如果 Grear 轮胎公司为保证轮胎质量，希望符合折扣质量保证条件的轮胎不超过 10%，则质量保证里程应为多少？图 5—7 是对这一问题的一个图示。

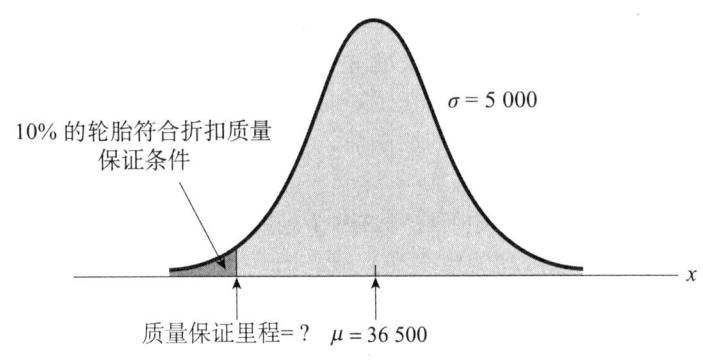

图 5—7 Grear 轮胎公司的折扣质量保证

根据图 5—7，在未知质量保证里程值左边正态曲线下的面积必须为 0.10。所以，我们必须找到一个 z 值使得在它左边正态曲线下的面积为 0.10。利用标准正态分布累积概率表，我们看到 $z = -1.28$ 时，左侧面积为 0.10。因此，$z = -1.28$ 是与 Grear 轮胎正态分布所希望的质量保证里程相对应的标准正态随机变量的值。为了求出与 $z = -1.28$ 相对应的 x 值，有

$$z = \frac{x-\mu}{\sigma} = -1.28$$
$$x - \mu = -1.28\sigma$$
$$x = \mu - 1.28\sigma$$

因为 $\mu = 36\ 500$ 和 $\sigma = 5\ 000$，得

$$x = 36\ 500 - 1.28 \times 5\ 000 = 30\ 100$$

这样，若设定质量保证为 30 100 英里，则大约有 10%的轮胎符合质量保证条件的要求。也许，根据这一信息，公司应把轮胎质量保证里程设为 30 000 英里。

> 质量保证设为 30 000 英里，符合保证条件的实际百分比为 9.68%。

我们再一次看到了概率分布在提供决策所需信息方面所起的重要作用。即一旦对某一特定应用问题确定了其概率分布，就可以取得有关问题的概率信息。概率并不直接给出决策建议，但它提供信息。这些信息能帮助决策者更好地了解与问题相关的风险和不确定性。最终，这一信息可以辅助决策者制定出一项好的决策。

5.2.5 用 Excel 计算正态概率

Excel 提供了函数 NORM.S.DIST 和 NORM.S.INV 计算标准正态分布的概率和 z 值。其中，函数 NORM.S.DIST 对于给定的 z 值计算累积概率，函数 NORM.S.INV 对于给定的累积概率计算 z 值。对于一般的正态分布，有类似的两个函数 NORM.DIST 和 NORM.INV 用于计算累积概率和 x 值。下面介绍如何使用 NORM.S.DIST 和 NORM.S.INV 函数。

> 函数 NORM.S.DIST 和 NORM.S.INV 中的字母 S 提示我们，这是两个与标准正态概率分布有关的函数。

对任一给定的 z 值，NORM.S.DIST 函数给出标准正态曲线下 z 值左侧区域的面积，这也恰好是查标准正态分布累积概率表得到的累积概率。从而，NORM.S.DIST 函数就是让 Excel 帮你查找累积正态概率。函数 NORM.S.INV 是函数 NORM.S.DIST 的反函数，它以累积概率作为输入，给出与该累积概率相对应的 z 值。

下面，我们看看如何应用这两个函数计算得到本节前面用查找标准正态分布累积概率表的方式得到的概率和 z 值。图 5—8 背景中的是公式工作表，前景中的是数值工作表。

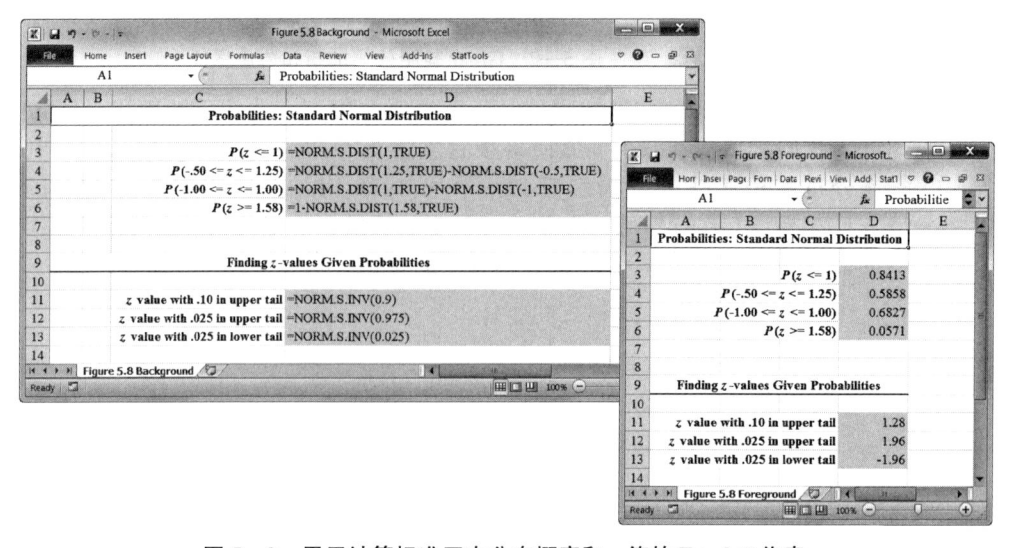

图 5—8 用于计算标准正态分布概率和 z 值的 Excel 工作表

输入数据：工作表中并没有输入数据，我们在公式中直接输入所需要的合适的 z 值和概率。

输入函数和公式：函数 NORM.S.DIST 有两个输入：z 值、逻辑值（TRUE 或者 FALSE）。对于第二个输入，当需要计算累积概率时取 TRUE，当需要计算标准正态曲线的值时取 FALSE。因为我们总是用函数 NORM.S.DIST 计算累积概率，所以在第二个输入中总是取 TRUE。图 5—8 举例说明如何使用函数 NORM.S.DIST，参见单元格区域 D3：D6 中计算的四个概率。

为计算任一给定 z 值对应的累积概率，即曲线下方 z 值左侧区域的面积，仅需要在 z 值处估计函数 NORM.S.DIST。例如，若要计算 $P(z\leqslant 1)$，则在单元格 D3 中输入公式"=NORM.S.DIST（1，TRUE）"得到 0.841 3，与查标准正态分布累积概率表所得结果相同。

为了计算 z 在某一区间的概率，我们首先求 NORM.S.DIST 函数在区间右端点处的值，然后从中减去 NORM.S.DIST 函数在区间左端点处的值。例如，若要计算 $P(-0.50\leqslant z\leqslant 1.25)$，则在单元格 D4 中输入公式"=NORM.S.DIST（1.25，TRUE）-NORM.S.DIST（-0.50，TRUE）"。类似地，得到单元格 D5 中区间的概率。

对任一给定 z 值，为计算 z 值右侧的概率——右侧的面积，仅需用 1 减去累积概率（曲线下方 z 值左侧区域的面积）。例如，若要计算 $P(z\geqslant 1.58)$，则在单元格 D6 中输入公式"=1-NORM.S.DIST（1.58，TRUE）"。

使用函数 NORM.S.INV 可计算出某一给定累积概率（左侧面积）相对应的值 z。与左侧概率 0.90 相对应的 z 值，恰好是与右侧概率 0.10 相对应的 z 值，在单元格 D11 中输入公式"=NORM.S.INV（0.9）"。实际上，NORM.S.INV（0.9）给出与累积概率（右侧面积）0.90 相对应的 z 值。但是，这也正是与右侧面积 0.10 相对应的 z 值。

图 5—8 中还计算了另外两个在其余章节中广泛使用的 z 值。在单元格 D12 中输入公式"=NORM.S.INV（0.975）"，计算得到与右侧概率 0.025 相对应的 z 值。在单元格 D13 中输入公式"=NORM.S.INV（0.025）"，计算得到与左侧概率 0.025 相对应的 z 值。我们得到，与右侧概率 0.025 相对应的 $z=1.96$，与左侧概率 0.025 相对应的 $z=-1.96$。

下面，我们进一步介绍如何对一个正态分布使用 Excel 函数计算累积概率和 x 值。函数 NORM.DIST 对于给定的随机变量值 x 计算累积概率，即正态曲线下方 x 值左侧区域的面积，函数 NORM.INV 是 NORM.DIST 的反函数，它以累积概率作为输入，给出与该累积概率相对应的 x 值。函数 NORM.INV 和 NORM.DIST 适用于一般的正态概率分布，函数 NORM.S.INV 和 NORM.S.DIST 适用于标准正态概率分布。

下面，我们看看如何利用这两个函数计算得到本节前面 Grear 轮胎公司的例子中的概率和 x 值。Grear 轮胎使用寿命的均值是 36 500 英里，标准差是 5 000 英里。图 5—9 描述了所涉及的问题，背景中的是公式工作表，前景中的是数值工作表。

输入数据：工作表中并没有输入数据，我们在公式中直接输入所需要的合适的 z 值和概率。

输入函数和公式：函数 NORM.DIST 有四个输入：（1）想要计算的累积概率

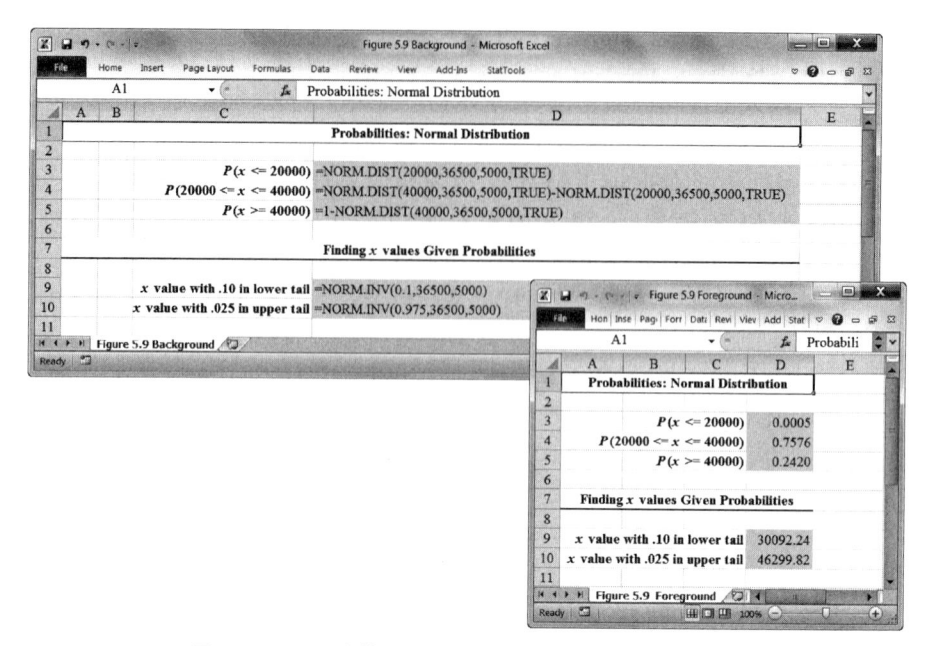

图 5—9 用于计算正态分布概率和 x 值的 Excel 工作表

x。(2) 均值。(3) 标准差。(4) 逻辑值（TRUE 或者 FALSE）。对于第四个输入，当需要计算累积概率时取 TRUE，当需要计算标准正态曲线的值时取 FALSE。因为我们总是用函数 NORM.DIST 计算累积概率，所以在第四个输入中总是取 TRUE。

为计算任一给定 x 值对应的累积概率，即曲线下方 z 值左侧区域的面积，仅需要在 x 值处估计函数 NORM.DIST。例如，若要计算 Grear 轮胎使用寿命小于或等于 20 000 英里的概率，则在单元格 D3 中输入公式"=NORM.DIST（20 000，36 500，5 000，TRUE）"，得到 0.000 5。于是，我们得出结论认为几乎所有 Grear 轮胎的使用寿命都大于 20 000 英里。

为了计算 x 在某一区间中的概率，我们首先求 NORM.DIST 函数在区间右端点处的值，然后从中减去 NORM.DIST 函数在区间左端点处的值。单元格 D4 中的公式给出了轮胎的使用寿命介于 20 000～40 000 英里的概率，即 $P(20\,000 \leqslant x \leqslant 40\,000) = 0.757\,6$。

对任一给定 x 值，为计算 x 值右侧的概率——右侧的面积，仅需用 1 减去累积概率（曲线下方 x 值左侧区域的面积）。单元格 D5 中的公式给出了轮胎的使用寿命至少达到 40 000 英里的概率，即 $P(x \geqslant 40\,000) = 0.242\,0$。

给定某一累积概率，函数 NORM.INV 可求出相应的值 x。函数 NORM.INV 只有三个输入，第一个输入是累积概率，第二个和第三个输入分别是均值和标准差。例如，对 Grear 轮胎，如果公司想求下侧面积为 0.1 所对应的轮胎行驶里程，那么应在 Excel 工作表的单元格 D9 中输入公式"=NORM.INV（0.1，36 500，5 000）"，工作表中数值 30 092.24 表明，有 10% 的 Grear 轮胎行驶里程小于或等于 30 092.24 英里。

若 Grear 轮胎的行驶里程位于前 2.5% 的位置，则轮胎的行驶里程至少要达到多少英里？我们实际是想要计算与右侧面积 0.025 相对应的值 x。这等价于求与累积概率 0.975 相对应的值 x。于是，在单元格 D10 中输入公式"= NORM . INV (0.975, 36 500, 5 000)"，得到 46 299.82。可见，有 2.5% 的 Grear 轮胎行驶里程达到或超过了 46 299.82 英里。

---- 练 习 ----

方法

5. 绘制标准正态分布图，并且在横轴上标明数值 −3，−2，−1，0，1，2 和 3，然后利用附录 A 中标准正态分布累积概率表计算下列概率：

a. $P(z \leqslant 1.5)$

b. $P(z \leqslant 1)$

c. $P(1 \leqslant z \leqslant 1.5)$

d. $P(0 < z < 2.5)$

6. 已知 z 是一标准正态随机变量，计算下列概率：

a. $P(0 \leqslant z \leqslant 0.83)$

b. $P(-1.57 \leqslant z \leqslant 0)$

c. $P(z > 0.44)$

d. $P(z \geqslant -0.23)$

e. $P(z < 1.20)$

f. $P(z \leqslant -0.71)$

7. 已知 z 是一标准正态随机变量，计算下列概率：

a. $P(-1.98 \leqslant z \leqslant 0.49)$

b. $P(0.52 \leqslant z \leqslant 1.22)$

c. $P(-1.75 \leqslant z \leqslant -1.04)$

8. 已知 z 是一个标准正态随机变量，对下列各种情况求 z 值：

a. z 左侧的面积是 0.975 0。

b. 0 和 z 之间的面积是 0.475 0。

c. z 左侧的面积是 0.729 1。

d. z 右侧的面积是 0.131 4。

e. z 左侧的面积是 0.670 0。

f. z 右侧的面积是 0.330 0。

9. 已知 z 是一标准正态随机变量，对下列各种情况求 z 值：

a. z 左侧的面积是 0.211 9。

b. $-z$ 与 z 之间的面积是 0.903 0。

c. $-z$ 与 z 之间的面积是 0.205 2。

d. z 左侧的面积是 0.994 8。

e. z 右侧的面积是 0.691 5。

10. 已知 z 是一标准正态随机变量，对下列各种情况求 z 值：

a. z 右侧的面积是 0.01。

b. z 右侧的面积是 0.025。

c. z 右侧的面积是 0.05。

d. z 右侧的面积是 0.10。

应用

11. 构成 S&P 500 指数的公司的股票平均价格为 30 美元,标准差是 8.2 美元(*BusinessWeek*,Special Annual Issue,Spring 2003)。假定股票价格服从正态分布。

a. 公司的股票价格至少为 40 美元的概率是多少?

b. 公司的股票价格不超过 20 美元的概率是多少?

c. 多高的股票价格能使一家公司的排名进入前 10%?

12. 2003 年 1 月,美国工人工作时平均有 77 个小时登录互联网(CNBC,March 15,2003)。假设登录时间服从正态分布,总体均值为 77 小时,标准差为 20 小时。

a. 一名随机选取的工人在 2003 年 1 月登录互联网的时间少于 50 小时的概率是多少?

b. 2003 年 1 月登录互联网的时间多于 100 小时的工人有多大比例?

c. 如果工人登录互联网的时间排名在前 20% 的位置,则认为他是互联网过度使用者。试问,一名过度使用互联网的工人 2003 年 1 月登录互联网的时间至少应该有多少小时?

13. 据尼尔森公司报道,家庭每天用于收看电视节目的平均时间再创新高,达到 8.35 小时(*USA Today*,November 11,2009)。假设每个家庭收看电视节目的时间服从正态分布,标准差为 2.5 小时。试问:

a. 一个家庭收看电视节目的时间介于 5~10 小时之间的概率是多少?

b. 若一个家庭每天收看电视节目的时间排名处于前 3% 的位置,则该家庭每天至少收看多少小时?

c. 一个家庭每天收看电视节目的时间大于或等于 3 小时的概率是多少?

14. 在纽约证券交易所(New York Stock Exchange)的每个交易日中,最初的半小时(清晨)和最后的半小时(午后)的交易量最大。下面是 1 月和 2 月共 13 天的清晨的交易量数据(*Barron's*,January 23,2006;February 13,2006;and February 27,2006)。

单位:百万股

214	163	265	194	180
202	198	212	201	174
	171	211	211	

交易量近似服从正态分布。

a. 计算用来估计总体均值和标准差的样本均值和标准差。

b. 随机选取一天,清晨交易量少于 1.8 亿股的概率有多大?

c. 随机选取一天,清晨交易量超过 2.3 亿股的概率有多大?

d. 若某一天能跻身最繁忙的前 5% 交易日,那么该天清晨交易量必须达到多少?

小 结

本章把对概率分布的讨论推广到连续型随机变量的情况。离散型和连续型概率分布的主要区别在于计算概率的方法不同。对离散型分布，概率函数 $f(x)$ 给出随机变量 x 取各种值的概率。对连续型概率分布，概率密度函数 $f(x)$ 不能直接给出概率值。概率通过概率密度函数 $f(x)$ 曲线下的面积给出。由于曲线下单个点的面积是零，所以任一连续型随机变量取某一特定值的概率是零。

我们详细介绍了两种连续型概率分布——均匀分布和正态分布。正态分布广泛用于统计推断，并且在本书的其余部分中有广泛的应用。

关键术语

概率密度函数（probability density function） 用于计算连续型随机变量概率的函数。用某一区间上概率密度函数曲线下的面积来表示概率。

均匀概率分布（uniform probability distribution） 一种连续型概率分布，其随机变量在等长度的每一区间上取值的概率相同。

正态概率分布（normal probability distribution） 一种连续型概率分布，其概率密度函数曲线呈钟形，由均值 μ 和标准差 σ 确定。

标准正态概率分布（standard normal probability distribution） 均值为 0，标准差为 1 的正态分布。

第 6 章
抽样和抽样分布

实践中的统计

MeadWestvaco 公司[*]
康涅狄格州斯坦福德

MeadWestvaco 公司是一家生产包装纸、铜版纸和特种纸、消费品和办公用品以及特种化学制品的企业，是行业中的领导者。公司雇用的员工超过 3 万人，在全世界 29 个国家有业务活动，服务的客户遍布大约 100 个国家。MeadWestvaco 在纸张行业的地位举足轻重，年生产能力达到 180 万吨。其产品包括：教材用纸、杂志用纸、饮料包装袋和办公用品。MeadWestvaco 内部的顾问组通过抽样为公司提供大量信息，以保证企业获得可观的产品收益，并在该行业保持竞争力。

例如，MeadWestvaco 拥有大量的森林资源，它们为公司生产的多种产品提供所需的原料——树木。管理人员需要掌握关于木材及森林准确而且可靠的信息，如森林的现有储量如何，森林以往的生长情况如何，森林未来计划生长情况如何，等等。MeadWestvaco 的管理人员基于这些重要问题的答案，估计公司满足未来所需原料的能力，制定未来包括树木的长期种植和采伐时间表在内的计划。

MeadWestvaco 如何获取它所需要的大量森林资源信息呢？从遍布森林的抽样点收集数据是对公司拥有的树木总体进行了解的基础。为了确定抽样点，首先按照位置和树种将木材林分成三部分，使用地图和随机数，MeadWestvaco 的分析人员从每部分森林中选取 1/5～1/7 英亩的树木组成随机样本。公司的林务员通过从这些抽样点收集

---

[*] 非常感谢 Edward P. Winkofsky 博士，他为"实践中的统计"专栏提供了本案例。

的数据了解森林总体。

全体林务员都参加数据的收集过程。两个人一组定期收集每一抽样点中每棵树的信息。这些抽样数据被录入公司的森林永续存货（CFI）计算机系统。该系统所提供的报告汇总了大量数据的频率分布信息，对树木类型、现有森林储量、森林以往生产率、未来计划森林生长和储量等做出统计。抽样和对抽样数据的统计汇总报告为 MeadWestvaco 有效管理森林和木材林提供了重要的保证。

本章将学习简单随机抽样和样本选择方法。另外，还要学习如何利用统计量，比如样本均值和样本比率来估计总体均值和总体比率。此外，还将介绍抽样分布的重要概念。

在第 1 章中，我们给出了个体、总体和样本的定义。
（1）个体是收集数据的基本单位。
（2）总体是所有感兴趣的个体的集合。
（3）样本是总体的一个子集。

我们选取样本的目的就是收集用于推断所需的数据，并且回答关于总体的一个研究问题。下面，我们从两个例子开始，这两个例子都是利用抽样来回答关于总体的一个研究问题的。

1. 得克萨斯州某个政治团体的成员正在考虑支持某候选人竞选美国参议员。政治团体领导者需要对本州登记选民中支持该名候选人的比率做一个估计。选取得克萨斯州 400 名登记选民组成一个样本，其中有 160 人对该候选人表示支持。因此，登记选民总体中支持该候选人比率的估计值为 160/400 = 0.40。

2. 一个轮胎制造商正在设计开发一种新型轮胎，这种轮胎行驶的里程数超过了企业现有生产线上轮胎的里程数。为了对这种新型轮胎的平均使用寿命做出估计，制造商选取了 120 个这种新型轮胎组成样本用于检测，检测结果表明样本均值为 36 500 英里。于是，该种新型轮胎总体的平均使用寿命的估计值为 36 500 英里。

抽样结果提供的仅仅是相应总体特征值的估计，认识到这一点非常重要。我们并不期望注册选民总体中恰好有 40% 的人支持该候选人；同样，我们也没有期望样本均值 36 500 英里恰好是所生产的新型轮胎总体的平均行驶里程。原因很简单，样本只是总体的一部分，可以预见，会有抽样误差。利用适当的抽样方法，抽样结果可以给出关于总体特征的一个"好"的估计。那么，我们希望抽样结果好到什么程度呢？统计过程对此问题可以做出回答。

> 样本均值是总体均值的估计值，样本比率是总体比率的估计值。这种估计是有抽样误差的。本章给出了确定抽样误差的大小的基本原则。

我们首先定义一些抽样的术语。从中抽取样本的总体叫做**抽样总体**（sampled population）。**抽样框**（frame）是用于抽选样本的个体清单。在第一个例子中，抽样总体是得克萨斯州所有的登记选民，抽样框是所有登记选民的清单。由于得克萨斯州所有登记选民数目是一个有限的值，因此，第一个例子是从一个有限总体进行抽样的实例。在 6.2 节，我们将讨论如何从一个有限总体抽取一个简单随机样本。

在轮胎行驶里程的例子中，由于 120 个轮胎所组成的样本取自某一特定时点的生产过程，定义抽样总体变得尤为困难。我们可以把抽样总体看做一个由生产过程某一特定时点所生产的全部轮胎组成的抽象总体。从这个意义上讲，可以认为抽样总体是无限的，因此无法构建一个抽样框。在 6.2 节，我们将讨论在这种情形下如何抽取一个随机样本。

本章首先阐明如何采用简单随机抽样从一个有限总体中选取样本，以及从一个持续运行过程形成的无限总体中如何选取随机样本。然后，说明如何利用抽样得到的数据计算总体均值、总体标准差和总体比率的估计值。另外，还介绍了抽样分布的重要概念。正如下文所介绍的，抽样分布使得我们可以说明样本估计值与相应总体参数的接近程度。

6.1 EAI 公司的抽样问题

EAI 公司的人事部经理被分派一项任务，为公司 2 500 名管理人员制定一份简报，内容包括管理人员的平均年薪和公司中已完成公司管理培训计划的管理人员所占的比率。

2 500 名管理人员构成此项研究的总体，我们可以参考公司的职员记录找到总体中每个人的年薪金额和是否完成管理培训计划。总体中 2 500 名管理人员的信息数据存放在名为 EAI 的文件内。

利用 EAI 的数据和第 3 章介绍的公式，可以计算年薪数据的总体均值和总体标准差。

总体均值 μ = 51 800 美元

总体标准差 σ = 4 000 美元

数据显示，2 500 名管理人员中有 1 500 人已经完成培训计划。

总体的数字特征称作**参数**（parameters），将总体中已完成培训计划的职员比率记做 p，则 p = 1 500/2 500 = 0.60。总体年薪均值（μ = 51 800 美元）、总体标准差（σ = 4 000 美元）和完成培训计划的总体比率（p=0.60）都是 EAI 管理人员总体的参数。

现在，假设我们无法从公司的数据库中获得 EAI 管理人员这些必要的信息。我们考虑的问题是，如果不用总体中全体 2 500 名管理人员，而是用一个样本的话，企业人事部经理将如何估计这些总体参数？假定选取 30 名管理人员组成一个样本，显然，这样比编写整个总体的简报要节约时间和成本。如果人事部经理确信，30 名管理人员的样本提供了关于总体中 2 500 名管理人员的足够信息，那么用样本比用整个总体来编写简报更好。首先，我们从考虑如何取得一个 30 名管理人员的样本入手，探究利用样本研究 EAI 公司问题的可能性。

> 通常情况下，从一个样本中收集信息的成本要大大低于从总体中收集信息的成本，特别是当需要通过个人访谈来收集信息的时候。

6.2 抽 样

本节描述如何选择一个样本。我们首先描述从有限总体抽样，然后描述从无限总体抽样。

6.2.1 从有限总体抽样

在从有限总体抽样时，统计学家建议采用概率抽样，因为基于概率抽样的样本可以对总体进行有效的统计推断。每个容量为 n 的样本都以相同的概率被抽到，这是最简单的一种概率抽样，称作简单随机样本。从容量为 N 的有限总体抽取容量为 n 的简单随机样本的定义如下：

简单随机样本（有限总体）

从容量为 N 的有限总体中抽取一个容量为 n 的样本，如果容量为 n 的每一个可能的样本都以相等的概率被抽出，则称该样本为简单随机样本。

利用随机数可以从有限总体中选取一个简单随机样本。在 Excel 的单元格中输入公式"＝RAND()"可以得到区间 [0, 1] 上的随机数。

> Excel 的函数 RAND() 可以生成区间 [0, 1] 上均匀分布的随机数，确保 [0, 1] 上的数以相同的概率被选出。

下面看看如何使用随机数选取一个简单随机样本。从容量 N 的总体中抽取一个容量为 n 的简单随机样本，包括如下两步：

步骤 1：为总体的每一个个体分配随机数。
步骤 2：选取 n 个最小的随机数相对应的 n 个个体。

由于总体中任意 n 个个体都以相同的概率分配到 n 个最小随机数，所以任意 n 个个体都以相同的概率被选出。若我们按照这两个步骤抽取样本，则每个容量为 n 的样本被选中的概率都是相同的，于是所选出的样本满足简单随机样本的定义。

考虑一个例子，从容量 $N=16$ 的总体选取一个容量 $n=5$ 的简单随机样本。表 6—1 中是美国棒球联盟（National Baseball League）16 支球队的名单。假定我们想要从中选取 5 支球队组成一个简单随机样本，并对它们就如何管理进行深度访谈。

表 6—1　　　　　　　　　　美国棒球联盟的球队

Arizona	Milwaukee
Atlanta	New York
Chicago	Philadelphia
Cincinnati	Pittsburgh
Colorado	San Diego
Florida	San Francisco
Houston	St. Louis
Los Angeles	Washington

简单随机抽样方法的步骤 1 是为总体中的 16 支球队分配随机数。图 6—1 给出的工作表用于为总体中的 16 支球队产生随机数。列 A 中是棒球队的队名，列 B 中是生成的随机数。从背景公式工作表可见，在单元格区域 B2：B17 输入公式"＝

RAND（）"生成[0，1]上的随机数。从前景工作表可见，Arizona 分配的随机数是 0.850 862，Atlanta 分配的随机数是 0.706 245……步骤 2 是选取与 5 个最小随机数相对应的 5 支球队组成样本。查看图 6—1 中的随机数，可见与最小的随机数 0.066 942 相对应的球队是 St. Louis，与另外四个最小随机数相对应的球队分别是：Washington，Houston，San Diego 和 San Francisco。于是，由这 5 支球队组成简单随机样本。

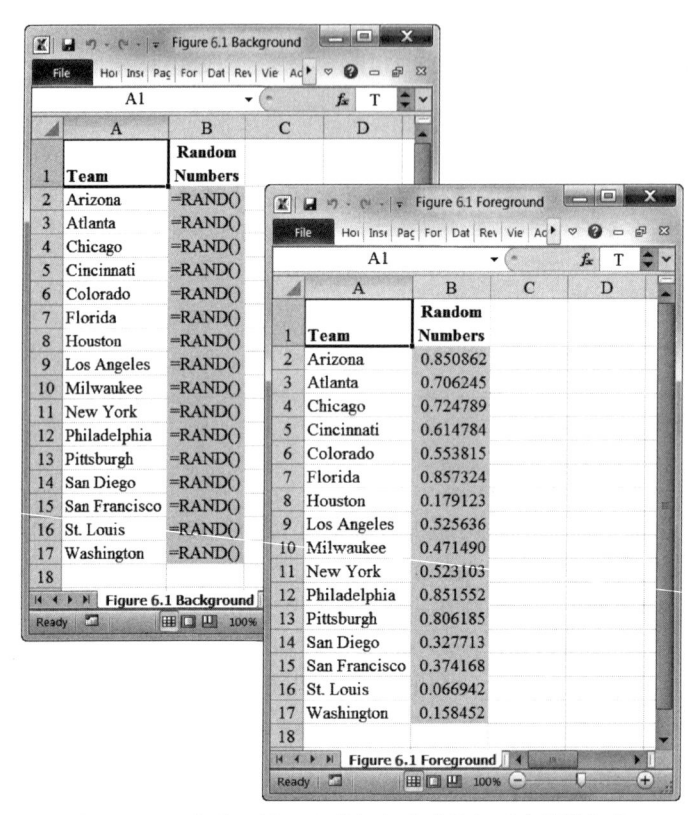

图 6—1 工作表：用于生成与每支球队相对应的随机数

从图 6—1 中的随机数清单查找最小的 5 个随机数，麻烦且易出错。Excel 中的 Sort 程序可简化这一步骤。我们列示如何将图 6—1 中的球队清单排序从而得到与最小的 5 个随机数相对应的 5 支球队。描述所做的工作时可参考图 6—1 中的前景工作表。

步骤 1：在单元格区域 B2：B17 中任选一个单元格。
步骤 2：在标题栏点击 **Home** 键。
步骤 3：在 **Editing** 组中，点击 **Sort & Filter**。
步骤 4：选择 **Sort Smallest to Largest**。

完成上述步骤后，得到如图 6—2 所示的工作表。第 2～6 行中所列出的球队分别与最小的 5 个随机数相对应，即构成一个简单随机样本。注意，图 6—2 中的随机数是按照升序排序的，球队的排序与最初的顺序是不同的。比如，St. Louis 在图 6—1 中的名单里排名倒数第二，但是在简单随机样本中排在第一位；Washington 在样本中排名第二，但在最初的名单中排名第 16 位……

图 6—1 工作表中的随机数是按照升序排列的。出于列示的目的，我们预先关闭了自动计算选项。若没有关闭自动计算选项，则排序后会生成另一组新的随机数。不过，同样得到 5 支球队。

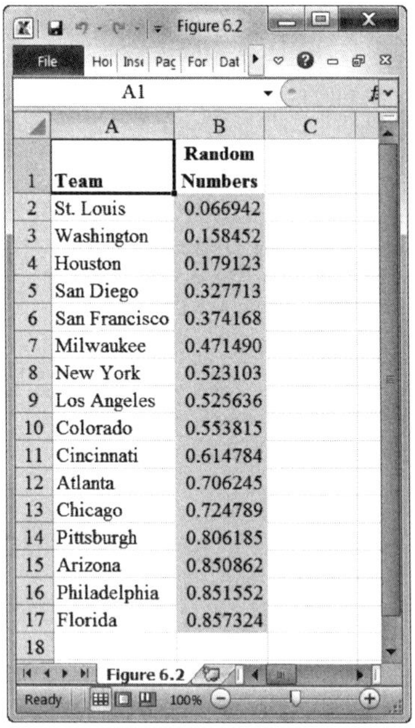

	A	B
1	Team	Random Numbers
2	St. Louis	0.066942
3	Washington	0.158452
4	Houston	0.179123
5	San Diego	0.327713
6	San Francisco	0.374168
7	Milwaukee	0.471490
8	New York	0.523103
9	Los Angeles	0.525636
10	Colorado	0.553815
11	Cincinnati	0.614784
12	Atlanta	0.706245
13	Chicago	0.724789
14	Pittsburgh	0.806185
15	Arizona	0.850862
16	Philadelphia	0.851552
17	Florida	0.857324
18		

图 6—2 用 Excel 中 Sort 程序选取 5 支球队组成一个简单随机样本

现在，我们用这种简单随机抽样方法从 2 500 名 EAI 管理人员总体中抽取 30 名管理人员组成一个简单随机样本。首先，生成 2 500 个随机数，每个随机数与总体中的一名管理人员相对应。然后，我们选取与最小的 30 个随机数相对应的 30 名管理人员组成样本。详细步骤见图 6—3。

当从一个大容量的总体中选取与最小的 30 个随机数相对应的管理人员时，Excel 中的 Sort 程序显现出其优势。

输入数据：背景工作表中列 2～3 的数据，分别是总体 2 500 名管理人员中前 30 名管理人员的年薪和管理培训计划完成情况。完整的工作表中包含 2 500 名管理人员。

输入函数和公式：在背景工作表的单元格 D1 中输入标签 Random Numbers（随机数），在单元格区域 D2：D2501 中输入公式“＝RAND（）”为 2 500 名管理人员生成区间［0，1］上的随机数。为第 1 名管理人员生成的随机数是 0.613 872，为第 2 名管理人员生成的随机数是 0.473 204……

应用工具：挑选与最小的 30 个随机数相对应的管理人员，留下来组成样本。为此，将列 A 和列 D 中的数据按照列 D 中随机数的升序进行排列。

步骤 1：在单元格区域 D2：D2501 中任选一个单元格。

步骤 2：在标题栏点击 **Home** 键。

步骤 3：在 **Editing** 组中，点击 **Sort&Filter**。

步骤 4：选择 **Sort Smallest to Largest**。

完成上述步骤后，得到如图 6—3 所示的工作表。列 2～31 中所列出的管理人员分别与最小的 30 个随机数相对应。这 30 名管理人员组成一组，构成一个简单随机样本。注意，图 6—3 中的随机数是按照升序排列的，与最初的顺序是不同的。比如，总体中编号为 812 的管理人员与最小的随机数相对应，是样本中的第一个个体；总体中编号为 13 的管理人员（位于背景工作表中第 14 行）是样本中的第 22 个个体（位于前景工作表中第 23 行）。

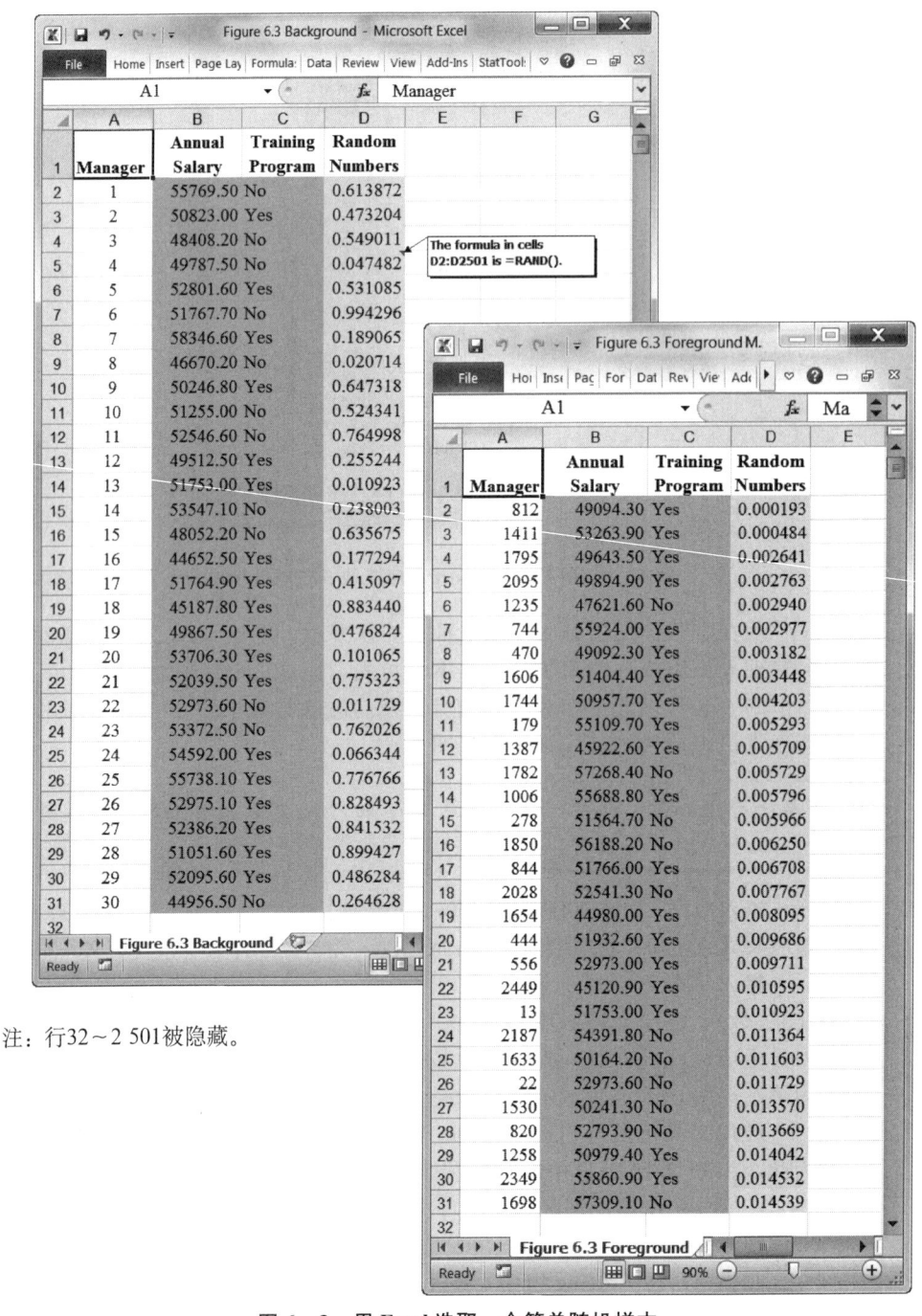

注：行32～2 501被隐藏。

图 6—3　用 Excel 选取一个简单随机样本

6.2.2 从无限总体抽样

有时候，我们想从总体中抽取样本，但是总体容量无限大或者总体中的个体是由一个正在运行的过程产生的，从而生成的个体数量是无限的。因此，无法得到总体中所有个体的清单。这是无限总体的情形。对于无限总体，由于无法构建一个包含全部个体的抽样框，因此无法抽取一个简单随机样本。对于无限总体的情形，统计学家建议抽取一个所谓的随机样本。

随机样本（无限总体）

如果从一个无限总体中抽取一个容量为 n 的样本，使得下面的条件得到满足，则称该样本是一个**随机样本**（random sample）。
(1) 抽取的每个个体来自同一总体。
(2) 每个个体的抽取是独立的。

当从无限总体中抽取一个随机样本时，必须小心并仔细判断。每种情况可能需要采取不同的抽取方法。对于条件（1）"抽取的每个个体来自同一总体"和条件（2）"每个个体的抽取是独立的"，我们通过两个例子来说明其含义。

在普通的质量控制应用中，生产过程中所生产的产品数量是无限的。抽样总体是由正在运行的生产过程生产的全部产品而不仅仅是由那些已经生产的产品组成。因为我们不可能列出一个生产的全部产品的清单，所以认为总体是无限的。更具体地，比如设计一条生产线用于盒装早餐麦片，早餐麦片的平均重量为每盒 24 盎司。为判断生产线是正常运行还是由于机器故障使得生产线的填充量过多或者不足，一位质量控制检验员定期从生产线上抽取 12 盒组成一个样本。

在这样的生产操作中，选取一个随机样本时最关心的是条件（1），即"抽取的每个个体来自同一总体"。为了确保这一条件成立，必须在近似相同的时点选择产品。这样才能避免检验员抽取的某些产品来自生产线正常运行时，而另一些是在生产线非正常运行，从而使得每盒的填充量过多或者不足时抽取的。在诸如这样的生产过程中，设计的生产流程应确保每盒麦片的装盒是相互独立的，从而满足条件（2），即"每个个体的抽取是独立的"。在这个假定下，检验员只需关注条件"每个个体来自同一总体"是否成立即可。

从无限总体抽取随机样本的另一个例子是，考虑由到达快餐店的顾客组成的总体。假设快餐店要求一名雇员选取一个顾客样本，完成一个简短的调查问卷，获得光临快餐店的顾客的基本资料。顾客光临快餐店是一个正在进行中的过程，因此不能得到总体中所有顾客的一个名单。于是，出于应用的目的，可以将这个正在进行过程中的总体看做是无限的。如果设计一种抽样方法，使得样本中的所有个体都是餐厅的顾客并且是独立选择的，那么可以得到一个随机样本。这时，雇员应该在那些进入餐馆并就餐的人中选取，以保证满足"个体来自同一总体"的条件。如果雇员选取了那些只是为了使用休息室而进入餐馆的人组成样本，这些人并不是顾客，就违背了"同一总体"的条件。因此，如果雇员是从那些来餐馆消费的人中选取样本的话，那么条件（1）可以满足。尤为困难的是，确保独立地选取顾客。

随机样本选择方法中的条件（2）"每个个体的抽取是独立的"的用意是，防止选择偏差。当调查员可以任意自由地选取顾客进入样本时，就可能发生选择偏差。此时，调查员可能更愿意选择抽取某一特定年龄段的顾客进入样本，而避免从其他年龄段的顾客中抽取。再比如，五名顾客一同前来就餐，如果雇员将他们一同选入样本，也会发生选择偏差。这样的一组顾客更易于表现出相似的特征，他们所给出的关于顾客总体的信息可能具有误导性。通过确保某一顾客的入选并不影响其他顾客的入选，则可以避免这类选择偏差。换言之，个体（顾客）的选取是独立的。

快餐业的巨头——麦当劳（McDonald's）恰好在这种情况下实施了一次随机抽样。抽样方法以一些顾客是否持有优惠券为依据。每当一名顾客出示优惠券时，将选择下一名要求接受服务的顾客填写一张顾客问卷调查表。因为来到麦当劳的顾客出示优惠券是随机的，并且与其他顾客是相互独立的，因此这种抽样方式确保对顾客的选择是独立的。于是，样本满足从无限总体抽取样本的要求。

从无限总体抽样的情况总是与某段时间正在持续进行的过程相联系。例如，生产线上生产的零部件、实验室中反复进行的试验、银行发生的交易、技术支持中心接到的电话以及进入零售店的顾客……都可以看做一个从无限总体产生个体的过程。如果样本中的个体选自同一个总体，并且是独立选取的，那么样本就可以看做一个来自无限总体的随机样本。

评 注

1. 本节中，我们详细定义了两类样本：来自有限总体的简单随机样本和来自无限总体的随机样本。在本书余下的部分，我们一般将这两类样本统称为随机样本或者样本。除非需要，否则在练习或者讨论中我们并不刻意区分样本是不是"简单"随机样本。

2. 在从有限总体抽样的调查中，统计学家使用的抽样方法是概率抽样。在概率抽样中，每个可能的样本都有一个已知的抽取概率，并且对样本中个体的抽取使用了随机方法。简单随机抽样就是这类方法当中的一种。在简单随机抽样中，"简单"这个词是指为了保证这是一种概率抽样，每个容量为 n 的任意样本都以相同的概率被选取。

3. 自一个容量为 N 的有限总体，选取容量为 n 的简单随机样本，选择方法的数量如下：

$$\frac{N!}{n!(N-n)!}$$

式中，$N!$ 和 $n!$ 是阶乘运算。在 EAI 问题中，$N=2\,500$，$n=30$，从上式可知，由 30 名 EAI 管理人员组成的不同的简单随机样本的数目大约为 2.75×10^{69} 个。

练 习

方法

1. 考虑一个由标签为 A，B，C，D 和 E 共 5 个个体组成的有限总体，从中选取 10 个容量为 2 的简单随机样本。

   a. 列出这 10 个样本，如 AB，AC 等。

   b. 采用简单随机抽样时，容量为 2 的每一个样本会以多大的概率被抽到？

   c. 假定用 Excel 中的函数 RAND 为个体分配如下 5 个随机数：A（0.726 6），

B（0.047 6），C（0.245 9），D（0.095 7），E（0.940 8）。根据这些随机数，选取容量为 2 的简单随机样本。

2. 假定有限总体中有 10 个个体，将个体用 1～10 标号，利用下面的 10 个随机数：

| 0.7545 | 0.0936 | 0.0341 | 0.3242 | 0.1449 |
| 0.9060 | 0.2420 | 0.9773 | 0.5428 | 0.0729 |

选取一个容量为 4 的样本。

3. 美国棒球联盟由 14 支球队组成。假定想从中选取 5 支球队对球员进行访谈。14 支球队以及 Excel 函数 RAND 为每个球队分配的随机数如下：

球队	随机数	球队	随机数	球队	随机数
New York	0.178624	Oakland	0.288287	Cleveland	0.960271
Baltimore	0.578370	Texas	0.500879	Kansas City	0.326836
Toronto	0.965807	Boston	0.290197	Anaheim	0.895267
Chicago	0.562178	Tampa Bay	0.867778	Seattle	0.839071
Detroit	0.253574	Minnesota	0.811810		

根据这些随机数，选取容量为 5 的简单随机样本。

4. 纽约证券交易所（NYSE）2006 年 3 月 6 日最活跃的 10 只股票如下（*The Wall Street Journal*，March 7，2006）：

AT&T	Pfizer
Lucent	Texas Instruments
Nortel	Gen. Elect.
Qwest	iShrMSJpn
Bell South	LSI Logic

由这些股票中的 3 只组成一个样本，根据这个样本，交易当局决定对交易业务展开调查。请你为该调查选取 3 只股票组成一个简单随机样本。

5. 说明下列情形中，哪些是从有限总体抽样，哪些是从无限总体抽样。在抽样总体是有限的情形下，说明如何构造一个抽样框。

a. 抽取一个纽约州注册驾驶员的样本。
b. 抽取一个 Breakfast Choice 公司盒装麦片生产线的样本。
c. 抽取一个某一周通过金门大桥的汽车的样本。
d. 抽取一个印第安纳大学（Indiana University）选修统计课的学生的样本。
e. 抽取一个某邮购业务公司处理的订单的样本。

6.3 点估计

我们已经描述了选择一个简单随机样本的方法，现在回到 EAI 的问题。假定已选取了一个由 30 名管理人员组成的简单随机样本，他们相应的年薪及参加管理培训计划的数据如表 6—2 所示。符号 x_1，x_2，…分别代表样本中第 1 名管理人员的年薪，第 2 名管理人员的年薪，…。在是否参加管理培训计划这一栏，已参加过管理培训计划的人员用"是"表示。

为了估计总体参数，计算相应的样本特征——**样本统计量**（sample statistic）。例如，为了估计 EAI 管理人员年薪的总体均值 μ 和总体标准差 σ，我们用表 6—2 的数据计算相应的样本统计量：样本均值和样本标准差。根据第 3 章样本均值和样本标准差的公式，得样本均值为：

$$\bar{x} = \frac{\sum x_i}{n} = \frac{1\,554\,420}{30} = 51\,814\,（美元）$$

样本标准差为：

$$s = \sqrt{\frac{\sum(x_i - \bar{x})^2}{n-1}} = \sqrt{\frac{325\,009\,260}{29}} = 3\,348\,（美元）$$

表 6—2　30 名 EAI 管理人员组成的简单随机样本中年薪和培训计划状况的数据

年薪（美元）	是否参加管理培训计划	年薪（美元）	是否参加管理培训计划	年薪（美元）	是否参加管理培训计划
$x_1 = 49\,094.30$	是	$x_{11} = 45\,922.60$	是	$x_{21} = 45\,120.90$	是
$x_2 = 53\,263.90$	是	$x_{12} = 57\,268.40$	否	$x_{22} = 51\,753.00$	是
$x_3 = 49\,643.50$	是	$x_{13} = 55\,688.80$	是	$x_{23} = 54\,391.80$	否
$x_4 = 49\,894.90$	是	$x_{14} = 51\,564.70$	否	$x_{24} = 50\,164.20$	否
$x_5 = 47\,621.60$	否	$x_{15} = 56\,188.20$	否	$x_{25} = 52\,973.60$	否
$x_6 = 55\,924.00$	是	$x_{16} = 51\,766.00$	是	$x_{26} = 50\,241.30$	否
$x_7 = 49\,092.30$	是	$x_{17} = 52\,541.30$	否	$x_{27} = 52\,793.90$	否
$x_8 = 51\,404.40$	是	$x_{18} = 44\,980.00$	是	$x_{28} = 50\,979.40$	是
$x_9 = 50\,957.70$	是	$x_{19} = 51\,932.60$	是	$x_{29} = 55\,860.90$	是
$x_{10} = 55\,109.70$	是	$x_{20} = 52\,973.00$	是	$x_{30} = 57\,309.10$	否

为了估计总体中完成管理培训计划的管理人员所占比率 p，我们使用与之对应的样本比率 $\bar{p}$。令 x 表示样本中完成管理培训计划的管理人员的人数。表 6—2 中的数据显示，$x=19$。因为样本容量 $n=30$，从而样本比率为：

$$\bar{p} = \frac{x}{n} = \frac{19}{30} = 0.63$$

通过上述计算，我们完成了称为点估计的统计过程。称样本均值 $\bar{x}$ 为总体均值 μ 的**点估计量**（point estimator），称 s 为总体标准差 σ 的点估计量，称样本比率 $\bar{p}$ 为总体比率 p 的点估计量。$\bar{x}$，s 和 $\bar{p}$ 的数值称为参数的**点估计值**（point estimate）。于是，对于由表 6—2 所列出的 30 名 EAI 管理人员组成的简单随机样本，51 814 是 μ 的点估计值，3 348 是 σ 的点估计值，0.63 是 p 的点估计值。表 6—3 总结了这些样本结果，并且将点估计值与总体参数的真值做了对比。

表 6—3　30 名管理人员组成的简单随机样本中点估计值的小结

总体参数	参数值	点估计量	点估计值
μ——年薪的总体均值	51 800 美元	$\bar{x}$——年薪的样本均值	51 814 美元
σ——年薪的总体标准差	4 000 美元	s——年薪的样本标准差	3 348 美元
p——已完成管理培训计划的总体比率	0.60	$\bar{p}$——已完成管理培训计划的样本比率	0.63

从表 6—3 可知，点估计值与总体参数的真值在某种程度上是有差异的。这个差异是可以预期的，因为在进行点估计时用的是来自总体的样本而不是对整个总体

的普查。在下一章中，我们将说明如何构造区间估计以提供关于点估计值与总体参数差异大小的信息。

6.3.1 应用中的建议

本书的其余部分大都是关于统计推断的内容。点估计是统计推断的一种形式。我们使用样本统计量对总体参数进行推断。当根据样本对总体进行推断时，抽样总体和目标总体之间具有密切的对应是非常重要的。**目标总体**（target population）是指我们想要推断的总体，抽样总体是指实际抽取样本的总体。本节描述了从 EAI 管理者总体中抽取简单随机样本的过程，并且对同一总体的特征进行了点估计。因此，抽样总体与目标总体是同一个，这正是我们所期望的。但是，在其他情形下，并不总是容易得到具有密切对应关系的抽样总体和目标总体。

考虑一个游乐园的例子。游乐园选取游客组成一个样本，了解诸如游客的年龄和游园时间这样一些特征。假定所有样本中的个体都选自某一天，而这天仅对某一大型企业的员工开放。那么，抽样总体应该由该企业的雇员及其家庭成员构成。如果我们想要推断的目标总体是某年夏季时游乐园的游客，那么我们面对的抽样总体与目标总体存在显著差异。在这种情形下，我们对所做的点估计的有效性产生质疑。游乐园管理者必须明确取自某一天的样本是否可以看作目标总体的一个代表。

总之，当利用样本推断总体时，我们应该确保所设计的研究中抽样总体与目标总体是高度一致的。良好的判断是合理应用统计方法的基础。

练 习

方法

6. 下列数据来自一个简单随机样本：

| 5 | 8 | 10 | 7 | 10 | 14 |

a. 总体均值的点估计值是多少？
b. 总体标准差的点估计值是多少？

7. 就某一问题对由 150 人组成的样本进行调查，结果为：75 人同意，55 人反对，20 人弃权。

a. 总体中表示同意的人所占比率的点估计值是多少？
b. 总体中表示反对的人所占比率的点估计值是多少？

应用

8. 由 5 个月的销售数据组成的简单随机样本提供了如下信息：

月份	1	2	3	4	5
售出量	94	100	85	94	92

a. 月销售量的总体均值的点估计值是多少？
b. 总体标准差的点估计值是多少？

9. 《商业周刊》（*BusinessWeek*，January 26，2004）公布了 283 只股票互助基金的信息。由这些基金中的 40 只组成一个样本，数据存放在名为 MutualFund 的文件中。利用该数据文件回答下列问题：

a. 试求《商业周刊》股票互助基金中收费基金所占比率的点估计。
b. 试求被划分为高风险的基金所占比率的点估计。
c. 试求低于平均风险率的基金所占比率的点估计。

10. 由《财富》500 强公司中的 50 家公司组成的一个样本显示,其中有 5 家企业总部位于纽约州,6 家公司总部设在加利福尼亚州,2 家公司总部设在明尼苏达州,1 家公司总部设在威斯康星州(Fortune,April 14,2003)。

a. 试求《财富》500 强公司中,公司总部设在纽约州的公司所占比率的点估计。
b. 试求《财富》500 强公司中,公司总部设在明尼苏达州的公司数目的点估计。
c. 试求《财富》500 强公司中,公司总部没有设在这四个州的公司所占比率的点估计。

6.4 抽样分布简介

在上一节,我们说到样本均值 $\bar{x}$ 是总体均值 μ 的点估计,样本比率 $\bar{p}$ 是总体比率 p 的点估计。表 6—2 中的 30 名 EAI 管理人员组成一个简单随机样本,μ 的点估计值 $\bar{x}=51\,814$ 美元,p 的点估计值 $\bar{p}=0.63$。假定我们选取另一个由 30 名 EAI 管理人员组成的简单随机样本,得到如下点估计值:

样本均值 $\bar{x}=52\,670$ 美元
样本比率 $\bar{p}=0.70$

注意,得到了不同的 $\bar{x}$ 和 $\bar{p}$ 值。的确,不能预期由 30 名 EAI 管理人员组成的第二个简单随机样本与第一个简单随机样本所提供的点估计值相同。

现在,假定将选取 30 名管理人员组成一个简单随机样本的过程一而再、再而三地进行下去,每次都计算 $\bar{x}$ 和 $\bar{p}$ 的值。表 6—4 包含了从 500 个这样的简单随机样本所得到的部分结果。表 6—5 给出的是 500 个 $\bar{x}$ 值的频数及频率分布。图 6—4 是 $\bar{x}$ 的相对频率直方图。

表 6—4　由 30 名 EAI 管理人员组成的 500 个简单随机样本的 $\bar{x}$ 和 $\bar{p}$

样本编号	样本均值 ($\bar{x}$)	比率 ($\bar{p}$)
1	51 814	0.63
2	52 670	0.70
3	51 780	0.67
4	51 588	0.53
⋮	⋮	⋮
500	51 752	0.50

表 6—5　由 30 名 EAI 管理人员组成的 500 个简单随机样本的 $\bar{x}$ 的频数和相对频率

年薪均值(美元)	频数	相对频率
49 500.00~49 999.99	2	0.004
50 000.00~50 499.99	16	0.032
50 500.00~50 999.99	52	0.104

续前表

年薪均值（美元）	频数	相对频率
51 000.00～51 499.99	101	0.202
51 500.00～51 999.99	133	0.266
52 000.00～52 499.99	110	0.220
52 500.00～52 999.99	54	0.108
53 000.00～53 499.99	26	0.052
53 500.00～53 999.99	6	0.012
合计	500	1.000

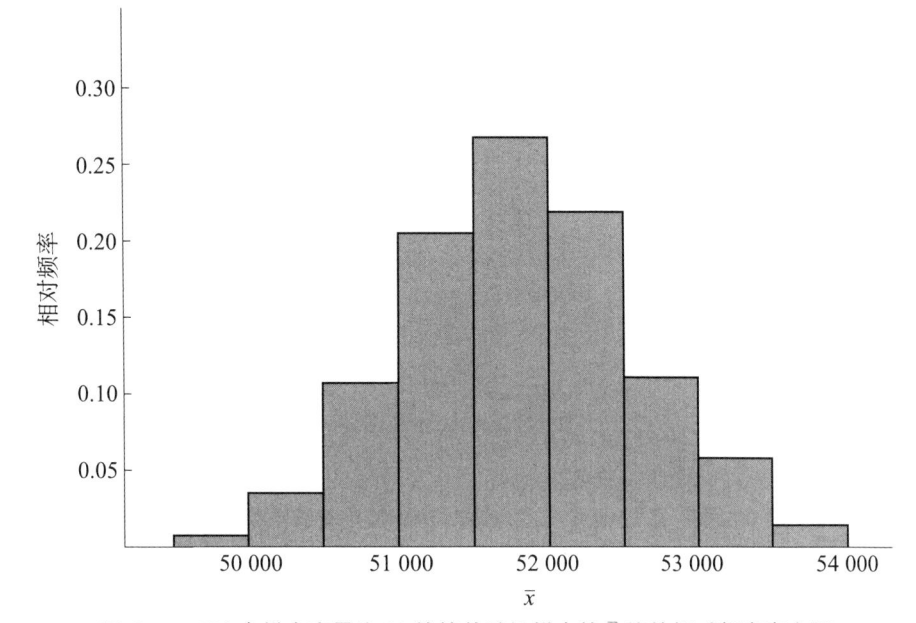

图 6—4　500 个样本容量为 30 的简单随机样本的 $\bar{x}$ 值的相对频率直方图

在第 4 章中，我们将随机变量定义为对一个试验结果的数值描述。如果我们将抽取一个简单随机样本的过程看做一个试验，则样本均值 $\bar{x}$ 就是对试验结果的一个数值描述。因而，样本均值 $\bar{x}$ 是一个随机变量。因此，就像其他随机变量一样，$\bar{x}$ 有均值或数学期望、标准差和概率分布。由于各种 $\bar{x}$ 的可能值是不同简单随机样本的结果，$\bar{x}$ 的概率分布叫做 $\bar{x}$ 的**抽样分布**（sampling distribution）。对抽样分布及其性质的认识使我们能够对样本均值 $\bar{x}$ 与总体均值 μ 的接近程度做一个概率度量。

> 在以后各章中，对内容的理解能力，很大程度上依赖于对本章中所介绍的抽样分布的理解和使用能力。

回到图 6—4，我们需要列举出所有可能的由 30 名管理人员组成的样本，并计算每个样本均值从而确定 $\bar{x}$ 的抽样分布。500 个 $\bar{x}$ 的直方图给出抽样分布的一个近似。从这个近似，我们发现分布形状是钟形的。我们还注意到，$\bar{x}$ 值大部分聚集在总体均值 μ 附近，500 个 $\bar{x}$ 值的均值在总体均值 $\mu=51\,800$ 美元附近。在下一节，我们将更全面地描述 $\bar{x}$ 的抽样分布的性质。

样本比率 $\bar{p}$ 的 500 个值的相对频率直方图汇总见图 6—5。与 $\bar{x}$ 的情形一样，$\bar{p}$

是一个随机变量。如果从总体中将容量为 30 的所有可能的样本都选出,并且计算每个样本的 $\bar{p}$ 值,所得到的概率分布叫 $\bar{p}$ 的抽样分布。500 个样本值的相对频率直方图见图 6—5,它给出了 $\bar{p}$ 的抽样分布的一般外形特点。

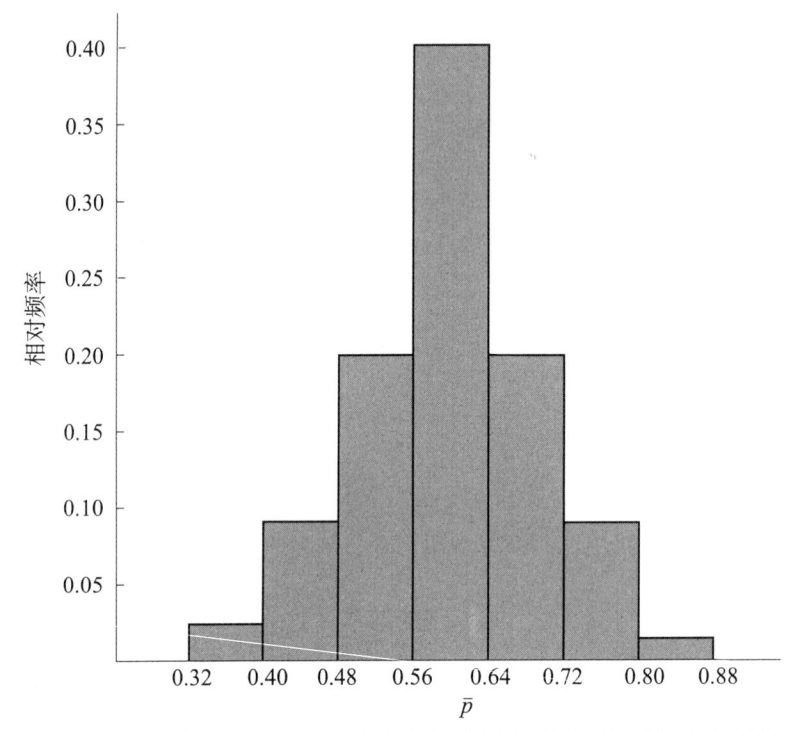

图 6—5 500 个样本容量为 30 的简单随机样本的 $\bar{p}$ 值的相对频率直方图

在实践中,我们只从总体中抽取一个简单随机样本。本节将抽样过程简单地重复进行了 500 次,只是为了说明可能取得多个不同的样本,而且不同的样本得到样本统计量 $\bar{x}$ 和 $\bar{p}$ 的值也是不尽相同的。任何特定的样本统计量的概率分布均称为该统计量的抽样分布。我们将在 6.5 节说明 $\bar{x}$ 的抽样分布的特征,在 6.6 节说明 $\bar{p}$ 的抽样分布的特征。

6.5 $\bar{x}$ 的抽样分布

在前一节中,我们说样本均值 $\bar{x}$ 是一个随机变量,称它的概率分布为 $\bar{x}$ 的抽样分布。

$\bar{x}$ 的抽样分布

$\bar{x}$ 的抽样分布是样本均值 $\bar{x}$ 的所有可能值的概率分布。

本节描述 $\bar{x}$ 的抽样分布的性质。与我们研究的其他概率分布一样,$\bar{x}$ 的抽样分布有均值或数学期望、标准差以及形状或形态特征。我们首先考虑 $\bar{x}$ 所有可能值的均值,即 $\bar{x}$ 的数学期望。

6.5.1 $\bar{x}$ 的数学期望

在 EAI 的抽样问题中，我们看到不同的简单随机样本得出的样本均值 $\bar{x}$ 是不同的。因为随机变量 $\bar{x}$ 可能有许多不同的值，所以我们关心的是由大量简单随机样本产生的 $\bar{x}$ 的所有可能值的均值。随机变量 $\bar{x}$ 的均值是 $\bar{x}$ 的数学期望。令 $E(\bar{x})$ 表示 $\bar{x}$ 的数学期望，μ 表示我们抽取简单随机样本时抽样总体的均值。对简单随机抽样，可以证明 $E(\bar{x})$ 与 μ 相等。

$\bar{x}$ 的数学期望

$$E(\bar{x}) = \mu \tag{6.1}$$

式中：$E(\bar{x})$——随机变量 $\bar{x}$ 的数学期望；

μ——总体均值。

> $\bar{x}$ 的数学期望等于抽取样本的总体的均值。

该结果说明，对于简单随机抽样，$\bar{x}$ 的抽样分布的均值或数学期望等于总体均值。在 6.1 节，我们看到 EAI 管理人员总体的年薪均值 $\mu = 51\,800$ 美元。于是，根据式（6.1），EAI 研究中样本均值所有可能值的均值也等于 51 800 美元。

当点估计量的期望值等于总体参数时，我们称这个点估计量是**无偏的**（unbiased）。由式（6.1）可知，$\bar{x}$ 是总体均值 μ 的无偏估计量。

6.5.2 $\bar{x}$ 的标准差

采用以下符号，我们给出 $\bar{x}$ 的抽样分布的标准差的定义：

$\sigma_{\bar{x}}$——$\bar{x}$ 的标准差

σ——总体标准差

n——样本容量

N——总体容量

可以证明，$\bar{x}$ 的标准差公式与总体是否有限有关。下面给出 $\bar{x}$ 的标准差的两个公式：

$\bar{x}$ 的标准差

有限总体　　　　　　　　无限总体

$$\sigma_{\bar{x}} = \sqrt{\frac{N-n}{N-1}} \left(\frac{\sigma}{\sqrt{n}} \right) \qquad \sigma_{\bar{x}} = \frac{\sigma}{\sqrt{n}} \tag{6.2}$$

比较式（6.2）中的两个公式，我们看到对有限总体需要系数 $\sqrt{(N-n)/(N-1)}$，而无限总体则不需要该系数。通常称该系数为**有限总体修正系数**（finite population correction factor）。在许多实际抽样中，我们发现虽然总体是有限的，但容量很

"大"，相对而言样本容量很"小"，这时有限总体修正系数 $\sqrt{(N-n)/(N-1)}$ 趋近于1，可以忽略有限总体 $\bar{x}$ 的标准差与无限总体 $\bar{x}$ 的标准差之间的差别。于是，虽然总体有限，但可以用 $\sigma_{\bar{x}} = \sigma/\sqrt{n}$ 作为 $\bar{x}$ 的标准差的一个很好的近似。由此观察可以得出下面计算 $\bar{x}$ 的标准差的一般指导方针或经验法则：

计算 $\bar{x}$ 的标准差的公式

$$\sigma_{\bar{x}} = \frac{\sigma}{\sqrt{n}} \tag{6.3}$$

(1) 总体是无限的；或
(2) 总体是有限的，且样本容量小于或等于总体容量的5%，即 $n/N \leqslant 0.05$。

当 $n/N > 0.05$ 时，使用式（6.2）中有限总体的公式计算 $\sigma_{\bar{x}}$。除非特别说明，本书中假定总体容量足够"大"，使得 $n/N \leqslant 0.05$，可以用式（6.3）计算 $\sigma_{\bar{x}}$。

为了计算 $\sigma_{\bar{x}}$，我们必须知道总体标准差 σ。为了更加强调 $\sigma_{\bar{x}}$ 与 σ 的不同，我们称 $\bar{x}$ 的标准差 $\sigma_{\bar{x}}$ 为均值的**标准误差**（standard error）。随后我们将看到，均值的标准误差有助于确定样本均值与总体均值的偏离程度。回到 EAI 的研究中，计算由30名 EAI 管理人员组成的简单随机样本的均值的标准误差。

> 在统计推断中，标准误差指的是点估计量的标准差。

在6.1节，我们看到2 500名 EAI 管理人员年薪数据的总体标准差 $\sigma = 4\,000$ 美元。这时，总体是有限的，$N = 2\,500$。当样本容量为30时，有 $n/N = 30/2\,500 = 0.12$。因为样本容量小于总体容量的5%，所以可以忽略有限总体修正系数，采用式（6.3）计算标准误差。

$$\sigma_{\bar{x}} = \frac{\sigma}{\sqrt{n}} = \frac{400}{\sqrt{30}} = 730.3$$

6.5.3 $\bar{x}$ 的抽样分布的形式

前面关于 $\bar{x}$ 的抽样分布的数学期望和标准差的结论适用于所有的总体。$\bar{x}$ 的概率分布的形式或者形态是确定 $\bar{x}$ 抽样分布特征的最后一步。考虑以下两种情形：一种为总体服从正态分布，另一种为总体不服从正态分布。

总体服从正态分布 在许多情况下，有理由假设，我们抽取简单随机样本的总体服从正态分布或近似服从正态分布。当总体服从正态分布时，在任何样本容量下，$\bar{x}$ 的抽样分布都是正态分布。

总体不服从正态分布 当我们抽取简单随机样本的总体不服从正态分布时，**中心极限定理**（central limit theorem）能帮助我们确定 $\bar{x}$ 的抽样分布的形状。中心极限定理在 $\bar{x}$ 抽样分布中的应用如下所述：

中心极限定理
从总体中抽取容量为 n 的简单随机样本，当样本容量很大时，样本均值 $\bar{x}$ 的抽样分布近似服从正态分布。

图 6—6 说明了中心极限定理对于三个不同总体的作用，每列对应于一个总体。最上面的图显示总体都是非正态的。总体 I 服从均匀分布。总体 II 经常被称为兔耳形分布，它是对称的，但是绝大部分值落在分布的尾端。总体 III 是指数分布的形态，是右偏的。

图 6—6 最后三行中的图给出了当样本容量分别为 $n=2$，$n=5$ 和 $n=30$ 时抽样分布的形状。当样本容量为 2 时，我们看到每个抽样分布开始呈现出与总体分布不同的外形。当样本容量为 5 时，我们看到与总体 I 和总体 II 所对应的抽样分布的形状都开始看上去与正态分布的形状类似。与总体 III 所对应的抽样分布的形态虽然开始看上去与正态分布的形状类似，但仍呈现右偏。最后，当样本容量为 30 时，我们看到三个抽样分布的形态都近似正态分布。

从应用者的角度看，样本容量应该达到多大时，才可以应用中心极限定理？样本容量应该达到多大时，才能够假定抽样分布的形态是近似正态的？统计研究人员

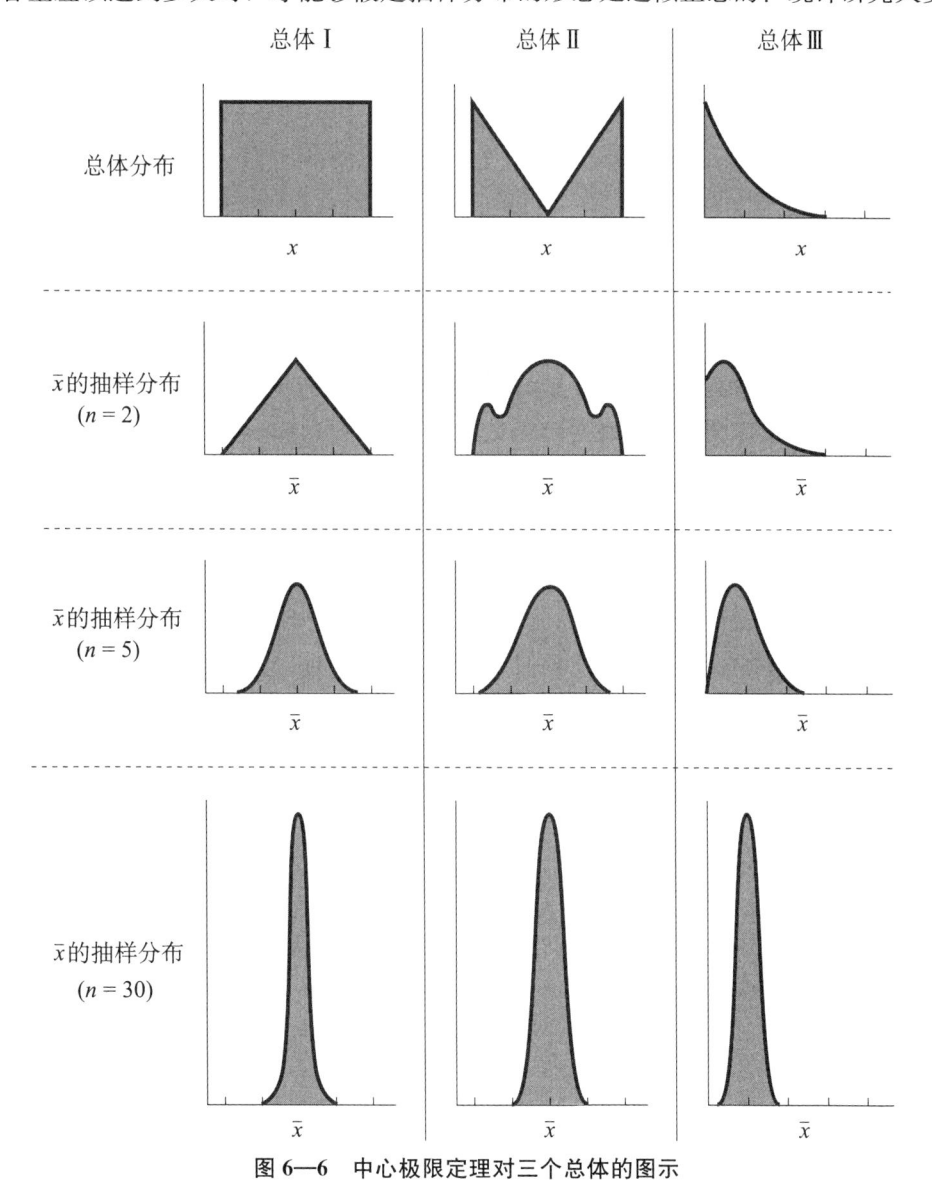

图 6—6 中心极限定理对三个总体的图示

通过分析各种总体不同样本容量下 $\bar{x}$ 的抽样分布，对该问题进行了研究。在一般的统计实践中，对于大多数应用，假定当样本容量大于或等于 30 时，$\bar{x}$ 的抽样分布可用正态分布近似。当总体是严重偏态或者出现异常点时，可能需要样本容量达到 50。最后，当总体为离散型时，正态近似中所需样本容量一般依赖于总体的比例。在 6.6 节中研究 $\bar{p}$ 的抽样分布时，我们会对该问题进行更深入的讨论。

评 注

在 EAI 的问题中得到 $\bar{x}$ 的抽样分布时，我们基于总体均值 $\mu = 51\,800$ 和总体标准差 $\sigma = 400$ 是已知的事实。然而，用于确定 $\bar{x}$ 的抽样分布所需要的总体均值 μ 和总体标准差 σ 的值通常是未知的。在第 7 章我们将说明：当 μ 和 σ 未知时，如何利用样本均值 $\bar{x}$ 和样本标准差 s。

练 习

方法

11. 总体均值为 200，标准差为 50。假定抽取容量 $n=100$ 的简单随机样本，用 $\bar{x}$ 估计 μ。

   a. 样本均值在总体均值 ±5 以内的概率是多少？
   b. 样本均值落在总体均值 ±10 以内的概率是多少？

12. 假定总体标准差 $\sigma = 25$，计算样本容量 $n = 50, 100, 150$ 和 200 时均值的标准误差 $\sigma_{\bar{x}}$。随着样本容量的增加，均值的标准误差如何变化？

应用

13. 在 EAI 的抽样问题中，假定简单随机样本由 60 名管理人员组成。

   a. 当简单随机样本的容量为 60 时，简述 $\bar{x}$ 的抽样分布。
   b. 当简单随机样本的容量为 120 时，$\bar{x}$ 的抽样分布如何变化？
   c. 随着样本容量的增加，你认为 $\bar{x}$ 的抽样分布通常会发生怎样的变化？这看上去合乎逻辑吗？为什么？

14. 据《巴隆周刊》报道，个人失业的平均时间为 17.5 周（*Barron's*, February 18, 2008）。假定由全体失业者组成的总体中，失业时间的总体均值是 17.5 周，总体标准差为 4 周。假定你想要选取 50 名失业人员组成一个随机样本做进一步的研究。

   a. 对于由 50 名失业人员组成的简单随机样本，试求样本均值 $\bar{x}$ 的抽样分布。
   b. 对于由 50 名失业人员组成的简单随机样本，样本均值在总体均值 ±1 周以内的概率是多少？
   c. 对于由 50 名失业人员组成的简单随机样本，样本均值落在总体均值 ±1/2 周以内的概率是多少？

15. 汽车保险费的均值为每年 939 美元（*CNBC*, February 23, 2006）。假定标准差 $\sigma = 245$ 美元。

   a. 对于某一汽车保险政策，请在下面的样本容量下，分别计算简单随机样本的样本均值在总体均值 ±25 美元以内的概率：$n=30, 50, 100$ 和 400。
   b. 当试图估计总体均值时，大样本的好处是什么？

16. 男性高尔夫球员的平均杆数为 95 杆，女性高尔夫球员的平均杆数为 106 杆（*Golf Digest*, April 2006）。以这些值作为男性球员和女性球员的总体均值，并假定二者的总体标准差均为 $\sigma=14$ 杆。选取 30 名男性球员组成一个简单随机样本，选取 45 名女性球员组成另一个简单随机样本。

a. 试求男性球员的 $\bar{x}$ 的抽样分布。

b. 对于男性球员样本，样本均值在总体均值 ± 3 杆以内的概率是多少？

c. 对于女性球员样本，样本均值在总体均值 ± 3 杆以内的概率是多少？

d. 在 b 和 c 两种情形下，哪种情形的样本均值在总体均值 ± 3 杆以内的概率更大？为什么？

17. 总体中有 4 000 名雇员，为了估计总体的平均年龄，从中选取 40 名雇员组成一个简单随机样本。

a. 在计算均值的标准误差时，你是否要用有限总体修正系数？为什么？

b. 若总体标准差 $\sigma=8.2$ 年，分别使用有限总体修正系数和不用有限总体修正系数这两种方法计算标准误差。当 $n/N \leqslant 0.05$ 时，忽略有限总体修正系数的合理性何在？

c. 雇员年龄的样本均值落在总体均值 ± 2 年以内的概率为多少？

6.6 $\bar{p}$ 的抽样分布

样本比率 $\bar{p}$ 是总体比率 p 的点估计。计算样本比率的公式为：

$$\bar{p} = \frac{x}{n}$$

式中：x——样本中具有被关注特征的个体的个数；

n——样本容量。

正如 6.4 节中所述，样本比率 $\bar{p}$ 是一个随机变量，称它的概率分布为样本比率 $\bar{p}$ 的抽样分布。

$\bar{p}$ 的抽样分布

$\bar{p}$ 的抽样分布是样本比率 $\bar{p}$ 的所有可能值的概率分布。

为了确定样本比率 $\bar{p}$ 与总体比率 p 的接近程度，我们需要了解 $\bar{p}$ 的抽样分布的性质：$\bar{p}$ 的数学期望、$\bar{p}$ 的标准差以及 $\bar{p}$ 的抽样分布的形状或形态。

6.6.1 $\bar{p}$ 的数学期望

$\bar{p}$ 的数学期望是 $\bar{p}$ 的所有可能值的均值，它与总体比率 p 相等。

$\bar{p}$ 的数学期望

$$E(\bar{p}) = p \tag{6.4}$$

式中：$E(\bar{p})$——随机变量 $\bar{p}$ 的数学期望；

p——总体比率。

由于 $E(\bar{p}) = p$，所以 $\bar{p}$ 是 p 的无偏估计量。在 6.1 节中，我们已经注意到，EAI 的总体比率 $p = 0.6$，其中 p 表示管理人员中参加公司管理培训计划的总体比率。从而在 EAI 的抽样问题中，$\bar{p}$ 的数学期望为 0.6。

6.6.2 $\bar{p}$ 的标准差

与样本均值 $\bar{x}$ 的标准差一样，我们发现 $\bar{p}$ 的标准差与总体是有限还是无限有关。下面给出计算 $\bar{p}$ 的标准差的两个公式。

$\bar{p}$ 的标准差

有限总体　　　　　　　　无限总体

$$\sigma_{\bar{p}} = \sqrt{\frac{N-n}{N-1}}\sqrt{\frac{p(1-p)}{n}} \qquad \sigma_{\bar{p}} = \sqrt{\frac{p(1-p)}{n}} \tag{6.5}$$

比较式（6.5）中的公式，我们看到不同之处仅在于是否使用有限总体修正系数 $\sqrt{(N-n)/(N-1)}$。

与样本均值 $\bar{x}$ 的情形一样，若有限总体的总体容量相对于样本容量足够大，有限总体与无限总体在表达式上的不同可以忽略不计。我们遵循与样本均值 $\bar{x}$ 的标准差相同的经验法则：如果总体是有限的并且 $n/N \leqslant 0.05$ 时，采用公式 $\sigma_{\bar{p}} = \sqrt{p(1-p)/n}$；然而，如果总体是有限的但 $n/N > 0.05$ 时，则需要采用有限总体修正系数。除非特别说明，本书中假定总体容量相对于样本容量很大，从而无须使用有限总体修正系数。

在 6.5 节中，我们称 $\bar{x}$ 的标准差为均值的标准误差。一般地，标准误差这一术语专指点估计量的标准差。因此，对于比率我们称 $\bar{p}$ 的标准差为比率的标准误差。下面仍考虑 EAI 公司的例子，计算由 30 名 EAI 管理人员组成的简单随机样本中比率的标准误差。

在 EAI 研究中，我们已知管理人员中参加管理培训计划的总体比率 $p = 0.6$。由于 $n/N = 30/2\,500 = 0.012$，从而在计算 $\bar{p}$ 的标准误差时可以忽略有限总体修正系数。对由 30 名管理人员组成的简单随机样本，有

$$\sigma_{\bar{p}} = \sqrt{\frac{p(1-p)}{n}} = \sqrt{\frac{0.60(1-0.60)}{30}} = 0.089\,4$$

6.6.3 $\bar{p}$ 的抽样分布的形态

现在，我们已经知道了 $\bar{p}$ 的抽样分布的均值和标准差。最后一步是确定抽样分布的形状或形态。样本比率为 $\bar{p} = x/n$。对于一个来自容量很大的总体的简单随机样本而言，样本中具有被关注特征的个体数目 x 是一个服从二项分布的随机变量。由于 n 是一个常数，因此 x/n 与 x 服从相同的二项概率分布。这就意味着：$\bar{p}$ 的抽样分布也是一个离散型的概率分布，并且 x/n 每个取值的概率与 x 的概率相同。

可以证明，当样本容量足够大并且满足下面两个条件时：

$$np \geqslant 5 \text{ 且 } n(1-p) \geqslant 5$$

二项分布可以用正态分布来近似。假定上述两个条件都满足，则样本比率 $\bar{p} =$

x/n 中 x 的概率分布可以用正态分布来近似。由于 n 是一个常数，$\bar{p}$ 的抽样分布也可以用正态分布来近似。这一近似关系如下：

当 $np \geqslant 5$ 并且 $n(1-p) \geqslant 5$ 时，$\bar{p}$ 的抽样分布可以用正态分布近似。

在实际应用中，当对总体比率进行估计时，我们发现样本容量几乎总是足够大，从而允许对 $\bar{p}$ 的抽样分布进行正态近似。

回忆 EAI 的抽样问题，我们已经知道：参加培训计划的管理人员的总体比率 $\bar{p}=0.60$。对于一个容量为 30 的简单随机样本，$np=30\times 0.60=18$，$n(1-p)=30\times 0.40=12$。因此，$\bar{p}$ 的抽样分布可以用形如图 6—7 所示的正态分布近似。

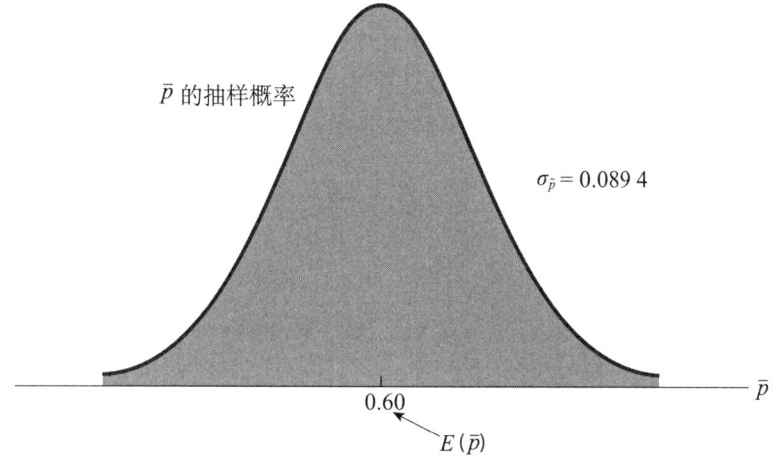

图 6—7　EAI 管理人员中参加管理培训计划的比率 $\bar{p}$ 的抽样分布

6.6.4　$\bar{p}$ 的抽样分布的实际应用

$\bar{p}$ 的抽样分布的应用价值在于，它可以对样本比率与总体比率的差异程度提供概率信息。假定在 EAI 问题中人事部经理需要知道得到的 $\bar{p}$ 值在管理人员参加培训计划的总体比率 p 附近 ± 0.05 以内的概率是多少？即样本比率 $\bar{p}$ 介于 0.55～0.65 的概率是多大？图 6—8 中阴影部分区域的面积即为所求概率。既然 $\bar{p}$ 的抽样分布可用均值为 0.6，标准误差 $\sigma_{\bar{p}}=0.089\ 4$ 的正态分布近似，那么我们可以在 Excel 中用函数 NORM. DIST 完成这一计算。在 Excel 工作表的单元格中输入公式"=NORM. DIST（0.65，0.60，0.089 4，TRUE）"，便可求得与 $\bar{p}=0.65$ 相对应的累积概率值 0.712 0。在 Excel 工作表的单元格中输入公式"=NORM. DIST（0.55，0.60，0.089 4，TRUE）"，便可求得与 $\bar{p}=0.55$ 相对应的累积概率值 0.288 0。因此，样本比率 $\bar{p}$ 在区间 [0.55，0.65] 的概率是 0.712 0－0.288 0＝0.424 0。

如果我们考虑将样本容量增加到 $n=100$，则样本比率的标准误差为：

$$\sigma_{\bar{p}}=\sqrt{\frac{0.60(1-0.60)}{100}}=0.049\ 0$$

对由 100 名 EAI 管理人员组成的样本，现在可以计算样本比率的值在总体比率 p 附近 ± 0.05 的概率。由于抽样分布近似于均值为 0.60、标准差为 0.049 0 的正态分布，我们可以在 Excel 中用函数 NORM. DIST 完成这一计算。在 Excel 工作

$\bar{p}$ 的抽样概率

$\sigma_{\bar{p}} = 0.089\,4$

$P(\bar{p} \leqslant 0.55) = 0.288\,0$

$P(0.55 \leqslant \bar{p} \leqslant 0.65) = 0.424\,0 = 0.712\,0 - 0.288\,0$

0.55 0.60 0.65 $\bar{p}$

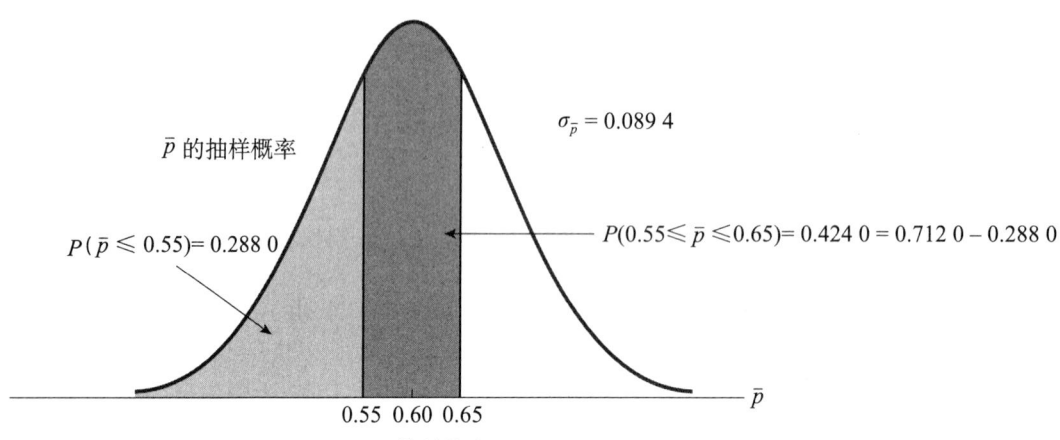

图 6—8　$\bar{p}$ 的值介于 $z = 0.55$ 到 $z = 0.65$ 之间的概率

表的单元格中输入公式"=NORM.DIST（0.65，0.60，0.049 0，TRUE）"，便可求得与 $\bar{p} = 0.65$ 相对应的累积概率值 0.846 2。在 Excel 工作表的单元格中输入公式"=NORM.DIST（0.55，0.60，0.049 0，TRUE）"，便可求得与 $\bar{p} = 0.55$ 相对应的累积概率值 0.153 8。因此，样本比率 $\bar{p}$ 在区间 [0.55，0.65] 上的概率是 0.846 2－0.153 8＝0.692 4。样本容量从 30 增加到 100 后，抽样误差小于或等于 0.05 的概率增加了 0.268 4（＝0.692 4－0.424 0）。

━━━━━ 练 习 ━━━━━

方法

18. 总体比率为 0.40，从中抽取一个容量为 200 的简单随机样本，用样本比率 $\bar{p}$ 估计总体比率。

　　a. 样本比率 $\bar{p}$ 在总体比率 $p \pm 0.03$ 以内的概率是多少？
　　b. 样本比率 $\bar{p}$ 在总体比率 $p \pm 0.05$ 以内的概率是多少？

19. 总体比率为 0.30。对下列样本容量，计算样本比率在总体比率 $p \pm 0.04$ 以内的概率：

　　a. $n = 100$。
　　b. $n = 200$。
　　c. $n = 500$。
　　d. $n = 1\,000$。
　　e. 大样本容量的好处是什么？

应用

20. Doerman Distributors 公司的董事长认为，公司 30% 的订单是初次订货的客户。由 100 份订单组成一个简单随机样本，并据此估计初次订货客户所占的比率。

　　a. 假定董事长是正确的，即 $p = 0.30$。则该项研究中 $\bar{p}$ 的抽样分布是什么？
　　b. 样本比率 $\bar{p}$ 在 0.20～0.40 之间的概率是多少？
　　c. 样本比率 $\bar{p}$ 在 0.25～0.35 之间的概率是多少？

21. 据《辛辛那提晨讯报》（*The Cincinnati Enquirer*，February 7, 2006）报道，美国成年人和 12～17 岁青少年中分别有 66% 和 87% 的人使用互联网。将报道中的数据作为总体比率，并假设由 300 名成年人和 300 名青少年分别组成样本，了解他们对互联网的态度。

  a. 试求 $\bar{p}$ 的抽样分布,其中 $\bar{p}$ 为使用互联网的成年人的样本比率。

  b. 成年人使用互联网的样本比率 $\bar{p}$ 在总体比率 $p \pm 0.04$ 以内的概率是多少?

  c. 青少年使用互联网的样本比率 $\bar{p}$ 在总体比率 $p \pm 0.04$ 以内的概率是多少?

  d. b 和 c 中的概率相同吗?为什么?

  e. 当样本容量为 600 时,回答 b 中问题。概率更小吗?为什么?

22. Roper ASW 进行了一项调查,了解美国成年人对金钱和幸福的态度（*Money*,October,2003）。有 56% 的调查对象认为自己至少每月会保持收支平衡。假定抽取 400 名美国成年人组成一个样本。

  a. 试求成年人中自己至少每月会保持收支平衡的比率的抽样分布。

  b. 样本比率 $\bar{p}$ 在总体比率 $p \pm 0.02$ 以内的概率是多少?

  c. 样本比率 $\bar{p}$ 在总体比率 $p \pm 0.04$ 以内的概率是多少?

23. 据美国百货制造商协会（Grocery Manufactures of America）报道,76% 的顾客阅读产品标签所列示的配方。假定总体比率 $p = 0.76$,从该总体中抽取 400 名顾客组成一个样本。

  a. 试求 $\bar{p}$ 的抽样分布。其中 $\bar{p}$ 是阅读产品标签所列示配方的顾客的样本比率。

  b. 样本比率在总体比率 $p \pm 0.03$ 以内的概率是多少?

  c. 当样本由 750 名顾客组成时,回答 b 中的问题。

评 注

在第 3 章,我们证明了均值和中位数是度量位置中心的两种方法。而在本章,我们只对均值进行讨论。这是因为,正态分布的总体均值与总体中位数是相等的,当从正态总体中抽样时,中位数的标准误差比均值的标准误差大将近 25%。记得在 EAI 的问题中,$n = 30$,均值的标准误差 $\sigma_{\bar{x}} = 730.3$,此时中位数的标准误差为 $1.25 \times 730.30 = 913$。因此,样本均值更有效,以更高的概率落入总体均值附近的某一特定范围内。

小 结

本章,我们证明了抽样及抽样分布的概念。证明了如何从有限总体抽取一个简单随机样本和如何从无限总体抽取一个随机样本,利用收集的样本数据可以对总体参数进行点估计。由于不同的样本给出了不同的点估计量的值,因此点估计量如 $\bar{x}$ 和 $\bar{p}$,都是随机变量。这样一个随机变量的概率分布叫做抽样分布。特别地,我们详细描述了样本均值 $\bar{x}$ 和样本比率 $\bar{p}$ 的抽样分布。

在考虑 $\bar{x}$ 和 $\bar{p}$ 的抽样分布的特征时,我们证明了 $E(\bar{x}) = \mu$ 和 $E(\bar{p}) = p$。在给出这些估计量的标准差或标准误差的公式后,我们给出了 $\bar{x}$ 和 $\bar{p}$ 的抽样分布服从正态分布的必要条件。

关键术语

抽样总体（sampled population） 从中抽取样本的总体。

抽样框（frame） 抽取样本时所用的个体清单。

参数(parameter)　总体的数字特征,如总体均值 μ、总体标准差 σ、总体比率 p 等。

简单随机样本(simple random sample)　从容量为 N 的有限总体中抽取一个容量为 n 的样本,使得容量为 n 的每一个可能的样本都以相同的概率被抽到。

随机样本(random sample)　如果从一个无限总体中抽取一个容量为 n 的样本,使得下面的条件得到满足:抽取的每个个体来自同一总体;每个个体的抽取是独立的,则称该样本是一个随机样本。

样本统计量(sample statistic)　一种样本特征,如样本均值 $\bar{x}$、样本标准差 s、样本比率 $\bar{p}$ 等。样本统计量的值用于估计相应总体参数的值。

点估计量(point estimator)　提供总体参数点估计的样本统计量,如 $\bar{x}$、s 或 $\bar{p}$。

点估计值(point estimate)　点估计量的值,在一个特定实例中用来作为总体参数的一个估计值。

目标总体(target population)　进行统计推断(比如点估计)的总体。重要的是,目标总体应该与相应的抽样总体尽可能多地相似。

抽样分布(sampling distribution)　一个样本统计量所有可能值构成的概率分布。

无偏的(unbiased)　点估计量的一个性质,此时点估计量的数学期望等于所估总体参数的值。

有限总体修正系数(finite population correction factor)　当从有限总体而非无限总体抽样时,$\sigma_{\bar{x}}$ 和 $\sigma_{\bar{p}}$ 的公式中的项 $\sqrt{(N-n)/(N-1)}$。当 $n/N \leqslant 0.05$ 时,根据经验法则一般可以忽略有限总体修正系数。

标准误差(standard error)　点估计量的标准差。

中心极限定理(central limit theorem)　当样本容量很大的时候,我们可以用正态分布近似 $\bar{x}$ 的抽样分布的定理。

补充练习

24. 鲍勃·米勒(Bob Miller)是一名美食评论家,他想要就南加利福尼亚州美特尔海滩当地餐厅的食品质量撰写一篇文章。名为 Dining 的数据文件里存有 44 家当地餐厅的名单(*Coastal Carolina Dining*,Fall 2004)。鲍勃仅有时间对其中的 5 家餐厅进行抽样调查。

    a. 在数据文件的工作表中,列 A 是餐厅的名单,列 B 是为列 A 中每家餐厅生成的随机数。请根据这些随机数,帮鲍勃选取 5 家餐厅组成一个简单随机样本。

    b. 重新生成一组新的随机数,并根据这些随机数选取一个新的简单随机样本。所选出的餐厅与 a 中完全相同吗?

25. 洛丽·杰弗瑞(Lori Jeffrey)是一家大学教材主要出版商的销售代表,她的工作很出色。历史数据显示,在洛丽的销售电话中有 25% 可能性使得教材被采用。观察她一个月的销售电话记录,并由所有可能销售电话组成一个样本。假设对数据的统计分析表明比率的标准误差为 0.062 5。

    a. 在这项分析中,样本容量为多大?也就是说,在一个月中洛丽打了多少个销售电话?

b. 令 $\bar{p}$ 代表在这个月期间洛丽通过销售电话使得教材被采用的样本比率，求 $\bar{p}$ 的抽样分布。

c. 利用 $\bar{p}$ 的抽样分布，计算在一个月内，洛丽通过销售电话使得教材被采用的比率大于或者等于30%的概率。

26. 某研究人员调查表明，均值的标准误差为20，而总体的标准差为500。

a. 此项调查的样本容量为多大？

b. 点估计量在总体均值 $\mu \pm 25$ 以内的概率为多少？

27. 广告商与互联网以及搜索引擎服务提供商签订合同，将广告放在网站上。它们根据点击其广告的潜在顾客的数目支付费用。不幸的是，仅仅为了提高广告收入而发生的欺诈性点击行为已经成为一个严重的问题。40%的广告商认为，它们是欺诈性点击的受害者（BusinessWeek，March 13，2006）。假定选取380名广告商组成一个简单随机样本，以便更多地了解这种做法是如何影响他们的。试求：

a. 样本比率在欺诈性点击的总体比率 ± 0.04 之内的概率为多少？

b. 样本比率大于0.45的概率为多少？

28. 扣除必要的补助金后，南加州大学（USU）的平均费用为27 175美元（U. S. News & World Report，American's Best College，2009 ed.）。假定总体标准差为7 400美元，从总体中抽取60名USU学生组成一个简单随机样本。

a. 均值的标准误差是多少？

b. 样本均值大于27 175美元的概率是多少？

c. 样本均值在总体均值 $\pm 1 000$ 美元以内的概率为多少？

d. 若样本容量增大到100，则 c 中概率为多少？

29. 私人公司中大约有28%为女性所拥有（The Cincinnati Enquirer，January 26，2006）。根据240家私人公司组成的样本，回答下列问题。

a. 试求 $\bar{p}$ 的抽样分布，其中 $\bar{p}$ 是女性所拥有企业的样本比率。

b. 样本比率 $\bar{p}$ 在总体比率 $p \pm 0.04$ 以内的概率是多少？

c. 样本比率 $\bar{p}$ 在总体比率 $p \pm 0.02$ 以内的概率是多少？

30. 《商业周刊》对毕业10年的MBA校友进行调查（BusinessWeek，September 22，2003）。人们发现，校友每周在外社交吃饭的费用平均为115.5美元。要求你选取40名校友对此进行后续调查研究。假设总体标准差为35美元。

a. 试求 $\bar{x}$ 的抽样分布，其中 $\bar{x}$ 为40名MBA校友中每周在外社交吃饭费用的样本均值。

b. 样本均值在总体均值 ± 10 美元以内的概率为多少？

c. 假定你得到的样本均值为100美元，试求样本均值不高于100美元的概率是多少？你认为该样本是校友中非正常的低费用组吗？为什么？

第7章
区间估计

实践中的统计

Food Lion 食品城[*]
北卡罗来纳州索尔兹伯里

Food Lion 食品城创立于 1957 年,是美国最大的连锁超市之一。在美国东南部和大西洋中部地区的 11 个州有 1 300 家连锁店。公司销售的产品超过 24 000 种,提供在全美和地区进行广告宣传的名牌商品,也包括大量的 Food Lion 特别供应的具有自主商标的高质量产品。Food Lion 通过高效的运作,比如标准化的储存方式、仓库的创新设计、高效能的设备以及与供应商的同步数据,来保持物美价廉。Food Lion 承诺未来将继续保持创新、发展、价格领先和对顾客的优质服务。

在这样一个库存密集型的企业中,公司决定采取后进先出(LIFO)的库存计价法。该方法将当期成本与当期收益相配比,从根本上降低了剧烈的价格变化对利润的影响。另外,在通货膨胀时期,LIFO 库存计价方法可以减少净收益,从而减少所得税。

Food Lion 为 7 个存货库房中的每一个都分别建立了 LIFO 指数,这 7 个存货库房分别为:杂货、纸/家居、宠物、保健和化妆品、奶制品、烟草和酒类。例如,杂货存货库房的 LIFO 指数为 1.008,说明最近一年当中由于通货膨胀的原因,致使公司以当期成本计价的杂货的库存价值增加了 0.8%。

对每个存货库房,LIFO 指数要求对每种产品的年末存货按当年年末成本和上一年年末成本分别计价。为避免在全部的 1 200 个储存点中对存货逐一进行计数而浪费财力

---

[*] 非常感谢 Food Lion 食品城的税务主管 Keith Cunningham 和税务会计 Bobby Harkey,他们为"实践中的统计"专栏提供了本案例。

和时间，Food Lion 选取 50 个储存点组成一个随机样本。年末仅对这些样本储存点中的库存进行实地盘存。每个储存点根据每种库存的当年成本和上一年成本构造 LIFO 指数。

去年，保健和化妆品存货库房的 LIFO 指数的样本估计值为 1.015。在 95% 的置信水平下，样本估计中 Food Lion 计算得到的边际误差为 0.006。于是，总体 LIFO 指数的 95% 置信水平的区间估计为 (1.009, 1.021)。可以证明这一精度是很不错的。

本章将学习如何计算与样本估计相联系的边际误差，以及如何使用这些信息构造并解释总体均值和总体比率的区间估计。

在第 6 章，我们发现点估计量是用于估计总体参数的样本统计量。例如，样本均值 $\bar{x}$ 是总体均值 μ 的点估计量，样本比率 $\bar{p}$ 是总体比率 p 的点估计量。因为我们不可能期望点估计量能给出总体参数的精确值，所以经常在点估计上加减一个被称为**边际误差**（margin of error）的值来计算**区间估计**（interval estimate）。下面是区间估计的一般形式：

点估计 ± 边际误差

区间估计的目的在于提供基于样本点得出的估计值与总体参数值的接近程度的信息。

本章将说明如何对总体均值 μ 和总体比率 p 进行区间估计。总体均值的区间估计的一般形式为：

$\bar{x}$ ± 边际误差

类似地，总体比率的区间估计的一般形式为：

$\bar{p}$ ± 边际误差

在计算这些区间估计时，$\bar{x}$ 和 $\bar{p}$ 的抽样分布起着非常重要的作用。

7.1 总体均值：σ 已知

为了对总体均值进行区间估计，必须利用总体标准差 σ 或者样本标准差 s 计算边际误差。在大多数的应用中 σ 是未知的，于是 s 用于计算边际误差。但是在一些应用中，在抽样前可以根据大量有关的历史数据估计总体标准差。比如，在质量控制应用中，若假定生产过程是正常运行或者处于"控制之中"，则总体标准差可以看做已知的。我们称这种情形为 **σ 已知**（σ known）。本节将举例说明在 σ 已知情形下如何构造区间估计。

Lloyd 百货公司每周选择 100 名顾客组成一个简单随机样本，目的在于了解他们每次购物的消费总额。令 x 表示每次购物的消费总额，样本均值 $\bar{x}$ 是 Lloyd 全体顾客每次购物消费总额的总体均值 μ 的点估计。Lloyd 公司的这项周度调查已经进行了许多年。根据历史数据，Lloyd 假定总体标准差已知，为 $\sigma=20$ 美元，并且历史数据还显示总体服从正态分布。

最近一周，Lloyd 调查了 100 名顾客（$n=100$），得到样本均值 $\bar{x}=82$ 美元。每次购物消费总额的样本均值是总体均值 μ 的点估计。在下面的讨论中，我们将介绍如何计算估计的边际误差，以及如何建立总体均值的区间估计。

7.1.1 边际误差和区间估计

在第 6 章中,我们发现可以利用 $\bar{x}$ 的抽样分布计算 $\bar{x}$ 在 μ 附近一定距离内的概率。在 Lloyd 百货公司的例子里,历史数据表明消费额总体服从标准差 $\sigma=20$ 的正态分布。因此,利用第 6 章的知识可知,$\bar{x}$ 的抽样分布服从标准误差 $\sigma_{\bar{x}} = \sigma/\sqrt{n} = 20/\sqrt{100} = 2$ 的正态分布,该抽样分布如图 7—1 所示。① 因为抽样分布说明 $\bar{x}$ 的值如何分布在总体均值 μ 附近,所以 $\bar{x}$ 的抽样分布提供了关于 $\bar{x}$ 与 μ 之间可能存在的差别的信息。

$\bar{x}$ 的抽样分布 $\sigma_{\bar{x}} = \dfrac{\sigma}{\sqrt{n}} = \dfrac{20}{\sqrt{100}} = 2$

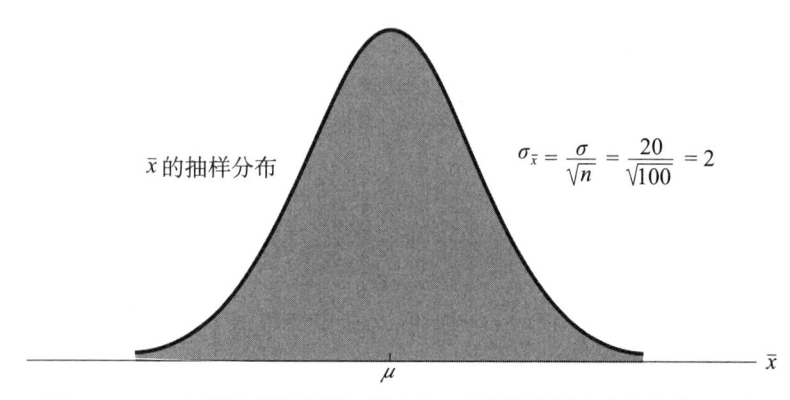

图 7—1 100 名顾客的简单随机样本中,消费额的样本均值的抽样分布

利用标准正态分布累积概率表,我们发现,任何正态分布随机变量都有 95% 的值在均值 ± 1.96 个标准差以内。因此,当 $\bar{x}$ 的抽样分布是正态分布时,一定有 95% 的 $\bar{x}$ 的值在均值 $\mu \pm 1.96\sigma_{\bar{x}}$ 以内。在 Lloyd 百货公司的例子里,我们已知 $\bar{x}$ 的抽样分布是正态分布并且标准误差 $\sigma_{\bar{x}}=2$。因为 $1.96\sigma_{\bar{x}}=1.96 \times 2 = 3.92$,所以在 $n=100$ 的样本容量下,所有 $\bar{x}$ 的值中有 95% 落在总体均值 $\mu \pm 3.92$ 以内(见图 7—2)。

在前文中,总体均值 μ 的区间估计的一般形式为 $\bar{x} \pm$ 边际误差。在 Lloyd 百货公司的例子中,假定边际误差等于 3.92,利用 $\bar{x} \pm 3.92$ 计算 μ 的区间估计。为了解释这一区间估计,我们抽取三个不同的简单随机样本,每一个样本由 100 名 Lloyd 百货公司的顾客组成,考虑得到的三个 $\bar{x}$ 值。第一个样本均值如图 7—3 所示。在这种情形下,图 7—3 表明 $\bar{x}_1 \pm 3.92$ 构建的区间包含了总体均值 μ。如果第二个样本均值 $\bar{x}_2$ 如图 7—3 所示,现在考虑将会发生什么。虽然样本均值与第一个样本均值不同,但我们看到 $\bar{x}_2 \pm 3.92$ 构建的区间仍包括总体均值 μ。但是,如果第三个样本均值 $\bar{x}_3$ 如图 7—3 所示,则这时又会怎样呢?在这种情形下,$\bar{x}_3 \pm 3.92$ 构建的区间不包括总体均值 μ。此时,由于 $\bar{x}_3$ 落在抽样分布的上侧,偏离 μ 的距离超过 3.92,所以 $\bar{x}_3 \pm 3.92$ 构建的区间不包含总体均值 μ。

---

① 我们利用消费额总体服从正态分布这一事实,得出 $\bar{x}$ 的抽样分布服从正态分布的结论。如果总体不服从正态分布,则可以根据中心极限定理及样本容量 $n=100$ 得出 $\bar{x}$ 的抽样分布近似服从正态分布。图 7—1 给出了在这两种情形下 $\bar{x}$ 的抽样分布。

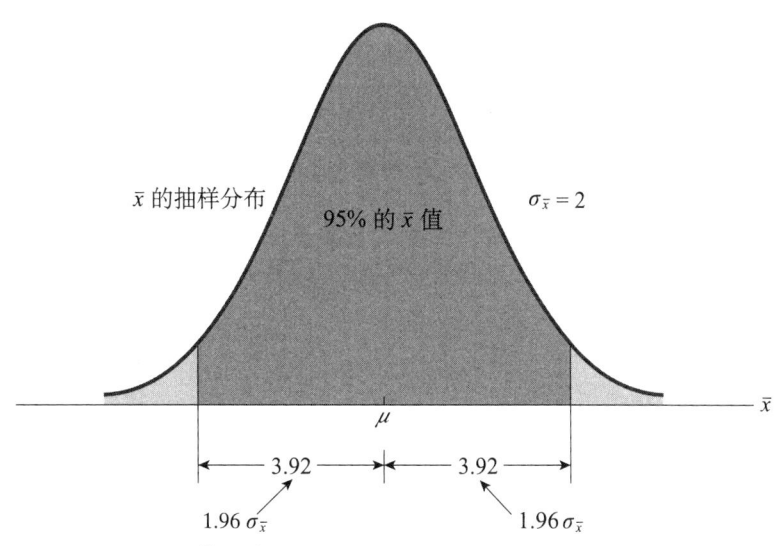

图 7—2 $\bar{x}$ 的抽样分布：样本均值在 $\mu \pm 3.92$ 以内的区域

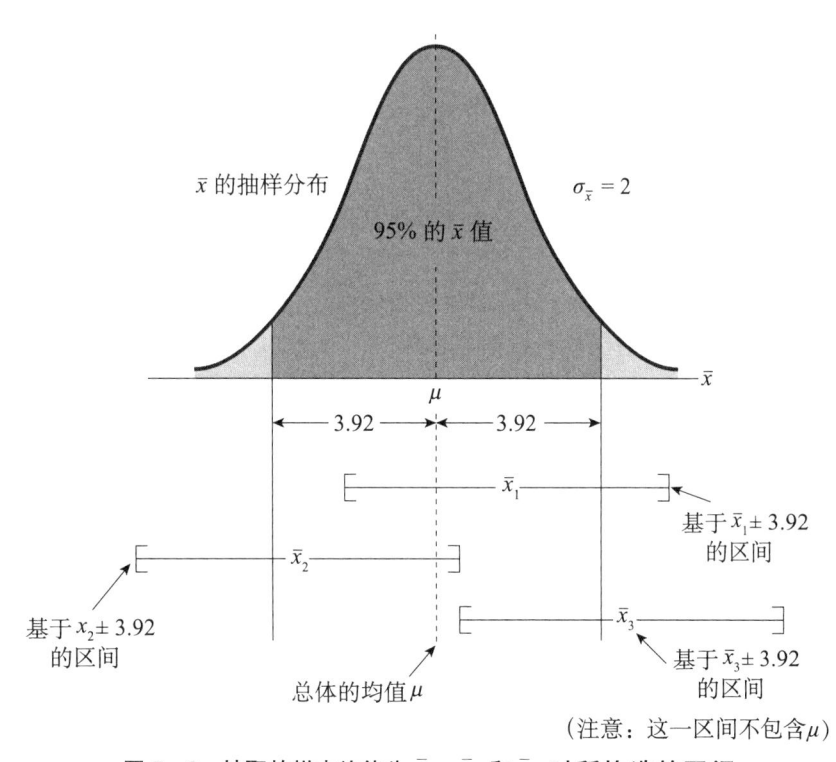

图 7—3 抽取的样本均值为 $\bar{x}_1$，$\bar{x}_2$ 和 $\bar{x}_3$ 时所构造的区间

在图 7—3 中，阴影区域内的任一样本均值 $\bar{x}$ 所构造的区间均包含总体均值 μ。由于所有样本均值中有 95% 落在此阴影区域中，所以 $\bar{x} \pm 3.92$ 所构建的所有区间中，有 95% 的区间包含总体均值 μ。

在最近一周，Lloyd 的质量保证部门对 100 名顾客进行了调查，得到消费额的样本均值 $\bar{x}=82$。利用 $\bar{x} \pm 3.92$ 构造区间估计，得到 82 ± 3.92。因此，根据最近一周的数据，μ 的区间估计为从 82－3.92＝78.08 到 82 ＋3.92＝85.92。因为，利用 $\bar{x} \pm 3.92$ 构造的所有区间中有 95% 包括总体均值，所以我们说：有 95% 的把握相信区间（78.08，85.92）包括总体均值 μ。因此，称此区间在 95% **置信水平**（confidence level）下建立的。数值 0.95 称作**置信系数**（confidence coefficient），区间（78.08，85.92）称作 95% **置信区间**（confidence interval）。

> 这里的讨论给出了区间叫做 95% 的置信区间的理由。

区间估计中另一个常用的术语是**显著性水平**（level of significance），常用希腊字母 α 表示。显著性水平与置信系数有如下关系：

$$\alpha = 显著性水平 = 1 - 置信系数$$

显著性水平是区间估计方法所产生的区间不包含 μ 在内的概率。例如，与置信系数 0.95 相对应的显著性水平 $\alpha = 1 - 0.95 = 0.05$。在 Lloyd 百货公司的例子中，显著性水平（$\alpha = 0.05$）是抽样的概率，计算样本均值，发现 $\bar{x}$ 位于抽样分布的一侧尾部（见图 7—3 中 $\bar{x}_3$）。当样本均值碰巧落在抽样分布的尾端时（占全部的 5%），则所得到的置信区间不包含 μ 在内。

边际误差由 $z_{\alpha/2}(\sigma/\sqrt{n})$ 给出，下面是 σ 已知情形下总体均值区间估计的一般形式：

总体均值的区间估计：σ 已知情形

$$\bar{x} \pm z_{\alpha/2} \frac{\sigma}{\sqrt{n}} \tag{7.1}$$

式中，$1-\alpha$ 是置信系数；$z_{\alpha/2}$ 是标准正态概率分布上侧面积为 $\alpha/2$ 时的 z 值。

针对 Lloyd 百货公司的例子，我们利用式（7.1）构造 95% 的置信区间。对于一个 95% 的置信区间，置信系数 $1-\alpha = 0.95$。于是，$\alpha = 0.05$。根据标准正态分布累积概率表，上侧面积为 $\alpha/2 = 0.05/2 = 0.025$ 时，$z_{0.025} = 1.96$。Lloyd 公司的样本均值 $\bar{x} = 82$，$\sigma = 20$，样本容量 $n = 100$，得到

$$82 \pm 1.96 \frac{20}{\sqrt{100}}$$

$$82 \pm 3.92$$

于是，利用式（7.1）得到的边际误差为 3.92，95% 的置信区间为从 $82 - 3.92 = 78.08$ 到 $82 + 3.92 = 85.92$。

虽然 95% 是经常使用的置信水平，但也可以考虑采用其他的置信水平，比如 90% 和 99%。表 7—1 给出了最常用置信水平的 $z_{\alpha/2}$ 值。利用这些值和表达式（7.1），对于 Lloyd 百货公司的问题，90% 的置信区间为：

$$82 \pm 1.645 \frac{20}{\sqrt{100}}$$

$$82 \pm 3.29$$

表 7—1　　　　　　　　　　最常用的置信水平的 $z_{\alpha/2}$ 值

置信水平	α	$\alpha/2$	$z_{\alpha/2}$
90%	0.10	0.05	1.645
95%	0.05	0.025	1.960
99%	0.01	0.005	2.576

因此，在 90% 的置信水平下，边际误差为 3.29，置信区间为从 82－3.29＝78.71 到 82＋3.29＝85.29。类似地，99% 的置信区间为：

$$82 \pm 2.576 \frac{20}{\sqrt{100}}$$

$$82 \pm 5.15$$

于是，在 99% 的置信水平下，边际误差为 5.15，置信区间为从 82－5.15＝76.85 到 82＋5.15＝87.15。

比较 90%，95% 和 99% 的置信水平的结果，我们看到：要想达到较高的置信水平，必须加大边际误差，即加大置信区间的宽度。

7.1.2 Excel 应用

利用 Lloyd 百货公司的数据，我们演示如何在 σ 已知的情形下使用 Excel 构建总体均值的区间估计，见图 7—4。背景是公式工作表，前景是数值工作表。

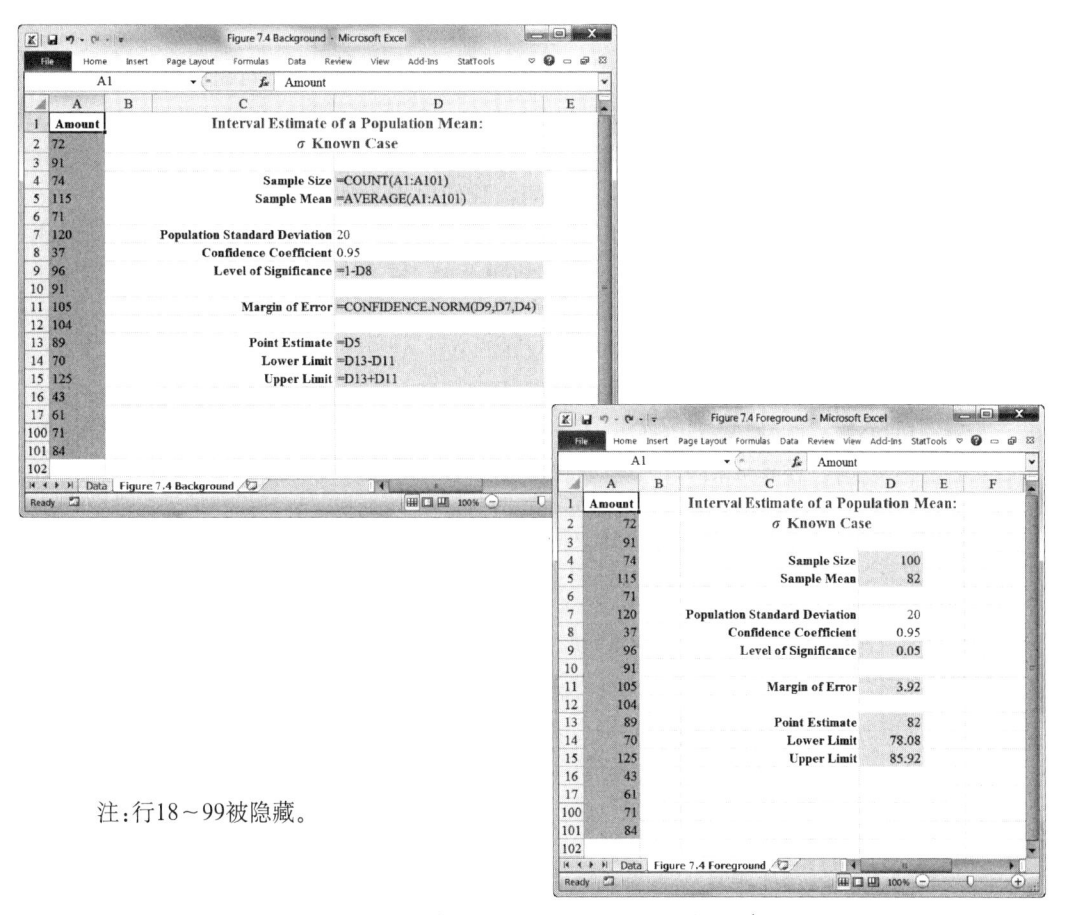

注：行 18～99 被隐藏。

图 7—4 Excel 工作表：构建 Lloyd 百货公司的 95% 置信区间

输入数据：在单元格区域 A1：A101 输入标签和销售数据。

输入函数和公式：在单元格 D4 和 D5 中，用 Excel 中函数 COUNT 和 AVERAGE 分别计算样本容量和样本均值。数值工作表中显示，样本容量为 100，样本均值为 82。在单元格 D7 中输入已知的总体标准差（20），在单元格 D8 中输入所期望的置信系数 0.95，在单元格 D9 中输入公式"＝1－D8"计算显著性水平。数值工作表中显示，与置信系数 0.95 相对应的显著性水平为 0.05。在单元格 D11 中，用 Excel 函数 CONFIDENCE.NORM 计算边际误差。函数 CONFIDENCE.NORM 有三个输入项：显著性水平（D9）、总体标准差（D7）和样本容量（D4）。因此，在构建每周花费总体均值的区间估计时，要计算与 95％ 置信区间对应的边际误差，可在单元格 D11 中输入下列公式：

＝CONFIDENCE.NORM（D9，D7，D4）

所得数值 3.92 即为所求。

单元格区域 D13：D15 是点估计、置信区间的下限和上限。由于点估计恰好是样本均值，所以在单元格 D13 中输入公式"＝D5"即可。在单元格 D14 中输入公式"＝D13－D11"计算得到 95％ 置信区间的下限：$\bar{x}$－边际误差；在单元格 D15 中输入公式"＝D13＋D11"计算得到 95％ 置信区间的上限：$\bar{x}$＋边际误差。数值工作表中显示，下限为 78.08，上限为 85.92。换言之，总体均值的 95％ 置信区间为 [78.08，85.92]。

模板 图 7—4 中的工作表可作为模板用于解决同类问题。这时，在列 A 中输入有关的数据，刷新单元格 D4 和 D5 中公式的数据范围，在单元格 D7 中输入已知的总体标准差。随后，在单元格区域 D13：D15 中便得到点估计和 95％ 的置信区间。如果想要得到其他置信系数的置信区间，我们仅需改动单元格 D8 中的值即可。

进一步地，我们还可以将图 7—4 简化为一个不必在单元格 D4 和 D5 中输入新的数据范围的模板。这时，仅需将单元格 D4 和 D5 中公式改写为：

单元格 D4：＝COUNT（A：A）

单元格 D5：＝AVERAGE（A：A）

公式中用"A：A"设定数据范围，Excel 中的函数 COUNT 计算列 A 中数据的个数；函数 AVERAGE 计算列 A 中数据的算术平均数。这样，仅需在列 A 中输入数据，在单元格 D7 中输入已知的总体标准差，便可以进行新的区间估计。

> 数据集 Lloyd's 中包括一个名为 Template 的工作表，其中采用 A：A 方法输入数据范围。

对于练习中给定样本容量、样本均值和总体标准差的情形，仍可以用以上工作表作为模板完成区间估计。这时，只需在单元格 D4，D5 和 D7 中分别输入给定的样本容量、样本均值和总体标准差即可。

7.1.3 应用中的建议

如果总体服从正态分布，式（7.1）所给出的置信区间是精确的。换言之，如果利用式（7.1），反复计算 95％ 的置信区间，则得到的置信区间中恰好有 95％ 的区间包含总体均值。如果总体不服从正态分布，则式（7.1）所给出的置信区间是近似的。在这种情形下，近似的程度依赖于总体的分布和样本容量。

在大部分应用中，当利用式（7.1）建立总体均值的区间估计时，样本容量 $n \geq 30$ 已经足够。然而，如果总体的分布不服从正态分布但是大致对称，则样本容量至少为 15 时才能得到一个好的置信区间的近似。仅当分析人员坚信或者愿意假设总体分布至少是近似正态时，才可以在更小的样本容量下利用式（7.1）。

---- 评 注 ----

1. 本节所讨论的区间估计方法是在总体标准差 σ 已知的假设下进行的。σ 已知意味着，在估计总体均值时，我们进行抽样之前可以利用历史数据或者其他信息得到总体标准差 σ 的一个好的近似。所以，从技术上讲，我们并不能认为 σ 在实际中是确定已知的。这只是意味着，我们在进行抽样之前得到了总体标准差的一个好的估计，于是，不必利用同一样本同时估计总体均值和总体标准差。

2. 在区间估计的表达式（7.1）中，样本容量 n 出现在分母上。于是，实际应用中当某一样本容量产生的区间太宽时，我们可以考虑增大样本容量。由于 n 出现在分母上，所以增大样本容量可以使边际误差减小，使区间变窄，精度提高。7.3 节中将讨论为了达到所希望的精度，如何确定简单随机样本容量的方法。

---- 练 习 ----

方法

1. 一个简单随机样本由 50 个个体组成，样本均值 $\bar{x}=32$，总体标准差 $\sigma=6$。
   a. 试求总体均值的 90% 置信区间。
   b. 试求总体均值的 95% 置信区间。
   c. 试求总体均值的 99% 置信区间。

2. 已知总体均值的 95% 置信区间为（152，160）。如果 $\sigma=15$，则研究中应选用多大的样本容量？

应用

3. 为估计亚特兰大某餐馆每位顾客午餐的平均花费数额，选取 49 名顾客组成一个样本并收集数据，数据在名为 Restaurant 的文件中。根据已有的研究，总体标准差 $\sigma=5$ 美元。
   a. 在 95% 的置信水平，求边际误差。
   b. 估计每餐费用总体均值的 95% 的置信区间。

4. 尼尔森媒体研究对在晚间 8 点至 11 点家庭看电视的时间进行了研究，数据存放在名为 Nielsen 的文件中，这些数据与报道中的研究结果一致（*The World Almanac*，2003）。根据过去的研究，假定总体标准差已知，为 $\sigma=3.5$ 小时。试求每个家庭在晚 8 点至 11 点，每周看电视时间均值的 95% 置信区间估计。

5. 密歇根州立大学（University of Michigan）的国家质量研究中心（National Quality Research Center）就消费者对产品和服务的意见进行了为期 1 个季度的调查（*The Wall Street Journal*，February 18，2003）。对快餐业/比萨饼类的 10 家餐馆进行了一次调查，发现消费者满意度指数的样本均值为 71。以往的数据显示，指数的总体标准差相当稳定，为 $\sigma=5$。
   a. 如果想要计算边际误差，则研究者需要做出什么样的假设。
   b. 在 95% 的置信水平下，试求边际误差。
   c. 如果希望置信水平为 99%，则边际误差为多少？

6. 据 *Playbill* 杂志报道，其读者家庭年均收入为 119 115 美元（*Playbill*，January 1，2006）。假定家庭年收入的平均数是基于 80 个家庭估计得到的，并且根

据以往的研究可知总体标准差 $\sigma = 30\ 000$ 美元。

  a. 求总体均值的 90% 置信区间估计。
  b. 求总体均值的 95% 置信区间估计。
  c. 求总体均值的 99% 置信区间估计。
  d. 当置信水平增大时，置信区间的宽度如何变化？这看上去合理吗？为什么？

7.2 总体均值：σ 未知

  在建立总体均值的区间估计时，我们通常并没有关于总体标准差的一个好的估计。在这种情形下，必须利用同一样本估计 μ 和 σ 两个未知参数。这属于 **σ 未知**（σ unknown）的情形。当利用 s 估计 σ 时，边际误差和总体均值的区间估计都是以 **t 分布**（t distribution）的概率分布为依据进行的。虽然 t 分布的数学推导是以假设抽样总体服从正态分布为依据，但是研究表明在许多总体分布显著偏离正态分布的情形下，利用 t 分布的效果还是相当不错的。对总体的分布不是正态分布的情形，在本节后面给出了利用 t 分布的建议。

  t 分布是由一些相似的概率分布组成的分布族，一个特定的 t 分布依赖于称为**自由度**（degrees of freedom）的参数。当自由度分别为 1，2，3，…，时，有且仅有唯一的 t 分布与之相对应。随着自由度的增大，t 分布与标准正态分布之间的差别变得越来越小。图 7—5 给出了自由度分别为 10 和 20 时的 t 分布与标准正态概率分布的关系。我们注意到，随着自由度的增大，t 分布的变异幅度减小，与标准正态分布也越来越相似。而且，t 分布的均值为 0。

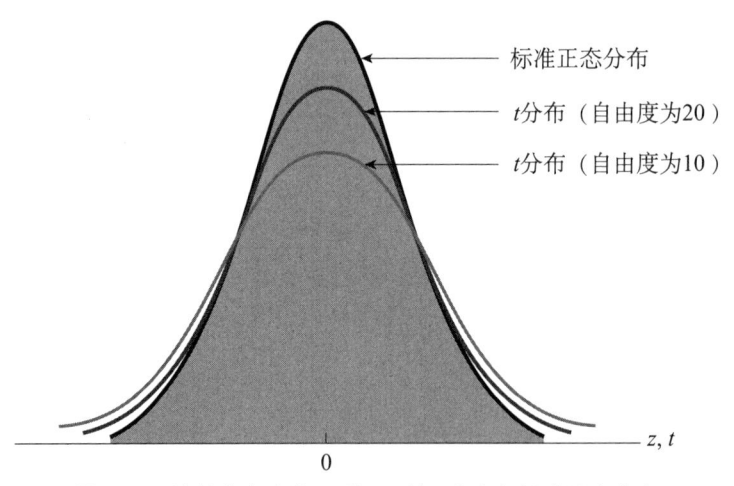

图 7—5 比较自由度为 10 和 20 的 t 分布与标准正态分布

> 威廉·西利·戈塞特（William Sealy Gosset）是 t 分布的创始人，他以"学生"（Student）为笔名进行写作。他在牛津大学读数学专业研究生时，在爱尔兰的都柏林为吉尼斯啤酒厂（Guinness Brewery）工作，在小容量材料和温度的试验中，他发现了 t 分布。

我们给 t 加上下标以表明其在 t 分布上侧的面积。例如，就像我们用 $z_{0.025}$ 表示该值在标准正态分布上侧的面积为 0.025 一样，我们用 $t_{0.025}$ 表明该值在 t 分布上侧的面积为 0.025。一般地，用符号 $t_{\alpha/2}$ 表示在 t 分布上侧的面积为 $\alpha/2$（见图 7—6）。

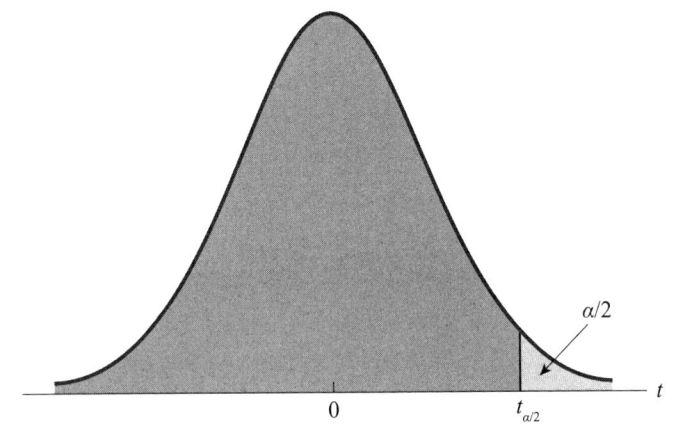

图 7—6　上侧面积或概率为 $\alpha/2$ 的 t 分布

附录 A 中的表 2 是一张 t 分布表。表 7—2 是该表的一部分。表中的每一行分别与某一自由度的 t 分布相对应。例如，对自由度为 9 的 t 分布，$t_{0.025}=2.262$。类似地，对自由度为 60 的 t 分布，$t_{0.025}=2.000$。随着自由度的持续增加，$t_{0.025}$ 趋于 $z_{0.025}=1.96$。实际上，标准正态分布的 z 值可以在 t 分布表中自由度为无穷的那一行（记做 ∞）找到。当自由度超过 100 时，自由度为无穷的那一行可以用于近似实际的 t 值。换句话讲，当自由度大于 100 时，标准正态分布的 z 值是对 t 值的一个很好的近似。

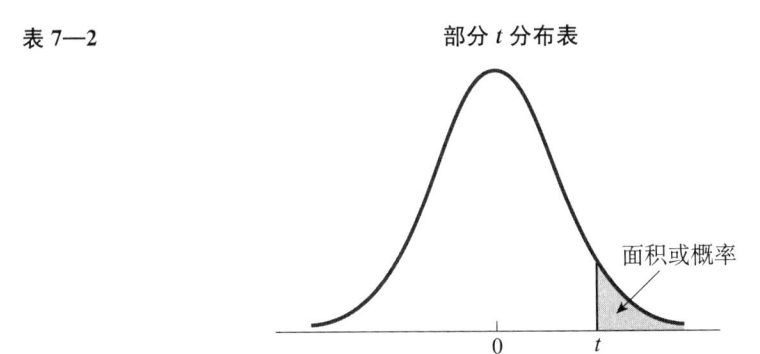

表 7—2　部分 t 分布表

自由度	上侧面积					
	0.20	0.10	0.05	0.025	0.01	0.005
1	1.376	3.078	6.314	12.706	31.821	63.656
2	1.061	1.886	2.920	4.303	6.965	9.925
3	0.978	1.638	2.353	3.182	4.541	5.841
4	0.941	1.533	2.132	2.776	3.747	4.604
5	0.920	1.476	2.015	2.571	3.365	4.032
6	0.906	1.440	1.943	2.447	3.143	3.707

续前表

自由度	上侧面积					
	0.20	0.10	0.05	0.025	0.01	0.005
7	0.896	1.415	1.895	2.365	2.998	3.499
8	0.889	1.397	1.860	2.306	2.896	3.355
9	0.883	1.383	1.833	2.262	2.821	3.250
⋮	⋮	⋮	⋮	⋮	⋮	⋮
60	0.848	1.296	1.671	2.000	2.390	2.660
61	0.848	1.296	1.670	2.000	2.389	2.659
62	0.847	1.295	1.670	1.999	2.388	2.657
63	0.847	1.295	1.669	1.998	2.387	2.656
64	0.847	1.295	1.669	1.998	2.386	2.655
65	0.847	1.295	1.669	1.997	2.385	2.654
66	0.847	1.295	1.668	1.997	2.384	2.652
67	0.847	1.294	1.668	1.996	2.383	2.651
68	0.847	1.294	1.668	1.995	2.382	2.650
69	0.847	1.294	1.667	1.995	2.382	2.649
⋮	⋮	⋮	⋮	⋮	⋮	⋮
90	0.846	1.291	1.662	1.987	2.368	2.632
91	0.846	1.291	1.662	1.986	2.368	2.631
92	0.846	1.291	1.662	1.986	2.368	2.630
93	0.846	1.291	1.661	1.986	2.367	2.630
94	0.845	1.291	1.661	1.986	2.367	2.629
95	0.845	1.291	1.661	1.985	2.366	2.629
96	0.845	1.290	1.661	1.985	2.366	2.628
97	0.845	1.290	1.661	1.985	2.365	2.627
98	0.845	1.290	1.661	1.984	2.365	2.627
99	0.845	1.290	1.660	1.984	2.364	2.626
100	0.845	1.290	1.660	1.984	2.364	2.626
∞	0.842	1.282	1.645	1.960	2.326	2.576

注：详表请参见本书附录 A 中的表 2。

> 随着自由度的增加，t 分布越来越接近于正态分布。

7.2.1 边际误差和区间估计

在 7.1 节，我们给出 σ 已知情形下总体均值的区间估计如下：

$$\bar{x} \pm z_{\alpha/2} \frac{\sigma}{\sqrt{n}}$$

在 σ 未知情形下，为了计算 μ 的区间估计，用样本标准差 s 估计 σ，用 t 分布 $t_{\alpha/2}$ 的值代替 $z_{\alpha/2}$。于是，边际误差为 $t_{\alpha/2} s/\sqrt{n}$。利用该边际误差，当 σ 未知时，总体均值区间估计的一般公式如下所示：

总体均值的区间估计：σ 未知

$$\bar{x} \pm t_{\alpha/2} \frac{s}{\sqrt{n}} \tag{7.2}$$

式中，s 是样本标准差；$1-\alpha$ 是置信系数；$t_{\alpha/2}$ 是自由度为 $n-1$ 时，使 t 分布的上侧面积为 $\alpha/2$ 的值。

由于用 s 作为总体标准差 σ 的估计值，所以在式（7.2）中与 t 值相对应的自由度为 $n-1$。样本标准差的公式为：

$$s = \sqrt{\frac{\sum (x_i - \bar{x})^2}{n-1}}$$

自由度是计算 $\sum (x_i - \bar{x})^2$ 时所用到的信息中独立信息的个数。在计算 $\sum (x_i - \bar{x})^2$ 时，用到如下 n 条信息：$(x_1 - \bar{x})$，$(x_2 - \bar{x})$，…，$(x_n - \bar{x})$。在 3.2 节中，我们已经证明了对于任何数据集 $\sum (x_i - \bar{x}) = 0$。因此，$(x_i - \bar{x})$ 中只有 $n-1$ 项是独立的，即如果知道了 $n-1$ 个值，则由所有 $(x_i - \bar{x})$ 值之和为 0，可以确定余下的值。于是，与 $\sum (x_i - \bar{x})^2$ 所联系的自由度的个数为 $n-1$，因此式（7.2）中 t 分布的自由度为 $n-1$。

为说明 σ 未知情形下区间估计的方法，我们考虑一项用于估计美国家庭信用卡债务总体均值的研究。由 $n=70$ 个家庭组成的样本的信用卡余额数据如表 7—3 所示。在这种情况下，没有关于总体标准差 σ 的先验估计。因此，必须利用样本数据同时估计总体均值和总体标准差。利用表 7—3 中的数据，计算得到样本均值 $\bar{x}=9\,312$ 美元和样本标准差 $s=4\,007$ 美元。在 95% 的置信水平和自由度为 $n-1=69$ 的情形下，由表 7—2 可以得到 $t_{0.025}$ 的值。我们需要位于自由度 69 的行和上侧面积 0.025 的列对应的 t 值。该值为 $t_{0.025}=1.995$。

表 7—3　　　　　　由 70 个家庭组成的样本的信用卡余额数据

9 430	14 661	7 159	9 071	9 691	11 032
7 535	12 195	8 137	3 603	11 448	6 525
4 078	10 544	9 467	16 804	8 279	5 239
5 604	13 659	12 595	13 479	5 649	6 195
5 179	7 061	7 917	14 044	11 298	12 584
4 416	6 245	11 346	6 817	4 353	15 415
10 676	13 021	12 806	6 845	3 467	15 917
1 627	9 719	4 972	10 493	6 191	12 591
10 112	2 200	11 356	615	12 851	9 743
6 567	10 746	7 117	13 627	5 337	10 324
13 627	12 744	9 465	12 557	8 372	
18 719	5 742	19 263	6 232	7 445	

我们利用式（7.2）计算信用卡余额的总体均值的区间估计：

$$9\ 312 \pm 1.995 \frac{4\ 007}{\sqrt{70}}$$

$$9\ 312 \pm 955$$

总体均值的点估计为 9 312 美元，边际误差为 955 美元，95% 的置信区间为 8 357 美元至 10 267 美元。于是，我们有 95% 的把握认为：对于全部家庭这个总体，信用卡余额的均值介于 8 357 美元到 10 267 美元之间。

7.2.2 Excel 应用

以表 7—3 中的信用卡余额数据为例，我们演示如何在 σ 未知情形下使用 Excel 构建总体均值的区间估计，见图 7—7。背景中是公式工作表，前景中是数值工作表。首先，用第 3 章介绍的 Excel 中的描述性统计工具对数据进行汇总。

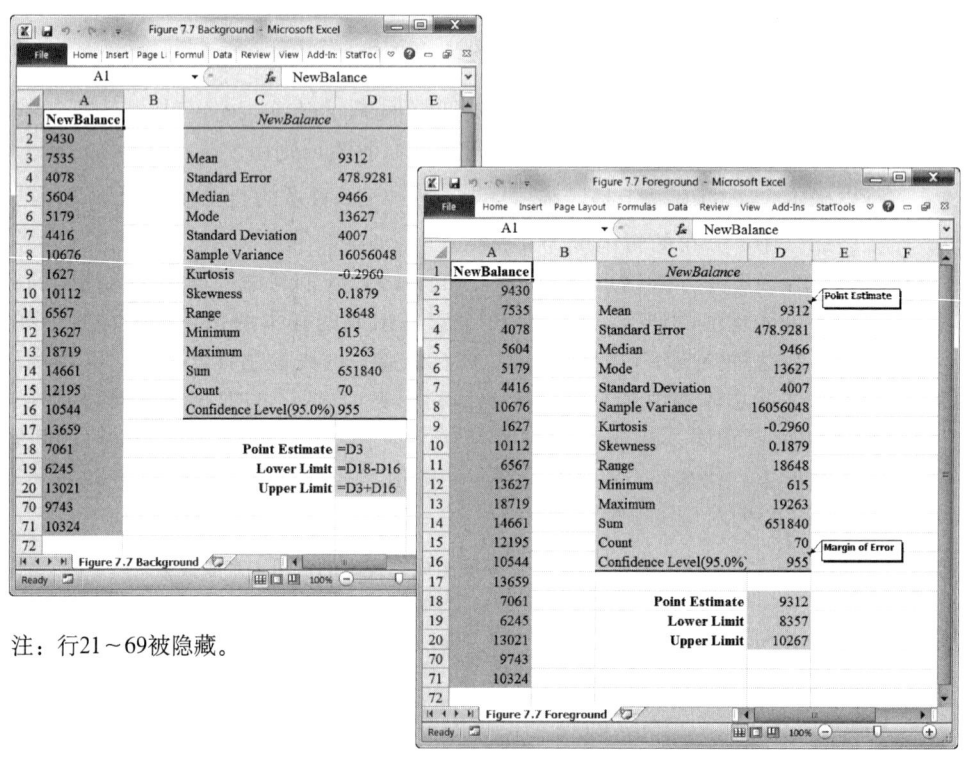

注：行 21~69 被隐藏。

图 7—7　Excel 工作表：信用卡余额 95% 置信区间

输入数据：在单元格区域 A1：A71 输入标签和信用卡余额数据。

应用工具：下列步骤说明如何对数据用 Excel 中的描述性统计工具进行汇总。

第 1 步：在菜单栏点击 **Data**。

第 2 步：在 **Analysis** 组中，点击 **Data Analysis**。

第 3 步：从 **Analysis Tools** 菜单中选择 **Descriptive Statistics**。

第 4 步：**Descriptive Statistics** 对话框出现后：

　　　　在 **Input Range** 框中输入 A1：A71；

　　　　选择 **Grouped By Columns**；

　　　　选择 **Label in First Row**；

选择 **Output Range**；
在 **Output Range** 框中输入 C1；
选择 **Summary Statistics**；
选择 **Confidence Level for Mean**；
在 **Confidence Level for Mean** 框中输入 95；
点击 **OK**。

单元格 D3 是样本均值 $\bar{x}$；单元格 D16 是边际误差，置信水平为 95%。数值工作表显示，$\bar{x}=9\,312$，边际误差为 955。

输入函数和公式：单元格区域 D18：D20 是点估计、置信区间的下限和上限。由于点估计恰好是样本均值，所以在单元格 D18 中输入公式"＝D3"即可。在单元格 D19 中输入公式"＝D18－D16"计算得到 95% 置信区间的下限：$\bar{x}$－边际误差；在单元格 D20 中输入公式"＝D18＋D16"计算得到 95% 置信区间的上限：$\bar{x}$＋边际误差。数值工作表中显示，下限为 8 357，上限为 10 267。换言之，总体均值的 95% 置信区间为 [8 357，10 267]。

7.2.3 应用中的建议

如果总体服从正态分布，式（7.2）所给出的置信区间是精确的，并且适用于任何样本容量。如果总体不服从正态分布，则式（7.2）所给出的置信区间是近似的。在这种情形下，近似的程度依赖于总体的分布和样本容量。

在大部分应用中，当利用式（7.2）建立总体均值的区间估计时，样本容量 $n\geqslant 30$ 已经足够大。然而，如果总体的分布严重偏斜或者包含异常点时，大部分统计学家建议将样本容量增加到 50 或者更大。如果总体的分布不是正态分布但是大致对称，则在样本容量为 15 时便能得到好的置信区间的近似。仅当分析人员坚信或者愿意假设总体的分布至少是近似正态分布时，才可以在更小的样本容量下使用式（7.2）。

> 如果总体的分布严重偏斜或者包含异常点时，需要更大的样本容量。

7.2.4 利用小样本

在下面的例子中，我们在小样本容量下考虑如何构建总体均值的区间估计。正如所强调的，在决定区间估计方法能否给出可以接受的结果时，对总体分布的了解至关重要。

Scheer Industries 公司考虑使用一种新型的计算机辅助程序来培训员工维修机器。为了对这种程序有一个全面的评估，生产负责人要求对维修工完成该计算机辅助培训所需时间的总体均值进行估计。

选取 20 名维修工组成一个样本，样本中的每一名维修工都完成了培训计划。每名维修工培训所用的时间数据见表 7—4。图 7—8 是样本数据的直方图。根据该直方图，我们认为总体的分布是什么样的？首先，样本数据不能支持我们做出总体服从正态分布的结论。但是，我们也没有发现任何偏斜或者异常点方面的证据。因此，根据前面的提示，我们的结论是：对于这 20 名维修工组成的样本，以 t 分布为依据进行区间估计是可行的。

表 7—4　　　样本中 20 名 Scheer Industries 维修工的培训时间　　　单位：天

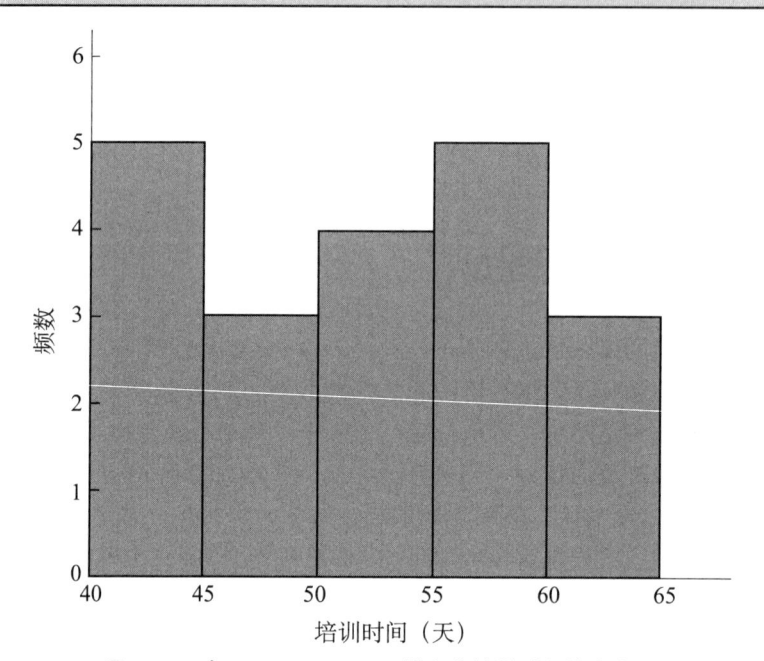

52	59	54	42
44	50	42	48
55	54	60	55
44	62	62	57
45	46	43	56

图 7—8　在 Scheer Industries 样本中培训时间的直方图

样本均值和样本标准差的计算如下：

$$\bar{x} = \frac{\sum x_i}{n} = \frac{1\,030}{20} = 51.5\ (\text{天})$$

$$s = \sqrt{\frac{\sum (x_i - \bar{x})^2}{n-1}} = \sqrt{\frac{889}{20-1}} = 6.84\ (\text{天})$$

对于 95% 的置信区间，我们利用附录 A 中的表 2 和自由度 $n-1=19$ 得到 $t_{0.025} = 2.093$。根据式（7.2）得出总体均值的区间估计为：

$$51.5 \pm 2.093 \frac{6.84}{\sqrt{20}}$$

$$51.5 \pm 3.2$$

总体均值的点估计为 51.5 天。边际误差为 3.2 天，95% 的置信区间为从 51.5 − 3.2 = 48.3 天到 51.5 + 3.2 = 54.7 天。

利用样本数据的直方图了解总体的分布时，并不总能得到令人信服的结论。但是，在许多情形下，它给出了仅有的可利用的信息。通常，可利用直方图结合分析人员的部分判断，来确定是否可以利用式（7.2）进行区间估计。

7.2.5 区间估计方法小结

我们给出了两种进行总体均值的区间估计的方法。对于 σ 已知情形，式 (7.1) 利用标准正态分布和 σ 来计算边际误差并进行区间估计。对于 σ 未知情形，式 (7.2) 利用样本标准差 s 和 t 分布来计算边际误差并进行区间估计。

图 7—9 是对这两种情形下区间估计方法的小结。在大部分应用中，样本容量 $n \geqslant 30$ 已经足够大。然而，如果总体服从或者近似服从正态分布，则可以采用更小的样本容量。对于 σ 未知情形，如果总体的分布严重偏斜或者包含异常点时，建议将样本容量增加到 $n \geqslant 50$。

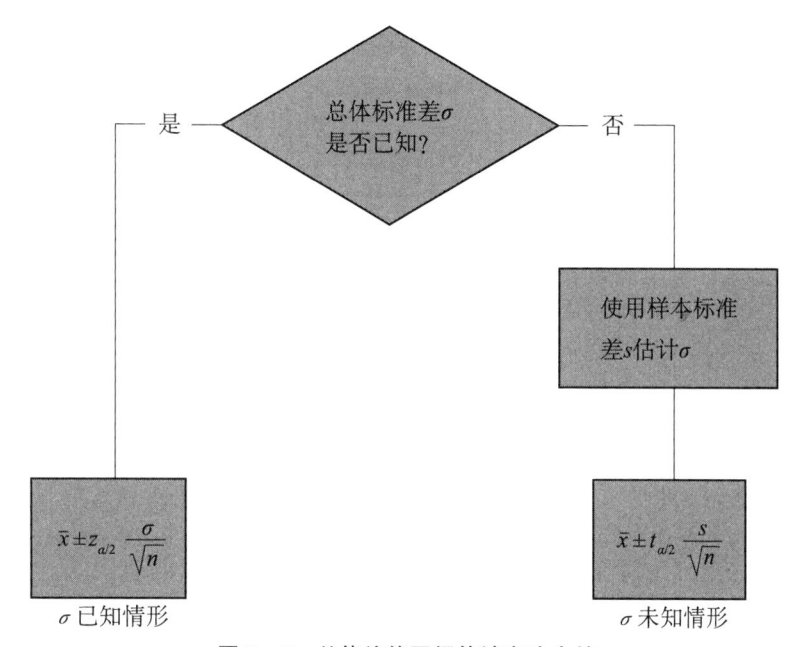

图 7—9　总体均值区间估计方法小结

■ ■ ■ 评　注 ■ ■ ■

1. 当 σ 已知时，边际误差为 $z_{\alpha/2}(\sigma/\sqrt{n})$，是固定的，对所有容量为 n 的样本都是相同的。当 σ 未知时，边际误差 $t_{\alpha/2}(s/\sqrt{n})$ 随样本的变化而变化。这是由于此时样本标准差 s 的变化依赖于抽取的样本。s 越大边际误差越大，s 越小边际误差越小。

2. 如果总体分布是偏斜的，置信区间的估计将如何变化？当总体的分布是偏向右侧时，数据中大的值将分布拉向右侧。在这种偏斜下，样本均值 $\bar{x}$ 和样本标准差 s 正相关。较大的 s 将对应于较大的 $\bar{x}$ 值。于是，当 $\bar{x}$ 大于总体均值时，s 将大于 σ。这种偏斜使得边际误差 $t_{\alpha/2}(s/\sqrt{n})$ 大于 σ 已知情形下的边际误差 $z_{\alpha/2}(\sigma/\sqrt{n})$。与使用 σ 的真值相比，大的边际误差所对应的置信区间将以更大的可能性将总体均值 μ 包括在内。但是，当样本均值 $\bar{x}$ 小于总体均值时，$\bar{x}$ 和 s 的相关性使得边际误差较小。在这种情形下，与 σ 已知从而可用相比，较小的边际误差所对应的置信区间将以更小的可能性将总体均值 μ 包括在内。出于这种原因，我们建议在总体分布严重偏斜时采用更大的样本容量。

练习

方法

7. 下列各种情形中，t 值为多少？

   a. 自由度为 12，上侧面积为 0.025。
   b. 自由度为 50，下侧面积为 0.05。
   c. 自由度为 30，上侧面积为 0.01。
   d. 自由度为 25，两个 t 值之间面积为 90%。
   e. 自由度为 45，两个 t 值之间面积为 95%。

8. 下面的样本数据来自一个正态总体：10，8，12，15，13，11，6，5。

   a. 总体均值的点估计是多少？
   b. 总体标准差的点估计是多少？
   c. 在 95% 的置信水平下，总体均值的区间估计中边际误差是多少？
   d. 构建总体均值的 95% 的置信区间。

9. 一个简单随机样本由 $n=54$ 项组成，样本均值为 22.5，样本标准差为 4.4。

   a. 求总体均值的 90% 置信区间。
   b. 求总体均值的 95% 置信区间。
   c. 求总体均值的 99% 置信区间。
   d. 当置信水平增大时，边际误差和置信区间如何变化？

应用

10. Skillings Distributors 公司的销售人员要提交一份列示本周内与客户联系情况的周报告。由 65 份周报告组成的样本表明，每周与顾客联系的样本均值为 19.5 人次，样本标准差为 5.2 人次。求该销售人员每周与客户联系次数的总体均值的置信区间。分别取置信水平为 90% 和 95%。

11. 在洲际航空公司（Continental Airlines），飞行员飞行时间的均值是 49 小时/月（*The Wall Street Journal*，February 25，2003）。假设由 100 名洲际航空公司飞行员组成样本，得到以上实际飞行时间的样本均值，样本标准差为 8.5 小时/月。

    a. 在 95% 的置信水平下，边际误差是多少？
    b. 求飞行员飞行时间的总体均值的 95% 置信区间。
    c. 在联合航空公司（United Airlines），飞行员飞行时间的均值是 36 小时/月。利用 b 中结果，讨论这两家航空公司飞行员飞行时间的差异。据《华尔街日报》报道，在所有航空公司中联合航空公司的人工成本是最高的。为什么预计联合航空公司的人工成本会更高？本练习中的信息能给出怎样的解释？

12. 年龄越大的人通常越难找工作。AARP 报道了年龄 55 岁及以上的工人找工作时所耗费的时间（单位：周）。文件 JobSearch 中的数据是找工作所花费的周数（*AARP Bulletin*，April 2008）。

    a. 求年龄 55 岁及以上的工人找工作时所耗费时间的总体均值的点估计。
    b. 在 95% 的置信水平下，边际误差是多少？
    c. 求总体均值的 95% 置信区间。
    d. 讨论样本数据的偏斜程度。对下一次研究，你有何建议？

13. 你所喜爱的电视节目是否经常被广告打断？美国全国广播公司财经频道（CNBC）统计了半个小时的情景喜剧节目中，每集的平均播出时间长度（CNBC，

February 23，2006）。他们调查得到的数据如下（单位：分钟）：

21.06	22.24	20.62	21.66	21.23
23.86	23.82	20.30	21.52	21.52
21.91	23.14	20.02	22.20	21.20
22.37	22.19	22.34	23.36	23.44

假设总体近似服从正态分布，试求在半个小时的情景喜剧节目中，播出时间平均长度的点估计及95%置信区间。

14. 2006年4月，迪士尼公司的《汉娜·蒙塔娜》（Hannah Montana：The Movie）恰逢复活节的周末上映。在周末的三天当中，成为最具票房吸引力的电影（*The Wall Street Journal*，April 13，2009）。由25家影院组成一个样本，它们的票房收入如下（单位：美元）：

20 200	10 150	13 000	11 320	9 700
8 350	7 300	14 000	9 940	11 200
10 750	6 240	12 700	7 430	13 500
13 900	4 200	6 750	6 700	9 330
13 185	9 200	21 400	11 380	10 800

a. 求每家影院票房收入均值的95%置信区间。解释这个结果。

b. 每张电影票7.16美元，试估计每家影院平均观影人数。

c. 该部影片已经在3 118家影院上映。估计观看电影《汉娜·蒙塔娜》的观众总人数，并估计周末三天的票房总收入。

7.3 样本容量的确定

在前文的应用建议中，当总体不服从正态分布时，我们重点讨论了样本容量在获得好的置信区间中的作用。本节重点介绍与样本容量有关的另一个问题，说明如何确定足够的样本容量以达到所希望的边际误差。为理解这一方法如何实施，我们回到7.1节 σ 已知的情形。根据式（7.1），区间估计为：

$$\bar{x} \pm z_{\alpha/2} \frac{\sigma}{\sqrt{n}}$$

$z_{\alpha/2}(\sigma/\sqrt{n})$ 是边际误差。于是，我们看到：$z_{\alpha/2}$ 值、总体标准差 σ 和样本容量 n 共同确定了边际误差。一旦选择了置信系数 $1-\alpha$，$z_{\alpha/2}$ 就确定了。然后，如果 σ 已知，我们就可以确定达到希望的边际误差所需的样本容量 n。以下是用于计算所需样本容量 n 的公式。

> 如果在抽样之前就选定了所希望的边际误差 E，则本节的方法能用于确定必要的样本容量，使得所要求的边际误差得到满足。

令 E 代表希望达到的边际误差：

$$E = z_{\alpha/2} \frac{\sigma}{\sqrt{n}}$$

解出 $\sqrt{n}$，得

$$\sqrt{n} = \frac{z_{\alpha/2} \sigma}{E}$$

将上式两边平方,得到样本容量的如下表达式:

总体均值区间估计中的样本容量

$$n = \frac{(z_{\alpha/2})^2 \sigma^2}{E^2} \tag{7.3}$$

在给定的置信水平下,这一样本容量能达到希望的边际误差。

> 利用式(7.3)可计算给出达到所要求的边际误差时所需的最佳样本容量。应用中,还要结合分析者的判断来确定最终是否需要增大样本容量。

在式(7.3)中,E 值是使用者可接受的边际误差,$z_{\alpha/2}$ 可直接由区间估计中所用到的置信水平确定。虽然不同的使用者有各自的偏好,但 95% 的置信水平仍是最常见的选择($z_{0.025} = 1.96$)。

最后,式(7.3)要求总体标准差 σ 的值必须是已知的。但是,即使 σ 是未知的,只要我们能给出 σ 的初始值或计划值,仍可以使用式(7.3)。在实践中,可选择以下方法之一来确定 σ 的值。

(1)根据以前研究中的数据计算总体标准差的估计值作为 σ 的计划值。

(2)利用实验性研究,选取一个初始样本,以初始样本的标准差作为 σ 的计划值。

(3)对 σ 值进行判断或最优猜测。例如,我们可以分别估计总体的最大值和最小值,两者之差是对数据极差的估计。一般建议将极差除以 4 作为标准差 σ 的粗略估计,从而最终得到一个可以接受的 σ 的计划值。

> 在确定样本容量之前必须设定总体标准差 σ 的计划值。这里讨论了得到 σ 的计划值的三种方法。

下面举例说明如何利用式(7.3)来确定样本容量。对美国汽车租赁成本的已有调查研究发现,租赁一辆中型汽车的平均费用大约为每天 55 美元。假设该项研究的组织者想要进行一项新的调查,对在美国一辆中型汽车的租赁费用的总体均值进行估计。在新研究的设计中,当项目负责人估计每天租赁费用的总体均值时,设定置信水平为 95%,边际误差为 2 美元。

该负责人已指定了 $E = 2$,在 95% 的置信水平下 $z_{\alpha/2} = z_{0.025} = 1.96$,因此在计算所需的样本容量时,仅需要已知总体标准差 σ 的计划值。此时,分析人员回顾先前研究中的样本数据发现,每天租赁费用的样本标准差为 9.65 美元。将 9.65 作为 σ 的计划值,得

$$n = \frac{(z_{\alpha/2})^2 \sigma^2}{E^2} = \frac{(1.96)^2 \times (9.65)^2}{2^2} = 89.43$$

因此,在新研究中为达到项目负责人所指定的边际误差 2 美元,样本中至少应该选取 89.43 笔中型汽车租赁业务。当计算得到的样本容量不是整数时,建议取下一位整数为样本容量。因此,建议样本容量为 90 笔中型汽车租赁业务。

> 式(7.3)所给出的是满足所希望的边际误差所需要的最小样本容量。如果计算得到的样本容量不是整数,则建议使用下一位整数为样本容量,这时的边际误差比所要求的边际误差略小。

练习

方法

15. 估计一组数据的极差为 36，试求：
    a. 总体标准差的计划值是多少？
    b. 在 95% 的置信水平下，当边际误差为 3 时应选取多大的样本容量？
    c. 在 95% 的置信水平下，当边际误差为 2 时应选取多大的样本容量？

应用

16. 在 7.2 节 Scheer Industries 的例子中，以 6.84 天作为总体标准差的计划值。
    a. 假定置信水平为 95%，要使边际误差为 1.5 天，则应选取多大的样本容量？
    b. 如果以 90% 的置信水平为精度，要使边际误差为 2 天，则应选取多大的样本容量？

17. 据报道，在大辛辛那提无铅汽油的平均价格为每加仑 2.41 美元（*The Cincinnati Enquirer*，February 23，2006）。在价格快速频繁变动期间，报纸通过对加油站抽样来报道汽油价格。假定每加仑无铅标准汽油价格的标准差为 0.15 美元，若在 95% 置信水平下，当报纸报道油价时希望达到的边际误差为以下值时，建议选取多大的样本容量？
    a. 假定所期望的边际误差为 0.07 美元。
    b. 假定所期望的边际误差为 0.05 美元。
    c. 假定所期望的边际误差为 0.03 美元。

18. 沙尔·别德（Share Builder）是一名退休计划建议师，根据他和哈里斯调查机构进行的一项在线调查报告，女企业主当中有 60% 的人不能确信自己目前为退休所做的储蓄是足够的（*SmallBiz*，Winter 2006）。假定我们想要做一项后续研究，确定女企业主每年为退休所做的储蓄额有多少，并且希望总体均值区间估计的边际误差为 100 美元。取标准差的计划值为 1 100 美元，则在下列情形下，建议选取多大的样本容量？
    a. 构建储蓄额均值的 90% 置信区间。
    b. 构建储蓄额均值的 95% 置信区间。
    c. 构建储蓄额均值的 99% 置信区间。
    d. 当边际误差固定不变时，增大置信水平将引起样本容量如何变化？你建议采用 99% 的置信区间吗？为什么？

19. 在 2003 年第 1 季度，纽约证券交易所公布的股票市盈率（P/E）为 5～60（*The Wall Street Journal*，March 7，2003）。假定我们要对纽约证券交易所中所有股票市盈率的总体均值进行估计，若要求边际误差为 3，则样本中应包括多少只股票？取 95% 的置信水平。

7.4 总体比率

在本章伊始，我们给出总体比率 p 的区间估计的一般形式为：

$$\bar{p} \pm \text{边际误差}$$

在计算区间估计的边际误差时，$\bar{p}$ 的抽样分布至关重要。

在第6章，我们已经证明了当$np \geq 5$和$n(1-p) \geq 5$时$\bar{p}$的抽样分布近似服从正态分布，图7—10给出了$\bar{p}$的抽样分布的正态近似。$\bar{p}$的抽样分布的均值是总体比率p，$\bar{p}$的标准差为：

$$\sigma_{\bar{p}} = \sqrt{\frac{p(1-p)}{n}} \tag{7.4}$$

由于$\bar{p}$的抽样分布服从正态分布，如果在总体比率的区间估计中选择$z_{\alpha/2}\sigma_{\bar{p}}$作为边际误差，则所得到的区间中有$100(1-\alpha)\%$将真实的总体比率包含在内。但是，由于$p$未知，在计算边际误差时不能直接使用$\sigma_{\bar{p}}$。于是，我们需要估计$p$，用$\bar{p}$代替$p$，则在总体比率的区间估计中边际误差为：

$$边际误差 = z_{\alpha/2}\sqrt{\frac{\bar{p}(1-\bar{p})}{n}} \tag{7.5}$$

图7—10 $\bar{p}$的抽样分布的正态近似

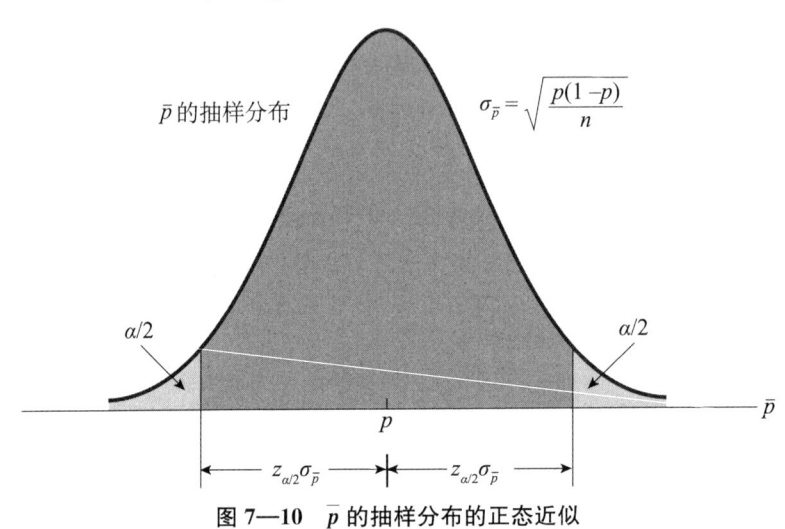

总体比率的区间估计的一般公式如下：

总体比率的区间估计

$$\bar{p} \pm z_{\alpha/2}\sqrt{\frac{\bar{p}(1-\bar{p})}{n}} \tag{7.6}$$

式中，$1-\alpha$为置信系数；$z_{\alpha/2}$为标准正态分布上侧面积为$\alpha/2$时的z值。

> 在求比率的区间估计时，边际误差是$z_{\alpha/2}\sqrt{\bar{p}(1-\bar{p})/n}$。

下面的例子说明了如何计算总体比率的边际误差和区间估计。美国对900名女子高尔夫运动员进行了一项全国性调查，以便掌握女子高尔夫运动员如何看待她们在高尔夫球场所受到的待遇。调查显示，有396名女子高尔夫运动员对开球时间的合理性感到满意。于是，女子高尔夫运动员中对开球时间的合理性感到满意的总体比率的点估计为$396/900 = 0.44$（数据文件名为TeeTimes）。根据式（7.6）和95%的置信水平，有

$$\bar{p} \pm z_{0.025}\sqrt{\frac{p(1-p)}{n}}$$

$$0.44 \pm 1.96\sqrt{\frac{0.44(1-0.44)}{900}}$$

$$0.44 \pm 0.032\ 4$$

因此，边际误差为 0.032 4，总体比率的 95% 置信区间为（0.407 6，0.472 4）。若用百分数来表示，调查结果使我们可以认为在 95% 的置信水平下全部女子高尔夫运动员中对开球时间的合理性感到满意的比率在 40.76 %～47.24%。

7.4.1　Excel 应用

利用 Excel 可构建对开球时间的合理性感到满意的总体比率的区间估计。调查中每名女子高尔夫运动员的回答只有"是"或者"否"，见图 7—11。背景中是公式工作表，前景中是数值工作表。

输入数据：在单元格区域 A2：A901 输入 900 名女子高尔夫运动员的回答（是/否）。

输入函数和公式：单元格区域 D3：D6 是我们需要的描述性统计量及感兴趣的回答。Excel 中函数 COUNT 只能用于数值数据，在单元格 D3 中用函数 COUNTA 计算样本容量。单元格 D4 是区间估计中我们感兴趣的回答。图 7—11 中在单元格 D4 中输入"是"，则是求关于开球时间的合理性感到满意的比率求区间估计。如果感兴趣的是女子高尔夫运动员对开球时间的合理性感到不满意的比率，则我们在单元格 D4 中输入"否"。单元格 D5 中的函数 COUNTIF 计算样本中回答"是"的人数。在单元格 D6 中，用回答"是"的人数（单元格 D5）除以样本容量（单元格 D3）便得到样本比率。

单元格区域 D8：D10 用于计算 z 值。在单元格 D8 中输入置信系数 0.95，在单元格 D9 中输入公式"＝1－D8"计算显著性水平 α。在单元格 D10 中输入公式"＝NORM.S.INV（1－D9/2）"计算与上侧面积 $\alpha/2$ 相对应的 z 值。数值工作表中显示，$z_{\alpha/2}=1.96$。

单元格区域 D12：D13 是标准误差和边际误差。在单元格 D12 中输入公式"＝SQRT（D6*（1－D6）/D3）"，以样本比率和样本容量为输入计算标准误差。在单元格 D13 中输入公式"＝D10*D12"计算边际误差。

单元格区域 D15：D17 是点估计、置信区间的下限和上限。单元格 D15 中的点估计是样本比率。从点估计中减去边际误差，便可得到单元格 D16 中置信区间的下限；从点估计中加上边际误差，便可得到单元格 D17 中置信区间的上限。可见，对开球时间的合理性感到满意的比率的 95% 置信区间为［0.407 6，0.472 4］。

模板　图 7—11 中的工作表可作为模板用于构建总体比率 p 的置信区间。首先，在列 A 中输入新数据，在单元格 D4 中输入感兴趣的答复，在单元格 D3 和 D5 中输入新的数据范围。随后，在单元格区域 D15：D17 中得到点估计和 95% 的置信区间。如果想要得到其他置信系数的置信区间，则仅需改动单元格 D8 中的值即可。

注：行19～899被隐藏。

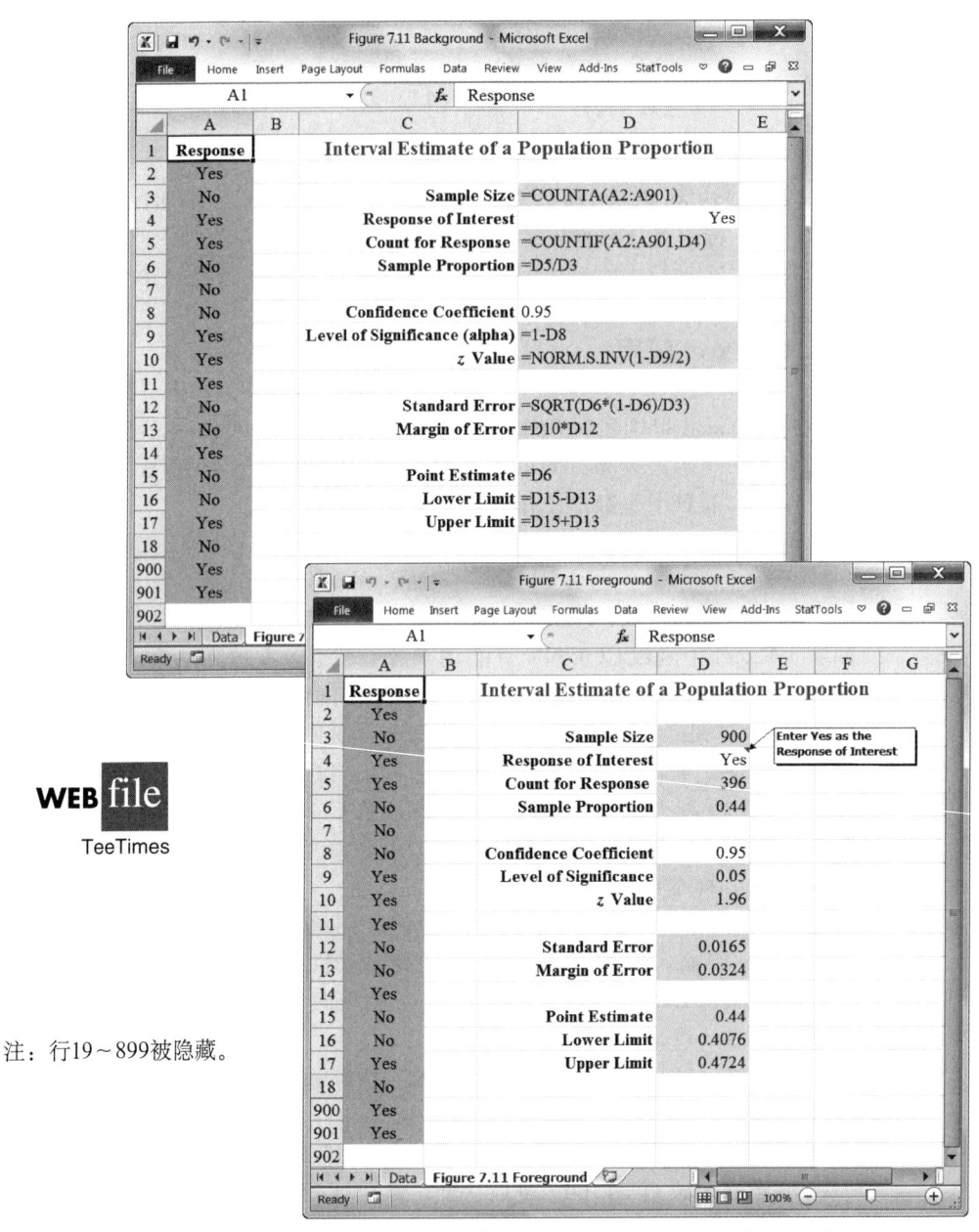

图 7—11　Excel 工作表：女子高尔夫运动员调查中构建的 95% 置信区间

7.4.2　样本容量的确定

下面进一步考虑，在给定的精度水平下，应选取多大的样本容量来估计总体比率。总体比率的区间估计中确定样本容量的原理与 7.3 节中总体均值的区间估计中样本容量的确定完全相同。

在本节开始部分，与总体比率的区间估计相联系的边际误差为 $z_{\alpha/2}\sqrt{p(1-p)/n}$，由 $z_{\alpha/2}$、样本比率 $\bar{p}$ 和样本容量 n 共同确定。样本容量越大，则边际误差越小，精度越高。

令 E 代表所希望达到的边际误差，则

$$E = z_{\alpha/2}\sqrt{\frac{p(1-p)}{n}}$$

对该方程关于 n 求解，得到如下边际误差为 E 时样本容量的公式：

$$n = \frac{(z_{\alpha/2})^2 \bar{p}(1-\bar{p})}{E^2}$$

注意，此时由于抽样前 $\bar{p}$ 是未知的，因此上式并不能用于计算达到预期的边际误差所需要的样本容量。于是，计算中我们需要一个 $\bar{p}$ 的计划值。令 p^* 表示 $\bar{p}$ 的计划值，则利用式 (7.7) 可以计算边际误差为 E 时的样本容量。

总体比率区间估计的样本容量

$$n = \frac{(z_{\alpha/2})^2 p^*(1-p^*)}{E^2} \tag{7.7}$$

实践中，可选择如下方法来确定计划值。
(1) 用以前相同或类似样本的样本比率来代替。
(2) 利用实验性研究，选取一个初始样本，以该样本的样本比率作为计划值 p^*。
(3) 对 p^* 的值，使用判断或最优猜测。
(4) 如果上述方法均不适用，则取计划值 $p^* = 0.5$。

我们回到女子高尔夫运动员的例子。假设公司想通过一项新的调查来估计目前女子高尔夫运动员中对开球时间的合理性感到满意的总体比率。在 95% 的置信水平和边际误差为 0.025 的条件下，对总体比率进行估计时调查组织者应选取多大的样本容量？由 $E = 0.025$ 和 $z_{\alpha/2} = 1.96$，我们还需要计划值 p^* 方能回答所需样本容量的问题。将上一次的调查结果 $\bar{p} = 0.44$ 作为计划值 p^*，根据式 (7.7)，有

$$n = \frac{(z_{\alpha/2})^2 p^*(1-p^*)}{E^2} = \frac{(1.96)^2 \times 0.44 \times (1-0.44)}{0.025^2} = 1\,514.5$$

因此，为达到所要求的边际误差，样本容量至少应为 1 514.5 人。我们取下一个整数，则为达到所要求的边际误差，建议由 1 515 名女子高尔夫运动员组成一个样本。

在选择计划值 p^* 时，我们所推荐使用的第四种方法为取 $p^* = 0.5$。在没有其他信息可用时，p^* 通常取此值。式 (7.7) 的分子表明样本容量与数值 $p^*(1-p^*)$ 成正比，$p^*(1-p^*)$ 的值越大则样本容量越大。表 7—5 给出了 $p^*(1-p^*)$ 的一些可能值，当 $p^* = 0.5$ 时，$p^*(1-p^*)$ 的值达到最大。因此，当我们不能确定计划值取何值时，由 $p^* = 0.5$ 所计算得到的样本容量最大。实际上，出于保险的原则，我们建议使用最大的样本容量。如果能够证明样本比率不是计划值 0.5，则边际误差比预期的要小。因此，取 $p^* = 0.5$ 计算出的样本容量足以保证达到希望的边际误差。

表 7—5　　　　　　　　　　$p^*(1-p^*)$ 的一些可能值

p^*	$p^*(1-p^*)$
0.1	0.1×0.9=0.09
0.3	0.3×0.7=0.21
0.4	0.4×0.6=0.24
0.5	0.5×0.5=0.25　← $p^*(1-p^*)$ 的最大值
0.6	0.6×0.4=0.24
0.7	0.7×0.3=0.21
0.9	0.9×0.1=0.09

在女子高尔夫运动员的例子中，取计划值 $p^*=0.5$ 时相应的样本容量为：

$$n = \frac{(z_{\alpha/2})^2 p^*(1-p^*)}{E^2} = \frac{(1.96)^2 \times 0.5 \times (1-0.5)}{0.025^2} = 1\,536.6$$

因此建议采用稍大的样本容量——选取 1 537 名女子高尔夫运动员组成一个样本。

■■■■ 评　注 ■■■■

在估计总体比率时，边际误差几乎总是小于或等于 0.1。在诸如盖洛普和哈里斯所进行的全美公众民意调查中，边际误差一般为 0.03 或 0.04。根据这样的边际误差，由式（7.7）所给出的样本容量一般都是足够大的，满足条件 $np \geqslant 5$ 和 $n(1-p) \geqslant 5$，从而可以用正态分布近似 $\bar{p}$ 的抽样分布。

■■■■ 练　习 ■■■■

方法

20. 一个简单随机样本由 400 人组成，其中 100 人的回答为"是"。

a. 求总体中回答"是"的人所占比率的点估计。

b. 求比率的标准差 $\sigma_{\bar{p}}$ 的估计。

c. 求总体比率的 95% 置信区间。

21. 一个简单随机样本由 800 个个体组成，样本比率为 $\bar{p}=0.70$。

a. 试求总体比率的 90% 置信区间。

b. 试求总体比率的 95% 置信区间。

22. 在 95% 的置信水平下，边际误差为 0.03 时，为了得到总体比率的区间估计，应采用多大的样本容量？假设不能根据历史数据得到计划值 p^*。

应用

23. 美国消费者报告研究中心（The Consumer Reports National Research Center）对 2 000 名成人进行了一次电话调查，了解他们关注的关于未来的主要经济话题（*Consumer Reports*，January 2009）。调查结果显示，其中有 1 760 人的回答认为：他们关注的主要经济话题是对未来的社会保障。

a. 求成人当中关注的主要经济话题是社会保障的人的总体比率的点估计。

b. 在 90% 的置信水平下，边际误差为多少？

c. 求成人当中关注的主要经济话题是社会保障的人的总体比率的 90% 置信区间。

d. 求该总体比率的 95% 置信区间。

24. 据 CNBC 的统计报告，没上保险的机动车的数量令人吃惊（CNBC，Feb-

ruary 23，2006）。与 CNBC 的报道一致，抽样结果显示在 200 辆机动车中有 46 辆没有上保险。

　　a. 试求机动车没有上保险的比率的点估计。
　　b. 建立总体比率的 95% 置信区间。

25. 据汤姆森金融公司（Thomson Financial）称，到 2006 年 1 月 25 日为止，大部分公司公布的利润都比估计的要高（*BusinessWeek*，February 6，2006）。由 162 家公司组成的一个样本显示，有 104 家的利润比估计的高，29 家的利润与估计相符，29 家的利润低于估计。

　　a. 利润低于估计的公司所占比率的点估计是多少？
　　b. 试求边际误差，并给出利润高于估计的公司所占比率的 95% 的置信区间。
　　c. 要达到预期的边际误差 0.05，需要多大的样本容量？

26. 2003 年，民众中没有购买卫生保健保险的比率为 15.6%（*Statistical Abstract of the United States*，2006）。委托国会委员会进行一次抽样调查，以便掌握更多目前的信息。

　　a. 若委员会的目标是在边际误差为 0.03 时估计目前个人没有卫生保健保险的比率，则你建议应选取多大的样本容量？取置信水平为 95%。
　　b. 当置信水平为 99% 时，重复 a 中问题。

27. 企业多年来一直与不断增长的医疗保健费用作斗争。最近，由于较低的通货膨胀和雇员支付较大比例的医疗保健福利金，使得医疗保健费用的增长速度放缓。最近，Mercer 公司的一项调查显示，2009 年美国 52% 的雇主要求员工分担更多的医疗保健费用（*BusinessWeek*，February 16，2009）。假设调查样本是由 800 家公司组成，计算边际误差，并在 95% 的置信水平下，建立 2009 年雇主要求员工分担更多的医疗保健费用的公司所占比率的置信区间。

28. 6 月份对 491 名潜在选民就总统大选进行了一项民意调查。本次民意调查的主要目的是，估计潜在选民中对每位候选人的支持率。假设计划值 $p^* = 0.50$，取置信水平为 95%。

　　a. 对 $p^* = 0.50$，6 月份的民意调查中计划的边际误差为多少？
　　b. 临近 11 月大选前夕，希望获得更高的精确度和更小的边际误差。假设对总统大选期间所进行的调查要求满足如下边际误差，求每次调查中建议选取多大的样本容量。

调查时间	边际误差
9 月	0.04
10 月	0.03
11 月初	0.02
大选前一天	0.01

小　结

　　本章给出了对总体比率和总体均值进行区间估计的方法。点估计量可能是也可能不是总体参数的好的估计。利用区间估计可以对估计的精确程度予以度量。总体均值和总体比率的区间估计都采用如下形式：点估计 ± 边际误差。

我们分别介绍了在两种情形下的总体均值的区间估计。在 σ 已知情形下，抽样前利用历史数据以及其他信息对 σ 进行了估计。于是，在根据新的样本数据进行分析时，是以假设 σ 已知为依据。在 σ 未知情形下，利用样本数据同时估计总体均值和总体标准差。最终究竟选择哪一种区间估计方法依赖于分析人员认为何种方法能给出对 σ 的最佳估计。

在 σ 已知情形下，基于假设的 σ 值并利用标准正态分布进行区间估计。在 σ 未知情形下，基于样本标准差 s 并利用 t 分布进行区间估计。在这两种情形下，区间估计的质量取决于总体的分布和样本容量。如果总体服从正态分布，则即使在小样本时这两种情形所得到的区间估计都是精确的。如果总体不服从正态分布，则所得到的区间估计都是近似的。样本容量越大，近似程度越好。与正态分布相比总体的偏斜程度越大，要想得到更好的近似，需要的样本容量也越大。7.1 节和 7.2 节中，对达到好的近似应使用多大的样本容量提出了实践应用的建议。在大多数情况下，30 或者更大的样本容量将保证能给出置信区间一个好的近似。

总体比率区间估计的一般形式为：$\bar{p} \pm$ 边际误差。实际应用中，对总体比率进行区间估计时，通常要求样本容量为大样本。因此，区间估计是依据标准正态分布进行的。

在开展一项抽样计划之前，通常先设定一个希望达到的边际误差。我们演示了如何选择足够大的样本容量来达到所希望的精度。

关键术语

区间估计（interval estimate） 总体参数估计值的一个区间，确信该区间将参数值纳入其中。在本章中，区间估计的形式是：点估计 ± 边际误差。

边际误差（margin of error） 为了建立总体参数的区间估计，对点估计值加上或减去的值。

σ 已知（σ known） 在进行抽样之前，历史数据或者其他信息给出了总体标准差 σ 的一个好的近似，称此条件为 σ 已知。在区间估计中利用这个已知的 σ 计算边际误差。

置信水平（confidence level） 与区间估计相联系的置信度。例如，在使用区间估计方法得到的全部区间中，如果有 95% 的区间包含总体参数在内，则称区间估计的置信水平为 95%。

置信系数（confidence coefficient） 用小数形式表示的置信水平。比如，95% 置信水平的置信系数为 0.95。

置信区间（confidence interval） 区间估计的另一种称谓。

显著性水平（level of significance） 区间估计方法所得到的区间不包含 μ 在内的概率。

σ 未知（σ unknown） 在进行抽样之前，最普遍的情形是没有信息可用于估计总体标准差 σ，我们称此条件为 σ 未知。在区间估计中利用样本标准差 s 计算边际误差。

t 分布（t distribution） 一种概率分布。当总体标准差未知而用样本标准差对其进行估计时，该分布用于建立总体均值的区间估计。

自由度（degrees of freedom） t 分布的参数，当 t 分布用于计算总体均值的区间估计时,其自由度为 $n-1$,其中 n 是简单随机样本的容量。

补充练习

29.《今日美国》/CNN/盖洛普对 369 名有工作的父母进行的一项调查表明,他们当中有 200 人承认由于工作的原因使得他们与子女相处的时间太少。

a. 求在工作的父母总体中,由于工作的原因使得与子女相处的时间太少的父母所占比率的点估计。

b. 当置信水平为 95% 时,边际误差为多少?

c. 求在工作的父母总体中,由于工作的原因使得与子女相处的时间太少的父母所占比率的 95% 置信区间。

30. 美国航空公司(US Airways)的许多研究表明,鼓励那些因频繁飞行而享有里程积分的乘客通过在线的方式确定飞行奖励的里程和日程安排,可以从根本上节省开销(*US Airways Attaché*,February 2003)。一项研究收集了通过电话确定飞行奖励里程时所用时间的数据。由通过电话处理 150 次飞行奖励所需的时间(单位:分钟)组成一个样本,数据存放在名为 Flights 的文件中。利用 Excel 回答下列问题:

a. 通过电话处理飞行奖励所需时间的样本均值是多少?

b. 求通过电话处理飞行奖励所需时间的总体均值的 95% 置信区间。

c. 假设一家电话订票代理处每天工作 7.5 小时,则预计一天中这家电话订票代理处能够处理多少笔飞行奖励?

d. 讨论为什么说这一信息支持美国航空公司采用在线系统以降低成本。

31.《商业周刊》的年度薪酬调查(Annual Pay Survey)公布了首席执行官(CEO)的年薪及奖金的数据(单位:千美元)。一个初始样本表明标准差为 675。如果我们想要对年薪和奖金的总体均值进行估计,设定边际误差为 100 000 美元,那么应由多少名 CEO 组成样本?(注意:由于数据单位是千美元,因此边际误差 $E=100$。)采用 95% 的置信水平。

32. 在 2005 年全美最繁忙的机场当中,辛辛那提/北肯塔基国际机场(Cincinnati/Northern Kentucky International Airport)的准时到达率位居全美第二(*The Cincinnati Enquirer*,February 3,2006)。假设由 550 个航班组成一个样本,其中有 455 个航班准时到达。

a. 试求机场航班准时到达的比率。

b. 构建 2005 年机场所有航班准时到达率的 95% 置信区间。

33. 对某种型号汽车进行一项里程测试。如果希望达到的边际误差为 1 公里/加仑,则测试中应选取多少辆汽车?取置信水平为 98%,并假设预备性里程测试表明标准差为 2.6 英里/加仑。

34. 美国 50 岁及以上的人口有 9 200 万人,他们掌握了整个可支配收入的 50%(*AARP Bulletin*,March 2008)。据 AARP 估计,这一年龄段的人用于餐馆就餐和购买外卖食品的人均年消费支出为 1 873 美元。假设样本由 80 人组成,并且样本标准差为 550 美元。

a. 当置信水平为 95% 时,边际误差为多少?

b. 用于餐馆就餐和购买外卖食品的人均年消费总体支出均值的 95% 置信区间。

c. 估计美国50岁及以上的人口用于餐馆就餐和购买外卖食品的总消费支出是多少？

d. 如果用于餐馆就餐和购买外卖食品的消费支出是右偏的，那么你预计消费支出的中位数是大于还是小于1 873美元？

35. 一家著名的银行信用卡公司想要估计：在月末有余额并引起利息费用的信用卡持卡人所占比率。假定希望达到的边际误差为0.03，取置信水平为98%。

a. 如果预期持卡人中大约有70%在月末有余额，则应该抽取多大容量的样本？

b. 如果不能指定总体比率的计划值，则应该抽取多大容量的样本？

36. 航空公司时刻表和价格显然是商务旅行者选择航班时考虑的重要因素，但是《今日美国》调查发现，商务旅行者将航空公司的常旅客优惠政策列为最重要的因素。在一个由 $n=1\,993$ 名商务旅行者组成的样本中，有618人将航空公司的常旅客优惠政策列为最重要的因素。

a. 求商务旅行者总体中，在选择航班时将航空公司的常旅客优惠政策列为最重要因素的人所占比率的点估计。

b. 求总体比率的95%置信区间估计。

c. 当置信水平为95%，边际误差为0.01时，样本容量应为多大？你认为《今日美国》的调查能达到这种精度吗？为什么？

37. 由54名贴现票据经纪人组成一个样本，调查显示，交易100股每股50美元的股票时，收取费用的均值为33.77美元（*AAII Journal*，February 2006）。这样的调查每年进行一次。根据可得的历史数据，假定总体标准差已知为15美元。

a. 利用样本数据，95%置信区间中边际误差为多大？

b. 求交易100股每股50美元的股票时，收取费用的均值的95%置信区间。

案例 7—1 *Young Professional* 杂志

Young Professional 杂志开发的目标读者群是刚毕业的大学生，这些大学毕业生正处在他们职业生涯的头10年。在过去两年中，杂志的发行相当成功。目前出版商感兴趣的问题是，如何扩大该杂志的广告客户基础。潜在的广告客户不断地询问有关订阅 *Young Professional* 杂志的订阅人特征和订阅人权益方面的问题。为了收集这方面的信息，杂志进行了一次调查以便获取订阅人的概况资料。调查结果将用于帮助杂志选择感兴趣的文章并向广告商提供订阅人的概况。你身为杂志的一名新雇员，要帮助分析调查结果。

如下是部分调查问题：

1. 您的年龄是多少？
2. 您是：男性_____ 女性_____
3. 未来两年您是否有购买房产的计划？是_____ 否_____
4. 除去家庭投资之外，您或者您家庭的成员进行金融投资的总金额大约是多少？
5. 去年您共进行了多少次股票/债券/互助基金交易？
6. 您家中有互联网宽带接入吗？是_____ 否_____
7. 您去年的家庭总收入是多少？
8. 您有子女吗？是_____ 否_____

名为 Professional 的文件中存放了对这些问题的回答。表 7—6 列示的是文件中的一部分——包括前 5 个人的回答内容。

表 7—6 *Young Professional* 杂志的部分调查结果

年龄	性别	购买房产	投资额（美元）	交易次数	宽带接入	家庭收入（美元）	子女
38	女	否	12 200	4	是	75 200	有
30	男	否	12 400	4	是	70 300	有
41	女	否	26 800	5	是	48 200	无
28	女	是	19 600	6	否	95 300	无
31	女	是	15 100	5	否	73 300	有
⋮	⋮	⋮	⋮	⋮	⋮	⋮	⋮

管理报告

准备一份管理报告对调查结果进行汇总。除了进行统计汇总之外，还要讨论杂志应该如何利用这些结果来吸引需要刊登广告的人。你还可以建议刊物的编辑如何利用这些调查结果来判断读者对哪些话题更感兴趣。你的报告应该陈述如下问题，但不必局限于这些领域。

1. 利用恰当的描述统计量对数据进行汇总。
2. 求订阅人年龄的均值的 95% 置信区间以及订阅人中家庭收入的均值的 95% 置信区间。
3. 求订阅人家中有宽带接入的比率的 95% 置信区间以及有子女订阅人所占比率的 95% 置信区间。
4. 对在线代理商而言，*Young Professional* 杂志可能是一个好的广告途径吗？根据统计数据判断你的结论。
5. 对销售教育软件和幼儿计算机游戏的企业来说，该杂志是刊登广告的好地方吗？
6. 你认为 *Young Professional* 杂志的读者会对哪种类型的文章感兴趣？

案例 7—2 Gulf Real Estate Properties 公司

Gulf Real Estate Properties 公司是佛罗里达州西南部的一家房地产公司。该企业在广告中称自己是"真正的地产专家"。公司通过收集有关房屋地点、定价、售价和每套售出花费天数，对销售进行监督。如果房屋位于墨西哥湾，则称之为看得见海湾的房屋；如果房屋位于墨西哥湾附近的其他海湾或者高尔夫球场，则称之为看不见海湾的房屋。来自佛罗里达州那不勒斯的多元列表服务（Multiple Listing Service）的样本数据，给出了最近售出的 40 套看得见海湾的房屋和 18 套房屋看不见海湾的房屋的数据。[①] 数据见表 7—7，价格以千美元计。

[①] 本数据基于 Naples MLS（Coldwell Banker，June 2000）。

表 7—7　　　　　　　　　　　Gulf Real Estate Properties 公司的销售数据

| 看得见海湾的房屋 ||| 看不见海湾的房屋 |||
定价	售价	售出花费天数	定价	售价	售出花费天数
495.0	475.0	130	217.0	217.0	182
379.0	350.0	71	148.0	135.5	338
529.0	519.0	85	186.5	179.0	122
552.5	534.5	95	239.0	230.0	150
334.9	334.9	119	279.0	267.5	169
550.0	505.0	92	215.0	214.0	58
169.9	165.0	197	279.0	259.0	110
210.0	210.0	56	179.9	176.5	130
975.0	945.0	73	149.9	144.9	149
314.0	314.0	126	235.0	230.0	114
315.0	305.0	88	199.8	192.0	120
885.0	800.0	282	210.0	195.0	61
975.0	975.0	100	226.0	212.0	146
469.0	445.0	56	149.9	146.5	137
329.0	305.0	49	160.0	160.0	281
365.0	330.0	48	322.0	292.5	63
332.0	312.0	88	187.5	179.0	48
520.0	495.0	161	247.0	227.0	52
425.0	405.0	149			
675.0	669.0	142			
409.0	400.0	28			
649.0	649.0	29			
319.0	305.0	140			
425.0	410.0	85			
359.0	340.0	107			
469.0	449.0	72			
895.0	875.0	129			
439.0	430.0	160			
435.0	400.0	206			
235.0	227.0	91			
638.0	618.0	100			
629.0	600.0	97			
329.0	309.0	114			
595.0	555.0	45			
339.0	315.0	150			
215.0	200.0	48			
395.0	375.0	135			
449.0	425.0	53			
499.0	465.0	86			
439.0	428.5	158			

管理报告

1. 对 40 套看得见海湾的房屋,用适当的描述性统计量对三个变量中的每个变量进行汇总。

2. 对 18 套看不见海湾的房屋,用适当的描述性统计量对三个变量中的每个变量进行汇总。

3. 比较你的汇总结果,讨论有助于房地产代理商了解地产市场的各种统计结果。

4. 对看得见海湾的房屋,求售价的总体均值以及售出花费天数的总体均值的 95% 置信区间。解释你的结果。

5. 对看不见海湾的房屋,求售价的总体均值以及售出花费天数的总体均值的 95% 置信区间。解释你的结果。

6. 假定分公司的经理要求在 40 000 美元的边际误差下对看得见海湾的房屋售价的均值进行估计;在 15 000 美元的边际误差下对看不见海湾的房屋售价的均值进行估计。取置信度为 95%,则应选取多大的样本容量?

7. Gulf Real Estate Properties 公司刚刚签订了两个新的合同:一套定价 589 000 美元的看得见海湾的房屋,一套定价 285 000 美元的看不见海湾的房屋。你估计这两套房屋最终的售价为多少以及需花费多少天才能售出?

第 8 章
假设检验

实践中的统计

John Morrell 公司[*]
俄亥俄州辛辛那提

John Morrell 公司于 1827 年创建于英国，是一家历史悠久的肉类制造商。它是弗吉尼亚州 Smithfield 食品公司属下的一家独立管理的全资子公司。John Morrell 公司为顾客提供一系列加工肉制品和新鲜的猪肉产品，其产品包括 13 个地区品牌：John Morrell、E-Z-Cut、Tobin's First Prize、Dinner Bell、Hunter、Kretschmar、Rath、Rodeo、Shenson、Farmers Hickory Brand、Iowa Quality 和 Peyton's。每种地区品牌都在消费者中拥有很高的品牌认知度和忠诚度。

John Morrell 公司的市场研究部负责管理公司各类产品的大量信息，并将这些产品与同类品牌的竞争产品进行对比。最近，该部门对公司生产的炖牛肉与其他两家主要竞争对手的类似牛肉制品进行了比较。在这三种产品的对比检验中，消费者根据口感、外观、香味和整体偏好，对产品进行评价。

公司关注的一个研究问题是，消费者总体中是否有超过 50% 的人偏爱 John Morrell 公司生产的炖牛肉食品。令 p 表示偏爱 John Morrell 产品的总体比率，研究中问题的假设检验是：

$$H_0: p \leqslant 0.50$$
$$H_a: p > 0.50$$

原假设 H_0 表示，偏爱 John Morrell 产品的总体比率小于或等于 50%。如果样本数据支持拒绝 H_0，接受备择假设 H_a，则

---

[*] 非常感谢 John Morrell 公司市场营销部副总经理 Marty Butler，他为"实践中的统计"专栏提供了本案例。

John Morrell 公司会得出研究结论：通过三种产品的比较，消费者总体中超过 50% 的人偏爱 John Morrell 公司的产品。

在一项独立的口感检验研究中，来自辛辛那提、密尔沃基和洛杉矶的 224 名消费者组成一个样本，其中有 150 人选择 John Morrell 公司生产的炖牛肉为自己最喜爱的食品。利用统计假设检验步骤，原假设 H_0 被拒绝。研究提供统计证据支持 H_a，得出的结论是：消费者总体中超过 50% 的人偏爱 John Morrell 公司的产品。

总体比率的点估计 $\bar{p}=150/224=0.67$。因此，样本数据支持食品杂志的广告，认为在三种产品的口味比较中，John Morrell 公司生产的炖牛肉"与竞争者相比的受欢迎程度为 2∶1"。

本章将介绍如何提出假设，如何像 John Morrell 公司那样进行假设检验。通过分析样本数据，我们可以确定是否拒绝一个假设。

在第 6 章和第 7 章中，我们说明了如何利用样本对总体参数进行点估计和区间估计。本章将继续讨论在统计推断中如何利用假设检验来确定是否应拒绝关于总体参数值的说法。

在假设检验中，我们首先对总体参数做一个尝试性的假设。该尝试性的假设称为**原假设**（null hypothesis），记作 H_0。然后，定义另一个与原假设的内容完全对立的假设，记作 H_a，称之为**备择假设**（alternative hypothesis）。假设检验的过程就是根据样本数据对这两个对立的假设 H_0 和 H_a 进行检验。

本章说明如何对总体均值和总体比率进行假设检验。我们首先通过举例说明建立原假设和备择假设的方法。

8.1 原假设和备择假设的建立

原假设和备择假设可能并不总是显而易见的，必须谨慎地构造适当的假设，从而使得假设检验的结论能够为研究者或者决策者提供所需要的信息。在确定如何表述假设时，假设检验具体应用于何种情况非常重要。在所有假设检验的应用中，都包括收集样本并利用样本结果提供做出结论的依据。在确定原假设和备择假设时，关键的问题是考虑收集样本的目的是什么，我们想要做出怎样的结论。

在本章的开篇，我们说原假设 H_0 是关于总体参数（比如总体均值或者总体比率）的一个尝试性的假设。备择假设 H_a 是与原假设对立的一种说法。在某些情形下，更易于首先确定备择假设，然后再确定原假设。而在另一些情形下，则更易于首先确定原假设，然后再确定备择假设。在下面的例子中，我们将说明这些情况。

> 正确表达假设是需要通过实践来学习的。可以预见，在选择合适的假设 H_0 和 H_a 时，最初可能会有一些困惑。本节的例子会给出一些应用指南。

8.1.1 备择假设作为研究的假设

在许多假设检验的应用中，都是试图搜集证据来支持研究中的假设。在这些情形下，通常最好从备择假设开始，然后得到研究者希望支持的结论。考虑某种汽车，在城市行驶时目前达到的燃油效率为每加仑 24 英里。某产品研究小组专门设计了一种新型的燃油喷射系统来提高每加仑英里数的额定值。产品研究小组要对这种新型燃油喷射系统进行控制实验，寻找统计依据做出结论：新型燃油喷射系统使得每加仑燃油行驶的英里数超过目前使用的系统。

制造一批这种新型燃油喷射系统，将它们安装在要检测的汽车上，并且满足研究控制的驾驶条件。计算这些汽车每加仑燃油行驶里程的样本均值，并据此在假设检验中判断是否可以得出结论：新型燃油喷射系统每加仑燃油行驶超过了 24 英里。令每加仑燃油行驶里程的总体均值为 μ，则研究中的假设 $\mu>24$ 是备择假设。由于目前燃油喷射系统每加仑平均行驶里程是 24 英里，所以我们尝试性地假定：新型燃油喷射系统并不比目前的系统好，于是选择 $\mu\leqslant 24$ 为原假设。原假设和备择假设分别为：

H_0：$\mu\leqslant 24$

H_a：$\mu>24$

如果样本结果得出拒绝 H_0 的结论，则可以做出 H_a：$\mu>24$ 的推断，认为从统计上支持研究者声明，新型燃油喷射系统提高了每加仑燃油的平均行驶里程。因而，可以考虑将此种新型燃油喷射系统产品投入生产。然而，如果抽样结果得出不能拒绝 H_0 的结论，则研究者不能断定新型燃油喷射系统优于目前的系统。因此，以更省油为依据，生产新型燃油喷射系统的汽车是不合理的。也许应该进行更深入的研究和检验。企业通过不断开发比已有产品和方法更优的新产品、新方法和新系统等，方能成功地保持竞争力。在接纳一项新事物之前，我们希望通过研究来判定是否有统计依据支持做出新方法确实更好的结论。在这种情形下，通常将研究中的假设表述为备择假设。例如，认为一种新型教学方法优于目前的方法，则备择假设为新方法更好，原假设为新方法不比老方法好。又如，为促进销售而开展一项新的销售奖励驱动计划，则备择假设为新的奖励计划能够促进销售，原假设为新的奖励计划不能促进销售。再如，为了比已有药物更好地降低血压，研制出了一种新型药物，则备择假设为新型降压药优于已有药物，原假设为新药并不比已有药物存在更好的降压效果。在这些情形下，若拒绝原假设 H_0 则为研究中的假设提供了统计上的支持。在本章以及本书的其余部分，我们还将看到许多研究中假设检验的例子。

如果样本数据提供了足够的证据表明可以拒绝原假设，那么可以做出所研究的假设为真的结论。

8.1.2 原假设作为被怀疑的假定

当然，不是所有的假设检验都是涉及研究的假设。在下面的讨论中，我们考虑假设检验的应用。我们从一种信念或假定开始，即从有关总体参数值的说法是真实的开始。然后，将利用假设检验对这种假定提出怀疑，并确定是否有统计证据支持做出假定不正确的结论。在这种情形下，首先确立原假设是有益的。原假设 H_0 表述了对总体参数值的信念或者假定。备择假设 H_a 是这种信念或者假说不正确。

举一个例子，考虑某种软饮料产品的制造商所面对的情况。瓶装软饮料的标签上注明，每瓶为 67.6 盎司。我们认为瓶装软饮料的标签是正确的，灌装重量的总体均值至少为 67.6 盎司。除非有其他理由，我们通常假设标签上的标注是正确的，但可以对制造商的说法提出质疑。因此，在关于每瓶软饮料重量的总体均值的假设检验中，我们会从假设标签是正确的开始，设定原假设为 $\mu \geqslant 67.6$。挑战这种假设，意味着标签是不正确的，每瓶分量不足。这种质疑表述为备择假设 $\mu < 67.6$。于是，原假设和备择假设分别为：

$H_0: \mu \geqslant 67.6$

$H_a: \mu < 67.6$

> 制造商的产品信息通常被假设为真，并将此设为原假设。如果拒绝原假设，则得出该信息不正确的结论。

政府监管部门肩负着保证制造商的标签标注有效的义务，工作人员选取一些瓶装软饮料组成样本，计算灌装重量的样本均值，并据此进行随后的假设检验。如果样本结果使得我们得到拒绝 H_0 的结论，则推断 $H_a: \mu < 67.6$ 为真。根据这一统计证据，监管部门可以得出结论：标签不正确，产品分量不足。考虑采取适当的措施促使制造商生产的产品达到标签上的标准。但是，如果样本结果表明不能拒绝 H_0，则不能拒绝"制造商的标签是正确的"这一假设。在这种结论之下，监管部门不需要采取任何行动。

下面从制造商的角度重新考虑瓶装软饮料的灌装问题。设计的软饮料的装瓶标准为 67.6 盎司。制造商不想让产品分量不足，因为这会导致来自消费者或监管部门的投诉。然而，制造商也不想让产品超量，因为灌入过量的软饮料会增加不必要的成本。企业的目标是，调整装瓶操作使得每瓶软饮料容量的总体均值恰好为标签标注的 67.6 盎司。

虽然企业的目标如此，但是生产操作中时常会出现失控现象。如果发生失控，那么在我们的例子中，将会发生软饮料灌装不足或者灌装过量的情形。无论发生哪一种情形，企业都需要对此了解并加以纠正，重新将装瓶操作调整到设计的 67.6 盎司。在应用假设检验时，我们依然会从假设生产线运行正常开始，设原假设为 $\mu = 67.6$ 盎司，挑战该假设的备择假设为 $\mu \neq 67.6$，即不会发生软饮料灌装不足或者灌装过量的情形。原假设和备择假设分别为：

$H_0: \mu = 67.6$

$H_a: \mu \neq 67.6$

假如软饮料制造商利用质量控制方法定期从灌装生产线上抽取一部分瓶装软饮料组成样本，计算每瓶灌入重量的样本均值。如果样本结果使我们得到拒绝 H_0 的结论，则推断 $H_a: \mu \neq 67.6$ 为真。我们的结论是：灌装操作运行不正常，需要对生产流程进行调整，以恢复到每瓶的总体均值为 67.6 盎司的状态。但是，如果样本结果表明不能拒绝 H_0，则不能拒绝"制造商的装瓶操作运行正常"这一假设。这时，不需要采取任何行动，生产操作继续进行。

在关于软饮料制造的例子中，上述两种假设检验的形式说明：研究者或者决策者的观点不同，原假设和备择假设也随之不同。在正确地建立假设时，重要的是，要了解假设检验具体应用于何种情况，从而使得构建的假设能够提供研究者或者决策者所需要的信息。

8.1.3 原假设和备择假设形式的小结

本章中的假设检验涉及两个总体参数：总体均值和总体比率。根据不同情况，总体参数的假设检验采取以下三种形式之一：前两个在原假设中用不等号（≥或≤）；第三个在原假设中用等号。对于总体均值的假设检验，我们令 μ_0 代表假定值并且必须采用以下三种形式之一进行假设检验。

$$H_0: \mu \geq \mu_0 \qquad H_0: \mu \leq \mu_0 \qquad H_0: \mu = \mu_0$$
$$H_a: \mu < \mu_0 \qquad H_a: \mu > \mu_0 \qquad H_a: \mu \neq \mu_0$$

前两种形式称为单侧检验；第三种形式称为双侧检验。

> 这里给出了假设 H_0 和 H_a 的三种可能的形式，注意，等号总是出现在原假设 H_0 中。

许多情况下，关于 H_0 和 H_a 的选择并非显而易见，必须通过判断来选择。当然，正如前面的形式所显示的，表达式中的等号部分（不论是 ≥，≤ 还是 =）总是出现在原假设中。在选择 H_0 和 H_a 的适当形式时，记住将检验试图建立的结果设为备择假设，因此，询问使用者是否正在寻找支持 $\mu < \mu_0$，$\mu > \mu_0$ 或 $\mu \neq \mu_0$ 的证据对我们确定 H_a 是有帮助的。下面的习题，有助于我们练习如何在总体均值的假设检验中选取假设的适当形式。

练 习

1. 一名汽车销售经理正在考虑采取一种新的奖励计划以提高销售量。目前，销售量的均值为每月 14 辆汽车。经理通过调研想知道新的奖励计划能否增加销售量。为了收集有关新计划的数据，允许被选入样本的销售人员在为期一个月的时间内在销售时可采用新的奖励计划。

   a. 在这种情况下，建立最适当的原假设和备择假设。
   b. 当 H_0 不能被拒绝时，对所做的结论进行评述。
   c. 当 H_0 能被拒绝时，对所做的结论进行评述。

2. 由于改变生产方法所需的时间和成本都很大，所以在一种新方法实施之前，制造负责人必须使管理人员确信，推荐的制造方法能降低成本。目前生产方法的平均成本是每小时 220 美元。一项调研工作是在样本生产期间，测量新方法的成本。

   a. 在该项研究中，建立最为合适的原假设和备择假设。
   b. 当 H_0 不能被拒绝时，对所做的结论进行评述。
   c. 当 H_0 能被拒绝时，对所做的结论进行评述。

8.2 第一类错误和第二类错误

原假设和备择假设是关于总体的两种对立的观点。要么原假设 H_0 为真，要么备择假设 H_a 为真，但是两者不可能同时为真。理想的假设检验过程应该是当 H_0 为真的时候接受 H_0，当 H_a 为真的时候拒绝 H_0。但是，由于假设检验是基于样本信息得到的，不可能做出的结论总是正确的，所以我们必须考虑发生误差的可能性。

表 8—1 列示了假设检验中可能发生的两类错误。

表 8—1　　　　　　　　　　假设检验中的正确与错误结论

		总体情况	
		H_0 是真的	H_a 是真的
结论	接受 H_0	结论正确	第二类错误
	拒绝 H_0	第一类错误	结论正确

表 8—1 的第一行说明了当接受 H_0 时可能发生的情况。这时，如果 H_0 为真，则该结论正确，如果 H_a 为真，那么我们犯了**第二类错误**（Type Ⅱ error），即当 H_0 为假时我们却接受了 H_0。表 8—1 的第二行说明了当做出拒绝 H_0 结论时可能发生的情况。这时，如果 H_0 为真，那么我们犯了**第一类错误**（Type Ⅰ error），即当 H_0 为真我们却拒绝了 H_0。显然，如果 H_a 为真，拒绝 H_0 是正确的。

回忆在 8.1 节讨论的假设检验的例子。一个汽车生产研究小组开发了一种能提高每加仑燃油行驶里程的新型燃油喷射系统。目前所用系统下每加仑燃油平均可行驶 24 英里，建立以下的假设检验：

$H_0: \mu \leq 24$

$H_a: \mu > 24$

备择假设 $H_a: \mu > 24$ 表明，研究者正致力于寻找样本证据支持结论：新型燃油喷射系统能使每加仑燃油行驶里程的总体均值大于 24 英里。

在应用中第一类错误是指，H_0 为真时却拒绝了 H_0，即当研究者认为新型燃油喷射系统提高了每加仑燃油的行驶里程（$\mu > 24$），而实际情况却是新系统并不比目前所使用的系统好。反之，第二类错误是指，H_0 为假时却接受了 H_0，即当研究者在认为新型燃油喷射系统并不比目前的好（$\mu \leq 24$），而实际情况却是新系统提高了每加仑燃油的行驶里程。

对于每加仑燃油行驶里程的假设检验，原假设是 $H_0: \mu \leq 24$。假定原假设为真以等式形式出现，即 $\mu = 24$。当作为一个等式的原假设为真时，犯第一类错误的概率称为检验的**显著性水平**（level of signifcance）。于是，对于每加仑燃油行驶里程的假设检验，显著性水平是当 $\mu = 24$ 时，拒绝 $H_0: \mu \leq 24$ 的概率。鉴于这个概念的重要性，下面重新叙述显著性水平的定义。

显著性水平

当作为一个等式的原假设为真时，犯第一类错误的概率称为检验的显著性水平。

用希腊字母 α（阿尔法）表示显著性水平，一般取 α 为 0.05 或 0.01。

在实践中，由进行假设检验的人设定显著性水平。通过选择 α，控制了犯第一类错误的概率。如果犯第一类错误的成本很高，则选择小的 α 值。如果犯第一类错误的成本不高，则通常选择较大的 α 值。应用中，一般将只控制第一类错误的假设检验称为显著性检验。许多假设检验的应用都属于这种类型。

在假设检验的大多数应用中，虽然对犯第一类错误的概率进行了控制，但通常并不对犯第二类错误的概率加以控制。因此，即使决定接受 H_0，我们也并不能确定该决策有多大的可信度。由于第二类错误的发生具有不确定性，所以通常统计学家建议我们在叙述中采用"不能拒绝 H_0"而不采用"接受 H_0"这种说法。采用

"不能拒绝 H_0"这种说法意味着我们对判断或行动持保留意见。实际上,不直接接受 H_0,使统计学家避免了犯第二类错误的风险。不论何时,只要未对犯第二类错误的概率加以确定或控制,我们就不会做出接受 H_0 的结论。这种情形下,只能得出两种可能的结论:不能拒绝 H_0 或拒绝 H_0。

> 如果样本数据与原假设 H_0 一致,则我们得出"不能拒绝 H_0"的结论。因为接受 H_0 使我们有犯第二类错误的风险,所以更倾向于"不能拒绝 H_0"而不是"接受 H_0"。

虽然在假设检验中,通常不会对第二类错误进行控制,但这确实是我们可以做到的。事实上,在高级统计学教材中,将介绍确定和控制第二类错误发生概率的方法。[①] 如果能够对第二类错误建立适当的控制,那么基于"接受 H_0"的结论所采取的措施将会是适当的。

评 注

美国乔治梅森大学(George Mason University)的经济学教授兼联合专栏作家沃尔特·威廉斯(Walter Williams)指出,在决策中第一类错误或第二类错误发生的可能性经常存在(*The Cincinnati Enquirer*, August 4, 2005)。他认为,美国食品和药品管理局(FDA)在药品准入程序中有犯这些错误的风险。当第一类错误发生时,FDA 拒绝了一种安全有效的药物的使用。而第二类错误意味着 FDA 批准了一种具有不可预知危险的副作用的药物。无论做出何种决策,都不能忽视发生重大损失的可能性。

练 习

3. 尼尔森公司报告称,美国男青年每天平均看黄金时段电视节目的时间为 56.2 分钟(*The Wall Street Journal Europe*, November 18, 2003)。某一研究者认为德国男青年看电视的时间更长。于是,该研究者选取德国男青年组成样本,记录下他们一天当中看电视的时间。利用样本结果对以下原假设和备择假设进行检验:

$H_0: \mu \leqslant 56.2$
$H_a: \mu > 56.2$

a. 这种情况下,第一类错误是什么?犯这类错误的后果是什么?
b. 这种情况下,第二类错误是什么?犯这类错误的后果是什么?

4. 容量为 3 夸脱的橙汁容器上的标签标明,该种橙汁脂肪含量的均值不超过 1 克,对标签上的说明进行假设检验,回答下列相关问题:
a. 建立适当的原假设和备择假设。
b. 这种情况下,第一类错误是什么?犯这类错误的后果是什么?
c. 这种情况下,第二类错误是什么?犯这类错误的后果是什么?

5. 如果假设检验支持我们做出新的生产方法能够降低每小时操作成本的结论,则认为应实施这种新的生产方法。
a. 如果目前生产方法的平均成本为每小时 220 美元,建立合适的原假设和备

---

① 例如,D. R. Anderson, D. J. Sweeney, and T. A. Williams, *Statistics for Business and Economics*, 11th edition (Cincinnati: South-Western, 2011)。

择假设。

b. 这种情况下,第一类错误是什么?犯这类错误的后果是什么?

c. 这种情况下,第二类错误是什么?犯这类错误的后果是什么?

8.3 总体均值: σ已知

在第 7 章中,我们曾说如果在应用中可以根据历史数据或者其他信息在抽样前得到总体标准差的一个好的估计,则可看做 σ 是已知的。在这种情形下,出于应用的目的,总体标准差可被认为是已知的。本节说明,在 σ 已知的情形下如何对总体均值进行假设检验。

本节所介绍的方法是在样本恰好选自服从正态分布总体的条件下进行的。在总体服从正态分布的假定不合理的情形下,只有当样本容量足够大的时候,这些方法才是有效的。在本节末,我们给出了实际应用中关于总体分布和样本容量的一些建议。

8.3.1 单侧检验

总体均值的**单侧检验**(one-tailed test)有以下两种形式:

下侧检验　　　　上侧检验

$H_0: \mu \geqslant \mu_0$ 　　　$H_0: \mu \leqslant \mu_0$

$H_a: \mu < \mu_0$ 　　　$H_a: \mu > \mu_0$

我们考虑一个下侧检验的例子。

美国联邦贸易委员会(FTC)定期设计统计调查,用以检验制造商的产品说明。例如,大号罐装 Hilltop 咖啡的标签上标明装有 3 磅咖啡。FTC 知道 Hilltop 的生产线无法精确地将 3 磅咖啡装入每罐中,甚至无法保证所有罐装咖啡重量的总体均值为每罐 3 磅。当然,只要罐装总体重量的均值至少为每罐 3 磅,消费者的权益将得到保障。于是,FTC 把大号罐装咖啡标签上的信息理解为 Hilltop 的承诺: 罐装咖啡重量的总体均值为每罐 3 磅。我们将说明,FTC 如何通过下侧检验来对 Hilltop 的承诺进行检验。

第一步是给检验提出原假设和备择假设。如果罐内装入咖啡重量的总体均值至少为每罐 3 磅,那么 Hilltop 遵守了产品的承诺。这构成了检验的原假设。当然,如果罐内装入咖啡重量的总体均值少于每罐 3 磅,那么 Hilltop 没有遵守对产品的承诺,这构成检验的备择假设。令 μ 代表罐装咖啡重量的总体均值,得到如下形式的原假设和备择假设:

$H_0: \mu \geqslant 3$

$H_a: \mu < 3$

注意,总体均值的假定值 $\mu_0 = 3$。

如果样本数据表明,H_0 不能被拒绝,则统计证据不支持我们做出标签上的承诺被违背的结论,从而不会对 Hilltop 采取任何措施。但是,如果样本数据表明 H_0 能被拒绝,则我们的结论是: 备择假设 $H_a: \mu < 3$ 为真。这种情形下,可以做出罐装咖啡重量不足的结论,并且有充足的理由投诉 Hilltop 违背了标签上的承诺。

假定选取 36 罐咖啡组成一个随机样本，并且计算样本均值 $\bar{x}$ 作为总体均值 μ 的估计值。如果样本均值 $\bar{x}$ 小于 3 磅，则样本结果对原假设提出了质疑。我们想知道的是：当样本均值 $\bar{x}$ 比 3 磅少多少的时候，我们才能断言差异明显并且甘愿冒着犯第一类错误的风险（错误地）控告 Hilltop 公司违背了标签的承诺。这个问题的关键因素在于决策者所选择的显著性水平。

正如上一节所提到的，用 α 表示显著性水平，它是当作为一个等式的原假设为真时，拒绝 H_0 而犯第一类错误的概率。管理者必须事先指定这一显著性水平。如果犯第一类错误的成本很高，则应当选择较小的值作为显著性水平。如果犯第一类错误的成本不高，则可以适当选择较大的值为显著性水平。在 Hilltop 咖啡的研究中，FTC 检验程序的负责人做出如下说明："如果公司达到了其重量规格 $\mu=3$ 的要求，则我们不会对 Hilltop 采取任何措施。但是，我们会以 1% 的可能性犯这类错误。"从该负责人的说明中可知，我们设定该假设检验的显著性水平 $\alpha=0.01$。于是，我们必须设计一个假设检验，使得当 $\mu=3$ 时犯第一类错误的概率为 0.01。

在 Hilltop 咖啡问题的研究中，通过确定原假设、备择假设和显著性水平，我们已经完成了每个假设检验所需的前两步。现在我们准备完成假设检验的第三步：收集样本数据和计算检验统计量的值。

检验统计量 在 Hilltop 咖啡问题的研究中，FTC 前期的检验表明，总体的标准差可以假定为已知，$\sigma=0.18$。另外，前期检验还表明，罐装咖啡重量的总体可以假定服从正态分布。从第 6 章抽样分布的研究中我们知道，如果进行抽样的总体服从正态分布，则 $\bar{x}$ 的抽样分布也服从正态分布。因此，在 Hilltop 咖啡的研究中，$\bar{x}$ 的抽样分布服从正态分布，$\sigma=0.18$ 已知，样本容量 $n=36$。图 8—1 给出当作为一个等式的原假设为真时，即 $\mu=\mu_0=3$[①] 时 $\bar{x}$ 的抽样分布。注意：$\bar{x}$ 的标准误差 $\sigma_{\bar{x}}=\sigma/\sqrt{n}=0.18/\sqrt{36}=0.03$。

> $\bar{x}$ 的标准误差就是 $\bar{x}$ 的抽样分布的标准差。

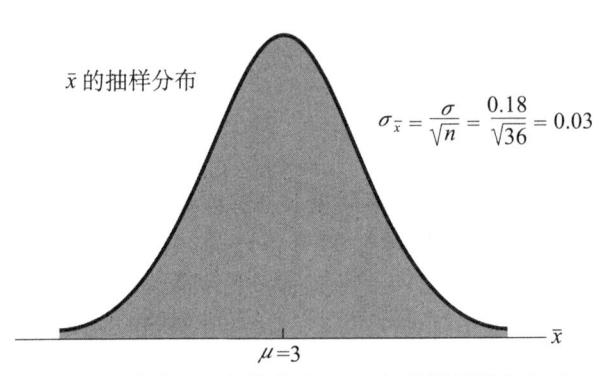

图 8—1 当作为一个等式（$\mu_0 = 3$）的原假设为真时，在 Hilltop 咖啡研究的问题中，$\bar{x}$ 的抽样分布

由于 $\bar{x}$ 的抽样分布服从正态分布，有

$$z = \frac{\bar{x} - \mu_0}{\sigma_{\bar{x}}} = \frac{\bar{x} - 3}{0.03}$$

[①] 在构造假设检验的抽样分布时，假定 H_0 是以等式形式成立的。

的抽样分布服从标准正态分布。$z=-1$ 表明 $\bar{x}$ 的值是在均值的假定值 μ_0 的左侧 1 个标准差的地方，$z=-2$ 表明 $\bar{x}$ 的值在均值的假定值 μ_0 的左侧 2 个标准差的地方，以此类推。我们可以通过标准正态分布累积概率表得到对应于任何 z 值的左侧概率。例如，$z=-3$ 的左侧面积为 0.001 3。从而，z 值小于均值 3 个或 3 个以上标准差的概率为 0.001 3。因此，$\bar{x}$ 的值在总体均值的假定值 $\mu_0=3$ 左侧 3 个或 3 个以上标准差的概率为 0.001 3。如果原假设为真，这个结果不大可能发生。

在 σ 已知的情形下对总体均值进行假设检验，我们用标准正态随机变量 z 作为**检验统计量**（test statistic）来确定 $\bar{x}$ 是否偏离假定值 μ 足够远，从而有理由拒绝原假设。令 $\sigma_{\bar{x}}=\sigma/\sqrt{n}$，检验统计量如下：

总体均值假设检验的检验统计量：σ 已知

$$z=\frac{\bar{x}-\mu_0}{\sigma/\sqrt{n}} \tag{8.1}$$

下侧检验的关键问题在于：当检验统计量 z 的值多小的时候，我们才能选择拒绝原假设？有两种方法可以解决这个问题：p 值法和临界值法。

p 值法 p 值法利用检验统计量 z 的值来计算一个被称为 **p 值**（p-value）的概率。

p 值

p 值是一个概率值，它是样本所提供的证据对原假设支持程度的度量。p 值越小说明反对原假设的证据越多。

p 值用于确定是否拒绝原假设。

我们看看如何计算和使用 p 值。利用检验统计量可以计算 p 值。用于计算 p 值的方法依赖于检验是下侧检验、上侧检验还是双侧检验。对于下侧检验，p 值是检验统计量小于或等于样本所给出的检验统计量的值的概率。从而，在 σ 已知的情形下为了计算下侧检验的 p 值，我们必须得到标准正态曲线下在检验统计量的值左边部分的面积。在计算出 p 值以后，我们必须确定它是否小到足以拒绝原假设；正如我们将要说明的，这需要将计算出的 p 值与显著性水平进行比较。

> 小的 p 值表明，检验统计量的值通常不能得出假设 H_0 为真的结论。

我们现在计算 Hilltop 咖啡下侧检验的 p 值。假定选取 36 罐 Hilltop 咖啡组成一个样本，样本均值 $\bar{x}=2.92$ 磅。$\bar{x}=2.92$ 是否小到足以拒绝 H_0？因为这是一个下侧检验，p 值是标准正态曲线下在检验统计量的值左边部分的面积。利用 $\bar{x}=2.92$，$\sigma=0.18$ 和 $n=36$，我们计算检验统计量 z 的值为：

$$z=\frac{\bar{x}-\mu_0}{\sigma/\sqrt{n}}=\frac{2.92-3}{0.18/\sqrt{36}}=-2.67$$

从而，p 值为检验统计量 z 小于或等于 -2.67 的概率（标准正态曲线下在检验统计量的值左边部分的面积）。

利用标准正态分布累积概率表，我们查得 $z=-2.67$ 下侧的面积为 0.003 8。图 8—2 给出了与 $\bar{x}=2.92$ 相对应的检验统计量 $z=-2.67$ 和 p 值＝0.003 8。p 值表明，当从 $\mu=3$ 的总体进行抽样时，得到的样本均值为 $\bar{x}=2.92$（相应的检验统计量为 -2.67）或者更小的样本均值的概率很小。这个 p 值没有对原假设提供支持，但是它小到足以使我们拒绝 H_0 了吗？答案依赖于检验的显著性水平。

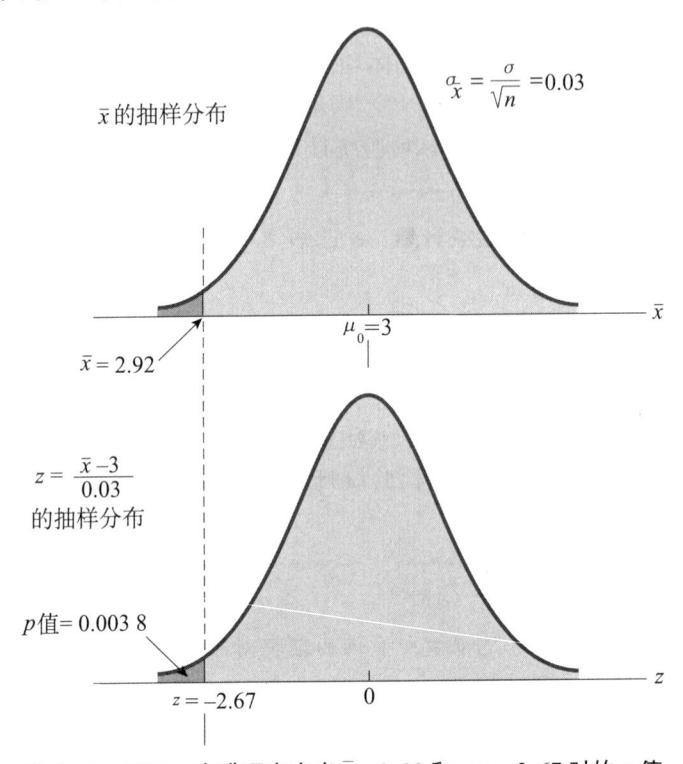

图 8—2 Hilltop 咖啡研究中当 $\bar{x}=2.92$ 和 $z=-2.67$ 时的 p 值

正如前面所说，FTC 检验项目的负责人选取 0.01 作为显著性水平。选择 $\alpha=0.01$ 意味着：负责人愿意容许以 0.01 的概率拒绝原假设。在由 36 罐咖啡组成样本的 Hilltop 问题研究中，p 值＝0.003 8，这意味着：当作为一个等式的原假设为真时，得到 $\bar{x}=2.92$ 或者更小 $\bar{x}$ 的值的概率为 0.003 8。由于 0.003 8 小于等于 $\alpha=0.01$，我们拒绝 H_0，从而发现有足够的统计证据在 0.01 的显著性水平下拒绝原假设。

我们现在可以陈述利用 p 值法确定是否可以拒绝原假设的基本规则。对于给定的显著性水平 α，p 值法的拒绝法则如下：

p 值法的拒绝法则

如果 p 值 $\leq \alpha$，则拒绝 H_0。

在 Hilltop 咖啡检验中，p 值＝0.003 8，于是拒绝原假设。虽然，做出拒绝决定的根据源于 p 值与 FTC 负责人选取的显著性水平的比较，实测的 p 值 0.003 8 意味着对于任何 $\alpha \geq 0.003\,8$ 的情形，我们都将拒绝 H_0。因此，p 值也称为实际显著性水平。

不同的决策者可能对犯第一类错误的成本有不同的看法，并且选择不同的显著性水平。将 p 值作为假设检验的一部分，其他决策者可以将报告的 p 值与自己的显著性水平进行比较，并且可能对于是否拒绝 H_0 做出不同的决定。

临界值法 临界值法要求我们首先确定被称为临界值的检验统计量的值。对于下侧检验，**临界值**（critical value）是确定检验统计量的值是否小到足以拒绝原假设的一个基准。在检验统计量的抽样分布中，与下侧面积 α（显著性水平）相对应的值是检验统计量的临界值。换句话说，临界值是使得我们拒绝原假设的检验统计量的最大值。我们回到 Hilltop 咖啡的例子，看看如何使用临界值法。

在 σ 已知的情形下，检验统计量 z 的抽样分布是标准正态分布。从而，临界值是检验统计量的值，该值对应于标准正态概率分布的下侧 $\alpha = 0.01$ 的面积。利用标准正态分布累积概率表，我们发现 $z = -2.23$ 的下侧面积等于 0.01（见图 8—3）。从而，如果样本所得的检验统计量的值小于或等于 -2.23，相应的 p 值将小于或等于 0.01。在这种情况下，我们将拒绝原假设。从而，在 Hilltop 咖啡的研究中，在 0.01 的显著性水平下临界值的拒绝法则是

如果 $z \leqslant -2.23$，则拒绝 H_0

在 Hilltop 咖啡的例子中，$\bar{x} = 2.92$ 对应的检验统计量 $z = -2.67$。由于 $z = -2.67 < -2.23$，所以拒绝 H_0 并且得出 Hilltop 咖啡的分量不足的结论。

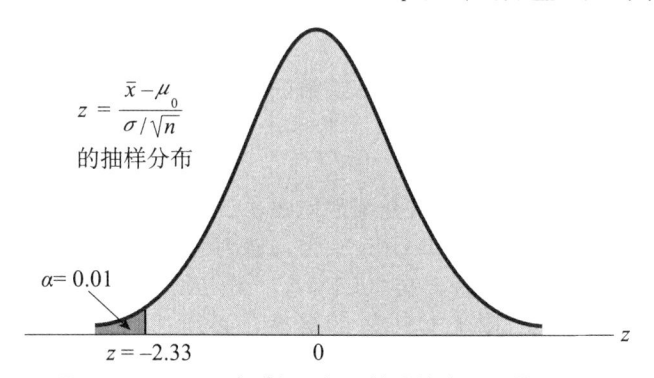

图 8—3 Hilltop 咖啡问题假设检验的临界值是 -2.23

可以将临界值法的拒绝法则推广到任意的显著性水平。下侧检验的拒绝法则如下：

下侧检验的拒绝法则：临界值法

如果 $z \leqslant -z_\alpha$，则拒绝 H_0

式中，$-z_\alpha$ 是临界值，即标准正态分布下侧的面积为 α 时对应的 z 值。

小结 假设检验的 p 值法与临界值法总是得出相同的拒绝结论，即每当 p 值小于等于 α 时，检验统计量的值将小于或等于临界值。p 值法的优点在于，p 值能够告诉我们结果有多么显著（实际显著性水平）。而如果使用临界值法，只能得到在规定的显著性水平下结果是否显著。

在本节的开头，我们已经说过总体均值的单侧检验采用以下两种形式之一：

下侧检验　　　　　　上侧检验
$H_0: \mu \geqslant \mu_0$　　　　　　$H_0: \mu \leqslant \mu_0$
$H_a: \mu < \mu_0$　　　　　　$H_a: \mu > \mu_0$

我们已经通过对 Hilltop 咖啡问题的研究说明了如何进行下侧检验。可以用相同的方法进行上侧检验。检验统计量仍然通过式（8.1）计算。但是，对于上侧检验，p 值是检验统计量大于或等于样本所给出的检验统计量的值的概率。为了在 σ 已知的情形下计算上侧检验的 p 值，我们必须求出检验统计量在标准正态曲线下右侧部分的面积。采用临界值法时，如果检验统计量的值大于或等于临界值 z_α，则拒绝原假设；换句话说，如果 $z \geqslant z_\alpha$，则拒绝 H_0。

单侧假设检验中 p 值的计算步骤如下：

计算单侧检验的 p 值

1. 用式（8.1）计算检验统计量的值。
2. 下侧检验：根据标准正态分布，计算 z 小于或者等于检验统计量的值的概率（下侧面积）。
3. 上侧检验：根据标准正态分布，计算 z 大于或者等于检验统计量的值的概率（上侧面积）。

8.3.2 双侧检验

在假设检验中，关于总体均值的**双侧检验**（two-tailed test）的一般形式如下：

$H_0: \mu = \mu_0$

$H_a: \mu \neq \mu_0$

在这一小节，我们将介绍如何在 σ 已知情形下对总体均值进行双侧检验。作为一个例子，我们考虑 MaxFlight 公司遇到的假设检验。

美国高尔夫球联合会（USGA）制定了一些标准，高尔夫设备制造商如果想让它们的产品用于 USGA 的赛事，必须达到这些标准。MaxFlight 公司最近采用一种高技术制造工艺生产的高尔夫球平均发球距离为 295 码。然而，这一制造工艺有时会调控失灵，使得所生产的高尔夫球的平均发球距离与 295 码不同。当平均发球距离低于 295 码时，公司担心由于高尔夫球的平均发球距离没有达到广告中宣传的那么远而使销售量减少。当球的平均发球距离超过 295 码时，MaxFlight 的高尔夫球将因为超过击出和滚动的总距离标准而被 USGA 拒绝。

MaxFlight 的质量控制程序定期选择 50 个高尔夫球组成样本来监控制造工艺过程（数据文件见 GolfTest）。对于每个样本进行假设检验，确定制造工艺的调节功能是否失常。我们为此建立原假设和备择假设。从假定制造工艺仍然正常运行开始，即所生产的高尔夫球的平均发球距离为 295 码。这个假定构成原假设。备择假设是平均发球距离不等于 295 码。令假设值 $\mu_0 = 295$，则 MaxFlight 假设检验的原假设和备择假设如下：

$H_0: \mu = 295$

$H_a: \mu \neq 295$

如果样本均值明显小于 295 码或明显大于 295 码，则拒绝 H_0。在这个例子中，采取的矫正措施是调整制造工艺。另一方面，如果样本均值 $\bar{x}$ 没有明显地偏

离假定的均值 $\mu_0 = 295$，H_0 将不会被拒绝，并且不需要采取矫正措施调整制造工艺。

质量控制小组选择 $\alpha = 0.05$ 作为检验的显著性水平。在制造工艺处于正常运行时，进行前期检验的数据表明，可以假定总体的标准差为已知 $\sigma = 12$。样本容量 $n = 50$ 时，$\bar{x}$ 的标准误差为：

$$\sigma_{\bar{x}} = \frac{\sigma}{\sqrt{n}} = \frac{12}{\sqrt{50}} = 1.7$$

由于样本容量较大，根据中心极限定理可知 $\bar{x}$ 的抽样分布近似服从正态分布（见第 6 章）。图 8—4 是当假定总体均值 $\mu_0 = 295$ 时，MaxFlight 假设检验中 $\bar{x}$ 的抽样分布。

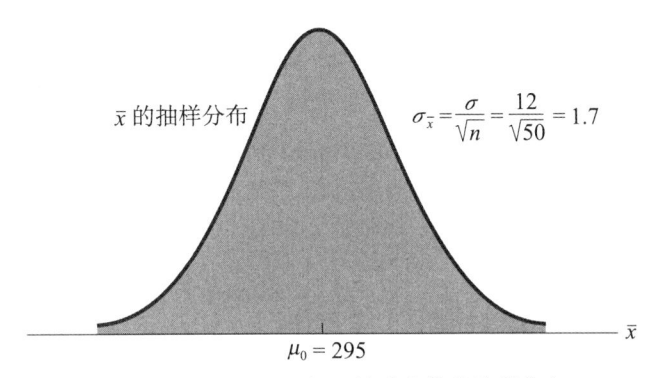

图 8—4 MaxFlight 假设检验中 $\bar{x}$ 的抽样分布

假定抽取 50 个高尔夫球组成一个样本，它的样本均值 $\bar{x} = 297.6$ 码。样本均值支持了总体均值大于 295 码的结论。$\bar{x}$ 的值超过 295 码是否足够大，使得我们能够在 0.05 的显著性水平下拒绝 H_0？在上一节中，我们介绍了两种方法来回答这个问题：p 值法和临界值法。

p 值法 p 值是一个用于确定是否能够拒绝原假设的概率值。对于双侧检验，若检验统计量的值位于抽样分布的两侧尾部，则支持拒绝原假设。对于双侧检验，p 值是一个概率值，用来衡量检验统计量与根据样本计算得出的检验统计量值存在明显差异的程度。下面，我们看看在 MaxFlight 假设检验中如何计算 p 值。

首先计算检验统计量 z 的值。在 σ 已知的情形下，检验统计量 z 是一个标准正态随机变量。利用式（8.1）和 $\bar{x} = 297.6$，检验统计量的值为：

$$z = \frac{\bar{x} - \mu_0}{\sigma/\sqrt{n}} = \frac{297.6 - 295}{12/\sqrt{50}} = 1.53$$

为了计算 p 值，现在必须计算检验统计量的值至少不会比 $z = 1.53$ 更小的概率。显然，$z \geqslant 1.53$ 的任何值都至少不会比 $z = 1.53$ 更小；但是由于这是一个双侧检验，$z \leqslant -1.53$ 的任何值也都至少不会比 $z = -1.53$ 大。通过图 8—5，我们可知这个例子中双侧检验的 p 值为 $P(z \leqslant -1.53) + P(z \geqslant 1.53)$。因为正态曲线是对称的，这个概率可以通过先计算标准正态曲线下 $z = 1.53$ 右侧部分的面积，再将它乘以 2 得到。由标准正态分布表可知，$P(z < 1.53) = 0.937\ 0$。从而，$P(z \geqslant 1.53) = 1.000\ 0 - 0.937\ 0 = 0.063\ 0$。将它乘以 2，得到 MaxFlight 双侧检验的 p 值 $= 2 \times 0.063\ 0 = 0.126\ 0$。

接下来，将 p 值与显著性水平进行比较，看是否应该拒绝原假设。若取显著

$P(z \leqslant -1.53) = 0.063\,0$ $P(z \geqslant 1.53) = 0.063\,0$

p值 $= 2 \times 0.063\,0 = 0.126\,0$

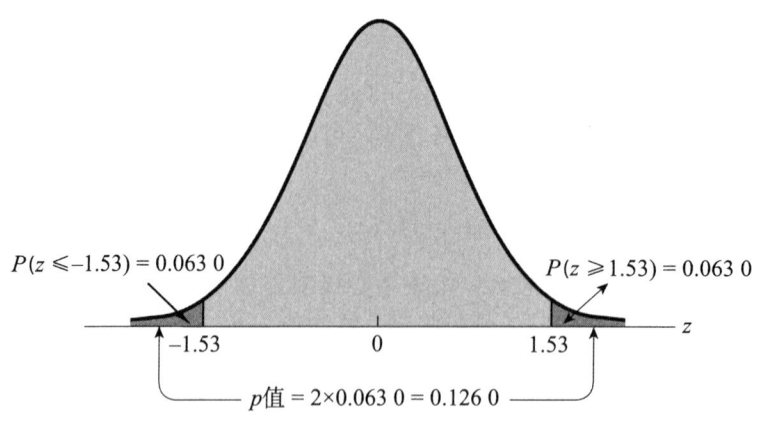

图 8—5　MaxFlight 假设检验的 p 值

性水平 $\alpha = 0.05$，由于 p 值 $= 0.126\,0 > 0.05$，我们不能拒绝 H_0。因为原假设没有被拒绝，所以不会对 MaxFlight 制造工艺进行调整。

双侧假设检验 p 值的计算步骤总结如下：

双侧检验 p 值的计算

(1) 利用式 (8.1) 计算检验统计量的值。

(2) 如果检验统计量的值位于上侧（$z > 0$），计算 z 大于或者等于检验统计量值的概率（上侧面积）。如果检验统计量的值位于下侧（$z < 0$），计算 z 小于或者等于检验统计量值的概率（下侧面积）。

(3) 将步骤 (2) 中的概率（面积）乘以 2 即求得 p 值。

临界值法　在结束本小节之前，我们看看如何将检验统计量 z 的值与临界值进行比较，从而对一个双侧检验做出假设检验决策。图 8—6 表明，检验的临界值位于标准正态分布的上侧尾端和下侧尾端。在显著性水平 $\alpha = 0.05$ 下，每侧尾端临界值对应的面积为 $\alpha/2 = 0.05/2 = 0.025$。由标准正态分布累积概率表可知，检验统计量的临界值 $-z_{0.025} = -1.96$ 和 $z_{0.025} = 1.96$。利用临界值法，双侧检验的拒绝法则是

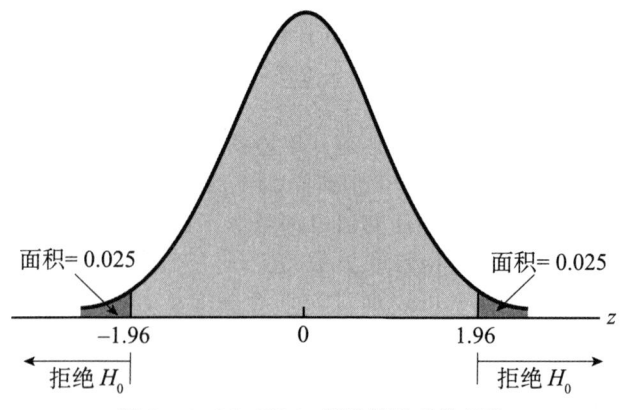

面积 $= 0.025$ 面积 $= 0.025$

拒绝 H_0 拒绝 H_0

图 8—6　MaxFlight 假设检验的临界值

如果 $z<-1.96$ 或者 $z>1.96$,则拒绝 H_0。

因为 MaxFlight 研究中检验统计量的值 $z=1.53$,统计证据不允许我们在 0.05 的显著性水平下拒绝原假设。

8.3.3 Excel 应用

总体 σ 已知的情形下利用 p 值对总体均值进行单侧和双侧假设检验的步骤,可以用 Excel 实现。p 值的计算与检验是下侧、上侧还是双侧有关。在 Excel 中,可根据抽样结果计算三类 p 值:p 值(下侧)、p 值(上侧)和 p 值(双侧)。研究者选取 α 并断定根据哪一类检验的 p 值来做结论。下面,我们演示如何对 MaxFlight 问题进行双侧假设检验,见图 8—7。背景中是公式工作表,前景中是数值工作表。

输入数据:在单元格区域 A1:A51 输入 50 个高尔夫球所组成样本的标签和击球距离的数据。

输入函数和公式:单元格 D4 和 D5 中给出所需的描述性统计量。Excel 中用函数 COUNT 和 AVERAGE 分别计算样本容量和样本均值。在单元格 D7 中输入已知的总体标准差的值 12,在单元格 D8 中输入假定的总体均值 295。

在单元格 D10 中输入公式"=D7/SQRT(D4)",得到标准误差。在单元格 D11 中输入公式"=(D5-D8)/D10",计算检验统计量得 $z=1.532\ 1$。在单元格 D13 中输入公式"=NORM.S.DIST(D11,TRUE)",计算得到下侧检验的 p 值;单元格 D14 中计算的是上侧检验的 p 值,等于 1 减去下侧检验的 p 值。单元格 D14 中计算的是双侧检验的 p 值,等于两个单侧检验 p 值中最小的那一个的 2 倍。由数值工作表可知:p 值(下侧)$=0.937\ 2$,p 值(上侧)$=0.062\ 8$,p 值(双侧)$=0.125\ 5$。

工作表建立完毕,在 MaxFlight 双侧假设检验中取 $\alpha=0.05$,由于 p 值(双侧)$=0.125\ 5>\alpha$,因此不能拒绝原假设 H_0:$\mu=295$。从而,质量控制管理人员没有理由对制造过程所生产的高尔夫球击球距离的总体均值为 295 码产生质疑。

模板 图 8—7 中的工作表可作为模板用于对 σ 已知情形进行单侧和双侧假设检验。这时,仅需在列 A 中输入适当的数据,在单元格 D4 和 D5 的公式中调整范围,在单元格 D7 中输入总体标准差,在单元格 D8 中输入总体均值的假定值,就可以计算得到标准误差、检验统计量和三种类型的 p 值。然后,根据假设检验的形式(下侧、上侧还是双侧),选取适当类型的 p 值进行决策。

我们还可以将图 8—7 进一步简化为另一个模板,使得不必在单元格 D4 和 D5 中输入数据范围。这时,仅需将单元格 D4 和 D5 中公式改写为:

单元格 D4:=COUNT(A:A)
单元格 D5:=AVERAGE(A:A)

公式中用"A:A"设定数据范围,Excel 中的函数 COUNT 计算列 A 中数据的个数;函数 AVERAGE 计算列 A 中数据的样本均值。这样,对于任何一个假设检验,仅需在列 A 中输入数据,在单元格 D7 中输入总体标准差的值,在单元格 D8 中输入总体均值的假定值即可。

> 数据集 GolfTest 中包括一个名为 Template 的工作表,在这个模板中使用 A:A 方法输入数据范围。

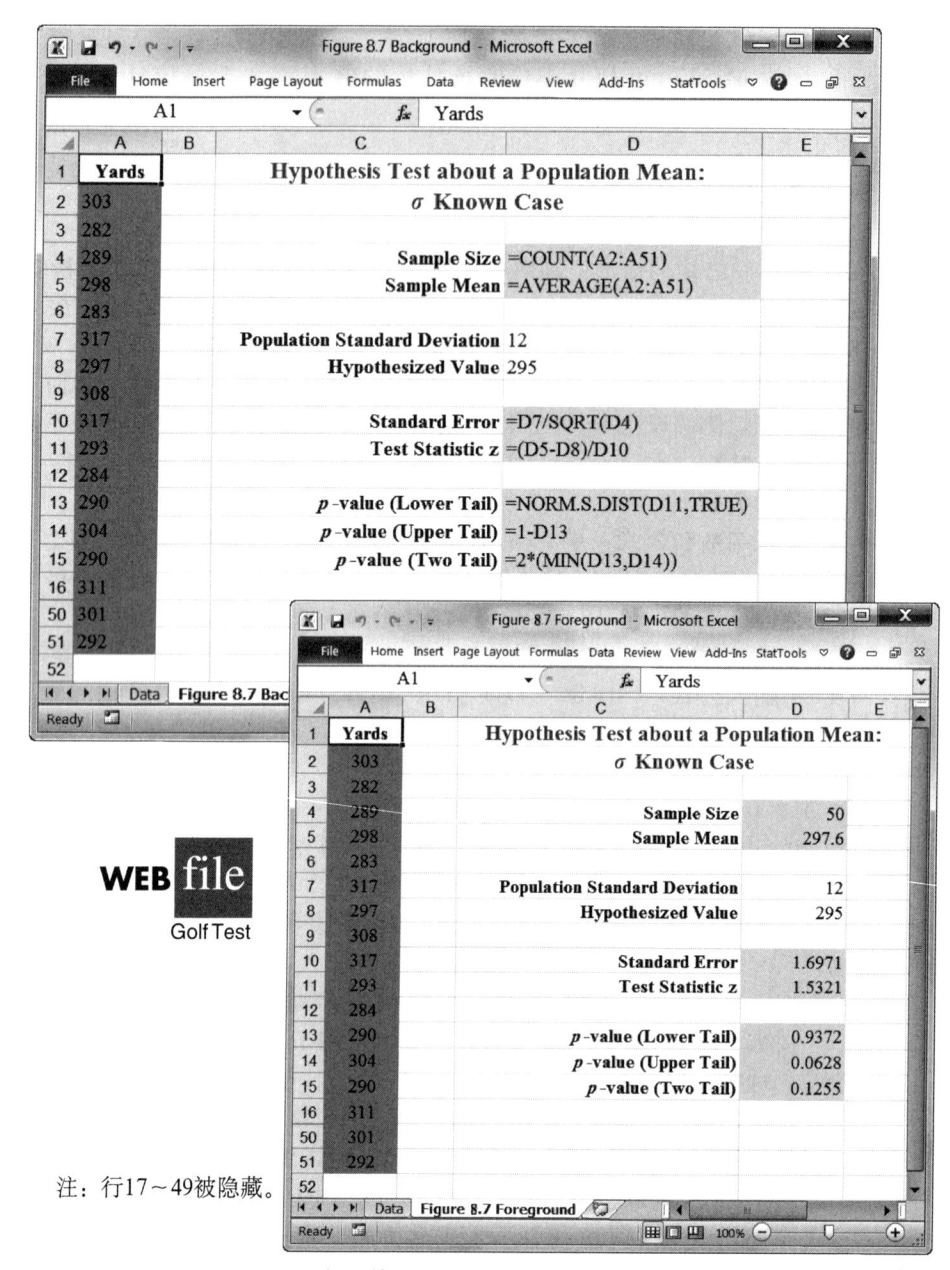

图 8—7 假设检验的 Excel 工作表：σ 已知的情形

注：行17~49被隐藏。

当给定 n，$\bar{x}$ 和 σ 时，仍可以用以上工作表作为模板完成假设检验。这时，不必在列 A 中输入数据，只需在单元格 D4，D5 和 D7 中分别输入 n，$\bar{x}$ 和 σ，在单元格 D8 中输入总体均值的假定值，在单元格区域 D13：D15 便可计算得到与下侧、上侧和双侧假设检验相对应的 p 值。

8.3.4 小结与应用中的建议

我们给出了总体均值的下侧检验和双侧检验的例子。根据这些例子，我们将 σ 已知情形下总体均值的假设检验程序汇总在表 8—2 中。注意，μ_0 是总体均值的假设值。

表 8—2　　　　　　　　总体均值假设检验的小结：σ 已知

	下侧检验	上侧检验	双侧检验
假设	$H_0: \mu \geqslant \mu_0$ $H_a: \mu < \mu_0$	$H_0: \mu \leqslant \mu_0$ $H_a: \mu > \mu_0$	$H_0: \mu = \mu_0$ $H_a: \mu \neq \mu_0$
检验统计量	$z = \dfrac{\bar{x} - \mu_0}{\sigma/\sqrt{n}}$	$z = \dfrac{\bar{x} - \mu_0}{\sigma/\sqrt{n}}$	$z = \dfrac{\bar{x} - \mu_0}{\sigma/\sqrt{n}}$
拒绝法则：p 值法	如果 p 值 $\leqslant \alpha$，则拒绝 H_0	如果 p 值 $\leqslant \alpha$，则拒绝 H_0	如果 p 值 $\leqslant \alpha$，则拒绝 H_0
拒绝法则：临界值法	如果 $z \leqslant -z_\alpha$，则拒绝 H_0	如果 $z \geqslant z_\alpha$，则拒绝 H_0	如果 $z \leqslant -z_{\alpha/2}$ 或者 $z \geqslant z_{\alpha/2}$，则拒绝 H_0

本节所给的两个例子的假设检验步骤适用于任何假设检验。

假设检验的步骤

步骤 1：提出原假设和备择假设。
步骤 2：指定检验中的显著性水平。
步骤 3：收集样本数据并计算检验统计量的值。
p 值法
步骤 4：利用检验统计量的值计算 p 值。
步骤 5：如果 p 值 $\leqslant \alpha$，则拒绝 H_0。
临界值法
步骤 4：利用显著性水平确定临界值以及拒绝法则。
步骤 5：利用检验统计量的值以及拒绝法则确定是否拒绝 H_0。

对于假设检验中的样本容量问题，应用中的建议与我们在第 7 章区间估计中有关样本容量的建议类似。在绝大多数应用中，当我们使用本节介绍的假设检验方法时，$n \geqslant 30$ 就足够了。在样本容量小于 30 的情形下，进行抽样的总体分布是重要考虑因素。如果总体服从正态分布，则我们所描述的假设检验方法是精确的，并且适用于任何样本容量。如果总体不服从正态分布但至少大致上是对称的，则样本容量为 15 时便可以预期能够提供可以接受的结果。

8.3.5　区间估计与假设检验的关系

在第 7 章中我们介绍了如何对总体均值进行置信区间估计。在 σ 已知的情形下，总体均值的 $100(1-\alpha)\%$ 置信区间估计为：

$$\bar{x} \pm z_{\alpha/2} \frac{\sigma}{\sqrt{n}}$$

在本章中我们给出以下形式的总体均值的双侧假设检验：

$H_0: \mu = \mu_0$
$H_a: \mu \neq \mu_0$

式中，μ_0 为总体均值的假设值。

假定我们沿用第 7 章所描述的步骤构造总体均值的 $100(1-\alpha)\%$ 置信区间。我们知道，在得到的置信区间中，有 $100(1-\alpha)\%$ 将包含总体均值，有 $100\alpha\%$ 不包含总体均值。于是，每当置信区间不包含 μ_0 时，如果拒绝 H_0，那么我们在原假设为真（$\mu=\mu_0$）时以概率 α 拒绝它。显著性水平是当原假设为真时却拒绝原假设的概率。因此，构造一个 $100(1-\alpha)\%$ 置信区间，并且当置信区间不包含 μ_0 时拒绝 H_0，等价于在显著性水平 α 下进行双侧假设检验。现在，利用置信区间进行双侧假设检验的步骤概括如下：

用置信区间的方法检验如下形式的假设

$H_0: \mu = \mu_0$

$H_a: \mu \neq \mu_0$

1. 从总体中抽取一个简单随机样本，并利用样本均值 $\bar{x}$ 建立总体均值 μ 的置信区间。

$$\bar{x} \pm z_{\alpha/2} \frac{\sigma}{\sqrt{n}}$$

2. 如果置信区间包含假设值 μ_0，则不能拒绝 H_0。否则，拒绝 H_0。①

> 对于双侧假设检验，如果置信区间不包括 μ_0，则拒绝原假设。

我们通过 MaxFlight 问题说明如何使用置信区间方法进行假设检验。MaxFlight 的假设检验具有以下形式：

$H_0: \mu = 295$

$H_a: \mu \neq 295$

为了在显著性水平 $\alpha=0.05$ 下检验该假设，我们抽取 50 个高尔夫球并计算发球距离的样本均值 $\bar{x}=297.6$ 码，已知总体标准差 $\sigma=12$ 码。利用这些结果及 $z_{0.025}=1.96$，得到总体均值的 95% 置信区间估计为：

$$\bar{x} \pm z_{0.025} \frac{\sigma}{\sqrt{n}}$$

$$297.6 \pm 1.96 \frac{12}{\sqrt{50}}$$

$$297.6 \pm 3.3$$

或

$(294.3, 300.9)$

这一发现使质量控制管理人员以 95% 的置信度得出结论：高尔夫球总体的平均发球距离介于 294.3～300.9 码。由于总体均值的假设值 $\mu_0=295$ 码落在该区间中，所以假设检验的结论为：原假设 $H_0: \mu=295$ 不能被拒绝。

注意，上述讨论以及例子都是关于总体均值的双侧假设检验。不过，对其他总体参数也是成立的。这种关系可以扩展到总体参数的单侧检验。但是，这时要求建立在实践中很少用到的单侧置信区间。

---

① 与如果 p 值 $\leq \alpha$ 则拒绝 H_0 的拒绝法则一致，在置信区间方法的拒绝法则中，如果恰好位于 $100(1-\alpha)\%$ 置信区间的端点则拒绝 H_0。

评 注

我们已经说明了如何利用 p 值。p 值越小,则拒绝 H_0 的证据越多,支持 H_a 的证据也越多。下面是统计学家给出的一些用于解释小的 p 值的指导意见。

- p 值小于 0.01 —— 超强证据断定 H_a 为真。
- p 值介于 0.01~0.05 之间 —— 强证据断定 H_a 为真。
- p 值介于 0.05~0.10 之间 —— 弱证据断定 H_a 为真。
- p 值大于 0.10 —— 没有足够的证据断定 H_a 为真。

练 习

提示:下边的习题中有一些要求断定用 p 值法,另一些要求使用临界值法。这两种方法将得到相同的假设检验结论。我们对这两种方法都提供了习题,使你能够利用它们进行练习。下一节以及其余各章,我们更偏好使用 p 值法。你可以根据个人偏好选择其中任何一种方法。

方法

6. 考虑下面的假设检验:

$$H_0: \mu \leqslant 25$$
$$H_a: \mu > 25$$

有一个容量为 40 的样本,样本均值为 26.4,总体标准差为 6。
a. 计算检验统计量的值。
b. p 值是多少?
c. $\alpha = 0.01$ 时,你的结论是什么?
d. 临界值法中的拒绝法则是什么?你得到怎样的结论?

7. 考虑下面的假设检验:

$$H_0: \mu = 15$$
$$H_a: \mu \neq 15$$

有一个容量为 50 的样本,样本均值为 14.15,总体标准差为 3。
a. 计算检验统计量的值。
b. p 值是多少?
c. $\alpha = 0.05$ 时,你的结论是什么?
d. 临界值法中的拒绝法则是什么?你得到怎样的结论?

8. 考虑下面的假设检验:

$$H_0: \mu \geqslant 80$$
$$H_a: \mu < 80$$

有一个容量为 100 的样本,总体标准差为 12。取 $\alpha = 0.01$,对下面的每种抽样结果,计算 p 值,并陈述你的结论。
a. $\bar{x} = 78.5$
b. $\bar{x} = 77$
c. $\bar{x} = 75.5$
d. $\bar{x} = 81$

9. 考虑下面的假设检验:

$$H_0: \mu = 22$$
$$H_a: \mu \neq 22$$

有一个容量为 75 的样本,总体标准差为 10。取 $\alpha = 0.01$,对下面的每种样本结果，计算相应的 p 值，并陈述你的结论。

a. $\bar{x} = 23$
b. $\bar{x} = 25.1$
c. $\bar{x} = 20$

应用

10. 3 月 31 日之前，个人缴纳的联邦所得税平均为 1 056 美元。考虑由在所得税纳税期间的最后 5 天（4 月 10 日至 4 月 15 日）才汇出其税款的纳税人所组成的"最后一分钟"总体。

a. 一名研究人员认为，纳税人直到最后 5 天才缴纳税款的原因之一是这些人所交税款的平均值要比在此之前交税的那些人少。建立适当的假设，以便得出当拒绝 H_0 时支持该研究人员说法的结论。

b. 由 400 名在 4 月 10 日到 4 月 15 日之间缴税个人所得税的人组成一个样本，纳税额的样本均值为 910 美元。根据过去的经验，假定总体标准差 $\sigma = 1\,600$ 美元。p 值是多少？

c. $\alpha = 0.05$ 时，你的结论是什么？

d. 利用临界值法重复上述假设检验。

11. 在一项关于"大学毕业生如何使用信用卡"的研究中，报告称大学毕业生信用卡余额的均值为 3 173 美元（*Sallie Mae*，April 2009）。这一数字达到历史新高，与 5 年前相比增加了 44%。假设目前要进行一项研究，确定是否可以得出结论：毕业生信用卡余额的均值与 2009 年 4 月的报告相比持续增加。根据过去的研究，总体标准差 $\sigma = 1\,000$ 美元。

a. 提出原假设和备择假设。

b. 由 180 名毕业生组成一个样本，信用卡余额的样本均值为 3 325 美元。p 值是多少？

c. 在 $\alpha = 0.05$ 的显著性水平下，你的结论是什么？

12. 美国多样化证券互助基金（U. S. Diversified Equity mutual funds）在 1999—2003 年期间年平均收益率为 4.1%（*BusinessWeek*，January 26, 2004）。某研究者想要进行假设检验，确定在同一时期中型成长型基金的年平均收益率与美国多样化证券互助基金的年平均收益率是否存在明显差异。

a. 提出假设，用于确定中型成长型基金年平均收益率是否不同于美国多样化证券互助基金的年平均收益率。

b. 由 40 只中型成长型基金组成一个样本，样本年平均收益率为 3.4%。根据过去的研究，假定中型成长型基金的总体标准差 $\sigma = 2\%$。利用样本数据计算假设检验的检验统计量和 p 值。

c. 在 $\alpha = 0.05$ 的显著性水平下，你的结论是什么？

13. 在美国，每个家庭的互联网账单月均为 32.79 美元（CNBC，January 18, 2006）。由南部一个州的 50 个家庭组成的样本显示，样本均值为 $\bar{x} = 30.63$ 美元。总体标准差 $\sigma = 5.60$ 美元。

a. 提出假设，用于确定样本数据是否支持作出结论：南部州的互联网账单月平均低于全美 32.79 美元的平均水平。

b. 检验统计量的值是多少？

c. p 值是多少？

d. 在 $\alpha = 0.01$ 的显著性水平下,你的结论是什么?

14. CCN 和 ActMedia 提供了一个专门的电视频道,向那些在超市收银台前等待结账的顾客播出新闻、广告和短讯。假定在超市收银台前的顾客等待结账时间的总体均值为 8 分钟,并以此为依据决定电视节目的长度。利用一个由实际等待时间组成的样本来检验这一假设,并判断实际平均等待时间与此标准之间是否存在差异。

a. 提出这一应用的假设。

b. 由 120 名购物者组成一个样本,平均等待时间为 8.5 分钟。假设总体标准差 $\sigma = 3.2$ 分钟。p 值是多少?

c. 在 $\alpha = 0.05$ 的显著性水平下,你的结论是什么?

d. 计算总体均值的 95% 置信区间。它支持你的结论吗?

8.4 总体均值:σ 未知

本节说明在 σ 未知情形下如何对总体均值进行假设检验。由于 σ 未知情形与在抽样前无法对总体标准差进行点估计的情形相对应,因此必须利用样本同时估计 σ 和 μ。于是,在 σ 未知情形下对总体均值进行假设检验时,利用样本均值 $\bar{x}$ 估计 μ,用样本标准差 s 估计 σ。

在 σ 未知情形下,假设检验的步骤与 8.3 节描述的 σ 已知情形下的步骤相同。但是,由于 σ 未知,p 值和检验统计量的计算稍有不同。回忆 σ 已知情形,检验统计量的抽样分布是标准正态分布。然而,在 σ 未知情形下检验统计量的抽样分布是 t 分布。由于根据样本对 μ 和 σ 同时进行估计,t 分布的变异性更强。

我们在 7.2 节中已经介绍过,在 σ 未知情形下,总体均值区间估计的依据是称为 t 分布的概率分布。在 σ 未知情形下,总体均值假设检验的依据仍然 t 分布。对于 σ 未知情形,检验统计量服从自由度为 $n-1$ 的 t 分布。

总体均值假设检验的检验统计量:σ 未知

$$t = \frac{\bar{x} - \mu_0}{s/\sqrt{n}} \tag{8.2}$$

在第 7 章中我们知道,t 分布是在假设抽样总体服从正态分布下得到的。然而,研究表明,在样本容量足够大的情形下,可以考虑适当放宽这一假设。在本节末,我们给出了实际应用中关于总体分布和样本容量的一些建议。

8.4.1 单侧检验

我们考虑 σ 未知情形下,关于总体均值单侧假设检验的例子。一本商务旅行方面的杂志想根据商务旅客总体的评定来划分跨太平洋通道的机场等级。评定标准中最低分为 0,最高分为 10。总体平均等级超过 7 的机场将被认为是提供了优质服务的机场。杂志的职员在每一个机场选取 60 名商务旅客组成一个样本,得到他们的评级数据。在伦敦希思罗机场的样本中,样本均值 $\bar{x} = 7.25$ 分,样本标准差 $s = 1.052$ 分。数据能否表明希思罗机场可以被认为是提供了优质服务的机场(数据见文件 AirRating)?

我们想要进行一个假设检验，拒绝 H_0 将会得出结论：希思罗机场的总体平均等级大于 7 分。因此，要求采用 $H_a：\mu > 7$ 的上侧检验。该上侧检验的原假设和备择假设如下：

$H_0：\mu \leqslant 7$

$H_a：\mu > 7$

我们将在 $\alpha = 0.05$ 的显著性水平下，进行这一检验。

利用式（8.2），$\bar{x} = 7.25$，$\mu_0 = 7$，$s = 1.052$ 和 $n = 60$，检验统计量的值为：

$$t = \frac{\bar{x} - \mu_0}{s/\sqrt{n}} = \frac{7.25 - 7}{1.052/\sqrt{60}} = 1.84$$

t 的抽样分布的自由度为 $n - 1 = 60 - 1 = 59$。由于该检验是一个上侧检验，因此 p 值 $= P(t \geqslant 1.84)$，即 t 分布曲线下统计量的值 $t = 1.84$ 右侧的面积。

绝大多数教材里提供的 t 分布表都没有具体的细节使得我们可以确定精确的 p 值，如与 $t = 1.84$ 相对应的 p 值。例如，利用附录 A 中的表 2，自由度为 59 的 t 分布给出了下面的信息。

上侧面积	0.20	0.10	0.05	0.025	0.01	0.005
t 值（自由度为 59）	0.848	1.296	1.671	2.001	2.391	2.662

$t = 1.84$

我们看到，$t = 1.84$ 介于 $1.671 \sim 2.001$ 之间。虽然该表不能给出精确的 p 值，但是"上侧面积"这一行中的数值说明：p 值一定大于 0.025 而小于 0.05。在 $\alpha = 0.05$ 的显著性水平下，我们根据这些信息足以做出拒绝原假设的决策，并且得出结论：应该将希思罗机场评定为提供了优质服务的机场。

因为使用 t 分布表计算 p 值非常烦琐并且只能给出近似值，所以我们在下一节 Excel 应用中展示如何利用 Excel 中的函数 T.DIST 精确地计算 p 值。在希思罗机场的假设检验中，精确的 p 值为 0.035 4。由于 0.035 4＜0.05，拒绝原假设并得出结论：应该将希思罗机场评定为提供了优质服务的机场。

8.4.2 双侧检验

作为 σ 未知情形下总体均值的双侧假设检验的例子，考虑 Holiday Toys 公司假设检验中所面临的问题。Holiday Toys 公司生产产品并通过超过 1 000 家零售商分销其产品。在为即将到来的冬季制定生产规模的计划时，Holiday Toys 必须在知道零售层面的实际需求量前，确定每种产品生产的数量。对本年度最重要的一种新款玩具，Holiday Toys 的市场负责人预计平均每家零售商的需求量为 40 个。在根据这一估计做出最后的生产决策之前，Holiday Toys 决定对 25 个零售商组成的样本进行调查，以便得到有关这种新款玩具需求量的更多信息。在向每个零售商提供有关这种新款玩具的特征、成本以及建议零售价格等方面的信息后，要求每个零售商给出一个预计的订货量。

令 μ 表示零售商订货量的总体均值，根据样本数据进行如下双侧假设检验：

$H_0：\mu = 40$

$H_a：\mu \neq 40$

如果不能拒绝 H_0，那么 Holiday Toys 将继续根据市场负责人的估计制定生产计划，认为每家零售商订货量的总体均值为 40 个。然而，如果拒绝 H_0，那么 Holiday Toys 将会立即重新评估产品的生产计划。因为当零售商订货量的总体均值小于或者大于预计数量时，Holiday Toys 就要重新对其生产计划进行评价，所以采用双侧假设检验。由于没有历史数据可以利用（这是一种新产品），所以必须从样本数据出发用 $\bar{x}$ 和 s 估计总体均值 μ 和总体标准差。

由 25 家零售商组成一个样本，数据见文件 Orders，样本均值 $\bar{x}=37.4$，标准差 $s=11.79$。在利用 t 分布之前，为了解总体分布的形状，分析人员绘制了样本数据的直方图。样本数据的直方图表明，没有偏斜或者异常点存在，于是分析人员认为采用自由度 $n-1=24$ 的 t 分布是合适的。利用式 (9.2)，$\bar{x}=37.4$，$s=11.79$，$\mu_0=40$ 和 $n=25$，检验统计量的值为：

$$t=\frac{\bar{x}-\mu_0}{s/\sqrt{n}}=\frac{37.4-40}{11.79/\sqrt{25}}=-1.10$$

由于这是一个双侧检验，因此 p 值是 t 分布曲线下 $t\leqslant-1.10$ 部分面积的 2 倍。利用附录 A 中的表 2，自由度为 24 的 t 分布提供以下信息。

上侧面积	0.20	0.10	0.05	0.025	0.01	0.005
t 值（自由度为 24）	0.857	1.318	1.711	2.064	2.492	2.797

$t=1.10$

t 分布表中只包含正值（对应于上侧面积）。然而，由于 t 分布是对称的，从而 $t=1.10$ 右侧曲线下方的面积与 $t=-1.10$ 左侧曲线下方的面积相等。我们看到，$t=1.10$ 介于 0.857～1.318 之间。在"上侧面积"这一行中看到，$t=1.10$ 右侧面积介于 0.10～0.20 之间。乘以 2 后，p 值一定介于 0.20～0.40 之间。在 $\alpha=0.05$ 的显著性水平下，我们知道 p 值大于 α。所以，不能拒绝 H_0。没有充分的证据可以得出结论：Holiday Toys 应为即将到来的季节改变其生产计划。

在下面的 Excel 应用中，我们将演示如何利用 Excel 计算这一检验的精确 p 值。得到的 p 值为 0.281 1。由于 0.281 1＞0.05，所以在 $\alpha=0.05$ 的显著性水平下，不能拒绝 H_0。

也可以将检验统计量与临界值做比较来进行双侧假设检验决策。在 $\alpha=0.05$ 的显著性水平下，自由度为 24 的 t 分布中双侧检验的临界值有 $-t_{0.025}=-2.604$ 和 $t_{0.025}=2.604$。检验统计量的拒绝法则为：

如果 $t\leqslant-2.604$ 或者 $t\geqslant 2.604$，则拒绝 H_0

检验统计量 $t=-1.10$，所以不能拒绝 H_0。这一结果说明：在即将到来的季节里，Holiday Toys 应以期望值 $\mu=40$ 为依据，继续其生产计划。

8.4.3 Excel 应用

在总体 σ 未知情形下，可利用 Excel 对总体均值进行单侧和双侧假设检验。该方法与 σ 已知情形下的做法类似。利用样本数据和检验统计量 t 可以计算三类 p 值：下侧 p 值、上侧 p 值和双侧 p 值。研究者选取 α 并断定根据哪一类检验的 p 值来做出结论。

我们首先演示如何用 Excel 的函数 T.DIST 计算下侧 p 值，函数 T.DIST 有三个输入项，其一般形式如下：

T. DIST（检验统计量，自由度，累积）

在第一个输入项中输入检验统计量的值，在第二个输入项中输入自由度。若我们要计算累积概率，则在第三个输入项中输入 TRUE；若我们要计算累积密度曲线的高度，则在第三个输入项中输入 FALSE。在计算下侧 p 值时，在第三个输入项中输入 TRUE。

在计算得到下侧检验的 p 值后，可以很容易地计算上侧和双侧的 p 值。上侧 p 值等于 1 减去下侧 p 值。双侧 p 值等于上侧和下侧 p 值中最小的那一个的 2 倍。

下面，我们创建 Excel 工作表对 Holiday Toys 问题进行双侧假设检验，见图 8—8。背景中是公式工作表，前景中是数值工作表。

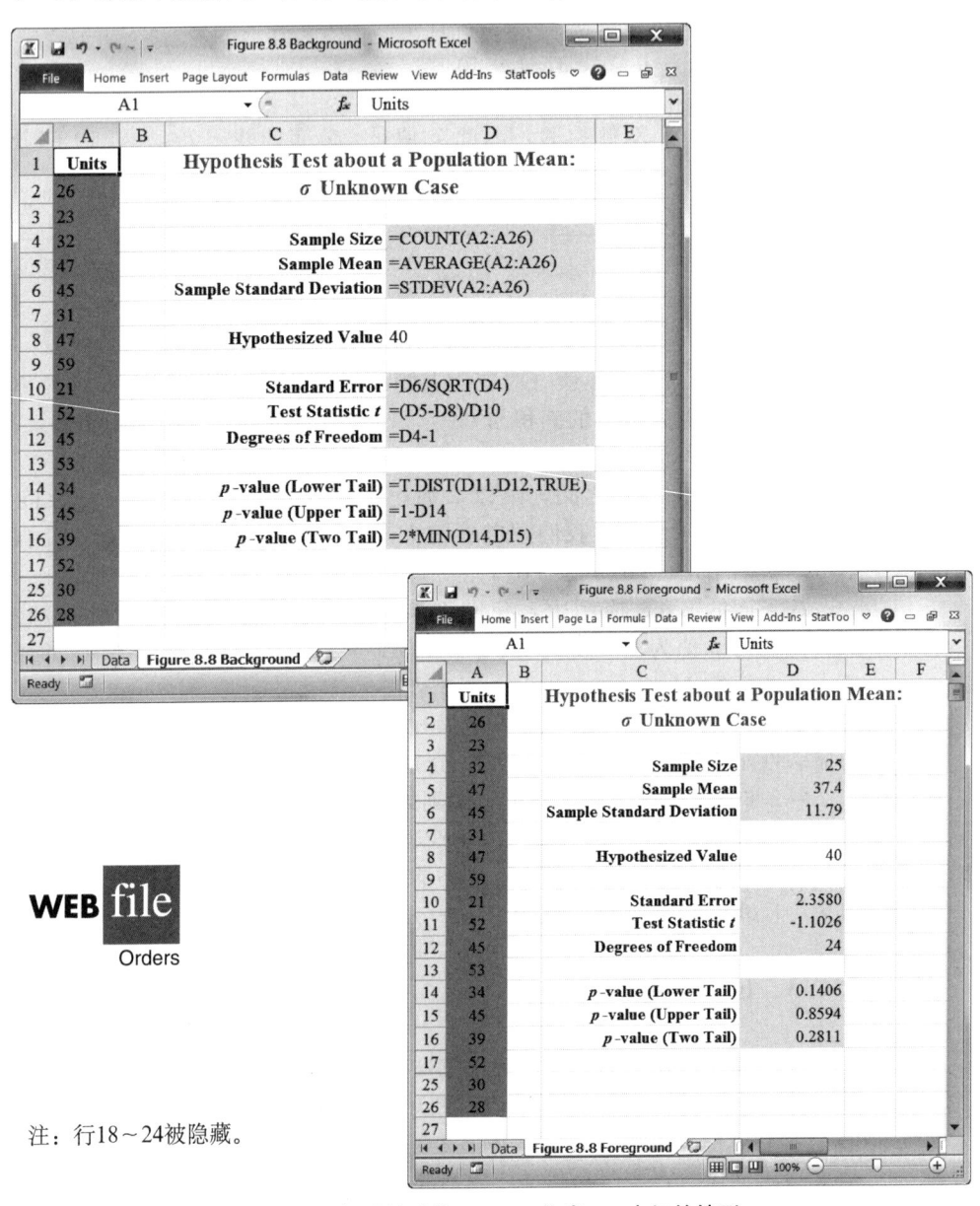

注：行 18~24 被隐藏。

图 8—8 假设检验的 Excel 工作表：σ 未知的情形

输入数据：在单元格区域 A1：A26 输入 25 家零售商所组成样本的标签和订货量数据。

输入函数和公式：单元格区域 D4：D6 给出了所需的描述性统计量。Excel 中分别用函数 COUNT，AVERAGE 和 STDEV 计算样本容量、样本均值和样本标准差。在单元格 D8 中输入假定的总体均值 40。

用样本标准差估计总体标准差。样本标准差除以样本容量的算术平方根得到标准误差，其中单元格 D4 中是样本容量，单元格 D6 中是样本标准差。在单元格 D11 中输入公式"＝（D5－D8）/D10"，得到检验统计量 $t=-1.1026$。单元格 D12 中是自由度，等于 D4 中的样本容量减 1。

在单元格 D14 中输入公式"＝T.DIST（D11，D12，TRUE）"，计算得到下侧检验的 p 值；单元格 D15 中是上侧检验的 p 值，等于 1 减去下侧检验的 p 值。单元格 D16 中是双侧检验的 p 值，等于两个单侧检验 p 值中最小的那一个的 2 倍。数值工作表给出的三类 p 值分别为：p 值（下侧）＝0.1406，p 值（上侧）＝0.8594，p 值（双侧）＝0.2811。

工作表已经建立完毕。在 Holiday Toys 的双侧问题中，取 $\alpha=0.05$，由于 p 值（双侧）＝0.2811 大于 α，因此不能拒绝原假设 H_0：$\mu=40$。结果表明，Holiday Toys 在即将到来的季节里应该以期望值 $\mu=40$ 为依据按原计划生产。图 8—8 中工作表可用于完成任意与 t 分布有关的单侧假设检验。若想要进行下侧检验，则将 p 值（下侧）与 α 相比，然后做出决策。若想要进行上侧检验，则将 p 值（上侧）与 α 相比，然后做出决策。

模板　图 8—8 中的工作表可作为模板用于对 σ 未知情形进行假设检验。这时，仅需在列 A 中输入适当的数据，在单元格区域 D4：D6 的公式中调整范围，在单元格 D8 中输入总体均值的假定值，就可以计算得到标准误差、检验统计量和三种类型的 p 值。然后，根据假设检验的形式（下侧、上侧还是双侧），选取适当类型的 p 值进行决策。

我们还可以将图 8—8 进一步简化为另一个模板，使得不必在单元格区域 D4：D6 中输入数据范围。这时，仅需将单元格 D4：D6 中的公式改写为：

　　　单元格 D4：＝COUNT（A：A）
　　　单元格 D5：＝AVERAGE（A：A）
　　　单元格 D6：＝STDEV（A：A）

公式中用"A：A"设定数据范围，Excel 中的函数 COUNT 计算列 A 中数据的个数；函数 AVERAGE 计算列 A 中数据的样本均值；函数 STDEV 计算列 A 中数据的标准差。这样，对于任何一个假设检验，仅需在列 A 中输入数据，在单元格 D8 中输入总体均值的假定值即可。

> 数据集 Orders 中包括一个名为 Template 的工作表，在这个模板中使用 A：A 方法输入数据范围。

8.4.4　小结与应用中的建议

表 8—3 给出了在 σ 未知的情形下对总体均值进行假设检验的一个总结。其与 σ

已知情形的主要区别在于：计算检验统计量时用 s 代替 σ。因此，检验统计量服从 t 分布。

表8—3　　　　　　　　　　总体均值假设检验的小结：σ 未知

	下侧检验	上侧检验	双侧检验
假设	$H_0: \mu \geqslant \mu_0$ $H_a: \mu < \mu_0$	$H_0: \mu \leqslant \mu_0$ $H_a: \mu > \mu_0$	$H_0: \mu = \mu_0$ $H_a: \mu \neq \mu_0$
检验统计量	$t = \dfrac{\bar{x} - \mu_0}{s/\sqrt{n}}$	$t = \dfrac{\bar{x} - \mu_0}{s/\sqrt{n}}$	$t = \dfrac{\bar{x} - \mu_0}{s/\sqrt{n}}$
拒绝规则：p 值法	如果 p 值 $\leqslant \alpha$，则拒绝 H_0	如果 p 值 $\leqslant \alpha$，则拒绝 H_0	如果 p 值 $\leqslant \alpha$，则拒绝 H_0
拒绝规则：临界值法	如果 $t \leqslant -t_\alpha$，则拒绝 H_0	如果 $t \geqslant t_\alpha$，则拒绝 H_0	如果 $t \leqslant -t_{\alpha/2}$ 或者 $t \geqslant t_{\alpha/2}$，则拒绝 H_0

本节中假设检验方法的应用依赖于抽样总体的分布以及样本容量。如果总体服从正态分布，则在任意样本容量下，本节所介绍的假设检验给出的都是精确的结果。如果总体不服从正态分布，则这些方法是近似的。尽管如此，我们发现大多数情形下，当样本容量 $n \geqslant 30$ 时都能给出好的结果。如果总体近似服从正态分布，则在小样本容量下（比如 $n < 15$）仍可以得到满意的结果。当总体存在高度偏斜或者有异常点时，建议样本容量应在 50 以上。

━━━━■■■ 练　习 ■■■━━━━

方法

15. 考虑以下假设检验：

$H_0: \mu = 18$

$H_a: \mu \neq 18$

有一个容量为 48 的样本，样本均值 $\bar{x} = 17$，样本标准差 $s = 4.5$。

a. 计算检验统计量的值。

b. 根据 t 分布表（附录 A 中的表 2）计算 p 值的范围。

c. $\alpha = 0.05$ 时，你的结论如何？

d. 临界值法的拒绝法则是什么？你的结论如何？

16. 考虑以下假设检验：

$H_0: \mu = 100$

$H_a: \mu \neq 100$

利用容量为 65 的样本，取 $\alpha = 0.05$，对下面每种样本结果确定 p 值，并陈述你的结论。

a. $\bar{x} = 103$ 且 $s = 11.5$。

b. $\bar{x} = 96.5$ 且 $s = 11.0$。

c. $\bar{x} = 102$ 且 $s = 10.5$。

应用

17. 据就业与培训委员会（Employment and Training Administration）报告，美国失业保险津贴的均值为每周 238 美元（*The World Almanac*，2003）。弗吉尼亚州的一名研究人员预计，样本数据可以提供证据说明弗吉尼亚州失业保险津贴的均值低于全美平均水平。

a. 提出适当的假设，使得如果拒绝 H_0 则支持该研究人员的观点。

b. 在由 100 人组成的样本中，失业保险津贴的样本均值为每周 231 美元，样本标准差为 80 美元。求 p 值。

c. 在 $\alpha = 0.05$ 的显著性水平下，你的结论是什么？

d. 用临界值法重复上述假设检验。

18. 一些股东在提出一项否决议案时主张 CEO 的平均任期至少为 9 年。据《华尔街日报》对企业的一项调查发现，CEO 任期的样本均值 $\bar{x}=7.27$ 年，标准差 $s=6.38$ 年（*The Wall Street Journal*，January 2，2007）。

a. 提出假设，用于挑战这些股东主张的合理性。

b. 假设样本中有 85 家企业。假设检验的 p 值是多少？

c. 在 $\alpha = 0.05$ 的显著性水平下，你的结论是什么？

19. 在有线电视新闻节目的收视率方面，时代华纳公司的 CNN 长期保持领先地位。尼尔森媒体研究机构发现，2002 年 CNN 的收视观众平均每天达到 600 000 人（*The Wall Street Journal*，March 10，2003）。假设由 2003 年上半年 40 天组成一个样本，每天 CNN 的收视观众平均有 612 000 人，样本标准差为 65 000 人。

a. 如果 CNN 的管理者想要得到收视观众人数变化的信息，应该提出怎样的假设？

b. p 值是多少？

c. 选取一个显著性水平，你的结论是什么？

d. 在这一应用中，你对 CNN 的管理者有何建议？

20. 据全美汽车经销商联合会（National Automobile Dealers Association）报告，二手汽车的平均价格为 10 192 美元。由堪萨斯市二手车市场最近售出的 50 辆二手车组成一个样本，该市场的一名管理人员试图确定，堪萨斯市二手车的平均价格与全美的平均水平是否存在差异。50 辆二手车的样本数据存放在名为 UsedCars 的文件中。

a. 提出假设，用于确定该二手车市场的平均价格与全美的平均水平是否存在差异。

b. p 值是多少？

c. 在 $\alpha = 0.05$ 的显著性水平下，你的结论是什么？

21. Joan's Nursery 公司专门为居民区的环境美化提供设计服务。以种植树木、灌木等的数量为依据来估计某一环境美化计划所需的人工成本。出于估计成本的目的，管理者认为种植中型树木需要工作 2 小时。将上个月 10 次种植树木的实际工作时间组成一个样本，其数据如下（单位：小时）：

1.7	1.5	2.6	2.2	2.4	2.3	2.6	3.0	1.4	2.3

在 0.05 的显著性水平下，检验植树所用平均时间是否与 2 小时有差异。

a. 提出原假设和备择假设。

b. 计算样本均值。

c. 计算样本标准差。

d. p 值是多少？

e. 你的结论是什么？

8.5 总体比率

本节说明如何对总体比率 p 进行假设检验。令 p_0 代表总体比率的假设值,关于总体比率的假设检验有以下三种形式:

$$H_0: p \geqslant p_0 \qquad H_0: p \leqslant p_0 \qquad H_0: p = p_0$$
$$H_a: p < p_0 \qquad H_a: p > p_0 \qquad H_a: p \neq p_0$$

第一种形式为下侧检验,第二种形式为上侧检验,第三种形式为双侧检验。

根据样本比率 $\bar{p}$ 与总体比率的假设值 p_0 之差来对总体比率进行假设检验。假设检验所使用的方法与总体均值假设检验所使用的方法相似,唯一的不同之处是我们利用样本比率和标准误差来计算检验统计量。然后,利用 p 值法或者临界值法确定是否拒绝原假设。

我们以 Pine Greek 高尔夫球场所面临的问题为例。去年,在 Pine Greek 打球的人有 20% 是女性。为了增加女性球员的比率,Pine Greek 推出了一项特别的促销活动以吸引更多的女性高尔夫球员。在这种特定的促销活动实施一个月以后,高尔夫球场的管理者要求通过统计研究确定 Pine Greek 的女性高尔夫球员所占比率是否上升。由于研究的目的是确定女性高尔夫球员所占比率是否上升,因此上侧检验比较合适,备择假设为 $H_a: p > 0.20$。Pine Greek 假设检验的原假设和备择假设如下:

$$H_0: p \leqslant 0.20$$
$$H_a: p > 0.20$$

如果能够拒绝 H_0,则检验结果会对女性高尔夫球员所占比率上升的结论给予统计上的支持,并且说明促销活动是有效的。在进行假设检验时,球场管理者设定显著性水平 $\alpha = 0.05$。

假设检验的下一步是选取一个样本,并计算适当的检验统计量的值。为了说明在 Pine Greek 上侧检验中这一步骤是如何进行的,我们从讨论总体比率假设检验的一般形式出发,说明如何计算检验统计量的值。总体参数 p 的点估计量 $\bar{p}$ 的抽样分布是计算检验统计量的基础。

当作为一个等式的原假设为真时,$\bar{p}$ 的期望值等于假设值 p_0,即 $E(\bar{p}) = p_0$。$\bar{p}$ 的标准误差为:

$$\sigma_{\bar{p}} = \sqrt{\frac{p_0(1-p_0)}{n}}$$

在第 6 章中我们曾说过,如果 $np \geqslant 5$ 并且 $n(1-p) \geqslant 5$,则 $\bar{p}$ 的抽样分布近似服从正态分布。[①] 在实践中,下式

$$z = \frac{\bar{p} - p_0}{\sigma_{\bar{p}}} \tag{8.3}$$

服从标准正态概率分布,其中 $\sigma_{\bar{p}} = \sqrt{p_0(1-p_0)/n}$。对总体比率进行假设检验时,使用标准正态随机变量 z 为检验统计量。

[①] 在绝大多数对总体比率进行假设检验的实际应用中,样本容量都是足够大的,从而可以利用正态近似。$\bar{p}$ 的精确抽样分布是离散型分布,$\bar{p}$ 取每个值的概率由二项分布给出。因此,小样本情形下,当不能采用正态近似时,假设检验要稍微复杂一些。

总体比率假设检验的检验统计量

$$z = \frac{\bar{p} - p_0}{\sqrt{\frac{p_0(1-p_0)}{n}}} \tag{8.4}$$

现在计算 Pine Greek 假设检验中的检验统计量。假设选取 400 名高尔夫球员组成一个随机样本，其中 100 人是女性。数据见文件 WomenGolf。样本中女性高尔夫球员的比率为：

$$\bar{p} = \frac{100}{400} = 0.25$$

根据式（8.4），检验统计量的值为：

$$z = \frac{\bar{p} - p_0}{\sqrt{\frac{p_0(1-p_0)}{n}}} = \frac{0.25 - 0.20}{\sqrt{\frac{0.20(1-0.20)}{400}}} = \frac{0.05}{0.02} = 2.50$$

由于 Pine Greek 假设检验是上侧检验，因此 p 值是 z 大于或者等于 2.50 的概率，即与 $z \geqslant 2.50$ 相对应区域的面积。利用标准正态分布累积概率表，得到 $z = 2.50$ 左侧的面积为 0.993 8。从而，Pine Greek 检验的 p 值为 1.000 0 - 0.993 8 = 0.006 2。图 8—9 给出了 p 值的计算过程。

球场管理者设定显著性水平 $\alpha = 0.05$。p 值 = 0.006 2<0.05，有充分的统计依据在 0.05 的显著性水平下拒绝 H_0。于是，检验给出统计上的支持，特定的促销活动能增加 Pine Greek 女性高尔夫球员的比率，检验给出了统计上支持的结论。

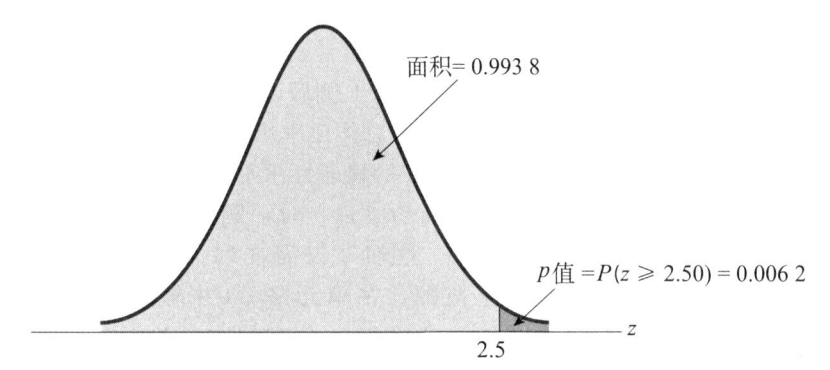

面积= 0.993 8

p 值 $= P(z \geqslant 2.50) = 0.006\ 2$

2.5

图 8—9 Pine Greek 假设检验中 p 值的计算

也可以采用临界值法做出是否拒绝原假设的决策。与正态概率分布上侧面积为 0.05 相对应的临界值为 $z_{0.05} = 1.645$。因此，利用临界值法时的拒绝法则为：如果 $z \geqslant 1.645$ 则拒绝 H_0。由于 $z = 2.50 > 1.645$，因此拒绝 H_0。

我们再次发现，p 值法和临界值法得到的假设检验结论是相同的，但 p 值法提供了更多的信息。p 值=0.006 2 表明，对任何大于或等于 0.006 2 的显著性水平，原假设都被拒绝。

8.5.1 Excel 应用

利用 p 值对总体比率进行单侧和双侧假设检验可在 Excel 中实现。其步骤与利用 Excel 对总体均值进行假设检验的步骤类似。主要区别在于，在总体均值的假设检验中是基于 $\bar{x}$ 的抽样分布，而在 p 值的总体比率的假设检验中是基于 $\bar{p}$ 的抽样分布。于是，在计算做出假设检验决策所需的检验统计量时，采用的公式是不同的。但是检验中临界值和 p 值的计算是相同的。

下面以 Pine Creek 高尔夫球场所面临的问题为例，演示如何用 Excel 进行假设检验的步骤，参见图 8—10。背景中是公式工作表，前景中是数值工作表。

输入数据：在单元格区域 A1：A401 输入研究中数据的标签以及每名高尔夫球员的性别。

输入函数和公式：单元格 D3，D5 和 D6 中给出了所需的描述性统计量。由于数据不是数值型的，因此 Excel 在单元格 D3 中使用函数 COUNTA 而不是 COUNT 来确定样本容量。在单元格 D4 中输入公式"Female"说明我们想要计算女性的比率。单元格 D5 中的函数 COUNTIF 用于确定样本中有多少个值属于单元格 D4 中所输入的类别。单元格 D6 中将响应数与样本容量相除求出样本比率。

在单元格 D8 中输入假定的总体比率 0.20。在单元格 D10 中输入公式"＝SQRT（D8＊（1－D8）/D3）"，计算得到标准误差。在单元格 D11 中输入公式"＝（D6－D8）/D10"，计算检验统计量得 $z=2.50$。若要计算下侧检验的 p 值，则在单元格 D13 中输入公式"＝NORM.S.DIST（D11，TRUE）"。单元格 D14 中是上侧检验的 p 值，等于 1 减去下侧检验的 p 值。单元格 D15 中是双侧检验的 p 值，等于两个单侧检验 p 值中最小的那一个的 2 倍。工作表中给出的三类 p 值如下：p 值（下侧）＝0.993 8，p 值（上侧）＝0.006 2，p 值（双侧）＝0.012 4。

工作表建立完毕，在 Pine Greek 上侧假设检验中，由于 p 值（上侧）＝0.006 2 小于 $\alpha=0.05$，因此拒绝原假设（总体比率小于或者等于 0.20）。实际上，对上述 p 值，在任意大于或等于 0.006 2 的显著性水平下，都将拒绝原假设。

模板 当 $np \geqslant 5$ 并且 $n(1-p) \geqslant 5$ 时，图 8—10 中的工作表可作为模板用于对总体比率进行假设检验。这时，仅需在列 A 中输入适当的数据，在单元格 D3 和 D5 的公式中调整范围，在单元格 D4 中输入相应类型，在单元格 D8 中输入总体均值的假定值，就可得到标准误差、检验统计量和三种类型的 p 值。然后，根据假设检验的形式（下侧、上侧还是双侧），选取适当类型的 p 值进行决策。

8.5.2 小结

对总体均值进行假设检验的方法和对总体比率进行假设检验的方法相似。虽然我们仅仅说明了如何对总体比率的上侧检验进行假设检验，类似的方法也适用于下侧检验和双侧检验。表 8—4 给出了对总体比率假设检验的一个总结。我们假定 $np \geqslant 5$ 并且 $n(1-p) \geqslant 5$，于是 $\bar{p}$ 的抽样分布近似服从正态概率分布。

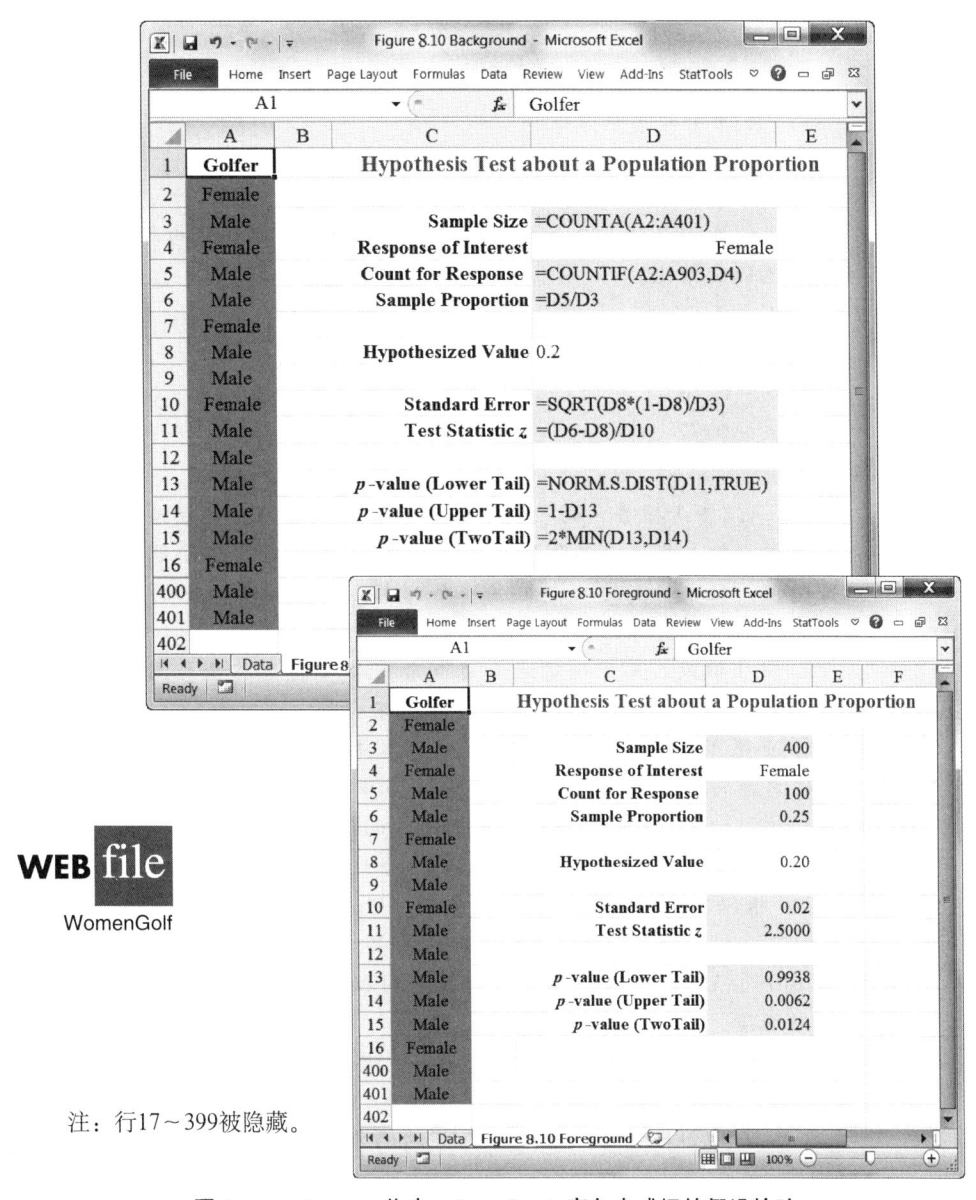

图 8—10　Excel 工作表：Pine Greek 高尔夫球场的假设检验

表 8—4　　　　　　　　　　总体比率假设检验的总结

	下侧检验	上侧检验	双侧检验
假设	$H_0: p \geqslant p_0$ $H_a: p < p_0$	$H_0: p \leqslant p_0$ $H_a: p > p_0$	$H_0: p = p_0$ $H_a: p \neq p_0$
检验统计量	$z = \dfrac{p - p_0}{\sqrt{\dfrac{p_0(1-p_0)}{n}}}$	$z = \dfrac{p - p_0}{\sqrt{\dfrac{p_0(1-p_0)}{n}}}$	$z = \dfrac{p - p_0}{\sqrt{\dfrac{p_0(1-p_0)}{n}}}$
拒绝法则：p 值法	如果 p 值 $\leqslant \alpha$，则拒绝 H_0	如果 p 值 $\leqslant \alpha$，则拒绝 H_0	如果 p 值 $\leqslant \alpha$，则拒绝 H_0
拒绝法则：临界值法	如果 $z \leqslant -z_\alpha$，则拒绝 H_0	如果 $z \geqslant z_\alpha$，则拒绝 H_0	如果 $z \leqslant -z_{\alpha/2}$ 或者 $z \geqslant z_{\alpha/2}$，则拒绝 H_0

注：行 17~399 被隐藏。

WEB file　WomenGolf

练习

方法

22. 考虑下面的假设检验：

$H_0: p \geq 0.75$

$H_a: p < 0.75$

抽取一个容量为 300 的样本，取 $\alpha = 0.05$，对下面的每种样本结果，计算 p 值并陈述你的结论。

a. $\bar{p} = 0.68$
b. $\bar{p} = 0.72$
c. $\bar{p} = 0.70$
d. $\bar{p} = 0.77$

应用

23. 《消费者报告》的一项研究显示，64% 的超市购物者认为，超市自有品牌与国家级名牌一样好。某国家级名牌番茄酱的制造商为了调查研究结果对其产品是否适用，抽取超市购物者组成一个样本，并询问样本中的购物者是否认为超市自有品牌的番茄酱与国家级名牌的番茄酱一样好。

a. 提出假设，用于确定认为超市自有品牌的番茄酱与国家级名牌的番茄酱一样好的超市购物者所占比率是否与 64% 有差异。

b. 如果 100 名超市购物者组成的样本中有 52 人认为超市自有品牌的番茄酱与国家级名牌的番茄酱一样好，则 p 值是多少？

c. 在 $\alpha = 0.05$ 的显著性水平下，你的结论是什么？

d. 国家级名牌番茄酱的制造商对这个结论满意吗？请做出解释。

24. 根据内华达大学物流管理中心（University of Nevada Center for Logistics Management）的研究，在美国售出的商品中有 6% 退货（BusinessWeek，January 15，2007）。1 月份，休斯敦一家百货公司抽取 80 件售出商品组成样本，发现其中 12 件被退货。

a. 求该百货公司售出商品中退货的总体比率的点估计。

b. 建立该百货公司售出商品退货比率的 95% 置信区间。

c. 该百货公司的退货比率与全美的退货比率存在显著差异吗？为你的答案提供统计上的支持。

25. 《商业周刊》在封面故事中公布了关于美国人睡眠习惯的信息（BusinessWeek，January 26，2004）。作者强调，睡眠不足导致了包括高速路车祸死亡等许多问题。成人驾驶员中有 51% 的人承认在驾驶中感到困倦。某研究者认为这一问题在夜班驾驶员中尤为严重。

a. 提出假设，用于确定是否夜班驾驶员总体中超过 51% 的人承认驾驶时感到困倦。

b. 由 400 名夜班驾驶员组成一个样本，找出那些承认驾驶时感到困倦的人（数据见文件 Drowsy）。样本比率是多少？p 值是多少？

c. 在 $\alpha = 0.01$ 的显著性水平下，你的结论是什么？

小 结

假设检验是一种统计方法，它利用样本数据来确定是否拒绝关于总体参数值的说法。假设是关于总体参数的两种对立的说法，其中一个叫做原假设（H_0），另一个叫做备择假设（H_a）。在8.1节，对实际应用中最常发生的情况给出了建立假设的规则。

当根据历史数据或者其他信息可以假定总体标准差已知时，总体均值的假设检验过程以正态分布为依据。当σ未知时，用样本标准差s估计σ，假设检验过程以t分布为依据。在这两种情形下，假设检验结果的质量依赖于总体分布的形式以及样本容量。如果总体服从正态分布，则即使在小样本的情形下，这两种假设检验方法也是适用的。但是，如果总体不服从正态分布，则需要较大的样本容量。8.3节和8.4节给出了有关样本容量的一般建议。在对总体比率进行假设检验时，假设检验中利用的检验统计量以标准正态分布为依据。

在所有上述情形下，都可以利用检验统计量的值来计算检验的p值。p值用于确定原假设是否应被拒绝的概率。当p值小于或者等于显著性水平α时，拒绝原假设。

也可以将检验统计量的值与临界值相比较后得出假设检验的结论。对于下侧检验，如果检验统计量的值小于或者等于临界值，拒绝原假设。对于上侧检验，如果检验统计量的值大于或者等于临界值，拒绝原假设。双侧检验包括两个临界值，一个位于抽样分布的上侧，一个位于抽样分布的下侧。在这种情形下，当检验统计量的值小于或者等于下侧临界值、大于或者等于上侧临界值时，拒绝原假设。

关键术语

原假设（null hypothesis） 在假设检验过程中，尝试性地假定为真的假设。

备择假设（alternative hypothesis） 如果原假设被拒绝时，被认为是真的假设。

第一类错误（type Ⅰ error） 当H_0为真时却拒绝了H_0的错误。

第二类错误（type Ⅱ error） 当H_0为假时却接受了H_0的错误。

显著性水平（level of significance） 当作为一个等式的原假设为真时，犯第一类错误的概率。

单侧检验（one-tailed test） 假设检验的一种，当检验统计量的值在抽样分布的某一侧时，拒绝原假设。

检验统计量（test statistic） 一种统计量，它的值用于确定是否拒绝原假设。

p值（p-value） p值是一个概率值，用来衡量检验统计量与根据样本计算得出的检验统计量值存在明显差异的程度。当根据样本作出拒绝原假设的结论时，p值是对证据充分程度的一种度量。p值越小，越有理由拒绝原假设H_0。对于下侧检验，p值是检验统计量小于或者等于样本所给出的检验统计量的值的概率。对于上侧检验，p值是检验统计量大于或者等于样本所给出的检验统计量的值的概率。对于双侧检验，p值是检验统计量大于或等于检验统计量的绝对值的概率。

临界值（critical value） 与检验统计量相比，用于确定是否拒绝 H_0 的值。

双侧检验（two-tailed test） 假设检验的一种，当检验统计量的值在抽样分布两侧的任一侧时，拒绝原假设。

补充练习

26. 美特尔海滩的广播电台称，在阵亡将士纪念日（Memorial Day）的周末，至少有90%的酒店和汽车旅店会客满。如果打算在周末去度假胜地的话，电台建议听众提前预订。一个由58家酒店和汽车旅店组成的样本表明，周末有49家是客满，9家有空房。在看了这一样本数据后，你对广播电台的报告做何反应？统计检验中，取 $\alpha = 0.05$，p 值为多少？

27. 虚拟呼叫中心雇用了一些在外地的工作人员。在传统呼叫中心，大部分本地代理每小时收入10~15美元（没有补贴）或者每小时收入7~9美元（有补贴）(*BusinessWeek*, January, 2006)。地方航空公司正在考虑聘用本地代理，但是只有当顾客的满意度超过80%时可以继续聘用。对本地代理的服务进行检验，在300名顾客组成的样本中有252人满意他们的服务。

  a. 提出检验的假设，用来确定样本数据是否支持做出结论：使用本地代理的客户服务达到了地方航空的标准。

  b. 顾客满意度的点估计是多少？

  c. 根据样本数据，p 值是多少？

  d. 在 $\alpha = 0.05$ 的显著性水平下，假设检验的结论是什么？

28. 2009年12月25日，在西北航空公司（Northwest Airlines）飞往密歇根州底特律的航班上，制服了一名试图炸毁飞机的乘客。这名乘客偷偷把爆炸物藏在内衣中混过了机场安检装置中的金属探测仪。美国交通安全管理局（TSA）建议在美国的大型机场安装全身扫描装置代替金属探测仪。这一提议遭到隐私倡导者的强烈反对，他们认为全身扫描装置侵犯了个人隐私。2010年1月的5日到6日，《今日美国》对542名成人进行了一项民意调查，了解他们当中有多大比率赞同使用全身扫描装置（*USA Today*, January 11, 2010）。民意调查结果显示，有455人认为全身扫描能够提高航空安全，有432人同意使用该装置。

  a. 利用假设检验的方法，确定民意调查数据是否支持做出结论：有80%的乘客认为全身扫描能够提高航空安全。取显著性水平 $\alpha = 0.05$。

  b. 假定若有75%的乘客赞同使用，则TSA会安装并强制使用全身扫描装置。要求你根据民意调查结果进行统计检验，确定TSA是否应该安装并强制使用全身扫描装置。由于这是一个非常敏感的决策，因此检验中取显著性水平 $\alpha = 0.01$。你有何建议？

29. 美国国家健康统计中心（National Center for Health Statistics）发布的数据显示，2006年女性生育第一个孩子的平均年龄为25.0岁（*The Wall Street Journal*, February 4, 2009）。记者苏·谢伦伯格（Sue Shellenbarger）强调，这是近年来女性生育第一个孩子的平均年龄首次出现下降。最近由42名妇女组成一个样本，她们生育第一个孩子的年龄数据存放在名为FirstBirth的文件中。数据是否表明2006年女性生育第一个孩子的平均年龄发生了变化？取 $\alpha = 0.05$。

30. 某社区的商会称，住宅物业用地的平均成本不超过125 000美元。假设由

32 处房产组成一个样本,样本均值为每块地 130 000 美元,样本标准差为 12 500 美元。在 0.05 的显著性水平下,检验商会说法的有效性。

31. $Playbill$ 是一家在全美发行的杂志,它面向那些喜欢音乐片和其他戏剧作品的人。在 $Playbill$ 的读者总体中,家庭收入的年均值是 119 155 美元($Playbill$, January 2006)。假设总体标准差 $\sigma = 20\,700$ 美元。旧金山的一个市民小组断言,海湾地区剧场戏迷观众的均值会更高。由海湾区 60 名剧场观众组成的一个样本显示,家庭收入的样本均值为 126 100 美元。

a. 提出检验的假设,用来确定样本数据是否支持做出结论:海湾地区家庭收入的均值比全体 $Playbill$ 读者的均值要高。

b. 基于海湾地区 60 名剧场观众的样本,p 值多少?

c. 你的结论是什么?取显著性水平 $\alpha = 0.01$。

32. 某种产品的生产线上,产品灌入重量的均值为 16 盎司。过多或过少都会发生严重的问题,并且一经发现就要求操作者立即关闭生产线对填充机进行调试。根据历史数据,假设总体标准差 $\sigma = 0.8$ 盎司。质量控制监督员每小时检验 30 件产品,并同时确定该生产线是否需要停产进行调试。取显著性水平 $\alpha = 0.05$。

a. 提出用于质量控制的假设检验。

b. 如果样本均值 $\bar{x} = 16.32$ 盎司,则 p 值是多少?你建议采取什么措施?

c. 如果样本均值 $\bar{x} = 15.82$ 盎司,则 p 值是多少?你建议采取什么措施?

d. 利用临界值法,求上述假设检验过程中的拒绝法则。重复 b 和 c,你得到了相同的结论吗?

案例 8—1 Quality Associates 公司

Quality Associates 是一家为客户提供抽样和统计程序建议的咨询公司,这些建议可以用来监控客户的制造工艺流程。在一个应用项目中,一名客户向 Quality Associates 提供了一个样本,该样本由工艺流程正常运行时的 800 个观测值组成。这些数据的样本标准差为 0.21,因此可假设总体标准差为 0.21。然后,Quality Associates 建议:持续不断地定期抽取容量为 30 的随机样本以对工艺流程进行监测。通过对这些新样本的分析,客户可以迅速知道工艺流程运行状况是否令人满意。当工艺流程的运行不能令人满意时,可以采取纠正措施来解决这个问题。设计规格要求工艺流程的均值为 12,Quality Associates 建议采用如下形式的假设检验:

$H_0: \mu = 12$
$H_a: \mu \neq 12$

只要 H_0 被拒绝,就应采取纠正措施。

下表为第一天运行这种新的工艺流程的统计控制程序时,每隔一小时收集的样本数据。这些数据存放在名为 Quality 的文件中。

样本 1	样本 2	样本 3	样本 4
11.55	11.62	11.91	12.02
11.62	11.69	11.36	12.02
11.52	11.59	11.75	12.05
11.75	11.82	11.95	12.18

续前表

样本1	样本2	样本3	样本4
11.90	11.97	12.14	12.11
11.64	11.71	11.72	12.07
11.80	11.87	11.61	12.05
12.03	12.10	11.85	11.64
11.94	12.01	12.16	12.39
11.92	11.99	11.91	11.65
12.13	12.20	12.12	12.11
12.09	12.16	11.61	11.90
11.93	12.00	12.21.00	12.22
12.21	12.28	11.56	11.88
12.32	12.39	11.95	12.03
11.93	12.00	12.01	12.35
11.85	11.92	12.06	12.09
11.76	11.83	11.76	11.77
12.16	12.23	11.82	12.20
11.77	11.84	12.12	11.79
12.00	12.07	11.60	12.30
12.04	12.11	11.95	12.27
11.98	12.05	11.96	12.29
12.30	12.37	12.22	12.47
12.18	12.25	11.75	12.03
11.97	12.04	11.96	12.17
12.17	12.24	11.95	11.94
11.85	11.92	11.89	11.97
12.30	12.37	11.88	12.23
12.15	12.22	11.93	12.25

管理报告

1. 对每个样本在 0.01 的显著性水平下进行假设检验，并且确定，如果需要的话，应该采取怎样的措施？给出每一检验的检验统计量和 p 值。

2. 计算每一个样本的标准差。假设总体标准差为 0.21，这样做是否合理？

3. 计算样本均值 $\bar{x}$ 在 $\mu = 12$ 附近的一个范围，使得只要样本均值在这个范围内，则认为工艺流程的运行状况是令人满意的。如果 $\bar{x}$ 超过上限或低于下限，则需采取纠正措施。在质量控制目标中，这类界限被称为上侧或下侧控制限。

4. 当显著性水平增大时，这意味着什么？如果增大显著性水平，哪种错误或误差会增加？

案例 8—2　Bayview 大学商科学生的道德行为

在遭遇全球衰退的 2008 年和 2009 年，有许多针对华尔街管理人员、财务经理和其他公司经理人职业道德的控告。当时，有一篇文章认为不道德商业行为的根源，部分在于欺诈行为在商科学生中盛行（*Chronicle of Higher Education*，

February 10，2009）。文中称，有56%的商科学生承认他们在学校期间有过欺瞒行为；而在非商科学生中，这一比率为47%。

近年来，欺骗行为一直是Bayview大学商学院教务主任关注的一个问题。一些大学教学人员认为，Bayview大学的欺骗行为比其他大学更为普遍；另一些大学教学人员认为，欺骗行为并不是学院的一个主要问题。为回复这些说法，教务主任委托相关机构对目前Bayview大学商科学生的欺骗行为进行评估研究。作为研究的一部分，由90名本年即将毕业的商科学生组成一个样本，向他们分发匿名的调查问卷并回答以下问题，用于得到与三类欺骗行为有关的数据。

在Bayview大学就读期间，你是否曾经将互联网上的内容拷贝作为自己的工作成果？

是＿＿＿＿＿＿＿＿　　　否＿＿＿＿＿＿＿＿

在Bayview大学就读期间，你是否曾经在考试中抄袭他人的答案？

是＿＿＿＿＿＿＿＿　　　否＿＿＿＿＿＿＿＿

在Bayview大学就读期间，你是否曾经将与其他学生合作的项目当作是自己独立完成的？

是＿＿＿＿＿＿＿＿　　　否＿＿＿＿＿＿＿＿

如果对这些问题的回答中有一项或者一项以上为"是"，则认为学生具有欺骗行为。下面是收集到的部分数据。整个数据集存放在名为Bayview的文件中。

学生	从互联网抄袭	考试中抄袭	将合作项目当作个人独立完成	性别
1	否	否	否	女
2	否	否	否	男
3	是	否	是	男
4	是	是	否	男
5	否	否	是	男
6	是	否	否	女
⋮	⋮	⋮	⋮	⋮
88	否	否	否	男
89	否	是	是	男
90	否	否	否	女

管理报告

请向教务主任提交一份报告，总结评估Bayview大学商科学生的欺骗行为。在报告中，请确保包括如下内容。

1. 利用描述统计量对数据进行汇总并评论你的发现。

2. 分别求在全体学生、男学生和女学生当中，有某种类型的欺骗行为的学生所占比率的95%置信区间。

3. 进行假设检验，确定是否Bayview大学商科学生中发生欺骗行为的比率低于报道的其他大学商科学生？

4. 进行假设检验，确定是否Bayview大学商科学生中发生欺骗行为的比率低于报道的其他大学非商科学生？

5. 根据你对数据的分析，你对教务主任有哪些建议？

第 9 章
均值比较、实验设计和方差分析

实践中的统计

美国食品和药品管理局
华盛顿特区

美国食品和药品管理局（FDA）的职责是通过其药品评估与研究中心（CDER）来保证药品的安全性和有效性。但 CDER 并不对新药本身进行实际检测。试图推出新药的公司有责任对该药进行检验并提交有关该药安全性和有效性的证明，然后 CDER 的统计学家和科学家会对这些提交的证明进行审查。

为了使一种新药获得批准，制药公司会进行大量的统计研究来支撑其申请。制药业的检验过程通常包括三个阶段：（1）临床前检验；（2）长期使用及安全性检验；（3）临床效果检验。在每个相继的阶段，药品能通过严格检验的机会是递减的，但是，进一步检验的费用却急剧增加。行业调查表明，研究开发一种新药平均需花费 2.5 亿美元，历时 12 年。因此，在检验过程的早期剔除不成功的新药以及识别出有开发前景以供进一步检验的新药就显得极为重要。

统计在药物研究中起着重要作用，因为有关药物研究的政府规章非常严苛而且要严格执行。在临床前检验中，一般通过两三个典型总体的统计研究来确定一种新药是否可继续其长期使用及安全性检验研究。总体可以由新药、一种控制药物以及一种标准药物组成。当将一种新药送往药理组进行药效评价（药物产生期望效果的能力）之时，临床前检验过程就开始了。作为该过程的一部分，需要一名统计学家设计一套用于检验新药的试验。该试验必须规定样本容量以及统计分析方法。在两总体研究中，一个样本用于获得有关新药（总体1）的药效数据，另一个样本用于获得有关标准药物（总体2）的药效数据。根据不同需要，新药及标准药物可能在诸如神经学、心脏病学及免疫学等学科进行检验。在大部分的研究中，统计方法涉及新药总体与标准药物总体均值之差的假设检验。如果同标准药物相比，新药缺乏效力或产生了不良的效果，该新药就要被拒绝并放弃进一步检验。只有那些同标准药物相比显示出良好前景的新药才被送去做长期使用及安全性检验。

在长期的药物使用和安全性检验程序上，在临床检验过程中，要进一步收集数据进行多总体研究。为避免数据相关的偏差，FDA要求在进行这些检验前就要确定统计方法。另外，为避免人为偏差，某些临床试验是双重或三重保密的。也就是说，无论受试者还是研究者都不知道何种药物分配给谁。如果新药品达到了相关标准药品的所有要求，一份新药的申请（NDA）就会送达 FDA，并由该机构的统计学家及科学家严格地详细审阅。

在本章中，你将学习如何对两个总体或多个总体均值进行估计和假设检验，这些技术是通过分析独立随机样本及匹配样本介绍给大家的。

在第 7 章和第 8 章，我们介绍了对一个总体的均值和比率如何进行区间估计以及假设检验。在 9.1 节至 9.3 节，当两个总体均值之差是一个重要问题时，我们通过说明如何对两个总体进行区间估计与假设检验，来继续我们有关统计推断的讨论。例如，我们可能要对男女两个总体平均起始月薪的差异进行区间估计，或对两个总体的均值是否存在差异进行假设检验。

在 9.4 节，我们将介绍实验性研究的基本原理，并说明如何将这些基本原理用于完全随机化设计。我们还给出了名为方差分析（ANOVA）的统计方法的概念性综述。在 9.5 节，我们说明如何利用从完全随机化设计得到的数据和从一项观测性研究得到的数据，应用 ANOVA 来检验 k 个总体均值的相等性。在这种意义下，ANOVA 将 9.1 节至 9.3 节的两个总体均值的统计资料扩展到三个及以上总体均值的情形。

假定两个总体的标准差已知，我们从说明如何进行两个总体均值之差的区间估计和假设检验开始有关统计推断的讨论。

9.1 两总体均值之差的推断：σ_1 和 σ_2 已知

令 μ_1 表示总体 1 的均值，μ_2 表示总体 2 的均值，我们将重点介绍两总体均值之差 $\mu_1 - \mu_2$ 的统计推断。为了进行有关差异的统计推断，从总体 1 中抽取一个容量为 n_1 的简单随机样本，从总体 2 中抽取另一个容量为 n_2 的简单随机样本。由于这两个样本是相互独立抽取的，因此是**独立简单随机样本**（independent simple random samples）。在本节中，我们假定可利用的信息是：在选取样本前两个总体的标准差 σ_1 和 σ_2 是已知的，称这种情形为 σ_1 和 σ_2 已知的情形。在下面的例子中，我们将说明当 σ_1 和 σ_2 已知时，如何计算误差范围及如何进行两个总体均值之差的区间估计。

9.1.1 $\mu_1 - \mu_2$ 的区间估计

HomeStyle 家具商店在两家商店销售家具：一家位于市区；另一家地处郊区购物中心。地区经理注意到：在一家商店畅销的商品在另一家商店卖得不一定好。经理认为这种情形归因于这两个地区顾客人群的差异。顾客可能在年龄、受教育程度、收入等诸方面存在差异。假定经理要求我们调查一下这两家商店的顾客平均年龄的差异。

我们定义总体 1 为市区商店的所有顾客，总体 2 为郊区商店的所有顾客。

$\mu_1 = $ 总体 1 的均值（即在市区商店购物的所有顾客的平均年龄）
$\mu_2 = $ 总体 2 的均值（即在郊区商店购物的所有顾客的平均年龄）

这两个总体均值之差为 $\mu_1 - \mu_2$。

为了估计 $\mu_1 - \mu_2$，我们从总体 1 中抽取一个由 n_1 名顾客组成的简单随机样本，从总体 2 中抽取一个由 n_2 名顾客组成的简单随机样本，然后计算每个样本均值。

$\bar{x}_1 = $ 由 n_1 名市区顾客组成的简单随机样本的样本平均年龄
$\bar{x}_2 = $ 由 n_2 名郊区顾客组成的简单随机样本的样本平均年龄

两总体均值之差的点估计量是两个样本均值之差。

两个总体均值之差的点估计量

$$\bar{x}_1 - \bar{x}_2 \tag{9.1}$$

图 9—1 给出了以两个独立简单随机样本为依据的用于估计两个总体均值之差的步骤的示意图。

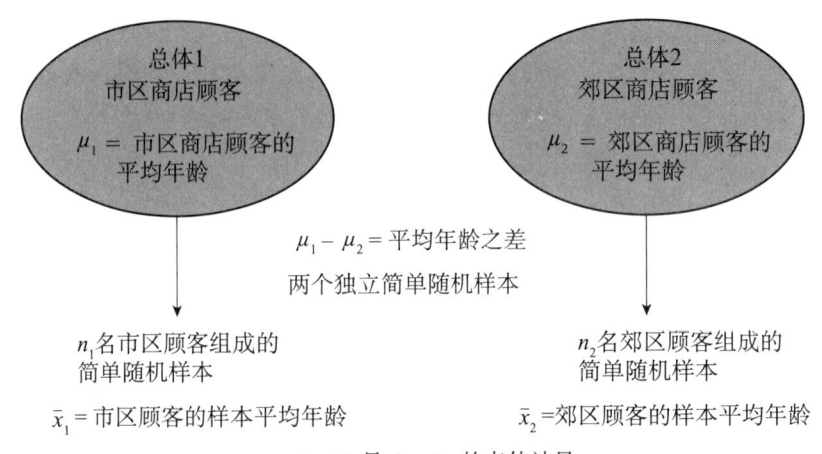

图 9—1　两总体均值之差的估计

与其他点估计量一样，点估计量 $\bar{x}_1 - \bar{x}_2$ 有一个描述估计量抽样分布变异性是标准误差。对于两个独立简单随机样本，$\bar{x}_1 - \bar{x}_2$ 的标准误差如下：

$\bar{x}_1 - \bar{x}_2$ 的标准误差

$$\sigma_{\bar{x}_1 - \bar{x}_2} = \sqrt{\frac{\sigma_1^2}{n_1} + \frac{\sigma_2^2}{n_2}} \tag{9.2}$$

> $\bar{x}_1 - \bar{x}_2$ 的标准误差就是 $\bar{x}_1 - \bar{x}_2$ 抽样分布的标准差。

如果两个总体都服从正态分布，或者样本容量足够大，从而使我们可以利用中心极限定理得出 $\bar{x}_1$ 和 $\bar{x}_2$ 的抽样分布近似服从正态分布，那么 $\bar{x}_1 - \bar{x}_2$ 的抽样分布将服从均值为 $\mu_1 - \mu_2$ 的正态分布。

正如我们在第 7 章所介绍的，由一个点估计量±一个边际误差就可得出区间估计。当估计两个总体均值之差时，区间估计的公式如下：

$$\bar{x}_1 - \bar{x}_2 \pm 边际误差$$

由于 $\bar{x}_1 - \bar{x}_2$ 的抽样分布服从正态分布，可得出边际误差如下：

$$边际误差 = z_{\alpha/2}\sigma_{\bar{x}_1-\bar{x}_2} = z_{\alpha/2}\sqrt{\frac{\sigma_1^2}{n_1}+\frac{\sigma_2^2}{n_2}} \tag{9.3}$$

> 边际误差等于标准差乘以 $z_{\alpha/2}$。

因此，两个总体均值之差的区间估计如下：

两个总体均值之差的区间估计：σ_1 和 σ_2 已知

$$\bar{x}_1 - \bar{x}_2 \pm z_{\alpha/2}\sqrt{\frac{\sigma_1^2}{n_1}+\frac{\sigma_2^2}{n_2}} \tag{9.4}$$

式中，$1-\alpha$ 为置信系数。

我们再以 HomeStyle 为例，根据先前顾客统计研究的数据资料，两个总体标准差已知，分别为 $\sigma_1=9$ 岁和 $\sigma_2=10$ 岁。由 HomeStyle 顾客的两个独立简单随机样本收集来的数据得到如下结果。

	市区商店	郊区商店
样本容量	$n_1=36$	$n_2=49$
样本均值（岁）	$\bar{x}_1=40$	$\bar{x}_2=35$

利用式 (9.1)，我们求得两个总体平均年龄之差的点估计量为 $\bar{x}_1 - \bar{x}_2 = 40 - 35 = 5$ 岁。于是，我们认为市区商店的顾客平均年龄比郊区商店的大 5 岁。现在利用式 (9.4) 来计算边际误差并对 $\mu_1 - \mu_2$ 进行区间估计。在 95％的置信水平下，$z_{\alpha/2} = z_{0.025} = 1.96$，于是有

$$\bar{x}_1 - \bar{x}_2 \pm z_{\alpha/2}\sqrt{\frac{\sigma_1^2}{n_1}+\frac{\sigma_2^2}{n_2}}$$

$$40 - 35 \pm 1.96\sqrt{\frac{9^2}{36}+\frac{10^2}{49}}$$

$$5 \pm 4.06$$

因此，边际误差为 4.06 岁，两总体均值之差的 95％置信区间为从 $5-4.06=0.94$ 岁到 $5+4.06=9.06$ 岁。

9.1.2 用 Excel 构造置信区间

Excel 的数据分析工具没有给出构造两个总体均值之差的区间估计的程序。但是，我们可以创建一张用于构造区间估计模板的 Excel 工作表。以 HomeStyle 家具

商店研究为例,我们将阐明总体均值之差的区间估计的构造。在描述所做的工作时,参见图 9—2。背景是公式工作表,前景是数值工作表。

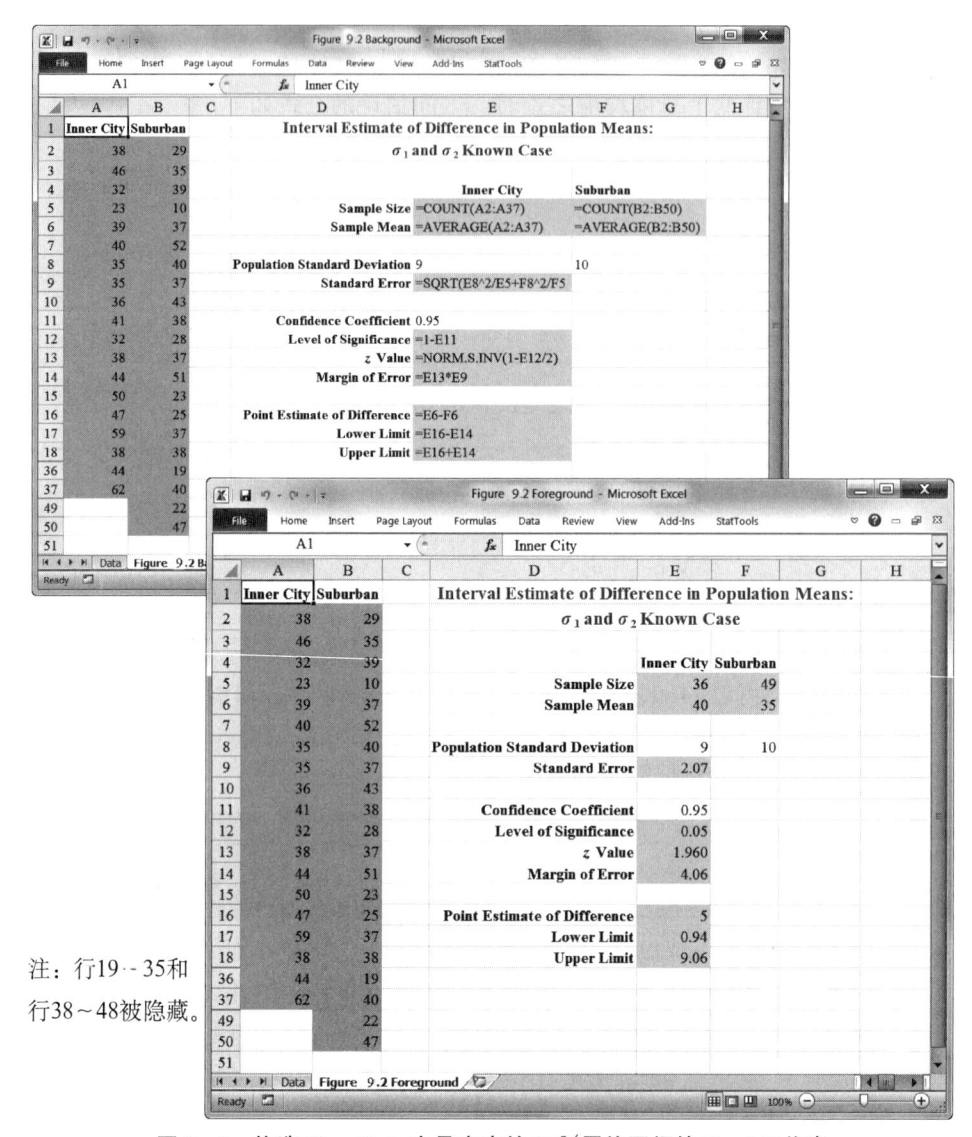

注:行19~35和
行38~48被隐藏。

图 9—2 构造 HomeStyle 家具商店的 95% 置信区间的 Excel 工作表

输入数据:列 A 包含 36 名市区顾客的简单随机样本的年龄数据,列 B 包含 49 名郊区顾客的简单随机样本的年龄数据。

输入函数和公式:在单元格区域 E5:F6 给出了需要的描述统计量,在单元格 E8 和 F8 中输入已知的总体标准差。利用两个总体的标准差和样本容量,利用式 (9.2) 计算的点估计量 $\bar{x}_1 - \bar{x}_2$ 的标准误差按如下公式输入单元格 E9:

=SQRT(E8^2/E5+F8^2/F5)

单元格区域 E11:E14 用于计算适当的 z 值和边际误差。在单元格 E11 中输入置信系数 0.95,单元格 E12 是计算出来的对应的显著性水平($\alpha = 1 -$ 置信系数)。在单元格 E13 中,我们用 NORM.S.INV 函数计算区间估计所需要的 z 值。单元格 E14 中是 z 值乘以标准误差计算出来的边际误差。

单元格 E16 中的样本均值之差用于计算两个总体均值之差的点估计值。单元格 E17 是计算出来的置信区间的下限（0.94），单元格 E18 是计算出来的置信区间的上限（9.06）。因此，两个总体均值之差的 95% 置信区间是 0.94～9.06。

模板 当总体标准差已知，这个工作表可以用作构造总体均值之差区间估计的模板。对这类其他问题，首先我们必须在列 A 和列 B 输入新问题的数据，为了计算新数据的样本均值和样本容量，单元格区域 E5：F6 的数据范围需要修改。同时，单元格 E8 和 F8 中也需要输入假设已知的总体标准差。做完这些后，在单元格区域 E16：E18 中将会显示出点估计值和 95% 的置信区间。如果需要不同置信系数的置信区间，我们只需改变单元格 E11 中的数值。

作为其他问题的模板，通过去掉在单元格 E5：F6 中输入新数据范围的需要，我们可以进一步简化图 9—2 的使用。改写单元格公式如下：

单元格 E5：＝COUNT（A：A）
单元格 F5：＝COUNT（B：B）
单元格 E6：＝AVERAGE（A：A）
单元格 F6：＝AVERAGE（B：B）

利用 A：A 方法指定单元格 E5 和 E6 中的数据范围，Excel 的 COUNT 函数将统计列 A 中数值的个数，Excel 的 AVERAGE 函数将计算列 A 中数值的平均数。同样，用 B：B 方法指定单元格 F5 和 F6 中的数据范围，Excel 的 COUNT 函数将统计列 B 中数值的个数，Excel 的 AVERAGE 函数将计算列 B 中数值的平均数。因此，为了解决新问题，只需要在列 A 和列 B 中输入新数据以及在单元格 E8 和 F8 中输入已知的总体标准差。

> HomeStyle 文件中包含一个名为 Template（模板）的工作表，该工作表用 A：A 和 B：B 方法输入数据范围。

这个工作表也可以用作书后习题的模板，需要题中给出样本容量、样本均值和总体标准差。对于这种情形，不需要数据的变化，我们只需用给定的样本容量、样本均值和总体标准差，简单替换单元格区域 E5：F6 和 E8：F8 中的数值。如果需要其他的而不是 95% 的置信区间，必须改变单元格 E11 中的置信系数。

9.1.3 $\mu_1 - \mu_2$ 的假设检验

现在讨论两个总体均值之差的假设检验。令 D_0 表示 μ_1 与 μ_2 之间假设的差，假设检验的三种形式如下：

$H_0: \mu_1 - \mu_2 \geq D_0$ $H_0: \mu_1 - \mu_2 \leq D_0$ $H_0: \mu_1 - \mu_2 = D_0$
$H_a: \mu_1 - \mu_2 < D_0$ $H_a: \mu_1 - \mu_2 > D_0$ $H_a: \mu_1 - \mu_2 \neq D_0$

在大多数应用中，$D_0 = 0$。以双侧检验为例，当 $D_0 = 0$ 时，原假设为 $H_0: \mu_1 - \mu_2 = 0$，在这种情形下，原假设为 μ_1 与 μ_2 相等。拒绝 H_0 可推出 $H_a: \mu_1 - \mu_2 \neq 0$ 为真的结论；也就是说，μ_1 与 μ_2 不相等。

第 8 章介绍的假设检验的步骤在此处也是适用的，我们必须选择一个显著性水平，计算出检验统计量的数值，并求出 p 值以决定是否应拒绝原假设。对于两个独立简单随机样本，我们发现，式（9.2）给出了点估计量 $\bar{x}_1 - \bar{x}_2$ 的标准误差

$\sigma_{\bar{x}_1-\bar{x}_2}$，并且 $\bar{x}_1 - \bar{x}_2$ 服从正态分布。在这种情形下，当 σ_1 和 σ_2 已知时，两个总体均值之差的检验统计量如下所示：

$\mu_1 - \mu_2$ 的假设检验的检验统计量：σ_1 和 σ_2 已知

$$z = \frac{(\bar{x}_1 - \bar{x}_2) - D_0}{\sqrt{\dfrac{\sigma_1^2}{n_1} + \dfrac{\sigma_2^2}{n_2}}} \tag{9.5}$$

在下面的假设检验的例子中，我们将演示如何应用这一检验统计量。

作为评价两个培训中心教育质量差异的研究的一部分，对两个中心的学员进行了一次标准化考试。用考试平均分数的差来评估两个中心教育质量的差异。两个中心的总体均值如下：

$\mu_1 =$ 在 A 中心培训的学员总体的平均考试分数
$\mu_2 =$ 在 B 中心培训的学员总体的平均考试分数

我们从一个尝试性的假设开始讨论：两个中心的培训质量没有差异。于是，从平均考试分数的角度来讲，原假设就是 $\mu_1 - \mu_2 = 0$。如果抽样证据导致拒绝该假设，就可以得出两个总体平均考试分数有差异的结论。这个结论表示两个中心教育质量不同并建议对产生这种差异的原因进行跟踪调查研究。对这一双侧检验，原假设和备择假设如下：

$H_0: \mu_1 - \mu_2 = 0$
$H_a: \mu_1 - \mu_2 \neq 0$

以前，在各种情形下进行的标准化测试总能导致考试分数有近 10 分的标准差。于是，我们利用这一信息假设总体标准差已知，且 $\sigma_1 = 10$ 和 $\sigma_2 = 10$。规定研究的显著性水平为 $\alpha = 0.05$。

从 A 培训中心抽取一个 $n_1 = 30$ 的独立简单随机样本，从 B 培训中心抽取一个 $n_2 = 40$ 的独立简单随机样本。样本均值为 $\bar{x}_1 = 82, \bar{x}_2 = 78$。这些数据是否表示这两个培训中心总体均值存在一个显著性差异？为了回答这个问题，我们利用式 (9.5) 计算检验统计量：

$$z = \frac{(\bar{x}_1 - \bar{x}_2) - D_0}{\sqrt{\dfrac{\sigma_1^2}{n_1} + \dfrac{\sigma_2^2}{n_2}}} = \frac{(82 - 78) - 0}{\sqrt{\dfrac{10^2}{30} + \dfrac{10^2}{40}}} = 1.66$$

接下来我们计算该双侧检验的 p 值。由于检验统计量 z 是在上侧，首先计算 $z = 1.66$ 的右侧曲线下的面积。利用标准正态分布累积概率表，$z = 1.66$ 的左侧曲线下面的面积为 0.951 5。因此，该分布上侧的面积为 1.000 0 − 0.951 5 = 0.048 5。由于这个检验是双侧检验，我们必须用 2 乘单侧面积，得到 p 值 = 2 × 0.048 5 = 0.097 0。遵循通常的法则，如果 p 值 $\leqslant \alpha$，则拒绝 H_0。我们看到，在 0.05 的显著性水平下，p 值 = 0.097 0 使我们不能拒绝 H_0。样本结果不能为我们提供足够的证据来断定两个培训中心的质量不同。

本章将利用第 8 章所述的 p 值法进行假设检验。但是，如果你愿意，也可使用检验统计量和临界值拒绝法则。当 $\alpha = 0.05$ 时，$z_{\alpha/2} = z_{0.025} = 1.96$。如果 $z \leqslant -1.96$ 或 $z \geqslant 1.96$，利用临界值法的拒绝法则就会拒绝 H_0。当 $z = 1.66$ 时，我们同样得出不拒绝 H_0 的结论。

在上面的例子中，我们讲述了两个总体均值之差的双侧假设检验。我们也可以考虑下侧和上侧检验。这些检验使用的统计量与式（9.5）相同。p 值的计算步骤及单侧检验的拒绝法则与第 8 章所述相同。

9.1.4 用 Excel 进行假设检验

当 σ_1 和 σ_2 已知时，用 Excel 工具进行的确定总体均值是否存在显著性差异的假设检验，称为 z 检验：双样本均值差检验。我们用 A 培训中心和 B 培训中心的考试分数的样本数据来说明。由于假定已知每个中心的标准差为 10，因此，两个考试分数总体的已知方差都为 $10^2 = 100$。在描述所做的工作时，参见图 9—3 和图 9—4 的 Excel 工作表。

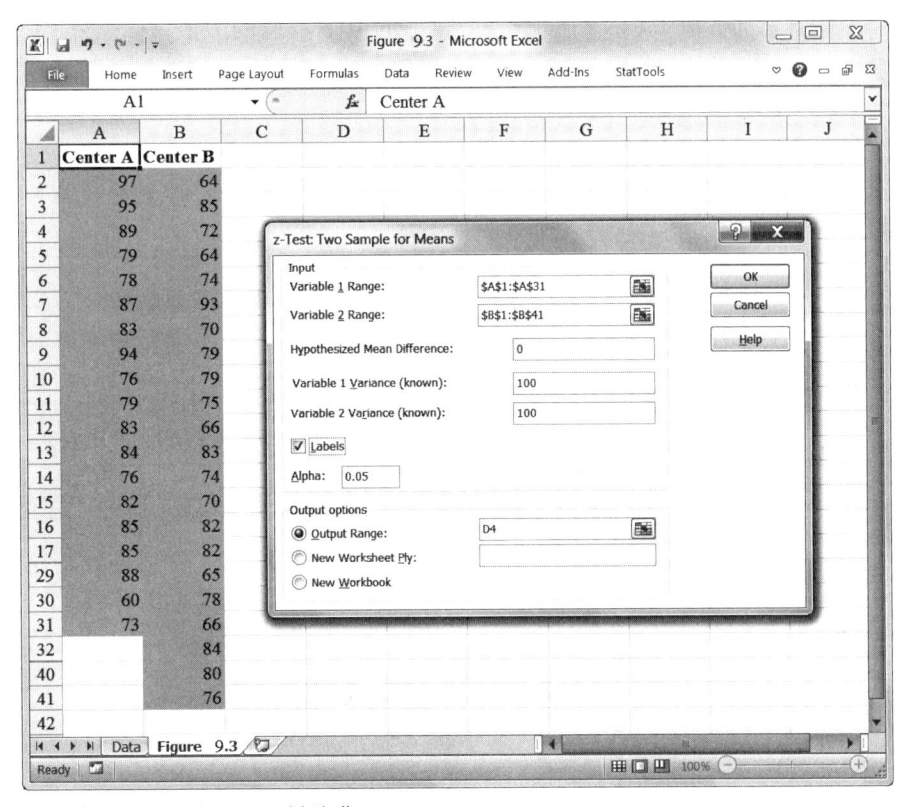

注：行18~28和行33~39被隐藏。

图 9—3　Excel 的 z 检验：双样本均值差检验工具的对话框

输入数据：图 9—3 的列 A 包含在培训中心 A 培训的 30 人组成的简单随机样本的考试分数，列 B 包含在培训中心 B 培训的 40 人组成的简单随机样本的考试分数。

应用工具：下面的步骤将给出进行两个中心的考试分数是否存在显著性差异的假设检验所需要的信息。

第 1 步：点击功能区菜单栏上的 **Data** 按钮。

第 2 步：在 **Analysis** 组中，点击 **Data Analysis**。

第 3 步：从分析工具列表中，选择 **z-Test：Two Sample for Means**。

第4步：当 **z-Test：Two Sample for Means** 对话框出现时（见图9—3）：

在 **Variable 1 Range** 框中输入 A1：A31；

在 **Variable 2 Range** 框中输入 B1：B41；

在 **Hypothesized Mean Difference** 框中输入 0；

在 **Variable 1 Variance（known）** 框中输入 100；

在 **Variable 2 Variance（known）** 框中输入 100；

选择 **Labels**；

在 **Alpha** 框中输入 0.05；

选择 **Output Range** 并在框中输入 D4；

点击 **OK**。

图9—4 中是输出结果。两个样本的描述统计量出现在单元格区域 E7：F9；检验统计量的数值 1.656 2 出现在单元格 E11 中；检验的 p 值（标记为"P(Z<=z) two-tail"）出现在单元格 E14 中。由于 p 值＝0.097 7 大于显著性水平 α＝0.05，因此，我们不能得出两总体均值不同的结论。

> 这里检验统计量的数值（1.656 2）和 p 值（0.097 7），与前面给出的略微不同，因为在书上检验统计量我们只保留两位小数（1.66）。

z 检验：双样本均值差检验工具还可以用于单侧假设检验。需要作出的唯一变化是，利用标签为"P(Z<=z) one-tail"（见单元格 E12）的 p 值对单侧检验做出假设检验结论。

图9—4　关于两个培训中心考试分数相等性的假设检验的 Excel 结果

9.1.5 应用中的建议

在本节所给出的区间估计与假设检验的大部分应用中，随机样本都满足 $n_1 \geqslant 30$ 及 $n_2 \geqslant 30$，一旦其中之一或两者的样本容量都小于 30，总体的分布就需重点加以考虑。一般情况下，当样本容量较小时，对分析者来说，更为重要的是满足两个总体近似服从正态分布的合理假设。

练 习

方法

1. 下面是来自两个总体的两个独立随机样本的资料。

样本 1	样本 2
$n_1 = 50$	$n_2 = 35$
$\bar{x}_1 = 13.6$	$\bar{x}_2 = 11.6$
$\sigma_1 = 2.2$	$\sigma_2 = 3.0$

a. 两个总体均值之差的点估计值是多少？
b. 建立两个总体均值之差的 90% 置信区间。
c. 建立两个总体均值之差的 95% 置信区间。

2. 考虑下面的假设检验：

$H_0: \mu_1 - \mu_2 \leqslant 0$
$H_a: \mu_1 - \mu_2 > 0$

下面是来自两个总体的两个独立样本资料。

样本 1	样本 2
$n_1 = 40$	$n_2 = 50$
$\bar{x}_1 = 25.2$	$\bar{x}_2 = 22.8$
$\sigma_1 = 5.2$	$\sigma_2 = 6.0$

a. 检验统计量的值是多少？
b. p 值是多少？
c. 对 $\alpha = 0.05$，假设检验有何结论？

应用

3. *Condé Nast Traveler* 杂志进行了一项年度调查，读者对他们最喜欢的豪华游轮进行评分。所有游轮都按百分制评分，分值越高表示服务越好。由 37 艘载客量小于 500 人的游轮组成一个样本，平均得分为 85.36；由 44 艘载客量大于 500 人的游轮组成一个样本，平均得为 81.40（*Condé Nast Traveler*，February 2008）。假设载客量小于 500 人的游轮的总体标准差为 4.55，载客量大于 500 人的游轮的总体标准差为 3.97。

a. 载客量小于 500 人的游轮和载客量大于 500 人的游轮的总体平均得分之差的点估计值是多少？
b. 对于 95% 的置信水平，边际误差是多少？
c. 两种载客量游轮总体平均得分之差的 95% 置信区间是多少？

4. 假设你负责安排一次商业聚会。由于近期经济衰退，削减预算，你负责选择酒店住宿最便宜的聚会城市。你把选择缩小在亚特兰大和休斯敦。名为 Hotel 的文件中包含与《史密斯旅游研究报告》（Smith Travel Research）一致的亚特兰大和休斯敦的房价的样本数据（*SmartMoney*，March 2009）。由于两个城市大多数房价的历史数据都可以利用，可以假定房价总体标准差为：亚特兰大 20 美元，休斯敦 25 美元。根据样本数据，你能否得出亚特兰大的酒店的平均房价低于休斯敦的结论？

5. 对于提供优质服务的公司，改善服务质量将有助于公司股票价格的上涨吗？"研究发现，当一家公司的满意度得分比上一年度有所提高，且高于全美平均水平（目前是 75.7 分）时，从长远来看，该公司的股票有一个优于大盘股票的良好机会"（*BusinessWeek*，March 2，2009）。下面是从美国消费者满意度指数得到的三家公司 2007 年和 2008 年的满意度得分。假设满意度得分以每一家公司的 60 名消费者的投票为依据。由于投票已进行了好多年，所以可将三家公司的标准差都假定为 6。

公司	2007 年得分	2008 年得分
Rite Aid	73	76
Expedia	75	77
JC Penney	77	78

a. 在 $\alpha = 0.05$ 的显著性水平下，从 2007 年到 2008 年，Rite Aid 公司满意度得分的增加在统计上是否显著？你的结论如何？

b. 在 $\alpha = 0.05$ 的显著性水平下，你能否断定：Rite Aid 公司 2008 年的满意度得分高于 75.7 的全美平均水平？

c. 在 $\alpha = 0.05$ 的显著性水平下，从 2007 年到 2008 年，Expedia 公司满意度得分的增加在统计上是否显著？

d. 在给定标准差、样本容量和 α 的情况下进行假设检验时，从 2007 年到 2008 年满意度得分必须增加多少在统计上才会是显著的？

e. 利用 d 的结果来描述从 2007 年到 2008 年，JC Penney 公司满意度得分的增加在统计上是否显著。

9.2 两总体均值之差的推断： σ_1 和 σ_2 未知

本节扩展当两总体标准差 σ_1 和 σ_2 未知时，有关两总体均值之差的统计推断的讨论。在这种情况下，我们用样本标准差 s_1 和 s_2 来估计未知的总体标准差。当使用样本标准差时，区间估计与假设检验的程序将建立在 t 分布而非标准正态分布的基础上。

9.2.1 $\mu_1 - \mu_2$ 的区间估计

在下面的例子里，我们将介绍当 σ_1 和 σ_2 未知时，如何计算边际误差以及如何建立两总体均值之差的区间估计。Clearwater 国民银行正在进行一项研究，旨在确定其两个分行的客户支票账户余额之间的差异。从 Cherry Grove 分行抽取 28 个支票账户组成一个简单随机样本，从 Beechmont 分行抽取 22 个支票账户组成另一个独立简单随机样本，每个支票账户的当前余额被记录下来。账户余额汇总如下：

	Cherry Grove	Beechmont
样本容量	$n_1=28$	$n_2=22$
样本均值（美元）	$\bar{x}_1=1\,025$	$\bar{x}_2=910$
样本标准差（美元）	$s_1=150$	$s_2=125$

Clearwater 国民银行打算估计 Cherry Grove 和 Beechmont 两家分行客户总体支票账户余额均值的差异。我们来计算这两个总体均值之差的边际误差和区间估计。

在 9.1 节，当总体标准差 σ_1 和 σ_2 已知时，给出了下面的区间估计：

$$\bar{x}_1 - \bar{x}_2 \pm z_{\alpha/2}\sqrt{\frac{\sigma_1^2}{n_1}+\frac{\sigma_2^2}{n_2}}$$

当 σ_1 和 σ_2 未知时，用样本标准差 s_1 和 s_2 来估计 σ_1 和 σ_2，并用 $t_{\alpha/2}$ 代替 $z_{\alpha/2}$。因此两总体均值之差的区间估计表达式如下：

两个总体均值之差的区间估计：σ_1 和 σ_2 未知

$$\bar{x}_1 - \bar{x}_2 \pm t_{\alpha/2}\sqrt{\frac{s_1^2}{n_1}+\frac{s_2^2}{n_2}} \tag{9.6}$$

式中，$1-\alpha$ 为置信系数。

> 当用 s_1 和 s_2 来估计 σ_1 和 σ_2 时，用 t 分布对两总体均值之差进行统计推断。

在上式中，所用的 t 分布是近似分布，但估计结果很好且应用相对简单。在应用式（9.6）的过程中遇到的唯一难题是确定 $t_{\alpha/2}$ 的合适的自由度。计算合适的自由度所用公式如下：

自由度：两个独立随机样本的 t 分布

$$df = \frac{\left(\dfrac{s_1^2}{n_1}+\dfrac{s_2^2}{n_2}\right)^2}{\dfrac{1}{n_1-1}\left(\dfrac{s_1^2}{n_1}\right)^2 + \dfrac{1}{n_2-1}\left(\dfrac{s_2^2}{n_2}\right)^2} \tag{9.7}$$

> 图 9—5 中的 Excel 工作表使这一计算很容易。

我们继续以 Clearwater 国民银行为例，来介绍如何应用式（9.6）估计两家分行支票账户余额总体均值之差的 95% 置信区间。Cherry Grove 分行的样本数据是 $n_1=28$，$\bar{x}_1=1\,025$，$s_1=150$；Beechmont 分行的样本数据是 $n_2=22$，$\bar{x}_2=910$，$s_2=125$。$t_{\alpha/2}$ 的自由度计算如下：

$$df = \frac{\left(\frac{s_1^2}{n_1} + \frac{s_2^2}{n_2}\right)^2}{\frac{1}{n_1-1}\left(\frac{s_1^2}{n_1}\right)^2 + \frac{1}{n_2-1}\left(\frac{s_2^2}{n_2}\right)^2}$$

$$= \frac{\left(\frac{150^2}{28} + \frac{125^2}{22}\right)^2}{\frac{1}{28-1}\left(\frac{150^2}{28}\right)^2 + \frac{1}{22-1}\left(\frac{125^2}{22}\right)^2} = 47.8$$

为得到一个较大的 t 值和更保守（宽）的区间估计，我们把非整的自由度取整为 47。查自由度为 47 的 t 分布表，可得 $t_{0.025} = 2.012$。利用式 (9.6)，建立两总体均值之差的 95% 置信区间如下：

$$\bar{x}_1 - \bar{x}_2 \pm t_{0.025}\sqrt{\frac{s_1^2}{n_1} + \frac{s_2^2}{n_2}}$$

$$1\,025 - 910 \pm 2.012\sqrt{\frac{150^2}{28} + \frac{125^2}{22}}$$

$$115 \pm 78$$

两分行支票账户余额总体均值之差的点估计值为 115 美元，边际误差为 78 美元。因此，两总体均值之差的 95% 的置信区间为从 115－78＝37 美元到 115＋78＝193 美元。

如果利用式 (9.7) 手工计算自由度是非常繁杂的。但是注意：在式 (9.6) 和式 (9.7) 中都有 s_1^2/n_1 和 s_2^2/n_2，对于式 (9.6) 和式 (9.7)，这些值仅需要计算一次。

> 如果你应用式 (9.7) 手工计算自由度，该建议应该是有帮助的。

9.2.2 用 Excel 构造置信区间

Excel 的数据分析工具没有给出构造两个总体均值之差的区间估计的程序。但是，我们可以创建一张用于构造区间估计模板的 Excel 工作表。我们将以 Clearwater 国民银行为例，阐明总体均值之差的区间估计的构造。在描述所做的工作时，参见图 9—5。背景是公式工作表，前景是数值工作表。

输入数据：列 A 包含 Cherry Grove 分行 28 个客户支票账户余额的简单随机样本，列 B 包含 Beechmont 分行 22 个客户支票账户余额的简单随机样本。

输入函数和公式：单元格区域 E5：F7 给出了需要的描述统计量。利用两个样本标准差和样本容量，计算点估计量 $\bar{x}_1 - \bar{x}_2$ 的方差的估计值公式，按如下所示输入到单元格 E9 中：

=E7^2/E5+F7^2/F5

然后在单元格 E10 中对方差开平方可以计算标准误差的估计值。

单元格区域 E12：E16 用于计算适当的 t 值和边际误差。在单元格 E12 中输入置信系数（0.95），单元格 E13 是计算出来的对应的显著性水平（$\alpha = 0.05$）。在单元格 E14 中，用式 (9.7) 来计算自由度（47.8），在单元格 E15 中，用 T.INV.2T 函数计算区间估计需要的 t 值。单元格 E16 是 t 值乘以标准误差计算出来的边际误差。

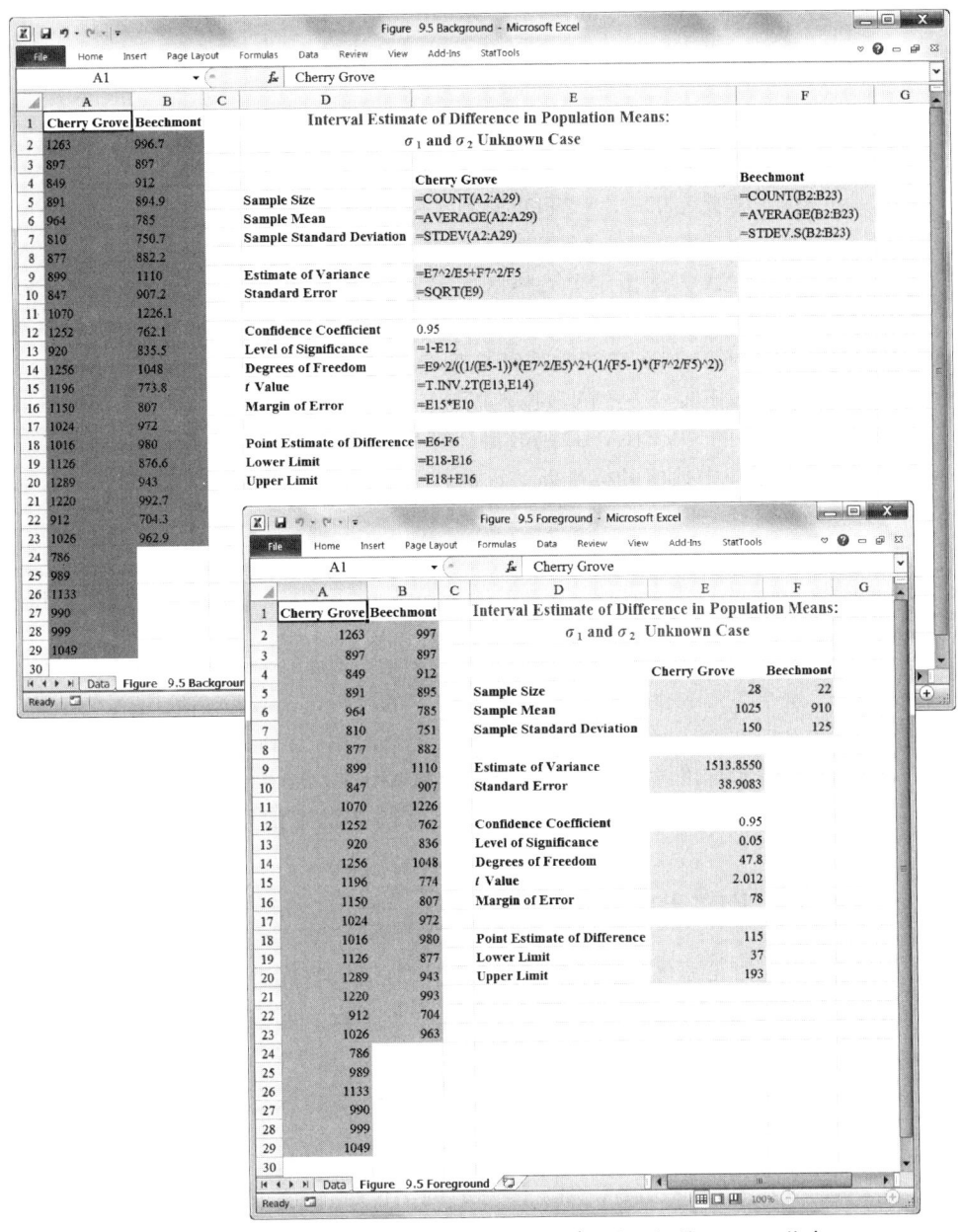

图 9—5　构造 Clearwater 国民银行的 95% 置信区间的 Excel 工作表

单元格 E18 中的样本均值之差用于计算两个总体均值之差的点估计值（115）。单元格 E19 是计算出来的置信区间的下限（37），单元格 E20 是计算出来的置信区间的上限（193）。因此，两个总体均值之差的 95% 置信区间是 37～193。

模板　当总体标准差未知时，这个工作表也可以用作构造总体均值之差区间估计的模板。对这类其他问题，首先必须在列 A 和列 B 输入新问题的数据，为了计算新数据的样本均值和样本容量，单元格区域 E5：F7 的数据范围需要修改。做完这些后，单元格区域 E18：E20 将会显示出点估计值和 95% 的置信区间。如果需要不同置信系数的置信区间，我们只需改变单元格 E12 中的数值。

作为其他问题的模板，不用在单元格区域 E5：F7 中输入新数据范围，我们可以进一步简化图9—5的使用。改写单元格公式如下：

单元格 E5：=COUNT（A：A）
单元格 F5：=COUNT（B：B）
单元格 E6：=AVERAGE（A：A）
单元格 F6：=AVERAGE（B：B）
单元格 E7：=STDEV.S（A：A）
单元格 F7：=STDEV.S（B：B）

用 A：A 方法指定单元格区域 E5：E7 中的数据范围，Excel 的 COUNT 函数将统计列 A 中数值的个数，Excel 的 AVERAGE 函数将计算列 A 中数值的平均数，Excel 的 STDEV 函数将计算列 A 中数值的标准差。同样，用 B：B 方法指定单元格区域 F5：F7 中的数据范围，Excel 的 COUNT 函数将统计列 B 中数值的个数，Excel 的 AVERAGE 函数将计算列 B 中数值的平均数，Excel 的 STDEV 函数将计算列 B 中数值的标准差。因此，为了解决新问题，只需要在列 A 和列 B 中输入新数据。

> CheckAcct 数据集中包含一个名为 Template（模板）的工作表，该工作表用 A：A 和 B：B 方法输入数据范围。

这个工作表也可以用作书后的练习的模板，需要题中给出样本容量、样本均值和样本标准差。对于这种情形，不需变动数据，我们只需用给定的样本容量、样本均值和样本标准差，简单替换单元格区域 E5：F7 中的数值。如果需要其他的而不是 95% 的置信区间，必须改变单元格 E12 中的置信系数。

9.2.3 $\mu_1 - \mu_2$ 的假设检验

现在讨论总体标准差 σ_1 和 σ_2 未知时的两总体均值之差的假设检验。假设 μ_1 与 μ_2 之差可用 D_0 表示，在 9.1 节，当 σ_1 和 σ_2 已知时，给出了下面的检验统计量：

$$z = \frac{(\bar{x}_1 - \bar{x}_2) - D_0}{\sqrt{\frac{\sigma_1^2}{n_1} + \frac{\sigma_2^2}{n_2}}}$$

检验统计量 z 服从标准正态分布。

当 σ_1 和 σ_2 未知时，用 s_1 作为 σ_1 的估计量，s_2 作为 σ_2 的估计量。当 σ_1 和 σ_2 未知时，用这两个样本标准差替代 σ_1 和 σ_2，可得如下的检验统计量：

$\mu_1 - \mu_2$ 的假设检验的检验统计量：σ_1 和 σ_2 未知

$$t = \frac{(\bar{x}_1 - \bar{x}_2) - D_0}{\sqrt{\frac{s_1^2}{n_1} + \frac{s_2^2}{n_2}}} \tag{9.8}$$

t 统计量的自由度由式（9.7）给出。

在下面的假设检验例子中，我们将说明这一检验统计量的用法。

设想开发一个新的计算机软件包，它有助于系统分析员减少设计、开发、实现信息系统所需要的时间。为了评价新软件包的优点,抽取 24 名系统分析员组成一个随机样本。发给每个分析员一张假定的信息系统的说明书。指定其中 12 名分析员使用当前技术来开发该信息系统,另外 12 名分析员先接受新软件包的培训,然后用新软件包来开发该信息系统。

在本研究中有两个总体:使用当前技术的系统分析员总体和使用新软件包的系统分析员总体。考虑完成该信息系统设计项目所需要的时间,总体均值如下:

$\mu_1 =$ 使用当前技术的系统分析员平均项目完成时间

$\mu_2 =$ 使用新软件包的系统分析员平均项目完成时间

负责评估新软件的研究人员希望证明新软件包能使平均项目完成时间缩短。因此,研究人员要寻找证据来验证 μ_2 是小于 μ_1 的;在这种情形下,两总体均值之差 $\mu_1 - \mu_2$ 将大于 0。研究的假设 $\mu_1 - \mu_2 > 0$ 是作为备择假设提出来的。因此,假设检验为:

$H_0: \mu_1 - \mu_2 \leqslant 0$
$H_a: \mu_1 - \mu_2 > 0$

我们取显著性水平 $\alpha = 0.05$。

假定这 24 个分析员完成研究的时间如表 9—1 所示,利用式(9.8)给出的检验统计量,得

$$z = \frac{(\bar{x}_1 - \bar{x}_2) - D_0}{\sqrt{\frac{s_1^2}{n_1} + \frac{s_2^2}{n_2}}} = \frac{(325 - 286) - 0}{\sqrt{\frac{40^2}{12} + \frac{44^2}{12}}} = 2.27$$

表 9—1　　软件检验研究中的完成时间数据与汇总统计

	当前技术	新软件
	300	274
	280	220
	344	308
	385	336
	372	198
	360	300
	288	315
	321	258
	376	318
	290	310
	301	332
	283	263
汇总统计量		
样本容量	$n_1 = 12$	$n_2 = 12$
样本均值(小时)	$\bar{x}_1 = 325$	$\bar{x}_2 = 286$
样本标准差	$s_1 = 40$	$s_2 = 44$

利用式(9.7)计算自由度,得

$$df = \frac{\left(\frac{s_1^2}{n_1} + \frac{s_2^2}{n_2}\right)^2}{\frac{1}{n_1 - 1}\left(\frac{s_1^2}{n_1}\right)^2 + \frac{1}{n_2 - 1}\left(\frac{s_2^2}{n_2}\right)^2}$$

$$= \frac{\left(\frac{40^2}{12} + \frac{44^2}{12}\right)^2}{\frac{1}{12-1}\left(\frac{40^2}{12}\right)^2 + \frac{1}{12-1}\left(\frac{44^2}{12}\right)^2} = 21.8$$

取整后，我们将使用自由度为 21 的 t 分布。t 分布表的这一行如下所示：

上侧面积	0.20	0.10	0.05	0.025	0.01	0.005
t 值（自由度为 21）	0.859	1.323	1.721	2.080	2.518	2.831

$$\uparrow$$
$$t = 2.27$$

对于上侧检验，p 值就是 $t = 2.27$ 右侧曲线下的面积。从上面结果可知，p 值处于 $0.01 \sim 0.025$ 之间。因此，p 值小于 $\alpha = 0.05$，H_0 被拒绝。样本结论能使研究者得出结论：$\mu_1 - \mu_2 > 0$ 或 $\mu_1 > \mu_2$。于是，调查研究证实了新的软件包能减少平均项目完成时间。

> 应用 t 分布表，我们只能确定 p 值的一个范围。利用 Excel（见图 9—6），显示 p 值 $= 0.016\ 6$。

9.2.4 用 Excel 进行假设检验

当总体标准差未知时，用 Excel 工具进行的确定总体均值是否存在显著性差异的假设检验，称为 t 检验：双样本异方差检验。我们以软件评估研究的样本数据为例来说明，有 12 名分析员使用当前技术来开发信息系统，另外 12 名分析员用新软件包来开发该信息系统。进行单侧假设检验，以确定使用新软件包是否能使平均项目完成时间缩短。在描述所做的工作时，参见图 9—6 和图 9—7 的 Excel 工作表。

输入数据：图 9—6 的列 A 包含使用当前技术的 12 人组成的简单随机样本的完成时间数据，列 B 包含使用新软件的 12 人组成的简单随机样本的完成时间数据。

应用工具：下面的步骤将给出进行支持新软件是否存在显著性差异的假设检验所需要的信息。

第 1 步：点击功能区菜单栏上的 **Data** 按钮。

第 2 步：在 **Analysis** 组中，点击 **Data Analysis**。

第 3 步：从分析工具列表中，选择 **t-Test：Two Sample Assuming Unequal Variances**。

第 4 步：当 **t-Test：Two Sample Assuming Unequal variances** 对话框出现时（见图 9—7）：

在 **Variable 1 Range** 框中输入 A1：A13；

在 **Variable 2 Range** 框中输入 B1：B13；

在 **Hypothesized Mean Difference** 框中输入 0；

选择 **Labels**；

在 **Alpha** 框中输入 0.05；

选择 **Output Range** 并在框中输入 D1；

点击 **OK**。

图 9—7 中为输出结果：两个样本的描述统计量出现在单元格区域 E4：F6；检

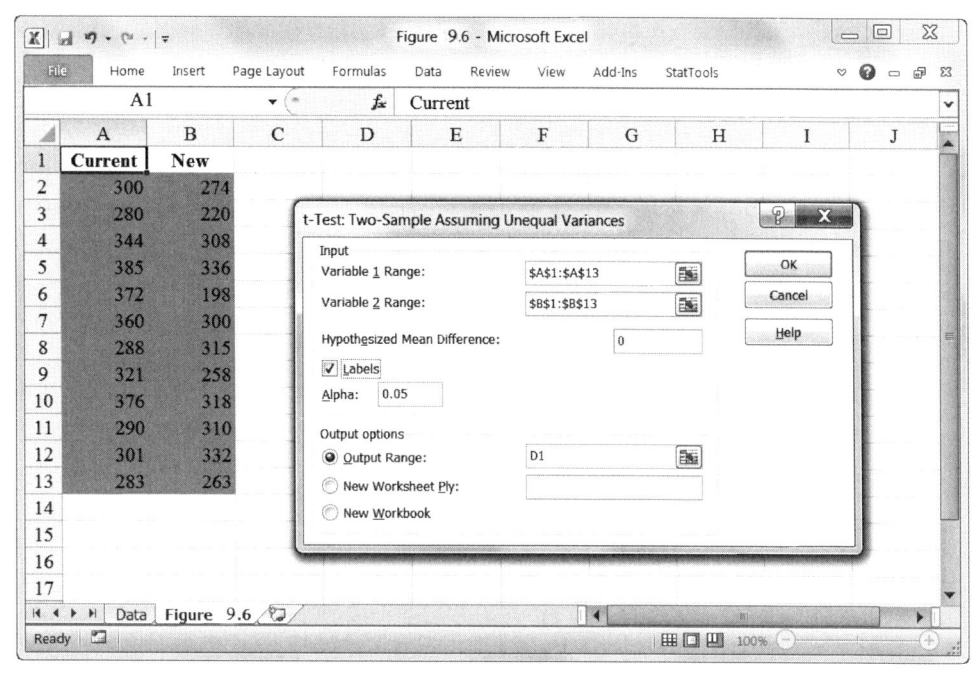

第 9 章　均值比较、实验设计和方差分析　·281·

图 9—6　Excel 的 t 检验：双样本异方差检验工具的对话框

验统计量的数值 2.272 1 出现在单元格 E9 中；检验的 p 值（标签为 "P（T≤t）one-tail"）出现在单元格 E10 中。由于 p 值＝0.016 6 小于显著性水平 α＝0.05，因此，可以得出使用新软件包能使平均项目完成时间缩短的结论。

t 检验：双样本异方差检验工具还可以用于双侧假设检验。唯一的变化是，我们需要利用标签为 "P（T≤t）two-tail"（见单元格 E12）的 p 值做出假设检验的结论。

图 9—7　关于平均项目完成时间相等性的假设检验的 Excel 结果

9.2.5 应用中建议

本节介绍的区间估计与假设检验方法是一种强有力的实用方法,并且可用于相对较小的样本容量。在大部分应用中,如果两个总体的样本容量 n_1 和 n_2 相等或接近相等,使得总样本容量 $n_1 + n_2$ 至少为20时,即使总体不是正态分布,我们也能期望得到非常好的结果。如果总体分布很不对称或含异常点,建议使用较大的样本容量。只有当分析者认为总体分布近似服从正态分布时才可使用较小的样本容量。

---- 评 注 ----

另一种对两总体均值之差进行统计推断的方法,是当 σ_1 和 σ_2 未知时,以假定两总体的标准差相等 ($\sigma_1 = \sigma_2 = \sigma$) 为依据。在此假定下,将两个样本标准差组合起来,得到合并的样本方差:

$$s_p^2 = \frac{(n_1-1)s_1^2 + (n_2-1)s_2^2}{n_1+n_2-2}$$

检验统计量 t 变为:

$$t = \frac{(\bar{x}_1 - \bar{x}_2) - D_0}{s_p\sqrt{\frac{1}{n_1}+\frac{1}{n_2}}}$$

其自由度为 $n_1 + n_2 - 2$。这里,p 值的计算及样本结果的说明与本节较早时讨论的步骤相同。

这个过程中的一个难题就是两总体标准差相等的假定通常难以验证,我们经常遇到的是不等的标准差。尤其是当样本容量 n_1 和 n_2 相差很大时,应用合并步骤不可能提供满意的结果。

本节介绍的 t 检验方法并不需要总体标准差相等的假定,而且不论总体标准差相等与否都是适用的。在大部分的应用中,t 检验是我们推荐使用的较为一般的方法。

---- 练 习 ----

方法

6. 下面是取自两总体的两个独立随机样本的结果。

样本 1	样本 2
$n_1 = 20$	$n_2 = 30$
$\bar{x}_1 = 22.5$	$\bar{x}_2 = 20.1$
$s_1 = 2.5$	$s_2 = 4.8$

a. 两总体均值之差的点估计值是多少?
b. t 分布的自由度是多少?
c. 置信度为95%时,边际误差是多少?
d. 两总体均值之差的95%置信区间是多少?

7. 考虑下面的假设检验:

$H_0: \mu_1 - \mu_2 = 0$

$H_a: \mu_1 - \mu_2 \neq 0$

下面是取自两个总体的两个独立样本的结果。

	样本 1	样本 2
	$n_1 = 35$	$n_2 = 40$
	$\bar{x}_1 = 13.6$	$\bar{x}_2 = 10.1$
	$s_1 = 5.2$	$s_2 = 8.5$

a. 检验统计量的值是多少？

b. t 分布的自由度是多少？

c. p 值是多少？

d. 若 $\alpha = 0.05$，你的结论是什么？

应用

8. 美国交通部给出了 75 个最大的大都会区居民每天乘车里程的数据。假设由 50 名布法罗居民组成一个简单随机样本，平均每天乘车 22.5 英里，标准差为每天 8.4 英里；由 40 名波士顿居民组成一个独立简单随机样本，平均每天乘车 18.6 英里，标准差为每天 7.4 英里。

a. 布法罗和波士顿的居民平均每天乘车里程数之差的点估计值是多少？

b. 两个总体均值之差的 95% 置信区间是多少？

9. 佛罗里达州坦帕市的护理薪金水平比得克萨斯州达拉斯市低吗？由 http://www.salary.com 提供的薪金数据显示，坦帕的护理薪金比达拉斯的护理薪金低（*The Tampa Tribune*，January 15，2007）。假设对坦帕的 40 名护士和达拉斯的 50 名护士进行了一项后续研究，得到如下结果：

	坦帕	达拉斯
	$n_1 = 40$	$n_2 = 50$
	$\bar{x}_1 = 56\,100$ 美元	$\bar{x}_2 = 59\,400$ 美元
	$s_1 = 6\,000$ 美元	$s_2 = 7\,000$ 美元

a. 提出这样的假设，如果原假设被拒绝，我们可以得出结论：坦帕的护理薪金显著低于达拉斯的护理薪金。取 $\alpha = 0.05$。

b. 检验统计量的值是多少？

c. p 值是多少？

d. 你的结论是什么？

10. 《消费者报告》评估了价格中等和价格便宜的家用房车各 15 辆。下面是 30 辆汽车实地测试的分数数据（分数为 1~100，100 分为最高等级）（*Consumer Reports*，February 2008）。

价格中等的家用房车	价格便宜的家用房车
89	85
88	79
87	78
86	77
84	76
77	75
77	74
75	69
70	69
69	69

续前表

价格中等的家用房车	价格便宜的家用房车
64	64
58	62
56	59
48	49
46	44

a. 提出这样的假设,如果原假设被拒绝,我们可以得出结论:价格中等的家用房车的实地测试分数显著高于价格便宜的家用房车的实地测试分数。取 $\alpha = 0.05$。

b. 价格中等家用房车和价格便宜的家用房车的平均实地测试分数之差的点估计值是多少?

c. 计算 a 中提出的假设的 p 值。

d. 根据 c 中计算出的 p 值和 $\alpha = 0.05$,你的结论是什么?

9.3 两个总体均值之差的推断: 匹配样本

假设一家制造厂的员工可用两种不同的方法完成一项生产任务。为了使产品产量最大化,公司想确认总体平均完成时间较短的方法。令 μ_1 表示生产方法 1 的总体完成生产任务的平均时间,μ_2 表示生产方法 2 的总体完成生产任务的平均时间。在不知道哪种方法更好的条件下,我们暂时假设两种方法具有相同的平均完成生产任务时间。因此,原假设为 $H_0: \mu_1 - \mu_2 = 0$。如果拒绝原假设,就可以得出总体平均完成生产任务时间不等的结论。在这种情况下,就可找出平均完成生产任务时间较短的方法。原假设和备择假设如下:

$$H_0: \mu_1 - \mu_2 = 0$$
$$H_a: \mu_1 - \mu_2 \neq 0$$

在选择用于收集生产时间数据及检验假设的抽样方法时,我们考虑两种选择设计。一种是基于**独立简单随机样本**(independent simple random sample),另一种是基于**匹配样本**(matched sample)。

(1) 独立样本设计:抽取工人的一个简单随机样本,样本中每个工人使用方法 1;抽取工人的另一个简单随机样本,样本中每个工人使用方法 2。总体均值之差的检验使用 9.2 节的方法。

(2) 匹配样本设计:抽取工人的一个简单随机样本,每个工人先使用一种方法,然后使用另一种方法。两种方法的次序随机地指派给工人。一些工人先使用方法 1,其他工人先使用方法 2。每个工人提供一对数据值,一个数值是方法 1 的,另一个数值是方法 2 的。

在匹配样本设计中,两种生产方法在相似条件下被检验(即由相同工人使用),因此这一设计产生的抽样误差往往比独立样本设计更小。这主要是因为在匹配样本设计中,两种生产方法被相同的工人使用,消除了工人之间的差异。

为了演示分析匹配样本设计,我们用匹配样本设计方法对两种生产方法总体均值之差进行检验。现由 6 个工人组成一个随机样本,6 个工人完成时间的数据由表 9—2 给出。注意:每个工人提供一对数据值,每个数据值对应一种生产方法。最后一列给出了样本中每个工人完成时间之差 d_i。

表 9—2　匹配样本设计的任务完成时间

工人	方法 1 的完成时间（分钟）	方法 2 的完成时间（分钟）	完成时间之差（d_i）
1	6.0	5.4	0.6
2	5.0	5.2	−0.2
3	7.0	6.5	0.5
4	6.2	5.9	0.3
5	6.0	6.0	0.0
6	6.4	5.8	0.6

分析匹配样本设计的关键是意识到我们仅考虑差值这一列，因此，有 6 个数据值（0.6，−0.2，0.5，0.3，0 和 0.6）可用于分析两种生产方法总体均值之差。

令 μ_d 表示工人总体之差的平均值，利用该符号，重新写出原假设和备择假设：

$H_0: \mu_d = 0$

$H_a: \mu_d \neq 0$

如果 H_0 被拒绝，可以得出总体完成生产任务的平均时间是不同的结论。

符号 d 提示我们：匹配样本给出了差值的数据。表 9—2 中 6 个差值的样本均值与样本标准差如下：

$$\bar{d} = \frac{\sum d_i}{n} = \frac{1.8}{6} = 0.30$$

$$s_d = \sqrt{\frac{\sum (d_i - \bar{d})^2}{n-1}} = \sqrt{\frac{0.56}{5}} = 0.3347$$

> 除了符号 d 的使用外，样本均值与样本标准差的公式与本书前面用到的一样。

对于 $n = 6$ 个工人的小样本，我们需要假设差值的总体服从正态分布。该假设对于运用 t 分布进行假设检验和区间估计是必要的。下面是自由度为 $n-1$ 的 t 分布的检验统计量：

匹配样本假设检验的检验统计量

$$t = \frac{\bar{d} - \mu_d}{s_d / \sqrt{n}} \tag{9.9}$$

> 如果样本容量足够大，总体服从正态分布的假设就是不必要的了。本书第 7 章和第 8 章介绍了使用 t 分布的样本容量准则。

取 $\alpha = 0.05$，我们用式（9.9）来检验假设 $H_0: \mu_d = 0$ 和 $H_a: \mu_d \neq 0$。将样本值 $\bar{d} = 0.30$，$s_d = 0.3347$ 及 $n = 6$ 代入式（9.9），可以计算出检验统计量的值：

$$t = \frac{\bar{d} - \mu_d}{s_d / \sqrt{n}} = \frac{0.30 - 0}{0.3347 / \sqrt{6}} = 2.20$$

> 一旦计算出差值数据，匹配样本的 t 分布步骤就与第 7 章和第 8 章中描述的一个总体的估计和假设检验步骤一样。

现在计算双侧检验的 p 值。由于 $t=2.20>0$，所以检验统计量位于 t 分布的上侧。因为 $t=2.20$，利用自由度 $=n-1=6-1=5$ 的 t 分布表，可以得到检验统计量右侧曲线下的面积。自由度为 5 的 t 分布表的信息如下：

上侧面积	0.20	0.10	0.05	0.025	0.01	0.005
t 值（自由度为 5）	0.920	1.476	2.015	2.571	3.365	4.032

$$\uparrow$$
$$t=2.20$$

因此，我们看到：右侧曲线下的面积介于 0.025～0.05。由于该检验为双侧检验，应将 0.025 和 0.05 增大一倍，从而得到 p 值介于 0.05～0.10 的结论。p 值大于 $\alpha=0.05$，因此原假设 $H_0: \mu_d=0$ 未被拒绝。利用 Excel 和表 9—2 中的数据，可知 p 值 $=0.0795$。

运用第 7 章中一个总体的方法，我们还能得到两总体均值之差的区间估计。对于 95% 的置信水平，计算结果如下：

$$\bar{d} \pm t_{0.025} \frac{s_d}{\sqrt{n}}$$

$$0.30 \pm 2.571 \times \frac{0.3347}{\sqrt{6}}$$

$$0.30 \pm 0.35$$

因此，边际误差为 0.35，两种生产方法的总体均值之差的 95% 置信区间为 -0.05 分钟～0.65 分钟。

9.3.1 用 Excel 进行假设检验

当使用匹配样本设计时，Excel 的 t 检验：平均值的成对二样本分析工具可以用于进行总体均值之差的假设检验。我们用两种生产方法的假设检验来说明。在描述所做的工作时，参见图 9—8 和图 9—9 中的 Excel 工作表。

输入数据：图 9—8 中的列 A 用于识别参与研究的 6 个工人中的每一个工人，列 B 包含每个工人使用方法 1 的完成时间数据，列 C 包含每个工人使用方法 2 的完成时间数据。

应用工具：下面的步骤描述如何用 Excel 的平均值的成对二样本分析工具，对两种生产方法的均值之差进行假设检验。

第 1 步：点击功能区菜单栏上的 **Data** 按钮。
第 2 步：在 **Analysis** 组中，点击 **Data Analysis**。
第 3 步：从分析工具列表中，选择 **t-Test：Paired Two Sample for Mean**。
第 4 步：当 **t-Test：Paired Two Sample for Mean** 对话框出现时（见图 9—8）：
　　在 **Variable 1 Range** 框中输入 B1：B7；
　　在 **Variable 2 Range** 框中输入 C1：C7；
　　在 **Hypothesized Mean Difference** 框中输入 0；

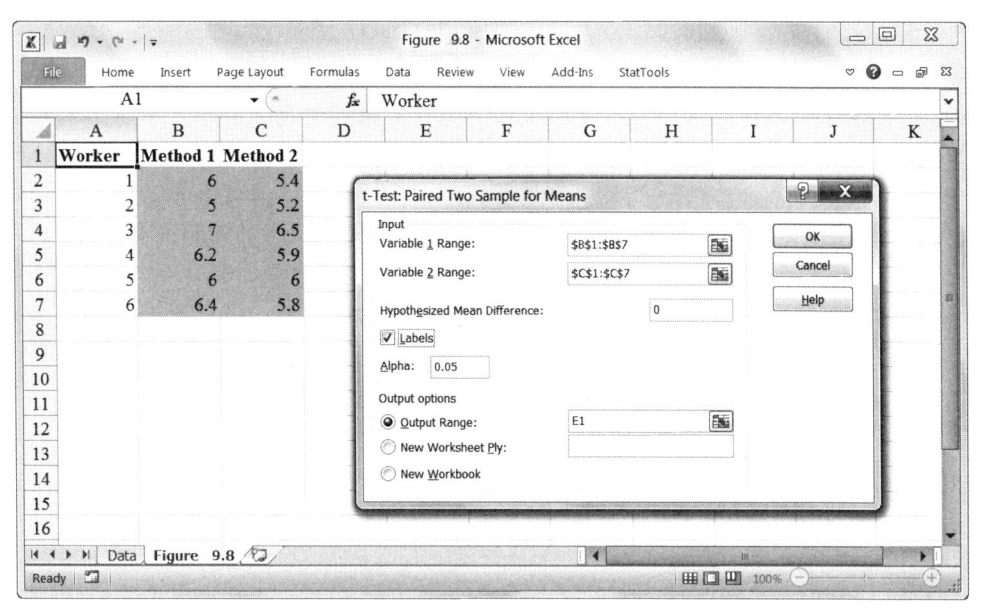

图 9—8　Excel 的平均值的成对二样本分析工具对话框

选择 **Labels**；

在 **Alpha** 框中输入 0.05；

选择 **Output Range** 并在框中输入 E1（指定输出结果出现在工作表中的左上角）；

点击 **OK**。

输出结果出现在图 9—9 中工作表的单元格区域 E4：G14。检验的 p 值（标签为 "P（T≤t）two-tail"）出现在单元格 F13 中。由于 p 值=0.079 5 大于显著性水平 α=0.05，因此，不能拒绝完成时间均值相等的原假设。

相同的步骤还可以用于单侧假设检验。唯一的变化是，我们需要利用标签为 "P（T≤t）one-tail"（见单元格 F11）的 p 值作出假设检验的结论。

图 9—9　匹配样本研究的假设检验的 Excel 结果

评 注

1. 在本节介绍的例子中，工人们首先用第一种方法完成生产任务，然后再用第二种方法。这个例子说明了在匹配样本设计中每个样本元素（工人）提供了一对数值。使用不同但"类似"的元素也能提供成对的数据值。例如，某地的一个工人可能与另一地的一个类似的工人匹配（基于年龄、教育水平、性别、经验等方面的类似）。这些成对的工人可以提供用于匹配样本分析的差值数据。

2. 用匹配样本设计方法进行两个总体均值的统计推断一般比用独立样本方案更精确，因此是被推荐的设计。然而在某些应用中，这种匹配不能完成，或是与匹配相关的时间过长和费用过高。在这种情形下，还是应当使用独立样本设计。

练 习

方法

11. 考虑下面的假设检验：

$H_0 : \mu_d \leqslant 0$

$H_a : \mu_d > 0$

下面的数据取自两个总体的匹配样本。

元素	总体 1	总体 2
1	21	20
2	28	26
3	18	18
4	20	20
5	26	24

a. 计算每个元素的差值。
b. 计算 $\bar{d}$。
c. 计算标准差 s_d。
d. 在 $\alpha = 0.05$ 下进行假设检验，你的结论是什么？

12. 下面的数据取自两个总体的匹配样本。

元素	总体 1	总体 2
1	11	8
2	7	8
3	9	6
4	12	7
5	13	10
6	15	15
7	15	14

a. 计算每个元素的差值。
b. 计算 $\bar{d}$。
c. 计算标准差 s_d。
d. 两总体均值之差的点估计值是多少？

e. 建立两总体均值之差的 95% 置信区间。

应用

13. 某市场研究机构使用一个由个人组成的样本来给某特定商品的潜在购买力打分，打分是在看该产品的一个新的电视广告之前与之后分别进行的。潜在购买力的分值为 0~10 分，分值越高表示潜在购买力越高。原假设是："看过之后"的平均得分小于或等于"看之前"的平均得分。拒绝该假设就表明广告提高了潜在购买力的平均得分。在 $\alpha=0.05$ 下，用下列数据检验假设，并对广告的价值给予评价。

个人	购买力得分 之后	购买力得分 之前	个人	购买力得分 之后	购买力得分 之前
1	6	5	5	3	5
2	6	4	6	9	8
3	7	7	7	7	5
4	4	3	8	6	6

14. 名为 Earnings2005 的文件中给出了当前季度和上一个季度的每股盈利数据（*The Wall Street Journal*，January 27，2006）。建立当前季度和上一个季度总体均值之差的 95% 置信区间。盈利增加了吗？

15. 乘飞机旅行的乘客通常会根据飞行费用选择要乘坐的航班。由俄亥俄州代顿市和肯塔基州路易斯维尔市飞往 8 个城市的航班组成一个样本，收集样本的费用数据，这些费用数据有助于确定：哪个机场飞往 8 个城市的费用更高（*The Cincinnati Enquire*，February 19，2006）。一位研究者认为，从代顿机场飞往 8 个城市的费用显然高于路易斯维尔机场。在 $\alpha = 0.05$ 的显著性水平下，检验这些样本数据是否支持这位研究者的观点。

目的地	代顿机场（美元）	路易斯维尔机场（美元）
芝加哥奥黑尔	319	142
密歇根州大溪地	192	213
俄勒冈州波特兰	503	317
亚特兰大	256	387
西雅图	339	317
印第安纳州南本德	379	167
迈阿密	268	273
达拉斯沃思堡	288	274

16. 由 20 名参加 PGA 比赛的高尔夫球员组成一个样本，他们在第一轮和第四轮（最后一轮）的杆数如下表所示（*Golfweek*，February 14，2009 and February 28，2009）。假设你想确定第一轮的平均杆数是否与第四轮（最后一轮）的平均杆数显著不同。最后一轮的比赛压力会使杆数上升吗？或者，增加高尔夫球员的注意力反而会使杆数下降吗？

球员	第一轮	最后一轮	球员	第一轮	最后一轮
Michael Letzig	70	72	Aron Price	72	72
Scott Verplank	71	72	Charles Howell	72	70
D. A. Points	70	75	Jason Dufner	70	73

续前表

球员	第一轮	最后一轮	球员	第一轮	最后一轮
Jerry Kelly	72	71	Mike Weir	70	77
Soren Hansen	70	69	Carl Pettersson	6870	
D. J. Trahan	67	67	Bo Van Pelt	68	65
Bubba Watson	71	67	Ernie Els	71	70
Reteif Goosen	68	75	Cameron Beckman	70	68
Jeff Klauk	67	73	Nick Watney	69	68
Kenny Perry	70	69	Tommy Armour III	67	71

a. 在 $\alpha = 0.10$ 的显著性水平下，检验第一轮和第四轮总体平均杆数在统计上是否存在显著差异。p 值是多少？你的结论是什么？

b. 两总体均值之差的点估计值是多少？哪一轮的平均杆数较少？

c. 两总体均值之差的 90% 置信区间的边际误差是多少？这一置信区间能用于检验 a 中的假设吗？请解释。

9.4 实验设计和方差分析简介

在第 1 章，我们提到统计研究可以分为实验性研究与观测性研究两类。在实验性研究中，数据是通过实验产生的。一项实验首先要从确定一个我们感兴趣的变量开始，然后确定并控制一个或多个其他变量，与此同时，收集这些变量如何响应我们感兴趣的那个变量的数据。

在观测性研究中，经常通过抽样调查而不是一项实验来获取数据。一些好的设计原则仍然会得到使用，但是严格控制一项实验性统计研究往往是不可能的。例如，在一项有关吸烟与肺癌之间关系的研究中，研究人员不可能对研究的对象指定其是否有吸烟的嗜好。研究人员仅限于观察吸烟对那些曾经吸烟的人的影响，以及不吸烟对那些已经不吸烟的人的影响。

本节将介绍实验性研究的基本原理，并说明它们如何用于完全随机化设计。我们还给出了对一种称为方差分析（ANOVA）的统计方法的概念性综述。在下面一节，我们介绍利用一个完全随机化设计和一项观测值研究得到的数据，如何用方差分析检验 k 个总体均值相等性。因此，在这方面，ANOVA 将前面几节的两个总体均值的统计资料扩展到三个或更多的总体均值的情形。在后面的章节中，我们将会看到，在分析涉及实验性研究和观测性研究两种类型数据的回归研究结果时，ANOVA 方法起到了关键的作用。

> 罗纳德·A·费雪（Ronald A. Fisher，1890—1962）创立了被称为实验设计的统计学分支。他不仅在统计学领域卓有成就，而且还是遗传学领域的著名科学家。

以 Chemitech 公司遇到的问题作为实验性统计研究的一个例子。Chemitech 公司开发了一种新的城市供水过滤系统。新过滤系统的元件需从几家供应商处购买，然后由 Chemitech 设在南卡罗来纳州哥伦比亚市的工厂装配这些元件。公司的工程部负责确定新过滤系统的最佳装配方法。考虑了各种可能的装配方法后，工程部将范围缩小至三种方法：方法 A、方法 B 及方法 C。这些方法在新过滤系统装配步骤的顺序上有所不同。Chemitech 公司的管理人员希望确定：哪种装配方法能使每周生产的过滤系统数量最多。

> 因果关系在观测性研究中是很难证实的，但是在实验性研究中很容易证实。

在 Chemitech 公司的实验中，装配方法是独立变量或**因子**（factor）。因为对应于这个因子有三种装配方法，所以我们说该实验有三个处理；每个**处理**（treatment）对应于三种装配方法中的一种。Chemitech 公司的问题属于**单因子实验**（single-factor experiment），该问题只涉及一个定性因子（装配方法）。更为复杂的实验可能由多个因子组成；其中有些因子是定性的，有些因子是定量的。

三种装配方法或处理规定了 Chemitech 实验的三个总体。第一个总体是使用装配方法 A 的全体员工，第二个总体是使用装配方法 B 的全体员工，第三个总体是使用装配方法 C 的全体员工。注意：对于每个总体，因变量或**响应变量**（response variable）是每周装配的过滤系统的数量；并且该实验的主要统计目的是确定三个总体每周所生产的过滤系统的平均数量是否相同。

假定从 Chemitech 公司生产车间的全体装配工人中抽取了 3 名工人组成一个随机样本。用实验设计的术语，三名随机抽取的工人是**实验单元**（experimental units）。我们将在 Chemitech 公司的问题中使用的实验设计称为**完全随机化设计**（completely randomized design）。这种类型的设计要求将每一种装配方法或处理随机地指派给一个实验单元或一名工人。例如，方法 A 可能被随机地指派给第二名工人，方法 B 指派给第一名工人，方法 C 指派给第三名工人。如同本例所解释的那样，随机化的概念是适用于所有实验设计的一个重要原则。

> 随机化是将处理随机地指派给实验单元的过程。在罗纳德·A·费雪以前，处理是以系统的方式或主观的方式被指派。

对于每种装配方法，为了获得更多的数据，我们必须重复或复制基本的实验过程。假定我们不是随机抽取 3 名工人，而是 15 名工人，然后对每一个处理随机地指派 5 名工人。因为每种装配方法都指派给 5 名工人，我们说获得了 5 个复制。复制的过程是实验设计的另一个重要原则。图 9—10 显示了 Chemitech 公司实验的完全随机化设计。

9.4.1 数据收集

一旦对实验设计感到满意，我们将收集并分析数据。在 Chemitech 公司的例子中，工人将接受如何按照指派给他们的装配方法进行装配的培训，然后使用这种方法装配新的过滤系统。在指派方法及培训工作都完成后，在一周内每名员工装配的过滤系统的数量如表 9—3 所示。每一种装配方法所生产的过滤系统的样本均值、样本方差和样本标准差也在表中给出。于是，使用装配方法 A 生产的过滤系统的样本均值是 62；使用装配方法 B 生产的过滤系统的样本均值是 66；使用装配方法 C 生产的过滤系统的样本均值是 52。从这些数据可以看出，装配方法 B 似乎比其他装配方法有更高的劳动生产率。

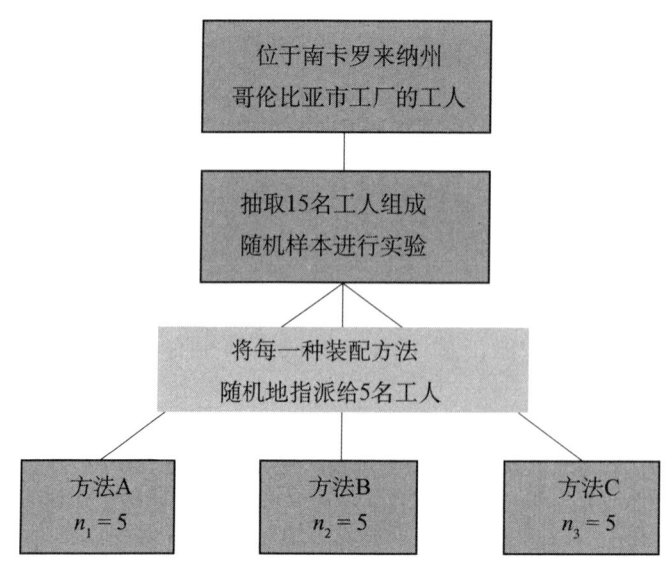

```
                    ┌─────────────────┐
                    │ 位于南卡罗来纳州 │
                    │ 哥伦比亚市工厂的工人 │
                    └────────┬────────┘
                             │
                    ┌────────┴────────┐
                    │ 抽取15名工人组成 │
                    │ 随机样本进行实验 │
                    └────────┬────────┘
                             │
                    ┌────────┴────────┐
                    │ 将每一种装配方法 │
                    │ 随机地指派给5名工人 │
                    └────────┬────────┘
           ┌─────────────────┼─────────────────┐
    ┌──────┴──────┐   ┌──────┴──────┐   ┌──────┴──────┐
    │   方法A      │   │   方法B     │   │   方法C     │
    │  $n_1 = 5$   │   │  $n_2 = 5$  │   │  $n_3 = 5$  │
    └─────────────┘   └─────────────┘   └─────────────┘
```

图 9—10　评价 Chemitech 公司装配方法实验的完全随机化设计

表 9—3　15 名工人生产的过滤系统的数量

	方法 A	方法 B	方法 C
	58	58	48
	64	69	57
	55	71	59
	66	64	47
	67	68	49
样本均值	62	66	52
样本方差	27.5	26.5	31.0
样本标准差	5.244	5.148	5.568

真正的问题是，观察到的三个样本均值之间的差异是否足够大，以使我们能够得出结论：对应于三种装配方法的总体均值是不同的。为了用统计术语来描述这一问题，我们引入下列符号：

μ_1＝使用装配方法 A 每周生产的过滤系统数量

μ_2＝使用装配方法 B 每周生产的过滤系统数量

μ_3＝使用装配方法 C 每周生产的过滤系统数量

尽管我们根本不可能知道 μ_1，μ_2 和 μ_3 的实际数值，但还是试图用样本均值来检验下列假设：

$H_0: \mu_1 = \mu_2 = \mu_3$

$H_a:$ 总体均值不全相等

正如我们很快将要证明的那样，利用方差分析这一统计方法可以确定，在三个样本均值之间观察到的差异是否大到可以拒绝 H_0。

> 如果 H_0 被拒绝，我们不能得出总体均值不全相等的结论。拒绝 H_0，意味着至少两个总体的均值有不同的数值。

9.4.2 方差分析的假定

应用方差分析需要三个假定。

（1）对每个总体，响应变量服从正态分布。这就意味着：在 Chemitech 公司的实验中，对于每一种装配方法，每周生产的过滤系统的数量（响应变量）必须服从正态分布。

> 如果样本容量相等，方差分析对于违背总体服从正态分布的假定不敏感。

（2）响应变量的方差，记为 σ^2，对所有总体都相同。这就意味着：在 Chemitech 公司的实验中，对于每一种装配方法，每周生产的过滤系统的数量的方差必须相同。

（3）观测值必须是独立的。这就意味着：在 Chemitech 公司的实验中，对于每名工人，每周生产的过滤系统的数量必须与任何其他工人每周生产的过滤系统的数量独立。

9.4.3 方差分析：概念性综述

如果三个总体均值相等，我们可以期望三个样本均值很接近。事实上，三个样本均值越接近，我们可以推断总体均值相等的证据就越充分。相应地，样本均值差异越大，我们可以推断总体均值不等的证据就越充分。换句话说，如果样本均值的变异性"小"，则支持 H_0；如果样本均值的变异性"大"，则支持 H_a。

如果原假设 $H_0：\mu_1 = \mu_2 = \mu_3$ 为真，则可以利用样本均值间的变异性建立 σ^2 的一个估计。首先，我们注意到：如果方差分析的假设成立，则每一个样本都是来自均值为 μ、方差为 σ^2 的同一正态分布。第 6 章中我们曾讲过，来自正态总体的容量为 n 的一个简单随机样本的样本均值 $\bar{x}$ 的抽样分布仍然服从正态分布，其均值为 μ，方差为 σ^2/n。图 9—11 说明了这一抽样分布。

$$\sigma_{\bar{x}}^2 = \frac{\sigma^2}{n}$$

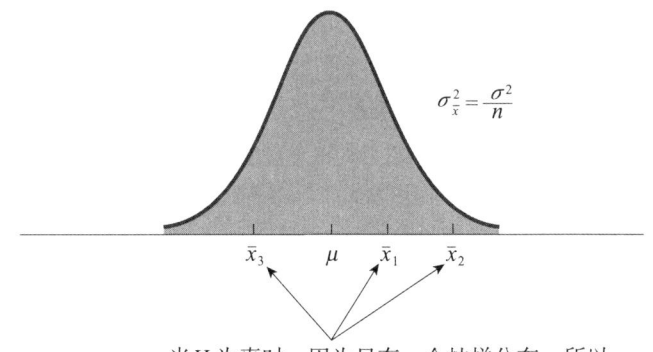

当 H_0 为真时，因为只有一个抽样分布，所以
几个样本均值是"接近的"

图 9—11 H_0 为真时 $\bar{x}$ 的抽样分布

于是，如果原假设为真，我们能够把由表 9—3 得到的三个样本均值 $\bar{x}_1 = 62$，$\bar{x}_2 = 66$ 和 $\bar{x}_3 = 52$ 中的每一个，都认为是从图 9—11 所表示的抽样分布中随机抽取

的数值。在这种情况下，三个样本均值和均值的方差可以用来估计该抽样分布的均值与方差。在 Chemitech 公司实验的例子中，当样本容量相等时，$\bar{x}$ 的抽样分布的均值的最优估计是三个样本均值的平均数或算术平均数。于是，在这个例子中，$\bar{x}$ 的抽样分布的均值的一个估计值是 (62+66+52)/3=60。称该估计值为总体样本均值。$\bar{x}$ 的抽样分布的方差 $\sigma_{\bar{x}}^2$ 的估计可以由三个样本均值的方差给出。

$$s_{\bar{x}}^2 = \frac{(62-60)^2 + (66-60)^2 + (52-60)^2}{3-1} = \frac{104}{2} = 52$$

由于 $\sigma_{\bar{x}}^2 = \sigma^2/n$，解得

$$\sigma^2 = n\sigma_{\bar{x}}^2$$

于是

$$\sigma^2 \text{ 的估计值} = n \times (\sigma_{\bar{x}}^2 \text{ 的估计量}) = ns_{\bar{x}}^2 = 5 \times 52 = 260$$

所得结果 $ns_{\bar{x}}^2 = 260$ 称为 σ^2 的处理间估计。

σ^2 的处理间估计的根据是原假设为真的假设。在这种情况下，每个样本都来自同一个总体，并且 $\bar{x}$ 只有一个抽样分布。为了说明 H_0 为假时发生了什么情况，假定总体均值全不相同。注意，由于三个样本分别来自均值不同的三个正态分布总体，因此将导致有三个不同的抽样分布。图 9—12 表明在这种情形下，样本均值彼此之间不再像 H_0 为真时那样接近。于是，$s_{\bar{x}}^2$ 将会变得比较大，从而使 σ^2 的处理间估计也变得比较大。一般地，当总体均值不相等时，处理间估计将高估总体方差 σ^2。

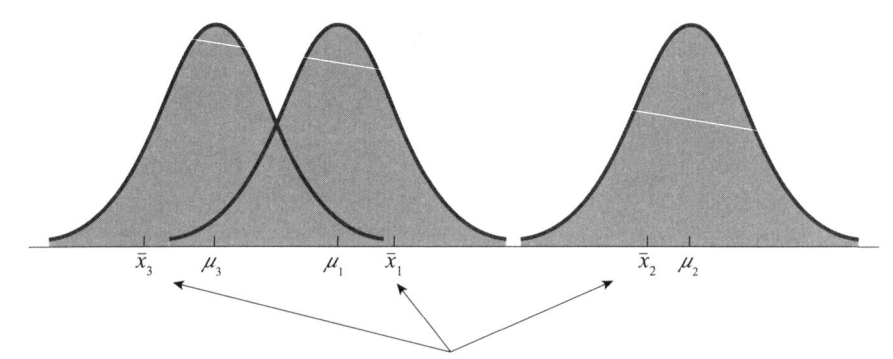

当 H_0 为假时，因为几个样本均值来自不同的抽样分布，
所以它们彼此之间不再是相互接近的

图 9—12　H_0 为假时 $\bar{x}$ 的抽样分布

每个样本内部的变异都会对我们在方差分析中得出的结论产生影响。当我们从每一个总体中抽取一个随机样本时，每个样本方差都给出了 σ^2 的一个无偏估计。因此，可以将 σ^2 的个别估计组合或合并成一个总的估计。用这种方法得到的 σ^2 的估计称为 σ^2 的合并或处理内估计。因为每个样本方差给出的 σ^2 的估计仅与每个样本内部的变异有关，所以 σ^2 的处理内估计不受总体均值是否相等的影响。当样本容量相等时，σ^2 的处理内估计可以通过计算个别样本方差的算术平均数得到。对于 Chemitech 公司的例子，有

$$\sigma^2 \text{ 的处理内估计} = \frac{27.5 + 26.5 + 31.0}{3} = \frac{85}{3} = 28.33$$

在 Chemitech 公司实验的例子中，σ^2 的处理间估计（268）远大于 σ^2 的处理内估计（28.33）。事实上，这两个估计量的比值为 260/28.33=9.18。但是，我们知

道：只有当原假设为真时，处理间估计方法才是总体方差 σ^2 的一个好的估计量；如果原假设为假，处理间估计方法将高估总体方差 σ^2。不过在这两种情形下，处理内估计都是总体方差 σ^2 的一个好的估计量。因此，如果原假设为真，则两个估计量应该很接近，并且它们的比值接近于 1；如果原假设为假，则处理间估计将大于处理内估计，并且它们的比值将比较大。在下一节我们将说明为了拒绝 H_0，这个比值必须达到多大。

总的说来，ANOVA 背后的逻辑是以共同总体方差 σ^2 的两个独立的估计量为基础。σ^2 的一个估计量是以样本均值之间的变异性为基础，σ^2 的另一个估计是以每个样本内部数据的变异性为基础。通过比较 σ^2 的这两个估计量，我们就能够判定总体均值是否相等。

━━━━━ 评 注 ━━━━━

1. 实验设计中的随机化与观测性研究中的概率抽样类似。
2. 在许多医学实验中，潜在的偏差通过使用双盲实验设计来消除。在这样的设计中，无论是应用处理的医生还是受试对象，都不知道应用的是哪一种处理。许多其他类型的使用也可以从这种类型的设计中受益。
3. 对于一个完全随机化实验设计，本节中给出了如何应用方差分析来检验 k 个总体均值是否相等的概念性综述。对于观测性或非实验性研究，也可以用同样的程序来检验 k 个总体均值相等的问题。
4. 9.1 节和 9.2 节中介绍了检验两个总体均值相等的假设的统计方法。ANOVA 也可以用于检验两个总体均值相等的假设。但是在实践中，除非处理三个或三个以上总体均值问题，否则通常不采用方差分析方法。

9.5 方差分析和完全随机化设计

在本节中，我们将说明，对于一个完全随机化实验设计，如何应用方差分析来检验 k 个总体均值相等的问题。被检验的假设的一般形式为：

$H_0: \mu_1 = \mu_2 = \cdots = \mu_k$

$H_a: k$ 个总体均值不全相等

式中，μ_j 表示第 j 个总体的均值。

假定从 k 个总体或处理中的每一个抽取一个容量为 n_j 的简单随机样本。对于得到的样本数据，令 x_{ij} 表示第 j 个处理的第 i 个观测值；n_j 表示第 j 个处理的观测值个数；$\bar{x}_j$ 表示第 j 个处理的样本均值；s_j^2 表示第 j 个处理的样本方差；s_j 表示第 j 个处理的样本标准差。

第 j 个处理的样本均值与样本方差的计算公式如下：

$$\bar{x}_j = \frac{\sum_{i=1}^{n_j} x_{ij}}{n_j} \tag{9.10}$$

$$s_j^2 = \frac{\sum_{i=1}^{n_j} (x_{ij} - \bar{x}_j)^2}{n_j - 1} \tag{9.11}$$

总样本均值，记为 $\bar{\bar{x}}$，等于所有观测值之和除以观测值的总个数，即

$$\bar{\bar{x}} = \frac{\sum_{j=1}^{k}\sum_{i=1}^{n_j} x_{ij}}{n_T} \tag{9.12}$$

式中：

$$n_T = n_1 + n_2 + \cdots + n_k \tag{9.13}$$

若每个样本容量都为 n，则 $n_T = kn$；在这种情况下，式（9.12）简化为：

$$\bar{\bar{x}} = \frac{\sum_{j=1}^{k}\sum_{i=1}^{n_j} x_{ij}}{kn} = \sum_{j=1}^{k}\sum_{i=1}^{n_j}\frac{x_{ij}}{k} = \frac{\sum_{j=1}^{k}\bar{x}_j}{k} \tag{9.14}$$

换句话说，只要样本容量全相等，总样本均值恰好为 k 个样本均值的算术平均数。

在 Chemitech 公司的例子中，因为每个样本都是由 $n=5$ 个观测值组成，所以总样本均值可利用式（9.14）求得。对于表 9—3 中的数据，得到如下结果：

$$\bar{\bar{x}} = \frac{62 + 66 + 52}{3} = 60$$

因此，如果原假设（$\mu_1 = \mu_2 = \mu_3 = \mu$）为真，则总样本均值 60 为总体均值 μ 的最优估计值。

9.5.1 总体方差的处理间估计

在上一节，我们介绍了 σ^2 的一个处理间估计的概念，并且说明了当样本容量相等时如何计算处理间估计。我们称 σ^2 的这个估计量为均方处理，记作 MSTR。计算 MSTR 的一般公式为：

$$\text{MSTR} = \frac{\sum_{j=1}^{k} n_j (\bar{x}_j - \bar{\bar{x}})^2}{k-1} \tag{9.15}$$

式（9.15）中的分子称为处理平方和，记为 SSTR。分母 $k-1$ 表示与 SSTR 相联系的自由度。因此，处理均方可按以下公式计算：

均方处理

$$\text{MSTR} = \frac{\text{SSTR}}{k-1} \tag{9.16}$$

式中：

$$\text{SSTR} = \sum_{j=1}^{k} n_j (\bar{x}_j - \bar{\bar{x}})^2 \tag{9.17}$$

若 H_0 为真，则 MSTR 给出 σ^2 的一个无偏估计。但是，如果 k 个总体均值不相等，则 MSTR 就不是 σ^2 的无偏估计；事实上，在这种情形下，MSTR 将会高估总体方差 σ^2。

对于表 9—3 中的 Chemitech 公司的数据，得到如下结果：

$$\text{SSTR} = \sum_{j=1}^{k} n_j (\bar{x}_j - \bar{\bar{x}})^2 = 5(62-60)^2 + 5(66-60)^2 + 5(52-60)^2$$

$$= 520$$
$$\text{MSTR} = \frac{\text{SSTR}}{k-1} = \frac{520}{2} = 260$$

9.5.2 总体方差的处理内估计

在上一节，我们介绍了 σ^2 的处理内估计的概念，并且说明了当样本容量相等时如何计算处理内估计。我们称 σ^2 的这个估计量为均方误差，记作 MSE。计算 MSE 的一般公式为：

$$\text{MSE} = \frac{\sum_{j=1}^{k}(n_j-1)s_j^2}{n_T-k} \tag{9.18}$$

式（9.18）中的分子称为误差平方和，记作 SSE。MSE 的分母是与 SSE 相联系的自由度。MSE 的计算公式也可以如下表示：

均方误差

$$\text{MSE} = \frac{\text{SSE}}{n_T-k} \tag{9.19}$$

式中：

$$\text{SSE} = \sum_{j=1}^{k}(n_j-1)s_j^2 \tag{9.20}$$

我们注意到：MSE 是以每个处理内部的变异性为基础的，它不受原假设是否为真的影响。因此，MSE 永远给出 σ^2 的一个无偏估计。

对于表 9—3 中的 Chemitech 公司的数据，我们得到下面结果：

$$\text{SSE} = \sum_{j=1}^{k}(n_j-1)s_j^2 = (5-1)\times 27.5 + (5-1)\times 26.5 + (5-1)\times 31 = 340$$
$$\text{MSE} = \frac{\text{SSE}}{n_T-k} = \frac{340}{15-3} = \frac{340}{12} = 28.33$$

9.5.3 方差估计量的比较：*F* 检验

如果原假设为真，则 MSTR 与 MSE 给出 σ^2 的两个独立的无偏估计量。如果 ANOVA 的假定是有根据的，则 MSTR/MSE 的抽样分布服从分子自由度为 $k-1$，分母自由度为 n_T-k 的 **F 分布**（F distribution）。图 9—13 中显示了 F 分布的一般形态。如果原假设成立，则 MSTR/MSE 的值似乎应该取自 F 分布。

但是，如果原假设不成立，由于 MSTR 将会高估 σ^2，从而使得 MSTR/MSE 的值被夸大。因此，如果得到的 MSTR/MSE 的值太大，以致不像是随机抽取自分子自由度为 $k-1$，分母自由度为 n_T-k 的 F 分布的话，则拒绝 H_0。因为拒绝 H_0 的决定是基于 MSTR/MSE 的值，于是用来检验 k 个总体均值相等性的检验统计量可以表示如下：

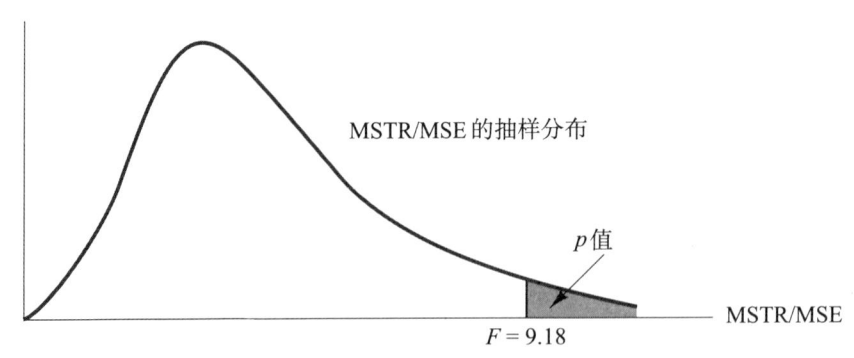

图 9—13 用 MSTR/MSE 的抽样分布计算的 p 值

k 个总体均值相等性的检验统计量

$$F = \frac{\text{MSTR}}{\text{MSE}} \tag{9.21}$$

检验统计量服从分子自由度为 $k-1$，分母自由度为 $n_T - k$ 的 F 分布。

现在回到 Chemitech 公司的例子，在 $\alpha = 0.05$ 的显著性水平下进行假设检验。检验统计量的值为：

$$F = \frac{\text{MSTR}}{\text{MSE}} = \frac{260}{28.33} = 9.18$$

分子的自由度是 $k-1=3-1=2$，分母的自由度是 $n_T - k = 15 - 3 = 12$。因为对于大的检验统计量的值，我们将拒绝零假设，p 值是检验统计量的值 $F = 9.18$ 上侧的 F 分布曲线下方的面积。图 9—13 说明了 $F=\text{MSTR}/\text{MSE}$ 的抽样分布，检验统计量的值，以及假设检验 p 值，它是 F 分布上侧曲线下方的面积。

从附录 A 的表 4 中，我们可以找到如下所示的分子自由度为 2，分母自由度为 12 的 F 分布上侧的面积。

上侧的面积	0.10	0.05	0.025	0.01
F 值（$df_1=2, df_2=12$）	2.81	3.89	5.10	6.93

$$\uparrow$$
$$F = 9.18$$

因为 $F=9.18$ 大于 6.93，所以在 $F=9.18$ 处上侧的面积小于 0.01。于是，p 值小于 0.01，可以用 Excel 得到精确的 p 值 $= 0.004$。当 p 值 $\leq \alpha = 0.05$ 时，拒绝 H_0。检验提供了充分的证据使我们能够断定：三个总体均值是不相等的。换句话说，方差分析支持结论：三种装配方法每周生产的过滤系统总体的平均数量是不同的。

利用 Excel，p 值 $=$ F.DIST.RT（9.18, 2, 12）$= 0.004$。

与其他的假设检验方法一样，我们也可以利用临界值法。$\alpha = 0.05$ 时，F 的临界值是分子自由度为 2，分母自由度为 12 的 F 分布上侧面积为 0.05 所对应的 F 值。从 F 分布表中，我们查出 $F_{0.05} = 3.89$。于是，对于 Chemitech 公司的例子，适用于上侧的拒绝法则是

如果 $F \geq 3.89$，则拒绝 H_0

因为 $F=9.18$，所以拒绝 H_0，并且得出结论：三个总体的均值是不全相等的。

检验 k 个总体均值相等性的完整过程概述如下：

---

k 个总体均值相等性检验

$H_0：\mu_1=\mu_2=\cdots=\mu_k$

$H_a：k$ 个总体的均值不全相等

检验统计量

$$F=\frac{\text{MSTR}}{\text{MSE}}$$

拒绝法则

p 值法：如果 p 值 $\leqslant \alpha$，则拒绝 H_0

临界值法：如果 $F\geqslant F_\alpha$，则拒绝 H_0

式中，F_α 是分子自由度为 $k-1$，分母自由度为 n_T-k 的 F 分布上侧面积为 α 的 F 值。

9.5.4　ANOVA 表

前面的计算结果可以很方便地用所谓的方差分析表或 **ANOVA** 表（ANOVA table）来描述。一个完全随机化设计的 ANOVA 表的一般形式如表 9—4 所示；表 9—5 是 Chemitech 公司的方差分析表。在列标题"方差来源"中，与"总计"相联系的平方和称为总平方和（SST）。我们注意到，Chemitech 公司的结果意味着：SST＝SSTR＋SSE，并且总平方和的自由度是平方和的自由度与误差平方和的自由度之和。

表 9—4　　　　　　　　　完全随机化设计的 ANOVA 表

方差来源	平方和	自由度	均方	F	p 值
处理	SSTR	$k-1$	$\text{MSTR}=\dfrac{\text{SSTR}}{k-1}$	$\dfrac{\text{MSTR}}{\text{MSE}}$	
误差	SSE	n_T-k	$\text{MSE}=\dfrac{\text{SSE}}{n_T-k}$		
总计	SST	n_T-1			

应该指出的是，如果将全部 15 个观测值看成是一个数据集，则 SST 除以它的自由度 n_T-1，恰好是该数据集的总的样本方差。如果把整个数据集作为一个样本，总平方和 SST 的计算公式为：

$$\text{SST}=\sum_{j=1}^{k}\sum_{i=1}^{n_j}(x_{ij}-\overline{\overline{x}})^2 \tag{9.22}$$

可以证明，从 Chemitech 公司的方差分析表上看到的结果也可用于其他问题，即

$$\text{SST}=\text{SSTR}+\text{SSE} \tag{9.23}$$

方差分析是将总平方和分解为不同成分的一种统计方法。

换句话说，SST 可以分解为两个平方和：处理平方和与误差平方和。我们还注意到，SST 对应的自由度 n_T-1 也可以分解为 SSTR 对应的自由度 $k-1$ 与 SSE

对应的自由度 n_T-k。方差分析可以看做将总平方和及其自由度**分解**（partitioning）成它们对应的来源（处理与误差）的一个过程。这些平方和除以适当的自由度，可以给出方差的估计量以及用于检验总体均值相等性假设的 F 值和 p 值。

表 9—5　　　　　　　　　　Chemitech 公司的 ANOVA 表

方差来源	平方和	自由度	均方	F	p 值
处理	520	2	260.00	9.18	0.004
误差	340	12	28.33		
总计	860	14			

9.5.5　Excel 应用

Excel 的方差分析：单因素方差分析工具可以用于对 Chemitech 公司的总体均值之间的差异性进行假设检验。在描述所涉及的工作时，参见图 9—14 和图 9—15 中的 Excel 工作表。

输入数据：图 9—14 中的列 A、列 B 和列 C 包含标签和每种装配方法每周生产的过滤系统的数量。

应用工具：下列步骤描述如何利用 Excel 的方差分析：单因素方差分析工具，来检验假设：三种装配方法每周生产的平均数量相等。

第 1 步：点击功能区菜单栏上的 **Data** 按钮。
第 2 步：在 **Analysis** 组中，点击 **Data Analysis**。
第 3 步：从分析工具列表中选择 **Anova：Single Factor**。
第 4 步：当 **Anova：Single Factor** 对话框出现时（见图 9—14）：
　　　　在 **Input Range** 框中输入 A1：C6；
　　　　选择 **Grouped By：Columns**；
　　　　选择 **Labels in First Row**；
　　　　在 **Alpha** 框中输入 0.05；
　　　　选择 **Output Range**；

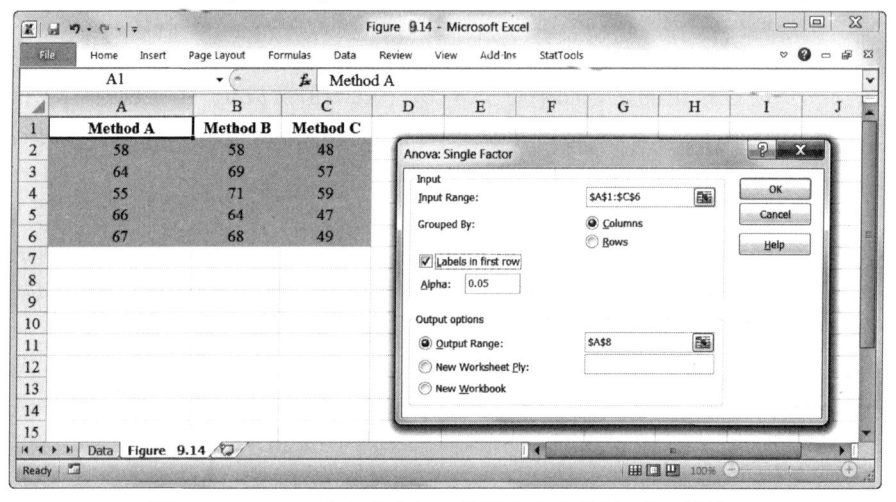

图 9—14　Excel 的方差分析：单因素方差分析工具对话框

在 **Output Range** 框中输入 A8（指定输出结果出现在工作表中的左上角）；

点击 **OK**。

在图 9—15 的工作表中，输出结果以及标题方差分析：单因素方差分析出现在单元格区域 A8：G22 中。单元格区域 A10：E14 给出了每种方法的统计汇总。注意每种装配方法的样本均值和样本方差与表 9—3 显示的结果相同。出现在单元格区域 A17：G22 中的 ANOVA 表基本上与表 9—5 中的 ANOVA 表相同。Excel 用标签组间来代表处理的方差来源，用标签组内来代表误差的方差来源。另外，Excel 输出结果还给出了检验相应的 p 值以及 F 的临界值。

我们可以用单元格 F19 中的 p 值（0.003 8），得出假设检验的结论。因此，在显著性水平 $\alpha=0.05$ 下，因为 p 值 $=0.003\ 8<\alpha=0.05$，所以拒绝 H_0。因此，用 p 值法，仍然可得出三种装配方法每周生产的平均数量不相同的结论。

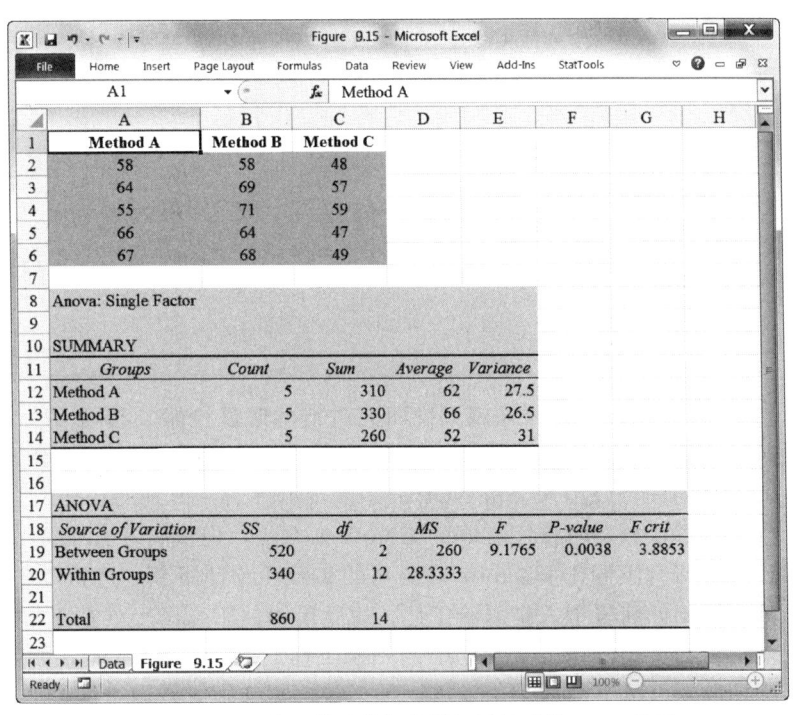

图 9—15 三个总体均值相等性假设检验的 Excel 结果

9.5.6 k 个总体均值相等性的检验： 一项观测性研究

我们已经说明了对于一个完全随机化实验设计，如何应用方差分析来检验 k 个总体均值是否相等的问题。重要的是要理解：ANOVA 也可以利用一项观测性研究得到的数据，来检验三个或三个以上总体均值是否相等的问题。我们以 NCP 公司的情况为例。

NCP 公司在位于亚特兰大、达拉斯以及西雅图的三个工厂生产打印机与传真机。为考察这些工厂中有多少员工了解全面质量管理知识，管理人员从每个工厂抽取一个由 6 名员工组成的随机样本，并对他们进行质量意识的考试。18 名员工的考试成绩列在表 9—6 中。每一组的样本均值、样本方差及样本标准差也在表中给出。管理人员希望利用这些数据来检验假设：三个工厂的平均考试成绩是相同的。

我们规定总体 1 为位于亚特兰大工厂的全体员工，总体 2 为位于达拉斯工厂的全体员工，总体 3 为位于西雅图工厂的全体员工。令

$\mu_1 = $ 总体 1 的平均考试成绩

$\mu_2 = $ 总体 2 的平均考试成绩

$\mu_3 = $ 总体 3 的平均考试成绩

尽管我们永远不可能知道 μ_1，μ_2，μ_3 的实际数值，但是我们仍然希望利用样本资料来检验下面的假设：

$H_0: \mu_1 = \mu_2 = \mu_3$

$H_a: $ 总体均值不全相等

表 9—6　　　　　　　　　　　18 名员工的考试成绩

	工厂 1（亚特兰大）	工厂 2（达拉斯）	工厂 3（西雅图）
	85	71	59
	75	75	64
	82	73	62
	76	74	69
	71	69	75
	85	82	67
样本均值	79	74	66
样本方差	34	20	32
样本标准差	5.83	4.47	5.66

注意：对 NCP 公司观测性研究进行的假设检验，与对 Chemitech 公司实验进行的假设检验完全相同。事实上，我们用于分析 Chemitech 公司实验的 ANOVA 方法，同样可以用来分析 NCP 公司的观测性研究得到的数据。

虽然在分析时使用相同的 ANOVA 方法，但值得注意的是：NCP 公司的观测性统计研究不同于 Chemitech 公司的实验性统计研究。进行 NCP 公司研究的人员无法控制如何将个人指派给工厂。也就是说，工厂已经处在正常的运转中，并且一名特定的员工已在三家工厂中的一家工作。NCP 公司所能做的就是从每一家工厂中抽取 6 名员工组成一个随机样本，并且实施质量意识考试。如果为了归类为实验性研究，NCP 公司就必须随机抽取 18 名员工，然后以随机的方式将每一名员工分配到三家工厂中的一家工作。

━━━━━━━━ 评　注 ━━━━━━━━

1. 总样本均值也可以按照 k 个样本均值的加权平均数来计算。

$$\bar{\bar{x}} = \frac{n_1 \bar{x}_1 + n_2 \bar{x}_2 + \cdots + n_k \bar{x}_k}{n_T}$$

在各个样本均值已给出的情况下，用上式计算总样本均值较式（9.12）简单。

2. 如果每个样本都由 n 个观测值组成，则式（9.15）可以写作：

$$\text{MSTR} = \frac{n \sum_{j=1}^{k} (\bar{x}_j - \bar{\bar{x}})^2}{k-1} = n \left[\frac{\sum_{j=1}^{k} (\bar{x}_j - \bar{\bar{x}})^2}{k-1} \right] = n s_{\bar{x}}^2$$

注意：当我们引入 σ^2 的处理间估计的概念时，这个结果与式（9.15）是相同的。式（9.15）是上述结果在样本容量不等时的简单推广。

3. 如果每个样本都有 n 个观测值，则 $n_T = kn$；于是，$n_T - k = k(n-1)$，并且式（9.18）可以重写为如下形式：

$$\text{MSE} = \frac{\sum_{j=1}^{k}(n-1)s_j^2}{k(n-1)} = \frac{(n-1)\sum_{j=1}^{k}s_j^2}{k(n-1)} = \frac{\sum_{j=1}^{k}s_j^2}{k}$$

换句话说，如果样本容量相同，则 MSE 恰好为 k 个样本方差的算术平均数。

注意：当我们引入 σ^2 的处理内估计的概念时，上式与我们在 9.4 节中使用过的结果相同。

---- 练 习 ----

方法

17. 下列数据来自完全随机化设计。

	处理 A	B	C
	162	142	126
	142	156	122
	165	124	138
	145	142	140
	148	136	150
	174	152	128
样本均值	156	142	134
样本方差	164.4	131.2	110.4

a. 计算处理平方和。
b. 计算均方处理。
c. 计算误差平方和。
d. 计算均方误差。
e. 给出本题的 ANOVA 表。
f. 在 $\alpha = 0.05$ 的显著性水平下，检验三个处理的均值是否相等。

18. 在一次完全随机化设计中，因子有 5 个水平，对于因子的每一个水平有 7 个实验单元。完成下面的 ANOVA 表：

方差来源	平方和	自由度	均方	F	p 值
处理	300				
误差					
总计	460				

a. 本题中蕴含了什么假设？
b. 在 $\alpha = 0.05$ 的显著性水平下，能否拒绝 a 中的原假设？请解释。

19. 在一次完全随机化实验设计中，第 1 个处理有 12 个实验单元，第 2 个处理有 15 个实验单元，第 3 个处理有 20 个实验单元。完成下面的 ANOVA 表。在 $\alpha = 0.05$ 的显著性水平下，处理均值之间有无显著差异？

方差来源	平方和	自由度	均方	F	p 值
处理	1 200				
误差					
总计	1 800				

应用

20. 一名工程师提出了三种不同的产品装配方法。为了确切地调查每种方法的装配数量，随机选取 30 名工人，并将三种装配方法随机地指派给他们，每种方法有 10 名工人使用。确切地记录下每名工人的装配数量，并且对于得到的数据集应用方差分析方法。得到如下结果：SST=10 800；SSTR=4 560。

 a. 给出本题的 ANOVA 表。

 b. 在 $\alpha=0.05$ 的显著性水平下，检验三种装配方法均值之间是否存在显著差异。

21. 在一项化学加工过程中，为了研究温度对产量的影响，在三种温度水平下分别生产出 5 批产品，得到的结果如下表所示。构造方差分析表。在 $\alpha=0.05$ 的显著性水平下，检验温度水平对该化学加工过程的平均产量是否存在显著影响。

	温度	
50℃	**60℃**	**70℃**
34	30	23
24	31	28
36	34	28
39	23	30
32	27	31

22. 某厂家做广告说四种不同的油漆有相同的风干时间。为了证明厂家的说法，对每种油漆检验了 5 个样本。油漆风干时间（干到足以涂下一层油漆，单位：分钟）被记录下来，得到如下数据：

油漆 1	油漆 2	油漆 3	油漆 4
128	144	133	150
137	133	143	142
135	142	137	135
124	146	136	140
141	130	131	153

在 $\alpha=0.05$ 的显著性水平下，检验每种油漆平均风干时间是否相同。

小 结

本章讨论了涉及两个总体建立区间估计及进行假设检验的方法。首先，阐述了在抽取了独立简单随机样本的情况下，如何进行关于两个总体均值之差的推断。先考虑了假定总体标准差 σ_1 和 σ_2 已知的情形。标准正态分布 z 可用来建立区间估计和作为假设检验的检验统计量。然后，考虑了总体标准差未知并由样本标准差 s_1 和 s_2 估计的情形。在这种情况下，可用 t 分布来进行区间估计和作为假设检验的检验统计量。

接下来讨论了匹配样本设计的两总体均值之差的统计推断。在匹配样本设计中，每个元素提供一对数据值，每个总体有一个。然后在统计分析中利用这些成对数据值之间的差。因为在大多数情况下，匹配样本方法会提高估计的准确度，因此匹配样本设计通常优于独立样本方案。

最后两节给出了实验设计和方差分析（ANOVA）的简介。在某种意义上，为获取数据所进行的实验性研究与观测性研究是不同的。描述了完全随机化设计，以及利用方差分析检验一个处理的效果。在一项观测性研究中，可以用相同的方差分析程序检验 k 个总体均值之间的差异。

关键术语

独立简单随机样本（independent simple random sample） 取自两个总体的样本，抽取的方式是：组成一个样本的元素与组成另一个样本的元素是独立选取的。

匹配样本（matched sample） 抽取元素的一个简单随机样本，每一个元素得到两个数据值。例如，为了比较两种生产方法，抽取 n 个工人组成一个简单随机样本，每个工人首先使用一种方法，然后使用另一种方法，随机指派两种方法的使用顺序。

因子（factor） 所关注的独立变量的另一个称谓。

处理（treatment） 因子的不同水平。

单因子实验（single-factor experiment） 只涉及 k 个总体或处理中的一个因子的实验。

响应变量（response variable） 所关注的因变量的另一个称谓。

实验单元（experimental units） 实验中引起关注的研究对象。

完全随机化设计（completely randomized design） 处理被随机地指派给实验单元的一种实验设计。

F 分布（F distribution） 根据正态分布方差的两个独立估计量的比值得到的概率分布。F 分布用于 k 个总体均值相等性的假设检验。

ANOVA 表（ANOVA table） 一种用来汇总方差分析计算和结果的表格。它包括显示方差来源、平方和、自由度、均方、F 值和 p 值的列。

补充练习

23. 共同基金分为有佣金和无佣金两种类型。有佣金的共同基金要求投资者以在基金中投资金额的一个百分比为依据，支付加盟费。无佣金的共同基金则没有这个加盟费。一些金融顾问认为，有佣金的共同基金能获得比无佣金的共同基金更高的平均收益率，因此对有佣金的共同基金支付额外费用可能是值得的。分别抽取 30 只有佣金的共同基金组成一个样本和 30 只无佣金的共同基金组成另一个样本。采集的数据是 5 年期基金的年收益率。数据集保存在名为 Mutual 的文件中。前 5 个有佣金的共同基金和前 5 个无佣金的互助共同的数据如下：

有佣金的共同基金	收益率（%）	无佣金的共同基金	收益率（%）
American National Growth	15.51	Amana Income Fund	13.24
Arch Small Cap Equity	14.57	Berger One Hundred	12.13
Bartlett Cap Basic	17.73	Columbia International Stock	12.17
Calvert World International	10.31	Dodge & Cox Balanced	16.06
Colonial Fund A	16.23	Evergreen Fund	17.61

a. 写出 H_0 和 H_a，使得拒绝 H_0 会得出结论：5年期的有佣金共同基金有较高的平均年收益率。

b. 用数据集 Mutual 中的 60 只共同基金进行假设检验。p 值是多少？取 $\alpha = 0.05$，你有何结论？

24. 2009 年年初，经济正在经历一次衰退。但这次衰退对股票市场的影响如何呢？由 15 家公司组成一个样本，样本中的每家公司在 1 月 1 日和 4 月 30 日的股票价格如下所示（The Wall Street Journal，May 1，2009）：

公司	1月1日（美元）	4月30日（美元）
Applied Materials	10.13	12.21
Bank of New York	28.33	25.48
Chevron	73.97	66.10
Cisco Systems	16.30	19.32
Coca-Cola	45.27	43.05
Comcast	16.88	15.46
Ford Motors	2.29	5.98
General Electric	16.20	12.65
Johnson & Johnson	59.83	52.36
JP Morgan Chase	31.53	33.00
Microsoft	19.44	20.26
Oracle	17.73	19.34
Pfizer	17.71	13.36
Philip Morris	43.51	36.18
Procter & Gamble	61.82	49.44

a. 四个月来股票的平均价格有什么变化？

b. 建立股票平均价格变化的 90% 置信区间。解释这一结果。

c. 四个月来股票平均价格变化的百分比是多少？

d. 如果同样的百分比变化出现在随后的四个月以及再以后的四个月，2009 年年底的股票平均价格将会是多少？

25. 住院费用增加了多少？据报道，2005 年一间半私人病房一天的平均费用为 4 848 美元，2006 年为 5 260 美元（The Wall Street Journal，January 2，2007）。假设 2005 年的数值是根据一个容量为 80 的样本估计的，而 2006 年的数值是根据一个容量为 60 的样本估计的。

a. 建立 2005—2006 年间医院半私人病房增加费用的点估计值。

b. 医院数据表明两年的总体标准差可合理假定都为 800 美元。计算 a 中估计的边际误差,取 95% 的置信水平。

c. 建立半私人病房增加费用的 95% 置信区间。

26. 美国人口普查局通过大都市统计区 (metropolitan statistical area,MSA),按季度计算住宅的空置率和拥有率。每个大都市统计区至少有一个居民在 5 万人或 5 万人以上的城市化地区。美国四个地理区域的城市统计区 2008 年第一季度的出租空置率统计数据如下表所示 (U. S. Census Bureau website,January 2009):

中西部	东北部	南部	西部
16.2	2.7	16.6	7.9
10.1	11.5	8.5	6.6
8.6	6.6	12.1	6.9
12.3	7.9	9.8	5.6
10.0	5.3	9.3	4.3
16.9	10.7	9.1	15.2
16.9	8.6	5.6	5.7
5.4	5.5	9.4	4.0
18.1	12.7	11.6	12.3
11.9	8.3	15.6	3.6
11.0	6.7	18.3	11.0
9.6	14.2	13.4	12.1
7.6	1.7	6.5	8.7
12.9	3.6	11.4	5.0
12.2	11.5	13.1	4.7
13.6	16.3	4.4	3.3
		8.2	3.4
		24.0	5.5
		12.2	
		22.6	
		12.0	
		14.5	
		12.6	
		9.5	
		10.1	

在 $\alpha = 0.05$ 下,检验四个地理区域之间的平均空置率是否相同。

27. 为了调查顾客的购物游览活动,进行一项调查,首先把顾客按不逛商场、很少逛商场和经常逛商场分为三类。在这项研究中,我们得到了判定每位顾客在商场中舒适程度的一个度量。较高的得分表示较高的舒适程度。假设收集到的数据如下表所示:

不逛商场的顾客	很少逛商场的顾客	经常逛商场的顾客
4	5	5
5	6	7
6	5	5
3	4	7
3	7	4
4	4	6
5	6	5
4	5	7

在 $\alpha=0.05$ 下，检验三种类型顾客逛商场时的舒适程度之间的差异。

28. 《小企业管理》（*Journal of Small Business Management*）杂志报告的一项研究结论是：与非个体经营者相比，个体经营者不能体验到较高的工作满足感。在这项研究中，用18个项目来测量工作的满足感，并且每个项目都用李克特五分量表来度量，从十分满意到十分不满意有5个可选答案，分别赋予1～5分。较高的得分表示较高的工作满足感。18个项目得分之和的范围为18～90分，用这个总分来度量工作的满足感。假设用这种方法度量了律师、理疗师、木工师和系统分析员的工作满足感。从每种职业中随机选取10人组成一个样本，得到的资料如下表所示。

律师	理疗师	木工师	系统分析员
44	55	54	44
42	78	65	73
74	80	79	71
42	86	69	60
53	60	79	64
50	59	64	66
45	62	59	41
48	52	78	55
64	55	84	76
38	50	60	62

在 $\alpha=0.05$ 下，检验四种职业的工作满足感是否存在显著差异。

案例9—1　Par公司

Par公司是一家高尔夫设备的主要制造商。管理人员认为：引进某种耐磨损、寿命较长的高尔夫球会使Par的市场占有率增加。因此，为了抗磨损，延长使用寿命，Par的研究小组开发了一种带有涂层的新型高尔夫球。对涂层的测试已有获得成功的迹象。

Par希望新型耐磨的高尔夫球与目前使用的高尔夫球有相同的击球距离。为比较两种高尔夫球的击球距离，各取40只球来做距离测试。为了能将两种型号的高尔夫球平均距离的差异归因于两种球制作方法的不同，检验是用机械击球装置完成的。检验结果如下表所示，其中距离是按最接近的码数度量。这些数据存放在名为Golf的文件中。

型号		型号		型号		型号	
当前	新型	当前	新型	当前	新型	当前	新型
264	277	270	272	263	274	281	283
261	269	287	259	264	266	274	250
267	263	289	264	284	262	273	253
272	266	280	280	263	271	263	260
258	262	272	274	260	260	275	270
283	251	275	281	283	281	267	263
258	262	265	276	255	250	279	261
266	289	260	269	272	263	274	255
259	286	278	268	266	278	276	263
270	264	275	262	268	264	262	279

管理报告

1. 提出并介绍Par公司用于比较目前使用的和新型的高尔夫球击球距离的假

设检验的基本原理。

2. 分析数据，得出假设检验的结论。检验的 p 值是多少？你对 Par 公司有何建议？

3. 对每种型号的数据给出描述性的统计汇总。

4. 每种型号的总体均值的 95% 置信区间是多少？两个总体均值之差的 95% 置信区间是多少？

5. 你认为需要用更大的样本容量对高尔夫球做进一步检验吗？请讨论。

案例 9—2　Wentworth 医疗中心

作为对 65 岁及以上的老人长期研究的一部分，位于纽约州北部地区的 Wentworth 医疗中心的社会学家和内科医生调查了地理位置和抑郁症之间的关系。抽取了 60 名健康状况不错的人组成一个样本，其中 20 人居住在佛罗里达州，20 人居住在纽约州，20 人居住在北卡罗来纳州。对随机选中的每个人进行了一次测量抑郁症的标准化检验，收集到的数据如下表所示：较高的检验分数表示有较高程度的抑郁症。这些数据存放在名为 Medical1 的文件中。

研究的第二部分考虑地理位置与患有慢性病的 65 岁及以上的老人得抑郁症之间的关系，这些慢性病如关节炎、高血压和心脏病等。从具有这种身体状况的老人中也抽取出 60 人，同样，20 人居住在佛罗里达州，20 人居住在纽约州，20 人居住在北卡罗来纳州。这项研究记录的抑郁症程度的数据如下表所示。这些数据存放在名为 Medical2 的文件中。

Medical1 的数据			Medical2 的数据		
佛罗里达州	纽约州	北卡罗来纳州	佛罗里达州	纽约州	北卡罗来纳州
3	8	10	13	14	10
7	11	7	12	9	12
7	9	3	17	15	15
3	7	5	17	12	18
8	8	11	20	16	12
8	7	8	21	24	14
8	8	4	16	18	17
5	4	3	14	14	8
5	13	7	13	15	14
2	10	8	17	17	16
6	6	8	12	20	18
2	8	7	9	11	17
6	12	3	12	23	19
6	8	9	15	19	15
9	6	8	16	17	13
7	8	12	15	14	14
5	5	6	13	9	11
4	7	3	10	14	12
7	7	8	11	13	13
3	8	11	17	11	11

管理报告

1. 利用描述统计方法汇总并说明两部分研究的数据。关于抑郁症的得分,你的初步观测结果是什么?

2. 对两个数据集使用方差分析方法,在每种情况下陈述需要进行检验的假设,你的结论是什么?

3. 在适当的地方使用单个处理方法的统计推断。你的结论是什么?

第10章
比率的比较和独立性检验

实践中的统计

联合劝募协会*
纽约州罗切斯特

大罗切斯特地区的联合劝募协会（United Way）是一家非营利组织，该组织致力于满足社区最重要的人文关怀需求，从而提高它所服务的7个县全部居民的生活质量。

每年春季，联合劝募协会/红十字会都举行募捐活动，所得资金用于200多个服务机构所提供的几百个服务项目。这些服务机构提供能满足人们各种需求的服务，如身体的、精神的、社会的，并且为各种年龄、背景和经济条件的人提供服务。

因为有大量的志愿者参与，大罗切斯特地区的联合劝募协会能够保持较低的运作成本：每筹集1美元只花费8美分。

为进一步了解社区的慈善观念，大罗切斯特地区的联合劝募协会决定进行调查。为了得到慈善观念的初步资料，他们走访了专业人员、服务人员和一般工人这些重点群体。根据这些资料，设计出调查问卷。问卷经过预调查、修订之后，分发给440人，得到了323份完整有效的问卷。

从收集到的数据得到各种描述性统计量，包括频数分布和交叉分组表。分析该数据的一个重要部分是列联表和独立性 χ^2 检验。这些统计检验的一个用处是确定行政开支观念是否与职业独立。

独立性检验的假设为：

H_0：联合劝募协会行政开支观念与调查对象的职业独立

H_a：联合劝募协会行政开支观念与调查对象的职业不独立

---

* 非常感谢联合劝募协会的市场营销顾问 Philip R. Tyler 博士，他为"实践中的统计"专栏提供了本案例。

> 调查中的两个问题提供了用于统计检验的数据。其中一个问题得到了关于行政开支占资金比率的数据（10%以下、11%~20%及21%以上），另一个问题是调查对象的职业。
> 在0.05的显著性水平下，进行 χ^2 检验，得到独立性假设被拒绝的结论，因此可以断定联合劝募协会的行政开支观念的确与调查对象的职业有关。实际的行政开支小于9%，但是有35%的调查对象认为行政开支超过21%。因此，很多人有不准确的行政开支观念。在这些人中，生产线工人、办事员、售货员和专业技术人员相比其他人有更不准确的行政开支观念。
> 社区观念的研究有助于大罗切斯特地区的联合劝募协会调整项目和筹集资金活动。在本章你将学习如何进行如上所述的独立性统计检验。

许多统计应用需要比较总体比率。在10.1节，我们描述了两个总体比率之差的统计推断。需要抽取两个样本，每一个样本来自一个总体，根据两个比率进行统计推断。10.2节关注多项总体比率的假设检验。从多项总体中抽取一个样本，根据样本比率与原假设中陈述的比率的比较进行假设检验。本章的最后一节将介绍如何利用列联表检验两个变量的独立性。独立性检验使用一个样本，但是每一个抽样元素都需要两个变量的测量值。10.2节和10.3节都基于 χ^2 统计检验。

10.1 两个总体比率之差的推断

令 p_1 表示总体1的比率，p_2 表示总体2的比率，下面讨论两个总体比率之差 $p_1 - p_2$ 的统计推断。为了对这个比率之差进行推断，我们选择了两个独立的随机样本，这两个样本分别由总体1中的 n_1 个个体和总体2中的 n_2 个个体组成。

10.1.1 $p_1 - p_2$ 的区间估计

在下面的例子中，我们将介绍如何计算边际误差以及如何建立两个总体比率之差的区间估计。

一家报税公司想要比较该公司两个地区办事处的工作质量。在每个办事处，随机抽取预备报税的申报单样本，并对申报单的准确性进行核实，该报税公司可以估计出每个办事处准备报税申报单的出错比率。特别值得注意的是这些比率之差。

设 p_1 表示总体1（办事处1）的出错申报单的比率，p_2 表示总体2（办事处2）的出错申报单的比率，$\bar{p}_1$ 表示总体1的简单随机样本的样本比率，$\bar{p}_2$ 表示总体2的简单随机样本的样本比率。

两个总体比率之差为 $p_1 - p_2$。$p_1 - p_2$ 的点估计量如下：

两个总体比率之差的点估计量

$$\bar{p}_1 - \bar{p}_2 \tag{10.1}$$

因此，两个总体比率之差的点估计量为两个独立简单随机样本的样本比率之差。

与其他的点估计量一样，如果重复抽取两个独立随机样本，则点估计量 $\bar{p}_1 - \bar{p}_2$ 有一个反映它所有可能值的抽样分布。这个抽样分布的均值为 $p_1 - p_2$，标准误差为：

$$\sigma_{\bar{p}_1-\bar{p}_2} = \sqrt{\frac{p_1(1-p_1)}{n_1} + \frac{p_2(1-p_2)}{n_2}} \tag{10.2}$$

如果样本容量足够大，使得 $n_1 p_1$，$n_1(1-p_1)$，$n_2 p_2$ 和 $n_2(1-p_2)$ 都大于或等于 5，则 $\bar{p}_1 - \bar{p}_2$ 的抽样分布近似服从正态分布。

> 与比率有关的样本容量通常都足够大，可使用这个近似。

在两个总体比率之差的估计中，区间估计可采用如下形式：

$$\bar{p}_1 - \bar{p}_2 \pm \text{边际误差}$$

由于 $\bar{p}_1 - \bar{p}_2$ 的抽样分布近似服从正态分布，我们可以用 $z_{\alpha/2}\sigma_{\bar{p}_1-\bar{p}_2}$ 作为边际误差。但是，因为两个总体比率 p_1 和 p_2 未知，所以式（10.2）给出的 $\sigma_{\bar{p}_1-\bar{p}_2}$ 不能直接使用。我们用样本比率 $\bar{p}_1$ 和 $\bar{p}_2$ 来估计 p_1 和 p_2，得到边际误差如下：

$$\text{边际误差} = z_{\alpha/2}\sqrt{\frac{\bar{p}_1(1-\bar{p}_1)}{n_1} + \frac{\bar{p}_2(1-\bar{p}_2)}{n_2}} \tag{10.3}$$

两个总体比率之差区间估计的一般形式如下：

两个总体比率之差的区间估计

$$\bar{p}_1 - \bar{p}_2 \pm z_{\alpha/2}\sqrt{\frac{\bar{p}_1(1-\bar{p}_1)}{n_1} + \frac{\bar{p}_2(1-\bar{p}_2)}{n_2}} \tag{10.4}$$

式中，$1-\alpha$ 为置信系数。

回到报税公司的例子，我们得到两个办事处的独立简单随机样本的信息如下：

办事处 1	办事处 2
$n_1 = 250$	$n_2 = 300$
出错申报单数 = 35	出错申报单数 = 27

两个办事处的样本比率如下：

$$\bar{p}_1 = \frac{35}{250} = 0.14$$

$$\bar{p}_2 = \frac{27}{300} = 0.09$$

两个总体出错申报单比率之差的点估计值为 $\bar{p}_1 - \bar{p}_2 = 0.14 - 0.09 = 0.05$。于是我们估计办事处 1 的出错率比办事处 2 多 0.05 或 5%。

现在利用式（10.4）计算边际误差及两个总体比率之差的区间估计。在 90% 置信区间下，$z_{\alpha/2} = z_{0.05} = 1.645$，于是有

$$\bar{p}_1 - \bar{p}_2 \pm z_{\alpha/2}\sqrt{\frac{\bar{p}_1(1-\bar{p}_1)}{n_1} + \frac{\bar{p}_2(1-\bar{p}_2)}{n_2}}$$

$$0.14 - 0.09 \pm 1.645\sqrt{\frac{0.14 \times (1-0.14)}{250} + \frac{0.09 \times (1-0.09)}{300}}$$

$$0.05 \pm 0.045$$

因此，边际误差为 0.045，90% 置信区间为 (0.005, 0.095)。

10.1.2 用 Excel 构造置信区间

我们可以创建一张构建两个总体比率之差区间估计的工作表。让我们通过构建报税公司的两个办事处报税申报单的出错比率之差的区间估计来阐明。在描述所做的工作时，参见图10—1。背景是公式工作表，前景是数值工作表。

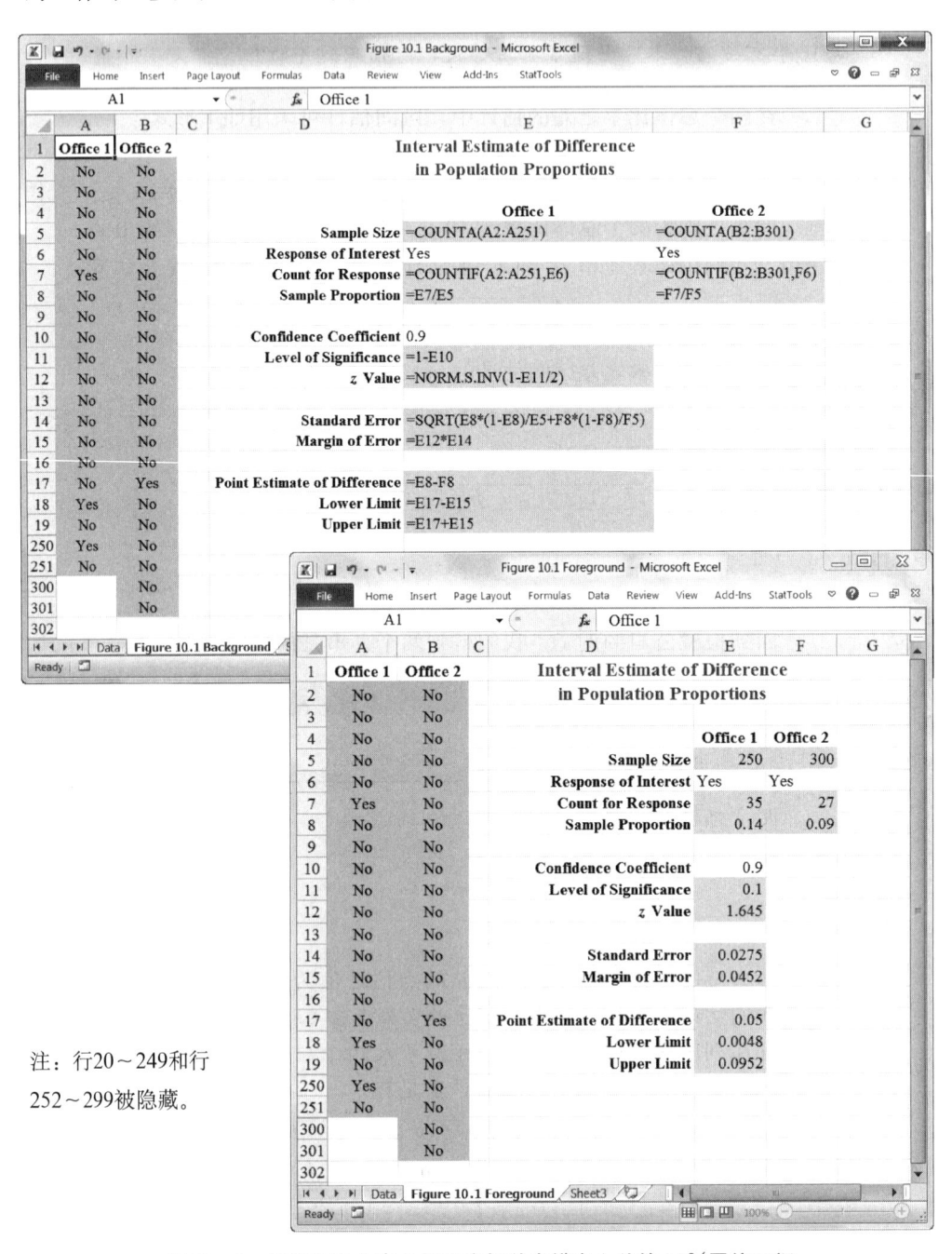

注：行20～249和行252～299被隐藏。

图10—1 构造两个办事处报税申报单出错率之差的90%置信区间

输入数据：列 A 和列 B 包含 Yes 或 No 标记，以此表明每个办事处的报税申报单中是否有错误。

输入函数和公式：在单元格区域 E5：F5 及 E7：F8 中给出了需要的描述统计量，注意在单元格 E5 和 F5 中，用 Excel 的 COUNTA 函数来统计每个样本的观测值个数。数值工作表中显示从第 1 个办事处抽取 250 份申报单，从第 2 个办事处抽取 300 份申报单。在单元格 E6 和 F6 中，键入 Yes，以此表明感兴趣的回答（出错申报单）。在单元格区域 E7：F7，用 Excel 的 COUNTIF 函数来统计每个办事处中回答为 Yes 的个数。在单元格区域 E8：F8 输入计算样本比率的公式。在单元格 E10 中输出置信系数（0.9），单元格 E11 中是计算出来的对应的显著性水平（$\alpha=0.10$）。在单元格 E12 中，用 NORM.S.INV 函数来计算区间估计的边际误差所需要的 z 值。

在单元格 E14 中，是根据两个样本比率（E8 和 F8）和样本容量（E5 和 F5）计算的点估计量 $\bar{p}_1 - \bar{p}_2$ 的标准误差的点估计值 $\sigma_{\bar{p}_1-\bar{p}_2}$。单元格 E15 中是 z 值乘以标准误差计算出来的边际误差。

单元格 E17 中的样本比率之差用于计算两个总体比率之差的点估计值；在数值工作表中显示其结果为 0.05。单元格 E18 是由点估计值减去边际误差计算出的置信区间的下限，单元格 E19 是点估计值加上边际误差计算出的置信区间的上限。数值工作表显示两个总体比率之差的 90% 置信区间估计是 0.004 8~0.095 2。

模板　这个工作表可以用作其他问题所需的总体比率之差的区间估计的模板。需要在列 A 和列 B 输入新数据。用于计算样本容量（E5：F5）的单元格中数据范围，以及计算感兴趣的回答个数（E7：F7）的单元格中数据范围需要修改为表明新数据的正确位置。还需要在单元格区域 E6：F6 键入感兴趣的回答。然后，在单元格区域 E17：E19 中将会出现新数据的 90% 置信区间。需要不同置信系数的置信区间，只需改变单元格 E10 中的数值。

10.1.3　$p_1 - p_2$ 的假设检验

现在考虑两个总体比率之差的假设检验。重点放在两个总体比率无差异的检验上。在这种情况下，假设检验有以下三种形式：

H_0：$p_1 - p_2 \geqslant 0$　　　H_0：$p_1 - p_2 \leqslant 0$　　　H_0：$p_1 - p_2 = 0$
H_a：$p_1 - p_2 < 0$　　　H_a：$p_1 - p_2 > 0$　　　H_a：$p_1 - p_2 \neq 0$

当我们假定作为一个等式的原假设 H_0 为真时，有 $p_1 - p_2 = 0$，也就是说两个总体比率是相等的，即 $p_1 = p_2$。

> 所有假设都考虑用 0 作为感兴趣的差异。

我们将以点估计量 $\bar{p}_1 - \bar{p}_2$ 的样本分布作为检验统计量的基础。在式（10.2）中，我们已经给出 $\bar{p}_1 - \bar{p}_2$ 的标准误差为：

$$\sigma_{\bar{p}_1-\bar{p}_2} = \sqrt{\frac{p_1(1-p_1)}{n_1} + \frac{p_2(1-p_2)}{n_2}}$$

在假定作为一个等式的原假设 H_0 为真的情况下，即总体比率相等 $p_1 = p_2 = p$ 时，$\sigma_{\bar{p}_1-\bar{p}_2}$ 变为：

当 $p_1 = p_2 = p$ 时，$\bar{p}_1 - \bar{p}_2$ 的标准误差

$$\sigma_{\bar{p}_1 - \bar{p}_2} = \sqrt{\frac{p_1(1-p_1)}{n_1} + \frac{p_2(1-p_2)}{n_2}} = \sqrt{p(1-p)\left(\frac{1}{n_1} + \frac{1}{n_2}\right)} \tag{10.5}$$

由于 p 未知，我们组合或合并两个样本点估计量（$\bar{p}_1$ 和 $\bar{p}_2$），得到 p 的单一点估计量如下：

当 $p_1 = p_2 = p$ 时，p 的合并估计量

$$\bar{p} = \frac{n_1 \bar{p}_1 + n_2 \bar{p}_2}{n_1 + n_2} \tag{10.6}$$

这个 p 的合并统计量（pooled estimator of p）是 $\bar{p}_1$ 和 $\bar{p}_2$ 的加权平均数。

用 $\bar{p}$ 代替式（10.5）中的 p，可以得到 $\bar{p}_1 - \bar{p}_2$ 标准误差的估计量。检验统计量使用标准误差的这个估计量。关于两个总体比率之差的假设检验的检验统计量的一般形式是点估计量除以 $\sigma_{\bar{p}_1 - \bar{p}_2}$ 的估计量。

$\bar{p}_1 - \bar{p}_2$ 的假设检验的检验统计量

$$z = \frac{\bar{p}_1 - \bar{p}_2}{\sqrt{\bar{p}(1-\bar{p})\left(\frac{1}{n_1} + \frac{1}{n_2}\right)}} \tag{10.7}$$

该检验统计量适用于大样本情况，即 $n_1 p_1$，$n_1(1-p_1)$，$n_2 p_2$ 和 $n_2(1-p_2)$ 全都大于或等于 5 的大样本情形。

仍以报税公司为例，假设该公司希望应用假设检验来确定两个办事处之间的出错比率是否有差异。运用双侧检验，原假设和备择假设如下：

H_0：$p_1 - p_2 = 0$

H_a：$p_1 - p_2 \neq 0$

如果 H_0 被拒绝，该公司就可以得出两个办事处出错率不同的结论。取显著性水平 $\alpha = 0.10$。

根据先前收集的样本数据，从办事处 1 抽取 $n_1 = 250$ 份申报单，得 $\bar{p}_1 = 0.14$；从办事处 2 抽取 $n_2 = 300$ 份申报单，得到 $\bar{p}_2 = 0.09$。计算 p 的合并估计量：

$$\bar{p} = \frac{n_1 \bar{p}_1 + n_2 \bar{p}_2}{n_1 + n_2} = \frac{250 \times 0.14 + 300 \times 0.09}{250 + 300} = 0.1127$$

利用这个合并统计量和样本比率之差，检验统计量的值如下：

$$z = \frac{(\bar{p}_1 - \bar{p}_2)}{\sqrt{\bar{p}(1-\bar{p})\left(\frac{1}{n_1} + \frac{1}{n_2}\right)}} = \frac{(0.14 - 0.09)}{\sqrt{0.1127(1-0.1127)\left(\frac{1}{250} + \frac{1}{300}\right)}} = 1.85$$

现在计算这一双侧检验的 p 值，我们首先注意到 $z = 1.85$ 位于标准正态分布的上侧。利用标准正态分布累积概率表，我们发现 $z = 1.85$ 右侧曲线下的面积为 $1.0000 - 0.9678 = 0.0322$。对于双侧检验，将这个面积乘以 2，可以得到 p 值 $= 2 \times 0.0322 = 0.0644$。由于 p 值小于 $\alpha = 0.10$，在 0.10 的显著性水平下拒绝 H_0。于是，报税公司可以得出两个办事处出错率不同的结论。这个假设检验的结论与前面两个办事处总体出错率之差的区间估计结果（0.005，0.095）是一致的，办事处 1 的出错率更高一些。

10.1.4 用 Excel 进行假设检验

我们可以创建一张进行总体比率之差假设检验的 Excel 工作表。让我们通过检验两个办事处的报税申报单的出错比率之间是否存在显著差异来阐明。在描述所做的工作时，参见图 10—2。背景是公式工作表，前景是数值工作表。

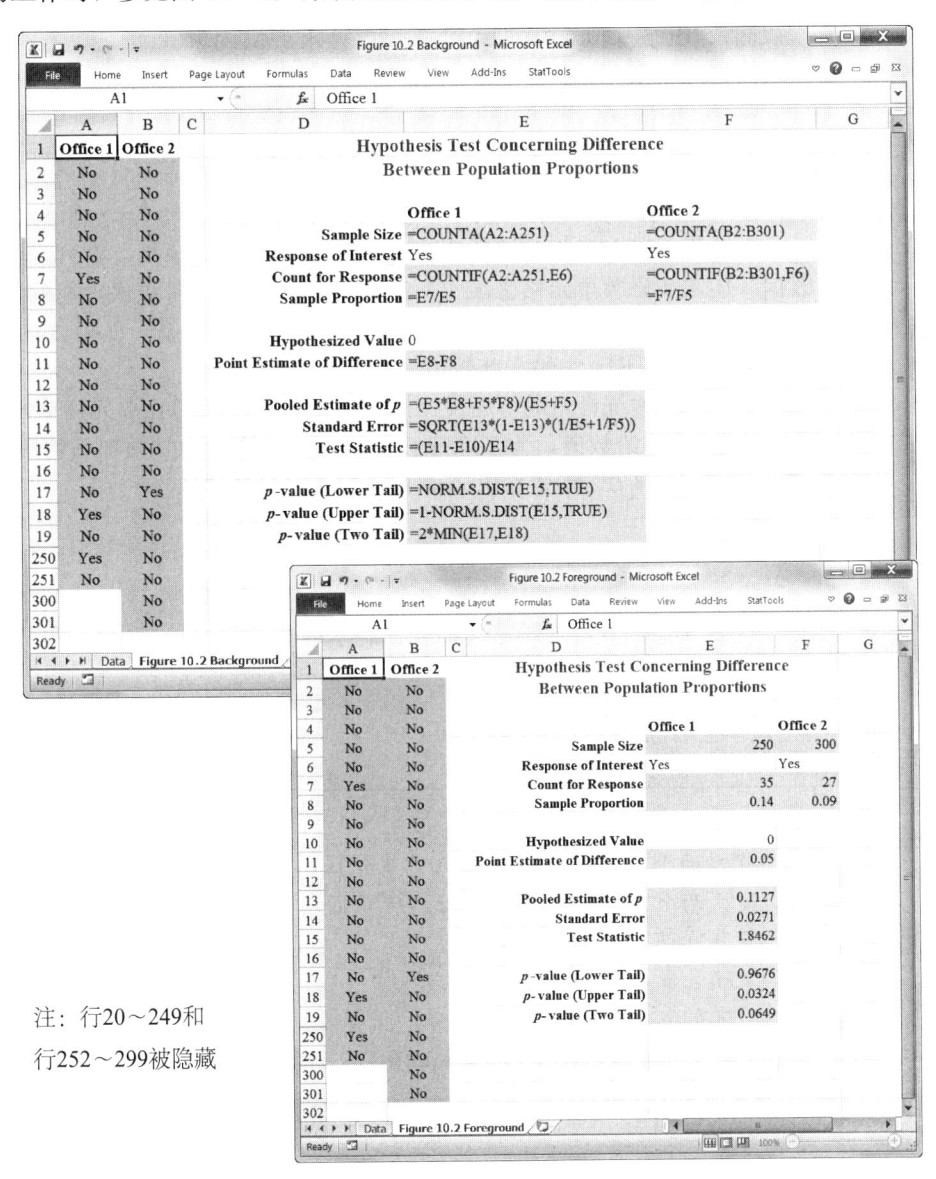

注：行20～249和
行252～299被隐藏

图 10—2　关于两个办事处报税申报单出错率之差的假设检验

输入数据：列 A 和列 B 包含 Yes 或 No 标记，以此表明每个办事处的报税申报单中是否有错误。

输入函数和公式：在单元格区域 E5：F6 及 E7：F8 中给出了进行假设检验需

要的描述统计量，它们与区间估计所用的描述统计量相同（见图 10—1）。两个总体比率之差的假设值为 0，被输入单元格 E10。在单元格 E11 中，用样本比率之差来计算总体比率之差的点估计。在单元格 E13 中，利用两个样本比率和样本容量，计算总体比率 p 的合并估计；其数值为 0.112 7。然后，在单元格 E14 中，利用式 (10.5) 以及 p 的合并估计和样本容量，计算 $\sigma_{\bar{p}_1 - \bar{p}_2}$ 的估计。

在单元格 E15 中输入公式"＝（E11－E10）/E14"，计算检验统计量 z（1.846 2）。然后，在单元格 E17 和 E18 中，用函数 NORM.S.DIST 计算 p 值（下侧）和 p 值（上侧）。在单元格 E19 中，用两个单侧 p 值中的最小值的 2 倍计算 p 值（双侧）。由于 p 值＝0.064 9 小于显著性水平 α＝0.10，因此，有充分的证据拒绝原假设，并得出总体比率不等的结论。

> 这里的 p 值（0.064 9）与我们用标准正态分布累积概率表得到的结果（0.064 4）略有不同，原因在于舍入误差。

这个工作表可以用作总体比率之差假设检验问题的模板。在列 A 和列 B 输入新数据。还需要修改单元格区域 E5：F7 中的新数据范围和感兴趣的回答。然后，为了进行需要的假设检验，工作表的其余部分将随之更新。如果差的假设值不是 0，需要在单元格 E10 中输入新数值。

对于已给样本统计量的习题使用这个工作表时，只需在单元格区域 E5：F5 和 E7：F8 中键入已给数值，为了进行假设检验，工作表的其余部分将随之更新。如果差的假设值不是 0，需要在单元格 E10 中输入新数值。

练 习

方法

1. 考虑下面的取自两个总体的独立样本的资料。

样本 1	样本 2
$n_1 = 400$	$n_2 = 300$
$\bar{p}_1 = 0.48$	$\bar{p}_2 = 0.36$

a. 两个总体比率之差的点估计值是多少？
b. 建立两个总体比率之差的 90% 置信区间。
c. 建立两个总体比率之差的 95% 置信区间。

2. 考虑如下假设检验：

H_0：$p_1 - p_2 \leqslant 0$
H_a：$p_1 - p_2 > 0$

下面的数据取自两个总体的独立样本。

样本 1	样本 2
$n_1 = 200$	$n_2 = 300$
$\bar{p}_1 = 0.22$	$\bar{p}_2 = 0.16$

a. p 值是多少？
b. 在 $\alpha = 0.05$ 下，假设检验的结论是什么？

应用

3. PGA 测试了 PGA 巡回赛中职业高尔夫球员和世界业余锦标赛中最佳业余高尔夫球员推杆入洞的准确率（*Golf Magazine*，January 2007）。在一个由职业高尔夫球员组成的样本中，1 075 次 6 英尺推杆击球入洞，成功 688 次；在一个由业余高尔夫球员组成的样本中，1 200 次 6 英尺推杆击球入洞，成功 696 次。

   a. 估计职业高尔夫球员 6 英尺推杆入洞的准确率。估计业余高尔夫球员 6 英尺推杆入洞的准确率。哪一组的准确率更高？

   b. 两个总体比率之差的点估计是多少？关于两组高尔夫球员推杆击球入洞的准确率的估计值，告诉了你什么？

   c. 两个总体比率之差的 95% 置信区间是多少？根据两组高尔夫球员推杆击球入洞的准确率来解释这一置信区间。

4. 美国汽车协会（AAA）的一项研究调查了是男性还是女性更可能停车问路的问题（AAA，January 2006）。研究中涉及以下问题："如果你和你的配偶一起驾车出行迷路了，你会停下来问路吗？" AAA 采用的一份具有代表性的样本数据显示，811 名女性中有 300 名回答她们会停车问路，而 750 名男性中有 255 名回答他们会停车问路。

   a. AAA 研究的假设是：女性更可能回答她们会停车问路。建立这一研究的原假设和备择假设。

   b. 愿意停车问路的女性的比率是多少？

   c. 愿意停车问路的男性的比率是多少？

   d. 在 $\alpha = 0.05$ 下，检验假设。p 值是多少？你预计 AAA 从这项研究中会得出什么结论？

5. 芝加哥的奥黑尔机场（O'Hare）和亚特兰大的哈兹菲尔德-杰克逊机场（Hartsfield-Jackson）是美国最为繁忙的两个机场。拥堵经常会导致航班起飞和降落晚点，美国交通部对主要机场航班的正点率和晚点率进行了追踪调查（*Travel & Leisure*，November 2006）。如果某个航班比规定时间晚到 15 分钟以上，则认为该航班晚点。下面的样本数据显示了芝加哥的奥黑尔机场和亚特兰大的哈兹菲尔德-杰克逊机场航班起飞晚点的情况：

	芝加哥奥黑尔机场	亚特兰大哈兹菲尔德-杰克逊机场
航班数	900	1 200
延迟起飞航班数	252	312

   a. 提出可以用来确定两个机场延迟起飞航班的总体比率是否存在差异的假设。

   b. 芝加哥奥黑尔机场延迟起飞航班比率的点估计是多少？

   c. 亚特兰大哈兹菲尔德-杰克逊机场延迟起飞航班比率的点估计是多少？

   d. 检验假设的 p 值是多少？你的结论是什么？

6. 2003 年，被称为"米勒淡啤女孩"的米勒淡啤的商业广告，位列超级碗期间播放效果最好的广告的前三位（*USA Today*，December 29，2003）。《今日美国》对广告效果进行了一次跟踪民意调查，按照年龄将受访者分为不同的样本，以了解超级碗广告对不同年龄层次群体的吸引程度。有关"米勒淡啤女孩"的商业广告的样本数据如下：

年龄组	样本容量	非常喜欢这个广告
30 岁以下	100	49
30~49 岁	150	54

a. 提出一个用来确定两个年龄组总体比率之差是否存在差异的假设检验。

b. 两个总体比率之差的点估计是多少？

c. 进行假设检验，并计算 p 值，在 $\alpha=0.05$ 下，你的结论是什么？

d. 讨论年轻人和年长一些的人的群体对该广告的吸引程度。对于《今日美国》广告跟踪民意调查的结果，米勒淡啤的管理部门会受到鼓舞吗？请解释。

7. 2003 年《纽约时报》/ CBS 新闻抽取了计划在未来 6 个月内度假的 523 位成年人进行调查，发现有 141 人希望乘飞机旅行（*New York Times New Service*，March 2, 2003）。1993 年 5 月《纽约时报》/ CBS 新闻进行了一项类似的民意调查，发现在 477 位成年人中有 81 人希望乘飞机旅行。

a. 叙述可用于确定 10 年间计划乘飞机旅行的总体比率是否发生显著变化的假设。

b. 在 2003 年和 1993 年计划乘飞机旅行的样本比率分别为多少？

c. 在 $\alpha=0.01$ 下，对显著性差异进行检验，你的结论是什么？

d. 对于得出的结论，讨论可以对其做出解释的理由。

10.2 多项总体比率的假设检验

在本节，我们考虑如下情形：总体中的每一个个体被分配到几个类别中的一个且仅被分配到一个类别中的情况。这样的总体称为**多项总体**（multinomial population）。多项分布可以视为二项分布在三个及三个以上类别情形的推广。在每个多项试验中有且仅有一个结果发生。每次试验均被假定为独立的，而且每次试验中的概率都不变。

> 多项试验的假设同二项试验的假设一致，唯一不同的是多项试验每次有二个或三个以上的结果。

以 Scott 营销调研公司进行的市场份额研究为例。在过去的一年中，公司 A 的市场份额稳定在 30%，公司 B 稳定在 50%，公司 C 稳定在 20%。最近公司 C 开发了一种"新型改进"产品，以取代当前市场上该公司所售产品。Scott 营销调研公司受雇于公司 C，目的是判断新产品是否使市场份额发生了改变。

在本例中，关注的总体是一个多项总体：每一个顾客按照他所购买公司 A、公司 B 还是公司 C 的产品来进行分类。于是，得到一个具有三个类别的多项总体。使用下列符号来表示比率：

p_A = 公司 A 的市场份额
p_B = 公司 B 的市场份额
p_C = 公司 C 的市场份额

Scott 营销调研公司将进行抽样调查，以计算各个公司产品的销售比率，然后进行假设检验，确定新产品是否导致市场份额发生变化。假定公司 C 的新产品没有改变市场份额，则原假设和备选假设陈述如下：

H_0：$p_A=0.30$，$p_B=0.50$，$p_C=0.20$

H_a：总体比率不是 $p_A=0.30$，$p_B=0.50$，$p_C=0.20$

如果样本结果导致 H_0 被拒绝，则 Scott 营销调研公司有证据表明，新产品的引进影响了市场份额。

让我们假定营销调研公司对 200 名顾客进行了调查，询问每个人对于公司 A、公司 B 及公司 C 产品的购买偏好。200 份答卷的汇总结果如下：

观察频数		
公司 A 的产品	公司 B 的产品	公司 C 的产品
48	98	54

> 200 名顾客中的每一位顾客都被要求从三个选项中选择一种，这等同于做了 200 次多项试验。

现在进行**拟合优度检验**（goodness of fit test），以确定 200 名顾客购买偏好与原假设是否相符。拟合优度检验基于样本的观察结果与原假设为真条件下的期望结果的比较。因此，下一步就是要在假设 $p_A=0.30$，$p_B=0.50$，$p_C=0.20$ 成立的条件下，计算 200 名顾客的购买偏好。由此得到期望结果。

期望频数		
公司 A 的产品	公司 B 的产品	公司 C 的产品
$200\times 0.30=60$	$200\times 0.50=100$	$200\times 0.20=40$

于是，我们看到每个种类的期望频数是样本容量 200 与每个种类的假设比率的乘积。

现在，拟合优度检验重点关注观察频数与期望频数之差。观察频数与期望频数之差较大将会引起对假设的比率或市场份额的正确性产生怀疑。观察频数与期望频数之差的大小可用以下检验统计量来衡量。

拟合优度的检验统计量

$$\chi^2 = \sum_{i=1}^{k} \frac{(f_i - e_i)^2}{e_i} \tag{10.8}$$

式中，f_i 表示第 i 类的观察频数；e_i 表示第 i 类的期望频数；k 表示类别个数。

注意，当所有类别的期望频数都大于或等于 5 时，检验统计量服从自由度为 $k-1$ 的 χ^2 分布。

容易得到 χ^2 分布的概率或面积表。由于只要所有类别的期望频数都大于或等于 5，拟合优度检验的统计量就服从 χ^2 分布，因此，可以用 χ^2 分布进行假设检验。用符号 χ^2_α 表示该点右侧面积或概率为 α 的 χ^2 分布的值。例如，对自由度为 2 的 χ^2 分布，$\chi^2_{0.10}=4.605$ 表明有 10% 的 χ^2 值分布在 4.605 右侧。

让我们继续 Scott 营销调研公司的例子，并用样本数据来检验假设：多项总体比率 $p_A=0.30$，$p_B=0.50$ 及 $p_C=0.20$ 保持不变。在显著性水平 $\alpha=0.05$ 下，用观察频数和期望频数来计算检验统计量的数值。由于期望频数都大于或等于 5，在

表 10—1 中给出了 χ^2 检验统计量的计算结果。在最后一列的底部，我们得到检验统计量的数值为 $\chi^2 = 7.34$。

表 10—1　Scott 营销调研公司的市场份额研究的 χ^2 检验统计量的计算

类别	假设比率	观察频数 (f_i)	期望频数 (e_i)	差 $(f_i - e_i)$	差的平方 $(f_i - e_i)^2$	差的平方除以期望频数 $(f_i - e_i)^2 / e_i$
公司 A	0.30	48	60	−12	144	2.40
公司 B	0.50	98	100	−2	4	0.04
公司 C	0.20	54	40	14	196	4.90
总计		200				$\chi^2 = 7.34$

如果观察频数和期望频数之差很大，将拒绝原假设，因为观察频数和期望之差大将使检验统计量的数值变大。因此，拟合优度检验总是上侧检验，我们可以用检验统计量的上侧面积和 p 值法来确定原假设是否被拒绝。由于自由度为 $k - 1 = 3 - 1 = 2$，χ^2 分布表提供了如下信息：

上侧面积	0.10	0.05	0.025	0.01
χ^2 值（自由度为 2）	4.605	5.991	7.378	9.210

$$\chi^2 = 7.34$$

> 分布拟合检验总是单侧检验，检验的拒绝域位于 χ^2 分布的上侧。

检验统计量 $\chi^2 = 7.34$ 介于 $5.991 \sim 7.378$ 之间，因此相应的上侧面积或 p 值必介于 $0.025 \sim 0.05$ 之间。通过 Excel 可知 $\chi^2 = 7.34$ 对应的 p 值 $= 0.025\,5$。由于 p 值 $\leq \alpha = 0.05$，拒绝 H_0，并得出公司 C 引进新产品将改变当前市场份额的结论。

> 利用 Excel，CHISQ.DIST.RT（7.34, 2）$= 0.025\,5$。

除了 p 值法，还可以使用临界值法得到相同的结论。由于 $\alpha = 0.05$ 和自由度为 2，则检验统计量的临界值为 $\chi^2_{0.05} = 5.991$，上侧检验拒绝法则变为：

如果 $\chi^2 \geq 5.991$，则拒绝 H_0

由于 $7.34 > 5.991$，所以拒绝 H_0。利用 p 值法和临界值法，能得到假设检验相同的结论。

虽然我们由检验结果无法得出进一步的结论，但是可以通过非正式地比较观察频数和期望频数，得到市场份额结构发生变化的原因。我们发现 C 公司的观察频数 54 比期望频数 40 大得多，因为期望频数基于当前市场份额，观察频数较大则表明新产品将对公司 C 的市场份额有正的影响。比较其他公司的观察频数和期望频数，表明公司 C 市场份额的增加对公司 A 的影响比对公司 B 的影响要大。

对假设的多项总体分布进行拟合优度检验的一般步骤总结如下：

多项分布的拟合优度检验：小结

1. 建立原假设和备选假设。

   H_0：总体服从 k 类中每类都有指定的概率的多项分布

   H_a：总体不服从 k 类中每类都有指定的概率的多项分布

2. 选择一个随机样本，并记录每个类别的观察频数 f_i。

3. 假定原假设为真，由此确定每个类别的期望频数 e_i，e_i 等于样本容量与各类概率的乘积。

4. 计算检验统计量的数值。

$$\chi^2 = \sum_{i=1}^{k} \frac{(f_i - e_i)^2}{e_i}$$

5. 拒绝法则：

p 值法：如果 p 值 $\leqslant \alpha$，则拒绝 H_0。

临界值法：如果 $\chi^2 \geqslant \chi_\alpha^2$，则拒绝 H_0。

其中，α 是检验的显著性水平，自由度为 $k-1$。

10.2.1 用 Excel 进行拟合优度检验

对 Scott 营销调研公司的例子，用 Excel 进行拟合优度检验。在描述所做的工作时，参见图 10—3。背景是公式工作表，前景是数值工作表。

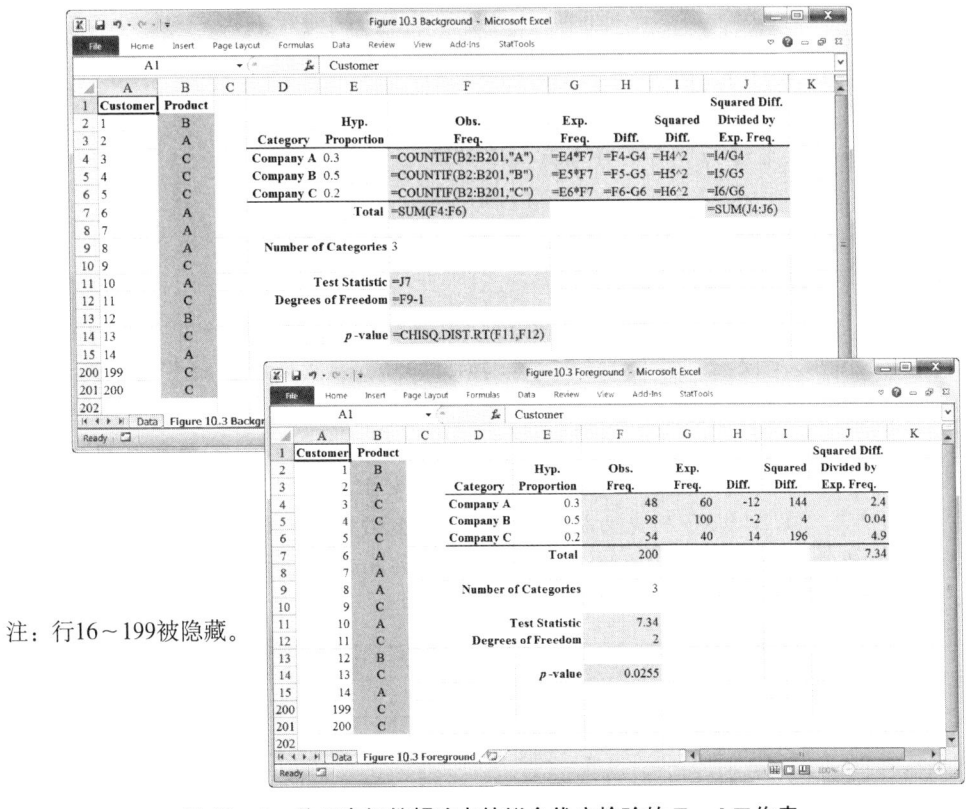

注：行16~199被隐藏。

图 10—3 关于市场份额改变的拟合优度检验的 Excel 工作表

输入数据：列 A 识别构成本次研究的 200 名顾客中的每一名，列 B 是每一名顾客的购买偏好（A，B 和 C）。在单元格区域 E4：E6 中输入假设的比率 0.3，0.5 和 0.2。

输入函数和公式：用单元格区域 F4：J7 中的 Excel 公式计算 χ^2 检验统计量，

划线中的内容出现在表 10—1 中。单元格 J7 是 χ^2 检验统计量的数值（7.34）。在单元格 F9 中输入类别数 3，在单元格 F11 和 F12 中分别输入检验统计量的值和自由度，它们是 Excel 的 CHISQ. DIST. RT 函数需要的参数。在单元格 F14 中用 Excel 的 CHISQ. DIST. RT 函数计算的数值，是检验统计量值右侧的 χ^2 分布的上侧面积。因此，该数值是上侧假设检验需要的 p 值。

数值工作表中显示 p 值 $=0.025\ 5$，因此，在 $\alpha=0.05$ 下，拒绝 H_0，得出公司 C 引进新产品将改变当前市场份额的结论。

---- 练 习 ----

方法

8. 用 χ^2 拟合优度检验对下列假设进行检验：

H_0：$p_A=0.40$，$p_B=0.40$ 和 $p_C=0.20$

H_a：总体比率不是 $p_A=0.40$，$p_B=0.40$ 和 $p_C=0.20$

在容量为 200 的样本中 A 类有 60 个个体，B 类有 120 个个体，C 类有 20 个个体。在 $\alpha=0.01$ 下，检验比率是否为 H_0 中所述。

a. 使用 p 值法。

b. 使用临界值法。

9. 假设有一个包含 A，B，C 和 D 共 4 个类别的多项总体。原假设是每个类别的比率相同，即

H_0：$p_A=p_B=p_C=p_D=0.25$

某容量为 300 的样本有如下结果：

A：85　　B：95　　C：50　　D：70

在 $\alpha=0.05$ 下，判断 H_0 是否被拒绝。p 值是多少？

应用

10. 在电视季的前 13 周中，周六晚 8 点到 9 点的有关收视率记录为：ABC 29%，CBS 28%，NBC 25%，其他 18%。在周六晚电视节目单修订两周后，分析由 300 个家庭组成的样本得到如下电视收视率数据：观看 ABC 的有 95 个家庭，观看 CBS 的有 70 个家庭，观看 NBC 的有 89 个家庭，观看其他的有 46 个家庭。在 $\alpha=0.05$ 下，检验电视收视率是否已经发生了变化。

11. M&M®巧克力糖果的制造商 M&M/玛氏进行了一次全国性调查，让消费者指出他们对颜色的偏好。由 M&M/玛氏消费者事务部编写的《颜色》（Colors）小册子中，普通糖果的颜色分布如下：

褐色	黄色	红色	橙色	绿色	蓝色
30%	20%	20%	10%	10%	10%

在接下来的研究中，选取 1 磅重的袋子组成样本，用来判断报告中的百分比是否正确。从 506 块普通糖果组成的样本中得到下列结果：

褐色	黄色	红色	橙色	绿色	蓝色
177	135	79	41	36	38

在 $\alpha=0.05$ 下，判断这些数据是否支持公司报告中的百分比。

12. 美国银行家协会（The American Bankers Association）收集顾客在商店购

物支付时信用卡、借记卡、个人支票和现金的使用数据（*The Wall Street Journal*，December 16，2003）。1999 年的使用情况如下：

商店购物支付	百分比
信用卡	22
借记卡	21
个人支票	18
现金	39

2003 年，选取 220 次商店购物支付组成一个样本，其中有 46 次使用信用卡，67 次使用借记卡，33 次使用个人支票和 74 次使用现金。

a. 在 $\alpha = 0.01$ 下，能否断定 1999—2003 年 4 年间顾客在商店购物支付的情形发生了变化？p 值是多少？

b. 使用 2003 年的样本数据，计算使用每种支付方式的百分比。所显示出的 4 年来的主要变化是什么？

c. 在 2003 年，使用信用卡或借记卡支付的百分比是多少？

13. 航空公司的服务质量如何？一项调查结果显示：优秀为 3%，良好为 28%，一般为 45%，较差为 24%（*BusinessWeek*，November 9，2000）。在接下来对电信公司服务的研究中，假设由 400 名成年人组成样本，他们的回答结果如下：优秀有 24 人，良好有 124 人，一般有 172 人，较差有 80 人。电信公司服务质量的分布与航空公司服务质量的分布是否一致？在 $\alpha = 0.01$ 下，你的结论如何？

10.3 独立性检验

χ^2 分布的另一个重要应用是根据样本数据检验两个变量的独立性。我们通过考察亚利桑那州图森市的 Alber 酿酒厂所进行的研究来阐述独立性检验。Alber 生产三种类型的啤酒：淡啤酒、普通啤酒和黑啤酒。在对三种啤酒市场份额的一次分析中，公司市场研究小组提出了一个问题：男性与女性饮酒者对于三种啤酒的偏好是否存在差异？如果对啤酒的偏好与饮酒者的性别无关，则对 Alber 的所有啤酒只需做一种广告。但是，如果对啤酒的偏好与饮酒者的性别有关，那么公司将针对不同的目标市场采取不同的推销策略。

独立性检验重点讨论啤酒的偏好（淡啤酒、普通啤酒和黑啤酒）是否与饮酒者的性别（男性、女性）独立的问题。这个独立性检验的假设为：

H_0：啤酒偏好与饮酒者性别独立

H_a：啤酒偏好与饮酒者性别不独立

表 10—2 可以用于描述上述问题。在确定了所有男性与女性饮酒者总体之后，可以抽取一个样本，并对样本中的每个人询问其对于 Alber 啤酒的偏好。样本中每个人将被分类到表中 6 个单元格之一。例如，某人可能是偏好普通啤酒的男性［属于单元格 (1, 2)］，偏好淡啤酒的女性［属于单元格 (2, 1)］，偏好黑啤酒的女性［属于单元格 (2, 3)］，等等。因为我们已经列出了所有可能的啤酒偏好与性别的组合，换句话说，列出了所有可能的组合，所以称表 10—2 为一个**列联表**（contingency table）。独立性检验使用列联表格式，因此有时也称为列联表检验。

> 为检验两个变量的独立性，选取一个样本后，使用交互分组表对两个变量的数据同时汇总。

表 10—2　　　　　　　　　啤酒偏好与饮酒者性别的列联表

		啤酒偏好		
		淡啤酒	普通啤酒	黑啤酒
性别	男性	单元格（1，1）	单元格（1，2）	单元格（1，3）
	女性	单元格（2，1）	单元格（2，2）	单元格（2，3）

假定已经抽取了 150 名饮酒者组成一个随机样本。在品尝了每一种啤酒之后，让样本中每个人陈述其偏好或第一选择，表 10—3 中的交互分组表汇总了该项研究的结果。我们看到，需要根据每个单元格或类别的数目或频数，收集独立性检验的数据。在这 150 人中，喜欢淡啤酒的男性有 20 人，喜欢普通啤酒的男性有 40 人，喜欢黑啤酒的男性有 20 人，等等。

表 10—3 中的数据是 6 类观察频数。在啤酒偏好与饮酒者性别独立的假设下，如果能确定期望频数，我们就可以利用 χ^2 分布来确定观察频数和期望频数之间是否存在显著差异。

表 10—3　　　　　男性与女性饮酒者啤酒偏好的样本资料（观察频数）

		啤酒偏好			
		淡啤酒	普通啤酒	黑啤酒	合计
性别	男性	20	40	20	80
	女性	30	30	10	70
	合计	50	70	30	150

列联表中单元格的期望频数基于下列推理。首先，我们假定啤酒偏好与饮酒者性别独立的原假设为真。然后，我们注意到在 150 名饮酒者的整个样本中，共有 50 名偏好淡啤酒，70 名偏好普通啤酒，30 名偏好黑啤酒。用比率来表示，我们得到有 50/150＝1/3 的饮酒者偏好淡啤酒，70/150＝7/15 的饮酒者偏好普通啤酒，30/150＝1/5 的饮酒者偏好黑啤酒。如果独立性假设为真，我们认为这些比率对男性和女性饮酒者一定都适用。因此在独立性假设下，我们将期望 80 名男性饮酒者中有（1/3）×80＝26.67 名偏好淡啤酒，有（7/15）×80＝37.33 名偏好普通啤酒，有（1/5）×80＝16 名偏好黑啤酒。对于 70 名女性饮酒者应用同样的比率可以得到表 10—4 所示的期望频数。

表 10—4　　　　　　在啤酒偏好与饮酒者性别独立时的期望频数

		啤酒偏好			
		淡啤酒	普通啤酒	黑啤酒	合计
性别	男性	26.67	37.33	16.00	80
	女性	23.33	32.67	14.00	70
	合计	50.00	70.00	30.00	150

令 e_{ij} 表示列联表中位于第 i 行和第 j 列的类别的期望频数。利用这个符号，我们重新考虑男性（第 $i=1$ 行）中偏好普通啤酒（第 $j=2$ 列）的期望频数的计算，即期望频数 e_{12}。根据前面计算期望频数的讨论，得到

$$e_{12} = (7/15) \times 80 = 37.33$$

对这个表达式稍加变形，可以写为：

$$e_{12} = (7/15) \times 80 = (70/150) \times 80 = \frac{80 \times 70}{150} = 37.33$$

注意：上式中的 80 是男性总数（第 1 行之和），70 是偏好普通啤酒的总人数（第 2 列之和），150 是总样本容量。因此，得到

$$e_{12} = \frac{第\ 1\ 行之和 \times 第\ 2\ 列之和}{样本容量}$$

将这个表达式进行推广，可以得到如下计算独立性检验的列联表中期望频数的公式：

独立性假设下列联表中的期望频数

$$e_{ij} = \frac{第\ i\ 行之和 \times 第\ j\ 列之和}{样本容量} \tag{10.9}$$

对于偏好黑啤酒的男性饮酒者使用上述公式，得到期望频数 $e_{13} = 80 \times 30/150 = 16.00$，如表 10—4 所示。利用式（10.9）可以确认表 10—4 中其他期望频数。

将表 10—3 中的观察频数与表 10—4 中的期望频数进行比较的检验方法与 10.2 节介绍的拟合优度检验类似。特别地，基于观察频数和期望频数计算 χ^2 数值的公式如下：

独立性检验统计量

$$\chi^2 = \sum_i \sum_j \frac{(f_{ij} - e_{ij})^2}{e_{ij}} \tag{10.10}$$

式中，f_{ij} 表示列联表中位于第 i 行和第 j 列类别的观察频数；e_{ij} 表示列联表中位于第 i 行和第 j 列类别的期望频数。

注：对于 n 行和 m 列的列联表，检验统计量服从 χ^2 分布，自由度为 $(n-1)(m-1)$，其中所有类别的期望频数都大于或等于 5。

式（10.10）中的双重求和表示列联表中所有单元格都参与计算。

观察表 10—4 中的期望频数，我们看到每个类别的期望频数都大于或等于 5。因此，我们可以进行 χ^2 检验统计量的计算。判定啤酒偏好是否与饮酒者性别独立所需的 χ^2 检验统计量的计算结果列在表 10—5 中。我们看到检验统计量的数值 $\chi^2 = 6.12$。

相应的 χ^2 分布的自由度可由行数减 1 乘以列数减 1 求得。对于第 2 行和第 3 列，我们得到自由度为 (2-1)(3-1)=2。正如拟合优度检验，如果由观察频数和期望频数之差得到较大的检验统计量数值，则独立性检验拒绝 H_0，因此独立性检验也是上侧检验。利用 χ^2 分布表（附录 A 中的表 3），我们得到 $\chi^2=6.12$ 对应的上侧面积或 p 值介于 0.025~0.05 之间。利用 Excel 得到 $\chi^2=6.12$ 对应的 p 值为 0.046 8。在显著性水平 0.05 下，p 值 $\leqslant \alpha = 0.05$，因此，我们拒绝独立性原假设，并得出啤酒偏好与饮酒者性别不独立的结论。

表 10—5 确定啤酒偏好是否与饮酒者性别独立所需的 χ^2 检验统计量的计算

性别	啤酒偏好	观察频数 (f_i)	期望频数 (e_i)	差 (f_i-e_i)	差的平方 ($f_i-e_i)^2$	差的平方除以期望频数 ($f_i-e_i)^2/e_i$
男性	淡啤酒	20	26.67	-6.67	44.44	1.67
男性	普通啤酒	40	37.33	2.67	7.11	0.19
男性	黑啤酒	20	16.00	4.00	16.00	1.00
女性	淡啤酒	30	23.33	6.67	44.44	1.90
女性	普通啤酒	30	32.67	-2.67	7.11	0.22
女性	黑啤酒	10	14.00	-4.00	16.00	1.14
合计		150				$\chi^2=6.12$

> 独立性检验总是单侧检验，其拒绝域位于 χ^2 分布的上侧。

尽管我们由检验结果无法得出进一步的结论，但可以通过非正式地比较观察频数与期望频数，得到产生啤酒偏好与饮酒者性别是否独立的原因。参考表 10—3 和表 10—4，我们看到男性饮酒者对于普通啤酒与黑啤酒的观察频数高于期望频数，而女性饮酒者仅对淡啤酒的观察频数高于期望频数。这些观察结果给了我们男性和女性饮酒者对于啤酒偏好差异的直观感受。

我们总结独立性列联表检验的步骤如下：

独立性检验：总结

1. 建立原假设与备选假设。
    H_0：列变量与行变量独立
    H_a：列变量与行变量不独立
2. 选择一个随机样本，并记录列联表中每个单元格的观察频数。
3. 利用式（10.9）计算每个单元格的期望频数。
4. 利用式（10.10）计算检验统计量的数值。
5. 拒绝法则：
    p 值法：如果 p 值 $\leqslant \alpha$，则拒绝 H_0
    临界值法：如果 $\chi^2 \geqslant \chi_\alpha^2$，则拒绝 H_0

其中，α 为显著性水平；对于 n 行和 m 列的列联表，自由度为 $(n-1)(m-1)$。

10.3.1 用 Excel 进行独立性检验

对 Alber 酿酒厂的例子，可以用 Excel 进行独立性检验。在描述所做的工作时，参见图 10—4。背景是公式工作表，前景是数值工作表。

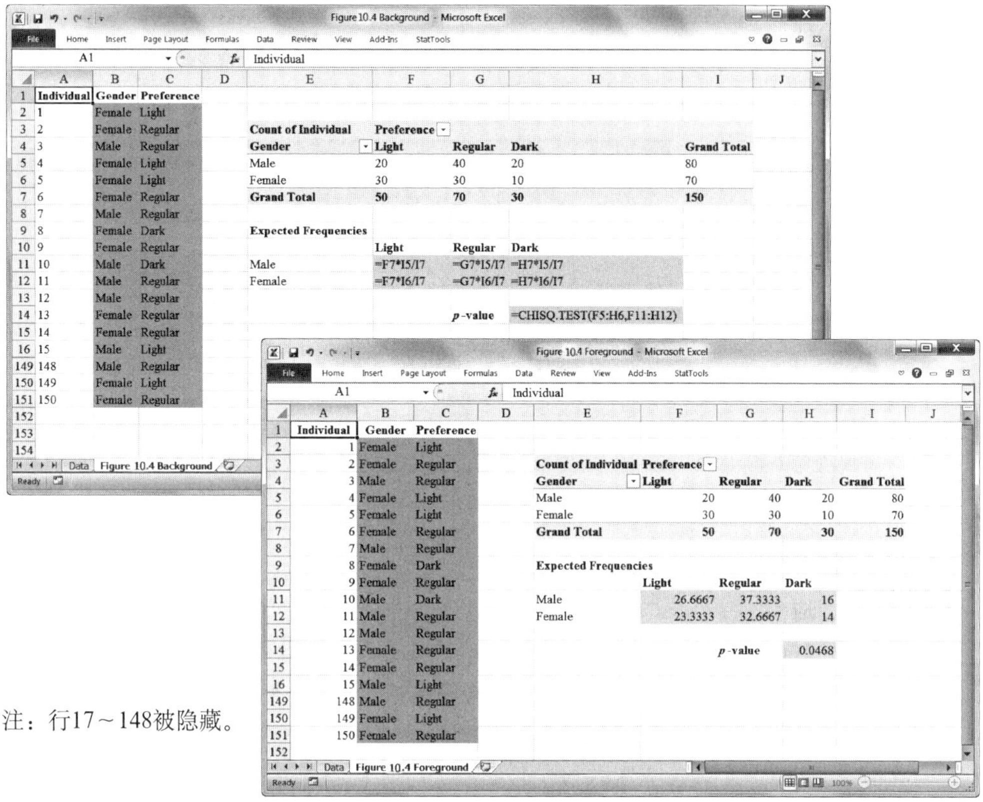

注：行17～148被隐藏。

图 10—4　Alber 酿酒厂独立性检验的 Excel 工作表

输入数据：列 A 用来识别研究中 150 人的每一人，列 B 显示性别，列 C 显示每一人的啤酒偏好（淡啤酒、普通啤酒或黑啤酒）。

WEB file
Alber's

应用工具：使用 Excel 的数据透视表工具（如何使用这个工具的详细叙述见第 2 章），我们编制出现在单元格区域 E3：I7 的交叉分组表。单元格区域 F5：H6 的数值是 Alber 酿酒厂研究的观察频数。

输入函数和公式：在独立性假设下，为了计算 Alber 酿酒厂列联表中的期望频数，我们使用式（10. 9）。在单元格区域 F11：I12 中用公式计算期望频数。一旦计算出观察频数和期望频数，就可用 Excel 的 CHISQ. TEST 函数计算独立性检验的 p 值，CHISQ. TEST 函数的参数是观察频数和期望频数的范围。为了计算独立性检验的 p 值，我们在单元格 H14 中输入函数：

=CHISQ. TEST（F5：H6，F11：H12）

数值工作表中显示 p 值=0. 046 8，因此，在 $\alpha=0.05$ 下，拒绝 H_0，并得出啤酒偏好与饮酒者性别不独立的结论。

评　注

本章的 χ^2 检验的检验统计量要求每一个类别的期望频数至少为 5。当某一个类别的期望频数小于 5 时，通常是将相邻的类别合并，以使得每一个类别的期望频数都大于或等于 5。

练习

方法

14. 下面的 2×3 列联表给出了一个容量为 200 的样本的观察频数。在 $\alpha = 0.05$ 下，利用 χ^2 检验，对行变量与列变量的独立性进行检验。

		列变量 A	列变量 B	列变量 C
行变量	P	20	44	50
	Q	30	26	30

15. 下面的 3×3 列联表给出了一个容量为 240 的样本的观察频数。在 $\alpha = 0.05$ 下，利用 χ^2 检验，对行变量与列变量的独立性进行检验。

		列变量 A	列变量 B	列变量 C
行变量	P	20	30	20
	Q	30	60	25
	R	10	15	30

应用

16. 《商业周刊》调查的一个问题是："在过去的 12 个月中，当你公务旅行时，你最常购买哪一种类型的飞机票？"得到的数据见下面的列联表：

		航班类型 国内航班	航班类型 国际航班
机票类型	一等舱	29	22
	商务/行政类	95	121
	全价经济舱/二等舱	518	135

在 $\alpha = 0.05$ 下，检验航班类型与机票类型的独立性。你的结论如何？

17. 美国 Visa 卡组织研究各年龄组消费者购物时使用信用卡（借记卡和信用卡）的频繁程度（Associated Press，January 16，2006）。300 名消费者 4 个年龄组信用卡使用情况的样本数据如下表所示：

		年龄组 18～24 岁	25～34 岁	35～44 岁	45 岁及以上
支付方式	信用卡	21	27	27	36
	现金或支票	21	36	42	90

a. 检验支付方式与年龄组之间的独立性。p 值是多少？在 $\alpha = 0.05$ 下，你的结论如何？

b. 如果支付方式与年龄组不独立，在不同的年龄组使用信用卡购物时，你能得出怎样的结论？

c. 这项研究对如 Visa，MasterCard 和 Discover 等公司有何种启示？

18. 《消费者报告》通过询问调查问题"考虑到诸如价格、性能、可靠性、舒适性及乐趣等因素，如果你已经拥有某一品牌的汽车，当你再购买汽车时，你还愿意买同一品牌的汽车吗？"来确定各类汽车车主的满意度（Consumer Reports web-

site，January 2009）。4 种流行的中型轿车的 300 名车主的样本数据如下：

再次购买愿意	汽车				合计
	雪佛兰羚羊 (Chevrolet Impala)	福特 Taurus	本田雅阁 (Honda Accord)	丰田凯美瑞 (Toyota Camry)	
是	49	44	60	46	199
否	37	27	18	19	101

a. 在 $\alpha = 0.05$ 下，进行独立性检验以确定车主再次购买意愿是否与汽车品牌独立。p 值是多少？你的结论如何？

b.《消费者报告》通过汇报调查问题"如果车主已经拥有某一品牌的汽车，当他再购买汽车时，还愿意买同一品牌的汽车的百分比"，给出了每种汽车车主的满意度得分。《消费者报告》得到的雪佛兰羚羊、福特 Taurus、本田雅阁和丰田凯美瑞四种品牌汽车车主的满意度得分是多少？对四种品牌汽车车主的满意度进行排序。

c.《消费者报告》中评论了 23 种不同品牌的中型轿车，全部汽车车主总满意度得分为 69。美国厂商制造的汽车（羚羊和 Taurus）与日本厂商制造的汽车（雅阁和凯美瑞）相比，车主满意度如何？上述发现对这些汽车未来的市场份额有什么启示？

19. 由于石油价格上涨，在全世界范围内增加了对替代能源的兴趣。《金融时报》在 6 个国家进行了一次哈里斯民意调查，来评估民众对各种能源替代形式的态度（http：//www.harrisinteractive.com，February 27，2008）。下表中的数据是人们支持还是反对建设新核电站的部分调查结果：

民众态度	国家					
	英国	法国	意大利	西班牙	德国	美国
坚决支持	141	161	298	133	128	204
支持	348	366	309	222	272	326
反对	381	334	219	311	322	316
坚决反对	217	215	219	443	389	174

a. 这一调查的样本容量是多少？

b. 进行检验假设以确定人们对建设新核电站的态度与国家是否独立。你的结论如何？

c. 根据"坚决支持"和"支持"回答者的百分比，哪个国家最赞成建设新核电站？哪个国家最不赞成？

20. 在安克雷奇、亚特兰大和明尼阿波利斯三个城市抽取样本，以了解夫妻双方都工作的百分比（USA Today，January 15，2006）。分析下列数据以了解夫妻双方都工作是否与所在地区有关。在显著性水平 0.05 下，你的结论如何？已婚夫妻双方都工作的百分比的总估计值是多少？

工作情况	地区		
	安克雷奇	亚特兰大	明尼阿波利斯
双方	57	70	63
单方	33	50	90

小　结

本章介绍了比率比较的统计方法和两个变量独立性的列联表检验。在10.1节，我们将一个总体比率与另一个总体的相同比率进行比较，描述了如何构建比率之差的区间估计，以及如何进行假设检验，以确定比率之差是否在统计上是显著的。

在10.2节，我们关注一个单一的多项总体。我们学习了如何进行假设检验，以确定多项总体中各类样本比率是否与假设的数值显著不同。使用拟合优度 χ^2 检验进行比较。

最后一节涉及两个变量的独立性检验。两个变量的独立性检验是多项总体拟合优度检验所使用方法的推广。列联表用于确定观察频数和期望频数，然后计算 χ^2 的数值。如果观察频数与期望频数之差较大，则 χ^2 的数值也比较大，从而导致两个随机变量是独立的原假设被拒绝。

关键术语

p 的合并估计量（pooled estimator of p）　总体比率的一个估计量，它是两个独立样本的样本比率的加权平均数。

多项总体（multinomial population）　每一个个体被分配到且只能被分配到几个类别中一个类别的总体。多项分布将二项分布由两个类别推广到三个或三个以上的类别。

拟合优度检验（goodness of fit test）　一种用于判断是否拒绝总体服从假设的概率分布的统计检验方法。

列联表（contingency table）　在独立性检验中，用于汇总观察频数与期望频数的表格。

补充练习

21.《华尔街日报》订阅者研究给出了有关订阅者职业状况的数据。对应于东部版和西部版订阅者的样本结果如下表所示：

职业状况	地区 东部版	地区 西部版
全职	1 105	574
临时工	31	15
个体经营者/咨询者	229	186
无职业	485	344

在 $\alpha = 0.05$ 下，检验职业状况与地区是独立的假设。你的结论如何？

22. 2008年3月间，南卡罗来纳州美特尔海滩度期待假者的比率有所上升（*The Sun News*，February 29，2008）。你可以使用名为 Occupancy 的文件中的数据，重复所做的调查。2007年3月和2008年3月第一周一个度假中心的随机样本显示了租用和不租用房间的数据。

a. 估计 2007 年 3 月和 2008 年 3 月第一周租用房间的比率。

b. 建立比率之差的 95% 置信区间。

c. 根据你的研究结果，2008 年 3 月份房间租用率比上一年上升了吗？

23. Pew 研究中心进行了一项调查，询问人们更适合于在节奏较慢还是较快的地区生活（*USA Today*，February 13，2009）。由 150 名男士和 150 名女士组成一个样本，他们表现的偏好数据如下表所示：

回答对象	生活节奏偏好		
	较慢	无偏好	较快
男性	102	9	39
女性	111	12	27

a. 合并数据，喜欢住在节奏较慢地区生活的调查对象占整体的百分比是多少？喜欢住在节奏较快地区生活的调查对象占整体的百分比是多少？你的结论如何？

b. 在 $\alpha = 0.05$ 下，检验生活节奏偏好与调查对象的性别是否独立？你的结论如何？有何建议？

24. 从 2000 年以来，丰田凯美瑞、本田雅阁和福特 Taurus 成为美国市场上最畅销的三款轿车。2003 年销售数据显示，居前三位的市场份额如下：丰田凯美瑞为 37%，本田雅阁为 34%，福特 Taurus 为 29%（*The World Almanac*，2004）。假设 2004 年 1 季度由 1 200 个轿车销售数据组成一个样本，有关数据如下表所示：

轿车	销售单位
丰田凯美瑞	480
本田雅阁	390
福特 Taurus	330

根据这些数据能否得出：在 2004 年 1 季度，销售数量居前三位的轿车的市场份额已经发生了变化？p 值是多少？在显著性水平 0.05 下，你的结论如何？

25. 《计算机世界》（*Computerworld*）每年工作满意程度调查的结果表明，信息系统管理者有 28% 对其工作非常满意，46% 有些满意，12% 无所谓满意与否，10% 有些不满意，4% 非常不满意。假设由 500 名计算机程序员组成一个样本，得到以下结果：

类别	回答人数	类别	回答人数
非常满意	105	有些不满意	90
有些满意	235	非常不满意	15
无所谓	55		

在 $\alpha = 0.05$ 下，检验计算机程序员工作满意程度与信息系统管理者的工作满意程度是否不同。

26. 加利福尼亚州 4 个大都会地区的写字楼出租率报告如下表所示。这些数据能否说明写字楼的空置与大都会地区是独立的？在显著性水平 $\alpha = 0.05$ 下，你的结论如何？

使用状态	洛杉矶	圣迭戈	旧金山	圣何塞
使用	160	116	192	174
空置	40	34	33	26

27. 一家大型汽车保险公司抽取单身和已婚男性保险客户样本，记录他们过去3年中发生保险理赔的次数。

单身保险客户	已婚保险客户
$n_1 = 400$	$n_2 = 900$
发生理赔次数 = 76	发生理赔次数 = 90

a. 在 $\alpha = 0.05$ 下，检验以确定单身和已婚男性保险客户理赔率是否不同。
b. 建立两个总体比率之差的95%置信区间。

28. 在设定销售定额时，营销经理假设：四个销售地区的订货潜力是相同的。下面的数据来自200次销售组成的一个样本。在 $\alpha = 0.05$ 下，经理的假设能否被拒绝？

销售地区			
Ⅰ	Ⅱ	Ⅲ	Ⅳ
60	45	59	36

案例 10—1　议程变更

为了得到人们对州政府是否正常运作的看法，对居住在纽约州西部地区的100人进行了一次抽样调查。每位受访者的党派（民主党、独立党、共和党），以及他们对下列三个问题的回答被记录下来。

1. 因为每天的州预算都滞后，是否应该缩减立法经费？
是____ 否____
2. 是否应该对说客加以更多的限制？
是____ 否____
3. 是否应该对州议员需要服务的任期固定一个年限？
是____ 否____

回答用1代表"是"，用2代表"否"。数据集见名为 NYReform 的文件。

管理报告

1. 利用描述统计方法汇总该研究中的数据。对调查的三个问题中的每一个问题，其回答（是与否）与党派之间的独立性，你有何初步结论？
2. 对于问题1，在 $\alpha = 0.05$ 下，检验回答（是与否）与党派的独立性。
3. 对于问题2，在 $\alpha = 0.05$ 下，检验回答（是与否）与党派的独立性。
4. 对于问题3，在 $\alpha = 0.05$ 下，检验回答（是与否）与党派的独立性。
5. 改革的建议是否获得民众的广泛支持？请解释。

第11章
简单线性回归

实践中的统计

联合数据系统公司*
得克萨斯州达拉斯

在飞速发展的客户关系管理（CRM）行业，联合数据系统公司（ADS）可为顾客提供交易代理、信贷服务和营销服务等一系列服务。ADS 的顾客群集中于零售业、加油站/便利店、公用事业和交通运输业四大行业。1983年，该公司开始为旗下的零售业务、加油站和餐饮业提供不间断的信贷服务；今天，该公司有6 500多名员工为世界各地的顾客提供这些服务。ADS 仅在美国就有140 000台零售点终端机在运行，每年处理超过25亿宗交易业务。ADS 代理了49种贴有零售商标签的服务计划，差不多有7 200万消费者持有参加这些计划的优惠卡，这使得该公司在全美的贴有零售商标签的信用服务行业中排名次席。基于良好的业绩，2001年，ADS 首次公开发行股票并在纽约证券交易所成功上市。

作为营销服务的手段之一，ADS 设计了直接向顾客邮寄宣传品的促销活动。由于它的数据库存储了1亿多名顾客的消费习惯信息，所以 ADS 把那些最有可能的顾客作为促销目标，通过直接向他们邮寄宣传品达到获益的目的。公司的分析开发部门运用回归分析方法，建立能度量并预测顾客对于促销活动反应的模型。一些回归模型预测了顾客收到促销宣传品后购买商品的概率，另一些回归模型则预测了这些顾客购买商品花费的金额。

在某一特定的促销活动中，零售连锁店的目标是吸引新顾客。为了预测此项促销活

---

* 非常感谢联合数据系统公司分析开发部主任 Philip Clemance，他为"实践中的统计"专栏提供了本案例。

动的效果，ADS 的分析师们从顾客信息数据库中选取了一个样本，向样本中的每一位顾客发放促销宣传材料，然后将样本顾客对此项活动反馈的数据收集起来并加以处理。样本数据不但包括顾客由于促销活动而购买商品的金额，还包括各种各样有助于预测销售额的顾客特定变量。顾客特定变量是指顾客在过去 39 个月里从相关商店赊购商品的总额，该变量对预测顾客购买商品的金额起到很大的作用。ADS 的分析师们建立了购买商品的金额与过去从相关商店赊购商品的总额之间关系的估计的回归方程：

$$\hat{y}=26.7+0.00205x$$

式中，$\hat{y}$ 表示购买商品的金额；x 表示过去从相关商店赊购商品的总额。

利用这一方程，我们能够预测出：一位在过去 39 个月里从相关商店中赊购了 10 000美元的顾客，对于直接向他邮寄宣传品的反应将是消费 47.20 美元。在本章中，你将学习如何建立这种类型的估计的回归方程。

为了提高前述方程的预测力，ADS 的分析师们建立的最终模型还包含了其他一些变量，比如，是否拥有银行信用卡，估计的收入水平，以及每次光顾被挑选出来的商店的平均消费额度。在下一章中，我们将学习如何把这些额外的变量整合到多元回归模型中。

管理决策经常取决于对两个或更多变量的分析。例如，一位市场营销经理在考虑了广告费和销售收入之间的关系后，可能尝试去预测一个给定水平的广告费用，能带来多少销售收入。又如，一家公用事业公司可以利用白天最高气温与用电需求之间的关系，根据下个月白天最高气温的预报，来预测出下个月的用电量。通常，一位管理人员要依靠直觉去判断两个变量之间的关系。但是，如果能取得数据，我们就能利用统计方法建立一个表示变量间相互关系的方程，这一统计方法称为回归分析。

在回归术语中，我们把被预测的变量称为**因变量**（dependent variable），把用来预测因变量值的一个或多个变量称为**自变量**（independent variable）。例如，在分析广告费对销售收入的影响时，市场营销经理想要预测销售收入的愿望使我们想到，应该用销售收入作为因变量，而用来帮助预测销售收入的广告费支出应作为自变量。在统计符号上，y 代表因变量，x 代表自变量。

在本章中，我们仅讨论最简单的回归分析，它只包括一个自变量和一个因变量，二者之间的关系可以用一条直线近似给出。这种回归分析称为**简单线性回归**（simple linear regression）。包括两个或两个以上自变量的回归分析称为多元回归分析；多元回归和涉及曲线关系的情形，将在第12章中介绍。

> 最先应用统计方法来研究两个变量之间的联系的是弗朗西斯·高尔顿（Francis Galton，1822—1911）。他对父子身高之间的关系很感兴趣，并致力于此方面的研究。高尔顿的追随者，卡尔·皮尔逊（Karl Pearson，1857—1936）则通过 1 078 对接受实验者分析了父子身高的关系。

11.1 简单线性回归模型

Armand 比萨饼连锁店是经营意大利食品的餐馆，它分布在美国 5 个州。Armand 比萨饼连锁店的最佳位置是在大学校园附近。管理人员确信，这些连锁店的季度销售收入（用 y 表示）与学生人数（用 x 表示）是正相关的。这就是说，学生较多的校园附近的连锁店比学生较少的校园附近的连锁店有获得较高的季度销售收入的倾向。利用回归分析，我们能求出一个说明因变量 y 是如何依赖自变量 x 的方程。

11.1.1 回归模型和回归方程

在 Armand 比萨饼连锁店的例子中，总体是由所有的 Armand 比萨饼连锁店组成的。对于总体中的每一个连锁店，都有一个 x 值（学生人数）和一个对应的 y 值（季度销售收入）。描述 y 如何依赖于 x 和随机误差项的方程称为**回归模型**（regression model）。简单线性回归的回归模型如下：

简单线性回归模型

$$y = \beta_0 + \beta_1 x + \varepsilon \tag{11.1}$$

上式中，β_0 和 β_1 称为模型的参数；ε 是一个随机变量，称为模型的误差项。误差项说明了包含在 y 里面但不能被 x 和 y 之间的线性关系解释的变异性。

Armand 比萨饼连锁店总体还可以视为由若干个子总体组成的集合，每一个子总体都对应一个不同的 x 值。例如，一个子总体由位于有 8 000 名学生的校园附近的所有 Armand 比萨饼连锁店组成，另一个子总体由位于有 9 000 名学生的校园附近的所有 Armand 比萨饼连锁店组成，等等。每一个子总体都对应一个 y 值的分布。于是，位于有 8 000 名学生的校园附近的连锁店对应一个 y 值的分布；位于有 9 000 名学生的校园附近的连锁店对应一个 y 值的分布，等等。y 值的每一个分布都有它自己的平均值或期望值。描述 y 的期望值 $E(y)$ 如何依赖于 x 的方程称为**回归方程**（regression equation）。对于简单线性回归情形，回归方程如下：

简单线性回归方程

$$E(y) = \beta_0 + \beta_1 x \tag{11.2}$$

简单线性回归方程的图示是一条直线：β_0 是回归直线的 y 轴截距，β_1 是斜率。对于一个给定的 x 值，$E(y)$ 是 y 的平均值或期望值。

对于简单线性回归方程，它所代表的各种可能的回归线的实例如图 11—1 所示。图 11—1A 中的回归线表示 y 的平均值与 x 正相关，较大的 x 值，对应的$E(y)$的值也较大。图 11—1B 中的回归线表示 y 的平均值与 x 负相关，较大的 x 值，对应的 $E(y)$ 的值则较小。图 11—1C 中的回归线表示 y 的平均值与 x 无关，即对于 x 的每一个值，y 的平均值 $E(y)$ 是相同的。

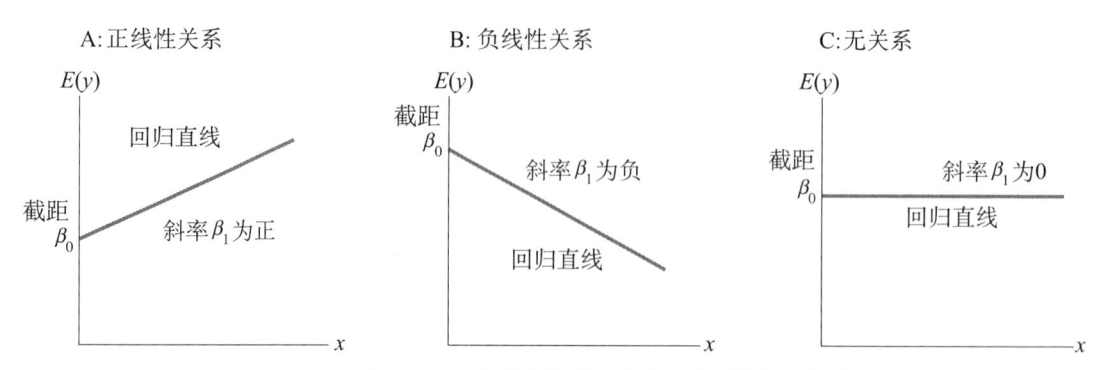

A: 正线性关系　　　　　　　B: 负线性关系　　　　　　　C: 无关系

图 11—1　简单线性回归中的各种可能的回归线

11.1.2　估计的回归方程

如果总体参数 β_0 和 β_1 的值已知，那么对于一个给定的 x 值，能利用式（11.2）计算 y 的平均值。遗憾的是，在实践中参数 β_0 和 β_1 的值通常是未知的，我们必须利用样本数据去估计它们。我们计算样本统计量 b_0 和 b_1 作为总体参数 β_0 和 β_1 的估计量。用样本统计量 b_0 和 b_1 替代回归方程中的未知参数 β_0 和 β_1，得到**估计的回归方程**（estimated regression equation）。对于简单线性回归情形，估计的回归方程如下：

估计的简单线性回归方程
$$\hat{y}=b_0+b_1x \tag{11.3}$$

图 11—2 给出了估计步骤的概述。

> β_0 和 β_1 的估计是一个统计过程，这个过程与第 6 章中讨论过的 μ 的估计非常相似。β_0 和 β_1 是我们感兴趣的未知参数，b_0 和 b_1 是用于估计未知参数的样本统计量。

估计的简单线性回归方程的图形，称为估计的回归线：b_0 是 y 轴截距，b_1 是斜率。在下一节，我们将说明如何利用最小二乘法计算估计的回归方程中的 b_0 和 b_1 的值。

通常，对于 x 的一个给定值，$\hat{y}$ 是 y 的平均值 $E(y)$ 的一个点估计。于是，为了估计位于有 10 000 名学生的校园附近的所有 Armand 比萨饼连锁店季度销售收入的平均值或期望值，我们只需要将 10 000 代入式（11.3）中的 x 即可。但是，在某些情形下，Armand 比萨饼连锁店的管理人员可能对预测某一家特定的连锁店的销售收入更感兴趣，例如，假设 Armand 比萨饼连锁店的管理人员希望预测位于有 10 000 名学生的 Talbot 大学附近的一家连锁店的季度销售收入。对于 x 的一个给定值，y 的最优估计仍然由 $\hat{y}$ 给出。于是，为了预测位于 Talbot 大学附近的这家比萨饼连锁店的季度销售收入，Armand 比萨饼连锁店的管理人员仍然需要将 10 000 代入式（11.3）中的 x。

对于 x 的一个给定值，$\hat{y}$ 既是 y 的平均值 $E(y)$ 的一个点估计值，也是 y 的一个个别值的点估计值。在大多数情形下，我们简单地把 $\hat{y}$ 称作 y 的估计值。

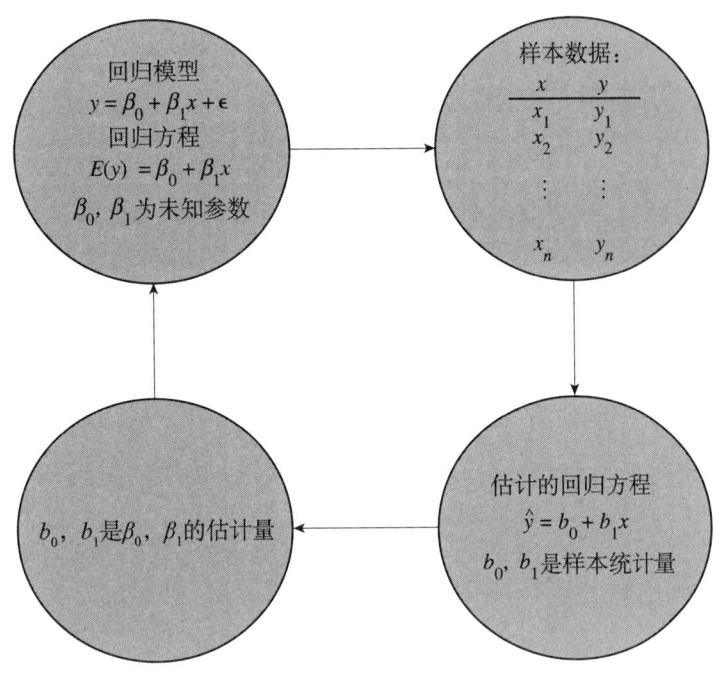

图 11—2 简单线性回归的估计步骤

━━━━━■■■■ 评 注 ■■■■━━━━━

1. 我们不能把回归分析看做在变量间建立一个因果关系的过程。回归分析只能表明，变量是如何或者是以怎样的程度彼此联系在一起。变量间存在因果关系和相互影响的任何结论，必须建立在人们在应用时对大量信息判断的基础上。

2. 对于简单线性回归情形，回归方程是 $E(y) = \beta_0 + \beta_1 x$。在更高级的回归分析教材中，通常把回归方程写成 $E(y \mid x) = \beta_0 + \beta_1 x$，这种写法强调了对于 x 的一个给定值，回归方程给出的是 y 的平均值。

11.2 最小二乘法

最小二乘法（least squares method）是利用样本数据求出估计的回归方程的一种方法。为了说明最小二乘法，假定由位于大学校园附近的 10 家 Armand 比萨饼连锁店组成一个样本，并对这个样本采集有关数据。对于样本中的第 i 个观测值或第 i 家连锁店，x_i 表示学生人数，y_i 表示季度销售收入。样本中 10 家 Armand 比萨饼连锁店的 x_i 值和 y_i 值如表 11—1 所示。对于第 1 家连锁店，$x_1 = 2$，$y_1 = 58$，表示这家连锁店位于有 2 000 名学生的校园附近，它的季度销售收入为 58 000 美元。对于第 2 家连锁店，$x_2 = 6$，$y_2 = 105$，表示这家连锁店位于有 6 000 名学生的校园附近，它的季度销售收入为 105 000 美元。销售收入最多的连锁店是第 10 家连锁店，它位于有 26 000 名学生的校园附近，季度销售收入为 202 000 美元。

> 在简单线性回归中，每一对观测值由两个变量组成，一个是自变量的观测值，另一个是因变量的观测值。

表 11—1　10 家 Armand 比萨饼连锁店的学生人数和季度销售收入数据

连锁店 i	学生人数（千人） x_i	季度销售收入（千美元） y_i
1	2	58
2	6	105
3	8	88
4	8	118
5	12	117
6	16	137
7	20	157
8	20	169
9	22	149
10	26	202

图 11—3 是表 11—1 中数据的散点图。横轴表示学生人数，纵轴表示季度销售收入。根据横轴上自变量 x 的值和纵轴上因变量 y 的值，就可以作出回归分析的**散点图**（scatter diagram）。散点图使我们能直观地观察数据，并且能对变量间可能存在的关系得出初步的结论。

从图 11—3 中我们能得出一些什么样的初步结论？位于学生人数比较多的校园附近的连锁店，销售收入似乎也比较高。另外从这些数据中可以发现，学生人数和销售收入之间的关系似乎能用一条直线近似表示。实际上，在 x 和 y 之间存在一个正向的线性关系，因此我们选择用简单线性回归模型来描述季度销售收入与学生人数之间的关系。在这一选择的假定下，我们接下来的任务是利用表 11—1 中的样本数据，确定估计的简单线性回归方程中的 b_0 和 b_1 的值。对于第 i 家连锁店，估计的简单线性回归方程是

$$\hat{y}_i = b_0 + b_1 x_i \tag{11.4}$$

式中，$\hat{y}_i$ 表示第 i 家连锁店季度销售收入的估计值；b_0 表示估计的回归直线的 y 轴截距；b_1 表示估计的回归直线的斜率；x_i 表示第 i 家连锁店的学生人数。

用 y_i 表示第 i 家连锁店季度销售收入的观测（实际）值，式（11.4）中的 $\hat{y}_i$ 表示第 i 家连锁店季度销售收入的估计值，样本中的每一家连锁店都将有一个季度销售收入观测值 y_i 和一个季度销售收入估计值 $\hat{y}_i$。为了使估计的回归直线能对样本数据有一个好的拟合，我们希望季度销售收入的观测值与估计值之间的差要小。

最小二乘法是利用样本数据，通过使因变量的观测值 y_i 与估计值 $\hat{y}_i$ 之间的离差平方和达到最小的方法求得 b_0 和 b_1 的值。最小二乘法准则由表达式（11.5）给出。

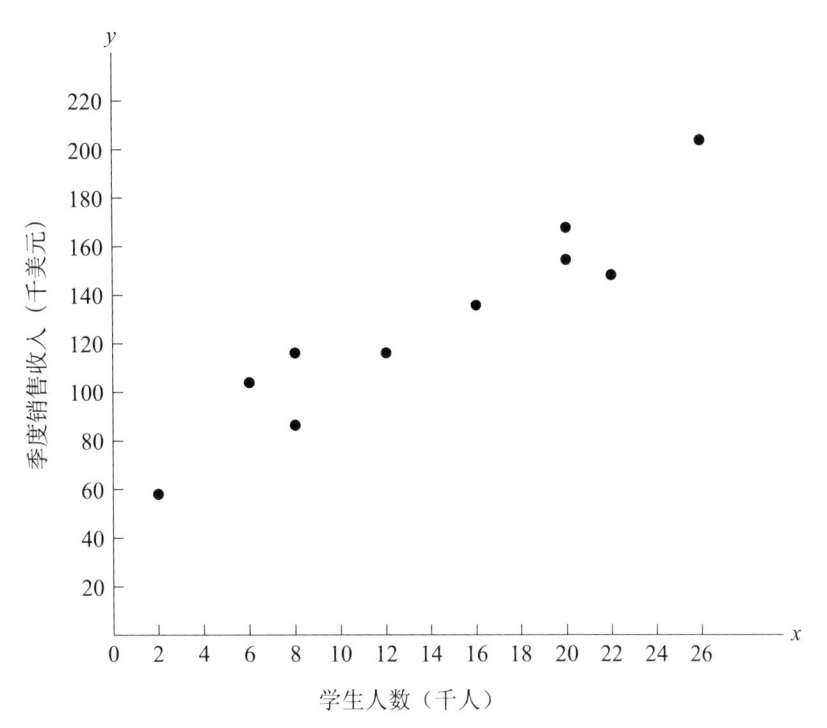

图 11—3　Armand 比萨饼连锁店的学生人数和季度销售收入散点图

> 卡尔·弗里德里希·高斯（Carl Friedrich Gauss，1777—1855）提出了最小二乘法。

最小二乘法准则

$$\min \sum (y_i - \hat{y}_i)^2 \tag{11.5}$$

式中，y_i 表示对于第 i 次观测，因变量的观测值；$\hat{y}_i$ 表示对于第 i 次观测，因变量的估计值。

微分学可以证明，使式（11.5）达到最小的 b_0 和 b_1 的值能利用式（11.6）和式（11.7）求得。

估计的回归方程的斜率和 y 轴截距[①]

$$b_1 = \frac{\sum (x_i - \bar{x})(y_i - \bar{y})}{\sum (x_i - \bar{x})^2} \tag{11.6}$$

---

① 计算 b_1 的另一个公式是
$$b_1 = \frac{\sum x_i y_i - (\sum x_i \sum y_i)/n}{\sum x_i^2 - (\sum x_i)^2/n}$$
当利用计算器计算 b_1 时，通常推荐使用式（11.6）。
当利用计算器计算 b_1 时，中间计算过程应尽可能多地保留有效数字。我们建议，至少应保留四位有效数字。

$$b_0 = \bar{y} - b_1 \bar{x} \tag{11.7}$$

式中，x_i 表示对于第 i 次观测，自变量的观测值；y_i 表示对于第 i 次观测，因变量的观测值；$\bar{x}$ 表示自变量的样本平均值；$\bar{y}$ 表示因变量的样本平均值；n 表示总观测次数。

在 Armand 比萨饼连锁店的例子中，应用最小二乘法估计回归方程的一些必要的计算见表 11—2。由于样本是由 10 家 Armand 比萨饼连锁店组成的，所以观测次数 $n=10$。因为式（11.6）和式（11.7）需要 $\bar{x}$ 和 $\bar{y}$，所以我们的工作从计算 $\bar{x}$ 和 $\bar{y}$ 开始：

$$\bar{x} = \frac{\sum x_i}{n} = \frac{140}{10} = 14$$

$$\bar{y} = \frac{\sum y_i}{n} = \frac{1\,300}{10} = 130$$

利用式（11.6）和式（11.7），以及表 11—2 中的资料，我们能计算出 Armand 比萨饼连锁店的估计的回归方程的斜率和截距。斜率 b_1 的计算过程如下：

$$b_1 = \frac{\sum(x_i - \bar{x})(y_i - \bar{y})}{\sum(x_i - \bar{x})^2} = \frac{2\,840}{568} = 5$$

y 轴截距 b_0 的计算如下：

$$b_0 = \bar{y} - b_1 \bar{x} = 130 - 5 \times 14 = 60$$

于是，估计的回归方程是

$$\hat{y} = 60 + 5x$$

这一方程在散点图上为一条直线，如图 11—4 所示。

表 11—2　　Armand 比萨饼连锁店的最小二乘估计的回归方程的计算

连锁店 i	x_i	y_i	$x_i - \bar{x}$	$y_i - \bar{y}$	$(x_i - \bar{x})(y_i - \bar{y})$	$(x_i - \bar{x})^2$
1	2	58	−12	−72	864	144
2	6	105	−8	−25	200	64
3	8	88	−6	−42	252	36
4	8	118	−6	−12	72	36
5	12	117	−2	−13	26	4
6	16	137	2	7	14	4
7	20	157	6	27	162	36
8	20	169	6	39	234	36
9	22	149	8	19	152	64
10	26	202	12	72	864	144
合计	140	1 300			2 840	568
	$\sum x_i$	$\sum y_i$			$\sum(x_i-\bar{x})(y_i-\bar{y})$	$\sum(x_i-\bar{x})^2$

估计的回归方程的斜率（$b_1 = 5$）是正的，这就是说，随着学生人数的增加，Armand 比萨饼连锁店的季度销售收入也增加。实际上，我们可以得出结论：学生人数每增加 1 000 人，Armand 比萨饼连锁店期望增加季度销售收入 5 000 美元；即每增加 1 名学生，期望增加销售收入 5 美元。

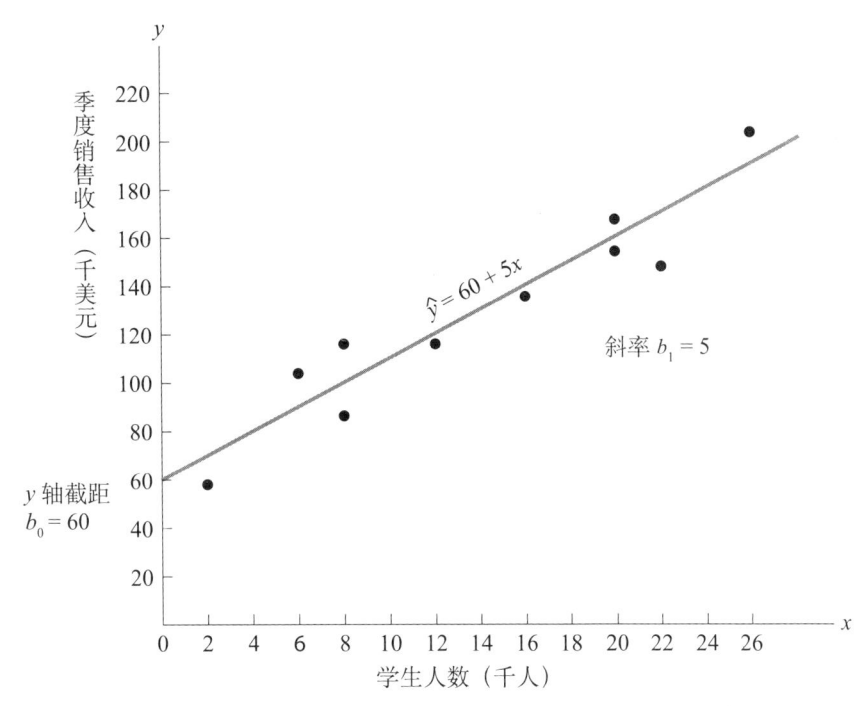

图 11—4　Armand 比萨饼连锁店估计的回归方程 $\hat{y}=60+5x$ 的图示

如果我们相信，应用最小二乘法得到的估计的回归方程能充分地描述两个变量 x 和 y 之间的关系，那么对于一个已知的 x 值，利用估计的回归方程去预测 y 的值将被认为是合理的。例如，有一家连锁店，它位于有 16 000 名学生的校园附近，如果我们想要预测这家连锁店的季度销售收入，那么应当计算

$$\hat{y}=60+5\times16=140$$

所以，对于这家 Armand 比萨饼连锁店，我们预测其季度销售收入是 140 000 美元。在后面的内容中，我们将讨论利用估计的回归方程进行估计和预测合理性的评价方法。

> 在自变量取值范围以外，利用估计的回归方程进行预测时要特别谨慎。因为在这个范围以外，我们不能保证变量之间存在同样的关系。

11.2.1　用 Excel 图表工具绘制散点图和计算估计的回归方程

我们可以用 Excel 的图表工具来绘制表 11—1 的 Armand 比萨饼连锁店的散点图，并计算估计的回归方程。在描述所做的工作时，参见图 11—5。

输入数据：将适当的标签和样本数据输入到图 11—5 中工作表的单元格区域 A1：C11。

应用工具：下列步骤描述如何使用 Excel 的图表工具，利用工作表中的数据来绘制散点图，并计算估计的回归方程。

第 1 步：选择单元格区域 B2：C11。
第 2 步：点击功能区菜单栏的 **Insert** 按钮。

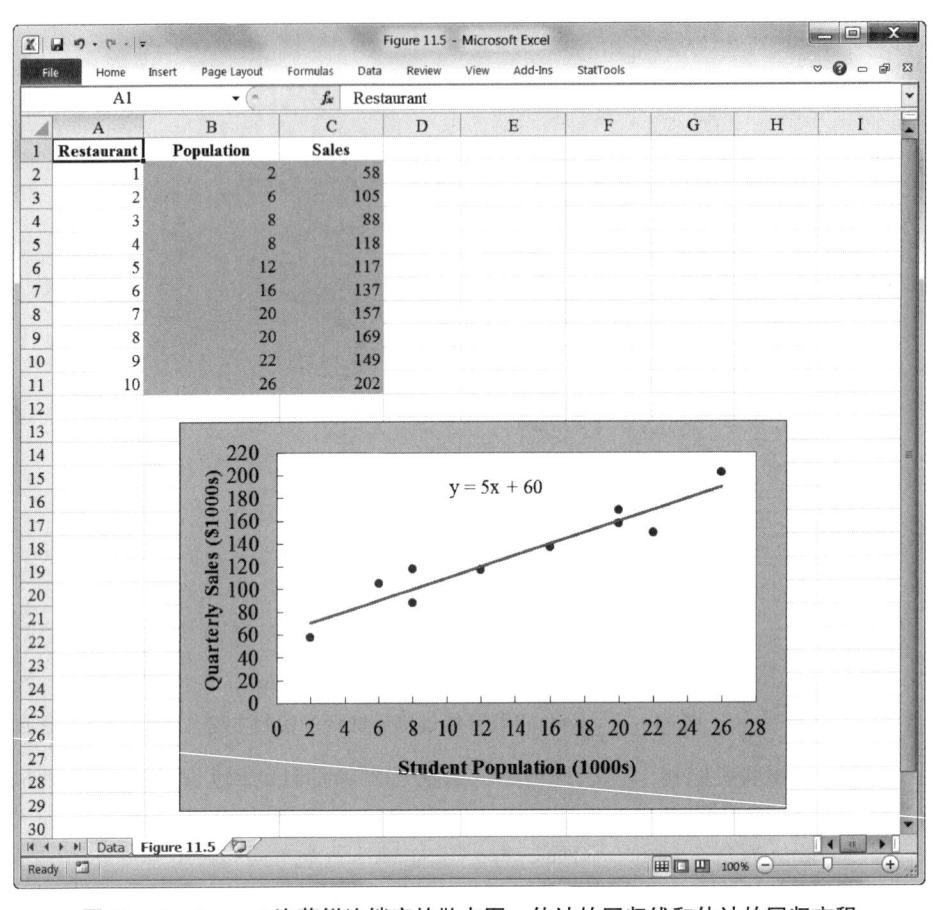

图 11—5 Armand 比萨饼连锁店的散点图、估计的回归线和估计的回归方程

第 3 步：在 **Charts** 组，点击 **Scatter**。

第 4 步：当散点图的图表类型列表出现时，点击 **Scatter with only Markers**（在左上角的图）。

第 5 步：在 **Chart Layouts** 组，选择 **Layout 1**。

第 6 步：右键点击 **Chart Title** 以显示选项列表；选择 **Delete**。

第 7 步：选择 **Horizontal（Value）Axis Title**，并用 **Student Population（1000s）** 替换。

第 8 步：选择 **Vertical（Value）Axis Title**，并用 **Quarterly Sales（$100s）** 替换。

第 9 步：右键点击 **Series 1 Legend Entry** 以显示选项列表；选择 **Delete**。

第 10 步：将鼠标指针放在散点图的任何一条 **Vertical（Value）Axis Major Gridline** 上，右键点击以显示选项列表；选择 **Delete**。

第 11 步：将鼠标指针放在散点图中任意一个数据点上，右键点击以显示选项列表；选择 **Add Trendline**。

第 12 步：当 **Format Trendline** 对话框出现时：

　　　　选择 **Trendline Options**；

　　　　从 **Trend/Regression Type** 列表中选择 **Linear**；

　　　　选择 **Display Equation on Chart**；

点击 **Close**。

图 11—5 中的工作表给出了散点图、估计的回归线和估计的回归方程。

■■■■ 评　注 ■■■■

最小二乘法是通过使因变量的观测值 y_i 与估计值 $\hat{y}_i$ 之间的离差平方和达到最小的方法，得到了估计的回归方程。最小二乘准则就是选择能与样本数据有最佳拟合方程的准则。如果利用某些其他准则，例如最小化 y_i 和 $\hat{y}_i$ 之间的绝对离差的和，我们将得到一个不同的方程。在实践中，最小二乘法是应用最广泛的方法。

■■■■ 练　习 ■■■■

方法

1. 已知两变量 x 和 y 的 5 组观测值如下：

x_i	1	2	3	4	5
y_i	3	7	5	11	14

a. 绘制出这些数据的散点图。
b. 根据 a 中的散点图，两个变量之间存在什么关系？
c. 尝试着画一条穿过这些数据的直线，来近似拟合 x 和 y 之间的关系。
d. 利用式（11.6）和式（11.7），计算 b_0 和 b_1 的值，建立估计的回归方程。
e. 当 $x=4$ 时，利用估计的回归方程，预测 y 的值。

2. 已知两变量 x 和 y 的 5 组观测值如下：

x_i	3	12	6	20	14
y_i	55	40	55	10	15

a. 绘制出这些数据的散点图。
b. 根据 a 中的散点图，两个变量之间存在什么关系？
c. 尝试着画一条穿过这些数据的直线，来近似拟合 x 和 y 之间的关系。
d. 利用式（11.6）和式（11.7），计算 b_0 和 b_1 的值，建立估计的回归方程。
e. 当 $x=10$ 时，利用估计的回归方程，预测 y 的值。

应用

3. 下表是在零售和贸易行业 5 家公司中女性工作和女性取得管理职位的百分比数据：

工作的百分比	67	45	73	54	61
管理职位的百分比	49	21	65	47	33

a. 以在公司中女性工作的百分比为自变量，绘制出这些数据的散点图。
b. 根据 a 中的散点图，两个变量之间存在什么关系？
c. 尝试着画一条穿过这些数据的直线，来近似拟合在公司中女性工作的百分比和女性取得管理职位的百分比之间的关系。
d. 计算 b_0 和 b_1 的值，建立估计的回归方程。
e. 如果在一个公司中女性雇员占 60%，预测该公司女性取得管理职位的百分比。

4. 一辆二手车的价格取决于品牌和型号、车型年份、行驶里程、车况等诸因素，而不管该车是从经销商处还是从私人购买。为了调查汽车行驶里程与销售价格之间的关系，我们收集了 10 辆本田雅阁 2000 年款私家车的行驶里程与销售价格的数据（PriceHub website，October 2008）。

行驶里程（千英里）	价格（千美元）
90	7.0
59	7.5
66	6.6
87	7.2
90	7.0
106	5.4
94	6.4
57	7.0
138	5.1
87	7.2

WEB file
HondaAccord

a. 以行驶里程为自变量，绘制出这些数据的散点图。
b. 根据 a 中的散点图，在汽车行驶里程与销售价格之间有什么关系？
c. 利用最小二乘法，建立估计的回归方程。
d. 对估计的回归方程的斜率做出解释。
e. 如果有 1 辆本田雅阁 2000 年款私家车的行驶里程是 100 000 英里，预测该车的销售价格。

5. 自 1908 年以来，Bergans 一直是挪威户外装备的著名品牌。下面是 Bergans 生产的 11 款睡袋的温标和价格的数据（*Backpacker* 2006 Gear Guide）：

型号	温标（F°）	价格（美元）
Ranger 3-Seasons	12	319
Ranger Spring	24	289
Ranger Winter	3	389
Rondane 3-Seasons	13	239
Rondane Summer	38	149
Rondane Winter	4	289
Senja Ice	5	359
Senja Snow	15	259
Senja Zero	25	229
Super Light	45	129
Tight & Light	25	199

WEB file
SleepingBags

a. 以温标（F°）为自变量，绘制这些数据的散点图。
b. 根据 a 中的散点图，温标（F°）和价格之间显示出什么关系？
c. 利用最小二乘法，建立估计的回归方程。
d. 如果某款睡袋的温标是 20F°，预测该睡袋的价格。

6. 马克·赫德（Mark Hurd）是惠普公司的董事长、总裁兼 CEO，他已经 49 岁了。根据《广告时代》（*Advertising Age*）杂志有关薪酬的综合评述，他领取的年薪是 81.7 万美元，还有超过 500 万美元的奖金，以及超过 1 700 万美元的其他补贴。他的总补贴金额高于 CEO 平均 1 240 万美元的总年薪。马克·赫德和其他 14 位领导上市公司高层管理人员的年龄和年薪的统计资料如下表所示（*Advertis*

ing Age，December 5，2006）：

高层管理人员	职务	公司	年龄（岁）	年薪（千美元）
Charles Prince	董事长/CEO	Citigroup	56	1 000
Harold McGraw Ⅲ	董事长/总裁/CEO	McGraw-Hill Cos.	57	1 172
James Dimon	总裁/CEO	JP Morgan Chase & Co.	50	1 000
K. Rupert Murdoch	董事长/CEO	News Corp.	75	4 509
Kenneth D. Lewis	董事长/总裁/CEO	Bank of America	58	1 500
Kenneth I. Chenault	董事长/CEO	American Express Co.	54	1 092
Louis C. Camilleri	董事长/CEO	Altria Group	51	1 663
Mark V. Hurd	董事长/总裁/CEO	Hewlett-Packard Co.	49	817
Marting S. Sorrell	CEO	WPP Group	61	1 562
Robert L. Nardelli	董事长/总裁/CEO	Home Depot	57	2 164
Samuel J. Palmisano	董事长/总裁/CEO	IBM	55	1 680
David C. Novak	董事长/总裁/CEO	Yum Brands	53	1 173
Henry R. Silverman	董事长/CEO	Cendant Corp.	65	3 300
Robert C. Wright	董事长/CEO	NBC Universal	62	2 500
Sumner Redstone	执行董事长/创始人	Viacom	82	5 807

a. 以高层管理人员的年龄为自变量，绘制这些数据的散点图。

b. 根据 a 中的散点图，年龄和年薪之间显示出什么关系？

c. 利用最小二乘法，建立估计的回归方程。

d. 假设 Bill Gustin 是一家大型电子公司的董事长、总裁兼 CEO，已经 72 岁了，预测他的年薪。

7. 个人水上摩托艇（PWC）通过喷水式推进器来推进船只运行，由一个人坐、站或跪在艇上进行操纵。20 世纪 70 年代初，美国川崎发动机公司（Kawasaki Motors Corp. U. S. A）第一次在商业上成功地用 JET SKI® 为水上摩托艇注册。今天，*jet ski* 经常被用来作为个人水上摩托艇的通用术语。下面是 10 款三座水上摩托艇的重量（四舍五入至最接近的 10 磅）和价格（四舍五入至最接近的 50 美元）的数据（Jetski News website，2006）：

品牌和型号	重量（磅）	价格（美元）
Honda AquaTrax F-12	750	9 500
Honda AquaTrax F-12X	790	10 500
Honda AquaTrax F-12X GPScape	800	11 200
Kawasaki STX-12F Jetski	740	8 500
Yamaha FX Cruiser Waverunner	830	10 000
Yamaha FX High Output Waverunner	770	10 000
Yamaha FX Waverunner	830	9 300
Yamaha VX110Deluxe Waverunner	720	7 700
Yamaha VX110 Sport Waverunner	720	7 000
Yamaha XLT1200 Waverunner	780	8 500

a. 以重量为自变量，绘制这些数据的散点图。

b. 根据 a 中的散点图，重量和价格之间显示出什么关系？

c. 利用最小二乘法，建立估计的回归方程。

d. 如果某款三座水上摩托艇的重量是 750 磅，预测该艇的价格。

e. Honda AquaTrax F-12 的重量是 750 磅，价格是 9 500 美元。对于重量是 750 磅的水上摩托艇，根据你在 d 中得到的预测价格，该艇的价格是否应该也是 9 500 美元？

f. Kawasaki SX-R 800 Jetski 是一艘单座水上摩托艇，重量是 350 磅。你是否认为，能利用在 c 中建立的估计的回归方程来预测该艇的价格？

8. PCWorld 杂志根据外观、性能、设计和价格四个方面对 10 台超薄型便携式笔记本电脑进行等级评估。每个特性的等级评估采用百分制。对于每一台超薄型便携式笔记本电脑，将得到一个称为 PCWorld 的总体等级评估分。下表是 10 台超薄型便携式笔记本电脑的外观和 PCWorld 的等级评估分（PCWorld website, February 5, 2009）：

笔记本电脑型号	外观等级评估分	PCWorld 等级评估分
Thinkpad X200	87	83
VGN-Z598U	85	82
U6V	80	81
Elitebook 2530P	75	78
X360	80	78
Thinkpad X300	76	78
Ideapad U110	81	77
Micro Express JFT2500	73	75
Toughbook W7	79	73
HP Voodoo Envy133	68	72

a. 以外观等级评估分为自变量，绘制出这些数据的散点图。

b. 根据 a 中的散点图，外观等级评估分和 PCWorld 等级评估分这两个变量显示出什么关系？

c. 利用最小二乘法，建立估计的回归方程。

d. 对于一台新的超薄型便携式笔记本电脑，它的外观等级评估分为 70 分，估计该台电脑的 PCWorld 等级评估分。

11.3 判定系数

对 Armand 比萨饼连锁店的例子，我们求出估计的回归方程是 $\hat{y}=60+5x$，并用这个方程作为学生人数 x 和季度销售收入 y 之间线性关系的一个近似。现在的问题是：估计的回归方程是否很好地拟合了样本数据？在本节，我们将说明，**判定系数**（coefficient of determination）为估计的回归方程提供了一个拟合优度的度量。

对于样本中的第 i 个观测值，因变量的观测值 y_i 和因变量的估计值 $\hat{y}_i$ 之间的离差称为**第 i 个残差**（ith residual）。第 i 个残差表示用 $\hat{y}_i$ 去估计 y_i 的误差。于是，对于第 i 个观测值，它的残差是 $y_i-\hat{y}_i$。这些残差或误差的平方和是一个用最小二乘法极小化的量。这个量也称为误差平方和，记作 SSE。

误差平方和
$$\text{SSE} = \sum (y_i - \hat{y}_i)^2 \tag{11.8}$$

在应用估计的回归方程去估计样本中因变量的值将产生一个误差，SSE 就是这一误差的度量。

对于 Armand 比萨饼连锁店的例子，表 11—3 中给出了计算误差平方的过程。例如，对于第 1 家连锁店，自变量的值是 $x_1=2$，因变量的值是 $y_1=58$。利用估计的回归方程，求出第 1 家连锁店季度销售收入的估计值是 $\hat{y}=60+5\times 2=70$。于是，对于第 1 家连锁店，用 $\hat{y}_1$ 去估计 y_1 的残差是 $y_1-\hat{y}_1=58-70=-12$。误差的平方是 $(-12)^2=144$，我们将它写在表 11—3 中的最后一列。对样本中的每一家连锁店计算残差并平方后，对它们求和得到 SSE=1 530。于是，对于 Armand 比萨饼连锁店的例子，SSE=1 530 度量了用估计的回归方程 $\hat{y}=60+5x$ 预测季度销售收入所产生的误差。

表 11—3　　　　　　　　Armand 比萨饼连锁店 SSE 的计算

连锁店 i	x_i=学生人数（千人）	y_i=季度销售收入（千美元）	季度销售收入预测值 $\hat{y}_i=60+5x_i$	误差 $y_i-\hat{y}_i$	误差平方 $(y_i-\hat{y}_i)^2$
1	2	58	70	−12	144
2	6	105	90	15	225
3	8	88	100	−12	144
4	8	118	100	18	324
5	12	117	120	−3	9
6	16	137	140	−3	9
7	20	157	160	−3	9
8	20	169	160	9	81
9	22	149	170	−21	441
10	26	202	190	12	144
					SSE=1 530

现在假定在不知道学生人数的情况下，要求我们给出季度销售收入的一个估计值。在没有任何相关变量信息的情况下，对任一给定连锁店，我们可以利用样本平均值作为这家连锁店季度销售收入的一个估计值。表 11—2 表明，对于销售收入的样本数据，有 $\sum y_i=1\ 300$。于是，对于由 10 家 Armand 比萨饼连锁店组成的样本，季度销售收入的平均值是 $\bar{y}=\sum y_i/n=1\ 300/10=130$。利用样本平均值 $\bar{y}=130$ 估计样本中每一家连锁店的季度销售收入将产生离差，这些离差的平方和列在表 11—4 中。对于样本中的第 i 家连锁店，离差 $y_i-\bar{y}$ 给出了利用样本平均值 $\bar{y}$ 去估计季度销售收入所产生的误差的一个度量。这些离差对应的平方和称为总的平方和，记作 SST。

总的平方和
$$\text{SST} = \sum (y_i - \bar{y})^2 \tag{11.9}$$

在表 11—4 中最后一列的底部就是 Armand 比萨饼连锁店例子的总平方和，SST=15 730。

表 11—4　　　　　　　　　　　Armand 比萨饼连锁店 SST 的计算

连锁店 i	x_i＝学生人数（千人）	y_i＝季度销售收入（千美元）	$y_i-\bar{y}$	$(y_i-\bar{y})^2$
1	2	58	−72	5 184
2	6	105	−25	625
3	8	88	−42	1 764
4	8	118	−12	144
5	12	117	−13	169
6	16	137	7	49
7	20	157	27	729
8	20	169	39	1 521
9	22	149	19	361
10	26	202	72	5 184
				SST=15 730

在图 11—6 中，我们给出了估计的回归线 $\hat{y}=60+5x$ 和直线 $\bar{y}=130$ 的图形。我们注意到，样本点在估计的回归线周围比在直线 $\bar{y}=130$ 周围聚集更紧密。例如，对于样本中的第 10 家连锁店，我们看到用 $\bar{y}=130$ 作为 y_{10} 的估计值比用 $\hat{y}_{10}=60+5\times26=190$ 作为 y_{10} 的估计值产生的误差大得多。我们可以把 SST 看作观测值在直线 $\bar{y}=130$ 周围密集程度的度量，而把 SSE 看作观测值在回归线 $\hat{y}=60+5x$ 周围密集程度的度量。

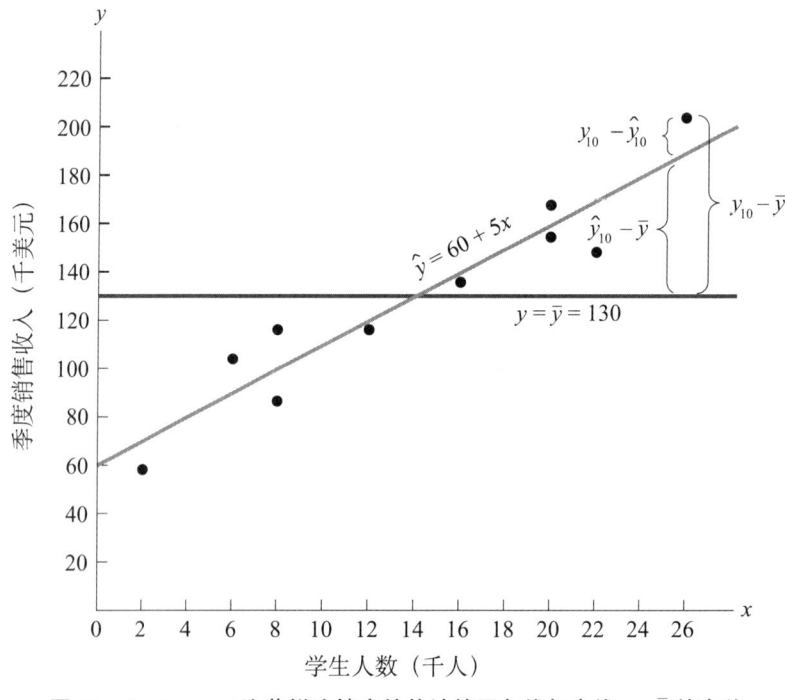

图 11—6　Armand 比萨饼连锁店的估计的回归线与直线 $y=\bar{y}$ 的离差

> 因为 SST＝15 730，SSE＝1 530，所以，估计的回归线比直线 $y=\bar{y}$ 对样本数据的拟合要好。
>
> 我们把 SSR 理解为 SST 的已被解释的部分，把 SSE 理解为 SST 的未被解释的部分。

为了度量在回归线上的值 $\hat{y}$ 与直线 $\bar{y}$ 有多大的偏离，我们需要计算另一个平方和。这个平方和称为回归平方和，记作 SSR。

回归平方和

$$\text{SSR}=\sum(\hat{y}_i-\bar{y})^2 \tag{11.10}$$

从上述讨论中，我们应该预期到 SST，SSR 和 SSE 三者之间是有联系的。事实上，这三个平方和之间的关系给出了统计学中最重要的一个结论。

SST，SSR 和 SSE 之间的关系

$$\text{SST}=\text{SSR}+\text{SSE} \tag{11.11}$$

式中，SST 表示总平方和；SSR 表示回归平方和；SSE 表示误差平方和。

式（11.11）表明，总平方和能被分解成两部分：回归平方和与误差平方和。因此，如果已知这三个平方和中的任两个，就能很容易地计算出第三个平方和。例如，在 Armand 比萨饼连锁店例子中，我们已经知道 SSE＝1 530 和 SST＝15 730，所以从式（11.11）中解出 SSR，得到回归平方和是：

$$\text{SSR}=\text{SST}-\text{SSE}=15\ 730-1\ 530=14\ 200$$

现在看一下，如何利用这三个平方和 SST，SSR 和 SSE 为估计的回归方程给出一个拟合优度的度量。如果因变量的每一个值 y_i 都恰好落在估计的回归线上，那么估计的回归方程将给出一个完全拟合。在这种情况下，对于每一个观测值，$y_i-\hat{y}_i$ 将等于零，从而导致 SSE＝0。因为 SST＝SSR+SSE，对于一个完全拟合，SSR 必须等于 SST，并且比值 SSR/SST 必须等于 1。比较差的拟合将导致 SSE 的值比较大。从式（11.11）中解出 SSE，得到 SSE＝SST-SSR。因此当 SSR＝0，从而 SSE＝SST 时，SSE 的值最大（即最差的拟合）。

比值 SSR/SST 将位于 0～1 之间，我们利用这个比值对估计的回归方程的拟合优度作出评估。这个比值称为判定系数，记作 r^2。

判定系数

$$r^2=\frac{\text{SSR}}{\text{SST}} \tag{11.12}$$

对于 Armand 比萨饼连锁店的例子，判定系数的值是：

$$r^2 = \frac{\text{SSR}}{\text{SST}} = \frac{14\,200}{15\,730} = 0.902\,7$$

如果用一个百分数表示判定系数，我们能把 r^2 理解为总平方和中能被估计的回归方程解释的百分比。对于 Armand 比萨饼连锁店的例子，在用估计的回归方程预测季度销售收入时，我们能断定，总平方和的 90.27% 能被估计的回归方程 $\hat{y} = 60 + 5x$ 所解释。换句话说，季度销售收入变异性的 90.27% 能被学生人数和销售收入之间的线性关系所解释。对于估计的回归方程，我们应该对得到一个这样好的拟合效果而感到满意。

11.3.1 用 Excel 计算判定系数

在 11.2 节，对于 Armand 比萨饼连锁店数据，我们使用图表工具绘制了散点图，并计算出估计的回归方程。现在描述如何利用图 11—5 的散点图计算判定系数。

第 1 步：将鼠标指针放在散点图中任一数据点上，右键点击以显示选项列表。
第 2 步：选择 **Add Trendline**。
第 3 步：当 **Format Trendline** 对话框出现时：
　　　　选择 **Trendline Options**；
　　　　选择 **Display R-squared value on chart**；
　　　　点击 **Close**。

图 11—7 中显示了 Armand 比萨饼连锁店数据的散点图、估计的回归方程、估计的回归方程的图形以及判断系数，$r^2 = 0.902\,7$。

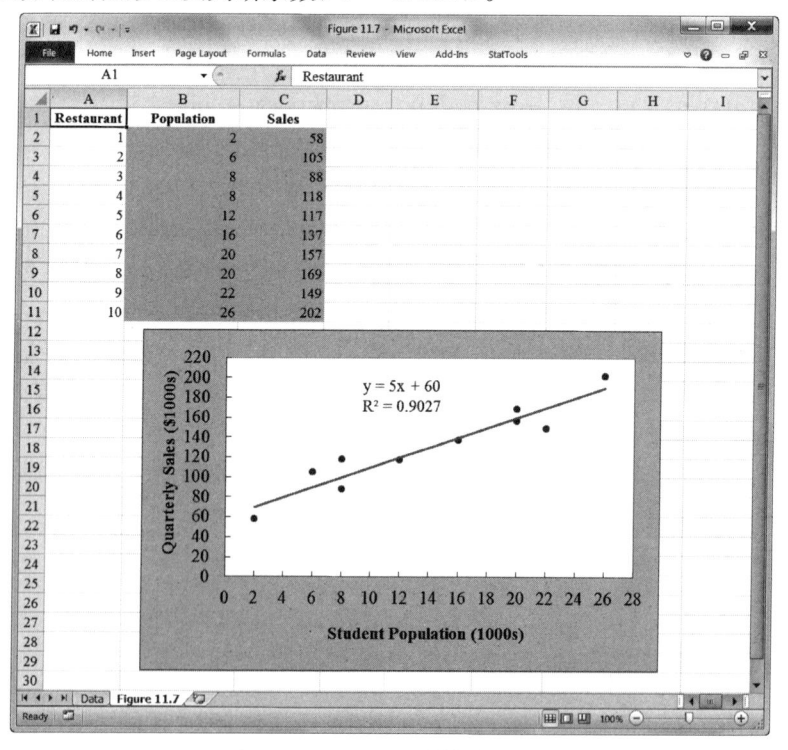

图 11—7　用 Excel 计算判定系数

11.3.2 相关系数

在第 3 章中，作为两个变量 x 和 y 之间线性关系强度的描述性度量，我们介绍了**相关系数**（correlation coefficient）的概念。相关系数的数值总是介于 $-1 \sim 1$。若相关系数的数值等于 1，则表示两个变量 x 和 y 之间存在完全的正向线性关系，即全部数据点都落在一条斜率为正的直线上；若相关系数的数值等于 -1，则表示两个变量 x 和 y 之间存在完全的负向线性关系，即全部数据点都落在一条斜率为负的直线上；若相关系数的数值接近于零，则表示两个变量 x 和 y 之间不存在线性关系。

在 3.5 节中，我们曾经给出过计算样本相关系数的公式。如果已经完成了回归分析，并且算出了判定系数 r^2，那么就能用下面的公式计算样本相关系数：

样本相关系数

$$r_{xy} = (b_1 \text{ 的符号})\sqrt{\text{判定系数}}$$
$$= (b_1 \text{ 的符号})\sqrt{r^2} \tag{11.13}$$

式中，b_1 表示估计的回归方程 $\hat{y} = b_0 + b_1 x$ 的斜率。

如果估计的回归方程的斜率为正（$b_1 > 0$），那么样本相关系数的符号为正；如果估计的回归方程的斜率为负（$b_1 < 0$），那么样本相关系数的符号为负。

对于 Armand 比萨饼连锁店的例子，对应于估计的回归方程 $\hat{y} = 60 + 5x$，判定系数是 0.902 7。因为估计的回归方程的斜率是正的，所以由式（11.13），得到样本相关系数是 $+\sqrt{0.9027} = +0.950\ 1$。由于样本相关系数 $r_{xy} = +0.950\ 1$，所以断定 x 和 y 之间存在一个强的正向线性关系。

在两个变量之间存在线性关系的情况下，判定系数和样本相关系数都给出了它们之间线性关系强度的度量。判定系数给出的度量值在 $0 \sim 1$，而样本相关系数给出的度量值在 $-1 \sim 1$。虽然样本相关系数的适用范围被限制在两变量之间存在线性关系的情况，但判定系数对非线性关系和有两个或两个以上自变量的相关关系都适用。在这种意义上，判定系数有着更广的应用范围。

━━━━■ ■ ■ 评 注 ■ ■ ■━━━━

1. 在利用最小二乘法求估计的回归方程和计算判定系数时，我们没有对模型的误差项 ε 做出任何的概率假定，也没有对 x 和 y 之间关系的显著性进行统计检验。r^2 的数值比较大，只不过意味着最小二乘回归直线比较好地拟合了样本数据，也就是说，观测值比较紧密地绕在最小二乘回归直线周围。但是，仅仅利用 r^2，不能得出 x 和 y 之间的关系在统计上是否显著的结论。这样的结论必须建立在进一步深入研究的基础上，包括对样本容量的研究和对最小二乘估计量的抽样分布性质的研究。

2. 在实际应用时，例如在社会科学问题中遇到的典型数据，尽管 r^2 的数值经常低于 0.25，通常也被认为是令人满意的。而在自然科学和生命科学问题中遇到的数据，经常会出现 r^2 的数值大于或等于 0.60 的情况。事实上，在某些情况下，我们还能遇到 r^2 的数值大于 0.90 的情形。在商务应用中，r^2 的数值将随着每一个应用的独特性而有非常大的变化。

练 习

方法

9. 数据如下：

x_i	1	2	3	4	5
y_i	3	7	5	11	14

这些数据的估计的回归方程是 $\hat{y}=0.20+2.60x$。

a. 利用式（11.8）、式（11.9）和式（11.10），计算 SSE，SST 和 SSR。
b. 计算判定系数 r^2。请对拟合优度做出评述。
c. 计算样本相关系数。

10. 数据如下：

x_i	3	12	6	20	14
y_i	55	40	55	10	15

这些数据的估计的回归方程是 $\hat{y}=68-3x$。

a. 计算 SSE，SST 和 SSR。
b. 计算判定系数 r^2。请对拟合优度做出评述。
c. 计算样本相关系数。

应用

11. 下表中的数据是主修信息系统专业并获得工商管理学士学位的学生毕业后的月薪 y 和其在校学习时的平均成绩 x。这些数据的估计的回归方程是 $\hat{y}=1\,790.5+581.1x$。

平均成绩	月薪（美元）	平均成绩	月薪（美元）
2.6	3 300	3.2	3 500
3.4	3 600	3.5	3 900
3.6	4 000	2.9	3 600

a. 计算 SST，SSR 和 SSE。
b. 计算判定系数 r^2。请对拟合优度做出评述。
c. 样本相关系数的数值是多少？

12. 《消费者报告》对于超过 100 台各种品牌的高清晰度数字电视机进行了全面的测试和评级。对于每一种型号的高清晰度数字电视机，主要根据画面的质量进行测试并给出一个总分。一般情况下，较高的总分意味着较好的性能。下面是 10 台 42 英寸等离子电视机的价格和总分的数据（*Consumer Report*，March 2006）。

品牌	价格（美元）	总分
Dell	2 800	62
Hisense	2 800	53
Hitachi	2 700	44
JVC	3 500	50
LG	3 300	54
Maxent	2 000	39
Panasonic	4 000	66
Phillips	3 000	55
Proview	2 500	34
Samsung	3 000	39

a. 利用这些样本数据，建立一个估计的回归方程，使这个方程在价格已知时，能用来估计 42 英寸等离子电视机的总分。

b. 计算 r^2。估计的回归方程对这些观测数据的拟合好吗？

c. 如果某台 42 英寸等离子电视机的价格是 3 200 美元，估计该台电视机的总分。

13. 下面的数据曾用于研究：在一般情况下，较高价格的椭圆机是否具有较高的总体评价分数（*Consumer Report*，February 2008）。

品牌和型号	价格（美元）	总体评价分数
Precor 5.31	3 700	87
Keys Fitness CG2	2 500	84
Octane Fitness Q37e	2 800	82
LifeFitness X1 Basic	1 900	74
NordicTrack AudioStrider 990	1 000	73
Schwinn 430	800	69
Vision Fitness X6100	1 700	68
ProForm XP 520 Razor	600	55

令 x 表示价格，y 表示总体评价分数，则估计的回归方程为 $\hat{y}=58.158+0.008\,449x$。对于这些数据，SSE＝173.88。

a. 计算判定系数 r^2。

b. 估计的回归方程对这些数据的拟合好吗？请解释。

c. 样本相关系数的数值是多少？样本相关系数反映出在价格和总体评价分数之间存在强的还是弱的相关关系？

11.4 模型的假定

在进行回归分析时，我们首先要对描述因变量和自变量之间关系的模型做出一些假定。对于简单线性回归情况，假定回归模型为：

$$y=\beta_0+\beta_1 x+\varepsilon$$

然后利用最小二乘法，分别求出模型参数 β_0 和 β_1 的估计值 b_0 和 b_1。得到估计的回归方程

$$\hat{y} = b_0 + b_1 x$$

我们已经知道，判定系数 r^2 的值是估计的回归方程拟合优度的度量。然而尽管 r^2 有一个较大的值，但是在对模型假定的合理性作进一步的分析完成之前，我们还不能应用这个估计的回归方程。确定假定的模型是否合理的一个重要步骤，是要对变量之间关系的显著性进行检验。回归分析中的显著性检验是在对误差项 ε 的下列假定的基础之上进行的：

关于回归模型 $y = \beta_0 + \beta_1 x + \varepsilon$ 误差项 ε 的假定

1. 误差项 ε 是一个平均值或期望值为零的随机变量，即 $E(\varepsilon) = 0$。

这就意味着：因为 β_0 和 β_1 都是常数，所以有 $E(\beta_0) = \beta_0$ 和 $E(\beta_1) = \beta_1$。于是对于一个给定的 x 值，y 的期望值是：

$$E(y) = \beta_0 + \beta_1 x \tag{11.14}$$

正如我们在前面已经指出的，式（11.14）称为回归方程。

2. 对所有的 x 值，ε 的方差都是相同的。我们用 σ^2 表示 ε 的方差。

这就意味着：y 关于回归直线的方差等于 σ^2，即对所有的 x 值，y 的方差都是相等的。

3. ε 的值是相互独立的。

这就意味着：对于一个特定的 x 值，它所对应的 ε 值与任何其他的 x 值所对应的 ε 值不相关。于是，对于一个特定的 x 值，它所对应的 y 值与任何其他的 x 值所对应的 y 值也不相关。

4. 误差项 ε 是一个服从正态分布的随机变量。

这就意味着：因为 y 是 ε 的一个线性函数，y 也是一个服从正态分布的随机变量。

图 11—8 是对模型假定及其含义的一个说明。值得注意的是，从图中可以看出，$E(y)$ 的值随着被考虑的具体的 x 值的变化而变化。然而，不论 x 的值怎样变化，ε 和 y 的概率分布都是正态分布，并且具有相同的方差。在任一特定点上，误差项 ε 的具体数值依赖于 y 的实际值是大于还是小于 $E(y)$。

现在，必须记住，我们还对变量 x 和 y 之间关系的形式做过一个假定或假设，即我们假定，两变量 x 和 y 之间关系的主要部分是一条直线 $\beta_0 + \beta_1 x$。我们还不能忽略这样一个事实，一些其他形式的模型，例如 $y = \beta_0 + \beta_1 x^2 + \varepsilon$，或许可能是描述两个变量 x 和 y 之间关系的一个更好的模型。

11.5 显著性检验

对简单线性回归方程，y 的平均值或期望值是 x 的一个线性函数：$E(y) = \beta_0 + \beta_1 x$。如果 β_1 的值是零，$E(y) = \beta_0 + 0x = \beta_0$。在这种情况下，$y$ 的平均值或期望值不依赖于 x 的值，因此我们的结论是：在两个变量 x 和 y 之间不存在线性关系。换一种说法，如果 β_1 的值不等于零，我们的结论是，在两个变量 x 和 y 之间存在线性关系。于是，为了检验两个变量之间是否存在一个显著的回归关系，我们必须进行一个假设检验，判定 β_1 的值是否等于零。通常使用的检验方法有两种，这两种方法都需要知道回归模型误差项 ε 的方差 σ^2 的估计值。

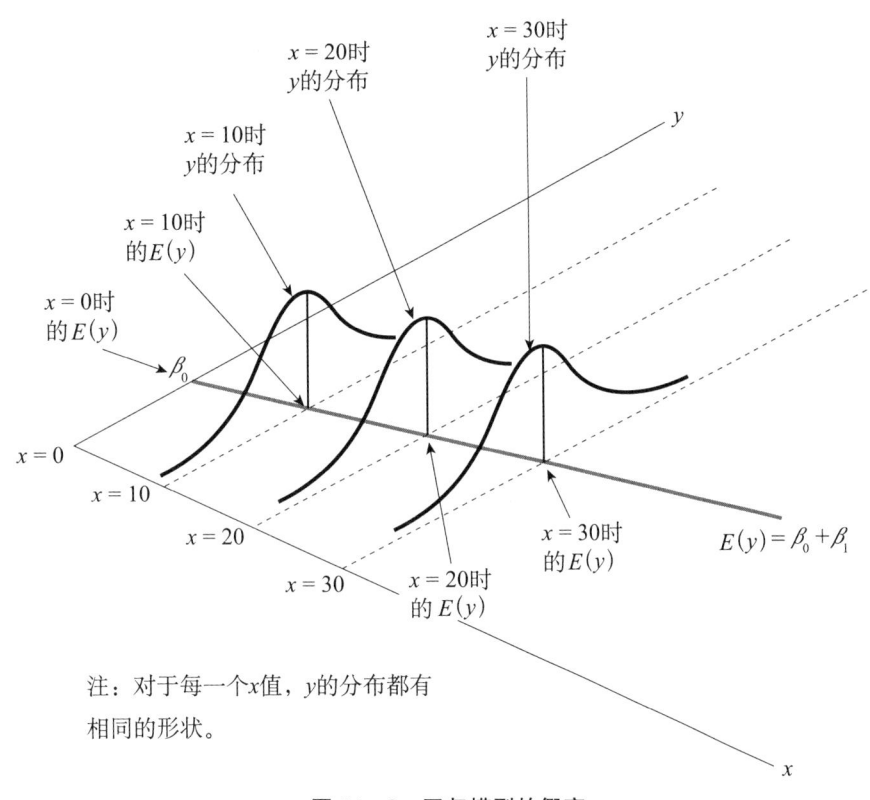

图 11—8　回归模型的假定

11.5.1　σ^2的估计

从回归模型和它的假定中,我们可以得知:ε 的方差 σ^2 也是因变量 y 的值关于回归直线的方差。回忆一下,我们曾经将 y 的值关于估计的回归直线的离差称为残差。所以,残差平方和 SSE 是实际观测值关于估计的回归直线变异性的度量。我们用 SSE 除以它自己的自由度,得到**均方误差**(mean square error,MSE)。均方误差给出了 σ^2 的一个估计量。

因为 $\hat{y}_i = b_0 + b_1 x_i$,所以 SSE 可以写成

$$\text{SSE} = \sum (y_i - \hat{y}_i)^2 = \sum (y_i - b_0 - b_1 x_i)^2$$

每一个平方和都有一个与之相联系的数,这个数叫做自由度。统计学家已经证明,为了计算 SSE,必须估计两个参数(β_0 和 β_1),所以 SSE 的自由度是 $n-2$。于是,用 SSE 除以 $n-2$,就能计算出均方误差。MSE 是 σ^2 的一个无偏估计量。因为 MSE 的值给出了 σ^2 的一个估计,我们用符号 s^2 表示。

均方误差(σ^2的估计量)

$$s^2 = \text{MSE} = \frac{\text{SSE}}{n-2} \tag{11.15}$$

在 11.3 节 Armand 比萨饼连锁店的例子中,我们已经得到 SSE=1 530,于是

σ^2 的一个无偏估计值是：

$$s^2 = \text{MSE} = \frac{1\ 530}{8} = 191.25$$

为了估计 σ，我们求 s^2 的平方根，所得到的 s 称为**估计的标准误差**（standard error of the estimate）。

估计的标准误差

$$s = \sqrt{\text{MSE}} = \sqrt{\frac{\text{SSE}}{n-2}} \tag{11.16}$$

对于 Armand 比萨饼连锁店的例子，$s = \sqrt{\text{MSE}} = \sqrt{191.25} = 13.829$。在下面的讨论中，我们利用估计的标准误差，对两个变量 x 和 y 之间的关系进行显著性检验。

11.5.2 t 检验

对于简单线性回归模型 $y = \beta_0 + \beta_1 x + \varepsilon$，如果 x 和 y 之间存在一个线性关系，我们必须有 $\beta_1 \neq 0$。t 检验的目的是判断我们能否断定 $\beta_1 \neq 0$。我们将利用样本数据去检验下面的关于参数 β_1 的假设。

H_0：$\beta_1 = 0$

H_a：$\beta_1 \neq 0$

如果 H_0 被拒绝，将会得到 $\beta_1 \neq 0$ 的结论，于是在两个变量 x 和 y 之间存在一个统计上是显著的关系；如果 H_0 没有被拒绝，就没有充分的理由认为在两个变量 x 和 y 之间存在一个统计上是显著的关系。β_1 的最小二乘估计量 b_1 的抽样分布性质给出了假设检验的基础。

首先考虑一下，如果在同样的回归研究中使用了不同的随机样本，将会出现什么情况。例如，在 Armand 比萨饼连锁店的例子中，假设我们使用了由另外 10 家连锁店组成的样本以取得季度销售收入数据。对这一新的样本进行回归分析，得到的估计的回归方程可能与前面得到的回归方程 $\hat{y} = 60 + 5x$ 相类似，但是不可能得到完全相同的回归方程（截距恰好是 60，斜率恰好是 5）。实际上，最小二乘估计量 b_0 和 b_1 是样本统计量，它们有着自己的抽样分布。b_1 抽样分布的性质如下：

b_1 的抽样分布

数学期望

$E(b_1) = \beta_1$

标准差

$$\sigma_{b_1} = \frac{\sigma}{\sqrt{\sum (x_i - \bar{x})^2}} \tag{11.17}$$

分布形式：正态分布

注意，b_1 的期望值等于 β_1，所以 b_1 是 β_1 的无偏估计量。

因为 σ 的值未知，为了求出 σ_{b_1} 的估计量 s_{b_1}，我们将 σ 的估计量 s 代入式 (11.17)，于是得到下面 σ_{b_1} 的估计量：

b_1 的估计的标准差

$$s_{b_1} = \frac{s}{\sqrt{\sum (x_i - \overline{x})^2}} \tag{11.18}$$

> b_1 的标准差 σ_{b_1} 也称为 b_1 的标准误差。于是，s_{b_1} 给出了 b_1 的一个估计的标准误差。

对于 Armand 比萨饼连锁店的例子，$s=13.829$；利用表 11—2 给出的结果 $\sum(x_i - \overline{x})^2 = 568$，得到 b_1 的估计的标准差为：

$$s_{b_1} = \frac{13.829}{\sqrt{568}} = 0.5803$$

对两个变量之间是否存在显著性关系的 t 检验基于检验统计量：

$$\frac{b_1 - \beta_1}{s_{b_1}}$$

它服从自由度为 $n-2$ 的 t 分布。如果原假设成立，那么 $\beta_1 = 0$，并且 $t = b_1/s_{b_1}$。现在取 $\alpha = 0.01$ 的显著性水平，对 Armand 比萨饼连锁店的例子进行显著性检验。检验的统计量为：

$$t = \frac{b_1}{s_{b_1}} = \frac{5}{0.5803} = 8.62$$

查 t 分布表得到，当自由度为 $n-2=10-2=8$ 时，$t=3.355$ 的 t 分布上侧的面积是 0.005。于是，对应于检验统计量 $t=8.62$ 的 t 分布上侧的面积一定小于 0.005。因为这是双侧检验，可以断定，与 $t=8.62$ 相联系的 p 值一定小于 2 倍的 0.005，即一定小于 $2 \times 0.005 = 0.01$。Excel 给出的 p 值等于 0.000。因为 p 值小于 $\alpha = 0.01$，所以拒绝 H_0，并得出 β_1 显著不等于零的结论。这一结果足以使我们断定，学生人数和季度销售收入之间存在一个显著的关系。对简单线性回归情形，显著性的 t 检验的步骤汇总如下：

简单线性回归显著性的 t 检验

$H_0: \beta_1 = 0$

$H_a: \beta_1 \neq 0$

检验的统计量

$$t = \frac{b_1}{s_{b_1}} \tag{11.19}$$

拒绝法则

p 值法：如果 p 值 $\leqslant \alpha$，则拒绝 H_0。

临界值法：如果 $t \leqslant -t_{\alpha/2}$ 或者 $t \geqslant t_{\alpha/2}$，则拒绝 H_0。

式中，$t_{\alpha/2}$ 是自由度为 $n-2$ 时，使 t 分布的上侧面积为 $\alpha/2$ 的 t 值。

利用 Excel，p 值 = T.DIST.2T（8.62，8）= 0.000。

11.5.3 β_1 的置信区间

β_1 的置信区间的公式为：

$$b_1 \pm t_{\alpha/2} s_{b_1}$$

式中，b_1 是 β_1 的点估计量；$t_{\alpha/2} s_{b_1}$ 是边际误差。与这个置信区间相联系的置信系数是 $1-\alpha$，$t_{\alpha/2}$ 是自由度为 $n-2$ 时，使 t 分布的上侧面积为 $\alpha/2$ 时的 t 值。例如，对于 Armand 比萨饼连锁店的例子，假设我们希望建立一个置信系数为 99% 的 β_1 的置信区间。由于置信系数 $\alpha=0.01$ 和自由度 $n-2=10-2=8$，从附录 A 的表 2 中我们查得 $t_{0.005}=3.355$。于是，β_1 的置信系数为 99% 的置信区间为：

$$b_1 \pm t_{\alpha/2} s_{b_1} = 5 \pm 3.355 \times 0.580\ 3 = 5 \pm 1.95$$

即 3.05～6.95。

在对 β_1 的显著性进行 t 检验时，被检验的假设为：

$H_0: \beta_1 = 0$

$H_a: \beta_1 \neq 0$

对于 Armand 比萨饼连锁店的数据，在 $\alpha=0.01$ 的显著性水平下，我们得到的置信系数为 99% 的置信区间得到假设检验的结论。因为 β_1 的假设值是 0，而 0 不包含在置信区间（3.05，6.95），所以拒绝 H_0，并且可以断定，在学生人数和季度销售收入之间存在一个在统计上是显著的关系。一般情况下，我们可以利用置信区间对关于 β_1 的任何双侧假设进行检验。如果 β_1 的假设值包括在置信区间里，则不拒绝 H_0；否则，拒绝 H_0。

11.5.4 F 检验

建立在 F 分布基础上的 F 检验，也可以用来对回归方程进行显著性检验。在仅有一个自变量时，F 检验将得出与 t 检验同样的结论，即如果 t 检验表明 $\beta_1 \neq 0$，因此变量间存在一个显著的关系，那么 F 检验也将表明变量间存在一个显著的关系。但是对于超过一个自变量的情况，F 检验仅能用于检验回归方程总体的显著关系。

为了确定变量间的回归关系在统计上是否显著，我们所使用的 F 检验的基本原理是以 σ^2 的两个独立的估计量为依据。我们已经解释了 MSE 是 σ^2 的一个估计量。如果原假设 $H_0: \beta_1=0$ 成立，那么用回归平方和 SSR 除以它的自由度就得到了 σ^2 的另一个独立估计量。这个估计量称为来自回归的均方，简称均方回归，用 MSR 表示。于是

$$\text{MSR} = \frac{\text{SSR}}{\text{回归自由度}}$$

对在本书中我们所研究的模型，回归自由度总是等于模型中自变量的个数。于是

$$\text{MSR} = \frac{\text{SSR}}{\text{自变量的个数}} \tag{11.20}$$

由于在本章中，我们考虑的回归模型仅含有一个自变量，所以有 MSR = SSR/1 = SSR。因此对 Armand 比萨饼连锁店的例子，MSR = SSR = 14 200。

如果原假设 $H_0: \beta_1=0$ 成立，则 MSR 和 MSE 是 σ^2 的两个独立的估计量，并且

MSR/MSE 的抽样分布服从分子自由度为 1，分母自由度为 $n-2$ 的 F 分布。所以当 $\beta_1=0$ 时，MSR/MSE 的值应接近于 1。但是如果原假设 H_0：$\beta_1=0$ 不成立，MSR 将高估 σ^2，并且 MSR/MSE 的值将变得无穷大；于是，较大的 MSR/MSE 的值将导致拒绝 H_0，并且可以断定，在两个变量 x 和 y 之间的关系在统计上是显著的。

现在我们对 Armand 比萨饼连锁店的例子进行 F 检验。检验的统计量是：

$$F=\frac{\mathrm{MSR}}{\mathrm{MSE}}=\frac{14\ 200}{191.25}=74.25$$

从 F 分布表（附录 A 的表 4），我们可以查出当分子自由度为 1，分母自由度为 $n-2=10-2=8$ 时，$F=11.26$ 的 F 分布上侧的面积是 0.01。于是对应于检验统计量 $F=74.25$ 的 F 分布上侧的面积一定小于 0.01。因此可以断定，p 值一定小于 0.01。Excel 显示 p 值 $=0.000$。因为 p 值小于 $\alpha=0.01$，所以拒绝 H_0，并且可以断定，在学生人数和季度销售收入之间存在一个显著的关系。对简单线性回归的显著性进行 F 检验的步骤汇总如下：

简单线性回归显著性的 F 检验

H_0：$\beta_1=0$
H_a：$\beta_1\neq 0$

检验的统计量

$$F=\frac{\mathrm{MSR}}{\mathrm{MSE}} \tag{11.21}$$

拒绝法则

p 值法：如果 p 值 $\leqslant \alpha$，则拒绝 H_0
临界值法：如果 $F\geqslant F_\alpha$，则拒绝 H_0

其中，F_α 是分子自由度为 1，分母自由度为 $n-2$ 时，使 F 分布的上侧面积为 α 的 F 值。

利用 Excel，p 值 $=$ F.DIST.RT（74.25，1，8）$=0.000$。
对简单线性回归情形，F 检验和 t 检验给出了同样的结果。

在第 9 章中，我们已经详细讨论了方差分析（ANOVA）问题，并且指出了如何使用一个 **ANOVA 表**（ANOVA table）简练地概括方差分析的运算过程。一个类似的 ANOVA 表能用来概括回归显著性的 F 检验的计算结果。表 11—5 是简单线性回归 ANOVA 表的一般形式。表 11—6 是对 Armand 比萨饼连锁店例子进行 F 检验计算过程的 ANOVA 表。第 1 列中的回归、误差和总和是方差的三个来源；第 2 列中的 SSR、SSE 和 SST 是对应的三个平方和；第 3 列是这些平方和的自由度，SSR 为 1，SSE 为 $n-2$，SST 为 $n-1$；第 4 列是两个均方 MSR 和 MSE 的值，第 5 列是统计量 $F=$ MSR / MSE 的值；第 6 列是第 5 列 F 值对应的 p 值。几乎所有回归分析的计算机打印输出都包含一张 ANOVA 表，而这张 ANOVA 表概括了显著性 F 检验的步骤。

在每一个方差分析表中，总平方和是回归平方和与残差平方和之和；同时，总的自由度是回归平方和的自由度与误差平方和的自由度之和。

表 11—5　　　　　　　　　简单线性回归 ANOVA 表的一般形式

方差来源	平方和	自由度	均方	F	p 值
回归	SSR	1	$\text{MSR}=\dfrac{\text{SSR}}{1}$	$F=\dfrac{\text{MSR}}{\text{MSE}}$	
误差	SSE	$n-2$	$\text{MSE}=\dfrac{\text{SSE}}{n-2}$		
总和	SST	$n-1$			

表 11—6　　　　　　　　　Armand 比萨饼连锁店例子的 ANOVA 表

方差来源	平方和	自由度	均方	F	p 值
回归	14 200	1	$\dfrac{14\,200}{1}=14\,200$	$\dfrac{14\,200}{191.25}=74.25$	0.000
误差	1 530	8	$\dfrac{1\,530}{8}=191.25$		
总和	15 730	9			

11.5.5　关于显著性检验解释的几点注意

拒绝原假设 $H_0:\beta_1=0$ 并且得出变量 x 和 y 之间存在显著性关系的结论，并不意味着我们能做出变量 x 和 y 之间存在一个因果关系的结论。只有当分析人员有着理论上的充分证据，能够证明变量间确实存在因果关系，才能认为变量间存在这样一个因果关系的结论是合理的。在 Armand 比萨饼连锁店的例子中，我们能做出在学生人数 x 和季度销售收入 y 之间存在一个显著关系的结论，而且估计的回归方程 $\hat{y}=60+5x$ 给出了这一显著关系的最小二乘估计结果。但是不能断定学生人数 x 的变化引起了季度销售收入 y 的变化，因为我们只不过识别了一个统计上显著的关系。这样一个因果关系结论的合理性，一方面要从理论上给予证实，另一方面还要依靠分析人员出色的判断能力。Armand 比萨饼连锁店的管理人员觉得，学生人数的增长很可能是季度销售收入增长的一个原因。于是，显著性检验的结果能够使他们做出在学生人数和季度销售收入之间确实存在一个因果关系的结论。

> 回归分析能用来识别变量间是如何相互联系的，而不能用来作为变量间存在一个因果关系的依据。

另外，由于我们只是拒绝了 $H_0:\beta_1=0$ 和证实了变量 x 和 y 之间存在统计显著性关系，因此这并不能让我们做出变量 x 和 y 之间存在线性关系的结论。我们仅仅能说明在 x 的样本观测值范围以内，x 和 y 是相关的，而且这个线性关系只是解释了 y 的变异性的显著部分。图 11—9 说明了这种情形。显著性检验要求我们否定原假设 $H_0:\beta_1=0$，并且做出了 x 和 y 之间存在显著关系的结论，但是图 11—9 表明，在 x 和 y 之间的关系实际上不是线性关系。虽然在 x 的样本观测值范围以内，估计的回归方程 $\hat{y}=b_0+b_1x$ 给出了变量 x 和 y 之间关系一个很好的线性近似，但对这个范围以外的 x 值却很差。

假设变量 x 和 y 之间存在一个显著的关系，利用估计的回归方程，对于 x 的样本观测值范围以内的 x 值进行预测，我们认为是完全有把握的。对于 Armand 比萨饼连锁店的例子，x 的样本观测值的取值范围在 2~26。除非有理由相信，超出这个范围模型仍是适宜的，否则在一般情形下，在自变量 x 的取值范围以外进行预测应十分谨慎。对于 Armand 比萨饼连锁店的例子，因为我们已经知道在 0.01 显著性水平下，回归关系是显著的，所以对于有 2 000～26 000 名学生的校园附近的连锁店，利用这个显著的回归关系 $\hat{y}=60+5x$ 来预测连锁店季度销售收入是完全有把握的。

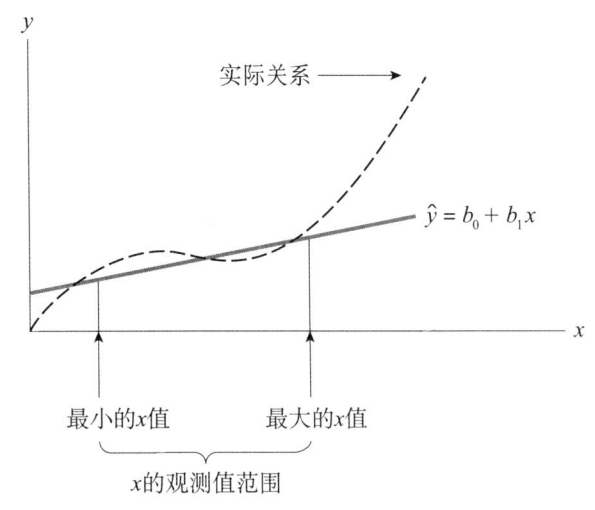

图 11—9 非线性关系的线性近似的例子

评 注

1. 由于在 11.4 节中对误差项作出了一些假定，才使我们在本节中进行统计显著性检验成为可能。b_1 抽样分布的性质以及随后的 t 检验和 F 检验都是从这些假设直接得出的。

2. 不能把统计显著性与实际显著性混淆。当样本容量非常大时，对于小的 b_1 的值，也能得到在统计上是显著的结果。在这种情形下，要做出在实际上存在一个显著性关系的结论，必须特别小心。

3. x 和 y 之间存在一个线性关系的显著性检验，也可以利用样本相关系数 r_{xy} 来完成。用 ρ_{xy} 表示总体相关系数，提出的假设如下：

$$H_0: \rho_{xy}=0$$
$$H_a: \rho_{xy}\neq 0$$

如果 H_0 被拒绝，就能做出变量 x 和 y 存在一个显著性关系的结论。不过利用相关系数进行显著性检验与本节前面介绍的 t 检验和 F 检验给出了同样的结果。所以，如果已经完成了 t 检验或 F 检验，就不必再利用相关系数进行显著性检验了。

练 习

方法

14. 本题的数据如下：

x_i	1	2	3	4	5
y_i	3	7	5	11	14

a. 利用式（11.15）计算均方误差。

b. 利用式（11.16）计算估计的标准误差。
c. 利用式（11.18）计算 b_1 的估计的标准差。
d. 利用 t 检验，在 $\alpha = 0.05$ 的显著性水平下检验下面的假设：
$H_0: \beta_1 = 0$
$H_a: \beta_1 \neq 0$
e. 利用 F 检验，在 $\alpha = 0.05$ 的显著性水平下检验 d 中的假设。请用方差分析表的格式表示所得到的结果。

15. 本题的数据如下：

x_i	3	12	6	20	14
y_i	55	40	55	10	15

a. 利用式（11.15）计算均方误差。
b. 利用式（11.16）计算估计的标准误差。
c. 利用式（11.18）计算 b_1 的估计的标准差。
d. 利用 t 检验，在 $\alpha = 0.05$ 的显著性水平下检验下面的假设：
$H_0: \beta_1 = 0$
$H_a: \beta_1 \neq 0$
e. 利用 F 检验，在 $\alpha = 0.05$ 的显著性水平下检验 d 中的假设。请用方差分析表的格式表示所得到的结果。

应用

16. 在第 11 题中有关平均成绩和月薪的数据如下表所示：

平均成绩	月薪（美元）	平均成绩	月薪（美元）
2.6	3 300	3.2	3 500
3.4	3 600	3.5	3 900
3.6	4 000	2.9	3 600

a. 在 $\alpha = 0.05$ 的显著性水平下，t 检验是否表明在平均成绩和月薪之间存在一个显著的关系？你的结论是什么？
b. 利用 F 检验，在 $\alpha = 0.05$ 的显著性水平下检验变量间的显著关系。你的结论是什么？
c. 做出 ANOVA 表。

17. 在第 5 题中，对于挪威 Bergans 生产的 11 款睡袋的数据，令 x 表示温标（F^0），y 表示价格（美元），得到的估计的回归方程是 $\hat{y} = 359.266\ 8 - 5.277\ 2x$。在 $\alpha = 0.05$ 的显著性水平下，检验温标和价格是否相关。做出 ANOVA 表。你的结论是什么？

18. 下面的数据曾用于研究：在一般情况下，较高价格的椭圆机是否具有较高的总体评价分数（*Consumer Report*，February 2008）。

品牌和型号	价格（美元）	总体评价分数
Precor 5.31	3 700	87
Keys Fitness CG2	2 500	84
Octane Fitness Q37e	2 800	82
LifeFitness X1 Basic	1 900	74

续前表

品牌和型号	价格（美元）	总体评价分数
NordicTrack AudioStrider 990	1 000	73
Schwinn 430	800	69
Vision Fitness X6100	1 700	68
ProForm XP 520 Razor	600	55

令 x 表示价格，y 表示总体评价分数，得到估计的回归方程为 $\hat{y}=58.158+0.008\,449x$。对于这些数据，SSE＝173.88，SST＝756。是否有证据表明椭圆机价格与总体评价分数这两个变量之间存在一个显著的关系？

11.6 应用估计的回归方程进行估计和预测

简单线性回归模型是我们对变量 x 和 y 之间关系所做的一个假定。然后，利用最小二乘法，得到了估计的简单线性回归方程。如果在变量 x 和 y 之间存在一个显著的关系，并且判定系数表明估计的回归方程对样本数据的拟合是一个好的拟合，那么我们就能利用估计的回归方程进行估计和预测。

11.6.1 点估计

在 Armand 比萨饼连锁店的例子中，估计的回归方程为 $\hat{y}=60+5x$。在 11.1 节末尾，我们总结认为，对于 x 的一个给定值，$\hat{y}$ 既是 y 的平均值或期望值 $E(y)$ 的一个点估计值，同时也是 y 的一个个别值的预测值。例如，在 Armand 比萨饼连锁店的例子中，求对于所有位于有 10 000 名学生的校园附近的连锁店，管理人员希望得到平均季度销售收入的一个点估计。利用估计的回归方程 $\hat{y}=60+5x$，对于 $x=10$（或者 10 000 名学生），有 $\hat{y}=60+5\times10=110$。于是，对于所有位于有 10 000 名学生的校园附近的连锁店，平均季度销售收入的点估计值是 110 000 美元。在这里，当 $x=10$ 时，用 $\hat{y}$ 作为表示 y 的平均值的点估计。

对于 x 的一个给定值，还可以用估计的回归方程预测 y 的一个个别值。例如，有一家新的 Armand 比萨饼连锁店位于有 10 000 名学生的 Talbot 大学附近，为了预测它的季度销售收入，我们将计算 $\hat{y}=60+5\times10=110$。因此，对这样一家新的连锁店，我们预测季度销售收入为 110 000 美元。在这里，当 $x=10$ 时，我们用 $\hat{y}$ 作为一个新的观测值的 y 的预测值。

当用估计的回归方程去估计 y 的平均值或预测 y 的个别值时，显然这个估计值或预测值依赖于 x 的给定值。正是出于这个原因，当我们深入讨论涉及估计值和预测值的问题时，下列符号将有助于澄清事实：

x^*——自变量 x 的一个给定值

y^*——当 $x=x^*$ 时，因变量 y 的可能值，是一个随机变量

$E(y^*)$——当 $x=x^*$ 时，因变量 y 的平均值或期望值

$\hat{y}^*=b_0+b_1x^*$——当 $x=x^*$ 时，$E(y^*)$ 的点估计值和 y^* 一个个别值的预测值

为了说明这些符号的用法,假设对所有位于有 10 000 名学生的校园附近的 Armand 比萨饼连锁店,我们想估计它们的平均季度销售收入。这里,有 $x^* = 10$,$E(y^*)$ 表示对所有 $x^* = 10$ 的连锁店的季度销售收入未知的平均值,因此,$E(y^*)$ 的点估计值是 $\hat{y}^* = 60 + 5 \times 10 = 110$ 或 110 000 美元。但是,利用这个符号,对于位于有 10 000 名学生的 Talbot 大学附近的一家新的 Armand 比萨饼连锁店,$\hat{y}^* = 110$ 也是它的季度销售收入的预测值。

11.6.2 区间估计

点估计值和预测值不能提供有关估计量和预测量精度的任何信息。为此,我们建立置信区间和预测区间。**置信区间**(confidence interval)是对于 x 的一个给定值,y 的平均值的一个区间估计。对于 x 的一个给定值所对应的新观测值,**预测区间**(prediction interval)用于我们随时需要预测 y 的一个个别值。对于 x 的一个给定值,尽管 y 的预测值与 y 的平均值的点估计值相同,但是,两种情形下,我们得到的区间估计是不同的。我们将看到,预测区间的边际误差比较大。我们以如何建立 y 的平均值的区间估计讲起。

> 置信区间和预测区间都表明了回归结果的精度。比较窄的区间会提供一个比较高的精度。

11.6.3 y 的平均值的置信区间

一般说来,我们不能期望估计值 $\hat{y}^*$ 精确地等于 $E(y^*)$。如果想要做出 $\hat{y}^*$ 是如何接近真实的平均值 $E(y^*)$ 的推断,我们必须估计 $\hat{y}^*$ 的方差。用 $s_{\hat{y}^*}^2$ 表示 $\hat{y}^*$ 的方差的估计量,它的计算公式为:

$$s_{\hat{y}^*}^2 = s^2 \left[\frac{1}{n} + \frac{(x^* - \bar{x})^2}{\sum (x_i - \bar{x})^2} \right] \tag{11.22}$$

$\hat{y}^*$ 的标准差的估计量由式(11.22)的平方根给出。

$$s_{\hat{y}^*} = s \sqrt{\frac{1}{n} + \frac{(x^* - \bar{x})^2}{\sum (x_i - \bar{x})^2}} \tag{11.23}$$

对 Armand 比萨饼连锁店的例子,在 11.5 节中已给出了 $s = 13.829$ 的计算结果。因为 $x^* = 10$,$\bar{x} = 14$ 和 $\sum (x_i - \bar{x})^2 = 568$,利用式(11.23),得

$$s_{\hat{y}^*} = 13.829 \sqrt{\frac{1}{10} + \frac{(10-14)^2}{568}} = 13.829 \sqrt{0.128\ 2} = 4.95$$

置信区间的一般表达式如下:

$E(y^*)$ 的置信区间

$$\hat{y}^* \pm t_{\alpha/2} s_{\hat{y}^*} \tag{11.24}$$

式中,$1 - \alpha$ 是置信系数;$t_{\alpha/2}$ 是自由度为 $n - 2$ 时,使 t 分布的上侧面积为 $\alpha/2$ 时的 t 值。

> 这个区间估计的边际误差是 $t_{\alpha/2} s_{\hat{y}^*}$ 。

对于所有位于有 10 000 名学生的校园附近的 Armand 比萨饼连锁店，我们能利用式 (11.24)，建立一个置信水平为 95％ 的平均季度销售收入的置信区间估计。对 $\alpha/2 = 0.025$，自由度为 $n-2 = 10-2 = 8$，利用附录 A 中的表 2，得到 $t_{0.025} = 2.306$。因为 $\hat{y}^* = 110$，边际误差 $t_{\alpha/2} s_{\hat{y}^*} = 2.306 \times 4.95 = 11.415$，于是 95％ 的置信区间估计为：

$$110 \pm 11.415$$

若以美元为单位，对于所有位于有 10 000 名学生的校园附近的 Armand 比萨饼连锁店，置信水平为 95％ 的平均季度销售收入的置信区间是 110 000 ± 11 415 美元。所以，当学生人数是 10 000 人时，置信水平为 95％ 的平均季度销售收入的置信区间为 98 585～121 415 美元。

注意，当 $x^* = \bar{x}$ 时，有 $x^* - \bar{x} = 0$，于是，由式 (11.23) 给出的 $\hat{y}^*$ 的标准差的估计量最小。在这种情况下，$\hat{y}^*$ 的标准差的估计量变为：

$$s_{\hat{y}^*} = s\sqrt{\frac{1}{n} + \frac{(\bar{x}-\bar{x})^2}{\sum(x_i-\bar{x})^2}} = s\sqrt{\frac{1}{n}}$$

这就是说，每当我们取 $x^* = \bar{x}$ 时，就能得到 y 的平均值最佳的或是最精确的估计量。事实上，x^* 偏离 $\bar{x}$ 愈远，差 $x^* - \bar{x}$ 就变得愈大。结果是 x^* 偏离 $\bar{x}$ 愈远，y 的平均值的置信区间就变得愈宽。这种情形如图 11—10 所示。

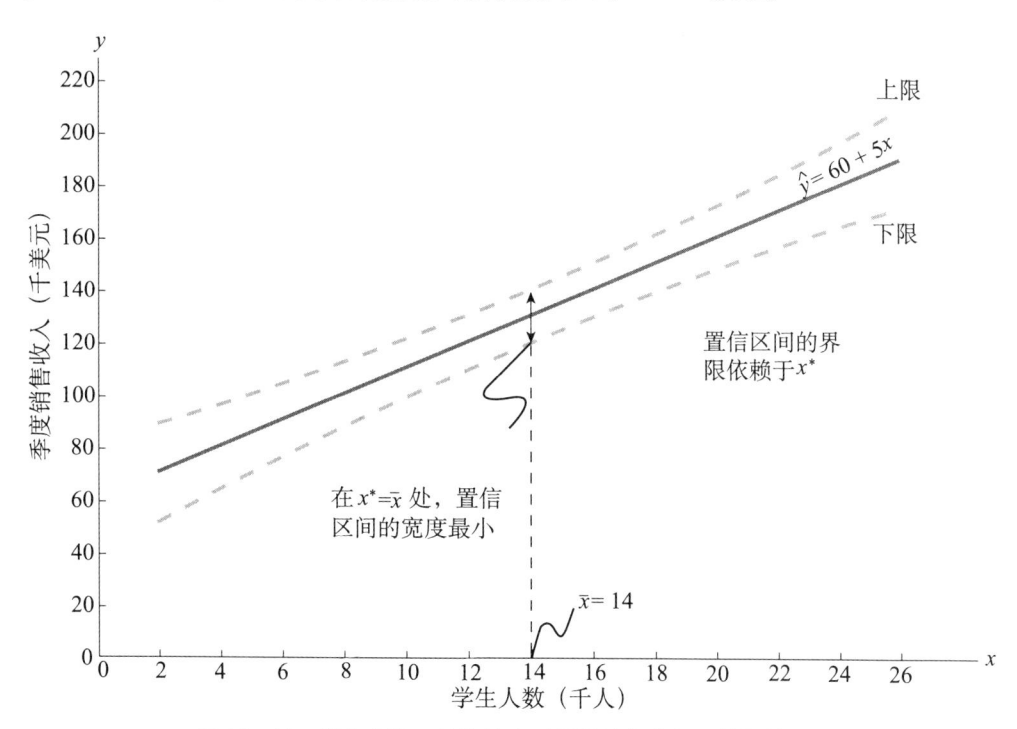

图 11—10 学生人数 x 的值给定时平均销售收入 y 的置信区间

11.6.4 y 的一个个别值的预测区间

假定我们不对所有位于有 10 000 名学生的校园附近的 Armand 比萨饼连锁店估计平均季度销售收入，只希望预测位于有 10 000 名学生的 Talbot 大学附近的一家新的连锁店的季度销售收入。正如前面所述，与给定值 x^* 对应的 y 的值 y^* 的预测值由 $\hat{y}^* = b_0 + b_1 x^*$ 给出。对于在 Talbot 大学附近的这家新连锁店，我们有 $x^* = 10$，对应的预测季度销售收入为 $\hat{y}^* = 60 + 5 \times 10 = 110$ 或 110 000 美元。注意，这个结果与所有位于有 10 000 名学生的校园附近的连锁店的平均销售收入的点估计是相同的。

为了建立预测区间，首先必须确定，当 $x = x^*$ 时，用 $\hat{y}^*$ 作为 y 的一个预测值的方差。这个方差由以下两部分组成：

(1) y^* 值关于平均值 $E(y^*)$ 的方差，它的估计量由 s^2 给出。
(2) 利用 $\hat{y}^*$ 估计 $E(y^*)$ 的方差，它的估计量由 $s_{\hat{y}^*}^2$ 给出。

我们用 s_{pred}^2 表示当 $x = x^*$ 时，y 的预测值的方差的估计量，它的计算公式为：

$$s_{\text{pred}}^2 = s^2 + s_{\hat{y}^*}^2 = s^2 + s^2 \left[\frac{1}{n} + \frac{(x^* - \bar{x})^2}{\sum (x_i - \bar{x})^2} \right]$$

$$= s^2 \left[1 + \frac{1}{n} + \frac{(x^* - \bar{x})^2}{\sum (x_i - \bar{x})^2} \right] \tag{11.25}$$

因此，y 的预测值 y^* 的标准差的估计量为：

$$s_{\text{pred}} = s \sqrt{1 + \frac{1}{n} + \frac{(x^* - \bar{x})^2}{\sum (x_i - \bar{x})^2}} \tag{11.26}$$

在 Armand 比萨饼连锁店的例子中，对于位于有 10 000 名学生的的 Talbot 大学附近的一家新连锁店，与销售收入预测值相对应的估计的标准差为：

$$s_{\text{pred}} = 13.829 \sqrt{1 + \frac{1}{10} + \frac{(10 - 14)^2}{568}}$$

$$= 13.829 \sqrt{1.282} = 14.69$$

预测区间的一般表达式如下：

y^* 的预测区间

$$\hat{y}^* \pm t_{\alpha/2} \, s_{\text{pred}} \tag{11.27}$$

式中，$1 - \alpha$ 是置信系数；$t_{\alpha/2}$ 是自由度为 $n - 2$ 时，使 t 分布的上侧面积为 $\alpha/2$ 时的 t 值。

> 这个区间估计的边际误差是 $t_{\alpha/2} s_{\text{pred}}$。

对于位于 Talbot 大学附近的这家新 Armand 比萨饼连锁店，利用 $t_{0.025} = 2.306$ 和 $s_{\text{pred}} = 14.69$，我们能建立一个置信水平为 95% 的季度销售收入的预测区间。因为 $\hat{y}^* = 110$，边际误差 $t_{\alpha/2} s_{\text{pred}} = 2.306 \times 14.69 = 33.875$，于是 95% 的预测区间估计为：

110 ± 33.875

若以美元为单位,这个预测区间是 110 000 ± 33 875 美元,或者是 76 125～143 875 美元。注意,与所有位于有 10 000 名学生的校园附近的连锁店的平均季度销售收入的置信区间相比,位于 Talbot 大学附近的这家新 Armand 比萨饼连锁店的预测区间是比较宽的。二者的区别说明了这样一个事实:我们能比 y 的一个个别值更精确地估计 y 的平均值。

当自变量的值 x^* 接近 $\bar{x}$ 时,置信区间估计和预测区间估计都是更精确的。置信区间和较宽的预测区间的一般形状如图 11—11 所示。

一般情况下,置信区间的界限和预测区间的界限都是弯曲的。

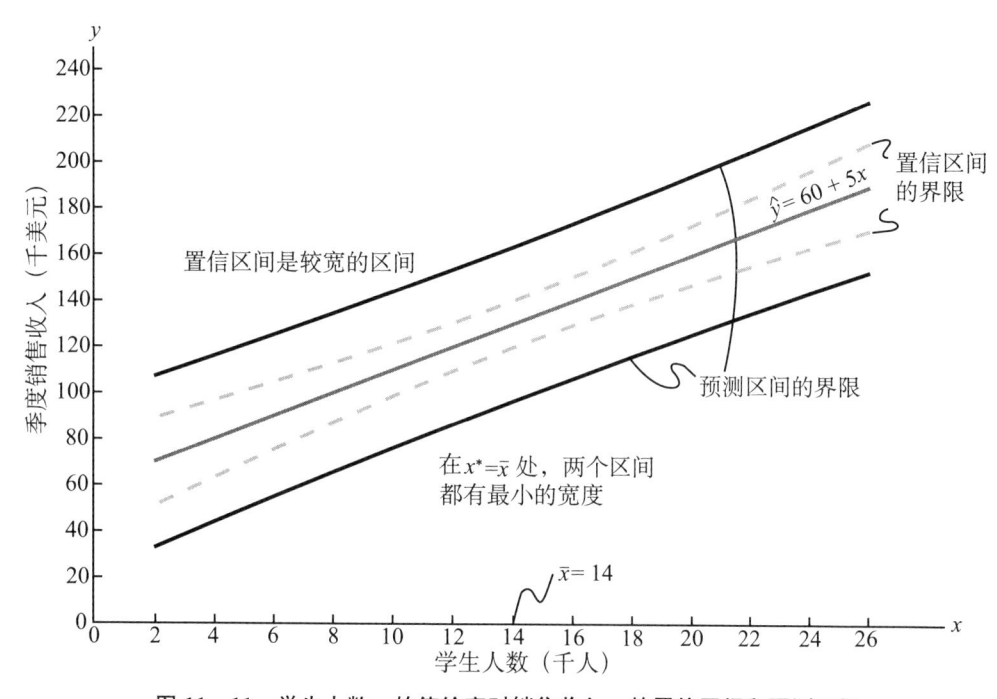

图 11—11 学生人数 x 的值给定时销售收入 y 的置信区间和预测区间

评 注

对于新的观测值,可利用预测区间来预测因变量 y 的值。针对 Armand 考虑在有 10 000 名学生的 Talbot 大学附近开设一家新连锁店,作为说明,我们演示了如何构建其季度销售收入的预测区间。事实上,在表 11—1 的 Armand 样本数据中,没有一个学生人数的数值为 $x = 10$,但这并不意味着不能用样本数据中的 x 值构建预测区间。对于表 11—1 中 10 家连锁店的虚构数据,对于这些连锁店中任意一家建立季度销售收入的预测区间没有任何意义,因为每一家连锁店的季度销售收入已知。换句话说,预测区间只对一些新事物有意义,在这里,指对应于一个特定的 x 值的一个新观测值,而这个特定的 x 值可以等于也可以不等于样本中的 x 值。

练 习

方法

19. 本题的数据如下：

x_i	1	2	3	4	5
y_i	3	7	5	11	14

a. 当 $x=4$ 时，利用式（11.23）估计 $\hat{y}^*$ 的标准差。

b. 当 $x=4$ 时，利用式（11.24）建立一个 y 的期望值的置信水平为 95% 的置信区间。

c. 当 $x=4$ 时，利用式（11.26）估计 y 的一个个别值的标准差。

d. 当 $x=4$ 时，利用式（11.27）建立一个 y 的置信水平为 95% 的预测区间。

20. 本题的数据如下：

x_i	2	6	9	13	20
y_i	7	18	9	26	23

当 $x=12$ 时，建立置信水平为 95% 的置信区间和预测区间。请解释为什么这两个区间是不同的。

应用

21. 在第 11 题中，根据平均成绩 x 和月薪 y 的数据，得到了估计的回归方程为 $\hat{y}=1\,790.5+581.1x$。

a. 对所有平均成绩为 3.0 的学生，建立一个置信水平为 95% 的平均起始月薪的置信区间。

b. 如果乔·海勒（Joe Heller）是一名平均成绩为 3.0 的学生，为他建立一个置信水平为 95% 的起始月薪的预测区间。

22. 在第 5 题中，令 x 表示温标，y 表示价格，根据挪威 Bergans 生产的 11 款睡袋的数据，得到估计的回归方程 $\hat{y}=359.266\,8-5.277\,2x$。对于这些数据，$s=37.937\,2$。

a. 对于温标是 30 的所有睡袋，求平均价格的一个点估计。

b. 对于温标为 30 的所有睡袋，求平均价格的置信水平为 95% 的置信区间。

c. 假定 Bergans 开发了一款温标的新型号睡袋，求新型号睡袋价格的置信水平为 95% 的预测区间。

d. 讨论你在 b 和 c 中得到的答案的差异。

23. 对于某一特殊的制造企业，利用产量 x 和总成本 y 的数据，得到估计的回归方程为 $\hat{y}=1\,246.67+7.6x$。

产量（件）	总成本（美元）	产量（件）	总成本（美元）
400	4 000	600	5 900
450	5 000	700	6 400
550	5 400	750	7 000

a. 公司的生产计划表明下个月必须生产 500 件产品。下个月总成本的点估计值是多少？

b. 建立下个月总成本的置信水平为 99% 的预测区间。

c. 如果下月底的财务成本报表显示，在此期间的实际生产成本是 6 000 美元。公司管理人员会对这个月发生这样高的总成本担忧吗？请加以论述。

11.7 Excel 回归工具

在本章的前面几节，我们演示了对回归分析中的各种工作如何应用 Excel 图表工具。Excel 还有一个比较全面的回归工具。本节将演示如何利用 Excel 回归工具完成一个完整的回归分析，其中包括表 11—1 中 Armand 比萨饼连锁店数据的显著性统计检验。

11.7.1 对 Armand 比萨饼连锁店例子利用 Excel 回归工具

在描述利用 Excel 回归工具完成 Armand 数据的回归分析计算任务时，参见图 11—12 和图 11—13。

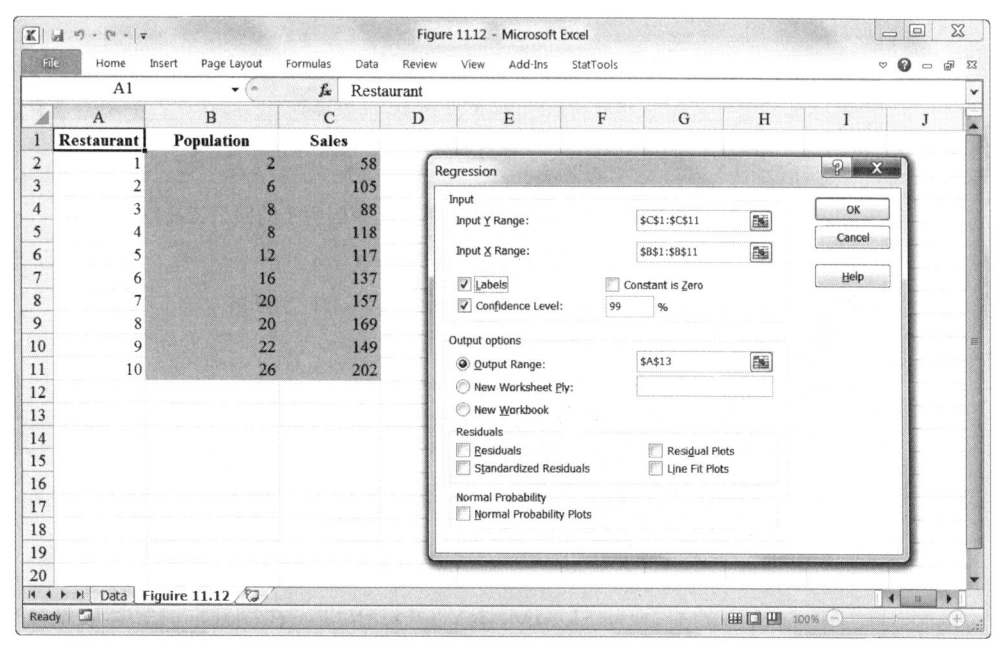

图 11—12　Armand 比萨饼连锁店例子的回归工具对话框

输入数据：将标签 Restaurant，Population 和 Sales 输入到工作表的单元格区域 A1：C1。为了识别 10 个观测值中的任一个，我们将数字 1~10 输入到单元格区域 A2：A11，将样本数据输入到单元格区域 B2：C11。

应用工具：以下步骤描述如何利用 Excel 回归工具，完成 11.2 节至 11.5 节中的回归分析计算。

第 1 步：点击功能区菜单栏的 **Data** 按钮。
第 2 步：在 **Analysis** 组，选择 **Data Analysis** 选项。
第 3 步：从分析工具列表中选择 **Regression** 选项。
第 4 步：当 **Regression** 对话框出现时（见图 11—12）：

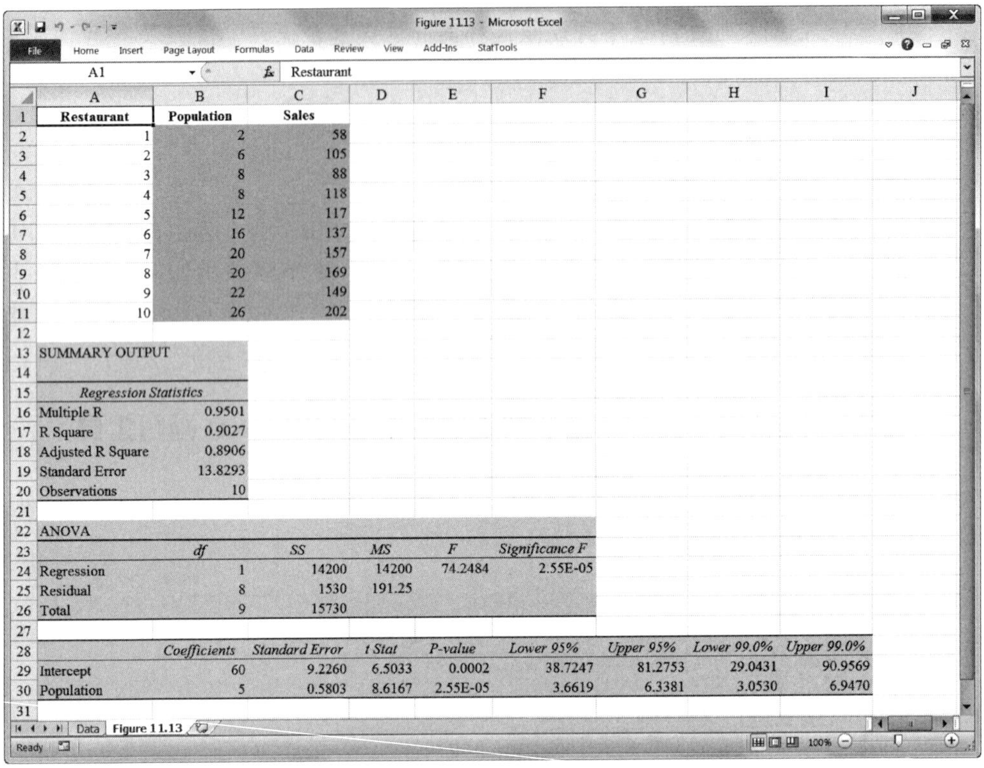

Restaurant	Population	Sales
1	2	58
2	6	105
3	8	88
4	8	118
5	12	117
6	16	137
7	20	157
8	20	169
9	22	149
10	26	202

SUMMARY OUTPUT

Regression Statistics	
Multiple R	0.9501
R Square	0.9027
Adjusted R Square	0.8906
Standard Error	13.8293
Observations	10

ANOVA

	df	*SS*	*MS*	*F*	*Significance F*
Regression	1	14200	14200	74.2484	2.55E-05
Residual	8	1530	191.25		
Total	9	15730			

	Coefficients	*Standard Error*	*t Stat*	*P-value*	*Lower 95%*	*Upper 95%*	*Lower 99.0%*	*Upper 99.0%*
Intercept	60	9.2260	6.5033	0.0002	38.7247	81.2753	29.0431	90.9569
Population	5	0.5803	8.6167	2.55E-05	3.6619	6.3381	3.0530	6.9470

图 11—13　Armand 比萨饼连锁店例子的回归工具输出

在 **Input Y Range** 框中输入 C1：C11；

在 **Input X Range** 框中输入 B1：B11；

选择 **Labels**；

选择 **Confidence Level**；

在 **Confidence Level** 框中输入 99；

选择 **Output Range**；

在 **Output Range** 框中输入 A13（指定输出结果出现在工作表区域的左上角）；

点击 **OK**。

回归输出的标题为 SUMMARY OUTPUT，在图 11—13 中从第 13 行开始。由于 Excel 最初用标准列宽显示输出，许多行和列的标签难以认清。在有些地方，为了增加可读性我们重新定义格式。而且重新定义单元格格式，以显示小数点后 4 位。用科学计数法显示的数值没有被修改。今后回归输出的数字都同样被重新定义格式以增加可读性。

SUMMARY OUTPUT 的第一部分，标题是 Regression Statistics，包含有主要的统计量，例如判定系数（R Square）。输出的第二部分，标题是 ANOVA，包含有方差分析表。输出的最后一部分没有标题，包含有估计的回归系数和相关的信息。下面开始详细地解释包含在行 29～30 中的回归输出信息。

11.7.2 估计回归方程输出的解释

行 29 包含了估计的回归线的 y 轴截距的信息，行 30 包含了估计的回归线的斜率的信息。在单元格 B29 中显示了估计回归线 y 轴截距：$b_0=60$，在单元格 B30 中显示估计回归线斜率：$b_1=5$。在单元格 A29 中的标签 Intercept 和单元格 A30 中的标签 Population，用于识别 b_0 和 b_1 的值。

在 11.5 节中我们已经说明了 b_1 的估计的标准差是 $s_{b_1}=0.5803$。在单元格 C30 中包含 b_1 的估计的标准差。正如前面指出的，b_1 的标准差也称为 b_1 的标准误差。因此，s_{b_1} 给出了 b_1 的标准误差的估计。在单元格 C28 中的标签 Standard Error 是 Excel 的方式，它指明单元格 C30 中的数值是 b_1 的估计的标准差或标准差。

在 11.5 节中，对于学生人数和季度销售收入之间关系的显著性检验，我们陈述的原假设和备择假设为：

H_0：$\beta_1=0$

H_a：$\beta_1\neq 0$

进行显著性关系的 t 检验需要计算 t 统计量 $t=b_1/s_{b_1}$。对于 Armand 比萨饼连锁店的数据，我们已经计算出 t 统计量的值是 $t=5/0.5803=8.62$。注意：经过四舍五入之后，单元格 D30 中的数值是 8.62。在单元格 D28 中的列标签 t Stat，提醒我们单元格 D30 中包含 t 统计量的值。

t 检验 单元格 E30 中的信息给出了进行显著性检验的工具。单元格 E30 中的数值是与显著性 t 检验相联系的 p 值，Excel 用科学计数法显示 p 值。为了得到一个小数值，我们将小数点向左移动 5 位，得到 0.0000255 的 p 值。因此，与显著性 t 检验相联系的 p 值=0.0000255。在给定 α 的显著性水平下，是否可以做出拒绝 H_0 的决策如下：

如果 p 值 $\leq \alpha$，则拒绝 H_0

假设在 $\alpha=0.01$ 的显著性水平下，因为 $0.0000255 < \alpha=0.01$，所以拒绝 H_0，并且可以断定在学生人数和季度销售收入之间存在一个显著的关系。由于作为回归分析计算机输出结果的一部分，p 值已给出，因此，在回归分析的假设检验中，p 值法是最常用的方法。

在单元格区域 F28：I30 中的信息能用来建立估计的回归方程 y 轴截距和斜率的置信区间估计。Excel 总能提供一个置信水平为 95% 的置信区间的下限和上限。可以回想一下回归对话框（见图 11—12），我们选择了 Confidence Level，并且在 Confidence Level 框中输入 99。作为结果，Excel 的回归工具也能提供一个置信水平为 99% 的置信区间的下限和上限。在单元格 H30 和 I30 中的数值分别是 β_1 的置信水平为 99% 的置信区间估计的下限和上限。于是，经过四舍五入，β_1 的置信水平为 99% 的置信区间估计是（3.05，6.95）。在单元格 F30 和 G30 中的数值分别是 β_1 的置信水平为 95% 的置信区间估计的下限和上限，于是 β_1 的置信水平为 95% 的置信区间估计是（3.66，6.34）。

11.7.3 方差分析输出的解释

在单元格区域 A22：F26 中的信息是 Armand 数据的方差分析计算的汇总。标签 Regression，Residual 和 Total 分别是变差的三个来源。在单元格 B23，C23 和 D23 中的标记 df，SS 和 MS 分别是自由度、平方和以及均方。观测单元格区域 C24：C26，我们发现回归平方和为 14 200，残差平方和为 1 530，总平方和为 15 700。单元格区域 B24：B26 中的数值是每个平方和对应的自由度。因此，回归平方和的自由度为 1，残差平方和的自由度为 8，总平方和的自由度为 9。正如前面讨论的，回归自由度与残差自由度之和等于总自由度，回归平方和与残差平方和之和等于总平方和。

> Excel 将误差平方和称为残差平方和。

在 11.5 节中已经说明了均方误差是误差平方和或残差平方和除以它的自由度，均方误差是 σ^2 的一个估计。对于 Armand 比萨饼连锁店例子的回归输出，单元格 D25 中的数值 191.25 就是均方误差。我们也说明了均方回归是回归平方和除以它的自由度，单元格 D24 中的数值 14 200 就是均方回归。

F 检验 11.5 节已经说明了依据 F 分布的 F 检验，也能用来进行回归的显著性检验。在单元格 F24 中的数值 0.000 025 5 是与显著性 F 检验相联系的 p 值。假设在 $\alpha = 0.01$ 的显著性水平下，因为 p 值 $= 0.000\ 025\ 5 < \alpha = 0.01$，所以拒绝 H_0，并且可以断定在学生人数和季度销售收入之间存在一个显著的关系。注意，这与我们用显著性 t 检验的 p 值法得出的结论相同。事实上，在简单线性回归中，显著性 t 检验和显著性 F 检验是等价的，两种方法给出的 p 值相同。Excel 用单元格 F23 中的列标签 Significance F 来识别显著性 F 检验的 p 值。在第 8 章，我们说明了 p 值也经常被称作观测的显著性水平。因此，如果你把单元格 F24 中的数值看作观测的 F 检验的显著性水平，则列标签 Significance F 也许更富有意义。

11.7.4 回归统计量输出的解释

单元格区域 A15：B20 中的输出是回归统计量的汇总。单元格 B20 中的数值 10 是数据集中观测值的个数。单元格 B17 中的数值 0.902 7 是判定系数，对应的行标签 R Square 在单元格 A17 中。单元格 B16 中的数值 0.950 1 是样本相关系数，它是判定系数的平方根。注意，Excel 用单元格 A16 中的行标签 Multiple R（单元格 A16）来识别这个值。用单元格 A19 中的行标签 Standard Error 来识别单元格 B19 中的估计的标准误差的数值。于是，我们得到估计的标准误差是 13.829 3。我们提醒读者记住，在 Excel 输出中，标签 Standard Error 出现在两个不同的地方。在回归统计量输出部分，行标签 Standard Error 指的是 σ 的估计 s；在回归方程输出部分，标签 Standard Error 指的是 b_1 的抽样分布估计的标准差 s_{b_1}。

━━━━━ 练　习 ━━━━━

方法

24. 一家房地产公司的营业部门进行了一项调查，以确定公寓住宅的年租金和销售价格之间的关系。采集了近期出售的一些公寓住宅建筑的数据，用 Excel 回归工具建立估计的回归方程。得到的部分回归输出结果如下：

方差分析

来源	自由度	平方和	均方	F
回归	1	41 587.3		
残差	7			
总计	8	51 984.1		

	系数	标准误差	t 统计量
截距	20.000	3.221 3	6.21
年租金	7.210	1.362 6	5.29

a. 样本中有多少幢公寓住宅？

b. 写出估计的回归方程。

c. 利用 t 检验，在 $\alpha = 0.05$ 的显著性水平下，确定销售价格和年租金之间关系的显著性。

d. 利用 F 检验，在 $\alpha = 0.05$ 的显著性水平下，确定销售价格和年租金之间关系的显著性。

e. 对年租金为 50 000 美元的一幢公寓住宅，预测其销售价格。

25. 关于在一家分店中工作的售货员的人数和这家分店的年销售额之间的回归模型，给出了如下的回归输出结果：

方差分析

来源	自由度	平方和	均方	F
回归	1	6 828.6		
残差	28			
总计	29	9 127.4		

	系数	标准误差	t 统计量	p 值
截距	80.0	11.333		
售货员的人数	50.0	5.482		

a. 写出估计的回归方程。

b. 计算 F 统计量，在 $\alpha = 0.05$ 的显著性水平下，检验关系的显著性。

c. 计算 t 统计量，在 $\alpha = 0.05$ 的显著性水平下，检验关系的显著性。

d. 如果孟菲斯分店有 12 名售货员，预测该分店的年销售收入。

26. 汽车大赛、优质驾校以及汽车俱乐部开展的司机培训计划受到人们喜爱的程度持续增长。所有这些活动的参加者都被要求必须佩戴经 Snell 纪念基金会认证的头盔。Snell 纪念基金会是一家不以营利为目的的组织，该基金会致力于头盔安全标准的研究、培训、测试和新产品的开发。Snell 纪念基金会的指定专业头盔 "SA"（体育运动专用）是专门为赛车运动设计的，这种头盔具有极强的耐冲击性和高防火性能。在选择头盔时，一个关键的因素是头盔的重量，因为较轻的头盔往往对颈部的压力较小。下表是 18 个 SA 头盔的重量和价格的统计数据（SoloRacer website，April 20，2008）：

头盔	重量（盎司）	价格（美元）
Pyrotect Pro Airflow	64	248
Pyrotect Pro Airflow Graphics	64	278
RCi Full Face	64	200
RaceQuip RidgeLine	64	200
HJC AR-10	58	300
HJC Si-12	47	700
HJC HX-10	49	900
Impact Racing Super Sport	59	340
Zamp FSA-1	66	199
Zamp RZ-2	58	299
Zamp RZ-2 Ferrari	58	299
Zamp RZ-3 Sport	52	479
Zamp RZ-3 Sport Painted	52	479
Bell M2	63	369
Bell M4	62	369
Bell M4 Pro	54	559
G Force Pro Force 1	63	250
G Force Pro Force 1 Grafx	63	280

a. 以重量为自变量，绘制出这些数据的散点图。

b. 在头盔的重量和价格这两个变量之间有关系吗？

c. 建立估计的回归方程，使这个方程在头盔重量已知时，能用来预测头盔的价格。

d. 在 $\alpha = 0.05$ 的显著性水平下，检验这两个变量之间关系的显著性。

e. 估计的回归方程对观测数据的拟合好吗？请解释。

11.8 残差分析：证实模型假定

前面已经提到，第 i 次观测的残差是因变量的观测值（y_i）与它的估计值（$\hat{y}_i$）之差。

第 i 次观测的残差

$$y_i - \hat{y}_i \tag{11.28}$$

式中，y_i 表示因变量的观测值；$\hat{y}_i$ 表示因变量的估计值。

换言之，第 i 次观测的残差是利用估计的回归方程去预测因变量的值 y_i 而引起的误差。对 Armand 比萨饼连锁店的例子，残差的计算列示在表 11—7 中。因变量的观测值在第 2 列，利用估计的回归方程 $\hat{y} = 60 + 5x$ 得到因变量的估计值在第 3 列，对应的残差在第 4 列。对这些残差进行分析将帮助我们确定，对回归模型做出的那些假定是否成立。

> **残差分析**（residual analysis）是确定假定的回归模型是否适宜的重要方法。

表 11—7   Armand 比萨饼连锁店例子的残差

学生人数 x_i	销售收入 y_i	预测的销售收入 $\hat{y}_i = 60 + 5 x_i$	残差 $y_i - \hat{y}_i$
2	58	70	−12
6	105	90	15
8	88	100	−12
8	118	100	18
12	117	120	−3
16	137	140	−3
20	157	160	−3
20	169	160	9
22	149	170	−21
26	202	190	12

现在重温一下关于 Armand 比萨饼连锁店例子的回归假定。假设简单线性回归模型为：

$$y = \beta_0 + \beta_1 x + \varepsilon \tag{11.29}$$

这个模型表示，我们假定季度销售收入（y）是学生人数（x）的一个线性函数加上一个误差项 ε。在 11.4 节中，我们对误差项 ε 做出了以下假定：

(1) $E(\varepsilon) = 0$。
(2) 对所有的 x 值，ε 的方差都是相同的，用 σ^2 表示。
(3) ε 的值是相互独立的。
(4) 误差项 ε 服从正态分布。

这些假定对于利用 t 检验和 F 检验去确定 x 和 y 之间的关系是否显著，以及对于建立在 11.6 节中所介绍的置信区间和预测区间，都提供了理论上的根据。如果关于误差项 ε 的假定显得不那么可靠，那么有关回归关系的显著性假设检验和区间估计的结果也许站不住脚。

残差提供了有关误差项 ε 的最佳信息，因此残差分析是确定误差项 ε 的假定是否成立的重要步骤。许多残差分析都是在对残差图形的仔细考察基础上完成的。在本节中，我们将讨论以下残差图：关于自变量 x 的残差图以及关于因变量的预测值 $\hat{y}$ 的残差图。

11.8.1 关于 x 的残差图

关于自变量 x 的**残差图**（residual plot）的做法是，用水平轴表示自变量的值，用纵轴表示对应的残差值。每个残差都用图上的一个点来表示。对于每一个点，第一个坐标由 x_i 的值给出，第二个坐标由对应的第 i 个残差 $y_i - \hat{y}_i$ 的值给出。对于 Armand 比萨饼连锁店的例子，根据表 11—7 中的数据可以作出关于 x 的残差图。对应 $x_1 = 2$ 和 $y_1 - \hat{y}_1 = -12$，第一个点的坐标是（2，-12）；对应 $x_2 = 6$ 和 $y_2 - \hat{y}_2 = 15$，第二个点的坐标是（6，15），等等。图 11—14 是得到的残差图。

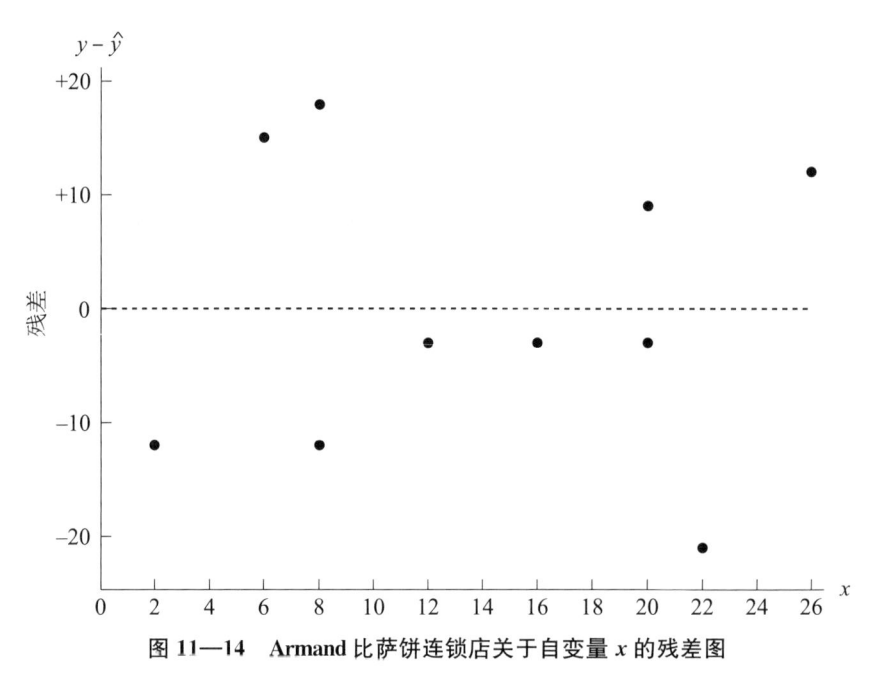

图 11—14 Armand 比萨饼连锁店关于自变量 x 的残差图

在对这个残差图的结果进行解释之前，我们首先考虑在任意一个残差图中可能观测到某些一般的图形模式。图 11—15 中给出了三个例子。如果对所有的 x 值，ε 的方差都是相同的，并且假定描述变量 x 和 y 之间关系的回归模型是合理的，那么残差图给出的一个总体印象就是，所有的散点都应落在一条水平带中间，如图 11—15A 所示。但是，如果对所有的 x 值，ε 的方差是不相同的，例如对于较大的 x 值，关于回归线的变异性也较大，如图 11—15B 所看到的那样。在这种情形下，就违背了 ε 有一个相同的常数方差的假定。另一种可能的残差图如图 11—15C 所示。在这种情形下，我们的结论是，假定的回归模型不能恰当地描述变量之间的关系。这时应考虑曲线回归模型或者多元回归模型。

现在回到图 11—14 所示的 Armand 比萨饼连锁店的残差图。这些残差看来好像与图 11—15A 中的水平型的图形很相似。因此我们的结论是，残差图并没有提供足够的证据，使我们对 Armand 比萨饼连锁店回归模型所作的假定表示怀疑。这时，我们有信心做出结论，Armand 比萨饼连锁店的简单线性回归模型是合理的。

在对残差图进行有效的解释时，经验和好的判断能力永远是关键。一个残差图与在图 11—15 中所看到的三种类型之一恰好完全一致的情形是很少见的。然而，在弄清楚合理的残差图形模式与显示模型的假定应该受到质疑的残差图形模式之间的差别时，经常从事回归研究和经常考察残差图的分析人员将成为专家。这里介绍的残差图是用来评价回归模型假定有效性的一种方法。

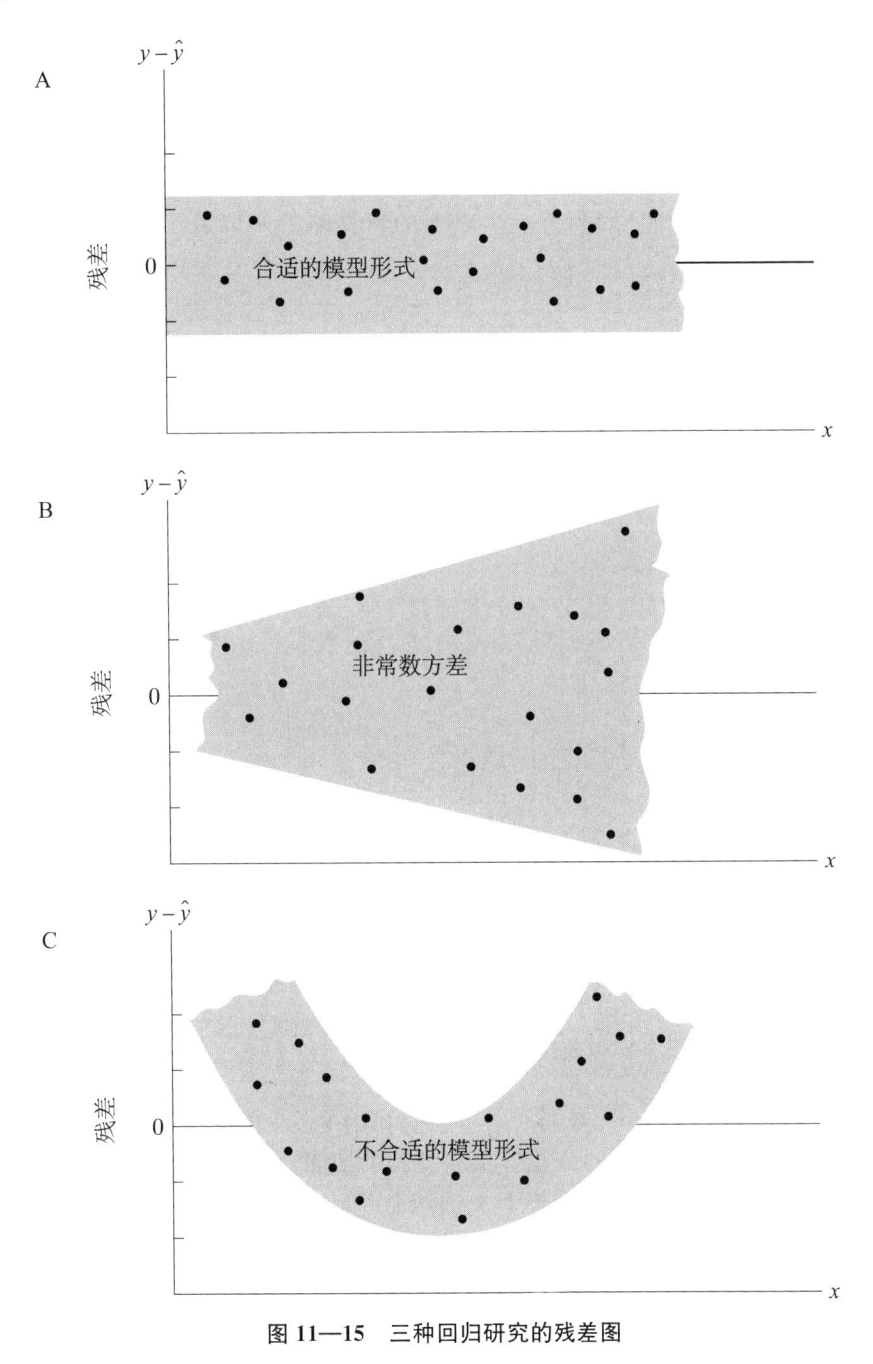

图 11—15　三种回归研究的残差图

11.8.2 关于 $\hat{y}$ 的残差图

另一种残差图是在水平轴上表示因变量的预测值 $\hat{y}$ 和在纵轴上表示残差值。每个残差都用图上的一个点来表示。对于每一个点，第一个坐标由 $\hat{y}_i$ 的值给出，第二个坐标由对应的第 i 个残差 $y_i - \hat{y}_i$ 的值给出。对于 Armand 比萨饼连锁店的例子，根据表 11—7 中的数据，对应 $\hat{y}_1 = 70$ 和 $y_1 - \hat{y}_1 = -12$，第一个点的坐标是（70，-12）；对应 $\hat{y}_2 = 90$ 和 $y_2 - \hat{y}_2 = 15$，第二个点的坐标是（90，15），等等。图 11—16 是得到的残差图。注意，这个残差图的图形模式与关于自变量 x 的残差图的图形模式是相同的。它不是让我们对模型的假定产生怀疑的那种图形模式。对于简单线性回归，关于 x 的残差图和关于 $\hat{y}$ 的残差图提供了同样的信息。对于多元回归分析，因为有一个以上的自变量，所以关于 $\hat{y}$ 的残差图有着更广泛的应用。

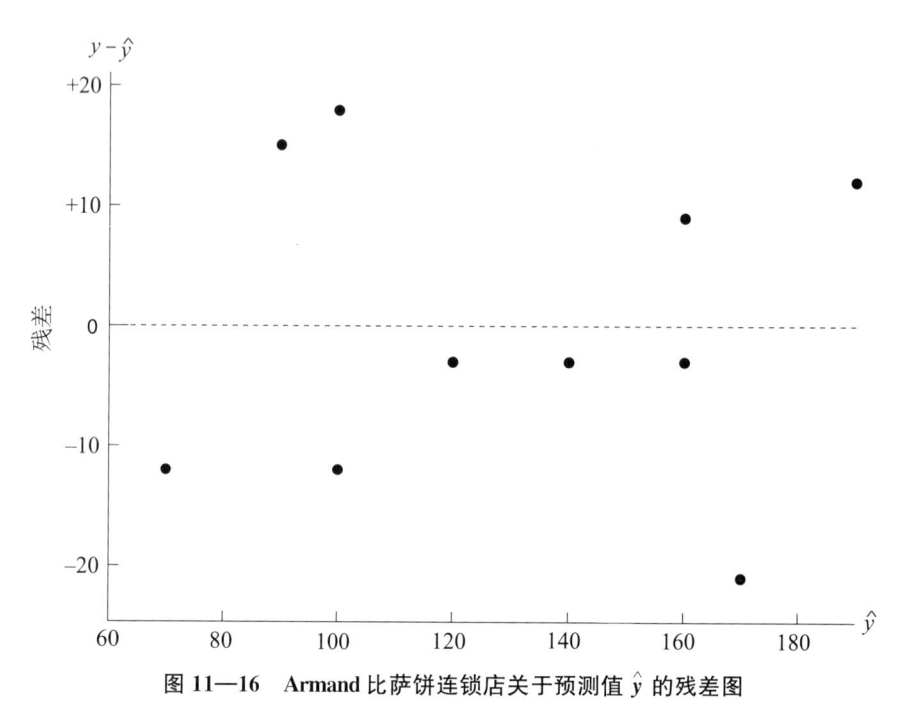

图 11—16 Armand 比萨饼连锁店关于预测值 $\hat{y}$ 的残差图

11.8.3 用 Excel 绘制残差图

在 11.7 节中，我们演示了如何利用 Excel 回归工具进行回归分析。回归分析还提供了得到关于自变量 x 的残差图的功能，以及利用 Excel 图表工具，回归工具的残差输出也可以绘制关于 $\hat{y}$ 的残差图。

关于 x 的残差图 为了得到关于 x 的残差图，我们在 11.7 节描述的得到回归输出的步骤要进行一些变动。当回归工具对话框出现时（见图 11—12），我们在残差部分需要选择残差图选项。回归的输出如前所述，而工作表将包含一个关于自变量学生人数的残差图。另外，在回归输出的下面，还给出 y 的预测值以及相应的残差值。图 11—17 中显示了 Armand 比萨饼连锁店问题的残差输出，注意行 12～32

包含了标准回归工具的输出，被隐藏了，旨在更加突出残差输出部分。我们看到这个图的形状与图 11—14 显示的一致。

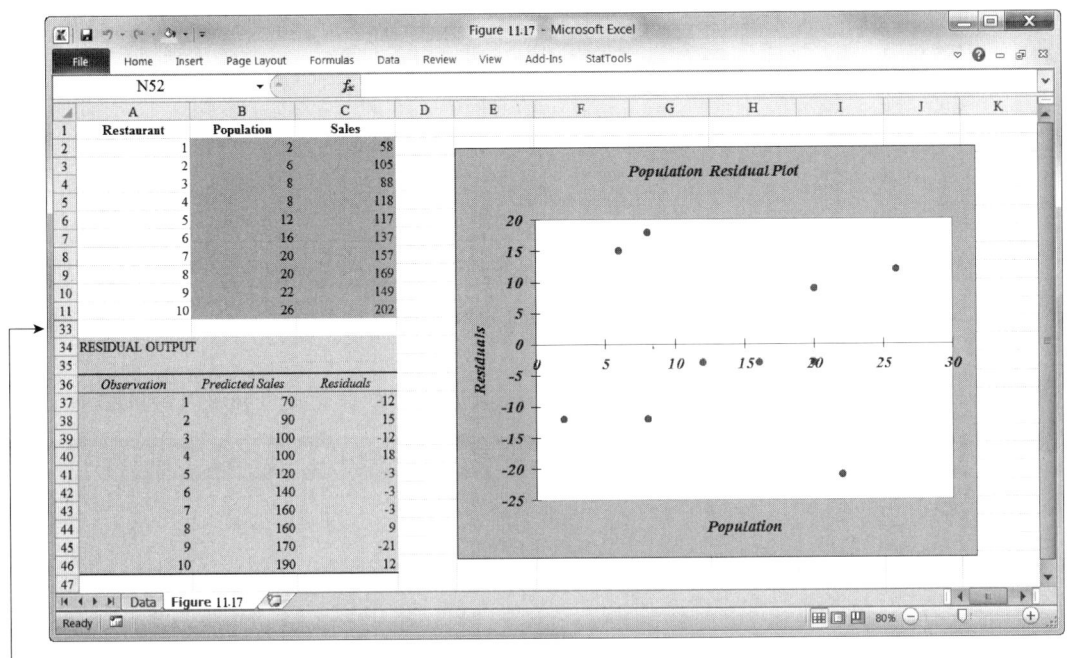

注：行 12~32 被隐藏。

图 11—17　Armand 比萨饼连锁店问题的回归工具残差输出

关于 $\hat{y}$ 的残差图　利用 Excel 图表工具和图 11—17 中给出的残差输出，我们可以很容易绘制关于 $\hat{y}$ 的残差图。下面的步骤描述了如何使用 Excel 图表工具，根据工作表中回归工具的输出来绘制残差图。

第 1 步：选择单元格区域 B37：C46。

第 2 步：点击功能区菜单栏的 Insert 按钮。

第 3 步：在 Charts 组，点击 Scatter。

第 4 步：当所有 Scatter 的图表类型列表出现时，点击 Scatter with only Markers（在左上角的图）。

输出的图与图 11—16 中显示的残差图相似。很容易完成添加图标题、横轴标题和纵轴标题等其他格式选项。注意，除了绘制图所使用的数据和输出图的标题不同之外，描述如何利用 Excel 图表工具来绘制关于 $\hat{y}$ 的残差图的步骤，与 11.2 节用于绘制散点图的步骤相同。

练 习

方法

27. 已知两变量 x 和 y 的数据如下：

x_i	6	11	15	18	20
y_i	6	8	12	20	30

a. 对这些数据，建立估计的回归方程。

b. 计算残差。

c. 绘制关于自变量 x 的残差图。你觉得关于误差项的假定被满足了吗？

28. 利用下面的数据进行回归研究。

观测次数	x_i	y_i	观测次数	x_i	y_i
1	2	4	6	7	6
2	3	5	7	7	9
3	4	4	8	8	5
4	5	6	9	9	11
5	7	4			

a. 对这些数据，建立估计的回归方程。
b. 绘制残差图。你觉得关于误差项的假定被满足了吗？

应用

29. 四季餐厅（Four Seasons Restaurant）的广告费支出和收入的数据如下：

广告费支出（千美元）	收入（千美元）	广告费支出（千美元）	收入（千美元）
1	19	10	52
2	32	14	53
4	44	20	54
6	40		

a. 设 x 表示广告费支出，y 表示收入。利用最小二乘法，求出一条近似这两个变量之间关系的直线。

b. 在 $\alpha = 0.05$ 的显著性水平下，检验收入和广告费支出是否相关。

c. 绘制 $y - \hat{y}$ 关于 $\hat{y}$ 的残差图。利用 a 中的结果，求出 $\hat{y}$ 的值。

d. 从残差分析中你能得出什么结论？你是应用这个模型还是应该寻找一个更好的模型？

30. 一位销售经理收集了有关售货员年销售额和工龄的统计数据如下：

售货员	工龄（年）	年销售额（千美元）
1	1	80
2	3	97
3	4	92
4	4	102
5	6	103
6	8	111
7	10	119
8	10	123
9	11	117
10	13	136

a. 对这个问题，计算残差并绘制残差图。
b. 根据残差图，关于误差项的假定你觉得合理吗？

小　结

在本章中，我们说明了回归分析如何用于确定一个因变量 y 是怎样依赖一个自变量 x 的。在简单线性回归情形，回归模型是 $y = \beta_0 + \beta_1 x + \varepsilon$。简单线性回归方程 $E(y) = \beta_0 + \beta_1 x$ 描述了 y 的平均值或期望值是如何依赖 x 的。我们利用样本数据和最小二乘法建立了估计的回归方程 $\hat{y} = b_0 + b_1 x$。实际上，b_0 和 b_1 是用来估计模型的未知参数 β_0 和 β_1 的样本统计量。

作为对估计的回归方程拟合优度的度量，介绍了判定系数的概念。判定系数是因变量 y 中的变异能被估计的回归方程解释的部分所占的比例。本章还回顾了相关系数的概念，它是描述两变量间线性相关强度的一个度量。

我们讨论了回归模型和它的误差项 ε 的假定，并且介绍了建立在这些假定基础上的 t 检验和 F 检验，这两个检验都是判断两变量间的关系在统计上是否显著的工具。说明了如何利用估计的回归方程建立 y 的平均值的置信区间估计和 y 的个别值的预测区间估计的方法。

本章用一节的篇幅介绍了回归问题的计算机解法，用一节的篇幅介绍了利用残差分析证实模型的假定。

关键术语

因变量（dependent variable）　被预测或被解释的变量，用 y 表示。

自变量（independent variable）　用于预测或解释的变量，用 x 表示。

简单线性回归（simple linear regression）　含有一个自变量和一个因变量，并且两个变量之间的关系用一条直线近似的回归分析。

回归模型（regression model）　描述因变量 y 如何依赖自变量 x 和误差项 ε 的方程。对于简单线性回归情形，回归模型是 $y = \beta_0 + \beta_1 x + \varepsilon$。

回归方程（regression equation）　描述因变量的平均值或期望值如何依赖自变量的方程。对于简单线性回归情形，回归方程是 $E(y) = \beta_0 + \beta_1 x$。

估计的回归方程（estimated regression equation）　利用最小二乘法，根据样本数据建立的回归方程的估计。对于简单线性回归情形，估计的回归方程是 $\hat{y} = b_0 + b_1 x$。

最小二乘法（least squares method）　用于建立估计的回归方程的方法。其目标是使 $\sum(y_i - \hat{y}_i)^2$ 极小化。

散点图（scatter diagram）　用水平轴表示自变量，用纵轴表示因变量的二维数据图。

判定系数（coefficient of determination）　对估计的回归方程拟合优度的度量。该系数能被理解为因变量 y 的变异能被估计的回归方程解释的部分所占的比例。

第 i 个残差（ith residual）　因变量的观测值与利用估计的回归方程得到的预测值之间的差；对于第 i 个观测值，第 i 个残差是 $y_i - \hat{y}_i$。

相关系数（correlation coefficient）　两个变量之间线性关系强度的度量（在

第 3 章已讨论过）。

均方误差（mean square error）　误差项 ε 的方差 σ^2 的无偏估计量，用 MSE 或 s^2 表示。

估计的标准误差（standard error of estimate）　均方误差的平方根，用 s 表示。它是误差项 ε 的标准差 σ 的估计。

方差分析表（ANOVA table）　用于概括与显著性 F 检验相联系的计算。

置信区间（confidence interval）　对于一个给定的 x 值，y 的平均值的区间估计。

预测区间（prediction interval）　对于一个给定的 x 值，y 的一个个别值的区间估计。

残差分析（residual analysis）　残差分析是用于确定关于回归模型所做的假定是否成立的分析方法。残差分析还用于识别异常值和有影响的观测值。

残差图（residual plot）　残差的图形表示，用于确定关于回归模型所做的假定是否成立的一种图示方法。

补充练习

31. 在生产过程中，管理人员认为：在检验过程中，装配线的速度（英尺/分钟）影响发现的次品数量的多少。为了验证这种说法，管理人员设计了一种装置，这种装置能使同一批产品在装配线的各种速度下接受检验。下表列出了采集到的有关数据：

装配线的速度（英尺/分钟）	发现的次品数量	装配线的速度（英尺/分钟）	发现的次品数量
20	21	30	16
20	19	60	14
40	15	40	17

a. 建立发现的次品数量关于装配线速度的估计的回归方程。

b. 在 $\alpha = 0.05$ 的显著性水平下，确定装配线的速度和发现的次品数量之间是否相关。

c. 估计的回归方程对观测数据的拟合好吗？

d. 如果一条装配线的速度为 50 英尺/分钟，建立预测次品平均数量的置信水平为 95% 的置信区间。

32. 近年来，高等教育最大的一个变化是远程网络大学教育的发展。在线教育数据库（Online Education Database）是一个独立的机构，该机构的宗旨是建立一个经过认证的顶级远程网络学校的详细清单。下表给出了 29 所远程网络学校的保有率和毕业率的统计数据（Online Education Database website，January 2009）。

远程网络学校名称	保有率（%）	毕业率（%）
Western International University	7	25
South University	51	25
University of Phoenix	4	28
American InterContinental University	29	32
Franklin University	33	33

续前表

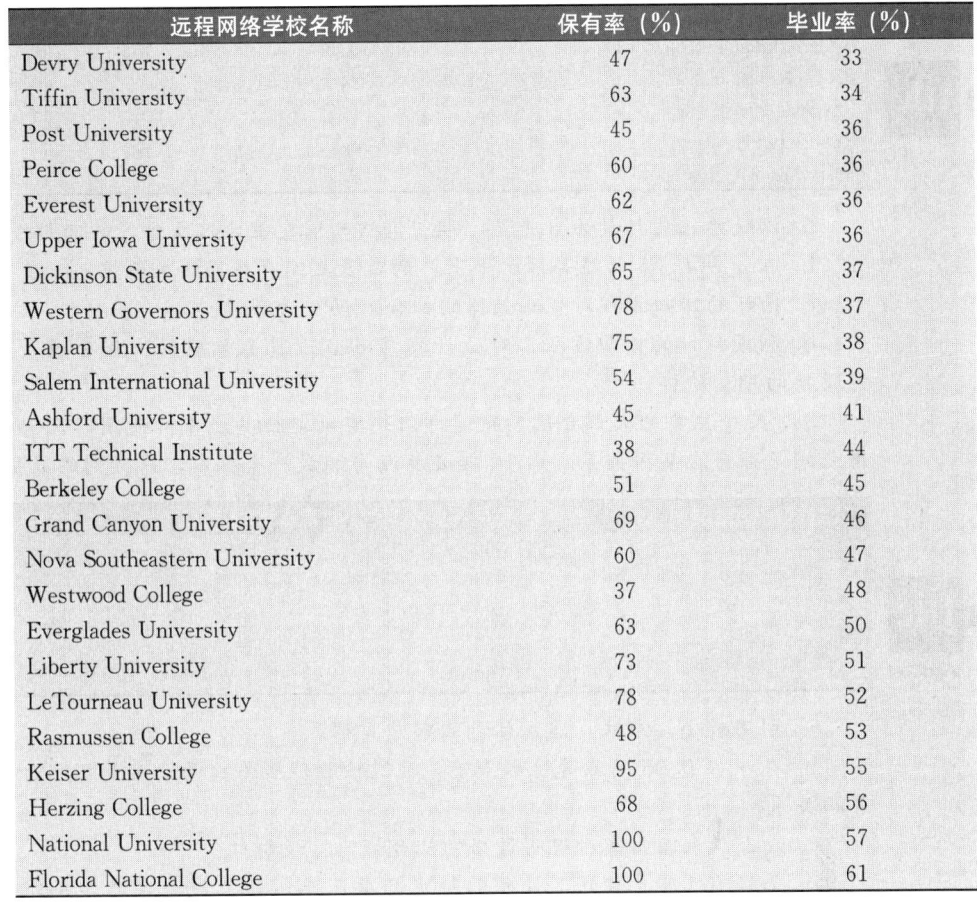

远程网络学校名称	保有率（%）	毕业率（%）
Devry University	47	33
Tiffin University	63	34
Post University	45	36
Peirce College	60	36
Everest University	62	36
Upper Iowa University	67	36
Dickinson State University	65	37
Western Governors University	78	37
Kaplan University	75	38
Salem International University	54	39
Ashford University	45	41
ITT Technical Institute	38	44
Berkeley College	51	45
Grand Canyon University	69	46
Nova Southeastern University	60	47
Westwood College	37	48
Everglades University	63	50
Liberty University	73	51
LeTourneau University	78	52
Rasmussen College	48	53
Keiser University	95	55
Herzing College	68	56
National University	100	57
Florida National College	100	61

a. 以保有率为自变量，绘制出这些数据的散点图。散点图显示出在这两个变量之间存在什么关系？

b. 建立估计的回归方程。

c. 在 $\alpha = 0.05$ 的显著性水平下，检验变量之间关系的显著性。

d. 估计的回归方程对观测数据的拟合好吗？

e. 假设你是 South University 的校长，在详细审查了上表中的排行，并与其他远程网络学校比较之后，你是否关注你所在学校的表现？

f. 假设你是 University of Phoenix 的校长，在详细审查了上表中的排行，并与其他远程网络学校比较之后，你是否关注你所在学校的表现？

33. 对 10 种选取出来的公开发售的原始股票，下表是它们的销售数量和期望价格（预计的低价格和预计的高价格的平均价格）的统计数据：

公司名称	股票销售数量（百万股）	期望价格（美元）
American Physician	5.0	15
Apex Silver Mines	9.0	14
Dan River	6.7	15
Franchise Mortgage	8.75	17
Gene Logic	3.0	11

续前表

公司名称	股票销售数量（百万股）	期望价格（美元）
International Home Foods	13.6	19
PRT Group	4.6	13
Rayovac	6.7	14
RealNetworks	3.0	10
Software AG Systems	7.7	13

a. 以股票销售数量为自变量，期望价格为因变量，建立估计的回归方程。

b. 在 $\alpha = 0.05$ 的显著性水平下，两变量之间存在显著关系吗？

c. 估计的回归方程对观测数据的拟合好吗？请解释。

d. 利用估计的回归方程，对公开发售 600 万股原始股的一家公司，估计该公司股票的期望价格。

34. 某一主要的大都会区的交通部门想要确定公共汽车的使用时间和年维修费用之间是否存在某种关系。由 10 辆公共汽车组成一个样本，采集到的数据如下：

公共汽车使用时间（年）	年维修费用（美元）	公共汽车使用时间（年）	年维修费用（美元）
1	350	3	550
2	370	4	750
2	480	4	800
2	520	5	790
2	590	5	950

a. 利用最小二乘法，建立估计的回归方程。

b. 在 $\alpha = 0.05$ 的显著性水平下，通过检验能否看出两个变量之间存在一种显著的关系？

c. 最小二乘回归线对观测数据的拟合好吗？请解释。

d. 如果有 1 辆已使用了 4 年的特定公共汽车，建立该公共汽车年维修费用的置信水平为 95% 的预测区间。

35. 据路透社报道，施乐公司的市场贝塔系数是 1.22（Reuters website，January 30，2009）。对于个别股票，贝塔系数是由简单线性回归模型确定的。对于每一种股票，因变量是该股票的季度回报率（资本增值加上分红）减去可以从无风险投资得到的回报率（用美国国债利率作为无风险利率）。自变量是股票市场（S&P 500）的季度回报率（资本增值加上分红）减去无风险投资回报率。利用季度数据建立估计的回归方程，估计的回归方程的斜率（b_1）就是股票的市场贝塔系数。通常将市场的贝塔系数的值视为对股票风险的度量。如果市场贝塔系数大于 1，表明这只股票的波动比市场平均水平高；如果市场贝塔系数小于 1，表明这只股票的波动比市场平均水平低。假定下表是 S&P 500 和 Horizon Technology 公司 10 个季度的回报率与无风险回报率之差的统计数据：

S&P 500	Horizon	S&P 500	Horizon
1.2	−0.7	1.2	4.1
−2.5	−2.0	3.0	2.6
−3.0	−5.5	−1.0	2.0
2.0	4.7	0.5	−1.3
5.0	1.8	2.5	5.5

a. 建立估计的回归方程，使这个方程能用来确定 Horizon Technology 公司的市场贝塔系数。Horizon Technology 公司的市场贝塔系数是多少？

b. 在 $\alpha = 0.05$ 的显著性水平下，检验这两个变量之间关系的显著性。

c. 估计的回归方程对观测数据的拟合好吗？请解释。

d. 根据施乐公司和 Horizon Technology 公司的市场贝塔系数，比较这两只股票的风险。

36. 澳大利亚公共服务发展委员会（Australian Public Service Commission）发表的《2002—2003年度国家服务报告》（Service Report 2002-2003）报告了从业人员对工作满意程度的评价情况。其中的一个调查问题是要求从业人员选择五个最重要的工作场所因素（从各种因素的清单中），即他们认为对自己的工作满意程度影响最大的五个因素。受访者被要求用五大因素来表明其满意程度。下面的数据给出了从业人员选择五大因素所占的百分比，以及从业人员在他们目前的工作场所对选择的五大因素是"非常满意"或"满意"所占的百分比来度量的相应的满意度评价（www. apsc. gov. au/stateoftheservice）。

工作场所因素	五大因素（%）	满意度评价（%）
适当的工作量	30	49
具有创造性（创新性）的机会	38	64
具有做出有益于社会贡献的机会	40	67
职责（预期）明确	40	69
灵活的工作安排	55	86
良好的工作关系	60	85
提供了有趣的工作	48	74
职业发展机会	33	43
开发自我技能的机会	46	66
利用自我技能的机会	50	70
对成就定期反馈（表彰）	42	53
待遇	47	62
对自己的工作看到具体的成就	42	69

a. 以五大因素为横轴，满意度评价为纵轴，绘制出这些数据的散点图。

b. 根据 a 中的散点图，这两个变量之间显示出什么关系？

c. 建立估计的回归方程。使这个方程在五大因素已知时，能用来预测满意度评价。

d. 在 $\alpha = 0.05$ 的显著性水平下，检验这两个变量之间关系的显著性。

e. 估计的回归方程对观测数据的拟合好吗？

f. 样本相关系数的数值是多少？

案例 11—1 测量股票市场风险

单只股票的风险或者波动性的测量是过去几个时期总回报率（资本增值加上分红）的标准差。虽然计算标准差是一件容易的事，但是作为标准市场指数（例如 S&P 500）的一个函数，并没有考虑到某一股票价格的变化范围。结果是，许多金融分析师更喜欢使用另一个被称为贝塔系数的风险测度。

单只股票的贝塔系数是由简单线性回归模型确定的。因变量是该股票的总回报率，自变量是股票市场的总回报率。① 对于这种情形的问题，我们将利用 S&P 500 指数作为股票市场的总回报率的测度，并且利用月度数据，建立一个估计的回归方程。估计回归方程的斜率（b_1）就是股票的贝塔系数。数据存放在名为 Beta 的文件中，该文件提供了交易量大的 8 只普通股票和 S&P 500 的 36 个月的总回报率（资本增值加上分红）的数据。

股票市场的贝塔系数始终为 1，随着股票市场的上升和下降，股票也将有一个接近于 1 的贝塔值。如果贝塔值大于 1，表示这只股票的波动较股票市场的平均水平高；如果贝塔值小于 1，表示这只股票的波动较股票市场的平均水平低。例如，如果一只股票的贝塔值为 1.4，就意味着这只股票的波动较股票市场的平均水平高 40%；如果一只股票的贝塔值为 0.4，就意味着这只股票的波动较股票市场的平均水平低 60%。

管理报告

你被指派来对这些股票进行风险特性分析。撰写一份报告，该报告包括但不限于下面的项目。

1. 对每只股票和 S&P 500，计算描述统计量。评价你的结果。哪只股票的波动性最大？
2. 计算每只股票的贝塔系数。在一个上升的股票市场上，你预期哪只股票将有最好的业绩？在一个下跌的股票市场上，你预期哪只股票的保值将会最佳？
3. 一只股票的回报率有多少能被股票市场解释？

案例 11—2 校友捐赠

校友捐赠是高等学校收入的重要来源。如果学校的管理人员能确定影响捐赠的校友所占比例增长的因素，他们就有可能实施带来学校收入增长的政策。研究表明，对与教师的沟通交流感到比较满意的学生，很可能更容易毕业。于是人们可能猜测，人数比较少的班级和比较低的学生—教师比可能导致一个比较高的令人满意的毕业率，随后又可能导致给予学校捐赠的校友所占比例的增长。表 11—8 给出了美国 48 所大学的有关数据（America's Best College，Year 2000 ed.）。列标题 "20 人以下班级的比例（%）" 是学生人数少于 20 人的班级所占的百分比；列标题 "学生—教师比" 是注册学生人数除以全体教师人数；列标题 "捐赠校友的比例" 是给予学校捐赠的校友所占的百分比。

表 11—8　　48 所美国大学的数据

	20 人以下班级的比例（%）	学生—教师比（倍）	捐赠校友的比例（%）
Boston College	39	13	25
Brandeis University	68	8	33
Brown University	60	8	40

---

① 为了计算贝塔系数，各种模型使用了不同的方法。例如，一些模型在计算估计的回归方程之前，要从因变量和自变量中减去可以从无风险投资（如国库券）得到的回报率。有些模型还利用了股票市场总回报率的不同指数，例如，利用纽约证券交易所综合指数计算贝塔系数。

续前表

	20人以下班级的比例（%）	学生—教师比（倍）	捐赠校友的比例（%）
California Institute of Technology	65	3	46
Carnegie Mellon University	67	10	28
Case Western Reserve Univ.	52	8	31
College of William and Mary	45	12	27
Columbia University	69	7	31
Cornell University	72	13	35
Dartmouth College	61	10	53
Duke University	68	8	45
Emory University	65	7	37
Georgetown University	54	10	29
Harvard University	73	8	46
Johns Hopkins University	64	9	27
Lehigh University	65	11	40
Massachusetts Inst. of Technology	55	6	44
New York University	63	13	13
Northwestern University	66	8	30
Pennsylvania State Univ.	32	19	21
Princeton University	68	5	67
Rice University	62	8	40
Stanford University	69	7	34
Tufts University	67	9	29
Tulane University	56	12	17
U. of California-Berkeley	58	17	18
U. of California-Davis	32	19	7
U. of California-Irvine	42	20	9
U. of California-Los Angeles	41	18	13
U. of California-San Diego	48	19	8
U. of California-Santa Barbara	45	20	12
U. of Chicago	65	4	36
U. of Florida	31	23	19
U. of Illinois-Urbana Champaign	29	15	23
U. of Michigan-Ann Arbor	51	15	13
U. of North Carolina-Chapel Hill	40	16	26
U. of North Dame	53	13	49
U. of Pennsylvania	65	7	41
U. of Rochester	63	10	23
U. of Southern California	53	13	22
U. of Texas-Austin	39	21	13
U. of Virginia	44	13	28
U. of Washington	37	12	12
U. of Wisconsin-Madison	37	13	13
Vanderbilt University	68	9	31

续前表

	20人以下班级的比例（%）	学生—教师比（倍）	捐赠校友的比例（%）
Wake Forest University	59	11	38
Washington University-St. Louis	73	7	33
Yale University	77	7	50

管理报告

1. 对这些数据做出数值的和图示的概述。

2. 利用回归分析建立估计的回归方程，使这个方程在学生人数少于20人的班级所占的比例已知时，能用来预测给予学校捐赠的校友所占的比例。

3. 利用回归分析建立估计的回归方程，这个方程在学生教师比已知时，能用来预测给予学校捐赠的校友所占的比例。

4. 这两个估计的回归方程中，哪一个给出了更好的拟合？对于拟合更好的估计的回归方程，进行残差分析，并且讨论你的发现和结论。

5. 从你的分析中，能得出什么结论或提出什么建议？

第12章
多元回归

实践中的统计

国际纸业公司[*]
纽约州帕切斯

国际纸业公司（International Paper）是世界上最大的纸制品和林产品制造商，该公司有117 000多名员工为世界各地的顾客提供服务，其业务遍布世界近50个国家，产品出口到130多个国家。国际纸业公司的产品包括木材和胶合板一类的建筑材料；一次性纸杯和容器等日常消费品用包装材料；瓦楞纸盒和装运货物的容器等工业用包装材料；各种相纸、打印纸、图书纸和广告耗材等。

为了制造纸制品，纸浆厂首先要将木屑和化学制剂混合起来加工生产出纸浆，然后造纸厂再利用纸浆生产出纸制品。在白纸的生产过程中，纸浆必须经过漂白褪色处理，二氧化氯是其中一种重要的漂白剂。由于二氧化氯具有可燃性，因此它通常在纸浆厂制成，并且以液态通过管道输送到纸浆厂的漂白塔中。为了改进二氧化氯生产过程，研究人员分析了这一生产过程的控制和效率问题。研究工作的一个方面是考察二氧化氯生产过程中化学制剂的投放比率。

为了生产二氧化氯，需将四种化学制剂以固定比例注入二氧化氯发生器。在二氧化氯发生器中产生的二氧化氯再流入吸收器，在吸收器里的冷水吸收了气态的二氧化氯，从而转化为液态的二氧化氯。然后，液态的二氧化氯经过管道输送至纸浆厂的漂白塔。控制这一过程的关键在于化学制剂的投放比率。传统上是由有经验的操作人员设定投放比率，但是这种方法过于依赖操作人员，主

---

[*] 非常感谢Marian Williams和Bill Griggs，他们为"实践中的统计"专栏提供了本案例。最初开发这一应用的是Champion国际公司，该企业于2000年被国际纸业公司收购，并成为国际纸业公司的一部分。

观性较强，因此，纸浆厂的化学工程师要求对每种化学制剂的投放比率建立一组控制方程，以帮助操作人员设定投放比率。

利用多元回归分析，统计分析人员对在生产过程中使用的四种化学试剂的每一种都建立了估计的多元回归方程。每一方程都将化学制剂投放量和二氧化氯溶液的浓度水平与最后的二氧化氯产量联系起来。得到的四个估计的回归方程被编好程序，输入到每一家纸浆厂的微型计算机中。在新系统下，操作人员只要输入二氧化氯溶液的浓度和期望的产出率，计算机软件就会自动计算出达到期望的产出率所需要的化学制剂的投放比率。然后操作人员开始应用这些控制方程，二氧化氯发生器的效率得到了提高，二氧化氯溶液的浓度落在可接受范围内的次数也显著增加了。

这个例子展示了在白纸的制造过程中，如何利用多元回归分析实现一个更为高效的漂白过程。在本章中，我们将讨论如何利用 Excel 达到这些目标。第 11 章介绍的有关简单线性回归的概念，大部分都能够直接扩展至多元回归的情形。

在第 11 章中，我们介绍了简单线性回归问题，说明了它在建立描述两个变量之间关系的估计的回归方程中的应用。被回归方程预测的或者解释的变量称为因变量，用来预测或者解释因变量的变量称为自变量。在本章中，我们将通过考虑两个或两个以上自变量的情形，来继续回归分析的学习。这一研究领域称为**多元回归分析**（multiple regression analysis）。多元回归分析使我们能够考虑较多的因素，并且能得到比利用简单线性回归更好的估计结果。

12.1 多元回归模型

多元回归分析研究因变量 y 如何依赖两个或两个以上自变量的问题。在一般情形下，用 p 表示自变量的数目。

12.1.1 回归模型和回归方程

上一章介绍的回归模型和回归方程的概念对多元回归情形是同样适用的。描述因变量 y 如何依赖于自变量 $x_1, x_2, \cdots, x_p$ 和一个误差项的方程称为**多元回归模型**（multiple regression model）。我们首先假设多元回归模型的形式如下：

多元回归模型

$$y = \beta_0 + \beta_1 x_1 + \beta_2 x_2 + \cdots + \beta_p x_p + \varepsilon \tag{12.1}$$

在多元回归模型中，$\beta_0, \beta_1, \beta_2, \cdots, \beta_p$ 是参数，误差项 ε 是随机变量。对这一模型详加观察后就会发现，y 是 $x_1, x_2, \cdots, x_p$ 的线性函数（$\beta_0 + \beta_1 x_1 + \beta_2 x_2 + \cdots + \beta_p x_p$ 部分）加上一个误差项 ε。误差项说明了包含在 y 里面但不能被 p 个自变量的线性关系解释的变异性。

在 12.4 节中，我们将讨论多元回归模型和 ε 的假定。假定之一是 ε 的均值或期望值是零。由于这一假定，y 的均值或期望值 $E(y)$ 等于 $\beta_0+\beta_1 x_1+\beta_2 x_2+\cdots+\beta_p x_p$。描述 y 的均值如何依赖于 x_1，x_2，$\cdots$，x_p 的方程称为**多元回归方程**（multiple regression equation）。

多元回归方程
$$E(y)=\beta_0+\beta_1 x_1+\beta_2 x_2+\cdots+\beta_p x_p \tag{12.2}$$

12.1.2 估计的多元回归方程

如果参数 β_0，β_1，β_2，$\cdots$，β_p 的值是已知的，在给定 x_1，x_2，$\cdots$，x_p 的值时，我们能利用式（12.2）计算 y 的平均值。遗憾的是，这些参数的值通常都是未知的，必须利用样本数据去估计它们。我们利用一个简单随机样本计算样本统计量 b_0，b_1，b_2，$\cdots$，b_p，将它们作为未知参数 β_0，β_1，β_2，$\cdots$，β_p 的点估计。利用这些样本统计量我们得到了下面的**估计的多元回归方程**（estimated multiple regression equation）：

估计的多元回归方程
$$\hat{y}=b_0+b_1 x_1+b_2 x_2+\cdots+b_p x_p \tag{12.3}$$

式中，b_0，b_1，b_2，$\cdots$，b_p 是 β_0，β_1，β_2，$\cdots$，β_p 的估计量；$\hat{y}$ 表示因变量的估计值。

对于多元回归情形，估计步骤如图 12—1 所示。

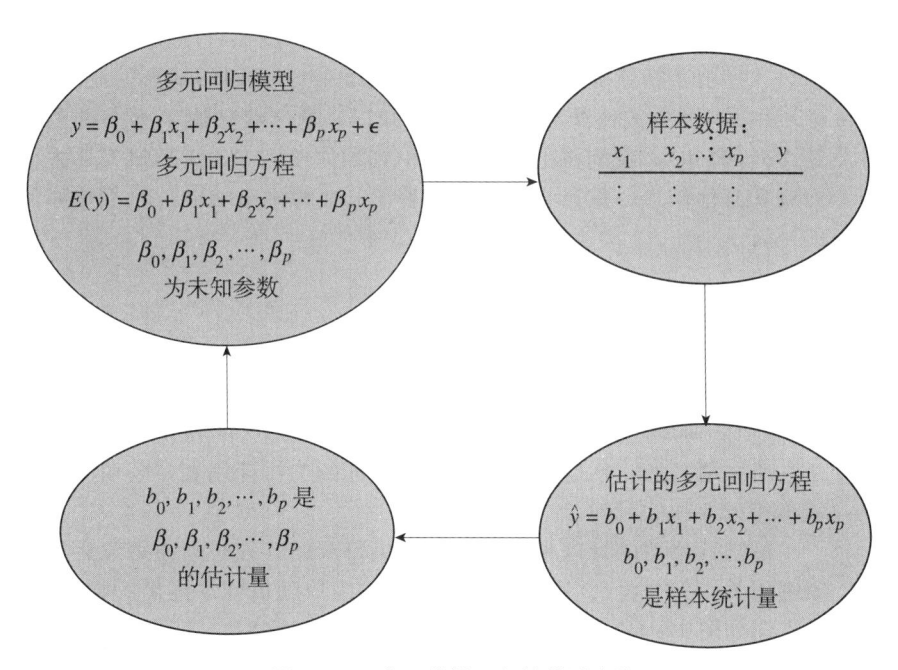

图 12—1 多元线性回归的估计步骤

在简单线性回归情形中，b_0 和 b_1 是用于估计未知参数 β_0 和 β_1 的样本统计量。在多元回归类似的统计推断过程中，我们用 b_0，b_1，b_2，…，b_p 表示用于估计未知参数 β_0，β_1，β_2，…，β_p 的样本统计量。

12.2 最小二乘法

在第 11 章，我们利用**最小二乘法**（least squares method）建立了估计的回归方程，这个方程最佳地近似了因变量和自变量之间的线性关系。现在利用同样的方法来建立估计的多元回归方程。我们再次叙述最小二乘准则如下：

最小二乘法准则

$$\min \sum (y_i - \hat{y}_i)^2 \tag{12.4}$$

式中，y_i 表示对于第 i 次观测，因变量的观测值；$\hat{y}_i$ 表示对于第 i 次观测，因变量的估计值。

我们能利用估计的多元回归方程

$$\hat{y} = b_0 + b_1 x_1 + b_2 x_2 + \cdots + b_p x_p$$

计算因变量的估计值。正如式（12.4）所显示的，最小二乘法是利用样本数据，通过使残差（即因变量的观测值（y_i）与因变量的估计值（$\hat{y}_i$）之间的离差）平方和达到最小的方法求得 b_0，b_1，b_2，…，b_p 的值。

为了得到估计的简单线性回归方程 $\hat{y} = b_0 + b_1 x$，在第 11 章里，我们介绍了计算最小二乘估计量 b_0 和 b_1 的公式。对于样本容量相对比较小的数据集，我们利用这些公式通过手算就能计算出 b_0 和 b_1。可是在多元回归情形，计算回归系数 b_0，b_1，b_2，…，b_p 的公式将涉及矩阵代数的知识，这已经超出了本书的范围。所以，在介绍多元回归时，我们将把注意力集中到如何使用 Excel 回归工具去得到估计的回归方程和其他信息。重点将是如何解释 Excel 的输出结果，而不是如何进行多元回归的计算。

12.2.1 实例：Butler 运输公司

为了演示多元回归分析的过程，我们以 Butler 运输公司所面临的一个问题为例。Butler 运输公司是一家位于南加利福尼亚地区的独立运输公司。它的主要业务是它所在地区的货物运送。为了制定最佳的工作计划表，公司的管理人员希望估计司机每天驾驶的时间。

最初，公司的管理人员认为，司机每天的驾驶时间与每天运送货物的行驶里程紧密相关。一个由 10 项运输任务组成的简单随机样本提供的数据如表 12—1 所示，散点图如图 12—2 所示。对这个散点图仔细观察后，管理人员假设，能利用简单线性回归模型 $y = \beta_0 + \beta_1 x_1 + \varepsilon$ 来描述每天的驾驶时间（y）与每天运送货物的行驶里程（x_1）之间的关系。利用最小二乘法估计未知参数 β_0 和 β_1，得到估计的回归方程为：
$$\hat{y}=b_0+b_1x_1 \tag{12.5}$$

表 12—1　　　　　　　　　　**Butler 运输公司的原始数据**

运输任务	$x_1=$ 驾驶里程（英里）	$y=$ 驾驶时间（小时）
1	100	9.3
2	50	4.8
3	100	8.9
4	100	6.5
5	50	4.2
6	80	6.2
7	75	7.4
8	65	6.0
9	90	7.6
10	90	6.1

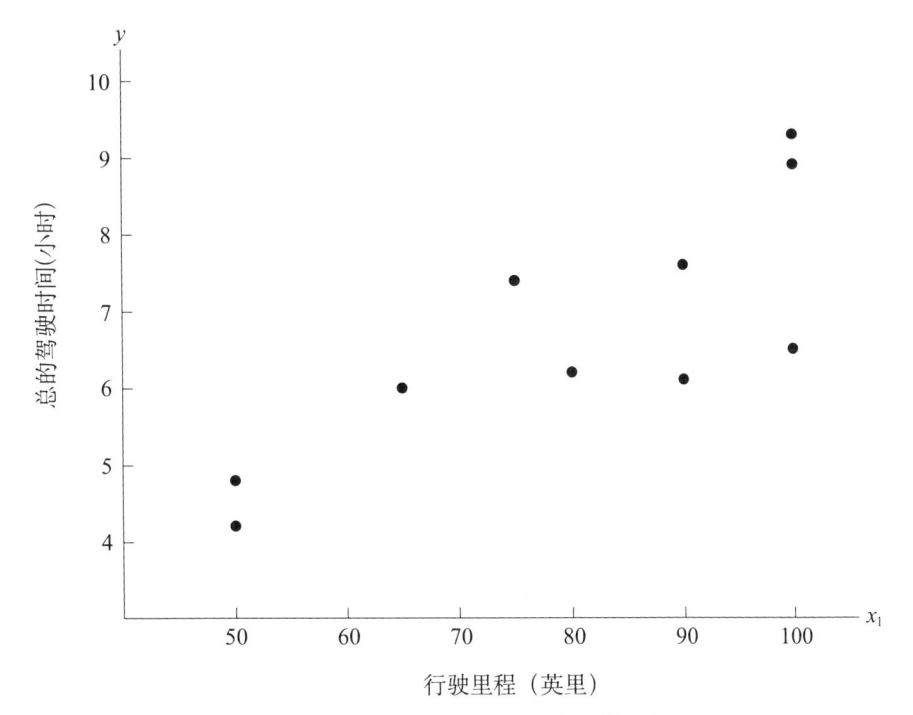

图 12—2　Butler 运输公司原始数据的散点图

在图 12—3 中，我们给出了利用表 12—1 中的数据进行简单线性回归得到的 Excel 输出。估计的回归方程是：
$$\hat{y}=1.27+0.067\,8x_1$$

用 Excel 回归工具得到输出结果，11.7 节描述了如何用 Excel 回归工具进行简单线性回归。

图12—3 含有一个自变量的 Butler 运输公司的 Excel 回归工具输出

F 统计量的值为 15.814 6，它所对应的 p 值为 0.004 1，在 $\alpha=0.05$ 的显著性水平下，p 值表明 y 和 x_1 之间的关系是显著的；也就是说，由于 p 值$<\alpha=0.05$，因此应该拒绝假设 H_0：$\beta_1=0$。注意，因为 t 统计量的值为 3.976 8，与它相联系的 p 值为 0.004 1，所以也可以得到同样的结论。于是我们能断定，每天驾驶的时间与每天运送货物行驶里程之间存在显著的关系：每天比较长的驾驶时间与每天比较多的运送货物行驶里程相对应。因为判定系数 $R^2=0.664\ 1$，所以可以看出，运输车辆每天行驶时间变异性的 66.41% 能由运送货物行驶里程的线性影响解释。这一结果还算不错，但是管理人员或许希望考虑增加第二个自变量去解释因变量中剩余的变异性。

在试图确认另一个自变量时，管理人员觉得运送货物的次数也可能影响到驾驶的总时间。Butler 运输公司增加了运送货物次数的数据，如表 12—2 所示。我们将使用 Excel 回归工具建立以每天运送货物行驶里程（x_1）和运送货物次数（x_2）作为自变量的估计的多元回归方程。

表 12—2 以行驶里程（x_1）和运送货物的次数（x_2）作为自变量的 Butler 运输公司的数据

运输任务	x_1＝行驶里程（英里）	x_2＝运送货物次数	y＝驾驶时间（小时）
1	100	4	9.3
2	50	3	4.8
3	100	4	8.9
4	100	2	6.5

续前表

运输任务	x_1＝行驶里程（英里）	x_2＝运送货物次数	y＝驾驶时间（小时）
5	50	2	4.2
6	80	2	6.2
7	75	3	7.4
8	65	4	6.0
9	90	3	7.6
10	90	2	6.1

12.2.2 用 Excel 回归工具建立估计的多元回归方程

在 11.7 节，我们说明了如何利用 Excel 回归工具，确定 Armand 比萨饼连锁店的估计的回归方程。我们可以应用同样的步骤并稍作修改，来建立 Butler 运输公司的估计的多元回归方程。在描述所做的工作时，参见图 12—4 和图 12—5。

输入数据：在工作表的单元格区域 A1：D1 输入标签运输任务（Assignment）、行驶里程（Miles）、运送货物次数（Deliveries）和驾驶时间（Time），在单元格区域 B2：D11 输入样本数据。为了识别每一个观测值，在单元格区域 A2：A11 输入数值 1～10。

应用工具：下列步骤描述了如何利用 Excel 回归工具进行多元回归分析。

第 1 步：选择 **Tools** 下拉菜单。

第 2 步：选择 **Data Analysis** 选项。

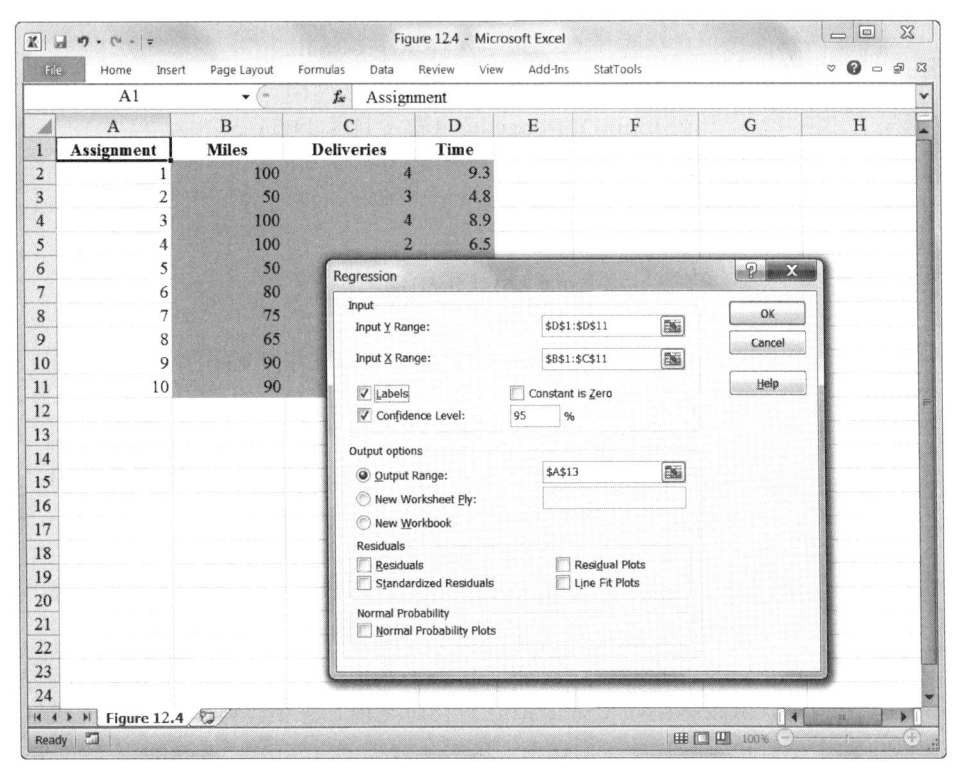

图 12—4　Butler 运输公司例子的回归工具对话框

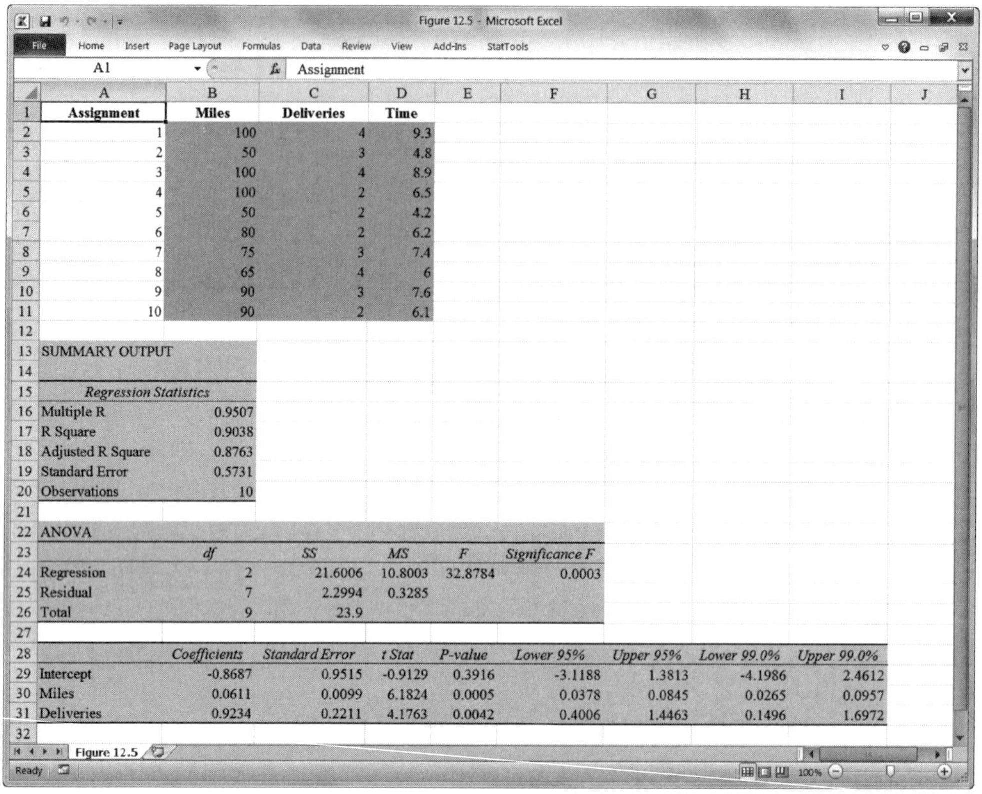

Assignment	Miles	Deliveries	Time
1	100	4	9.3
2	50	3	4.8
3	100	4	8.9
4	100	2	6.5
5	50	2	4.2
6	80	2	6.2
7	75	3	7.4
8	65	4	6
9	90	3	7.6
10	90	2	6.1

SUMMARY OUTPUT

Regression Statistics	
Multiple R	0.9507
R Square	0.9038
Adjusted R Square	0.8763
Standard Error	0.5731
Observations	10

ANOVA

	df	*SS*	*MS*	*F*	*Significance F*
Regression	2	21.6006	10.8003	32.8784	0.0003
Residual	7	2.2994	0.3285		
Total	9	23.9			

	Coefficients	*Standard Error*	*t Stat*	*P-value*	*Lower 95%*	*Upper 95%*	*Lower 99.0%*	*Upper 99.0%*
Intercept	-0.8687	0.9515	-0.9129	0.3916	-3.1188	1.3813	-4.1986	2.4612
Miles	0.0611	0.0099	6.1824	0.0005	0.0378	0.0845	0.0265	0.0957
Deliveries	0.9234	0.2211	4.1763	0.0042	0.4006	1.4463	0.1496	1.6972

图 12—5　含有两个自变量的 Butler 运输公司的回归工具输出

第 3 步：从分析工具列表中选择 **Regression**。

第 4 步：当 Regression 对话框出现时（见图 12—4）：

在 **Input Y Range** 框中输入 D1：D11；

在 **Input X Range** 框中输入 B1：C11；

选择 **Labels**；

选择 **Confidence Level**；

在 **Confidence Level** 框中输入 99；

选择 **Output Range**；

在 **Output Range** 框中输入 A13（指定输出结果出现在工作表区域的左上角）；

点击 **OK**；

Excel 的输出结果如图 12—5 所示，自变量 x_1 的标签为 Miles（见单元格 A30），自变量 x_2 的标签为 Deliveries（见单元格 A31）。估计的回归方程是：

$$\hat{y}=-0.8687+0.0611x_1+0.9234x_2 \tag{12.6}$$

注意：对多元回归使用 Excel 回归工具与简单线性回归几乎一样。主要的区别是：为了识别自变量，多元回归情形需要给出更多范围的单元格。

在下一节，我们将讨论如何利用多元判定系数来度量所得到的这个估计的回归方程对观测数据是一个好的拟合。在此之前，先更仔细地考察一下式（12.6）中的两个估计值 $b_1=0.0611$ 和 $b_2=0.9234$。

12.2.3 关于回归系数解释的注释

现在得到了两个估计的回归方程:一个估计的回归方程是仅用每天运送货物行驶里程作自变量,另一个估计的回归方程包含了用运送货物次数作第二个自变量,可以对两个估计的回归方程之间的关系作出一些解释。在这两种情形下,b_1 的值是不同的。在简单线性回归情形,把 b_1 看作当自变量变化一个单位时,因变量 y 变化程度的一个估计。在多元回归分析情形,这一解释应稍微做些修改。也就是说,在多元回归分析情形,对每一个回归系数有如下解释:当所有其他自变量都保持不变时,b_i 可以看做对应的自变量 x_i 变化一个单位时,因变量 y 变化程度的一个估计。在包含两个自变量的 Butler 运输公司的例子中,$b_1 = 0.0611$。于是,当运送货物次数保持不变时,对应于运送货物行驶里程每增加 1 英里,运送货物的车辆期望增加的行驶时间的估计值是 0.0611 小时。类似地,因为 $b_2 = 0.9234$,所以当运送货物行驶里程保持不变时,对应于运送货物次数每增加 1 次,运送货物的车辆期望增加的行驶时间的估计值是 0.9234 小时。

---- 练 习 ----

请学生注意:在本节和后面几节,包括数据在内的练习的解答,需要使用Excel。

方法

1. 对于因变量 y 和两个自变量 x_1 和 x_2,考虑下面的数据:

x_1	x_2	y
30	12	94
47	10	108
25	17	112
51	16	178
40	5	94
51	19	175
74	7	170
36	12	117
59	13	142
76	16	211

  a. 利用这些数据,建立 y 关于 x_1 的估计的回归方程。如果 $x_1 = 45$,估计 y 的值。

  b. 利用这些数据,建立 y 关于 x_2 的估计的回归方程。如果 $x_2 = 15$,估计 y 的值。

  c. 利用这些数据,建立 y 关于 x_1 和 x_2 的估计的回归方程。如果 $x_1 = 45$,$x_2 = 15$,估计 y 的值。

应用

2. 一家鞋店建立了销售收入关于存货投资和广告费用的估计的回归方程如下:
$$\hat{y} = 25 + 10x_1 + 8x_2$$
式中,x_1 表示存货投资(单位:千美元);x_2 表示广告费用(单位:千美元);y 表示销售收入（单位：千美元）。

a. 如果这家鞋店有存货投资 15 000 美元，广告预算费用为 10 000 美元，估计该鞋店销售收入。

b. 对估计的回归方程中的 b_1 和 b_2 做出解释。

3. Showtime Movie Theaters 公司的老板认为每周的总收入是广告费用的函数，并想对周的总收入做出估计。由 8 周的历史数据组成的一个样本如下：

周的总收入（千美元）	电视广告费用（千美元）	报纸广告费用（千美元）
96	5.0	1.5
90	2.0	2.0
95	4.0	1.5
92	2.5	2.5
95	3.0	3.3
94	3.5	2.3
94	2.5	4.2
94	3.0	2.5

a. 以电视广告费用作自变量，建立估计的回归方程。

b. 以电视广告费用和报纸广告费用作自变量，建立估计的回归方程。

c. 在 a 和 b 中建立估计的回归方程，电视广告费用的系数相同吗？对每一种情形的系数做出解释。

d. 若电视广告费用为 3 500 美元，报纸广告费用为 1 800 美元，一周总收入的估计值是多少？

4. 顶级商学院的学费可能非常昂贵，但是，这些学院的毕业生得到的起薪及奖金也可能很高。下表是 20 所商学院的申请者评价得分（最高 5 分）、学费和新近毕业生的平均起薪及奖金的样本数据（*U. S. News & World Report 2009 Edition America's Best Graduate Schools*）：

学校	得分	学费（千美元）	起薪及奖金（千美元）
Arizona State University	3.4	28	98
Babson College	3.5	35	94
Cornell University	3.8	44	119
Georgetown University	3.7	40	109
Georgia Institute of Technology	3.6	30	88
Indiana University-Bloomington	3.7	35	105
Michigan State University	3.2	26	99
Northwestern University	4.3	44	123
Ohio State University	3.1	35	97
Purdue University-West Lafayette	3.6	33	96
Rice University	3.4	36	102
Stanford University	4.4	46	135
University of California-Davis	3.3	35	89
University of Florida	3.5	23	71
University of Iowa	3.1	25	78

续前表

学校	得分	学费（千美元）	起薪及奖金（千美元）
University of Minnesota-Twin Cities	3.5	37	100
University of Notre Dame	3.4	36	95
University of Rochester	3.5	38	99
University of Washington	3.4	30	94
University of Wisconsin-Madison	3.3	27	93

a. 建立估计的回归方程，使这个方程在申请者评价得分已知时，能用来预测毕业生的起薪及奖金。

b. 建立估计的回归方程，使这个方程在申请者评价得分和学费已知时，能用来预测毕业生的起薪及奖金。

c. 在 a 和 b 中建立的估计的回归方程，申请者评价得分的系数相同吗？对每一种情形的系数做出解释。

d. 假设随机抽取了一名 University of Virginia 商学院的毕业生，该学院申请者的评价得分为 4.1 分、学费为 43 000 美元，预测这名毕业生的起薪及奖金。

5. 你期待为可靠性更高和性能更好的汽车花费更多的钱吗？《消费者报告》给出了可靠性评分、综合道路测试得分以及价格便宜家用轿车、价格中等家用轿车和大型轿车的价格（*Consumer Report*，February 2008）。部分数据如下表所示。可靠性评分从最差（1 分）到优秀（5 分）采用 5 分制。综合道路测试得分采用百分制，分值越高表明性能越好。完整的数据集存放在名为 Sedans 的文件中。

品牌和型号	综合道路测试得分	可靠性评分	价格（美元）
Nissan Altima 2.5 S	85	4	22 705
Honda Accord LX-P	79	4	22 795
Kia Optima EX (4-cyl.)	78	4	22 795
Toyota Camry LE	77	4	21 080
Hyundai Sonata SE	76	3	22 995
⋮	⋮	⋮	⋮
Chrysler 300 Touring	60	2	30 255
Dodge Charger SXT	58	4	28 860

a. 建立估计的回归方程，使这个方程在可靠性评分已知时，能用来预测汽车的价格。在显著性水平 $\alpha=0.05$ 下，进行检验。

b. 考虑增加综合道路测试得分自变量。建立估计的回归方程，使这个方程在综合道路测试得分和可靠性评分已知时，能用来预测汽车的价格。

c. 对于一辆综合道路测试得分为 80 分，可靠性评分为 4 分的汽车，预测其价格。

6. 全美职业篮球联赛（NBA）记录了每一支球队的各种各样的统计数据。其中的 4 项统计资料是：球队比赛获胜的比率（PCT）、投球命中率（FG%）、对方球队的三分球命中率（Opp 3 Pt%）和对方球队的失误次数（Opp TO）。下面给出了 NBA 中的 29 支球队在 2004 赛季中的这些统计数据（NBA website，January 3，2004）。

球队名称	PCT	FG%	Opp 3 Pt%	Opp TO
Atlanta	0.265	0.435	0.346	13.206
Boston	0.471	0.449	0.369	16.176
Chicago	0.313	0.417	0.372	15.031
Cleveland	0.303	0.438	0.345	12.515
Dallas	0.581	0.439	0.332	15.000
Denver	0.606	0.431	0.366	17.818
Detroit	0.606	0.423	0.262	15.788
Golden State	0.452	0.445	0.384	14.290
Houston	0.548	0.426	0.324	13.161
Indiana	0.706	0.428	0.317	15.647
L. A. Clippers	0.464	0.424	0.326	14.357
L. A. Lakers	0.724	0.465	0.323	16.000
Memphis	0.485	0.432	0.358	17.848
Miami	0.424	0.410	0.369	14.970
Milwaukee	0.500	0.438	0.349	14.750
Minnesota	0.677	0.473	0.348	13.839
New Jersey	0.563	0.435	0.338	17.063
New Orleans	0.636	0.421	0.330	16.909
New York	0.412	0.442	0.330	13.588
Orlando	0.242	0.417	0.360	14.242
Philadelphia	0.438	0.428	0.364	16.938
Phoenix	0.364	0.438	0.326	16.515
Portland	0.484	0.447	0.367	12.548
Sacramento	0.724	0.466	0.327	15.207
San Antonio	0.688	0.429	0.293	15.344
Seattle	0.533	0.436	0.350	16.767
Toronto	0.516	0.424	0.314	14.129
Utah	0.531	0.456	0.368	15.469
Washington	0.300	0.411	0.341	16.133

a. 建立估计的回归方程，使这个方程在球队的投球命中率已知时，能用来预测比赛获胜的比率。

b. 对在 a 中建立的估计的回归方程的斜率做出解释。

c. 建立估计的回归方程，使这个方程在球队的投球命中率、对方球队的三分球命中率和对方球队的失误次数已知时，能用来预测球队比赛获胜的比率。

d. 讨论在 c 中建立的估计的回归方程的实际意义。

e. 如果三个自变量的值分别为：FG% = 0.45，Opp 3 Pt% = 0.34 和 Opp TO = 17，估计球队比赛获胜的比率。

12.3 多元判定系数

在简单线性回归情形中，我们已经说明了总平方和能被分解为两部分：回归平

SST，SSR 和 SSE 之间的关系

$$\text{SST} = \text{SSR} + \text{SSE} \tag{12.7}$$

式中，$\text{SST} = \sum(y_i - \bar{y})^2$，表示总平方和；$\text{SSR} = \sum(\hat{y}_i - \bar{y})^2$，表示回归平方和；$\text{SSE} = \sum(y_i - \hat{y}_i)^2$，表示误差平方和。

由于这三个平方和的手工计算非常困难，因此依靠计算机软件得到这三个平方和的数值。对于含有两个自变量的 Butler 运输公司问题，图 12—5 中的 Excel 输出的方差分析部分给出了这三个平方和的数值：SST＝23.9，SSR＝21.600 6 和 SSE＝2.299 4。当仅有一个自变量（每天运送货物行驶里程）时，图 12—3 的 Excel 输出给出了 SST＝23.9，SSR＝15.871 3 和 SSE＝8.028 7。在这两种情形下，SST 的值是相同的，因为它不依赖于 $\hat{y}$。但是当第二个自变量（运送货物次数）进入模型后，SSR 增加而 SSE 减少。这就意味着，估计的多元回归方程对观测数据给出了一个更好的拟合。

在第 11 章中，我们利用判定系数 $r^2 = \text{SSR}/\text{SST}$ 来度量估计的回归方程的拟合优度。我们将同样的概念应用到多元回归的情形。**多元判定系数**（multiple coefficient of determination）表示的是对估计的多元回归方程拟合优度的度量。用 R^2 表示多元判定系数，它的计算公式如下：

多元判定系数

$$R^2 = \frac{\text{SSR}}{\text{SST}} \tag{12.8}$$

我们可以把多元判定系数 R^2 理解为因变量 y 中的变异性能被估计的多元回归方程解释的比例。将这个比例乘以 100，就能把多元判定系数 R^2 理解为因变量 y 中的变异性能被估计的多元回归方程解释的百分比。

对于有两个自变量的 Butler 运输公司的问题，因为 SSR＝21.600 6，SST＝23.9，因此有

$$R^2 = \frac{21.601}{23.900} = 0.903\ 8$$

所以，在驾驶时间 y 中变异性的 90.38%，能用运送货物行驶里程和运送货物次数作自变量的估计的多元回归方程解释。在图 12—5 中我们看到，Excel 输出还给出了多元判定系数，表示为 R Square ＝ 0.903 8（见单元格 B17）。

对于仅有一个自变量，即每天运送货物行驶里程（x_1）的估计的多元回归方程，图 12—3 给出了 R Square 的值是 0.664 1。于是，当运送货物次数作为第二个自变量进入模型后，驾驶时间 y 的变异性中能被估计的多元回归方程解释的百分比由 66.41% 增加到 90.38%。在一般情形下，R^2 总是随着新的自变量不断地进入模型而增加。

> 增加自变量将使预测误差变得比较小,从而减少误差平方和 SSE。因为 SSR=SST－SSE,当 SSE 变得比较小时,SSR 就变得比较大,从而使得 R^2=SSR/SST 增加。

由于增加自变量将影响到因变量中的变异性被估计的回归方程解释的百分比,为了避免高估这一影响,许多分析家提出用自变量的数目去修正 R^2 的值。用 n 表示观测值的数目,p 表示自变量的数目,**修正多元判定系数**(adjust multiple coefficient of determination)的计算公式如下:

修正多元判定系数

$$R_a^2 = 1 - (1-R^2)\frac{n-1}{n-p-1} \tag{12.9}$$

如果模型增加一个自变量,即使这个增加的自变量在统计上并不显著,R^2 也将变得比较大。修正多元判定系数抵消了模型中自变量个数的影响。

对于 Butler 运输公司的问题,$n=10$,$p=2$,有

$$R_a^2 = 1 - (1-0.903\ 8)\frac{10-1}{10-2-1} = 0.876\ 3$$

于是,对于有两个自变量的多元判定系数进行修正后,我们得到的修正多元判定系数是 0.876 3。在图 12—5 中,这一数值由 Excel 输出给出,表示为 Adjust R Square= 0.876 3(见单元格 B18)。

练 习

方法

7. 在第 1 题中,给出了因变量 y 和两个自变量 x_1,x_2 的 10 次观测结果。对这些数据,计算出 SST=15 182.9,SSR=14 052.2。

 a. 计算 R^2。
 b. 计算 R_a^2。
 c. 估计的回归方程解释了数据中的大部分变异性吗?请解释。

应用

8. 在第 2 题中,我们给出了销售收入关于存货投资和广告费用的估计的回归方程如下:

$$\hat{y} = 25 + 10x_1 + 8x_2$$

通过对 10 家鞋店的一次统计调查,得到了用于建立模型的数据。对这些数据,计算出 SST=16 000,SSR=12 000。

 a. 对于已给出的估计的回归方程,计算 R^2。
 b. 计算 R_a^2。
 c. 估计的回归方程解释了数据中的大部分变异性吗?请解释。

9. 在第 3 题中,Showtime Movie Theaters 公司的老板认为,每周的总收入(y)是电视广告费用(x_1)和报纸广告费用(x_2)的函数,并利用多元回归分析预测周的总收入。估计的回归方程为:

$$\hat{y} = 83.2 + 2.29x_1 + 1.30x_2$$

计算机给出 SST＝25.5 和 SSR＝23.435。

a. 计算并解释 R^2 和 R_a^2。

b. 当仅有电视广告费用一个自变量时，$R^2 = 0.653$，$R_a^2 = 0.595$。你是否更愿意接受多元回归的结果？请解释。

10. 在第 4 题中，给出了 20 所商学院的申请者评价得分（最高 5 分）、学费和毕业生的平均起薪及奖金的样本数据（*U. S. News & World Report 2009 Edition America's Best Graduate School*）。

a. 若模型仅有申请者评价得分一个自变量，利用估计的回归方程去预测起薪及奖金时，给出的拟合好吗？请解释。

b. 若模型有申请者评价得分和学费两个自变量时，讨论利用估计的回归方程去预测起薪及奖金的优点。

11. 在第 6 题中，已经提供了 29 支 NBA 球队在 2004 赛季中的部分统计数据（NBA website，January 3，2004）。

a. 在第 6 题的 c 中，我们已经建立了一个估计的回归方程。该方程在球队的投篮命中率、对方球队的三分球命中率和对方球队的失误次数已知时，能预测球队比赛获胜的比率。R^2 和 R_a^2 的数值是多少？

b. 估计的回归方程对观测数据的拟合好吗？请解释。

12.4 模型的假定

在 12.1 节中，我们引入了以下形式的多元回归模型。

多元回归模型
$$y = \beta_0 + \beta_1 x_1 + \beta_2 x_2 + \cdots + \beta_p x_p + \varepsilon \tag{12.10}$$

在多元回归模型中，关于误差项 ε 的假定与简单线性回归模型的假定相似。

关于多元回归模型 $y = \beta_0 + \beta_1 x_1 + \beta_2 x_2 + \cdots + \beta_p x_p + \varepsilon$ 的误差项 ε 的假定

1. 误差项 ε 是一个平均值或期望值为零的随机变量，即 $E(\varepsilon) = 0$。

这就意味着：对于给定的 x_1，x_2，$\cdots$，x_p 的值，y 的期望值或平均值是：
$$E(y) = \beta_0 + \beta_1 x_1 + \beta_2 x_2 + \cdots + \beta_p x_p \tag{12.11}$$

式（12.11）就是 12.1 节中介绍的多元回归方程。在这个方程中，$E(y)$ 表示对于给定的 x_1，x_2，$\cdots$，x_p 的值，y 的所有可能值的期望值或平均值。

2. 对自变量 x_1，x_2，$\cdots$，x_p 的所有值，ε 的方差都是相同的。用 σ^2 表示 ε 的方差。

这就意味着：对自变量 x_1，x_2，$\cdots$，x_p 的所有值，y 关于回归直线的方差也都等于 σ^2。

3. ε 的值是相互独立的。

这就意味着：对于自变量 x_1，x_2，$\cdots$，x_p 的一组特定的值，它所对应的误差项的大小与自变量 x_1，x_2，$\cdots$，x_p 的任意一组其他值所对应的误差项的大小不相关。

4. 误差项 ε 是一个服从正态分布的随机变量，它表示了 y 的值和由 $\beta_0 + \beta_1 x_1 + \beta_2 x_2 + \cdots + \beta_p x_p$ 给出的 y 的期望值之间的离差。

这就意味着：因为 β_0，β_1，β_2，$\cdots$，β_p 是常数，对于给定的 x_1，x_2，$\cdots$，x_p 的值，因变

量 y 也是一个服从正态分布的随机变量。

为了对由式（12.11）给出的关系式的形式有更全面的了解，我们考虑下面含有两个自变量的多元回归方程。

$$E(y) = \beta_0 + \beta_1 x_1 + \beta_2 x_2$$

这个方程的图形是三维空间的一个平面。图 12—6 给出了这样一个图形的例子。注意，在图中，当 $x_1 = x_1^*$，$x_2 = x_2^*$ 时，ε 是实际观测值和 y 的期望值 $E(y)$ 之间的离差。

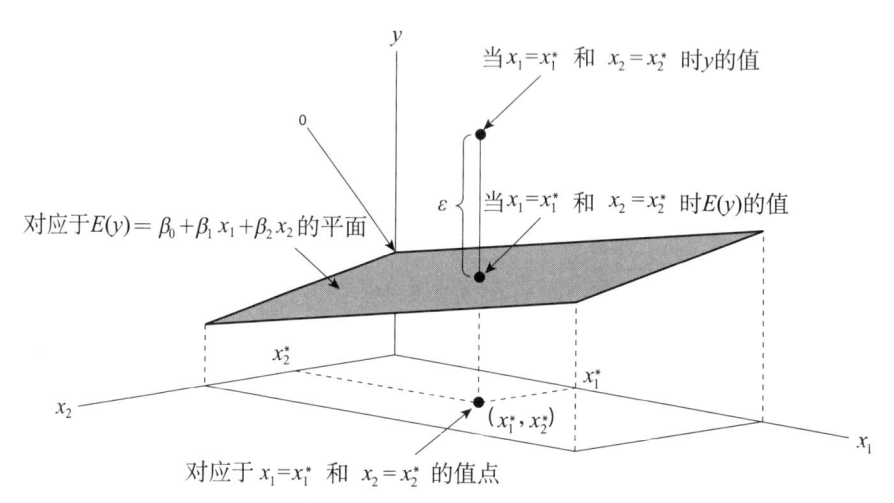

图 12—6　含有两个自变量的多元回归分析问题的回归方程图形

在回归分析中，我们经常用术语响应变量代替术语因变量。此外，因为多元回归方程生成一个平面或是一个曲面，所以我们把它的图形称为响应曲面。

12.5　显著性检验

在这一节我们将说明，如何对多元回归关系进行显著性检验。在简单线性回归情形，我们应用 t 检验和 F 检验进行显著性检验。在简单线性回归情形，这两个检验给出了同样的结论；也就是说，如果原假设被拒绝，我们的结论是 $\beta_1 \neq 0$。而在多元回归情形，进行 t 检验和 F 检验的目的是不同的。

1. F 检验用于确定在因变量和所有自变量之间是否存在一个显著性的关系；我们把 F 检验称为总体的显著性检验。

2. 如果 F 检验已经表明了模型总体的显著性，那么 t 检验用于确定每一个单个的自变量是否为显著的自变量。对模型中的每一个自变量，都要单独地进行 t 检验；我们把每一个这样的 t 检验都称为单个的显著性检验。

在以下内容中，我们将对 F 检验和 t 检验加以解释，并将这两个检验应用于 Butler 运输公司的例子。

12.5.1　F 检验

在 12.4 节中定义的多元回归模型为：

$$y = \beta_0 + \beta_1 x_1 + \beta_2 x_2 + \cdots + \beta_p x_p + \varepsilon$$

F 检验的假设与多元回归模型的参数有关。

$H_0: \beta_1 = \beta_2 = \cdots = \beta_p = 0$

$H_a:$ 至少有一个参数不等于零

如果原假设 H_0 被拒绝，那么就有足够的统计证据断定，至少有一个参数不等于零，并且因变量 y 和所有自变量 $x_1, x_2, \cdots, x_p$ 之间的关系在总体上是显著的。如果原假设 H_0 没有被拒绝，就没有足够的理由认为，y 和 $x_1, x_2, \cdots, x_p$ 之间存在一种显著的关系。

在叙述 F 检验的步骤之前，我们需要回忆一下均方的概念。均方是一个平方和除以它所对应的自由度。在多元回归情形，总平方和有 $n-1$ 个自由度，回归平方和（SSR）有 p 个自由度，误差平方和有 $n-p-1$ 个自由度。因此，均方回归（MSR）是 SSR/p，均方误差（MSE）是 SSE/$(n-p-1)$。

$$\text{MSR} = \frac{\text{SSR}}{p} \tag{12.12}$$

$$\text{MSE} = \frac{\text{SSE}}{n-p-1} \tag{12.13}$$

根据第 11 章中讨论的结果，MSE 给出了误差项 ε 的方差 σ^2 的一个无偏估计量。如果原假设 $H_0: \beta_1 = \beta_2 = \cdots = \beta_p = 0$ 成立，MSR 也给出了 σ^2 的一个无偏估计量，并且 MSR/MSE 的值将接近于 1。但是，如果原假设 H_0 被拒绝，MSR 将高估 σ^2，这时 MSR/MSE 的值将变得比较大。为了确定需要多么大的 MSR/MSE 的值能拒绝 H_0，我们利用这样一个事实：如果 H_0 成立并且有关多元回归模型的假定都成立，那么 MSR/MSE 的抽样分布是一个分子自由度为 p、分母自由度为 $n-p-1$ 的 F 分布。对于多元回归情形，显著性 F 检验汇总如下：

总体显著性的 F 检验

$H_0: \beta_1 = \beta_2 = \cdots = \beta_p = 0$

$H_a:$ 至少有一个参数不等于零

检验的统计量

$$F = \frac{\text{MSR}}{\text{MSE}} \tag{12.14}$$

拒绝法则

p 值法：如果 p 值 $\leqslant \alpha$，则拒绝 H_0

临界值法：如果 $F \geqslant F_\alpha$，则拒绝 H_0

其中，F_α 是分子自由度为 p，分母自由度为 $n-p-1$ 时，使 F 分布的上侧面积为 α 的 F 值。

让我们将 F 检验应用于 Butler 运输公司的多元回归问题。因为有两个自变量，所以我们把检验的假设写成如下形式。

$H_0: \beta_1 = \beta_2 = 0$

$H_a: \beta_1, \beta_2$ 中至少有一个不等于零

图 12—7 是图 12—5 中用每天运送货物行驶里程（x_1）和运送货物次数（x_2）作为自变量的 Excel 回归工具输出部分。在输出的方差分析部分，我们看到 MSR = 10.800 3，MSE = 0.328 5。利用式（12.14），得到检验的统计量

$$F = \frac{10.800\ 3}{0.328\ 5} = 32.9$$

注意，Excel 输出的 F 值是 32.878 4；与我们算出的数值不同，这是由于我们在计算过程中使用了 MSR 和 MSE 的四舍五入近似值引起的。对于 $\alpha=0.01$ 的显著性水平，单元格 F24 显示 p 值 $=0.000\ 3$，因为 p 值小于 0.01，所以应该拒绝 $H_0：\beta_1=\beta_2=0$。换一种叙述方式，还可以从附录 A 的表 4 中，查到分子自由度为 2、分母自由度为 7 的 F 分布表上侧分位数 $F_{0.01}=9.55$。因为 $32.9 > 9.55$，所以应该拒绝 $H_0：\beta_1=\beta_2=0$，并且得出结论：在驾驶时间 y 和每天运送货物行驶里程 x_1、运送货物次数 x_2 这两个自变量之间存在显著的关系。

> 单元格 F23 中的标签 Significance F，用于识别单元格 F24 中的 p 值。

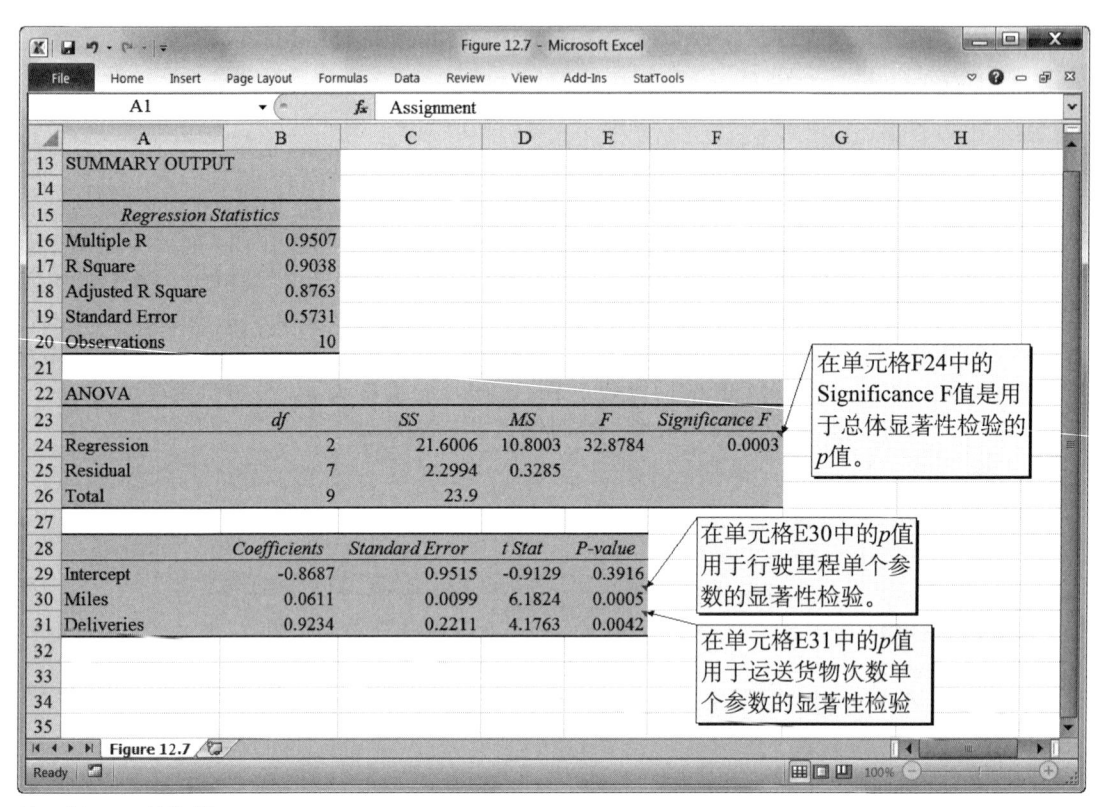

	A	B	C	D	E	F
13	SUMMARY OUTPUT					
14						
15	*Regression Statistics*					
16	Multiple R	0.9507				
17	R Square	0.9038				
18	Adjusted R Square	0.8763				
19	Standard Error	0.5731				
20	Observations	10				
21						
22	ANOVA					
23		df	SS	MS	F	Significance F
24	Regression	2	21.6006	10.8003	32.8784	0.0003
25	Residual	7	2.2994	0.3285		
26	Total	9	23.9			
27						
28		Coefficients	Standard Error	t Stat	P-value	
29	Intercept	-0.8687	0.9515	-0.9129	0.3916	
30	Miles	0.0611	0.0099	6.1824	0.0005	
31	Deliveries	0.9234	0.2211	4.1763	0.0042	

在单元格 F24 中的 Significance F 值是用于总体显著性检验的 p 值。

在单元格 E30 中的 p 值用于行驶里程单个参数的显著性检验。

在单元格 E31 中的 p 值用于运送货物次数单个参数的显著性检验

注：行 1～12 被隐藏。

图 12—7　含有两个自变量的 Butler 运输公司的回归工具输出

前面已经提到，均方误差 MSE 给出了误差项 ε 的方差 σ^2 的一个无偏估计量。因此，σ^2 的估计量是 $\mathrm{MSE}=0.328\ 5$。MSE 的平方根是误差项 ε 标准差的估计。就像在 11.5 节中所定义的那样，我们把这个标准差称为估计的标准误差，并且用 s 表示。因此有 $s=\sqrt{\mathrm{MSE}}=\sqrt{0.328\ 5}=0.573\ 1$。注意，在图 12—7 的单元格 B19 中，列出了估计的标准误差的值。

表 12—3 是多元回归方差分析表的一般形式。可以利用 F 检验统计量的数值和相对应的 p 值（在表中最后一列），得出假设检验的结论。回顾一下图 12—7 中的 Butler 运输公司的 Excel 输出，我们发现 Excel 的方差分析表里包含了这些信息。

表 12—3　　　含有 p 个自变量的多元回归模型的 ANOVA 表的一般形式

方差来源	平方和	自由度	均方	F	p 值
回归	SSR	p	$\text{MSR}=\dfrac{\text{SSR}}{p}$	$F=\dfrac{\text{MSR}}{\text{MSE}}$	
误差	SSE	$n-p-1$	$\text{MSE}=\dfrac{\text{SSE}}{n-p-1}$		
总和	SST	$n-1$			

12.5.2　t 检验

如果 F 检验显示了多元回归关系在总体上是显著的，那么 t 检验就能帮助我们确定每一个单个参数的显著性问题。对于单个参数的显著性检验，t 检验的步骤如下：

单个参数显著性的 t 检验

对于任一个参数 β_i

$H_0: \beta_i = 0$

$H_a: \beta_i \neq 0$

检验的统计量

$$t = \frac{b_i}{s_{b_i}} \tag{12.15}$$

拒绝法则

p 值法：如果 p 值 $\leqslant \alpha$，则拒绝 H_0

临界值法：如果 $t \leqslant -t_{\alpha/2}$ 或者 $t \geqslant t_{\alpha/2}$，则拒绝 H_0

其中，$t_{\alpha/2}$ 是自由度为 $n-p-1$ 时，使 t 分布的上侧面积为 $\alpha/2$ 的 t 值。

在检验统计量的公式中，s_{b_i} 是 b_i 的标准差的估计，s_{b_i} 的值由计算机软件包提供。我们将 t 检验用于 Butler 运输公司的多元回归问题。对于 t 统计量比值的计算，可以参考图 12—7 中的 Excel 输出的有关部分。b_1，b_2，s_{b_1} 和 s_{b_2} 的值如下：

$b_1 = 0.0611$　　　$s_{b_1} = 0.0099$

$b_2 = 0.9234$　　　$s_{b_2} = 0.2211$

对于参数 β_1 和 β_2 的假设检验，利用式（12.15），就能得到检验的统计量。

$t = 0.0611/0.0099 = 6.1717$

$t = 0.9234/0.2211 = 4.1764$

注意，这两个 t 值和相对应的 p 值都在图 12—7 中由 Excel 输出给出。对于显著性水平 $\alpha = 0.01$，Excel 给出的 p 值输出分别为 0.0005 和 0.0042，所以应该拒绝 $H_0: \beta_1 = 0$ 和 $H_0: \beta_2 = 0$，因此，这两个参数在统计上都是显著的。换一种叙述方式，从附录 A 的表 2 中，对于自由度为 $n-p-1=10-2-1=7$ 的 t 分布，得 $t_{0.005} = 3.499$。因为 $6.18717 > 3.499$，所以应该拒绝 $H_0: \beta_1 = 0$。类似地，因为 $4.1763 > 3.499$，所以应该拒绝 $H_0: \beta_2 = 0$。

> 回归工具输出中的 t 值为 6.1824 和 4.1763，是由于四舍五入造成的不同。

12.5.3 多重共线性

在回归分析中，我们曾经使用自变量这个术语来表示用于预测或者解释因变量值的那些变量。但是这个术语并不意味着，这些自变量本身在某种统计意义上是独立的；相反，在多元回归问题中，大部分自变量在某种程度上是相互关联的。例如，在涉及两个自变量 x_1（每天运送货物行驶里程）和 x_2（运送货物次数）的 Butler 运输公司的例子中，可以把行驶里程看作因变量，把运送货物次数看作自变量，去确定这两个变量本身是否相关。为此我们计算它们的样本相关系数 $r_{x_1 x_2}$，然后确定这两个变量相关的程度。样本相关系数计算的结果是 $r_{x_1 x_2} = 0.16$。于是，我们发现在这两个自变量之间存在某种程度的线性联系。在多元回归分析中，把自变量之间的相关性称为**多重共线性**（multicolinearity）。

为了对多重共线性的潜在影响给出一个更好的全面描述，我们现在对 Butler 运输公司的例子做一些修改。我们不用 x_2 表示运送货物次数，而用 x_2 表示消耗汽油的加仑数量。显然，x_1（每天运送货物行驶里程）和 x_2 是相关的，即我们认为消耗汽油的加仑数量依赖于行驶的里程。因此，从逻辑上我们能认定 x_1 和 x_2 是高度相关的自变量。

假定我们已经建立了估计的回归方程 $\hat{y} = b_0 + b_1 x_1 + b_2 x_2$，并且 F 检验显示了多元回归关系在总体上是显著的。然后，假定我们进行关于 β_1 的 t 检验去断定 $\beta_1 \neq 0$ 是否成立。如果我们不能拒绝 H_0：$\beta_1 = 0$，这个结果是否意味着司机每天驾驶时间不依赖于行驶的里程呢？不一定。它很可能意味着，由于 x_2 已经在模型里，所以 x_1 对决定 y 的数值已经不再有显著的贡献了。在我们的例子里，这一解释能够讲得通，因为如果已经知道了消耗汽油的数量，在预测 y 的数值时，就不需要再增加更多的有关行驶里程的有用信息了。类似地，通过 t 检验可能导致我们得出 $\beta_2 = 0$ 结论，由于 x_1 已经在模型里，所以也不再需要增加更多的有关消耗汽油数量的信息了。

综上所述，在对单个参数的显著性进行 t 检验时，由于多重共线性而带来的困难是：当多元回归方程总体显著性的 F 检验表明有一个显著的关系时，我们可能得出单个参数没有一个是显著地不同于零的结论。只有当自变量之间的相关性非常小的时候，才有可能回避这个问题。

> 当自变量高度相关时，不可能确定任一特定的自变量对因变量的单独影响。

为了确定多重共线性是否对模型的估计带来十分严重的后果，统计学家提出了一些不同的检验方法。对于任一个含有两个自变量的多元回归模型，如果它们的样本相关系数的绝对值大于 0.7，那么依照经验的检验方法，多重共线性有可能成为一个潜在的问题。还有一些更精确的检验方法，但这些方法已经超出了本教材讨论的范围。

对于有两个自变量的情形，可能产生多重共线性潜在影响的一个比较粗略的估计方法是它们的样本相关系数是否大于 0.7 或者小于 −0.7。

如果可能的话，我们应尽一切努力避免在模型中包含高度相关的自变量。但是，在实际上我们可能很少绝对坚持这一策略。决策者已经被告诫，当他们有理由相信存在严重的多重共线性时，识别单个的自变量对因变量的影响将是一件非常困难的事情。

■■■ 评 注 ■■■

通常，在对某个问题进行研究时，多重共线性对我们进行回归分析，或者对计算机输出结果的解释都不会产生影响。但是，当存在严重的多重共线性时，即当两个或两个以上的自变量相互高度相关时，如果我们对单个参数进行 t 检验，对 t 检验的结果进行解释时，就可能出现困难。除了在本节说明的问题外，严重的多重共线性可能导致最小二乘估计出现错误的符号。也就是说，在模拟研究中，研究者设计了基本的回归模型，接着利用最小二乘法求出参数 β_0，β_1，β_2，…的估计值，但是在高度多重共线性的条件下，最小二乘估计值可能与被估参数有一个完全相反的符号。例如，真实的 β_2 可能是 $+10$，而它的估计量 b_2 却是 -2。于是，如果存在高度的多重共线性，我们应能对个别系数的符号做出一些约定。

■■■ 练 习 ■■■

方法

12. 根据 10 次观测结果建立的估计的回归方程如下所示：

$$\hat{y} = 29.127\,0 + 0.590\,6x_1 + 0.498\,0x_2$$

这里，SST＝6 724.125，SSR＝6 216.375，$s_{b_1} = 0.081\,3$ 和 $s_{b_2} = 0.056\,7$。

a. 计算 MSR 和 MSE。

b. 计算 F 统计量，并且在 $\alpha = 0.05$ 的显著性水平下进行 F 检验。

c. 在 $\alpha = 0.05$ 的显著性水平下，对 β_1 的显著性进行 t 检验。

d. 在 $\alpha = 0.05$ 的显著性水平下，对 β_2 的显著性进行 t 检验。

13. 参考在第 1 题中给出的数据。利用这些数据建立的估计的回归方程为：

$$\hat{y} = -18.4 + 2.01x_1 + 4.74x_2$$

这里，SST＝15 182.9，SSR＝14 052.2，$s_{b_1} = 0.247\,1$ 和 $s_{b_2} = 0.948\,4$。

a. 在 $\alpha = 0.05$ 的显著性水平下，检验 x_1，x_2 和 y 之间关系的显著性。

b. 在 $\alpha = 0.05$ 的显著性水平下，β_1 是显著的吗？

c. 在 $\alpha = 0.05$ 的显著性水平下，β_2 是显著的吗？

应用

14. 在第 2 题中，我们给出了销售收入关于存货投资和广告费用的估计的回归方程如下：

$$\hat{y} = 25 + 10x_1 + 8x_2$$

通过对 10 家鞋店的一次统计调查，得到了用于建立模型的数据；对这些数据，我们计算出 SST＝16 000，SSR＝12 000。

a. 计算 SSE，MSE 和 MSR。

b. 在 $\alpha = 0.05$ 的显著性水平下，利用 F 检验确定在这些变量之间是否存在一个显著的关系。

15. 参考第 3 题。

a. 对于模型 $y = \beta_0 + \beta_1 x_1 + \beta_2 x_2 + \varepsilon$，式中，$x_1$ 表示电视广告费用；x_2 表示报

纸广告费用。在 $\alpha = 0.01$ 的显著性水平下，检验如下假设：

$H_0: \beta_1 = \beta_2 = 0$

$H_a: \beta_1$ 和 β_2 中至少有一个不等于零

b. 在 $\alpha = 0.05$ 的显著性水平下，检验 β_1 的显著性。x_1 应从模型中删除吗？

c. 在 $\alpha = 0.05$ 的显著性水平下，检验 β_2 的显著性。x_2 应从模型中删除吗？

16. 《华尔街日报》在排名前列的大学进行了一项篮球队经费的研究。关于 39 支优秀地方篮球队的收入、获胜率和教练薪酬的部分数据如下表所示（*The Wall Street Journal*，March 11-12，2006）：

学校	收入（百万美元）	获胜率（%）	薪酬（百万美元）
Alabama	6.5	61	1.00
Arizona	16.6	63	0.70
Arkansas	11.1	72	0.80
Boston College	3.4	80	0.53
⋮	⋮	⋮	⋮
Washington	5.0	83	0.89
West Virginia	4.9	67	0.70
Wichita State	3.1	75	0.41
Wisconsin	12.0	66	0.70

a. 建立估计的回归方程，使这个方程在球队收入和获胜率已知时，能用来预测教练的薪酬。

b. 在 $\alpha = 0.05$ 的显著性水平下，利用 F 检验来确定这些变量之间关系的总体显著性。你的结论是什么？

c. 在 $\alpha = 0.05$ 的显著性水平下，利用 t 检验来确定每一个自变量的显著性。你的结论是什么？

17. 在第 6 题中，我们已经建立了一个估计的回归方程，该方程在球队的投球命中率、对方球队的三分球命中率和对方球队的失误次数已知时，能用来预测球队比赛获胜的比率。

a. 在 $\alpha = 0.05$ 的显著性水平下，利用 F 检验来确定这些变量之间关系的总体显著性。你的结论是什么？

b. 在 $\alpha = 0.05$ 的显著性水平下，利用 t 检验来确定每一个变量的显著性。你的结论是什么？

12.6 利用估计的回归方程进行估计和预测

在多元回归分析中，估计 y 的平均值和预测 y 的个别值的步骤，与包含一个自变量的回归分析所进行的步骤类似。首先回忆一下，在第 11 章中我们已经说明了，对于 x 的一个给定值，y 的期望值的点估计和 y 的个别值的点估计是相同的。在两种情形下，我们都利用 $\hat{y} = b_0 + b_1 x$ 作为它们的点估计。在多元回归分析中，我们应用同样的步骤，即把自变量 x_1，x_2，$\cdots$，x_p 的给定值代入估计的回归方程里,使用得到的对应的 $\hat{y}$ 值作为 y 的期望值和 y 的个别值的点估计。

为了说明多元回归步骤,假定在 Butler 运输公司的例子里,我们希望利用含有 x_1(每天运送货物行驶里程)和 x_2(运送货物次数)两个自变量的估计的回归方程去建立两个区间估计:

(1) 对于所有的运货汽车,在运送货物行驶 100 英里和运送货物 2 次的情形下,驾驶时间的置信区间。

(2) 对于一辆特定的运货汽车,在运送货物行驶 100 英里和运送货物 2 次的情形下,驾驶时间的预测区间。

在图 12—5 的 Excel 输出中,估计的回归方程为:
$$\hat{y} = -0.8687 + 0.0611x_1 + 0.9324x_2$$

当 $x_1 = 100$ 和 $x_2 = 2$ 时,我们得到 $\hat{y}$ 值如下:
$$\hat{y} = -0.8687 + 0.0611 \times 100 + 0.9324 \times 2 = 7.09$$

因此,在两种情形下,驾驶时间的点估计值大约等于 7 小时。

在多元回归中,建立 y 的平均值和 y 的个别值的区间估计所需公式的推导已经超出了本书的范围,同时对于多元回归,手工计算是不实际的。尽管 Excel 的回归工具没有计算区间估计的选项,可以通过利用计算机软件包得到这些区间估计。在 Butler 运输公司的例子中,对于我们所选取的 x_1 和 x_2 的数值,表 12—4 给出了置信水平为 95% 的预测区间。我们看到在运送货物行驶 100 英里和运送货物 2 次的情形下,驾驶时间的预测区间近似为 5.5~8.7 小时。

表 12—4　　Butler 运输公司的置信水平为 95%的预测区间

x_1 的数值	x_2 的数值	预测区间 下限	预测区间 上限
50	2	2.414	5.656
50	3	3.368	6.548
50	4	4.157	7.607
100	2	5.500	8.683
100	3	6.520	9.510
100	4	7.362	10.515

━━━━ 练 习 ━━━━

方法

18. 参考在第 1 题中给出的数据。利用这些数据建立的估计的回归方程为:
$$\hat{y} = -18.4 + 2.01x_1 + 4.74x_2$$

a. 当 $x_1 = 45$,$x_2 = 15$ 时,求 y 的平均值的点估计值。

b. 当 $x_1 = 45$,$x_2 = 15$ 时,建立 y 的个别值的置信水平为 95% 的预测区间。

应用

19. 在第 3 题中，Showtime Movie Theaters 公司的老板认为，每周的总收入（y）是电视广告费用（x_1）和报纸广告费用（x_2）的函数，并想利用多元回归分析方法去预测周的总收入。估计的回归方程为：

$$\hat{y} = 83.2 + 2.29x_1 + 1.30x_2$$

a. 当某一周的电视广告费用为 3 500 美元（$x_1=3.5$），报纸广告费用为 1 800 美元（$x_2=1.8$）时，期望的周总收入是多少？

b. 假设两种广告费用按照 a 中所示那样分配，建立一个下周总收入的置信水平为 95% 的预测区间。

20. 根据 20 条 20～22 英尺长小船的数据，建立了小船的最高时速 y（单位：英里/马力）对小船最大宽度 x_1（单位：英寸）和小船发动机马力 x_2 的估计的多元回归方程为：

$$\hat{y} = 64.965\ 9 - 0.389\ 6x_1 + 0.051\ 1x_2$$

a. 对于一条最大宽度为 85 英寸，发动机马力为 300 的小船，求平均最高时速的点估计值。

b. Svfara SV609 的最大宽度为 85 英寸，发动机马力为 300，建立 Svfara SV609 平均最高时速的置信水平为 95% 的预测区间。

12.7 定性自变量

迄今为止，我们所考虑的例子的自变量都是定量自变量，例如学生人数、运送货物行驶的里程、运送货物次数等。但是，在许多情形下，我们必须利用**定性自变量**（categorical independent variable）处理问题，例如性别（男、女），付款方式（现金、信用卡、支票）等。本节的目的是说明如何在回归分析中应用分类变量，即定性变量。我们以约翰逊净水公司（Johnson Filtration, Inc.）的管理人员所面临的一个问题为例应用和解释定性自变量。

自变量可以是分类变量，也可以是数量变量。

12.7.1 实例：约翰逊净水公司

约翰逊净水公司对于遍布南部佛罗里达州的净水系统提供维修保养服务。当顾客的净水系统出现故障时，他们就要与约翰逊公司联系，请求公司对他们的净水系统进行维修。为了估计服务时间和服务成本，约翰逊公司的管理人员希望对顾客的每一次维修请求，预测出必要的维修时间。所以，按小时计算的维修时间是因变量。管理人员认为，维修时间与两个因素有关：从最近一次维修服务至今净水系统已经使用的月数和需要维修的故障类型（机械的或电子的）。由 10 次维修服务组成一个样本，有关资料和数据如表 12—5 所示。

表 12—5　　约翰逊净水公司的数据

维修服务请求	最近一次维修至今的月数	维修的故障类型	按小时计算的维修时间
1	2	电子	2.9
2	6	机械	3.0
3	8	电子	4.8
4	3	机械	1.8
5	2	电子	2.9
6	7	电子	4.9
7	9	机械	4.2
8	8	机械	4.8
9	4	电子	4.4
10	6	电子	4.5

我们用 y 表示按小时计算的维修时间，x_1 表示从最近一次维修服务至今的月数，仅仅利用 x_1 进行预测的回归模型为：

$$y = \beta_0 + \beta_1 x_1 + \varepsilon$$

我们利用 Excel 的回归工具建立了估计的回归方程，得到的输出如图 12—8 所示。估计的回归方程是：

$$\hat{y} = 2.147\,3 + 0.304\,1 x_1 \qquad (12.16)$$

因为我们在回归输出选项的对话框中选择新工作表，所以 Excel 输出出现在一张新的工作表中。

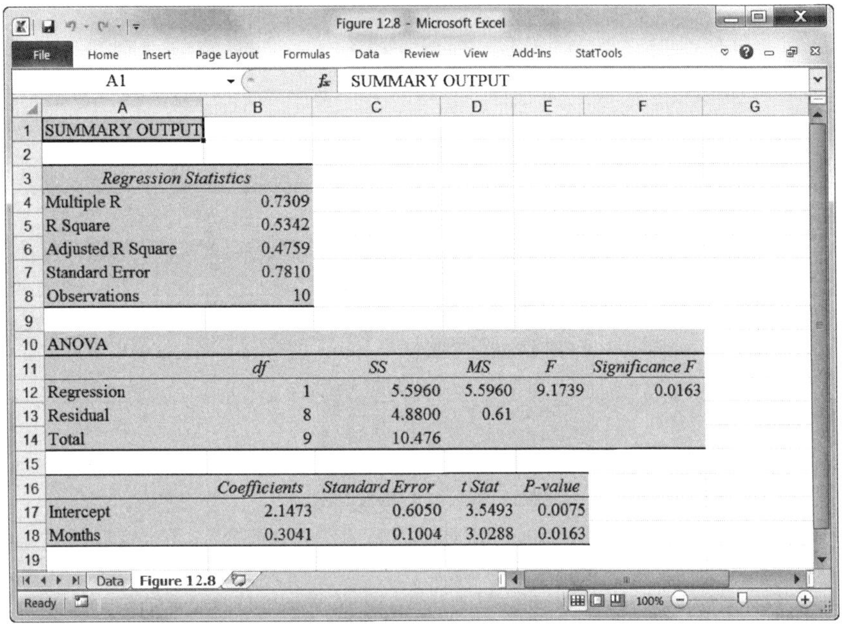

	A	B	C	D	E	F
1	SUMMARY OUTPUT					
2						
3	*Regression Statistics*					
4	Multiple R	0.7309				
5	R Square	0.5342				
6	Adjusted R Square	0.4759				
7	Standard Error	0.7810				
8	Observations	10				
9						
10	ANOVA					
11		*df*	*SS*	*MS*	*F*	*Significance F*
12	Regression	1	5.5960	5.5960	9.1739	0.0163
13	Residual	8	4.8800	0.61		
14	Total	9	10.476			
15						
16		*Coefficients*	*Standard Error*	*t Stat*	*P-value*	
17	Intercept	2.1473	0.6050	3.5493	0.0075	
18	Months	0.3041	0.1004	3.0288	0.0163	
19						

图 12—8　在约翰逊净水公司的例子中用最近一次维修服务至今的月数作为自变量的 Excel 回归工具输出

在 $\alpha=0.05$ 的显著性水平下，对于 t(或 F) 检验，p 值为 0.016 3，这就表明了维修时间显著地依赖于从最近一次维修服务至今的月数。$R^2=0.534\,2$ 表明了 x_1 仅仅解释了维修时间变异性的 53.42%。

为了将故障的维修类型引入回归模型，我们定义下面的变量：

$$x_2 = \begin{cases} 0, & \text{如果故障的维修类型是机械的} \\ 1, & \text{如果故障的维修类型是电子的} \end{cases}$$

在回归分析中，x_2 称为**虚拟变量**（dummy variable）或指标变量。利用这个虚拟变量，我们可把多元回归模型写成如下形式：

$$y = \beta_0 + \beta_1 x_1 + \beta_2 x_2 + \varepsilon$$

表 12—6 是经过修订后包含了虚拟变量数值的数据集。利用 Excel 和表 12—6 中的数据，我们能求出模型参数的估计值。图 12—9 所示的 Excel 回归工具输出表明了估计的多元回归方程为：

$$\hat{y} = 0.930\ 5 + 0.387\ 6 x_1 + 1.262\ 7 x_2 \tag{12.17}$$

表 12—6　　用虚拟变量表示维修故障类型的约翰逊净水公司的数据
（$x_2 = 0$ 表示机械的，$x_2 = 1$ 表示电子的）

维修服务请求	最近一次维修至今的月数 (x_1)	维修的故障类型 (x_2)	按小时计算的维修时间 (y)
1	2	1	2.9
2	6	0	3.0
3	8	1	4.8
4	3	0	1.8
5	2	1	2.9
6	7	1	4.9
7	9	0	4.2
8	8	0	4.8
9	4	1	4.4
10	6	1	4.5

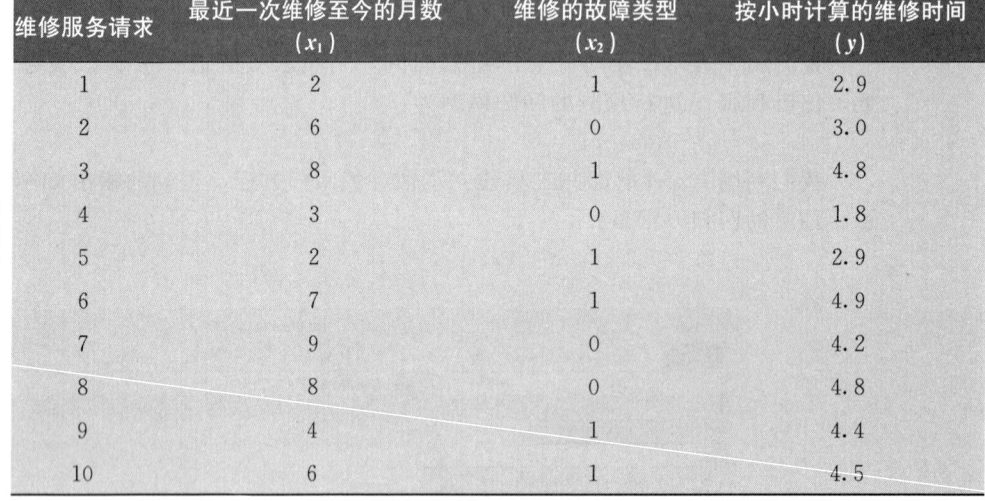

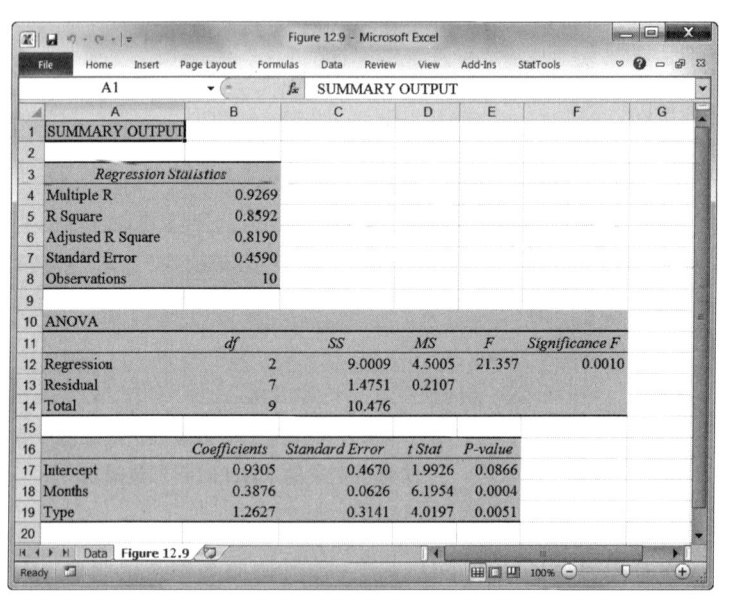

图 12—9　在约翰逊净水公司的例子中用最近一次服务至今的月数和维修类型作为自变量的 Excel 回归工具输出

在 $\alpha = 0.05$ 的显著性水平下，与 F 检验（$F = 21.357$）相对应的 p 值为

0.001 0，这就表明回归关系是显著的。在图 12—9 中 t 检验的输出部分表明，从最近一次维修服务至今的月数（p 值＝0.000 4）和维修的类型（p 值＝0.005 1），这两个变量在统计上都是显著的。另外，$R^2＝0.859 2$ 和修正 $R^2＝0.819 0$ 表明估计的回归方程很好地解释了维修时间的变异性。于是，可利用估计的回归方程 (12.17) 针对各种不同类型的维修服务请求，估计必要的维修时间。

12.7.2 解释参数

对于约翰逊净水公司的问题，多元回归方程是：
$$E(y) = \beta_0 + \beta_1 x_1 + \beta_2 x_2 \tag{12.18}$$

当模型中存在一个定性变量时，为了弄清楚如何对参数 β_0、β_1 和 β_2 做出合理的解释，我们考虑 $x_2＝0$（机械类型的故障）的情形。在已知故障类型是机械型时，用 $E(y|$机械$)$ 表示故障维修时间的平均值或期望值，有
$$E(y|\text{机械}) = \beta_0 + \beta_1 x_1 + \beta_2 \times 0 = \beta_0 + \beta_1 x_1 \tag{12.19}$$

类似地，对于电子类型的故障（$x_2＝1$），有
$$E(y|\text{电子}) = \beta_0 + \beta_1 x_1 + \beta_2 \times 1 = \beta_0 + \beta_1 x_1 + \beta_2 = (\beta_0 + \beta_2) + \beta_1 x_1 \tag{12.20}$$

比较式 (12.19) 和式 (12.20)，我们看到：无论是机械故障还是电子故障，平均维修时间都是 x_1 的线性函数。这两个方程的斜率都是 β_1，但是 y 轴截距不同。对于机械故障，式 (12.19) 中的 y 轴截距是 β_0；对于电子故障，式 (12.20) 中的 y 轴截距是 $\beta_0 + \beta_2$。β_2 的解释是：电子故障的平均维修时间与机械故障的平均维修时间之间的差。

如果 β_2 是正的，那么电子故障的平均维修时间将大于机械故障的平均维修时间；如果 β_2 是负的，那么电子故障的平均维修时间将小于机械故障的平均维修时间；最后，如果 $\beta_2＝0$，那么电子故障与机械故障的平均维修时间之间没有差别，维修时间与净水系统的故障类型无关。

利用估计的多元回归方程 $\hat{y} = 0.930 5 + 0.387 6 x_1 + 1.262 7 x_2$，我们看到：0.930 5 是 β_0 的估计值，0.387 6 是 β_1 的估计值以及 1.262 7 是 β_2 的估计值。于是，当 $x_2 = 0$（机械类型的故障）时，有
$$\hat{y} = 0.930 5 + 0.387 6 x_1 \tag{12.21}$$

当 $x_2 = 1$（电子类型的故障）时，有
$$\hat{y} = 0.930 5 + 0.387 6 x_1 + 1.262 7 \times 1 = 2.193 2 + 0.387 6 x_1 \tag{12.22}$$

实际上，对维修的故障类型引入虚拟变量为我们提供了能用于预测维修时间的两个估计的回归方程：一个方程对应机械故障的维修时间，另一个方程对应电子故障的维修时间。另外，因为 $b_2 = 1.262 7$，我们得知：电子故障的维修时间要比机械故障的维修时间平均多 1.262 7 小时。

图 12—10 是根据表 12—6 的约翰逊净水公司的数据绘制的散点图。用纵轴表示按小时计算的维修时间（y），用横轴表示从最近一次维修服务至今的月数（x_1）。机械类型故障的维修时间的数据点用 M 表示，电子类型故障的维修时间的数据点用 E 表示。在散点图上画出了式 (12.21) 和式 (12.22) 的图形，这就从几何上表明了这两个方程能用于预测维修时间，一个对应机械故障的维修时间，另一个对应电子故障的维修时间。

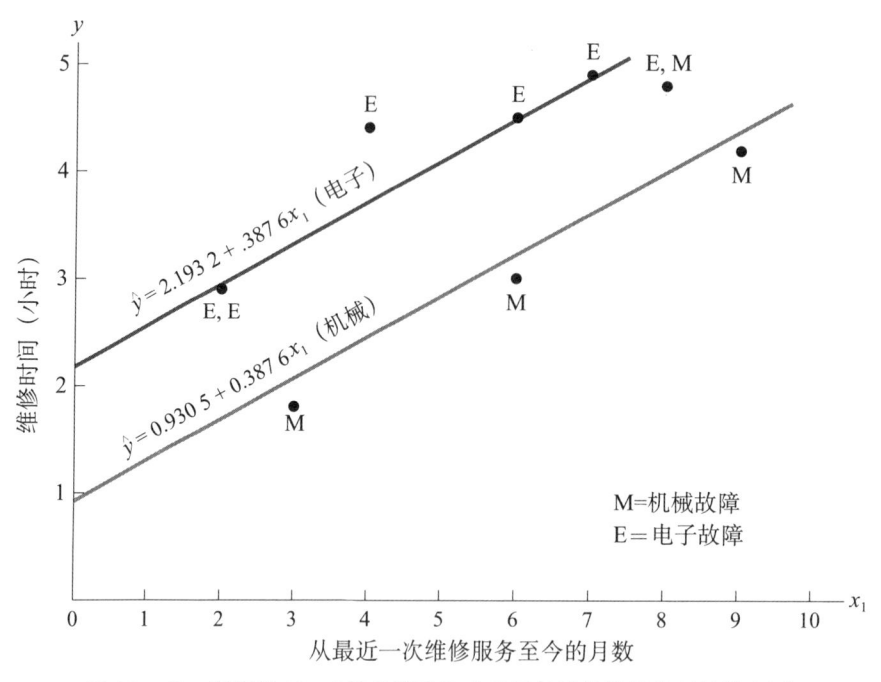

图 12—10 根据表 12—6 的约翰逊净水公司的维修数据绘制的散点图

12.7.3 更复杂的定性变量

因为对于约翰逊净水公司的问题，定性变量只有两个水平（机械的和电子的），我们只需要定义一个虚拟变量就可以了，用 0 表示需要维修的故障类型是机械的，用 1 表示需要维修的故障类型是电子的。但是，当一个定性变量超过两个水平时，我们必须在定义虚拟变量和解释虚拟变量两个方面谨慎从事。正如我们将要说明的，如果一个定性变量有 k 个水平，那么需要定义 $k-1$ 个虚拟变量，每一个虚拟变量或者取值为 0，或者取值为 1。

> 如果一个定性变量有 k 个水平，我们必须用 $k-1$ 个虚拟变量来模拟这个定性变量。在定义和解释这些虚拟变量方面，我们必须谨慎从事。

假定复印机制造商组织策划的销售区域是某一个特定州的 A，B 和 C 三个地区。管理人员希望利用回归分析方法帮助他们预测每周复印机的销售数量。用复印机的销售数量作为因变量，并且考虑几个自变量（销售人员的数量、广告费用支出，等等）。我们还假定：管理人员相信，销售地区也是预测复印机销售数量的一个重要因素。因为销售地区是一个定性变量，它有 A，B，C 三个水平，所以我们将需要 3-1=2 个虚拟变量来表示销售地区。每一个虚拟变量被定义为如下形式：

$$x_1 = \begin{cases} 1, & \text{如果销售地区是 B} \\ 0, & \text{其他} \end{cases}$$

$$x_2 = \begin{cases} 1, & \text{如果销售地区是 C} \\ 0, & \text{其他} \end{cases}$$

根据这个定义,我们有 x_1 和 x_2 的值如下:

销售地区	x_1	x_2
A	0	0
B	1	0
C	0	1

对应于销售地区 A 的观测值,虚拟变量被定义为 $x_1=0$,$x_2=0$;对应于销售地区 B 的观测值,虚拟变量被定义为 $x_1=1$,$x_2=0$;对应于销售地区 C 的观测值,虚拟变量被定义为 $x_1=0$,$x_2=1$。

复印机销售数量的期望值 $E(y)$ 关于虚拟变量的回归方程将被写为:

$$E(y) = \beta_0 + \beta_1 x_1 + \beta_2 x_2$$

为了理解参数 β_0,β_1 和 β_2 的意义,我们考虑回归方程的三种变化:

$$E(y \mid 销售地区\ A) = \beta_0 + \beta_1 \times 0 + \beta_2 \times 0 = \beta_0$$
$$E(y \mid 销售地区\ B) = \beta_0 + \beta_1 \times 1 + \beta_2 \times 0 = \beta_0 + \beta_1$$
$$E(y \mid 销售地区\ C) = \beta_0 + \beta_1 \times 0 + \beta_2 \times 1 = \beta_0 + \beta_2$$

于是,β_0 是地区 A 销售数量的平均值或期望值,β_1 是地区 B 销售数量的平均值和地区 A 销售数量的平均值之差,β_2 是地区 C 销售数量的平均值和地区 A 销售数量的平均值之差。

因为定性变量有 3 个水平,所以需要 2 个虚拟变量。但是,指定 $x_1=0$,$x_2=0$ 表示销售地区 A,指定 $x_1=1$,$x_2=0$ 表示地区销售 B,指定 $x_1=0$,$x_2=1$ 表示销售地区 C 却是任意的。例如,我们也能用 $x_1=1$,$x_2=0$ 表示销售地区 A,用 $x_1=0$,$x_2=0$ 表示销售地区 B,用 $x_1=0$,$x_2=1$ 表示销售地区 C。在这种情形下,β_1 能被解释为是地区 A 销售数量的平均值和地区 B 销售数量的平均值之差,β_2 能被解释为是地区 C 销售数量的平均值和地区 B 销售数量的平均值之差。

重点是要牢记:在多元回归分析中,如果一个定性变量有 k 个水平,那么需要在多元回归分析中定义 $k-1$ 个虚拟变量。于是,如果在销售地区的例子中还有第 4 个地区,我们不妨用 D 表示,那么定义 3 个虚拟变量是必要的。例如,3 个虚拟变量可以被定义为如下形式。

$$x_1 = \begin{cases} 1, & 如果销售地区是\ B \\ 0, & 其他 \end{cases}$$

$$x_2 = \begin{cases} 1, & 如果销售地区是\ C \\ 0, & 其他 \end{cases}$$

$$x_3 = \begin{cases} 1, & 如果销售地区是\ D \\ 0, & 其他 \end{cases}$$

练 习

方法

21. 考虑一个回归方程,它包含一个因变量 y,一个定量自变量 x_1 和一个具有两水平(水平 1 和水平 2)的定性变量。

a. 写出因变量 y 关于自变量 x_1 和定性变量的多元回归方程。

b. 对应于定性变量水平 1，y 的期望值是多少？

c. 对应于定性变量水平 2，y 的期望值是多少？

d. 对回归方程中的参数做出解释。

应用

22. 管理部门提出下面回归方程用于预测一家快餐店的销售收入。

$$y = \beta_0 + \beta_1 x_1 + \beta_2 x_2 + \beta_3 x_3 + \varepsilon$$

式中：x_1——在 1 英里范围内竞争者的个数；

x_2——在 1 英里范围内的居民人数（单位：千人）；

$x_3 = \begin{cases} 1, & \text{如果为驾车者设置了不必下车的窗口} \\ 0, & \text{其他} \end{cases}$；

y——销售收入（单位：千美元）。

在调查了 20 家快餐店之后，建立了下面的估计的回归方程：

$$\hat{y} = 10.1 - 4.2 x_1 + 6.8 x_2 + 15.3 x_3$$

a. 由于为驾车者设置了不必下车就可以购买快餐食品的窗口而带来的期望销售收入是多少？

b. 有一家快餐店，在 1 英里范围内有 2 个竞争者、8 000 名居民并且没有为驾车者设置不必下车就可以购买快餐食品的窗口，预测这家快餐店的销售收入。

c. 有一家快餐店，在 1 英里范围内有 1 个竞争者、3 000 名居民并且为驾车者设置了不必下车就可以购买快餐食品的窗口，预测这家快餐店的销售收入。

23. 美国心脏协会（American Heart Association）经过 10 年的研究，得到了有关中风风险与年龄、血压和吸烟嗜好相关性的统计资料。假设这一研究的部分数据如下表所示。我们将病人在今后 10 年内发生中风的概率（乘上 100）视为中风风险。我们用一个虚拟变量来定义病人是否为吸烟者，1 表示是吸烟者，0 表示不是吸烟者。

中风风险	年龄	血压	是否吸烟
12	57	152	否
24	67	163	否
13	58	155	否
56	86	177	是
28	59	196	否
51	76	189	是
18	56	155	是
31	78	120	否
37	80	135	是
15	78	98	否
22	71	152	否
36	70	173	是
15	67	135	是
48	77	209	是

续前表

中风风险	年龄	血压	是否吸烟
15	60	199	否
36	82	119	是
8	66	166	否
34	80	125	是
3	62	117	否
37	59	207	是

a. 建立一个中风风险关于个人的年龄、血压和是否吸烟的估计的回归方程。

b. 在中风风险的估计的回归方程中，吸烟是一个显著的影响因素吗？检验的显著性水平为 $\alpha = 0.05$。对于得到的结果，请做出解释。

c. 亚特·斯比恩（Art Speen）是一位血压为 175 的 68 岁吸烟者，他在今后 10 年内发生中风的概率是多少？对于这位病人，医生可以提出什么建议？

12.8 模拟曲线关系

利用多元回归模型很容易处理曲线关系。为了说明如何做到这一点，我们考虑生产工业天平和实验室设备的 Reynolds 公司所面对的问题。Reynolds 公司的管理人员希望对公司销售人员工作年限的长短和电子实验室天平的销售数量之间的关系进行调研。表 12—7 给出了 15 名随机抽选的销售人员近期天平的销售数量和每一名销售人员被公司雇用的月数。在第 11 章中，对于简单线性回归，我们演示了如何利用 Excel 图表工具绘制散点图、计算估计的回归方程和判定系数。图 12—11 给出了利用 Excel 图表工具，得到的 Reynolds 数据的拟合直线结果。图表工具输出显示估计的回归方程为：

$$\hat{y} = 111.23 + 2.376\,8x$$

式中，$\hat{y}$ 表示电子实验室天平的销售数量；x 表示销售人员被公司雇用的月数。

表 12—7　Reynolds 公司的数据

销售人员被公司雇用的月数（y）	天平的销售数量（x）	销售人员被公司雇用的月数（y）	天平的销售数量（x）
41	275	40	189
106	296	51	235
76	317	9	83
104	376	12	112
22	162	6	67
12	150	56	325
85	367	19	189
111	308		

WEB file
Reynolols

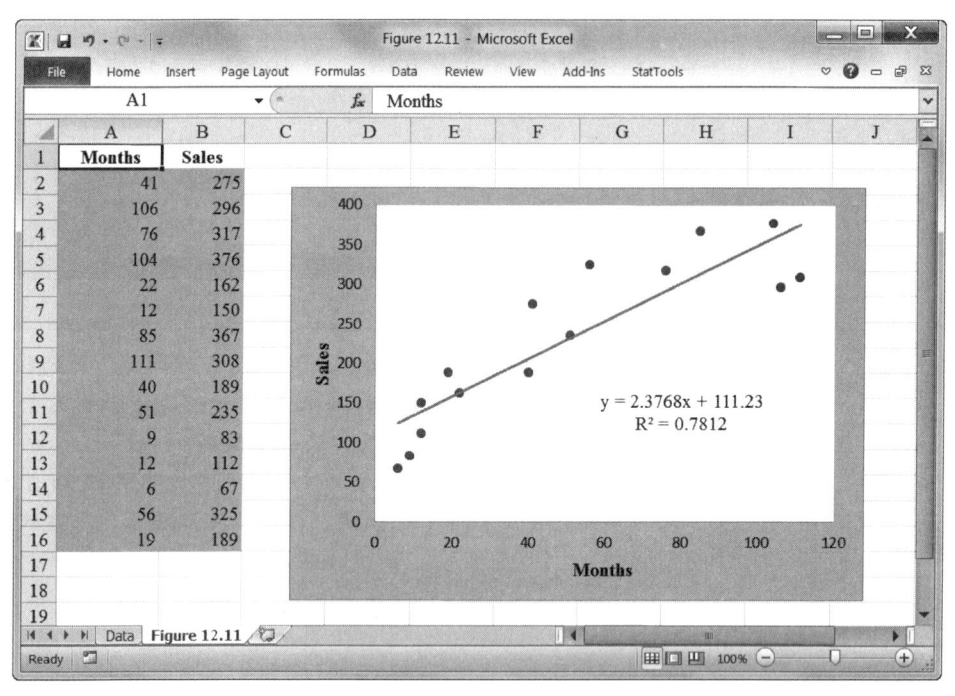

图 12—11　Reynolds 公司例子的图表工具输出：简单线性回归

尽管图表工具输出表明线性关系解释了销售数量中的大部分变异性（$r^2 = 0.7812$），散点图暗示天平销售数量和销售人员被公司雇用的月数之间可能存在曲线关系。

为了说明曲线关系，我们将使用有两个自变量（x 和 x^2）的多元回归模型：

$$y = \beta_0 + \beta_1 x + \beta_2 x^2 + \varepsilon$$

这个模型称为二阶多项式或二次模型。在描述如何使用 Excel 图表工具来拟合数据的多项式曲线时，参见图 12—12。同时我们还能得到这个二阶模型的估计的多元回归方程和多元判定系数。

第 1 步：将鼠标指针放在散点图中任一个数据点上，右键点击以显示选项列表；选择 **Add Trendline** 选项。

第 2 步：当 **Format Trendline** 对话框出现时（见图 12—12）：

　　　　选择 **Trendline Options**，然后从 Trend/Regression Type 列表中选择 **Polynomial**，并在 **Order** 框中输入 2；

　　　　点击 **Close**。

结果出现在图 12—13 中，估计的多元回归方程为：

$$\hat{y} = 45.348 + 6.3448x - 0.0345x^2$$

多元判定系数为 $R^2 = 0.9022$。

Excel 图表工具很容易拟合曲线方程，但是，输出没有提供显著性检验结果的任何信息。为了进行显著性检验，我们需要利用 Excel 回归工具。

对多项式模型利用 Excel 回归工具，将 x^2 的数值处理为第二个自变量。在图 12—14 中，可以看到 Months 为 x 的数值，MonthSq 为 x^2 的数值。然后，将 Months 和 MonthsSq 看做两个独立的自变量，我们运行回归工具。回归工具的输

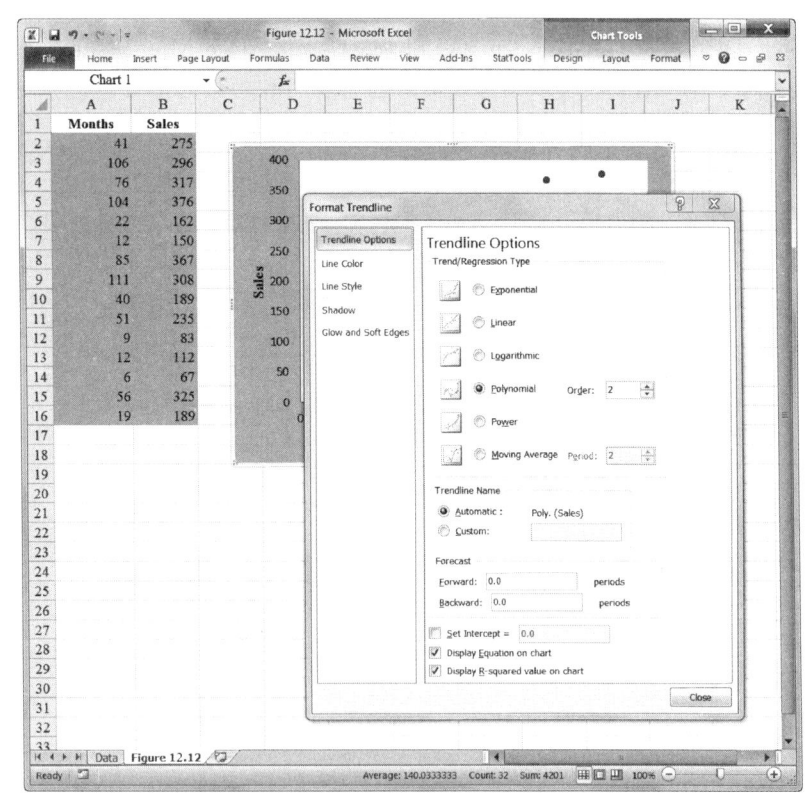

图 12—12　Reynolds 公司例子中图表工具设置趋势线格式对话框：二阶模型

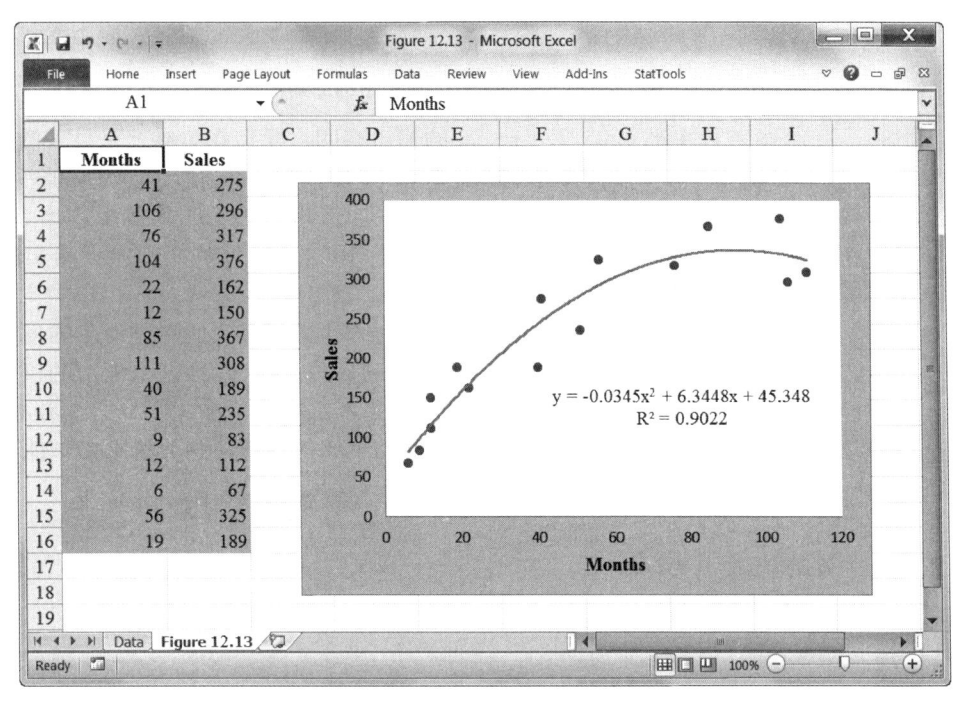

图 12—13　Reynolds 公司例子的图表工具输出：二阶模型

出显示在图 12—14 中。估计的多元回归方程为：

$$\hat{y}=45.3476+6.3448\text{Months}-0.0345\ \text{MonthsSq}$$

式中，MonthsSq 表示销售人员被公司雇用的月数的平方。

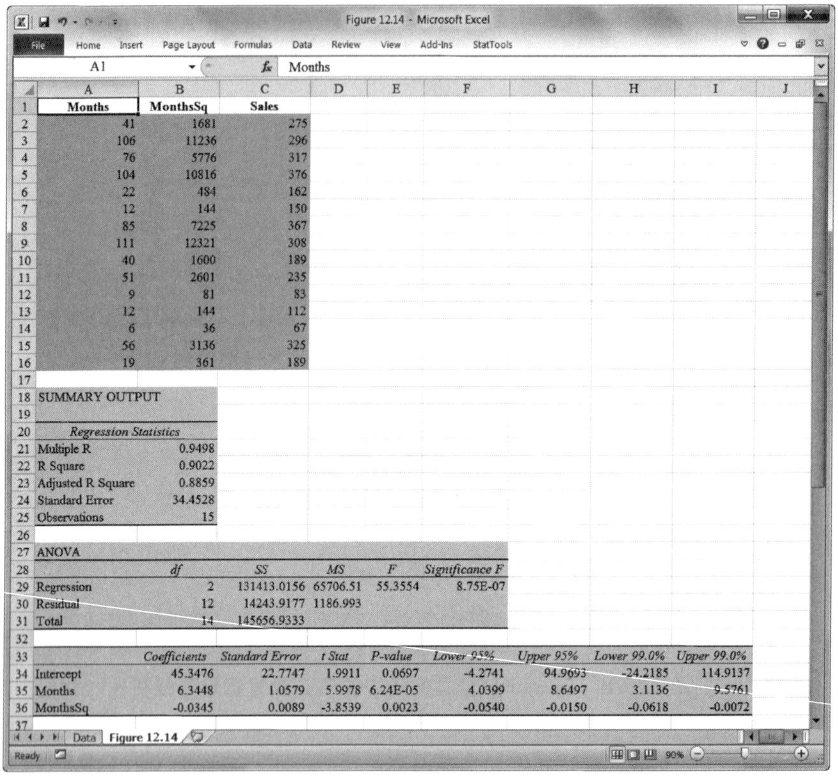

Months	MonthsSq	Sales
41	1681	275
106	11236	296
76	5776	317
104	10816	376
22	484	162
12	144	150
85	7225	367
111	12321	308
40	1600	189
51	2601	235
9	81	83
12	144	112
6	36	67
56	3136	325
19	361	189

SUMMARY OUTPUT

Regression Statistics	
Multiple R	0.9498
R Square	0.9022
Adjusted R Square	0.8859
Standard Error	34.4528
Observations	15

ANOVA

	df	*SS*	*MS*	*F*	*Significance F*
Regression	2	131413.0156	65706.51	55.3554	8.75E-07
Residual	12	14243.9177	1186.993		
Total	14	145656.9333			

	Coefficients	*Standard Error*	*t Stat*	*P-value*	*Lower 95%*	*Upper 95%*	*Lower 99.0%*	*Upper 99.0%*
Intercept	45.3476	22.7747	1.9911	0.0697	-4.2741	94.9693	-24.2185	114.9137
Months	6.3448	1.0579	5.9978	6.24E-05	4.0399	8.6497	3.1136	9.5761
MonthsSq	-0.0345	0.0089	-3.8539	0.0023	-0.0540	-0.0150	-0.0618	-0.0072

图 12—14　Reynolds 公司例子的回归工具输出：二阶模型

在显著性水平 0.05 下，Excel 的输出表明，模型在总体上是显著的（F 检验的 p 值是 8.75E-07）；我们还注意到，MonthsSq 的 t 检验值对应的 p 值 $=0.0023<0.05$，因此我们的结论是，在含有自变量 Months 的模型中，增加的自变量 MonthsSq 是显著的。由于 $R_a^2=0.8859$，由这个估计的回归方程给出的拟合应该是令人满意的。

许多类型的曲线关系都可以用类似的方式模拟。我们一直使用的回归方法不一定局限于线性关系或直线关系。在多元回归分析中，线性这个词指的仅仅是这样一个事实：β_0，β_1，…，β_p 全是一次幂，这并不意味着 y 和这些 x_i 之间存在线性关系。实际上，在本节的例子中，我们已经看到了如何利用回归分析来模拟曲线关系。

练　习

方法

24. 考虑两个变量 x 和 y 的以下数据：

SELF test

x	22	24	26	30	35	40
y	12	21	33	35	40	36

a. 对这些数据建立一个形如 $\hat{y}=b_0+b_1x$ 的估计的回归方程。

b. 利用 a 中的结果，在 $\alpha = 0.05$ 的显著性水平下，检验 x 和 y 之间的显著关系。

c. 对这些数据绘制散点图。散点图是否使我们联想到形如 $\hat{y} = b_0 + b_1 x + b_2 x^2$ 的估计的回归方程？请解释。

d. 对这些数据建立一个形如 $\hat{y} = b_0 + b_1 x + b_2 x^2$ 的估计的回归方程。

e. 参考 d。在显著性水平 $\alpha = 0.05$ 下，在 x，x^2 和 y 之间是否存在显著的关系？

f. 当 $x = 25$ 时，预测 y 的值。

25. 考虑两个变量 x 和 y 的以下数据：

x	9	32	18	15	26
y	10	20	21	16	22

a. 对这些数据建立一个形如 $\hat{y} = b_0 + b_1 x$ 的估计的回归方程。对这个方程是否适宜预测 y 的值做出评述。

b. 对这些数据建立一个形如 $\hat{y} = b_0 + b_1 x + b_2 x^2$ 的估计的回归方程。对这个方程是否适宜预测 y 的值做出评述。

c. 当 $x = 20$ 时，预测 y 的值。

应用

26. 在一项有关应急服务交通工具的研究中，研究人员要调查提供应急服务的交通工具的数量和行驶的平均距离之间的关系。下表给出了采集的数据。

应急服务交通工具的数量	行驶的平均距离（英里）	应急服务交通工具的数量	行驶的平均距离（英里）
9	1.66	21	0.62
11	1.12	27	0.51
16	0.83	30	0.47

a. 把处理应急服务需要行驶的平均距离视为因变量，对这些数据绘制出散点图。

b. 简单线性回归模型是不是一个适宜的模型？请解释。

c. 对这些数据，建立一个你认为能很好地解释这两个变量之间关系的估计的回归方程。

小 结

作为在第 11 章中介绍的简单线性回归分析的推广，在本章，我们引入了多元回归分析的内容。多元回归分析能够使我们了解一个因变量是如何依赖两个或两个以上自变量的。回归方程 $E(y) = \beta_0 + \beta_1 x_1 + \beta_2 x_2 + \cdots + \beta_p x_p$ 描述了因变量 y 的期望值或平均值是如何依赖自变量 $x_1, x_2, \cdots, x_p$ 的值的。我们利用样本数据和最小二乘法建立了估计的回归方程 $\hat{y} = b_0 + b_1 x_1 + b_2 x_2 + \cdots + b_p x_p$。实际上，$b_0, b_1, b_2, \cdots, b_p$ 是用来估计模型的未知参数 $\beta_0, \beta_1, \beta_2, \cdots, \beta_p$ 的样本统计量。Excel 输出遍及全章，是为了强调一个事实：统计软件包是完成多元回归分析所需要的烦琐计算的唯一实用工具。

作为估计的回归方程拟合优度的一个度量，我们介绍了多元判定系数的概念。

多元判定系数测定了在因变量 y 的变异性中，能被估计的回归方程解释的部分所占的比例。修正多元判定系数是一个类似的拟合优度的度量，它用自变量的个数进行调整，这样就可以避免由于增加较多自变量而产生的高估影响。

本章还介绍了 F 检验和 t 检验，这两个检验都是判断变量间的关系在统计上是否显著的工具。F 检验用于确定因变量和所有自变量之间在总体上是否存在一个显著的关系。t 检验用于确定，在回归模型中的其他自变量已知时，因变量和一个单个的自变量之间是否存在一个显著的关系。自变量之间的相关性称为多重共线性，我们已经讨论过这一概念。

定性自变量这一节叙述了如何利用虚拟变量将定性数据与多元回归分析结合起来。在本章的最后一节，演示了如何利用多元回归模型处理曲线关系。

关键术语

多元回归分析（multiple regression analysis） 包含两个或两个以上自变量的回归分析。

多元回归模型（multiple regression model） 描述因变量 y 是如何依赖自变量 x_1，x_2，…，x_p 和误差项 ε 的数学方程。

多元回归方程（multiple regression equation） 因变量的期望值或平均值与自变量的值之间关系的数学方程，即 $E(y) = \beta_0 + \beta_1 x_1 + \beta_2 x_2 + \cdots + \beta_p x_p$。

估计的多元回归方程（estimated multiple regression equation） 根据样本数据和最小二乘法得到的多元回归方程的估计，即 $\hat{y} = b_0 + b_1 x_1 + b_2 x_2 + \cdots + b_p x_p$。

最小二乘法（least squares method） 用来建立估计的回归方程的方法。这个方法使残差（因变量的观测值 y_i 和因变量的估计值 $\hat{y}_i$ 之间的离差）的平方和极小化。

多元判定系数（multiple coefficient of determination） 估计的多元回归方程拟合优度的度量。它可理解为在因变量 y 的变异性中，能被估计的回归方程解释的部分所占的比例。

修正多元判定系数（adjusted multiple coefficient of determination） 估计的多元回归方程拟合优度的度量，它用自变量的个数进行调整，这样就可以避免由于增加较多自变量而产生的高估影响。

多重共线性（multicollinearity） 用于描述自变量之间相关性的术语。

定性自变量（qualitative independent variable） 使用分类型数据的自变量。

虚拟变量（dummy variable） 用于模拟定性自变量影响的变量。虚拟变量的取值可以仅为 0 或 1。

补充练习

27. 部分回归分析的计算机输出如下页图所示。
    a. 计算这个输出中缺失的数字。
    b. 在 $\alpha = 0.05$ 的显著性水平下，检验总体的显著性。
    c. 在 $\alpha = 0.05$ 的显著性水平下，检验 H_0：$\beta_1 = 0$ 和 H_0：$\beta_2 = 0$。

28. Clearwater 大学招生办公室工作人员建立了该校学生在大学阶段的 GPA 关

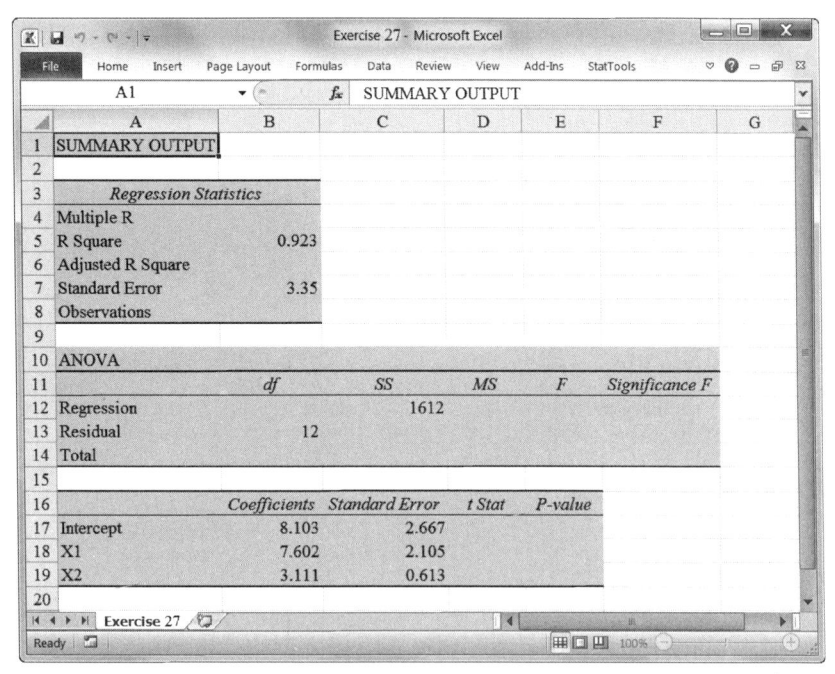

于 SAT 的数学成绩和高中阶段的 GPA 的估计的回归方程如下：

$$\hat{y} = -1.41 + 0.023\ 5x_1 + 0.004\ 86x_2$$

式中，x_1 表示高中阶段的 GPA；x_2 表示 SAT 的数学成绩；y 表示大学阶段的 GPA。

a. 解释在这个估计的回归方程中的系数。

b. 对于在高中阶段的 GPA 为 84 分，SAT 的数学测验成绩为 540 分的一名大学生，估计该学生大学阶段的 GPA。

29. 电子联营公司（Electronics Associates）的人事主管建立了雇员对工作满意程度的测试成绩与其工龄和工资率之间关系的估计的回归方程如下：

$$\hat{y} = 14.4 - 8.69x_1 + 13.5x_2$$

式中，x_1 表示工龄（年）；x_2 表示工资率（美元）；y 表示工作满意程度的测试成绩（比较高的分数表示对工作的满意程度也比较高）。

部分回归输出如下页图所示。

a. 计算输出表中的缺失的数字。

b. 在 $\alpha = 0.05$ 的显著性水平下，检验总体的显著性。

c. 估计的回归方程对观测数据的拟合好吗？请解释。

d. 在 $\alpha = 0.05$ 的显著性水平下，检验 $H_0: \beta_1 = 0$ 和 $H_0: \beta_2 = 0$。

30. 美国能源部（U. S. Department of Energy）的《能源燃料效率指南》给出了汽车和卡车所使用的燃料效率的数据（U. S. Department of Energy website, February 22，2008）。311 种汽车的部分数据如下表所示。列标题型号：小型（Compact）、中型（Midsize）和大型（Large）；排量表示发动机的容量（单位：升）；燃料类型表示汽车使用的是优质汽油（P）还是普通汽油（R）；公路行驶表示公路行驶的能源效率等级（单位：英里/加仑）。完整的数据存放在名为 FuelData 的文件中。

• 428 • 商务与经济统计学（精编版第 5 版）

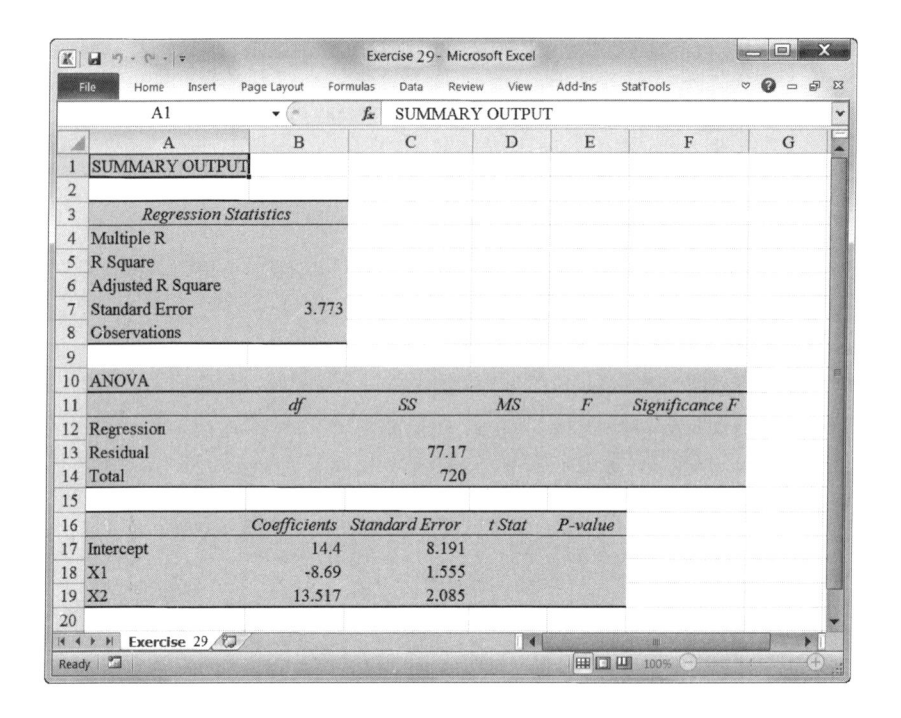

	A	B	C	D	E	F	G
1	SUMMARY OUTPUT						
2							
3	*Regression Statistics*						
4	Multiple R						
5	R Square						
6	Adjusted R Square						
7	Standard Error	3.773					
8	Observations						
9							
10	ANOVA						
11		*df*	*SS*	*MS*	*F*	*Significance F*	
12	Regression						
13	Residual		77.17				
14	Total		720				
15							
16		Coefficients	Standard Error	t Stat	P-value		
17	Intercept	14.4	8.191				
18	X1	-8.69	1.555				
19	X2	13.517	2.085				

序号	型号	排量	燃料类型	公路行驶
1	Compact	3.1	P	25
2	Compact	3.1	P	25
3	Compact	3	P	25
⋮	⋮	⋮	⋮	⋮
161	Midsize	2.4	R	30
162	Midsize	2	P	29
⋮	⋮	⋮	⋮	⋮
310	Large	3	R	25
311	Large	3	R	25

WEB file
FuelDate

　　a. 建立一个估计的回归方程，使该方程在发动机的排量已知时，能用来预测汽车公路行驶的能源效率。在 $\alpha = 0.05$ 的显著性水平下，检验显著性。
　　b. 考虑增加虚拟变量 ClassMidsize 和 ClassLarge：如果汽车是中型，则 ClassMidsize=1，否则，ClassMidsize=0；如果汽车是大型，则 ClassLarge=1，否则，ClassLarge=0。因此，对小型车，ClassMidsize=0，而且 ClassLarge=0。建立一个估计的回归方程，使该方程在发动机的排量和虚拟变量 ClassMidsize 和 ClassLarge 已知时，能用来预测汽车公路行驶的能源效率。
　　c. 在 $\alpha = 0.05$ 的显著性水平下，确定在 b 中增加的虚拟变量是不是显著的变量。
　　d. 考虑增加一个虚拟变量 FuelPremium，如果汽车使用优质汽油，则 FuelPremium=0，如果汽车使用普通汽油，则 FuelPremium=0。建立一个估计的回归方程，使该方程在发动机的排量和虚拟变量 ClassMidsize，ClassLarge 和 FuelPremium 已知时，能用来预测汽车公路行驶的能源效率。

e. 对于在 d 中建立的估计的回归方程，在 $\alpha = 0.05$ 的显著性水平下，检验总体的显著性和每一个单个的自变量的显著性。

31.《消费者报告》对 24 款跑步机进行了全面的测试和评估。对每一款跑步机，主要根据跑步机的易用性、人体工程学、使用范围以及质量进行测试，并给出总体评分。在一般情况下，较高的总体评分表示较好的性能。下面是 24 款跑步机的价格、质量等级和总体评分的数据（Consumer Report，February 2006）。

品牌和型号	价格	质量等级	总体评分
Landice L7	2 900	优秀	86
NordicTrack S3000	3 500	很好	85
SportsArt 3110	2 900	优秀	82
Precor	3 500	优秀	81
True Z4 HRC	2 300	优秀	81
Vision Fitness T9500	2 000	优秀	81
Precor M 9.31	3 000	优秀	79
Vision Fitness T9200	1 300	很好	78
Star Trac TR901	3 200	很好	72
Trimline T350HR	1 600	很好	72
Schwinn 820p	1 300	很好	69
Bowflex 7-Series	1 500	优秀	83
NordicTrack S1900	2 600	很好	83
Horizon Fitness PST8	1 600	很好	82
Horizon Fitness 5.2T	1 800	很好	80
Evo by Smooth Fitness FX30	1 700	很好	75
ProForm 1000S	1 600	很好	75
Horizon Fitness CST4.5	1 000	很好	74
Keys Fitness 320t	1 200	很好	73
Smooth Fitness 7.1HR Pro	1 600	很好	73
NordicTrack C2300	1 000	好	70
Spirit Inspire	1 400	很好	70
ProForm 750	1 000	好	67
Image 19.0 R	600	好	66

a. 利用这些数据，建立一个估计的回归方程，使该方程在跑步机价格已知时，能用来估计该跑步机的总体评分。

b. 在 $\alpha = 0.05$ 的显著性水平下，检验估计的回归方程的总体显著性。

c. 为了体现一个有三水平的定性自变量的作用，我们使用两个虚拟变量：质量-E 和质量-VG。每一个变量被赋予代码 0 和 1，如下所示：

$$\text{质量-E} = \begin{cases} 1, & \text{如果质量等级是优秀} \\ 0, & \text{其他} \end{cases}$$

$$\text{质量-VG} = \begin{cases} 1, & \text{如果质量等级是很好} \\ 0, & \text{其他} \end{cases}$$

建立一个估计的回归方程，使该方程在跑步机价格和质量等级已知时，能用来估计该跑步机的总体评分。

d. 对 c 中得到的估计回归方程，在 $\alpha = 0.10$ 的显著性水平下，检验估计的回归方程的总体显著性。

e. 对 c 中得到的估计回归方程，在 $\alpha = 0.10$ 的显著性水平下，利用 t 检验，确定每一个自变量的显著性。

f. 如果有一台跑步机的价格是 2 000 美元，质量等级是好，估计该跑步机的总体评分。如果质量等级是很好，估计的总体评分将有多大变化？请解释。

案例 12—1　消费者调查公司

消费者调查公司（Consumer Research，Inc.）是一家独立的机构，为各种类型的厂商调查消费者的态度和行为。在一项研究中，公司的客户要求对消费者的特点进行调查，目的是预测消费者使用信用卡进行支付的数额。对于由 50 名消费者组成的一个样本，采集了有关年收入、家庭成员人数和年信用卡支付数额的统计资料。下表所示的数据保存在名为 Consumer 的文件中。

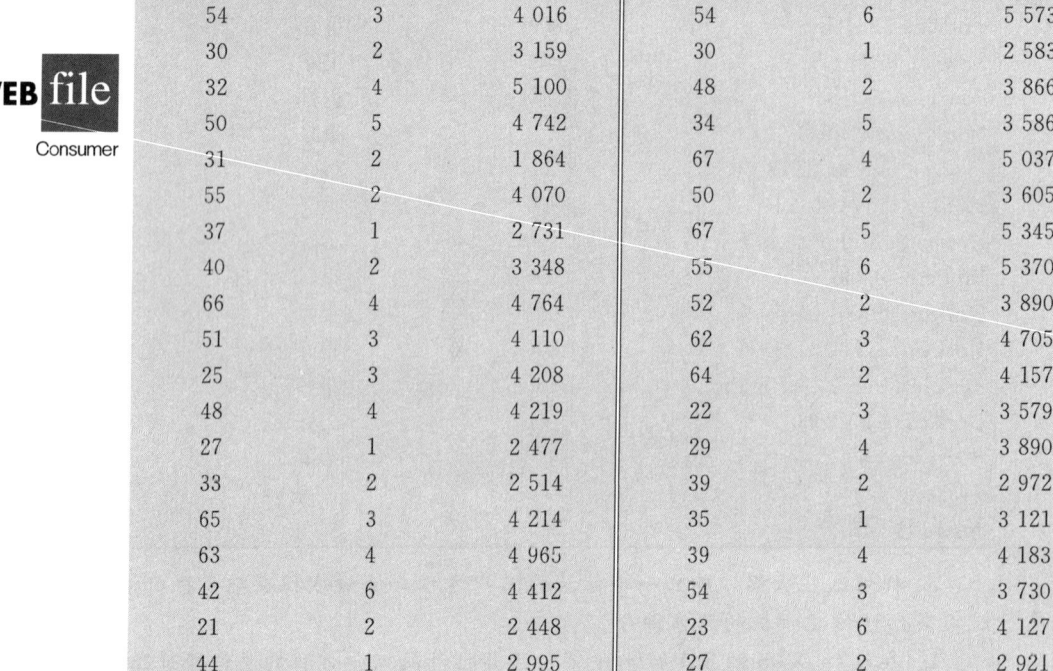

年收入 （千美元）	家庭成员 人数	信用卡支付 数额（美元）	年收入 （千美元）	家庭成员 人数	信用卡支付 数额（美元）
54	3	4 016	54	6	5 573
30	2	3 159	30	1	2 583
32	4	5 100	48	2	3 866
50	5	4 742	34	5	3 586
31	2	1 864	67	4	5 037
55	2	4 070	50	2	3 605
37	1	2 731	67	5	5 345
40	2	3 348	55	6	5 370
66	4	4 764	52	2	3 890
51	3	4 110	62	3	4 705
25	3	4 208	64	2	4 157
48	4	4 219	22	3	3 579
27	1	2 477	29	4	3 890
33	2	2 514	39	2	2 972
65	3	4 214	35	1	3 121
63	4	4 965	39	4	4 183
42	6	4 412	54	3	3 730
21	2	2 448	23	6	4 127
44	1	2 995	27	2	2 921
37	5	4 171	26	7	4 603
62	6	5 678	61	2	4 273
21	3	3 623	30	2	3 067
55	7	5 301	22	4	3 074
42	2	3 020	46	5	4 820
41	7	4 828	66	4	5 149

管理报告

1. 利用描述统计学的方法整理这些数据。对你的发现进行评述。
2. 首先用年收入作为自变量，然后用家庭成员人数作为自变量，分别建立估计的回归方程。哪一个自变量能更好地预测年信用卡的支付数额？讨论你的发现。

3. 用年收入和家庭成员人数作为自变量，建立估计的回归方程。讨论你的发现。

4. 对于年收入为 40 000 美元的三口之家，该家庭预测的年信用卡支付数额是多少？

5. 请对模型是否需要增加其他自变量进行讨论。增加自变量可能会有什么帮助？

案例 12—2 预测美国橄榄球大联盟的获胜率

美国橄榄球大联盟（NFL）收录了每位球员和每支球队的各种表现的统计资料。2005 赛季年终成绩的统计资料存放在名为 NFlStats 的文件中。数据集中的一行对应着 NFL 的一支球队，并且球队按获胜率排序。有关数据集中的变量描述如下：

WinPct	比赛获胜的比率
DefYds/G	每场比赛放弃防守的平均码数
RushYds/G	每场比赛冲抱球的平均码数
PassYds/G	每场比赛传球的平均码数
FGPct	射门得分的比率
TakeInt	球队在防守时拦截球的总次数
TakeFum	球队在防守时重新夺回掉球的总次数
GiveInt	球队在进攻时被拦截球的总次数
GiveFum	球队在进攻时掉球的总次数

管理报告

1. 利用描述统计学的方法整理这些数据。对你的发现进行评论。

2. 建立一个估计的回归方程，使该方程在已知 DefYds/G，RushYda/G，PassYds/G 和 FGPct，能用来预测 WinPct。讨论你的发现。

3. 在 $\alpha=0.05$ 显著性水平下，从在 2 中得到的估计的回归方程着手，删除任何不显著的自变量，并且建立一个能用来预测 WinPct 的新的估计的回归方程。

4. 一些橄榄球分析家认为，失误次数是决定一支球队取胜的重要因素。得球次数 Takeaways=TakeInt+TakeFum，失球次数 Giveaways=GiveInt+GiveFum，令净得球次数 NetDiff=Takeaways−Giveaways。建立一个估计的回归方程，使这个方程在 NetDiff 已知时，能用来预测 WinPct。将结果与 3 中得到的估计的回归方程进行比较。

5. 利用给出的所有数据，建立一个能用来预测 WinPct 的估计回归方程。

附录 A 统计表格

表 1   标准正态分布累积概率表

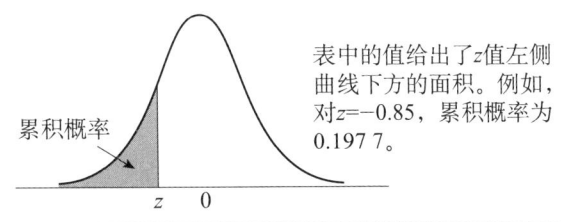

表中的值给出了 z 值左侧曲线下方的面积。例如，对 $z=-0.85$，累积概率为 0.1977。

z	0.00	0.01	0.02	0.03	0.04	0.05	0.06	0.07	0.08	0.09
−3.0	0.0013	0.0013	0.0013	0.0012	0.0012	0.0011	0.0011	0.0011	0.0010	0.0010
−2.9	0.0019	0.0018	0.0018	0.0017	0.0016	0.0016	0.0015	0.0015	0.0014	0.0014
−2.8	0.0026	0.0025	0.0024	0.0023	0.0023	0.0022	0.0021	0.0021	0.0020	0.0019
−2.7	0.0035	0.0034	0.0033	0.0032	0.0031	0.0030	0.0029	0.0028	0.0027	0.0026
−2.6	0.0047	0.0045	0.0044	0.0043	0.0041	0.0040	0.0039	0.0038	0.0037	0.0036
−2.5	0.0062	0.0060	0.0059	0.0057	0.0055	0.0054	0.0052	0.0051	0.0049	0.0048
−2.4	0.0082	0.0080	0.0078	0.0075	0.0073	0.0071	0.0069	0.0068	0.0066	0.0064
−2.3	0.0107	0.0104	0.0102	0.0099	0.0096	0.0094	0.0091	0.0089	0.0087	0.0084
−2.2	0.0139	0.0136	0.0132	0.0129	0.0125	0.0122	0.0119	0.0116	0.0113	0.0110
−2.1	0.0179	0.0174	0.0170	0.0166	0.0162	0.0158	0.0154	0.0150	0.0146	0.0143
−2.0	0.0228	0.0222	0.0217	0.0212	0.0207	0.0202	0.0197	0.0192	0.0188	0.0183
−1.9	0.0287	0.0281	0.0274	0.0268	0.0262	0.0256	0.0250	0.0244	0.0239	0.0233
−1.8	0.0359	0.0351	0.0344	0.0336	0.0329	0.0322	0.0314	0.0307	0.0301	0.0294
−1.7	0.0446	0.0436	0.0427	0.0418	0.0409	0.0401	0.0392	0.0384	0.0375	0.0367
−1.6	0.0548	0.0537	0.0526	0.0516	0.0505	0.0495	0.0485	0.0475	0.0465	0.0455
−1.5	0.0668	0.0655	0.0643	0.0630	0.0618	0.0606	0.0594	0.0582	0.0571	0.0559
−1.4	0.0808	0.0793	0.0778	0.0764	0.0749	0.0735	0.0721	0.0708	0.0694	0.0681
−1.3	0.0968	0.0951	0.0934	0.0918	0.0901	0.0885	0.0869	0.0853	0.0838	0.0823
−1.2	0.1151	0.1131	0.1112	0.1093	0.1075	0.1056	0.1038	0.1020	0.1003	0.0985
−1.1	0.1357	0.1335	0.1314	0.1292	0.1271	0.1251	0.1230	0.1210	0.1190	0.1170
−1.0	0.1587	0.1562	0.1539	0.1515	0.1492	0.1469	0.1446	0.1423	0.1401	0.1379
−0.9	0.1841	0.1814	0.1788	0.1762	0.1736	0.1711	0.1685	0.1660	0.1635	0.1611
−0.8	0.2119	0.2090	0.2061	0.2033	0.2005	0.1977	0.1949	0.1922	0.1894	0.1867
−0.7	0.2420	0.2389	0.2358	0.2327	0.2296	0.2266	0.2236	0.2206	0.2177	0.2148
−0.6	0.2743	0.2709	0.2676	0.2643	0.2611	0.2578	0.2546	0.2514	0.2483	0.2451
−0.5	0.3085	0.3050	0.3015	0.2981	0.2946	0.2912	0.2877	0.2843	0.2810	0.2776
−0.4	0.3446	0.3409	0.3372	0.3336	0.3300	0.3264	0.3228	0.3192	0.3156	0.3121
−0.3	0.3821	0.3783	0.3745	0.3707	0.3669	0.3632	0.3594	0.3557	0.3520	0.3483
−0.2	0.4207	0.4168	0.4129	0.4090	0.4052	0.4013	0.3974	0.3936	0.3897	0.3859
−0.1	0.4602	0.4562	0.4522	0.4483	0.4443	0.4404	0.4364	0.4325	0.4286	0.4247
−0.0	0.5000	0.4960	0.4920	0.4880	0.4840	0.4801	0.4761	0.4721	0.4681	0.4641

表 1 标准正态分布累积概率表（续）

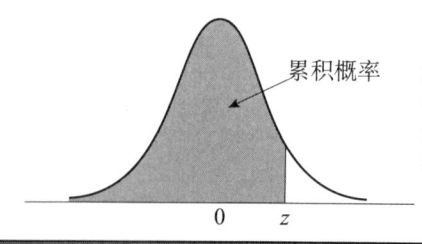

表中的值给出了 z 值左侧曲线下方的面积。例如，对 $z=1.25$，累积概率为 0.894 4。

z	0.00	0.01	0.02	0.03	0.04	0.05	0.06	0.07	0.08	0.09
0.0	0.5000	0.5040	0.5080	0.5120	0.5160	0.5199	0.5239	0.5279	0.5319	0.5359
0.1	0.5398	0.5438	0.5478	0.5517	0.5557	0.5596	0.5636	0.5675	0.5714	0.5753
0.2	0.5793	0.5832	0.5871	0.5910	0.5948	0.5987	0.6026	0.6064	0.6103	0.6141
0.3	0.6179	0.6217	0.6255	0.6293	0.6331	0.6368	0.6406	0.6443	0.6480	0.6517
0.4	0.6554	0.6591	0.6628	0.6664	0.6700	0.6736	0.6772	0.6808	0.6844	0.6879
0.5	0.6915	0.6950	0.6985	0.7019	0.7054	0.7088	0.7123	0.7157	0.7190	0.7224
0.6	0.7257	0.7291	0.7324	0.7357	0.7389	0.7422	0.7454	0.7486	0.7517	0.7549
0.7	0.7580	0.7611	0.7642	0.7673	0.7704	0.7734	0.7764	0.7794	0.7823	0.7852
0.8	0.7881	0.7910	0.7939	0.7967	0.7995	0.8023	0.8051	0.8078	0.8106	0.8133
0.9	0.8159	0.8186	0.8212	0.8238	0.8264	0.8289	0.8315	0.8340	0.8365	0.8389
1.0	0.8413	0.8438	0.8461	0.8485	0.8508	0.8531	0.8554	0.8577	0.8599	0.8621
1.1	0.8643	0.8665	0.8686	0.8708	0.8729	0.8749	0.8770	0.8790	0.8810	0.8830
1.2	0.8849	0.8869	0.8888	0.8907	0.8925	0.8944	0.8962	0.8980	0.8997	0.9015
1.3	0.9032	0.9049	0.9066	0.9082	0.9099	0.9115	0.9131	0.9147	0.9162	0.9177
1.4	0.9192	0.9207	0.9222	0.9236	0.9251	0.9265	0.9279	0.9292	0.9306	0.9319
1.5	0.9332	0.9345	0.9357	0.9370	0.9382	0.9394	0.9406	0.9418	0.9429	0.9441
1.6	0.9452	0.9463	0.9474	0.9484	0.9495	0.9505	0.9515	0.9525	0.9535	0.9545
1.7	0.9554	0.9564	0.9573	0.9582	0.9591	0.9599	0.9608	0.9616	0.9625	0.9633
1.8	0.9641	0.9649	0.9656	0.9664	0.9671	0.9678	0.9686	0.9693	0.9699	0.9706
1.9	0.9713	0.9719	0.9726	0.9732	0.9738	0.9744	0.9750	0.9756	0.9761	0.9767
2.0	0.9772	0.9778	0.9783	0.9788	0.9793	0.9798	0.9803	0.9808	0.9812	0.9817
2.1	0.9821	0.9826	0.9830	0.9834	0.9838	0.9842	0.9846	0.9850	0.9854	0.9857
2.2	0.9861	0.9864	0.9868	0.9871	0.9875	0.9878	0.9881	0.9884	0.9887	0.9890
2.3	0.9893	0.9896	0.9898	0.9901	0.9904	0.9906	0.9909	0.9911	0.9913	0.9916
2.4	0.9918	0.9920	0.9922	0.9925	0.9927	0.9929	0.9931	0.9932	0.9934	0.9936
2.5	0.9938	0.9940	0.9941	0.9943	0.9945	0.9946	0.9948	0.9949	0.9951	0.9952
2.6	0.9953	0.9955	0.9956	0.9957	0.9959	0.9960	0.9961	0.9962	0.9963	0.9964
2.7	0.9965	0.9966	0.9967	0.9968	0.9969	0.9970	0.9971	0.9972	0.9973	0.9974
2.8	0.9974	0.9975	0.9976	0.9977	0.9977	0.9978	0.9979	0.9979	0.9980	0.9981
2.9	0.9981	0.9982	0.9982	0.9983	0.9984	0.9984	0.9985	0.9985	0.9986	0.9986
3.0	0.9987	0.9987	0.9987	0.9988	0.9988	0.9989	0.9989	0.9989	0.9990	0.9990

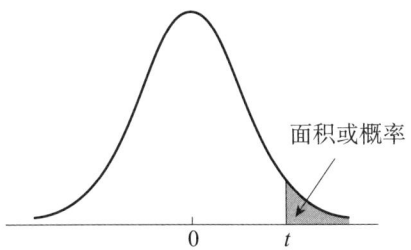

表 2　　　　　　　　　　　　　　　　t 分布表

表中值给出了 t 分布上侧的面积或概率的 t 值。例如，当自由度为10，上侧面积为0.05时，$t_{0.05} = 1.812$。

自由度	上侧面积					
	0.20	0.10	0.05	0.025	0.01	0.005
1	1.376	3.078	6.314	12.706	31.821	63.656
2	1.061	1.886	2.920	4.303	6.965	9.925
3	0.978	1.638	2.353	3.182	4.541	5.841
4	0.941	1.533	2.132	2.776	3.747	4.604
5	0.920	1.476	2.015	2.571	3.365	4.032
6	0.906	1.440	1.943	2.447	3.143	3.707
7	0.896	1.415	1.895	2.365	2.998	3.499
8	0.889	1.397	1.860	2.306	2.896	3.355
9	0.883	1.383	1.833	2.262	2.821	3.250
10	0.879	1.372	1.812	2.228	2.764	3.169
11	0.876	1.363	1.796	2.201	2.718	3.106
12	0.873	1.356	1.782	2.179	2.681	3.055
13	0.870	1.350	1.771	2.160	2.650	3.012
14	0.868	1.345	1.761	2.145	2.624	2.977
15	0.866	1.341	1.753	2.131	2.602	2.947
16	0.865	1.337	1.746	2.120	2.583	2.921
17	0.863	1.333	1.740	2.110	2.567	2.898
18	0.862	1.330	1.734	2.101	2.552	2.878
19	0.861	1.328	1.729	2.093	2.539	2.861
20	0.860	1.325	1.725	2.086	2.528	2.845
21	0.859	1.323	1.721	2.080	2.518	2.831
22	0.858	1.321	1.717	2.074	2.508	2.819
23	0.858	1.319	1.714	2.069	2.500	2.807
24	0.857	1.318	1.711	2.064	2.492	2.797
25	0.856	1.316	1.708	2.060	2.485	2.787
26	0.856	1.315	1.706	2.056	2.479	2.779
27	0.855	1.314	1.703	2.052	2.473	2.771
28	0.855	1.313	1.701	2.048	2.467	2.763
29	0.854	1.311	1.699	2.045	2.462	2.756
30	0.854	1.310	1.697	2.042	2.457	2.750
31	0.853	1.309	1.696	2.040	2.453	2.744
32	0.853	1.309	1.694	2.037	2.449	2.738
33	0.853	1.308	1.692	2.035	2.445	2.733
34	0.852	1.307	1.691	2.032	2.441	2.728

续前表

自由度	上侧面积					
	0.20	0.10	0.05	0.025	0.01	0.005
35	0.852	1.306	1.690	2.030	2.438	2.724
36	0.852	1.306	1.688	2.028	2.434	2.719
37	0.851	1.305	1.687	2.026	2.431	2.715
38	0.851	1.304	1.686	2.024	2.429	2.712
39	0.851	1.304	1.685	2.023	2.426	2.708
40	0.851	1.303	1.684	2.021	2.423	2.704
41	0.850	1.303	1.683	2.020	2.421	2.701
42	0.850	1.302	1.682	2.018	2.418	2.698
43	0.850	1.302	1.681	2.017	2.416	2.695
44	0.850	1.301	1.680	2.015	2.414	2.692
45	0.850	1.301	1.679	2.014	2.412	2.690
46	0.850	1.300	1.679	2.013	2.410	2.687
47	0.849	1.300	1.678	2.012	2.408	2.685
48	0.849	1.299	1.677	2.011	2.407	2.682
49	0.849	1.299	1.677	2.010	2.405	2.680
50	0.849	1.299	1.676	2.009	2.403	2.678
51	0.849	1.298	1.675	2.008	2.402	2.676
52	0.849	1.298	1.675	2.007	2.400	2.674
53	0.848	1.298	1.674	2.006	2.399	2.672
54	0.848	1.297	1.674	2.005	2.397	2.670
55	0.848	1.297	1.673	2.004	2.396	2.668
56	0.848	1.297	1.673	2.003	2.395	2.667
57	0.848	1.297	1.672	2.002	2.394	2.665
58	0.848	1.296	1.672	2.002	2.392	2.663
59	0.848	1.296	1.671	2.001	2.391	2.662
60	0.848	1.296	1.671	2.000	2.390	2.660
61	0.848	1.296	1.670	2.000	2.389	2.659
62	0.847	1.295	1.670	1.999	2.388	2.657
63	0.847	1.295	1.669	1.998	2.387	2.656
64	0.847	1.295	1.669	1.998	2.386	2.655
65	0.847	1.295	1.669	1.997	2.385	2.654
66	0.847	1.295	1.668	1.997	2.384	2.652
67	0.847	1.294	1.668	1.996	2.383	2.651
68	0.847	1.294	1.668	1.995	2.382	2.650
69	0.847	1.294	1.667	1.995	2.382	2.649
70	0.847	1.294	1.667	1.994	2.381	2.648
71	0.847	1.294	1.667	1.994	2.380	2.647
72	0.847	1.293	1.666	1.993	2.379	2.646
73	0.847	1.293	1.666	1.993	2.379	2.645
74	0.847	1.293	1.666	1.993	2.378	2.644

续前表

自由度	上侧面积					
	0.20	0.10	0.05	0.025	0.01	0.005
75	0.846	1.293	1.665	1.992	2.377	2.643
76	0.846	1.293	1.665	1.992	2.376	2.642
77	0.846	1.293	1.665	1.991	2.376	2.641
78	0.846	1.292	1.665	1.991	2.375	2.640
79	0.846	1.292	1.664	1.990	2.374	2.639
80	0.846	1.292	1.664	1.990	2.374	2.639
81	0.846	1.292	1.664	1.990	2.373	2.638
82	0.846	1.292	1.664	1.989	2.373	2.637
83	0.846	1.292	1.663	1.989	2.372	2.636
84	0.846	1.292	1.663	1.989	2.372	2.636
85	0.846	1.292	1.663	1.988	2.371	2.635
86	0.846	1.291	1.663	1.988	2.370	2.634
87	0.846	1.291	1.663	1.988	2.370	2.634
88	0.846	1.291	1.662	1.987	2.369	2.633
89	0.846	1.291	1.662	1.987	2.369	2.632
90	0.846	1.291	1.662	1.987	2.368	2.632
91	0.846	1.291	1.662	1.986	2.368	2.631
92	0.846	1.291	1.662	1.986	2.368	2.630
93	0.846	1.291	1.661	1.986	2.367	2.630
94	0.845	1.291	1.661	1.986	2.367	2.629
95	0.845	1.291	1.661	1.985	2.366	2.629
96	0.845	1.290	1.661	1.985	2.366	2.628
97	0.845	1.290	1.661	1.985	2.365	2.627
98	0.845	1.290	1.661	1.984	2.365	2.627
99	0.845	1.290	1.660	1.984	2.364	2.626
100	0.845	1.290	1.660	1.984	2.364	2.626
∞	0.842	1.282	1.645	1.960	2.326	2.576

表 3　　χ² 分布表

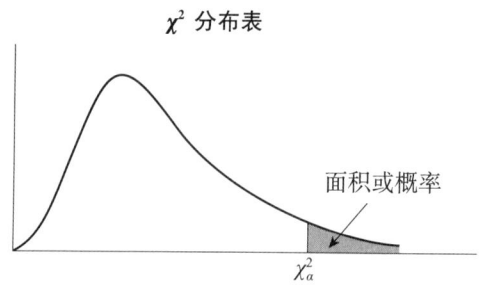

表中值给出了 χ_α^2 值，其中 α 是 χ^2 分布上侧的面积或概率。例如，当自由度为10，上侧面积为0.01时，$\chi_{0.01}^2=23.209$。

自由度	0.995	0.99	0.975	0.95	0.90	0.10	0.05	0.025	0.01	0.005
1	0.000	0.000	0.001	0.004	0.016	2.706	3.841	5.024	6.635	7.879
2	0.010	0.020	0.051	0.103	0.211	4.605	5.991	7.378	9.210	10.597
3	0.072	0.115	0.216	0.352	0.584	6.251	7.815	9.348	11.345	12.838
4	0.207	0.297	0.484	0.711	1.064	7.779	9.488	11.143	13.277	14.860
5	0.412	0.554	0.831	1.145	1.610	9.236	11.070	12.832	15.086	16.750
6	0.676	0.872	1.237	1.635	2.204	10.645	12.592	14.449	16.812	18.548
7	0.989	1.239	1.690	2.167	2.833	12.017	14.067	16.013	18.475	20.278
8	1.344	1.647	2.180	2.733	3.490	13.362	15.507	17.535	20.090	21.955
9	1.735	2.088	2.700	3.325	4.168	14.684	16.919	19.023	21.666	23.589
10	2.156	2.558	3.247	3.940	4.865	15.987	18.307	20.483	23.209	25.188
11	2.603	3.053	3.816	4.575	5.578	17.275	19.675	21.920	24.725	26.757
12	3.074	3.571	4.404	5.226	6.304	18.549	21.026	23.337	26.217	28.300
13	3.565	4.107	5.009	5.892	7.041	19.812	22.362	24.736	27.688	29.819
14	4.075	4.660	5.629	6.571	7.790	21.064	23.685	26.119	29.141	31.319
15	4.601	5.229	6.262	7.261	8.547	22.307	24.996	27.488	30.578	32.801
16	5.142	5.812	6.908	7.962	9.312	23.542	26.296	28.845	32.000	34.267
17	5.697	6.408	7.564	8.672	10.085	24.769	27.587	30.191	33.409	35.718
18	6.265	7.015	8.231	9.390	10.865	25.989	28.869	31.526	34.805	37.156
19	6.844	7.633	8.907	10.117	11.651	27.204	30.144	32.852	36.191	38.582
20	7.434	8.260	9.591	10.851	12.443	28.412	31.410	34.170	37.566	39.997
21	8.034	8.897	10.283	11.591	13.240	29.615	32.671	35.479	38.932	41.401
22	8.643	9.542	10.982	12.338	14.041	30.813	33.924	36.781	40.289	42.796
23	9.260	10.196	11.689	13.091	14.848	32.007	35.172	38.076	41.638	44.181
24	9.886	10.856	12.401	13.848	15.659	33.196	36.415	39.364	42.980	45.558
25	10.520	11.524	13.120	14.611	16.473	34.382	37.652	40.646	44.314	46.928
26	11.160	12.198	13.844	15.379	17.292	35.563	38.885	41.923	45.642	48.290
27	11.808	12.878	14.573	16.151	18.114	36.741	40.113	43.195	46.963	49.645
28	12.461	13.565	15.308	16.928	18.939	37.916	41.337	44.461	48.278	50.994
29	13.121	14.256	16.047	17.708	19.768	39.087	42.557	45.722	49.588	52.335
30	13.787	14.953	16.791	18.493	20.599	40.256	43.773	46.979	50.892	53.672

续前表

自由度	0.995	0.99	0.975	0.95	上侧面积 0.90	0.10	0.05	0.025	0.01	0.005
35	17.192	18.509	20.569	22.465	24.797	46.059	49.802	53.203	57.342	60.275
40	20.707	22.164	24.433	26.509	29.051	51.805	55.758	59.342	63.691	66.766
45	24.311	25.901	28.366	30.612	33.350	57.505	61.656	65.410	69.957	73.166
50	27.991	29.707	32.357	34.764	37.689	63.167	67.505	71.420	76.154	79.490
55	31.735	33.571	36.398	38.958	42.060	68.796	73.311	77.380	82.292	85.749
60	35.534	37.485	40.482	43.188	46.459	74.397	79.082	83.298	88.379	91.952
65	39.383	41.444	44.603	47.450	50.883	79.973	84.821	89.177	94.422	98.105
70	43.275	45.442	48.758	51.739	55.329	85.527	90.531	95.023	100.425	104.215
75	47.206	49.475	52.942	56.054	59.795	91.061	96.217	100.839	106.393	110.285
80	51.172	53.540	57.153	60.391	64.278	96.578	101.879	106.629	112.329	116.321
85	55.170	57.634	61.389	64.749	68.777	102.079	107.522	112.393	118.236	122.324
90	59.196	61.754	65.647	69.126	73.291	107.565	113.145	118.136	124.116	128.299
95	63.250	65.898	69.925	73.520	77.818	113.038	118.752	123.858	129.973	134.247
100	67.328	70.065	74.222	77.929	82.358	118.498	124.342	129.561	135.807	140.170

表 4 F 分布表

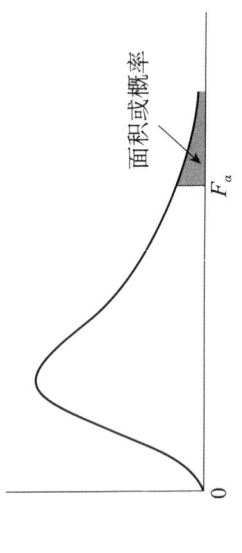

表中值给出了 F_α 值，其中 α 是 F 分布上侧的面积或概率。例如，当分子自由度为4，分母自由度为8，上侧面积为0.05时，$F_{0.05}=3.84$。

分母自由度	上侧面积	1	2	3	4	5	6	7	8	9	10	15	20	25	30	40	60	100	1000
1	0.10	39.86	49.50	53.59	55.83	57.24	58.20	58.91	59.44	59.86	60.19	61.22	61.74	62.05	62.26	62.53	62.79	63.01	63.30
	0.05	161.45	199.50	215.71	224.58	230.16	233.99	236.77	238.88	240.54	241.88	245.95	248.02	249.26	250.10	251.14	252.20	253.04	254.19
	0.025	647.79	799.48	864.15	899.60	921.83	937.11	948.20	956.64	963.28	968.63	984.87	993.08	998.09	1001.40	1005.60	1009.79	1013.16	1017.76
	0.01	4052.18	4999.34	5403.53	5624.26	5763.96	5858.95	5928.33	5980.95	6022.40	6055.93	6156.97	6208.66	6239.86	6260.35	6286.43	6312.97	6333.92	6362.80
2	0.10	8.53	9.00	9.16	9.24	9.29	9.33	9.35	9.37	9.38	9.39	9.42	9.44	9.45	9.46	9.47	9.47	9.48	9.49
	0.05	18.51	19.00	19.16	19.25	19.30	19.33	19.35	19.37	19.38	19.40	19.43	19.45	19.46	19.46	19.47	19.48	19.49	19.49
	0.025	38.51	39.00	39.17	39.25	39.30	39.33	39.36	39.37	39.39	39.40	39.43	39.45	39.46	39.46	39.47	39.48	39.49	39.50
	0.01	98.50	99.00	99.16	99.25	99.30	99.33	99.36	99.38	99.39	99.40	99.43	99.45	99.46	99.47	99.48	99.48	99.49	99.50
3	0.10	5.54	5.46	5.39	5.34	5.31	5.28	5.27	5.25	5.24	5.23	5.20	5.18	5.17	5.17	5.16	5.15	5.14	5.13
	0.05	10.13	9.55	9.28	9.12	9.01	8.94	8.89	8.85	8.81	8.79	8.70	8.66	8.63	8.62	8.59	8.57	8.55	8.53
	0.025	17.44	16.04	15.44	15.10	14.88	14.73	14.62	14.54	14.47	14.42	14.25	14.17	14.12	14.08	14.04	13.99	13.96	13.91
	0.01	34.12	30.82	29.46	28.71	28.24	27.91	27.67	27.49	27.34	27.23	26.87	26.69	26.58	26.50	26.41	26.32	26.24	26.14
4	0.10	4.54	4.32	4.19	4.11	4.05	4.01	3.98	3.95	3.94	3.92	3.87	3.84	3.83	3.82	3.80	3.79	3.78	3.76
	0.05	7.71	6.94	6.59	6.39	6.26	6.16	6.09	6.04	6.00	5.96	5.86	5.80	5.77	5.75	5.72	5.69	5.66	5.63
	0.025	12.22	10.65	9.98	9.60	9.36	9.20	9.07	8.98	8.90	8.84	8.66	8.56	8.50	8.46	8.41	8.36	8.32	8.26
	0.01	21.20	18.00	16.69	15.98	15.52	15.21	14.98	14.80	14.66	14.55	14.20	14.02	13.91	13.84	13.75	13.65	13.58	13.47
5	0.10	4.06	3.78	3.62	3.52	3.45	3.40	3.37	3.34	3.32	3.30	3.324	3.21	3.19	3.17	3.16	3.14	3.13	3.11
	0.05	6.61	5.79	5.41	5.19	5.05	4.95	4.88	4.82	4.77	4.74	4.62	4.56	4.52	4.50	4.46	4.43	4.41	4.37
	0.025	10.01	8.43	7.76	7.39	7.15	6.98	6.85	6.76	6.68	6.62	6.43	6.33	6.27	6.23	6.18	6.12	6.08	6.02
	0.01	16.26	13.27	12.06	11.39	10.97	10.67	10.46	10.29	10.16	10.05	9.72	9.55	9.45	9.38	9.29	9.20	9.13	9.03

续前表

分母自由度	上侧面积	\multicolumn{15}{c}{分子自由度}
		1	2	3	4	5	6	7	8	9	10	15	20	25	30	40	60	100	1000
6	0.10	3.78	3.46	3.29	3.18	3.11	3.05	3.01	2.98	2.96	2.94	2.87	2.84	2.81	2.80	2.78	2.76	2.75	2.72
	0.05	5.99	5.14	4.76	4.53	4.39	4.28	4.21	4.15	4.10	4.06	3.94	3.87	3.83	3.81	3.77	3.74	3.71	3.67
	0.025	8.81	7.26	6.60	6.23	5.99	5.82	5.70	5.60	5.52	5.46	5.27	5.17	5.11	5.07	5.01	4.96	4.92	4.86
	0.01	13.75	10.92	9.78	9.15	8.75	8.47	8.26	8.10	7.98	7.87	7.56	7.40	7.30	7.23	7.14	7.06	6.99	6.89
7	0.10	3.59	3.26	3.07	2.96	2.88	2.83	2.78	2.75	2.72	2.70	2.63	2.59	2.57	2.56	2.54	2.51	2.50	2.47
	0.05	5.59	4.74	4.35	4.12	3.97	3.87	3.79	3.73	3.68	3.64	3.51	3.44	3.40	3.38	3.34	3.30	3.27	3.23
	0.025	8.07	6.54	5.89	5.52	5.29	5.12	4.99	4.90	4.82	4.76	4.57	4.47	4.40	4.36	4.31	4.25	4.21	4.15
	0.01	12.25	9.55	8.45	7.85	7.46	7.19	6.99	6.84	6.72	6.62	6.31	6.16	6.06	5.99	5.91	5.82	5.75	5.66
8	0.10	3.46	3.11	2.92	2.81	2.73	2.67	2.62	2.59	2.56	2.54	2.46	2.42	2.40	2.38	2.36	2.34	2.32	2.30
	0.05	5.32	4.46	4.07	3.84	3.69	3.58	3.50	3.44	3.39	3.35	3.22	3.15	3.11	3.08	3.04	3.01	2.97	2.93
	0.025	7.57	6.06	5.42	5.05	4.82	4.65	4.53	4.43	4.36	4.30	4.10	4.00	3.94	3.89	3.84	3.78	3.74	3.68
	0.01	11.26	8.65	7.59	7.01	6.63	6.37	6.18	6.03	5.91	5.81	5.52	5.36	5.26	5.20	5.12	5.03	4.96	4.87
9	0.10	3.36	3.01	2.81	2.69	2.61	2.55	2.51	2.47	2.44	2.42	2.34	2.30	2.27	2.25	2.23	2.21	2.19	2.16
	0.05	5.12	4.26	3.86	3.63	3.48	3.37	3.29	3.23	3.18	3.14	3.01	2.94	2.89	2.86	2.83	2.79	2.76	2.71
	0.025	7.21	5.71	5.08	4.72	4.48	4.32	4.20	4.10	4.03	3.96	3.77	3.67	3.60	3.56	3.51	3.45	3.40	3.34
	0.01	10.56	8.02	6.99	6.42	6.06	5.80	5.61	5.47	5.35	5.26	4.96	4.81	4.71	4.65	4.57	4.48	4.41	4.32
10	0.10	3.29	2.92	2.73	2.61	2.52	2.46	2.41	2.38	2.35	2.32	2.24	2.20	2.17	2.16	2.13	2.11	2.09	2.06
	0.05	4.96	4.10	3.71	3.48	3.33	3.22	3.14	3.07	3.02	2.98	2.85	2.77	2.73	2.70	2.66	2.62	2.59	2.54
	0.025	6.94	5.46	4.83	4.47	4.24	4.07	3.95	3.85	3.78	3.72	3.52	3.42	3.35	3.31	3.26	3.20	3.15	3.09
	0.01	10.04	7.56	6.55	5.99	5.64	5.39	5.20	5.06	4.94	4.85	4.56	4.41	4.31	4.25	4.17	4.08	4.01	3.92
11	0.10	3.23	2.86	2.66	2.54	2.45	2.39	2.34	2.30	2.27	2.25	2.17	2.12	2.10	2.08	2.05	2.03	2.01	1.98
	0.05	4.84	3.98	3.59	3.36	3.20	3.09	3.01	2.95	2.90	2.85	2.72	2.65	2.60	2.57	2.53	2.49	2.46	2.41
	0.025	6.72	5.26	4.63	4.28	4.04	3.88	3.76	3.66	3.59	3.53	3.33	3.23	3.16	3.12	3.06	3.00	2.96	2.89
	0.01	9.65	7.21	6.22	5.67	5.32	5.07	4.89	4.74	4.63	4.54	4.25	4.10	4.01	3.94	3.86	3.78	3.71	3.61
12	0.10	3.18	2.81	2.61	2.48	2.39	2.33	2.28	2.24	2.21	2.19	2.10	2.06	2.03	2.01	1.99	1.96	1.94	1.91
	0.05	4.75	3.89	3.49	3.26	3.11	3.00	2.91	2.85	2.80	2.75	2.62	2.54	2.50	2.47	2.43	2.38	2.35	2.30
	0.025	6.55	5.10	4.47	4.12	3.89	3.73	3.61	3.51	3.44	3.37	3.18	3.07	3.01	2.96	2.91	2.85	2.80	2.73
	0.01	9.33	6.93	5.95	5.41	5.06	4.82	4.64	4.50	4.39	4.30	4.01	3.86	3.76	3.70	3.62	3.54	3.47	3.37

续前表

分母自由度	上侧面积	1	2	3	4	5	6	7	8	9	10	15	20	25	30	40	60	100	1000
13	0.10	3.14	2.76	2.56	2.43	2.35	2.28	2.23	2.20	2.16	2.14	2.05	2.01	1.98	1.96	1.93	1.90	1.88	1.85
	0.05	4.67	3.81	3.41	3.18	3.03	2.92	2.83	2.77	2.71	2.67	2.53	2.46	2.41	2.38	2.34	2.30	2.26	2.21
	0.025	6.41	4.97	4.35	4.00	3.77	3.60	3.48	3.39	3.31	3.25	3.05	2.95	2.88	2.84	2.78	2.72	2.67	2.60
	0.01	9.07	6.70	5.74	5.21	4.86	4.62	4.44	4.30	4.19	4.10	3.82	3.66	3.57	3.51	3.43	3.34	3.27	3.18
14	0.10	3.10	2.73	2.52	2.39	2.31	2.24	2.19	2.15	2.12	2.10	2.01	1.96	1.93	1.91	1.89	1.86	1.83	1.80
	0.05	4.60	3.74	3.34	3.11	2.96	2.85	2.76	2.70	2.65	2.60	2.46	2.39	2.34	2.31	2.27	2.22	2.19	2.14
	0.025	6.30	4.86	4.24	3.89	3.66	3.50	3.38	3.29	3.21	3.15	2.95	2.84	2.78	2.73	2.67	2.61	2.56	2.50
	0.01	8.86	6.51	5.56	5.04	4.69	4.46	4.28	4.14	4.03	3.94	3.66	3.51	3.41	3.35	3.27	3.18	3.11	3.02
15	0.10	3.07	2.70	2.49	2.36	2.27	2.21	2.16	2.12	2.09	2.06	1.97	1.92	1.89	1.87	1.85	1.82	1.79	1.76
	0.05	4.54	3.68	3.29	3.06	2.90	2.79	2.71	2.64	2.59	2.54	2.40	2.33	2.28	2.25	2.20	2.16	2.12	2.07
	0.025	6.20	4.77	4.15	3.80	3.58	3.41	3.29	3.20	3.12	3.06	2.86	2.76	2.69	2.64	2.59	2.52	2.47	2.40
	0.01	8.68	6.36	5.42	4.89	4.56	4.32	4.14	4.00	3.89	3.80	3.52	3.37	3.28	3.21	3.13	3.05	2.98	2.88
16	0.10	3.05	2.67	2.46	2.33	2.24	2.18	2.13	2.09	2.06	2.03	1.94	1.89	1.86	1.84	1.81	1.78	1.76	1.72
	0.05	4.49	3.63	3.24	3.01	2.85	2.74	2.66	2.59	2.54	2.49	2.35	2.28	2.23	2.19	2.15	2.11	2.07	2.02
	0.025	6.12	4.69	4.08	3.73	3.50	3.34	3.22	3.12	3.05	2.99	2.79	2.68	2.61	2.57	2.51	2.45	2.40	2.32
	0.01	8.53	6.23	5.29	4.77	4.44	4.20	4.03	3.89	3.78	3.69	3.41	3.26	3.16	3.10	3.02	2.93	2.86	2.76
17	0.10	3.03	2.64	2.44	2.31	2.22	2.15	2.10	2.06	2.03	2.00	1.91	1.86	1.83	1.81	1.78	1.75	1.73	1.69
	0.05	4.45	3.59	3.20	2.96	2.81	2.70	2.61	2.55	2.49	2.45	2.31	2.23	2.18	2.15	2.10	2.06	2.02	1.97
	0.025	6.04	4.62	4.01	3.66	3.44	3.28	3.16	3.06	2.98	2.92	2.72	2.62	2.55	2.50	2.44	2.38	2.33	2.26
	0.01	8.40	6.11	5.19	4.67	4.34	4.10	3.93	3.79	3.68	3.59	3.31	3.16	3.07	3.00	2.92	2.83	2.76	2.66
18	0.10	3.01	2.62	2.42	2.29	2.20	2.13	2.08	2.04	2.00	1.98	1.89	1.84	1.80	1.78	1.75	1.72	1.70	1.66
	0.05	4.41	3.55	3.16	2.93	2.77	2.66	2.58	2.51	2.46	2.41	2.27	2.19	2.14	2.11	2.06	2.02	1.98	1.92
	0.025	5.98	4.56	3.95	3.61	3.38	3.22	3.10	3.01	2.93	2.87	2.67	2.56	2.49	2.44	2.38	2.32	2.27	2.20
	0.01	8.29	6.01	5.09	4.53	4.25	4.01	3.84	3.71	3.60	3.51	3.23	3.08	2.98	2.92	2.84	2.75	2.68	2.58
19	0.10	2.99	2.61	2.40	2.27	2.18	2.11	2.06	2.02	1.98	1.96	1.86	1.81	1.78	1.76	1.73	1.70	1.67	1.64
	0.05	4.38	3.52	3.13	2.90	2.74	2.63	2.54	2.48	2.42	2.38	2.23	2.16	2.11	2.07	2.03	1.98	1.94	1.88
	0.025	5.92	4.51	3.90	3.56	3.33	3.17	3.05	2.96	2.88	2.82	2.62	2.51	2.44	2.39	2.33	2.27	2.22	2.14
	0.01	8.18	5.93	5.01	4.50	4.17	3.94	3.77	3.63	3.52	3.43	3.15	3.00	2.91	2.84	2.76	2.67	2.60	2.50

分子自由度

续前表

分母自由度	上侧面积	\multicolumn{16}{c}{分子自由度}
		1	2	3	4	5	6	7	8	9	10	15	20	25	30	40	60	100	1000
20	0.10	2.97	2.59	2.38	2.25	2.16	2.09	2.04	2.00	1.96	1.94	1.84	1.79	1.76	1.74	1.71	1.68	1.65	1.61
	0.05	4.35	3.49	3.10	2.87	2.71	2.60	2.51	2.45	2.39	2.35	2.20	2.12	2.07	2.04	1.99	1.95	1.91	1.85
	0.025	5.87	4.46	3.86	3.51	3.29	3.13	3.01	2.91	2.84	2.77	2.57	2.46	2.40	2.35	2.29	2.22	2.17	2.09
	0.01	8.10	5.85	4.94	4.43	4.10	3.87	3.70	3.56	3.46	3.37	3.09	2.94	2.84	2.78	2.69	2.61	2.54	2.43
21	0.10	2.96	2.57	2.36	2.23	2.14	2.08	2.02	1.98	1.95	1.92	1.83	1.78	1.74	1.72	1.69	1.66	1.63	1.59
	0.05	4.32	3.47	3.07	2.84	2.68	2.57	2.49	2.42	2.37	2.32	2.18	2.10	2.05	2.01	1.96	1.92	1.88	1.82
	0.025	5.83	4.42	3.82	3.48	3.25	3.09	2.97	2.87	2.80	2.73	2.53	2.42	2.36	2.31	2.25	2.18	2.13	2.05
	0.01	8.02	5.78	4.87	4.37	4.04	3.81	3.64	3.51	3.40	3.31	3.03	2.88	2.79	2.72	2.64	2.55	2.48	2.37
22	0.10	2.95	2.56	2.35	2.22	2.13	2.06	2.01	1.97	1.93	1.90	1.81	1.76	1.73	1.70	1.67	1.64	1.61	1.57
	0.05	4.30	3.44	3.05	2.82	2.66	2.55	2.46	2.40	2.34	2.30	2.15	2.07	2.02	1.98	1.94	1.89	1.85	1.79
	0.025	5.79	4.38	3.78	3.44	3.22	3.05	2.93	2.84	2.76	2.70	2.50	2.39	2.32	2.27	2.21	2.14	2.09	2.01
	0.01	7.95	5.72	4.82	4.31	3.99	3.76	3.59	3.45	3.35	3.26	2.98	2.83	2.73	2.67	2.58	2.50	2.42	2.32
23	0.10	2.94	2.55	2.34	2.21	2.11	2.05	1.99	1.95	1.92	1.89	1.80	1.74	1.71	1.69	1.66	1.62	1.59	1.55
	0.05	4.28	3.42	3.03	2.80	2.64	2.53	2.44	2.37	2.32	2.27	2.13	2.05	2.00	1.96	1.91	1.86	1.82	1.76
	0.025	5.75	4.35	3.75	3.41	3.18	3.02	2.90	2.81	2.73	2.67	2.47	2.36	2.29	2.24	2.18	2.11	2.06	1.98
	0.01	7.88	5.66	4.76	4.26	3.94	3.71	3.54	3.41	3.30	3.21	2.93	2.78	2.69	2.62	2.54	2.45	2.37	2.27
24	0.10	2.93	2.54	2.33	2.19	2.10	2.04	1.98	1.94	1.91	1.88	1.78	1.73	1.70	1.67	1.64	1.61	1.58	1.54
	0.05	4.26	3.40	3.01	2.78	2.62	2.51	2.42	2.36	2.30	2.25	2.11	2.03	1.97	1.94	1.89	1.84	1.80	1.74
	0.025	5.72	4.32	3.72	3.38	3.15	2.99	2.87	2.78	2.70	2.64	2.44	2.33	2.26	2.21	2.15	2.08	2.02	1.94
	0.01	7.82	5.61	4.72	4.22	3.90	3.67	3.50	3.36	3.26	3.17	2.89	2.74	2.64	2.58	2.49	2.40	2.33	2.22
25	0.10	2.92	2.53	2.32	2.18	2.09	2.02	1.97	1.93	1.89	1.87	1.77	1.72	1.68	1.66	1.63	1.59	1.56	1.52
	0.05	4.24	3.39	2.99	2.76	2.60	2.49	2.40	2.34	2.28	2.24	2.09	2.01	1.96	1.92	1.87	1.82	1.78	1.72
	0.025	5.69	4.29	3.69	3.35	3.13	2.97	2.85	2.75	2.68	2.61	2.41	2.30	2.23	2.18	2.12	2.05	2.00	1.91
	0.01	7.77	5.57	4.68	4.18	3.85	3.63	3.46	3.32	3.22	3.13	2.85	2.70	2.60	2.54	2.45	2.36	2.29	2.18
26	0.10	2.91	2.52	2.31	2.17	2.08	2.01	1.96	1.92	1.88	1.86	1.76	1.71	1.67	1.65	1.61	1.58	1.55	1.51
	0.05	4.23	3.37	2.98	2.74	2.59	2.47	2.39	2.32	2.27	2.22	2.07	1.99	1.94	1.90	1.85	1.80	1.76	1.70
	0.025	5.66	4.27	3.67	3.33	3.10	2.94	2.82	2.73	2.65	2.59	2.39	2.28	2.21	2.16	2.09	2.03	1.97	1.89
	0.01	7.72	5.53	4.64	4.14	3.82	3.59	3.42	3.29	3.18	3.09	2.81	2.66	2.57	2.50	2.42	2.33	2.25	2.14

续前表

分母自由度	上侧面积	\multicolumn{16}{c	}{分子自由度}
		1	2	3	4	5	6	7	8	9	10	15	20	25	30	40	60	100	1000
27	0.10	2.90	2.51	2.30	2.17	2.07	2.00	1.95	1.91	1.87	1.85	1.75	1.70	1.66	1.64	1.60	1.57	1.54	1.50
	0.05	4.21	3.35	2.96	2.73	2.57	2.46	2.37	2.31	2.25	2.20	2.06	1.97	1.92	1.88	1.84	1.79	1.74	1.68
	0.025	5.63	4.24	3.65	3.31	3.08	2.92	2.80	2.71	2.63	2.57	2.36	2.25	2.18	2.13	2.07	2.00	1.94	1.86
	0.01	7.68	5.49	4.60	4.11	3.78	3.56	3.39	3.26	3.15	3.06	2.78	2.63	2.54	2.47	2.38	2.29	2.22	2.11
28	0.10	2.89	2.50	2.29	2.16	2.06	2.00	1.94	1.90	1.87	1.84	1.74	1.69	1.65	1.63	1.59	1.56	1.53	1.48
	0.05	4.20	3.34	2.95	2.71	2.56	2.45	2.36	2.29	2.24	2.19	2.04	1.96	1.91	1.87	1.82	1.77	1.73	1.66
	0.025	5.61	4.22	3.63	3.29	3.06	2.90	2.78	2.69	2.61	2.55	2.34	2.23	2.16	2.11	2.05	1.98	1.92	1.84
	0.01	7.64	5.45	4.57	4.07	3.75	3.53	3.36	3.23	3.12	3.03	2.75	2.60	2.51	2.44	2.35	2.26	2.19	2.08
29	0.10	2.89	2.50	2.28	2.15	2.06	1.99	1.93	1.89	1.86	1.83	1.73	1.68	1.64	1.62	1.58	1.55	1.52	1.47
	0.05	4.18	3.33	2.93	2.70	2.55	2.43	2.35	2.28	2.22	2.18	2.03	1.94	1.89	1.85	1.81	1.75	1.71	1.65
	0.025	5.59	4.20	3.61	3.27	3.04	2.88	2.76	2.67	2.59	2.53	2.32	2.21	2.14	2.09	2.03	1.96	1.90	1.82
	0.01	7.60	5.42	4.54	4.04	3.73	3.50	3.33	3.20	3.09	3.00	2.73	2.57	2.48	2.41	2.33	2.23	2.16	2.05
30	0.10	2.88	2.49	2.28	2.14	2.05	1.98	1.93	1.88	1.85	1.82	1.72	1.67	1.63	1.61	1.57	1.54	1.51	1.46
	0.05	4.17	3.32	2.92	2.69	2.53	2.42	2.33	2.27	2.21	2.16	2.01	1.93	1.88	1.84	1.79	1.74	1.70	1.63
	0.025	5.57	4.18	3.59	3.25	3.03	2.87	2.75	2.65	2.57	2.51	2.31	2.20	2.12	2.07	2.01	1.94	1.88	1.80
	0.01	7.56	5.39	4.51	4.02	3.70	3.47	3.30	3.17	3.07	2.98	2.70	2.55	2.45	2.39	2.30	2.21	2.13	2.02
40	0.10	2.84	2.44	2.23	2.09	2.00	1.93	1.87	1.83	1.79	1.76	1.66	1.61	1.57	1.54	1.51	1.47	1.43	1.38
	0.05	4.08	3.23	2.84	2.61	2.45	2.34	2.25	2.18	2.12	2.08	1.92	1.84	1.78	1.74	1.69	1.64	1.59	1.52
	0.025	5.42	4.05	3.46	3.13	2.90	2.74	2.62	2.53	2.45	2.39	2.18	2.07	1.99	1.94	1.88	1.80	1.74	1.65
	0.01	7.31	5.18	4.31	3.83	3.51	3.29	3.12	2.99	2.89	2.80	2.52	2.37	2.27	2.20	2.11	2.02	1.94	1.82
60	0.10	2.79	2.39	2.18	2.04	1.95	1.87	1.82	1.77	1.74	1.71	1.60	1.54	1.50	1.48	1.44	1.40	1.36	1.30
	0.05	4.00	3.15	2.76	2.53	2.37	2.25	2.17	2.10	2.04	1.99	1.84	1.75	1.69	1.65	1.59	1.53	1.48	1.40
	0.025	5.29	3.93	3.34	3.01	2.79	2.63	2.51	2.41	2.33	2.27	2.06	1.94	1.87	1.82	1.74	1.67	1.60	1.49
	0.01	7.08	4.98	4.13	3.65	3.34	3.12	2.95	2.82	2.72	2.63	2.35	2.20	2.10	2.03	1.94	1.84	1.75	1.62
100	0.10	2.76	2.36	2.14	2.00	1.91	1.83	1.78	1.73	1.69	1.66	1.56	1.49	1.45	1.42	1.38	1.34	1.29	1.22
	0.05	3.94	3.09	2.70	2.46	2.31	2.19	2.10	2.03	1.97	1.93	1.77	1.68	1.62	1.57	1.52	1.45	1.39	1.30
	0.025	5.18	3.83	3.25	2.92	2.70	2.54	2.42	2.32	2.24	2.18	1.97	1.85	1.77	1.71	1.64	1.56	1.48	1.36
	0.01	6.90	4.82	3.98	3.51	3.21	2.99	2.82	2.69	2.59	2.50	2.22	2.07	1.97	1.89	1.80	1.69	1.60	1.45
1000	0.10	2.71	2.31	2.09	1.95	1.85	1.78	1.72	1.68	1.64	1.61	1.49	1.43	1.38	1.35	1.30	1.25	1.20	1.08
	0.05	3.85	3.00	2.61	2.38	2.22	2.11	2.02	1.95	1.89	1.84	1.68	1.58	1.52	1.47	1.41	1.33	1.26	1.11
	0.025	5.04	3.70	3.13	2.80	2.58	2.42	2.30	2.20	2.13	2.06	1.85	1.72	1.64	1.58	1.50	1.41	1.32	1.13
	0.01	6.66	4.63	3.80	3.34	3.04	2.82	2.66	2.53	2.43	2.34	2.06	1.90	1.79	1.72	1.61	1.50	1.38	1.16

附录 B 习题答案

第 1 章

1. a. 数量型
   b. 分类型
   c. 分类型
   d. 数量型
   e. 分类型

2. a. 10
   b. 5
   c. 分类变量：类型和燃料
      数量变量：汽缸数、每加仑燃油市区行驶里程和每加仑燃油公路行驶里程
   d.

表 1—1　25 只共同基金的数据集

变量	测量尺度
类型	顺序
汽缸数	比率
每加仑燃油市区行驶里程	比率
每加仑燃油公路行驶里程	比率
燃料	名义

3. a. 平均每加仑燃油市区行驶里程 = $182/10 = 18.2$ 英里
   b. 平均每加仑燃油公路行驶里程 = $261/10 = 26.1$ 英里
   就平均数而言，每加仑燃油公路行驶里程比每加仑燃油市区行驶里程多 7.9 英里
   c. 4 缸发动机的汽车占十分之三或 30%
   d. 使用普通汽油的汽车占十分之六或 60%

4. a. 7
   b. 5
   c. 分类变量：州、校园位置以及 NCAA 的分级
      数量变量：捐赠额和申请者被接受比例

5. a. 分类型
   b. 百分比
   c. 15%
   d. 反对

6. a. 所有到夏威夷的观光者
   b. 是
   c. 问题（1）和（4）是数量型数据；问题（2）和（3）是分类型数据

7. a. 1 015
   b. 分类型
   c. 百分比

d. 0.10 × 1 015 = 101.5；101 或 102 人

8. a. 联邦支出总额
   b. 数量型
   c. 时间序列
   d. 联邦支出总额随时间而增长

9. b. Hertz，但在 2009 年被 Avis 超越，其市场占有率逐年下降
   c. 2010 年数据是截面数据；条形图的高度为：Hertz 290，Dollar 108，Avis 270

10. a. 43%的经理认为他们自己在股票市场上操作极佳；21%的经理认为医疗保健类股票极有可能是接下来 12 个月中股票市场的主导板块
    b. 投资经理总体对于未来 12 个月的预期回报率为 11.2%
    c. 投资经理总体认为科技股和电信股大约需要 2.5 年才能恢复上涨

11. a. 总体由在北卡罗来纳州夏洛特市连锁店的所有消费者组成
    b. 食品连锁店用于收集数据的一些方式为：
    ● 可以调查进入或离开商店的消费者
    ● 通过邮寄给有会员卡的消费者的邮件来调查
    ● 可以在消费者结账时发给一份调查问卷
    ● 消费者完成一份简单的在线调查将给与赠券；如果他们这样做了，则他们在下次购物时有 5%的折扣

12. a. 67%
    b. 612
    c. 分类型

13. a. 正确
    b. 不正确
    c. 正确
    d. 不正确
    e. 不正确

第 2 章

1. a. 0.20
   b. 40
   c. /d.

组别	频数	百分数频数
A	44	22
B	36	18
C	80	40
D	40	20
合计	200	100

2. a. 360°×58/120＝174°
   b. 360°×42/120＝126°
   c.

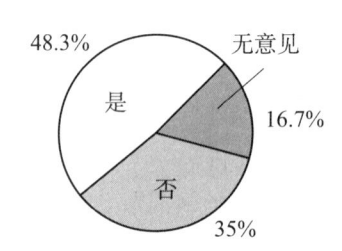

   d.

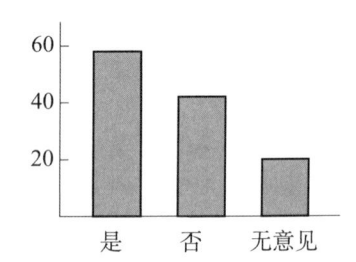

3. a. 分类型
   b.

电视节目	频数	百分数频数
Law & Order	10	20
CSI	18	36
Without a Trace	9	18
Desperate Housewives	13	26
合计	50	100

   d. CSI 拥有最多的电视观众，Desperate Housewives 次之

4. a.

电视网	频数	百分数频数
ABC	15	30
CBS	17	34
FOX	1	2
NBC	17	34

b. CBS 和 NBC 并列第一，ABC 以频数 15 紧跟其后

5. a.

等级	频数	百分数频数
优秀	20	40
很好	23	46
好	4	8
一般	1	2
差	2	4
合计	50	100

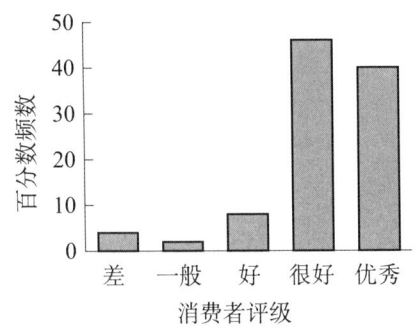

管理者应该对这些结果满意：86%的等级是很好到优秀

b. 评估从差到一般这三个评级的解释，以识别低等级的原因

6. a.

位置	频数	相对频数
P	17	0.309
H	4	0.073
1	5	0.091
2	4	0.073
3	2	0.036
S	5	0.091
L	6	0.109
C	5	0.091
R	7	0.127
合计	55	1.000

b. 投手（P）
c. 三垒手（3）
d. 右外场手（R）
e. 内场人数是 16 人，外场人数是 18 人

7. a./b.

等级	频数	百分数频数
优秀	20	2
良好	101	10
中等	528	52
较差	244	24
极差	122	12
合计	1 015	100

c.

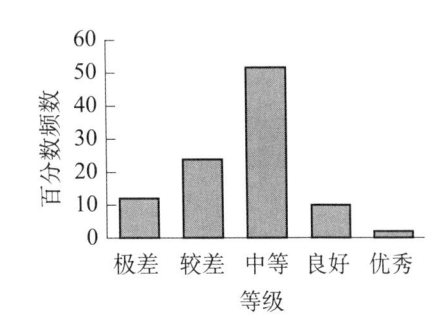

d. 36% 认为较差或极差，12% 认为较好或优秀

e. 50% 认为较差或极差，4% 认为较好或优秀，西班牙人更悲观

8.

组	累积频数	累积相对频数
≤19	10	0.20
≤29	24	0.48
≤39	41	0.82
≤49	48	0.96
≤59	50	1.00

9. b./c.

组	频数	百分数频数
6.0~7.9	4	20
8.0~9.9	2	10
10.0~11.9	8	40
12.0~13.9	3	15
14.0~15.9	3	15
合计	20	100

10. a./b.

等待时间	频数	相对频数
0~4	4	0.20
5~9	8	0.40
10~14	5	0.25
15~19	2	0.10
20~24	1	0.05
合计	20	1.00

c./d.

等待时间	累积频数	累积相对频数
≤4	4	0.20
≤9	12	0.60
≤14	17	0.85
≤19	19	0.95
≤24	20	1.00

e. 12/20=0.60

11. a.

年薪	频数
150~159	1
160~169	3
170~179	7
180~189	5
190~199	1
200~209	2
210~219	1
合计	20

b.

年薪	百分数频数
150~159	5
160~169	15
170~179	35
180~189	25
190~199	5
200~209	10
210~219	5
合计	100

c.

年薪	累积百分数频数
≤159	5
≤169	20
≤179	55
≤189	80
≤199	85
≤209	95
≤219	100
合计	100

e. 直方图呈现右偏

f. 15%

12. a. 最低 180 美元；最高 2 050 美元

b.

消费额（美元）	频数	百分数频数
0~249	3	12
250~499	6	24
500~749	5	20
750~999	5	20
1 000~1 249	3	12
1 250~1 499	1	4
1 500~1 749	0	0
1 750~1 999	1	4
2 000~2 249	1	4
合计	25	100

c. 分布呈现右偏

d. 大多数（64%）的消费者消费额在250~1 000美元之间；中值大约在750美元；超过1 750美元的最高消费额有两个

13. a.

非赛事收入 （千美元）	频数	百分数频数
0~4 999	30	60
5 000~9 999	9	18
10 000~1 4999	4	8
15 000~19 999	0	0
20 000~24 999	3	6
25 000~29 999	2	4
30 000~34 999	0	0
35 000~39 999	0	0
40 000~44 999	1	2
45 000~49 999	0	0
≥50 000	1	2
合计	50	100

c. 非赛事收入是右偏的；只有泰格·伍兹的收入超过5 000万美元

d. 大多数（60%）的球手收入低于500万美元；78%的球手收入低于1 000万美元；5名（10%）高尔夫球手收入在2 000万~3 000万美元之间；只有泰格·伍兹和菲尔·米克尔森的收入超过4 000万美元

14.

5	7 8
6	4 5 8
7	0 2 2 5 5 6 8
8	0 2 3 5

15. 叶单位=0.1

6	3
7	5 5 7
8	1 3 4
9	3 6
10	0 4 5
11	3

16. 叶单位=10

11	6
12	0 2
13	0 6 7
14	2 2 7
15	5
16	0 2 8
17	0 2 3

17.

9	8 9
10	2 4 6 6
11	4 5 7 8 9
12	2 4 5 7
13	1 2
14	4
15	1

18. 中位数收入

6	6 7 7
7	2 4 6 7 7 8 9
8	0 0 1 3 7
9	9
10	0 6
11	0
12	1

最高收入

10	0 6 9
11	1 6 9
12	2 5 6
13	0 5 8 8
14	0 6
15	2 5 7
16	
17	
18	
19	
20	
21	4
22	1

19. a.

2	1 4
2	6 7
3	0 1 1 1 2 3
3	5 6 7 7
4	0 0 3 3 3 3 4 4
4	6 6 7 9
5	0 0 0 2 2
5	5 6 7 9
6	1 4
6	6
7	2

b. 40～44 岁年龄组有 9 人

c. 43 岁有 5 人

d. 10%；这种比赛中参赛者相对较少

20. a.

		y		
		1	2	合计
	A	5	0	5
x	B	11	2	13
	C	2	10	12
	合计	18	12	30

b.

		y		
		1	2	合计
	A	100.0	0.0	100.0
x	B	84.6	15.4	100.0
	C	16.7	83.3	100.0

c.

		y	
		1	2
	A	27.8	0.0
X	B	61.1	16.7
	C	11.1	83.3
	合计	100.0	100.0

d. A 总是在 $y=1$
B 最常在 $y=1$
C 最常在 $y=2$

21. a.

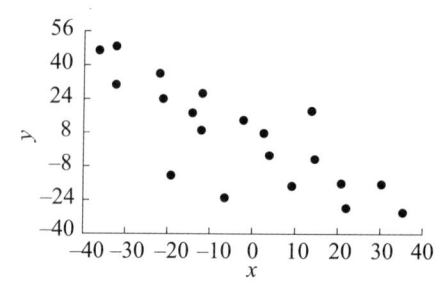

b. x 和 y 之间是负相关，随着 x 增大 y 减小

22. a.

教育水平	家庭收入（千美元）					合计
	25 以下	25.0~49.9	50.0~74.9	75.0~99.9	100 及以上	
高中以下	32.10	18.71	9.13	5.26	2.20	13.51
高中毕业	37.52	37.05	33.04	25.73	16.00	29.97
大学	21.42	28.44	30.74	31.71	24.43	27.21
学士学位	6.75	11.33	18.72	25.19	32.26	18.70
学士以上	2.21	4.48	8.37	12.11	25.11	10.61
合计	100.00	100.00	100.00	100.00	100.00	100.00

13.51%的家长高中没有毕业

b. 25.11%，53.54%

c. 收入与教育水平之间正相关

23. a.

基金类型	5 年的平均回报率						合计
	0~9.99	10~19.99	20~29.99	30~39.99	40~49.99	50~59.99	
DE	1	25	1	0	0	0	27
FI	9	1	0	0	0	0	10
IE	0	2	3	2	0	1	8
合计	10	28	4	2	0	1	45

b.

基金类型	频数
DE	27
FI	10
IE	8
合计	45

c.

5 年的平均回报率	频数
0~9.99	10
10~19.99	28
20~29.99	4
30~39.99	2

续前表

5 年的平均回报率	频数
40~49.99	0
50~59.99	1
合计	45

d. 交叉分组表的边缘得到这些频数分布

e. 较高收益——国际股本基金
较低收益——固定收益基金

24. b. 较高的 5 年平均收益率与较高的资产净值相关联

25. a.

排量	公路行驶						合计
	15~19	20~24	25~29	30~34	35~39	40~44	
1~2	0	0	0	0	7	7	14
2~3	0	0	14	41	9	1	65
3~4	0	1	34	4	0	0	39
4~5	0	10	4	0	0	0	14
5~6	0	3	2	0	0	0	5
6~7	8	4	0	0	0	0	12
合计	8	18	54	45	16	8	149

b. 较高的燃料效率与较小的发动机排量相关联，较低的燃料效率与较大的发动机排量相关联

d. 较低的燃料效率与较大的发动机排量相关联

e. 散点图

26. a.

人口数	频数	相对频数
0.0~2.4	17	34
2.5~4.9	12	24
5.0~7.4	9	18
7.5~9.9	4	8
10.0~12.4	3	6
12.5~14.9	1	2
15.0~17.4	1	2
17.5~19.9	1	2
20.0~22.4	0	0
22.5~24.9	1	2
25.0~27.4	0	0
27.5~29.9	0	0
30.0~32.4	0	0
32.5~34.9	0	0
35.0~37.4	1	2
合计	50	100

b. 严重右偏

c. 17 个（34%）州的人口数低于 250 万，29 个（58%）州的人口数低于 500 万，8 个（16%）州的人口数高于 1 000 万，人口最多的州（加利福尼亚）有 3 590 万，人口最少的州（怀俄明）只有 50 万

27. a.

类别	频数	百分数频数
Buick	10	5
Cadillac	10	5
Chevrolet	122	61
GMC	24	12
Hummer	2	1
Pontiac	18	9
Saab	2	1
Saturn	12	6
合计	200	100

c. Chevrolet，61%

d. Hummer 和 Saab，二者都只占 1%，保留 Chevrolet 和 GMC

28. a.

SAT 分数	频数
800~999	1
1 000~1 199	3
1 200~1 399	6
1 400~1 599	10
1 600~1 799	7
1 800~1 999	2
20 00~2 199	1
合计	30

b. 几乎对称

c. 33% 的分数位于 1 400~1 599 之间；低于 800 和高于 2 200 的分数是异常情况；平均分接近或略微超过 1 500

29. a. 高温

```
1 |
2 |
3 | 0
4 | 1 2 2 5
5 | 2 4 5
6 | 0 0 0 1 2 2 5 6 8
7 | 0 7
8 | 4
```

b. 低温

```
1 | 1
2 | 1 2 6 7 9
3 | 1 5 6 8 9
4 | 0 3 3 6 7
5 | 0 0 4
6 | 5
7 |
8 |
```

c. 高温最频繁的范围是 60~70（20 个城市中有 9 个），只有一个低温在 54 以上；高温范围大部分在 41~68，低温范围大部分在

21～47,; 最低气温是 11; 最高气温是 84

d.

高温	频数	低温	频数
10～19	0	10～19	1
20～29	0	20～29	5
30～39	1	30～39	5
40～49	4	40～49	5
50～59	3	50～59	3
60～69	9	60～69	1
70～79	2	70～79	0
80～89	1	80～89	0
合计	20	合计	20

30. a. 行合计：247；54；82；121
列合计：149；317；17；7；14

b.

建造年份	频数	燃料	频数
1973 及以前	247	电力	149
1974—1979	54	天然气	317
1980—1986	82	石油	17
1987—1991	121	丙烷	7
合计	504	其他	14
		合计	504

c. 列百分数的交叉分组表

建造年份	燃料类型				
	电力	天然气	石油	丙烷	其他
1973 及以前	26.9	57.7	70.5	71.4	50.0
1974—1979	16.1	8.2	11.8	28.6	0.0
1980—1986	24.8	12.0	5.9	0.0	42.9
1987—1991	32.2	22.1	11.8	0.0	7.1
合计	100.0	100.0	100.0	100.0	100.0

d. 行百分数的交叉分组表

建造年份	燃料类型					
	电力	天然气	石油	丙烷	其他	合计
1973 及以前	16.2	74.1	4.9	2.0	2.8	100.0
1974—1979	44.5	48.1	3.7	3.7	0.0	100.0
1980—1986	45.1	46.4	1.2	0.0	7.3	100.0
1987—1991	39.7	57.8	1.7	0.0	0.8	100.0

31. a.

支持水平	百分数频数
非常赞成	30.10
赞成	34.83
反对	21.13
非常反对	13.94
合计	100.00

赞成对碳排放较高的汽车征收较高的税＝30.10%＋34.83%＝64.93%

b. 20.2，19.5，20.6，20.7，19.0 每个国家大约 20%

c. 列百分数的交叉分组表

支持水平	国家				
	英国	意大利	西班牙	德国	美国
非常赞成	31.00	31.96	45.99	19.98	20.98
赞成	34.04	39.04	32.01	36.99	32.06
反对	23.00	17.99	13.98	24.03	26.96
非常反对	11.96	11.01	8.03	18.99	20.00
合计	100.00	100.00	100.00	100.00	100.00

回答为"非常赞成"或"赞成"的回答者被认为是赞成较高税收,5个国家的赞成百分比依次为 65.04%,71.00%,78.00%,56.97% 和 53.04%;5个国家的支持率都超过 50%,但欧洲国家在税收上的支持率比美国高;意大利和西班牙支持率最高

32. b. 市场价值和所有者权益之间是正相关

33. a. 市场价值和利润交叉分组表如下方表所示

市场价值 (千美元)	利润(千美元)				合计
	0~300	300~600	600~900	900~1200	
0~8 000	23	4			27
8 000~16 000	4	4	2	2	12
16 000~24 000		2	1	1	4
24 000~32 000		1	2	1	4
32 000~40 000		2	1		3
合计	27	13	6	4	50

b. 行百分数交叉分组表如下方表所示。

市场价值 (千美元)	利润(千美元)				合计
	0~300	300~600	600~900	900~1200	
0~8 000	85.19	14.81	0.00	0.00	100
8 000~16 000	33.33	33.33	16.67	16.67	100
16 000~24 000	0.00	50.00	25.00	25.00	100
24 000~32 000	0.00	25.00	50.00	25.00	100
32 000~40 000	0.00	66.67	33.33	0.00	100

c. 利润和市场价值之间是正相关,即当利润增加时,市场价值也随之增加

第3章

1. 16,16.5

2. 将数据排序为:15,20,25,25,27,28,30,34

$i = \frac{20}{100} \times 8 = 1.6$;向上取整,为第 2 位置

第 20 百分位数 = 20

$i = \frac{25}{100} \times 8 = 2$;利用第 2 位置和第 3 位置的数据

第 25 百分位数 = $\frac{20+25}{2} = 22.5$

$i = \frac{65}{100} \times 8 = 5.2$;向上取整,为第 6 位置

第 65 百分位数 = 28

$i = \frac{75}{100} \times 8 = 6$;利用第 6 位置和第 7 位置的数据

第 75 百分位数 = $\frac{28+30}{2} = 29$

3. 59.73,57,53

4. a. 18.42

b. 6.32

c. 34.3%

d. 每场比赛 3 分投篮只减少 0.65 个,3 分投篮命中率下降了 0.9% 是,同意但不显著

5. a. $\bar{x} = \frac{\sum x_i}{n} = \frac{3\,200}{20} = 160$

数据从最低 100 到最高 360 排序

中位数:$i = \frac{50}{100} \times 20 = 10$,利用第 10 位置和第 11 位置的数据

众数 = 120（出现了3次）

b. $i = \frac{25}{100} \times 20 = 5$；利用第5位置和第6位置的数据

$$Q_1 = \frac{115 + 115}{2} = 115$$

$i = \frac{75}{100} \times 20 = 15$；利用第15位置和第16位置的数据

$$Q_3 = \frac{180 + 195}{2} = 187.5$$

c. $i = \frac{90}{100} \times 20 = 18$；利用第18位置和第19位置的数据

第90百分位数 $= \frac{235 + 255}{2} = 245$

有90%的纳税申报准备费小于或等于245美元

6. a. 0.4%, 3.5%
   b. 2.3%, 2.5%, 2.7%
   c. 2.0%, 2.8%
   d. 乐观

7. 迪士尼：3 321, 255.5, 253, 169, 325
   皮克斯：3 231, 538.5, 505, 363, 631
   皮克斯的每部电影产生大约两倍的票房收入

8. 16, 4

9. 极差 = 34 − 15 = 19
   将数据排序为：15, 20, 25, 25, 27, 28, 30, 34
   $i = \frac{25}{100} \times 8 = 2$；
   $Q_1 = \frac{20 + 25}{2} = 22.5$
   $i = \frac{75}{100} \times 8 = 6$；
   $Q_3 = \frac{28 + 30}{2} = 29$
   $IQR = Q_3 - Q_1 = 29 - 22.5 = 6.5$
   $\bar{x} = \frac{\sum x_i}{n} = \frac{204}{8} = 25.5$

x_i	$(x_i - \bar{x})$	$(x_i - \bar{x})^2$
27	1.5	2.25
25	−0.5	0.25
20	−5.5	30.25
15	−10.5	110.25
30	4.5	20.25
34	8.5	72.25
28	2.5	6.25
25	−0.5	0.25
		242.00

$$s^2 = \frac{\sum (x_i - \bar{x})^2}{n - 1} = \frac{242}{8 - 1} = 34.57$$

$s = \sqrt{34.57} = 5.88$

10. a. 极差 = 190 − 168 = 22
    b. $\bar{x} = \frac{\sum x_i}{n} = \frac{1\,068}{6} = 178$

    $s^2 = \frac{\sum (x_i - \bar{x})^2}{n - 1}$

    $= \frac{4^2 + (-10)^2 + 6^2 + 12^2 + (-8)^2 + (-4)^2}{6 - 1}$

    $= \frac{376}{5} = 75.2$

    c. $s = \sqrt{75.2} = 8.67$

    d. $\frac{s}{\bar{x}} \times 100 = \frac{8.67}{178} \times 100\% = 4.87\%$

11. a. 38, 97, 9.85
    b. 东部城市显示出更大的变动

12. Dawson：极差 = 2, $s = 0.67$
    J. C. Clark：极差 = 8, $s = 2.58$

13. a. 1 285, 433
    一年级学生花费更多
    b. 1 720, 352
    c. 404, 131.5
    d. 367.04, 96.96
    e. 一年级学生变异更大

14. 1/4英里：$s = 0.056\,4$，标准差系数 = 5.8%
    1英里：$s = 0.139\,5$，标准差系数 = 2.9%

15. 0.20, 1.50, 0, −0.50, −2.20

16. 切比雪夫定理：至少 $(1-1/z^2)$

　　a. $z=\dfrac{40-30}{5}=2$；$1-\dfrac{1}{2^2}=0.75$

　　b. $z=\dfrac{45-30}{5}=3$；$1-\dfrac{1}{3^2}=0.89$

　　c. $z=\dfrac{38-30}{5}=1.6$；$1-\dfrac{1}{1.6^2}=0.61$

　　d. $z=\dfrac{42-30}{5}=2.4$；$1-\dfrac{1}{2.4^2}=0.83$

　　e. $z=\dfrac{48-30}{5}=3.6$；$1-\dfrac{1}{3.6^2}=0.92$

17. a. 95%

　　b. 几乎所有

　　c. 68%

18. a. $z=2$ 标准差

$$1-\dfrac{1}{z^2}=1-\dfrac{1}{2^2}=\dfrac{3}{4}；至少 75\%$$

　　b. $z=2.5$ 标准差

$$1-\dfrac{1}{z^2}=1-\dfrac{1}{2.5^2}=0.84；至少 84\%$$

　　c. $z=2$ 标准差，经验法则：95%

19. a. 68%

　　b. 81.5%

　　c. 2.5%

20. a. -0.67

　　b. 1.50

　　c. 都不是异常值

　　d. 是；$z=8.25$

21. a. 76.5，7

　　b. 16%，2.5%

　　c. 12.2，7.89；没有

22. 15，22.5，26，29，34

23. 将数据排序为：5，6，8，10，10，12，15，16，18

$i=\dfrac{25}{100}\times 9=2.25$；向上取整，为第 3 位置

$Q_1=8$

中位数（第 5 位置）$=10$

$i=\dfrac{75}{100}\times 9=6.75$；向上取整为第 7 位置

$Q_3=15$

五数概括：5，8，10，15，18

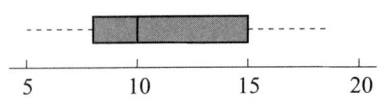

24. a. Subway，有 29 612 个零售店

　　b. 从最小到最大排序，中位数（中间值）$=5\,889$

　　c. 最小值$=1\,397$；最大值$=29\,612$

$i=\dfrac{25}{100}\times 13=3.25$；向上取整，为第 4 位置

$Q_1=4\,516$

$i=\dfrac{75}{100}\times 13=9.75$；向上取整为第 10 位置

$Q_3=10\,238$

五数概括：1 397，4 516，5 889，10 238，29 612

　　d. $\text{IQR}=Q_3-Q_1=10\,238-4\,516=5\,722$

下限 $=Q_1-1.5\text{IQR}$
$=4\,516-1.5\times 5\,722$
$=-4\,067$

上限 $=Q_3+1.5\text{IQR}$
$=10\,238+1.5\times 5\,722$
$=18\,821$

Subway 和 McDonald's 是异常值

　　e.

25. a. 将数据由小到大排序

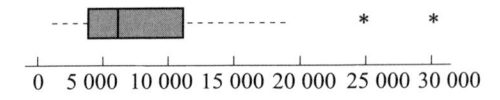

$i=\dfrac{25}{100}\times 21=5.25$；向上取整为第 6 位置

$Q_1=1\,872$

中位数（第 11 位置）$=4\,019$

$i=\dfrac{75}{100}\times 21=15.75$；向上取整为第 16 位置

$Q_3=8\,305$

五数概括：608，1 872，4 019，8 305，14 138

b. IQR = $Q_3 - Q_1$ = 8 305 − 1 872 = 6 433

上限：1 872 − 1.5×6 433 = −7 777.5

下限：8 305 + 1.5×6 433 = 17 955

c. 无异常值，数据均在上下限之间

d. 41 138 > 27 604；41 138 是一个异常值；数据值应该被复查和更正

e.

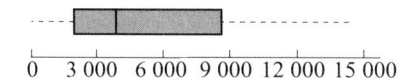

26. a. 73.5

b. 68，71.5，73.5，74.5，77

c. 界限为 67~79；没有异常值

d. 66，68，71，73，75；60.5~80.5；63，65，66，67.6，69；61.25~71.25；75，77，78.5，79.5，81；73.25~83.25

每个电信服务公司都没有异常值

e. Verizon 得分最高，Sprint 得分最低

27. a. 18.2，15.35

b. 11.7，23.5

c. 3.4，11.7，15.35，23.5，41.3

d. 有；Alger Small Cap 为 41.3

28. b. x 与 y 之间呈现负线性相关关系

c.

x_i	y_i	$x_i - \bar{x}$	$y_i - \bar{y}$	$(x_i - \bar{x})(y_i - \bar{y})$
4	50	−4	4	−16
6	50	−2	4	−8
11	40	3	−6	−18
3	60	−5	14	−70
16	30	8	−16	−128
40	230	0	0	−240

$\bar{x} = 8$；$\bar{y} = 46$

$s_{xy} = \dfrac{\sum (x_i - \bar{x})(y_i - \bar{y})}{n-1} = \dfrac{-240}{4} = -60$

样本协方差显示在 x 和 y 之间存在负线性相关关系

d. $r_{xy} = \dfrac{s_{xy}}{s_x s_y} = \dfrac{-60}{5.43 \times 11.40}$

$= -0.969$

样本相关系数 −0.969 表明有很强的负线性相关关系

29. b. x 与 y 之间呈现正线性相关关系

c. $s_{xy} = 26.5$

d. $r_{xy} = 0.693$

30. −0.91；负相关

31. b. 0.910

c. 很强的正线性相关关系；否

32. a. 3.69

b. 3.175

33. a.

f_i	M_i	$f_i M_i$
4	5	20
7	10	70
9	15	135
5	20	100
25		325

$\bar{x} = \dfrac{\sum f_i M_i}{n} = \dfrac{325}{25} = 13$

b.

f_i	M_i	$M_i - \bar{x}$	$(M_i - \bar{x})^2$	$f_i(M_i - \bar{x})^2$
4	5	−8	64	256
7	10	−3	9	63
9	15	2	4	36
5	20	7	49	245
25				600

$s^2 = \dfrac{\sum f_i (M_i - \bar{x})^2}{n-1} = \dfrac{600}{25-1} = 25$

$s = \sqrt{25} = 5$

34. a.

等级分 x_i	权重 w_i
4 (A)	9
3 (B)	15
2 (C)	33
1 (D)	3
0 (F)	0
	60 学时

$$\bar{x} = \frac{\sum w_i x_i}{\sum w_i} = \frac{9\times 4+15\times 3+33\times 2+3\times 1}{9+15+33+3}$$

$$= \frac{150}{60} = 2.5$$

b. 能

35. 3.8，3.7

36. a. 1 800，1 351
  b. 387，1 710
  c. 7 280，1 323
  d. 3 675 303，1 917
  e. 严重右偏
  g. 用箱形图：4 135 和 7 450 是异常值

37. a. 215.9
  b. 55%
  c. 175.0，628.3
  d. 48.8，175.0，215.9，628.3，2 325.0
  e. 有，超过 1 308.5 的价格都是
  f. 482.1；更偏向于中位数

38. a. 60.68
  b. $s^2 = 31.23$，$s = 5.59$

39. a. 670 美元
  b. 456 美元
  c. $z = 3$，是
  d. 节约时间和防止亏损

40. a. 0.268，低或弱正相关
  b. 非常差的预示，春训是惯例，但不能计入常规赛和季后赛

41. a. 364 间
  b. 457 美元
  d. -0.293；较弱的负相关
    每晚较高的房价与较小规模的饭店相关

42. a. 2.3，1.85
  b. 1.90，1.38
  c. 奥驰亚集团 5%
  d. -0.51，在平均数之下
  e. 1.02，在平均数之上
  f. 否

第 4 章

1. a. （正，正），（正，反），（反，正），（反，反）
  b. x = 两次抛掷中硬币出现正面的次数
  c.

结果	x 的值
（正，正）	2
（正，反）	1
（反，正）	1
（反，反）	0

  d. 离散型

2. a. x = 组装产品所需时间（以分钟计）
  b. 任何正值：$x > 0$
  c. 连续型

3. 令 Y = 被录用；N = 不被录用
  a. $S = \{(Y, Y, Y), (Y, Y, N), (Y, N, Y), (Y, N, N), (N, Y, Y), (N, Y, N), (N, N, Y), (N, N, N)\}$
  b. 令 N = 面试的录取人数；N 是一个离散型随机变量
  c.

试验结果	(Y, Y, Y)	(Y, Y, N)	(Y, N, Y)	(Y, N, N)
N 的值	3	2	2	1
试验结果	(N, Y, Y)	(N, Y, N)	(N, N, Y)	(N, N, N)
N 的值	2	1	1	0

4. $x = 0, 1, 2, \cdots, 9$

5. a. $0, 1, 2, \cdots, 20$；离散型
   b. $0, 1, 2, \cdots$；离散型
   c. $0, 1, 2, \cdots, 50$；离散型
   d. $0 \leqslant x \leqslant 8$；连续型
   e. $x > 0$；连续型

6. a. 对所有 x 的值，$f(x) \geqslant 0$
   $\sum f(x) = 1$；因此这是一个有效的概率分布
   b. $x = 30$ 的概率是 $f(30) = 0.25$
   c. $x \leqslant 25$ 的概率是 $f(20) + f(25) = 0.20 + 0.15 = 0.35$
   d. $x > 30$ 的概率是 $f(35) = 0.40$

7. a.

x	f(x)
1	3/20=0.15
2	5/20=0.25
3	8/20=0.40
4	4/20=0.20
合计	1.00

b.

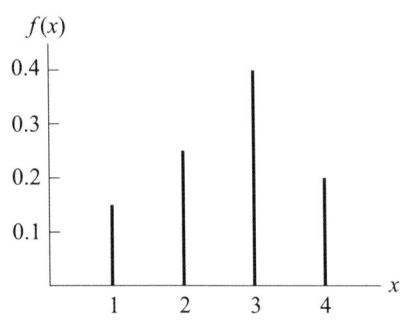

c. 对于 $x = 1, 2, 3, 4$，有 $f(x) \geqslant 0$
   $\sum f(x) = 1$

8. a.

x	1	2	3	4	5
f(x)	0.05	0.09	0.03	0.42	0.41

b.

x	1	2	3	4	5
f(x)	0.04	0.10	0.12	0.46	0.28

c. 0.83
d. 0.28
e. 中层管理者的整体工作满意度更高

9. a. 是
   b. 0.15
   c. 0.10

10. a. 0.05
    b. 0.70
    c. 0.40

11. a.

y	f(y)	yf(y)
2	0.20	0.40
4	0.30	1.20
7	0.40	2.80
8	0.10	0.80
合计	1.00	5.20
	$E(y) = \mu = 5.20$	

b.

y	y−μ	(y−μ)²	f(y)	(y−μ)²f(y)
2	−3.20	10.24	0.20	2.048
4	−1.20	1.44	0.30	0.432
7	1.80	3.24	0.40	1.296
8	2.80	7.84	0.10	0.784
合计				4.560

$$\text{Var}(y) = 4.56$$
$$\sigma = \sqrt{4.56} = 2.14$$

12. a. /b.

x	$f(x)$	$xf(x)$	$x-\mu$	$(x-\mu)^2$	$(x-\mu)^2 f(x)$
0	0.04	0.00	−1.84	3.39	0.12
1	0.34	0.34	−0.84	0.71	0.24
2	0.41	0.82	0.16	0.02	0.01
3	0.18	0.53	1.16	1.34	0.24
4	0.04	0.15	2.16	4.66	0.17
合计	1.00	1.84			0.79

↑ $E(x)$ ↑ $\text{Var}(x)$

c. /d.

y	$f(y)$	$yf(y)$	$y-\mu$	$(y-\mu)^2$	$(y-\mu)^2 f(y)$
0	0.00	0.00	−2.93	8.58	0.01
1	0.03	0.03	−1.93	3.72	0.12
2	0.23	0.45	−0.93	0.86	0.20
3	0.52	1.55	0.07	0.01	0.00
4	0.22	0.90	1.07	1.15	0.26
合计	1.00	2.93			0.59

↑ $E(y)$ ↑ $\text{Var}(y)$

e. 自有住房中卧室的数目多于租赁住房中卧室的数目。自有住房中与租赁住房中卧室的数目之差的期望值为 2.93−1.84＝1.09，并且自有住房卧室数目的波动性小于租赁住房卧室的数目的波动性

13. a. 4 303

b. −90；客户关心的是防护大额损失的费用

14. a. 445

b. 亏损 1 250 美元

15. a. 中型：145；大型：140

b. 中型：2 725；大型：12 400

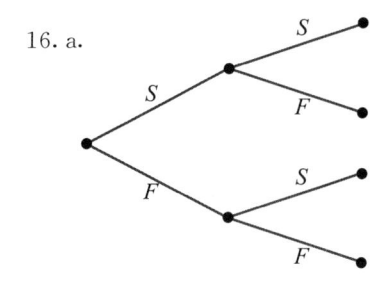

16. a.

b. $f(1) = \binom{2}{1} 0.4^1 0.6^1$
$= \dfrac{2!}{1!\ 1!} 0.4 \times 0.6 = 0.48$

c. $f(0) = \binom{2}{0} 0.4^0 0.6^2$
$= \dfrac{2!}{0!\ 2!} \times 1 \times 0.36 = 0.36$

d. $f(2) = \binom{2}{2} 0.4^2 0.6^0$
$= \dfrac{2!}{2!\ 0!} \times 0.16 \times 0.1 = 0.16$

e. $P(x \geqslant 1) = f(1) + f(2)$
$= 0.48 + 0.16$
$= 0.64$

f. $E(x) = np = 2 \times 0.4 = 0.8$
$\text{Var}(x) = np(1-p)$
$= 2 \times 0.4 \times 0.6 = 0.48$
$\sigma = \sqrt{0.48} = 0.692\ 8$

17. a. 0.348 7

b. 0.193 7

c. 0.929 8

d. 0.651 3

e. 1
f. 0.9, 0.95
18. a. 0.278 9
b. 0.418 1
c. 0.073 3
19. a. 每个被选取的零件为废品的概率都是0.03；零件的选取必须是独立的
b. 令 D＝废品，G＝正品

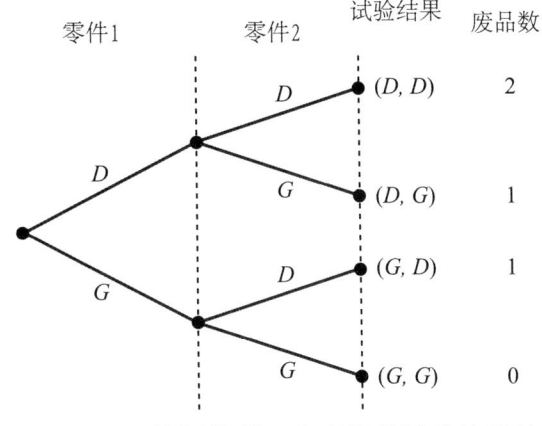

零件1　零件2　试验结果　废品数

- (D, D)　2
- (D, G)　1
- (G, D)　1
- (G, G)　0

c. 恰好发现一个废品的试验结果的个数是2
d. $P(没有废品) = 0.97 \times 0.97 = 0.940\ 9$
$P(恰好有一件废品) = 2 \times 0.03 \times 0.97 = 0.058\ 2$
$P(恰好有两件废品) = 0.03 \times 0.03 = 0.000\ 9$

20. a. 0.90
b. 0.99
c. 0.999
d. 建议使用

21. a. 0.226 2
b. 0.835 5

22. a. 0.189 7
b. 0.975 7
c. $f(12) = 0.000\ 8$；会
d. 5

23. a.
$$f(1) = \frac{\binom{3}{1}\binom{10-3}{4-1}}{\binom{10}{4}}$$

$$= \frac{\left(\frac{3!}{1!\ 2!}\right) \times \left(\frac{7!}{3!\ 4!}\right)}{\left(\frac{10!}{4!\ 6!}\right)}$$

$$= \frac{3 \times 35}{210} = 0.50$$

b. $f(2) = \dfrac{\binom{3}{2}\binom{10-3}{2-2}}{\binom{10}{2}} = \dfrac{3 \times 1}{45}$
$= 0.067$

c. $f(0) = \dfrac{\binom{3}{0}\binom{10-3}{2-0}}{\binom{10}{2}} = \dfrac{1 \times 21}{45}$
$= 0.466\ 7$

d. $f(2) = \dfrac{\binom{3}{2}\binom{10-3}{4-2}}{\binom{10}{4}} = \dfrac{3 \times 21}{210}$
$= 0.30$

e. $x=4$ 大于 $r=3$；因此，$f(4) = 0$

24. a. 0.525 0
b. 0.816 7

25. $N=60$，$n=10$
a. $r=20$，$x=0$
$$f(0) = \frac{\binom{20}{1}\binom{40}{10}}{\binom{60}{10}} = \frac{\left(\frac{40!}{10!\ 30!}\right)}{\left(\frac{60!}{10!\ 50!}\right)}$$

$$= \left(\frac{40!}{10!\ 30!}\right)\left(\frac{10!\ 50!}{60!}\right)$$

$$= \frac{40 \times 39 \times 38 \times 37 \times 36 \times 35 \times 34 \times 33 \times 32 \times 31}{60 \times 59 \times 58 \times 57 \times 56 \times 55 \times 54 \times 53 \times 52 \times 51}$$

$$= 0.011\ 2$$

b. $r=20$，$x=1$
$$f(1) = \frac{\binom{20}{1}\binom{40}{9}}{\binom{60}{10}}$$

$$= 20\left(\frac{40!}{9!\ 31!}\right)\left(\frac{10!\ 50!}{60!}\right)$$

$$= 0.072\ 5$$

c. $1 - f(0) - f(1) = 1 - 0.011\ 2 - 0.072\ 5$
$= 0.916\ 3$

d. 与样本中有一个夏威夷工厂员工

的概率相等：0.072 5
26. a. 0.291 7
    b. 0.008 3
    c. 0.525 0，0.175 0；1 家银行
    d. 0.708 3
    e. 0.9，0.49，0.70

第 5 章

1. a.

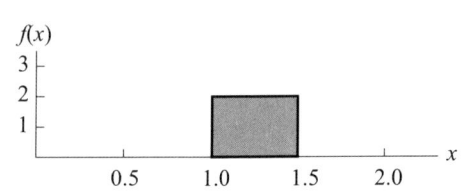

b. $P(x=1.25)=0$；由于任一单个点的曲线下面积为 0，所以任意单个点的概率是 0

c. $P(1.0\leqslant x\leqslant 1.25)=2\times 0.25$
   $=0.50$

d. $P(1.20<x<1.5)=2\times 0.20$
   $=0.60$

2. b. 0.50
   c. 0.60
   d. 15
   e. 8.33

3. a.

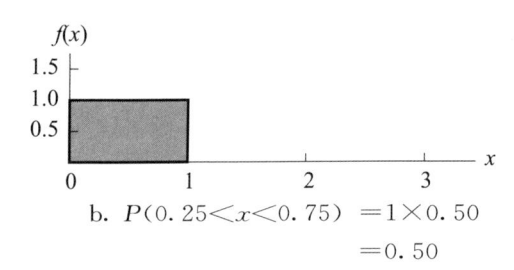

b. $P(0.25<x<0.75)=1\times 0.50$
   $=0.50$

c. $P(x\leqslant 0.30)=1\times 0.30=0.30$
d. $P(x>0.60)=1\times 0.40=0.40$

4. a. 0.125
   b. 0.50
   c. 0.25

5. a. 0.933 2
   b. 0.841 3
   c. 0.091 9

d. 0.493 8

6. a. 0.296 7
   b. 0.441 8
   c. 0.330 0
   d. 0.591 0
   e. 0.884 9
   f. 0.238 9

7. a. $P(-1.98\leqslant z\leqslant 0.49)$
      $=P(z\leqslant 0.49)-P(z<-1.98)$
      $=0.687\ 9-0.023\ 9=0.664\ 0$
   b. $P(0.52\leqslant z\leqslant 1.22)$
      $=P(z\leqslant 1.22)-P(z<0.52)$
      $=0.888\ 8-0.698\ 5=0.190\ 3$
   c. $P(-1.75\leqslant z\leqslant -1.04)$
      $=P(z\leqslant -1.04)-P(z<-1.75)$
      $=0.149\ 2-0.040\ 1=0.109\ 1$

8. a. $z=1.96$
   b. $z=1.96$
   c. $z=0.61$
   d. $z=1.12$
   e. $z=0.44$
   f. $z=0.44$

9. a. 与累积概率 0.211 9 相对应的 $z=-0.80$
   b. 计算 $0.903\ 0/2=0.451\ 5$；与累积概率 $0.500\ 0+0.451\ 5=0.951\ 5$ 相对应的 $z=1.66$
   c. 计算 $0.205\ 2/2=0.102\ 6$；与累积概率 $0.500\ 0+0.102\ 6=0.602\ 6$ 相对应的 $z=0.26$
   d. 与累积概率 0.994 8 相对应的 $z=2.56$
   e. z 左侧区域的面积等于 $1-0.691\ 5=0.308\ 5$；因此，$z=-0.50$

10. a. $z=2.33$
    b. $z=1.96$
    c. $z=1.645$
    d. $z=1.28$

11. $\mu=30$ 和 $\sigma=8.2$
    a. 当 $x=40$ 时，$z=\dfrac{40-30}{8.2}=1.22$
       $P(z\leqslant 1.22)=0.888\ 8$

$$P(x \geqslant 40) = 1.000 - 0.8888$$
$$= 0.1112$$

b. 当 $x = 20$ 时, $z = \dfrac{40-30}{8.2} = -1.22$

$$P(z \leqslant -1.22) = 0.1112$$
$$P(x \leqslant 20) = 0.1112$$

c. z 值为 1.28, 截去大约 10% 的上侧面积

$x = 30 + 8.2 \times 1.28 = 40.50$

股票价格等于或者高于 40.50 美元的公司进入前 10%

12. a. 0.0885
    b. 12.51%
    c. 93.8 小时或者以上

13. a. 0.6553
    b. 13.05 小时
    c. 0.9838

14. a. 200, 26.04
    b. 0.2206
    c. 0.1251
    d. 2.4284 亿股

第 6 章

1. a. AB, AC, AD, AE, BC, BD, BE, CD, CE, DE
   b. 10 个样本, 每个出现的概率为 1/10
   c. B 和 D。因为两个最小的随机数分别为 0.0476 和 0.0957

2. 元素 2, 3, 5 和 10

3. 简单随机样本由 New York, Detroit, Oakland, Boston 和 Kansas City 组成

4. 步骤 1: 为每只股票生成一个随机数
   步骤 2: 按照随机数的顺序, 选取前三只股票

5. a. 有限总体
   b. 无限总体
   c. 无限总体
   d. 有限总体
   e. 无限总体

6. a. $\bar{x} = \dfrac{\sum x_i}{n} = \dfrac{54}{6} = 9$

   b. $s = \sqrt{\dfrac{\sum(x_i - \bar{x})^2}{n-1}}$

   $\sum(x_i - \bar{x})^2 = (-4)^2 + (-1)^1 + 1^2 + (-2)^2 + 1^2 + 5^2$
   $= 48$

   $s = \sqrt{\dfrac{48}{6-1}} = 3.1$

7. a. 0.50
   b. 0.3667

8. a. $\bar{x} = \dfrac{\sum x_i}{n} = \dfrac{465}{5} = 93$

   b.

x_i	$(x_i - \bar{x})$	$(x_i - \bar{x})^2$
94	+1	1
100	+7	49
85	-8	64
94	+1	1
92	-1	1
合计 465	0	116

   $s = \sqrt{\dfrac{\sum(x_i - \bar{x})^2}{n-1}} = \sqrt{\dfrac{116}{4}} = 5.39$

9. a. 0.45
   b. 0.15
   c. 0.45

10. a. 0.10
    b. 0.20
    c. 0.72

11. a. 抽样分布服从正态分布

    $E(\bar{x}) = \mu = 200$

    $\sigma_{\bar{x}} = \dfrac{\sigma}{\sqrt{n}} = \dfrac{50}{\sqrt{100}} = 5$

    对于 ± 5, $\bar{x} - \mu = 5$

    $z = \dfrac{\bar{x} - \mu}{\sigma_{\bar{x}}} = \dfrac{5}{5} = 1$

    面积 $= 0.8413 - 0.1587$
    $= 0.6826$

    b. 对于 ± 10, $\bar{x} - \mu = 10$

    $z = \dfrac{\bar{x} - \mu}{\sigma_{\bar{x}}} = \dfrac{10}{5} = 2$

面积 = 0.977 2 − 0.022 8
      = 0.954 4

12. 3.54, 2.50, 2.04, 1.77
    随着 n 的增加，$\sigma_{\bar{x}}$ 减小

13. a. 服从正态概率分布，$E(\bar{x}) = 51\,800$ 和 $\sigma_{\bar{x}} = 516.40$
    b. $\sigma_{\bar{x}}$ 减小到 365.15
    c. 随着 n 的增加，$\sigma_{\bar{x}}$ 减小

14. a. 服从正态概率分布，$E(\bar{x}) = 17.5$ 和 $\sigma_{\bar{x}} = 0.57$
    b. 0.919 8
    c. 0.621 2

15. a. 查表得：0.424 6，0.528 4，0.692 2，0.958 6
    b. 样本容量越大，概率越高

16. a. 服从正态概率分布，$E(\bar{x}) = 95$ 和 $\sigma_{\bar{x}} = 2.56$
    b. 查表得：0.758 0，利用函数 NORM.DIST 得：0.759 5
    c. 查表得：0.850 2，利用函数 NORM.DIST 得：0.849 4
    d. 情形 c，因为样本容量更大

17. a. $n/N = 0.01$；否
    b. 1.29，1.30；几乎没有差别
    c. 查表得：0.876 4

18. a. $E(\bar{p}) = 0.40$
    $$\sigma_{\bar{p}} = \sqrt{\frac{p(1-p)}{n}}$$
    $$= \sqrt{\frac{0.40 \times 0.60}{200}} = 0.034\,6$$
    对于 ± 0.03，意味着 $0.37 \leq \bar{p} \leq 0.43$
    查表有：$z = \dfrac{\bar{p} - p}{\sigma_{\bar{p}}} = \dfrac{0.03}{0.034\,6} = 0.87$
    $P(0.37 \leq \bar{p} \leq 0.43)$
    $= P(-0.87 \leq z \leq 0.87)$
    $= 0.807\,8 - 0.192\,2 = 0.615\,6$
    利用 Excel 有：NORM.DIST (0.43, 0.40, 0.034 6, TRUE) − NORM.DIST (0.37, 0.40, 0.034 6, TRUE) = 0.614 1

    b. 查表有：$z = \dfrac{\bar{p} - p}{\sigma_{\bar{p}}} = \dfrac{0.05}{0.034\,6} = 1.44$
    $P(0.35 \leq \bar{p} \leq 0.45)$
    $= P(-1.44 \leq z \leq 1.44)$
    $= 0.925\,1 - 0.074\,9$
    $= 0.850\,2$
    利用 Excel 有：NORM.DIST (0.45, 0.40, 0.034 6, TRUE) − NORM.DIST (0.35, 0.40, 0.034 6, TRUE) = 0.851 6

19. a. 查表得：0.615 6；利用函数 NORM.DIST 得：0.617 5
    b. 查表得：0.781 4；利用函数 NORM.DIST 得：0.783 0
    c. 查表得：0.948 8；利用函数 NORM.DIST 得：0.949 0
    d. 查表得：0.994 2；利用函数 NORM.DIST 得：0.994 2
    e. n 越大，概率越大

20. a.

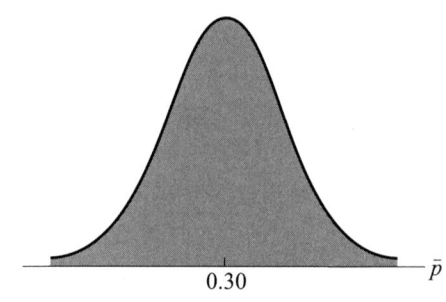

    $$\sigma_{\bar{p}} = \sqrt{\frac{p(1-p)}{n}}$$
    $$= \sqrt{\frac{0.30 \times 0.70}{100}} = 0.045\,8$$
    因为 $np = 100 \times 0.30 = 30$ 和 $n(1-p) = 100 \times 0.70 = 70$ 均大于 5，所以采用正态分布是合适的

    b. $P\{0.20 \leq \bar{p} = 0.40\} = ?$
    $$z = \frac{0.040 - 0.030}{0.045\,8} = 2.18$$
    $P(0.20 \leq \bar{p} \leq 0.40)$

$= P(-2.18 \leqslant z \leqslant 2.18)$
$= 0.985\ 4 - 0.014\ 6$
$= 0.970\ 8$

利用 Excel 有：NORM.DIST (0.40, 0.30, 0.045 8, TRUE)−NORM.DIST (0.20, 0.30, 0.045 8, TRUE) = 0.971 0

c. $P\{0.25 \leqslant \bar{p} \leqslant 0.35\} = ?$
$z = \dfrac{0.035 - 0.030}{0.045\ 8} = 1.09$
$P(0.25 \leqslant \bar{p} \leqslant 0.35)$
$= P(-1.09 \leqslant z \leqslant 1.09)$
$= 0.862\ 1 - 0.137\ 9$
$= 0.724\ 2$

利用 Excel 有：NORM.DIST (0.35, 0.30, 0.045 8, TRUE)−NORM.DIST (0.25, 0.30, 0.045 8, TRUE) = 0.725 0

21. a. 服从 $E(\bar{p}) = 0.66$ 和 $\sigma_p = 0.027\ 3$ 的正态概率分布
    b. 查表得：0.858 4，利用函数 NORM.DIST 得：0.857 1
    c. 查表得：0.960 6，利用函数 NORM.DIST 得：0.960 8
    d. 是，青少年总体的标准误差更小
    e. 查表得：0.961 6，利用函数 NORM.DIST 得：0.961 8

22. a. 服从 $E(\bar{p}) = 0.56$ 和 $\sigma_p = 0.024\ 8$ 的正态概率分布
    b. 查表得：0.582 0，利用函数 NORM.DIST 得：0.580 0
    c. 查表得：0.892 6，利用函数 NORM.DIST 得：0.893 2

23. a. 服从 $E(\bar{p}) = 0.76$ 和 $\sigma_p = 0.021\ 4$ 的正态概率分布
    b. 查表得：0.838 4，利用函数 NORM.DIST 得：0.839 0
    c. 查表得：0.945 2，利用函数 NORM.DIST 得：0.945 5

24. Thoroughbreds, The Marker, Officers Club, SeaBlue 和 Crickets

25. a. 48
    b. 正态概率分布，$E(\bar{p}) = 0.26$，$\sigma_p = 0.062\ 5$
    c. 0.211 9

26. a. 625
    b. 0.788 8

27. a. 查表得：$z = \pm 1.59$，0.888 2，利用函数 NORM.DIST 得：0.890 0
    b. 查表得：$z = \pm 1.99$，0.023 3，利用函数 NORM.DIST 得：0.023 2

28. a. 955
    b. 0.50
    c. 查表得：$z = \pm 1.05$，0.706 2，利用函数 NORM.DIST 得：0.705 0
    d. 0.823 0，利用函数 NORM.DIST 得：0.823 4

29. a. 服从 $E(\bar{p}) = 0.28$ 和 $\sigma_p = 0.029\ 0$ 的正态概率分布
    b. 查表得：$z = \pm 1.38$，0.832 4，利用函数 NORM.DIST 得：0.832 2
    c. 查表得：$z = \pm 0.69$，0.509 8，利用函数 NORM.DIST 得：0.509 6

30. a. 服从 $E(\bar{x}) = 115.50$ 和 $\sigma_{\bar{x}} = 5.53$ 的正态概率分布
    b. 查表得：0.929 8，利用函数 NORM.DIST 得：0.929 2
    c. 查表得：$z = -2.80$，0.002 6，利用函数 NORM.DIST 得：0.002 5

第 7 章

1. 利用 $\bar{x} \pm z_{\alpha/2}(\sigma/\sqrt{n})$
   a. $32 \pm 1.645\ (6/\sqrt{50})$
   32 ± 1.4；(30.6, 33.4)

b. $32\pm 1.96\ (6/\sqrt{50})$
   32 ± 1.66；$(30.34, 33.66)$

c. $32\pm 2.576\ (6/\sqrt{50})$
   32 ± 2.19；$(29.81, 34.19)$

2. 54

3. a. $1.96\sigma/\sqrt{n} = 1.96\ (5\times\sqrt{49})$
        $= 1.40$
   b. 24.80 ± 1.40；$(23.40, 26.20)$

4. $(8.1, 8.9)$

5. a. 总体至少近似正态
   b. 3.1
   c. 4.1

6. a. $(113\ 638, 124\ 672)$
   b. $(112\ 581, 125\ 729)$
   c. $(110\ 515, 127\ 795)$
   d. 随着置信度的增大，置信区间的宽度增加

7. a. 2.179
   b. -1.676
   c. 2.457
   d. $(-1.708, 1.708)$
   e. $(-2.014, 2.014)$

8. a. $\bar{x} = \dfrac{\sum x_i}{n} = \dfrac{80}{8} = 10$
   b. $s = \sqrt{\dfrac{\sum(x_i-\bar{x})^2}{n-1}} = \sqrt{\dfrac{84}{7}} = 3.46$
   c. $t_{0.025}\left(\dfrac{s}{\sqrt{n}}\right) = 2.365\times\dfrac{3.46}{\sqrt{8}} = 2.9$
   d. $\bar{x}\pm t_{0.025}\left(\dfrac{s}{\sqrt{n}}\right)$
      10 ± 2.9；$(7.1, 12.9)$

9. a. $(21.5, 23.5)$
   b. $(21.3, 23.7)$
   c. $(20.9, 24.1)$
   d. 更大的边际误差和更宽的区间

10. $\bar{x}\pm t_{\alpha/2}\ (s/\sqrt{n})$
    置信度为90%，自由度$=64$，$t_{0.05}=1.669$
    $19.5\pm 1.669\times\dfrac{5.2}{\sqrt{65}}$
    19.5 ± 1.08；$(18.42, 20.58)$
    置信度为95%，自由度$=64$，$t_{0.025}=1.998$
    $19.5\pm 1.998\times\dfrac{5.2}{\sqrt{65}}$
    19.5 ± 1.29；$(18.21, 20.79)$

11. a. 1.69
    b. $(47.31, 50.69)$
    c. 联合航空公司的时间更短，成本更高

12. a. 22 周
    b. 3.801 4
    c. $(18.20, 25.80)$
    d. 下次需要更大的 n

13. $\bar{x}=22$；$(21.48, 22.52)$

14. a. $(9\ 269.52, 12\ 540.48)$
    b. 1 523
    c. 4 748 714；4.34 亿

15. a. σ 的计划值 $=\dfrac{极差}{4}=\dfrac{36}{4}=9$
    b. $n=\dfrac{z_{0.025}^2\sigma^2}{E^2}=\dfrac{(1.96)^2(9)^2}{(3)^2}=34.57$；取 $n=35$
    c. $n=\dfrac{(1.96)^2(9)^2}{(2)^2}=77.79$；取 $n=78$

16. 由 $n=\dfrac{z_{\alpha/2}^2\sigma^2}{E^2}$ 得 $n=\dfrac{(1.96)^2(6.84)^2}{(1.5)^2}=79.88$；取 $n=80$
    $n=\dfrac{(1.645)^2(6.84)^2}{(2)^2}=31.65$；取 $n=32$

17. a. 18
    b. 35
    c. 97

18. a. 328
    b. 465
    c. 803
    d. n 变得更大；不建议采用99%的置信水平

19. 81

20. a. $\bar{p}=\dfrac{100}{400}=0.25$

b. $\sqrt{\dfrac{p(1-p)}{n}} = \sqrt{\dfrac{0.25 \times 0.75}{400}}$
$= 0.0217$

c. $\bar{p} \pm z_{0.025}\sqrt{\dfrac{p(1-p)}{n}}$
$0.25 \pm 1.96 \times 0.0217$
0.25 ± 0.0424
$(0.2076, 0.2924)$

21. a. $(0.6733, 0.7267)$
    b. $(0.6682, 0.7318)$

22. 1 068

23. a. $\bar{p} = \dfrac{1\,760}{2\,000} = 0.88$
    b. 边际误差
    $z_{0.05}\sqrt{\dfrac{p(1-p)}{n}}$
    $= 1.645\sqrt{\dfrac{0.88(1-0.88)}{2\,000}}$
    $= 0.0120$
    c. 置信区间 0.88 ± 0.0120，即 $(0.868, 0.892)$
    d. 边际误差
    $z_{0.025}\sqrt{\dfrac{p(1-p)}{n}}$
    $= 1.96\sqrt{\dfrac{0.88(1-0.88)}{2\,000}}$
    $= 0.0142$
    95% 置信区间为 0.88 ± 0.0142，即 $(0.8658, 0.8942)$

24. a. 0.23
    b. $(0.1716, 0.2884)$

25. a. 0.1790
    b. 0.0738；$(0.5682, 0.7158)$
    c. 354

26. a. $n = \dfrac{1.96^2 p^*(1-p^*)}{E^2}$
    $= \dfrac{(1.96)^2 0.156(1-0.156)}{0.03^2}$
    $= 562$
    b. $n = \dfrac{(2.576)^2 0.156(1-0.156)}{0.03^2}$
    $= 970.77$
    取 $n = 971$

27. 0.0346；$(0.4854, 0.5546)$

28. a. 0.0442
    b. 601, 1 068, 2 401, 9 604

29. a. 0.5420
    b. 0.0508
    c. $(0.4912, 0.5928)$

30. a. 14 分钟
    b. $(13.38, 14.62)$
    c. 每天 32 笔
    d. 减少职员

31. 176

32. a. 0.8273
    b. $(0.7957, 0.8589)$

33. 37

34. a. 122
    b. $(1\,751, 1\,995)$
    c. 1 723.16 亿美元
    d. 小于 1 873 美元

35. a. 1 267
    b. 1 509

36. a. 0.3101
    b. $(0.2898, 0.3304)$
    c. 8 219；不能，样本容量不必这么大

37. a. 4.00
    b. $(29.77, 37.77)$

第 8 章

1. a. $H_0: \mu \leq 14$
      $H_a: \mu > 14$
   b. 没有证据能够证明新计划增加了销售量
   c. 支持研究中的假设 $\mu > 14$；认为新计划使销售量增加

2. a. $H_0: \mu \geq 220$
      $H_a: \mu < 220$

3. a. 当 $H_0: \mu \leq 56.2$ 为真时拒绝它
   b. 当 $H_a: \mu \leq 56.2$ 为假时却接受了它

4. a. $H_0: \mu \leq 1$
      $H_a: \mu > 1$
   b. 认为 $\mu > 1$，而实际情况并非如此

c. 认为 $\mu \leqslant 1$，而实际情况并非如此

5. a. $H_0: \mu \geqslant 220$

   $H_a: \mu < 220$

   b. 认为 $\mu < 220$，而实际情况并非如此

   c. 认为 $\mu \geqslant 220$，而实际情况并非如此

6. a. $z = \dfrac{\bar{x} - \mu_0}{\sigma/\sqrt{n}} = \dfrac{26.4 - 25}{6/\sqrt{40}} = 1.48$

   b. 根据正态分布表和 $z = 1.48$，得
   p 值 $= 1.000\ 0 - 0.930\ 6 = 0.069\ 4$

   c. p 值 > 0.01，不能拒绝 H_0

   d. 如果 $z \geqslant 2.33$，则拒绝 H_0
   $1.48 < 2.33$，不能拒绝 H_0

7. a. $z = \dfrac{\bar{x} - \mu_0}{\sigma/\sqrt{n}} = \dfrac{14.15 - 15}{3/\sqrt{50}} = -2.00$

   b. p 值 $= 2 \times 0.022\ 8 = 0.045\ 6$

   c. p 值 $\leqslant 0.05$，拒绝 H_0

   d. 如果 $z \leqslant -1.96$ 或者 $z \geqslant 1.96$，则拒绝 H_0
   $-2.00 \leqslant -1.96$，拒绝 H_0

8. a. $0.105\ 6$，不能拒绝 H_0

   b. $0.006\ 2$，拒绝 H_0

   c. ≈ 0，拒绝 H_0

   d. $0.796\ 7$，不能拒绝 H_0

9. a. $0.384\ 4$，不能拒绝 H_0

   b. $0.007\ 4$，拒绝 H_0

   c. $0.083\ 6$，不能拒绝 H_0

10. a. $H_0: \mu \geqslant 1\ 056$

    $H_a: \mu < 1\ 056$

    b. $z = \dfrac{\bar{x} - \mu_0}{\sigma/\sqrt{n}} = \dfrac{910 - 1\ 056}{1\ 600/\sqrt{400}}$
    $= -1.83$
    p 值 $= 0.033\ 6$

    c. p 值 $\leqslant 0.05$，拒绝 H_0。"最后一分钟"纳税人所交税款的均值少于 $1\ 056$ 美元

    d. 如果 $z \leqslant -1.645$，则拒绝 H_0
    $-1.83 < -1.645$，拒绝 H_0

11. a. $H_0: \mu \leqslant 3\ 173$

    $H_a: \mu > 3\ 173$

    b. $0.020\ 7$

    c. 拒绝 H_0，毕业生信用卡余额的均值增加了

12. a. $H_0: \mu = 4.1$

    $H_a: \mu \neq 4.1$

    b. -2.21，$0.027\ 2$

    c. 拒绝 H_0；中型成长型基金的年平均收益与美国多样化证券互助基金的平均收益有明显差异

13. a. $H_0: \mu \geqslant 32.79$

    $H_a: \mu < 32.79$

    b. -2.73

    c. $0.003\ 2$

    d. 拒绝 H_0；认为月互联网账单的均值低于南部州

14. a. $H_0: \mu = 8$

    $H_a: \mu \neq 8$

    b. $0.170\ 6$

    c. 不能拒绝 H_0；不能得出结论认为等待时间的均值与 8 分钟有差异

    d. $(7.83, 8.97)$；支持

15. a. $t = \dfrac{\bar{x} - \mu_0}{s/\sqrt{n}} = \dfrac{17 - 18}{4.5/\sqrt{48}} = -1.54$

    b. 自由度 $= n - 1 = 47$
    下侧面积介于 $0.05 \sim 0.10$ 之间
    p 值（双侧）介于 $0.10 \sim 0.20$ 之间
    精确的 p 值 $= 0.130\ 3$

    c. p 值 > 0.05，不能拒绝 H_0

    d. 自由度 $= 47$，$t_{0.025} = 2.012$
    如果 $t \leqslant -2.012$ 或者 $t \geqslant 2.012$，则拒绝 H_0
    $t = -1.54$，则不能拒绝 H_0

16. a. 介于 $0.02 \sim 0.05$ 之间；精确的 p 值 $= 0.039\ 7$；拒绝 H_0

    b. 介于 $0.01 \sim 0.02$ 之间；精确的 p 值 $= 0.012\ 5$；拒绝 H_0

    c. 介于 $0.10 \sim 0.20$ 之间；精确的 p 值 $= 0.128\ 5$；不能拒绝 H_0

17. a. $H_0: \mu \geqslant 238$

    $H_a: \mu < 238$

    b. $t = \dfrac{\bar{x} - \mu_0}{s/\sqrt{n}} = \dfrac{231 - 238}{80/\sqrt{100}} = -0.88$

自由度＝$n-1$＝99

p 值介于 0.10～0.20 之间

精确的 p 值＝0.190 5

c. p 值＞0.05，不能拒绝 H_0
不能得出结论认为弗吉尼亚州失业保险津贴的每周均值低于全国水平

d. 自由度＝99，$t_{0.05}$＝－1.66
如果 $t\leqslant-1.66$，则拒绝 H_0
－0.88＞－1.66，则不能拒绝 H_0

18. a. H_0：$\mu\leqslant 9$
H_a：$\mu>9$

b. 介于 0.005～0.01 之间；精确的 p 值＝0.007 2

c. 拒绝 H_0；CEO 任期的均值至少为 9 年

19. a. H_0：$\mu=600$
H_a：$\mu\neq 600$

b. 介于 0.20～0.40 之间；精确的 p 值＝0.249 1

c. 不能拒绝 H_0；不能得出结论认为 CNN 观众收视人数发生改变

d. 更大的样本容量

20. a. H_0：$\mu=10\ 192$
H_a：$\mu\neq 10\ 192$

b. 介于 0.02～0.05 之间；精确的 p 值＝0.030 4

c. 拒绝 H_0；二手车市场的平均价格与全国的平均价格有差异

21. a. H_0：$\mu=2$
H_a：$\mu\neq 2$

b. 2.2

c. 0.52

d. 介于 0.20～0.40 之间；精确的 p 值＝0.253 5

e. 不能拒绝 H_0；出于估计成本的目的，没有理由改动植树所需时间的均值不是 2 小时

22. a. $z=\dfrac{\bar{p}-p_0}{\sqrt{\dfrac{p_0(1-p_0)}{n}}}$

$=\dfrac{0.68-0.75}{\sqrt{\dfrac{0.75(1-0.75)}{300}}}=-2.80$

p 值＝0.002 6

p 值≤0.05，拒绝 H_0

b. $z=\dfrac{0.72-0.75}{\sqrt{\dfrac{0.75(1-0.75)}{300}}}=-1.20$

p 值＝0.115 1

p 值＞0.05，不能拒绝 H_0

c. $z=\dfrac{0.70-0.75}{\sqrt{\dfrac{0.75(1-0.75)}{300}}}=-2.00$

p 值＝0.022 8

p 值≤0.05，拒绝 H_0

d. $z=\dfrac{0.77-0.75}{\sqrt{\dfrac{0.75(1-0.75)}{300}}}=-0.80$

p 值＝0.788 1

p 值＞0.05，不能拒绝 H_0

23. a. H_0：$p=0.64$
H_a：$p\neq 0.64$

b. $\bar{p}=52/100=0.52$

$z=\dfrac{\bar{p}-p_0}{\sqrt{\dfrac{p_0(1-p_0)}{n}}}$

$=\dfrac{0.52-0.64}{\sqrt{\dfrac{0.64(1-0.64)}{100}}}=-2.50$

面积＝0.493 8

p 值＝2×0.006 2＝0.012 4

c. p 值≤0.05，拒绝 H_0
比率与报告的 0.64 有差异

d. 是的，由于 $\bar{p}=0.52$，说明几乎没有人认为超市的自有品牌与国家级名牌是一样的

24. a. $\bar{p}=0.15$

b. (0.718，0.221 8)

c. 该百货公司的退货比率与全美的退货比率存在显著差异

25. a. H_0：$p\leqslant 0.51$
H_a：$p>0.51$

b. $\bar{p}=0.58$；p 值＝0.002 6

c. 拒绝 H_0；夜班驾驶员更容易困倦

26. $H_0: p \geq 0.90$
    $H_a: p < 0.90$
    p 值 $= 0.080\ 8$
    不拒绝 H_0

27. a. $H_0: p \leq 0.80$
       $H_a: p > 0.80$
    b. 0.84
    c. $0.041\ 8$；拒绝 H_0；超过 80% 的顾客对服务感到满意

28. a. $H_0: p \leq 0.80$
       $H_a: p > 0.80$
       p 值 $= 0.009\ 9$
       超过 80% 的乘客认为全身扫描能够提高航空安全
    b. $H_0: p \leq 0.75$
       $H_a: p > 0.75$
       p 值 $= 0.053\ 7$
       不能得出超过 75% 的乘客赞同使用全身扫描

29. $t = -0.93$
    p 值介于 $0.20 \sim 0.40$
    利用 Excel，p 值 $= 0.299\ 9$
    不拒绝 H_0

30. $t = 2.26$
    p 值介于 $0.01 \sim 0.025$，利用 Excel，p 值 $= 0.015\ 5$
    拒绝 H_0

31. a. $H_0: \mu \leq 119\ 155$
       $H_a: \mu > 119\ 155$
    b. $0.004\ 7$
    c. 拒绝 H_0

32. a. $H_0: \mu = 16$
       $H_a: \mu \neq 16$
    b. $0.028\ 6$；拒绝 H_0，调整生产线
    c. $0.218\ 6$；不拒绝 H_0，继续运行
    d. $z = 2.19$；拒绝 H_0
       $z = -1.23$；不拒绝 H_0
       是的，结论相同

第 9 章

1. a. $\bar{x}_1 - \bar{x}_2 = 13.6 - 11.6 = 2$
   b. $z_{\alpha/2} = z_{0.05} = 1.645$
      $$\bar{x}_1 - \bar{x}_2 \pm 1.645\sqrt{\frac{\sigma_1^2}{n_1} + \frac{\sigma_2^2}{n_2}}$$
      $$2 \pm 1.645\sqrt{\frac{2.2^2}{50} + \frac{3^2}{35}}$$
      2 ± 0.98；$(1.02, 2.98)$
   c. $z_{\alpha/2} = z_{0.025} = 1.96$
      $$2 \pm 1.96\sqrt{\frac{2.2^2}{50} + \frac{3^2}{35}}$$
      2 ± 1.17；$(0.83, 3.17)$

2. a. $z = \dfrac{(\bar{x}_1 - \bar{x}_2) - D_0}{\sqrt{\dfrac{\sigma_1^2}{n_1} + \dfrac{\sigma_2^2}{n_2}}}$
      $= \dfrac{(25.2 - 22.8) - 0}{\sqrt{\dfrac{5.2^2}{40} + \dfrac{6^2}{50}}} = 2.03$
   b. p 值 $= 1.000\ 0 - 0.978\ 8 = 0.021\ 2$
   c. p 值 ≤ 0.05，拒绝 H_0

3. a. $\bar{x}_1 - \bar{x}_2 = 85.36 - 81.40 = 3.96$
   b. $z_{0.025}\sqrt{\dfrac{\sigma_1^2}{n_1} + \dfrac{\sigma_2^2}{n_2}}$
      $1.96\sqrt{\dfrac{4.55^2}{37} + \dfrac{3.97^2}{44}} = 1.88$
   c. 3.96 ± 1.88；$(2.08, 5.84)$

4. p 值 $= 0.035\ 1$
   拒绝 H_0；亚特兰大的平均价格低于休斯敦

5. a. $z = 2.74$，p 值 $= 0.003\ 1$
      Rite Aid 公司改善了客户服务质量
   b. $z = 0.39$，p 值 $= 0.348\ 3$
      统计上没有显著差异
   c. $z = 1.83$，p 值 $= 0.033\ 6$
      改善了客户服务质量
   d. 必须增加 1.80，才会在统计上是显著的
   e. 统计上不显著

6. a. $\bar{x}_1 - \bar{x}_2 = 22.5 - 20.1 = 2.4$
   b. $df = \dfrac{\left(\dfrac{s_1^2}{n_1} + \dfrac{s_2^2}{n_2}\right)^2}{\dfrac{1}{n_1 - 1}\left(\dfrac{s_1^2}{n_1}\right)^2 + \dfrac{1}{n_2 - 1}\left(\dfrac{s_2^2}{n_2}\right)^2}$
      $= \dfrac{\left(\dfrac{2.5^2}{20} + \dfrac{4.8^2}{30}\right)^2}{\dfrac{1}{19}\left(\dfrac{2.5^2}{20}\right)^2 + \dfrac{1}{29}\left(\dfrac{4.8^2}{30}\right)^2}$

$=45.8$

c. $df=45$, $t_{0.025}=2.014$

$$t_{0.025}\sqrt{\frac{s_1^2}{n_1}+\frac{s_2^2}{n_2}}$$

$$=2.014\sqrt{\frac{2.5^2}{20}+\frac{4.8^2}{30}}=2.1$$

d. 2.4 ± 2.1；$(0.3, 4.5)$

7. a. $t=\dfrac{(\bar{x}_1-\bar{x}_2)-0}{\sqrt{\dfrac{s_1^2}{n_1}+\dfrac{s_2^3}{n_2}}}$

$$=\frac{(13.6-10.1)-0}{\sqrt{\frac{5.2^2}{35}+\frac{8.5^2}{40}}}=2.18$$

b. $df=\dfrac{\left(\dfrac{s_1^2}{n_1}+\dfrac{s_2^2}{n_2}\right)^2}{\dfrac{1}{n_1-1}\left(\dfrac{s_1^2}{n_1}\right)^2+\dfrac{1}{n_2-1}\left(\dfrac{s_2^2}{n_2}\right)^2}$

$$=\frac{\left(\frac{5.2^2}{35}+\frac{8.5^2}{40}\right)^2}{\frac{1}{34}\left(\frac{5.2^2}{35}\right)^2+\frac{1}{39}\left(\frac{8.5^2}{40}\right)^2}$$

$$=65.7$$

取 $df=65$

c. $df=65$，上侧面积介于 $0.01\sim 0.025$ 之间，双侧 p 值介于 $0.02\sim 0.05$ 之间，精确的 p 值 $=0.0329$

d. p 值 $\leqslant 0.05$；拒绝 H_0

8. a. $\bar{x}_1-\bar{x}_2=22.5-18.6=3.9$（英里）

b. $df=\dfrac{\left(\dfrac{s_1^2}{n_1}+\dfrac{s_2^2}{n_2}\right)^2}{\dfrac{1}{n_1-1}\left(\dfrac{s_1^2}{n_1}\right)^2+\dfrac{1}{n_2-1}\left(\dfrac{s_2^2}{n_2}\right)^2}$

$$=\frac{\left(\frac{8.4^2}{50}+\frac{7.4^2}{40}\right)^2}{\frac{1}{49}\left(\frac{8.4^2}{50}\right)^2+\frac{1}{39}\left(\frac{7.4^2}{40}\right)^2}$$

$$=87.1$$

取 $df=87$，$t_{0.025}=1.988$

$3.9\pm1.988\sqrt{\frac{8.4^2}{50}+\frac{7.4^2}{40}}$

3.9 ± 3.3；$(0.6, 7.2)$

9. a. $H_0: \mu_1-\mu_2\geqslant 0$
$H_a: \mu_1-\mu_2<0$

b. -2.41

c. 用 t 分布表，p 值介于 $0.005\sim 0.01$ 之间，精确的 p 值 $=0.009$

d. 拒绝 H_0；得出坦帕的护理薪金低的结论

10. a. $H_0: \mu_1-\mu_2\leqslant 0$
$H_a: \mu_1-\mu_2>0$

b. 价格中等的家庭房车高出 3 分

c. 用 t 分布表，p 值大于 0.20，精确的 p 值 $=0.2671$

d. p 值 >0.05，我们不能得出价格中等的家用房车的平均实地测试分数显著高的结论

11. a. $1, 2, 0, 0, 2$

b. $\bar{d}=\sum d_i/n=5/5=1$

c. $s_d=\sqrt{\dfrac{\sum(d_i-\bar{d})^2}{n-1}}=\sqrt{\dfrac{4}{5-1}}$
$=1$

d. $t=\dfrac{\bar{d}-\mu}{s_d/\sqrt{n}}=\dfrac{1-0}{1/\sqrt{5}}=2.24$

$df=n-1=4$

利用 t 分布表，p 值介于 $0.025\sim 0.05$ 之间，精确的 p 值 $=0.0443$

p 值 $\leqslant 0.05$；拒绝 H_0

12. a. $3, -1, 3, 5, 3, 0, 1$

b. 2

c. 2.08

d. 2

e. $(0.07, 3.93)$

13. $H_0: \mu_d\leqslant 0$
$H_a: \mu_d>0$

$\bar{d}=0.625$

$s_d=1.30$

$t=\dfrac{\bar{d}-\mu_d}{s_d/\sqrt{n}}=\dfrac{0.625-0}{1.30/\sqrt{8}}=1.36$

$df=n-1=7$

利用 t 分布表，p 值介于 $0.10\sim 0.20$ 之间，精确的 p 值 $=0.1080$

p 值 >0.05；不能拒绝 H_0

14. $(0.10, 0.32)$

15. $t=1.32$

利用 t 分布表，p 值大于 0.10，精确的 p 值 $=0.1142$

不能拒绝 H_0

16. a. $H_0: \mu_d=0$

$H_a: \mu_d \neq 0$

$t=-1.42$，p 值 $=0.171\,8$；得出第一轮和第四轮杆数之差没有显著差异

b. -1.05，第一轮杆数较少

c. 1.28；能

17. a. $\bar{\bar{x}} = (156 + 142 + 134)/3 = 144$

$$\text{SSTR} = \sum_{j=1}^{k} n_j(\bar{x}_j - \bar{\bar{x}})^2$$
$$= 6\times(156-144)^2 + 6\times(142-144)^2 + 6\times(134-144)^2$$
$$= 1\,488$$

b. $\text{MSTR} = \dfrac{\text{SSTR}}{k-1} = \dfrac{1\,488}{2} = 744$

c. $s_1^2=164.4$，$s_2^2=131.2$，$s_3^2=110.4$

$$\text{SSE} = \sum_{j=1}^{k}(n_j-1)s_j^2$$
$$= 5\times 164.4 + 5\times 131.2 + 5\times 110.4$$
$$= 2\,030$$

d. $\text{MSE} = \dfrac{\text{SSE}}{n_T - k} = \dfrac{2\,030}{18-3} = 135.3$

e.

方差来源	平方和	自由度	均方	F	p 值
处理	1 488	2	744	5.50	0.016 2
误差	2 030	15	135.3		
合计	3 518	17			

f. $F = \dfrac{\text{MSTR}}{\text{MSE}} = \dfrac{744}{135.3} = 5.50$

从分子自由度为 2、分母自由度为 15 的 F 分布表可知，p 值在 $0.01 \sim 0.025$ 之间，利用 Excel，$F=5.50$ 对应的 p 值 $=0.016\,2$

因为 p 值 $\leqslant \alpha = 0.05$，所以拒绝三个处理的均值是相等的原假设

18. a. $H_0: \mu_1 = \mu_2 = \mu_3 = \mu_4 = \mu_5$

H_a：总体均值不全相等

b. 拒绝 H_0；p 值 $= 0.000\,0$

19. a.

方差来源	平方和	自由度	均方	F	p 值
处理	1 200	2	600	43.99	0.000 0
误差	600	44	13.64		
合计	1 800	46			

关系显著

20. a.

方差来源	平方和	自由度	均方	F	p 值
处理	4 560	2	2 280	9.87	0.000 6
误差	6 240	27	231.11		
合计	10 800	29			

b. 关系显著

21. 关系不显著：p 值 $= 0.210\,4$

22. p 值 $= 0.093\,1$；在显著性水平 0.05 下，不能拒绝四种油漆平均风干时间相同的原假设

23. a. $H_0: \mu_1 - \mu_2 \leqslant 0$

$H_a: \mu_1 - \mu_2 > 0$

b. $t=0.60$，$df=57$

利用 t 分布表，p 值大于 0.20，精确的 p 值 $= 0.275\,4$

不能拒绝 H_0
24. a. $\bar{d} = 2.45$
    b. (0.30, 4.60)
    c. 下降 8%
    d. 23.93 美元
25. a. 412
    b. 267.79
    c. 412±267.79
26. 显著；p 值=0.000 2
27. 显著；p 值=0.034 0
28. 显著；p 值=0.006 1

第 10 章

1. a. $\bar{p}_1 - \bar{p}_2 = 0.48 - 0.36 = 0.12$

b. $\bar{p}_1 - \bar{p}_2 \pm z_{0.05}\sqrt{\dfrac{\bar{p}_1(1-\bar{p}_1)}{n_1} + \dfrac{\bar{p}_2(1-\bar{p}_2)}{n_2}}$

$0.12 \pm 1.645\sqrt{\dfrac{0.48(1-0.48)}{400} + \dfrac{0.36(1-0.36)}{300}}$

$0.12 \pm 0.061\ 4$；(0.058 6, 0.181 4)

c. $0.12 \pm 1.96\sqrt{\dfrac{0.48(1-0.48)}{400} + \dfrac{0.36(1-0.36)}{300}}$

$0.12 \pm 0.073\ 1$；(0.046 9, 0.193 1)

2. a. $\bar{p} = \dfrac{n_1\bar{p}_1 + n_2\bar{p}_2}{n_1 + n_2}$

$= \dfrac{200 \times 0.22 + 300 \times 0.16}{200 + 300}$

$= 0.184\ 0$

$z = \dfrac{\bar{p}_1 - \bar{p}_2}{\sqrt{\bar{p}(1-\bar{p})\left(\dfrac{1}{n_1} + \dfrac{1}{n_2}\right)}}$

$= \dfrac{0.22 - 0.16}{\sqrt{0.184\ 0(1-0.184\ 0)\left(\dfrac{1}{200} + \dfrac{1}{300}\right)}}$

$= 1.70$

p 值 $= 1.000\ 0 - 0.955\ 4 = 0.044\ 6$

b. p 值 $\leqslant 0.05$；拒绝 H_0

3. a. 职业高尔夫球员 $\bar{p}_1 = 688/1\ 075$
                      $= 0.64$
    业余高尔夫球员 $\bar{p}_2 = 696/1\ 200$
                      $= 0.58$
    职业高尔夫球员准确率更高
   b. $\bar{p}_1 - \bar{p}_2 = 0.64 - 0.58 = 0.06$
    职业高尔夫球员比最佳业余高尔夫球员 6 英尺推杆击球入洞准确率高 6%

c. $\bar{p}_1 - \bar{p}_2 \pm z_{0.05}\sqrt{\dfrac{\bar{p}_1(1-\bar{p}_1)}{n_1} + \dfrac{\bar{p}_2(1-\bar{p}_2)}{n_2}}$

$0.64 - 0.58 \pm 1.96\sqrt{\dfrac{0.64(1-0.64)}{1\ 075} + \dfrac{0.58(1-0.58)}{1\ 200}}$

0.06 ± 0.074；(0.02, 0.10)
置信区间表明职业高尔夫球员比最佳业余高尔夫球员 6 英尺推杆击球入洞准确率高 2%～10%

4. a. H_0：$p_w \leqslant p_m$
       H_a：$p_w > p_m$
   b. $\bar{p}_w = 0.369\ 9$
   c. $\bar{p}_m = 0.340\ 0$
   d. p 值=0.109 3
      不能拒绝 H_0

5. a. H_0：$p_1 - p_2 = 0$
       H_a：$p_1 - p_2 \neq 0$
   b. 0.28
   c. 0.26
   d. 0.307 8，不能拒绝

6. a. H_0：$p_1 - p_2 = 0$
       H_a：$p_1 - p_2 \neq 0$
   b. 0.13
   c. p 值=0.040 4

7. a. H_0：$p_1 - p_2 = 0$
       H_a：$p_1 - p_2 \neq 0$
   b. 0.27，0.17
   c. p 值≈0，差异是显著的

8. a. 期望频数：$e_1 = 200 \times 0.40 = 80$
                $e_2 = 200 \times 0.40 = 80$
                $e_3 = 200 \times 0.20 = 40$
    实际频数：$f_1 = 60$，$f_2 = 120$
              $f_3 = 20$
    $\chi^2 = \dfrac{(60-80)^2}{80} + \dfrac{(120-80)^2}{80}$
    $\quad + \dfrac{(20-40)^2}{40}$
    $= \dfrac{400}{80} + \dfrac{1600}{80} + \dfrac{400}{40}$
    $= 5 + 20 + 10 = 35$
    自由度：$k - 1 = 2$
    $\chi^2 = 35$ 表明 p 值小于 0.005

p 值≤0.01，拒绝 H_0
b. 如果 $\chi^2 > 9.210$，则拒绝 H_0
$\chi^2 = 35$，拒绝 H_0
9. $\chi^2 = 15.33$，$df = 3$
p 值小于 0.005
拒绝 H_0
10. H_0：$p_{ABC} = 0.29$，$p_{CBS} = 0.28$，$p_{NBC} = 0.25$，$p_{其他} = 0.18$
H_a：总体比例不是 $p_{ABC} = 0.29$，$p_{CBS} = 0.28$，$p_{NBC} = 0.25$，$p_{其他} = 0.18$
期望频数：$300 \times 0.29 = 87$
$300 \times 0.28 = 84$
$300 \times 0.25 = 75$
$300 \times 0.18 = 54$
$e_1 = 87$，$e_2 = 84$，$e_3 = 75$，$e_4 = 54$
实际频数：$f_1 = 95$，$f_2 = 70$
$f_3 = 89$，$f_4 = 46$
$$\chi^2 = \frac{(95-87)^2}{87} + \frac{(70-84)^2}{84} + \frac{(89-75)^2}{75} + \frac{(46-54)^2}{54}$$
$= 6.87$
自由度：$k - 1 = 3$
$\chi^2 = 6.87$，p 值介于 0.05～0.10 之间
不能拒绝 H_0
11. $\chi^2 = 29.51$，$df = 5$
p 值< 0.005
拒绝 H_0
12. a. $\chi^2 = 12.21$，$df = 3$
p 值介于 0.005～0.01 之间
得出 2003 年不同的结论

b. 21%，30%，15%，34%
借记卡的使用增加了
c. 51%
13. $\chi^2 = 16.31$，$df = 3$
p 值小于 0.005
拒绝 H_0
14. H_0：列变量与行变量独立
H_a：列变量与行变量不独立
期望频数：

	A	B	C
P	28.5	39.9	45.6
Q	21.5	30.1	34.4

$$\chi^2 = \frac{(20-28.5)^2}{28.5} + \frac{(44-39.9)^2}{39.9}$$
$$+ \frac{(50-45.6)^2}{45.6} + \frac{(30-21.5)^2}{21.5}$$
$$+ \frac{(26-30.1)^2}{30.1} + \frac{(30-34.4)^2}{34.4}$$
$= 7.86$
自由度：$(2-1)(3-1) = 2$
$\chi^2 = 7.86$，p 值介于 0.01～0.025 之间
拒绝 H_0
15. $\chi^2 = 19.77$，$df = 4$
p 值小于 0.005
拒绝 H_0
16. H_0：机票类型与航班类型独立
H_a：机票类型与航班类型不独立
期望频数：
$e_{11} = 35.59$，$e_{12} = 15.41$
$e_{21} = 150.73$，$e_{22} = 65.27$
$e_{31} = 455.68$，$e_{32} = 197.32$

机票类型	航班类型	观察频数 (f_i)	期望频数 (e_i)	$(f_i - e_i)^2/e_i$
一等舱	国内	29	35.59	1.22
一等舱	国际	22	15.41	2.82
商务舱	国内	95	150.73	20.61
商务舱	国际	121	65.27	47.59
全价经济舱	国内	518	455.68	8.52
全价经济舱	国际	135	197.32	19.68
合计		920		$\chi^2 = 100.43$

自由度：(3−1)(2−1)＝2
χ^2＝100.43，p 值＜0.005
拒绝 H_0

17. a. χ^2＝7.95，df＝3
    p 值介于 0.025～0.05 之间
    拒绝 H_0
    b. 18～24 岁使用最多

18. a. χ^2＝8.47；p 值介于 0.025～0.05 之间
    拒绝 H_0；车主再次购买意愿与汽车不独立
    b. 雅阁 77，凯美瑞 71，Taurus 62，羚羊 57
    c. 羚羊和 Taurus 低，雅阁和凯美瑞高；雅阁和凯美瑞有较高的车主满意度，这有助于未来的市场份额

19. a. 6 448
    b. χ^2＝424.667 4；p 值≈0
       拒绝 H_0；民众对核电站的态度与国家不独立
    c. 意大利

20. χ^2＝3.01，df＝2
    p 值＞0.10
    不能拒绝 H_0；63.3%

21. χ^2＝23.37，df＝3
    p 值＜0.005
    拒绝 H_0

22. a. 0.35，0.47
    b. (0.016 3，0.223 7)
    c. 上升了

23. a. 71%，22%，偏好较慢
    b. χ^2＝2.99，df＝2
       p 值＞0.10
       不能拒绝 H_0；不能得出男性和女性的生活节奏偏好不同的结论

24. χ^2＝4.64，df＝2
    p 值介于 0.05～0.10 之间
    不能拒绝 H_0

25. χ^2＝42.53，df＝4
    p 值＜0.005
    拒绝 H_0

26. χ^2＝7.75，df＝3
    p 值介于 0.05～0.10 之间
    不能拒绝 H_0

27. a. p 值≈0；拒绝 H_0
    b. (0.046 8，0.133 2)

28. χ^2＝8.04，df＝3
    p 值介于 0.025～0.05 之间
    拒绝 H_0

第 11 章

1. a.

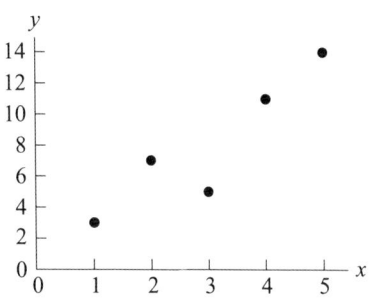

   b. 在 x 和 y 之间呈现一种正的线性关系
   c. 我们可以画出许多不同的直线作为 x 和 y 之间关系的一个线性近似；在 d 中我们将根据最小二乘准则，确定一个表示这种关系的"最佳"直线方程
   d. 为了计算斜率和 y 轴截距需要进行求和：
   $$\bar{x} = \frac{\sum x_i}{n} = \frac{15}{5} = 5$$
   $$\bar{y} = \frac{\sum y_i}{n} = \frac{40}{5} = 8$$
   $$\sum(x_i - \bar{x})(y_i - \bar{y}) = 26$$
   $$\sum(x_i - \bar{x})^2 = 10$$
   $$b_1 = \frac{\sum(x_i - \bar{x})(y_i - \bar{y})}{\sum(x_i - \bar{x})^2}$$
   $$= \frac{26}{10} = 2.6$$
   $$b_0 = \bar{y} - b_1\bar{x} = 8 - 2.6 \times 3 = 0.2$$
   $$\hat{y} = 0.2 + 2.6x$$

e. $\hat{y} = 0.2 + 2.6x = 0.2 + 2.6 \times 4 = 10.6$

2. b. 在 x 和 y 之间呈现一种负的线性关系

   d. $\hat{y} = 68 - 3x$

   e. 38

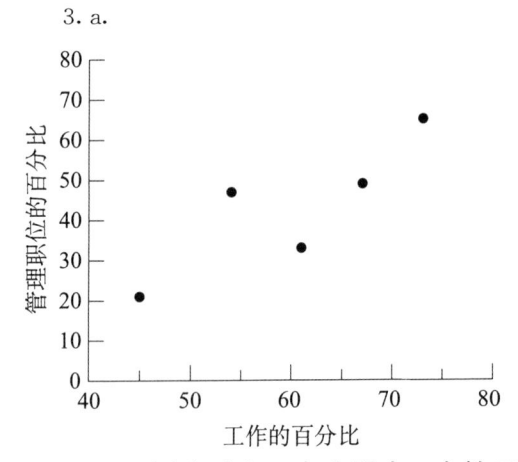

3. a.

管理职位的百分比

工作的百分比

   b. 上图表示在 5 家公司中，女性工作的百分比（x）与女性取得管理职位的百分比（y）之间存在一种正的线性关系

   c. 我们可以画出许多不同的直线作为 x 和 y 之间关系的一个线性近似；在 d 中我们将根据最小二乘准则，确定一个表示这种关系的"最佳"直线方程

d. $\bar{x} = \dfrac{\sum x_i}{n} = \dfrac{300}{5} = 60$

$\bar{y} = \dfrac{\sum y_i}{n}$

$= \dfrac{215}{5} = 43$

$\sum (x_i - \bar{x})(y_i - \bar{y}) = 624$

$\sum (x_i - \bar{x})^2 = 480$

$b_1 = \dfrac{\sum (x_i - \bar{x})(y_i - \bar{y})}{\sum (x_i - \bar{x})^2} = \dfrac{624}{480}$

$= 1.3$

$b_0 = \bar{y} - b_1 \bar{x} = 43 - 1.3 \times 60$

$= -35$

$\hat{y} = -35 + 1.3x$

e. $\hat{y} = -35 + 1.3x = -35 + 1.3 \times 60 = 43\%$

4. c. $\hat{y} = 8.9412 - 0.02633x$

   e. 6.3 或近似 6 300 美元

5. c. $\hat{y} = 359.2668 - 5.2772x$

   d. 254 美元

6. c. $\hat{y} = -6 745.44 + 149.29x$

   d. 4 003 千美元或 4 003 000 美元

7. c. $\hat{y} = -8 129.4439 + 22.4443x$

   d. 8 704 美元

8. c. $\hat{y} = 37.1217 + 0.51758x$

   d. 73

9. a. $\hat{y}_i = 0.2 + 2.6x_i$ 和 $\bar{y} = 8$

x_i	y_i	$\hat{y}_i$	$y_i - \hat{y}_i$	$(y_i - \hat{y}_i)^2$	$y_i - \bar{y}$	$(y_i - \bar{y})^2$
1	3	2.8	0.2	0.04	−5	25
2	7	5.4	1.6	2.56	−1	1
3	5	8.0	−3.0	9.00	−3	9
4	11	10.6	0.4	0.16	3	9
5	14	13.2	0.8	0.64	6	36
				SSE=12.40		SST=80

SSR = SST − SSE = 80 − 12.4 = 67.6

b. $r^2 = \dfrac{SSR}{SST} = \dfrac{67.6}{80} = 0.845$

最小二乘直线给出了一个好的拟合；y 的 84.5% 的变异性能被最小二乘直线解释

c. $r_{xy} = \sqrt{0.845} = +0.9192$

10. a. SSE = 230，SST = 1 850

    SSR = 1 620

b. $r^2 = 0.876$

c. $r_{xy} = -0.936$

11. a. 估计的回归方程和因变量的均值：

$\hat{y} = 1 790.5 + 581.1x$

$\bar{y} = 3 650$

误差平方和与总平方和：

$$SSE = \sum(y_i - \hat{y}_i)^2 = 85\ 135.14$$
$$SST = \sum(y_i - \bar{y}_i)^2 = 335\ 000$$
$$SSR = SST - SSE$$
$$= 335\ 000 - 85\ 135.14$$
$$= 249\ 864.86$$

b. $r^2 = \dfrac{SSR}{SST} = \dfrac{249\ 864.86}{335\ 000} = 0.746$

最小二乘直线说明了总平方和的 74.6%

c. $r_{xy} = \sqrt{0.746} = +0.863\ 7$

12. a. $\hat{y} = 12.016\ 9 + 0.012\ 7x$
    b. $r^2 = 0.450\ 3$
    c. 53

13. a. 0.77
    b. 对数据的拟合好
    c. $r = +0.88$,强的相关关系

14. a. $s^2 = MSE = \dfrac{SSE}{n-2} = \dfrac{12.4}{3} = 4.133$
    b. $s = \sqrt{MSE} = \sqrt{4.133} = 2.033$
    c. $\sum(x_i - \bar{x})^2 = 10$
    $$s_{b1} = \dfrac{s}{\sqrt{\sum(x_i - \bar{x})^2}}$$
    $$= \dfrac{2.033}{\sqrt{10}} = 0.643$$

d. $t = \dfrac{b_1 - \beta_1}{s_{b1}} = \dfrac{2.6 - 0}{0.643} = 4.044$

根据 t 分布表(自由度为 3)可知,上侧的面积介于 0.01~0.025 之间

p 值在 0.02~0.05 之间

利用 Excel,$t = 4.044$ 对应的 p 值 = 0.027 2

因为 p 值 $\leqslant \alpha = 0.05$,所以拒绝 $H_0: \beta_1 = 0$

e. $MSR = \dfrac{SSR}{1} = 67.6$

$F = \dfrac{MSR}{MSE} = \dfrac{67.6}{4.133} = 16.36$

查分子自由度为 1、分母自由度为 3 的 F 分布表可知,p 值介于 0.025~0.05 之间

利用 Excel,$F = 16.36$ 对应的 p 值 = 0.027 2

因为 p 值 $\leqslant \alpha = 0.05$,所以拒绝 $H_0: \beta_1 = 0$

方差来源	平方和	自由度	均方	F	p 值
回归	67.6	1	67.6	16.36	0.027 2
误差	12.4	3	4.133		
合计	80	4			

15. a. 76.666 7
    b. 8.756 0
    c. 0.652 6
    d. 显著;p 值 = 0.019 3
    e. 显著;p 值 = 0.019 3

16. a. $s^2 = MSE = \dfrac{SSE}{n-2} = \dfrac{85\ 135.14}{4}$
    $$= 21\ 283.79$$
    $$s = \sqrt{MSE} = \sqrt{21\ 283.79} = 145.89$$
    $$\sum(x_i - \bar{x})^2 = 0.74$$
    $$s_{b1} = \dfrac{s}{\sqrt{\sum(x_i - \bar{x})^2}} = \dfrac{145.89}{\sqrt{0.74}}$$
    $$= 169.59$$

$t = \dfrac{b_1 - \beta_1}{s_{b1}} = \dfrac{581.08 - 0}{169.59} = 3.43$

根据 t 分布表(自由度为 4)可知,上侧的面积介于 0.01~0.025 之间

p 值介于 0.02~0.05 之间

利用 Excel,$t = 3.43$ 对应的 p 值 = 0.026 6

因为 p 值 $\leqslant \alpha = 0.05$,所以拒绝 $H_0: \beta_1 = 0$

b. $MSR = \dfrac{SSR}{1} = \dfrac{249\ 864.86}{1}$
$$= 249\ 864.86$$
$$F = \dfrac{MSR}{MSE} = \dfrac{249\ 864.86}{21\ 283.79} = 11.74$$

查分子自由度为 1、分母自由度为 4 的 F 分布表可知，p 值在 0.025～0.05 之间

利用 Excel，$F=11.74$ 对应的 p 值 $=0.026\ 6$

因为 p 值 $\leqslant \alpha=0.05$，所示拒绝 $H_0: \beta_1=0$

c.

方差来源	平方和	自由度	均方	F	p 值
回归	249 864.86	1	249 864.86	11.74	0.026 6
误差	85 135.14	4	21 283.79		
合计	335 000	5			

17. 它们是相关的；p 值 $=0.000$
18. 显著；p 值 $=0.004\ 2$
19. a. $s=2.033$

$\bar{x}=3$，$\sum(x_i-\bar{x})^2=10$

$$s_{\hat{y}^*}=s\sqrt{\frac{1}{n}+\frac{(x^*-\bar{x})^2}{\sum(x_i-\bar{x})^2}}$$

$$=2.033\times\sqrt{\frac{1}{5}+\frac{(4-3)^2}{10}}$$

$$=1.11$$

b. $\hat{y}^*=0.2+2.6x^*=0.2+2.6\times 4$

$$=10.6$$

$\hat{y}^* \pm t_{\alpha/2}s_{\hat{y}^*}$

$10.6 \pm 3.182 \times 1.11$

10.6 ± 3.53；$(7.07, 14.13)$

c. $s_{\text{pred}}=s\sqrt{1+\frac{1}{n}+\frac{(x^*-\bar{x})^2}{\sum(x_i-\bar{x})^2}}$

$$=2.033\times\sqrt{1+\frac{1}{5}+\frac{(4-3)^2}{10}}$$

$$=2.32$$

d. $\hat{y}^* \pm t_{\alpha/2}s_{\text{pred}}$

$10.6 \pm 3.182 \times 2.32$

10.6 ± 7.38；$(3.22, 17.98)$

20. 置信区间：$(8.65, 21.15)$

预测区间：$(-4.50, 41.30)$

21. a. $s=145.89$，$\bar{x}=3.2$

$\sum(x_i-\bar{x})^2=0.74$

$\hat{y}^*=1\ 790.5+581.1x^*$

$=1\ 790.5+581.1\times 3$

$=3\ 533.8$

$s_{\hat{y}^*}=s\sqrt{\frac{1}{n}+\frac{(x^*-\bar{x})^2}{\sum(x_i-\bar{x})^2}}$

$=145.89\times\sqrt{\frac{1}{6}+\frac{(3-3.2)^2}{0.74}}$

$=68.54$

$\hat{y}^* \pm t_{\alpha/2}s_{\hat{y}^*}$

$3\ 533.8 \pm 2.776 \times 68.54$

$3\ 533.8 \pm 190.27$

$(3\ 343.53, 3\ 724.07)$

b. $s_{\text{pred}}=s\sqrt{1+\frac{1}{n}+\frac{(x^*-\bar{x})^2}{\sum(x_i-\bar{x})^2}}$

$=145.89\times\sqrt{1+\frac{1}{6}+\frac{(3-3.2)^2}{0.74}}$

$=161.19$

$\hat{y}^* \pm t_{\alpha/2}s_{\text{pred}}$

$3\ 533.8 \pm 2.776 \times 161.19$

$3\ 533.8 \pm 447.46$

$(3\ 086.34, 3\ 981.26)$

22. a. 201 美元

b. $(167.25, 234.65)$

c. $(108.75, 293.15)$

23. a. 5 046.67 美元

b. $(3\ 815.10, 6\ 278.24)$

c. 没有超出规定的范围

24. a. 9

b. $\hat{y}=20.0+7.21x$

c. $t=5.29$

根据 t 分布表（自由度为 7）可知，上侧的面积小于 0.005

p 值小于 0.01

精确 p 值 $=0.001$

p 值 $\leqslant \alpha$，拒绝 $H_0: \beta_1=0$

d. $\text{SSE}=\text{SST}-\text{SSR}$

$=51\ 984.1-41\ 587.3$

$=10\ 396.8$

$\text{MSE}=10\ 396.8/7=1\ 485.3$

$$F = \frac{\text{MSR}}{\text{MSE}} = \frac{41\,587.3}{1\,485.3} = 28.00$$

查分子自由度为 1、分母自由度为 7 的 F 分布表可知，p 值小于 0.01

精确 p 值 $= 0.001$

p 值 $\leqslant \alpha$，拒绝 $H_0: \beta_1 = 0$

e. $\hat{y} = 20.0 + 7.21 x$
$= 20.0 + 7.21 \times 50$
$= 380.5$ 千美元或 380 500 美元

25. a. $\hat{y} = 80.0 + 50.0 x$

b. $F = 83.17$，显著（p 值 $= 0.000$）

c. $t = 9.12$，显著（p 值 $= 0.000$）

d. 680 000 美元

26. b. 有

c. $\hat{y} = 2\,044.38 - 28.35 \times$ 重量

d. 显著；p 值 $= 0.000$

e. $r^2 = 0.774$；是一个好的拟合

27. a. $\bar{x} = \dfrac{\sum x_i}{n} = \dfrac{70}{5} = 14$

$\bar{y} = \dfrac{\sum y_i}{n} = \dfrac{76}{5} = 15.2$

$\sum (x_i - \bar{x})(y_i - \bar{y}) = 200$

$\sum (x_i - \bar{x})^2 = 126$

$b_1 = \dfrac{\sum (x_i - \bar{x})(y_i - \bar{y})}{\sum (x_i - \bar{x})^2} = \dfrac{200}{126}$
$= 1.587\,3$

$b_0 = \bar{y} - b_1 \bar{x} = 15.2 - 1.587\,3 \times 14$
$= -7.022\,2$

$\hat{y} = -7.02 + 1.59 x$

b.

x_i	y_i	$\hat{y}_i$	$y_i - \hat{y}_i$
6	6	2.52	3.48
11	8	10.47	-2.47
15	12	16.83	-4.83
18	20	21.60	-1.60
20	30	24.78	5.22

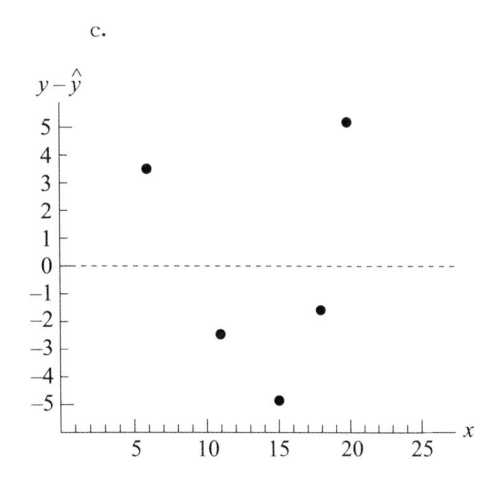

c.

仅利用 5 个观测值来判断假设是否成立，这很困难；但是，残差图的弯曲程度已经表明，误差项的假设没有被满足；这些数据的散点图还表明，在 x 和 y 之间可能存在一种曲线关系

28. a. $\hat{y} = 2.32 + 0.64 x$

b. 没有被满足；对于较大的 x 值，方差似乎在增加

29. a. 设 x 表示广告费支出，y 表示收入

$\hat{y} = 29.4 + 1.55 x$

b. $\text{SST} = 1\,002$，$\text{SSE} = 310.28$

$\text{SSR} = 691.72$

$\text{MSR} = \dfrac{\text{SSR}}{1} = 691.72$

$\text{MSE} = \dfrac{\text{SSE}}{n-2} = \dfrac{310.28}{5}$
$= 62.055\,4$

$F = \dfrac{\text{MSR}}{\text{MSE}} = \dfrac{691.72}{62.055\,4} = 11.15$

查分子自由度为 1、分母自由度为 5 的 F 分布表可知，p 值介于 $0.01 \sim 0.025$ 之间

利用 Excel，p 值 $= 0.020\,6$

因为 p 值 $\leqslant \alpha = 0.05$，所以两个变量是相关的

c.

x_i	y_i	$\hat{y}_i=29.40+1.55x_i$	$y_i-\hat{y}_i$
1	19	30.95	−11.95
2	32	32.50	−0.50
4	44	35.60	8.40
6	40	38.70	1.30
10	52	44.90	7.10
14	53	51.10	1.90
20	54	60.40	−6.40

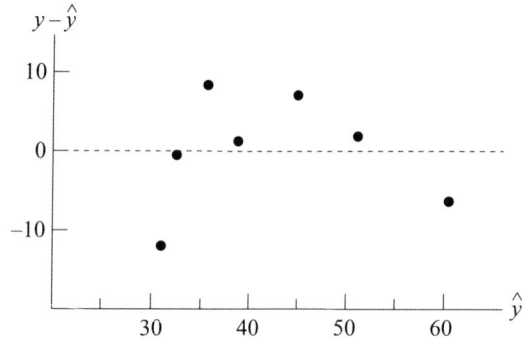

d. 残差图导致我们对 x 和 y 之间的线性关系产生疑问；虽然在 $\alpha=0.05$ 下，x 和 y 之间的线性关系是显著的，但将该线性关系外推到数据范围以外，是一种非常危险的做法

30. b. 合理
31. a. $\hat{y}=2.1739-0.1478x$
    b. 关系显著；p 值=0.0281
    c. 好的拟合；$r^2=0.739$
    d. (12.294, 17.271)
32. b. 毕业率（%）
    $=25.4229+0.2845$
    $\times$保有率（%）
    c. 显著；p 值=0.000
    d. 不是好的拟合；$r^2=0.4492$
    e. 是
    f. 是
33. a. $\hat{y}=9.26+0.711x$
    b. 显著；p 值=0.0013
    c. $r^2=0.744$；好的拟合

d. 13.53 美元
34. a. $\hat{y}=220+131.6667x$
    b. 显著；p 值=0.000
    c. $r^2=0.873$；非常好的拟合
    d. (559.50, 933.90)
35. a. 市场贝塔系数=0.95
    b. 显著；p 值=0.029
    c. $r^2=0.470$；不是一个好的拟合
    d. 施乐公司具有较高的风险
36. b. 显示在这两个变量之间存在一个正的线性关系
    c. $\hat{y}=9.3742+1.2875\times$五大因素
    d. 显著；p 值=0.0002
    e. $r^2=0.741$；好的拟合
    d. 建议签这个合同
    f. $r_{xy}=0.86$

第 12 章

1. a. 估计的回归方程是
    $\hat{y}=45.0594+1.9436x_1$
    当 $x_1=45$ 时，y 的估计值是
    $\hat{y}=45.0954+1.9436\times45$
    $=132.52$
    b. 估计的回归方程是
    $\hat{y}=85.2271+4.3215x_2$
    当 $x_2=15$ 时，y 的估计值是
    $\hat{y}=85.2171+4.3215\times15$
    $=150.04$
    c. 估计的回归方程是
    $\hat{y}=-18.3683+2.0102x_1$
    $+4.7378x_2$
    当 $x_1=45$，$x_2=15$ 时，y 的估计值是
    $\hat{y}=-18.3683+2.0102\times45$
    $+4.7378\times15$
    $=143.16$
2. a. 255 000 美元
3. a. Excel 的输出如图 D12—3a 所示
    b. Excel 输出如图 D12—3b 所示

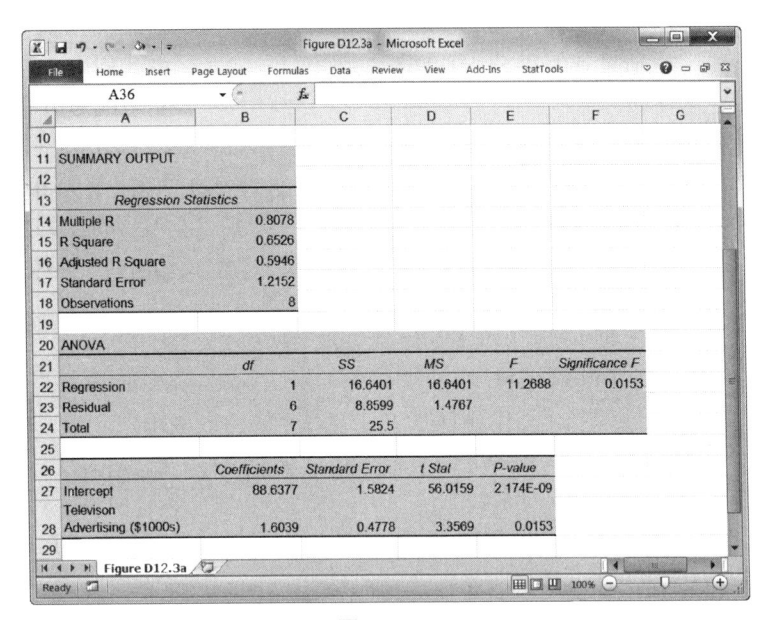

图 D12—3a

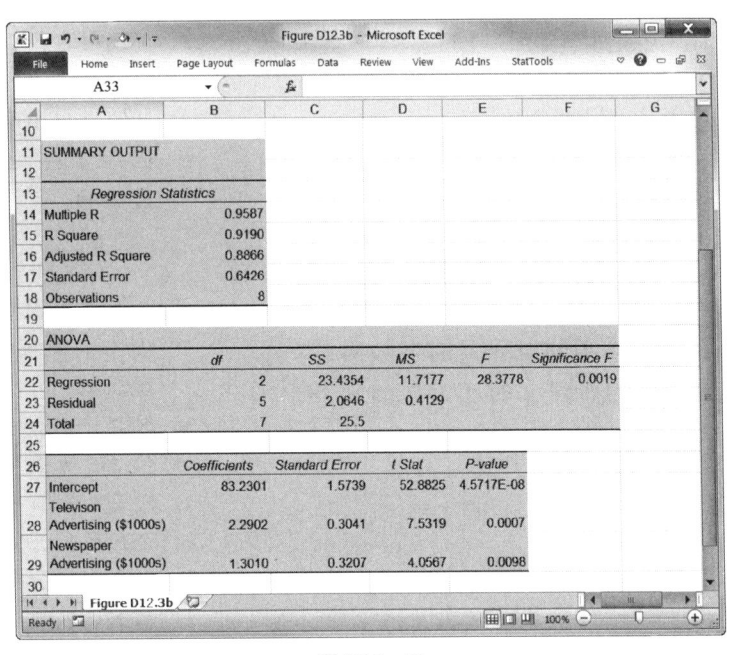

图 D12—3b

c. 在 a 中电视广告费用的系数是 1.603 9；在 b 中电视广告费用的系数是 2.290 2。在 a 中，系数是电视广告费用改变一个单位时，周的总收入改变的一个估计；在 b 中，系数当报纸广告费用保持不变，电视广告费用改变一个单位时，周的总收入改变的一个估计

d. 收入 $=83.230\ 1 + 2.290\ 2 \times 3.5 + 1.301\ 0 \times 1.8$
$= 93.59$ 千美元或 93 590 美元

4. a. $\hat{y} = -20.022\ 8 + 33.726\ 4 \times$ 申请者评价得分

b. $\hat{y} = 0.8790 + 14.5907$
　　　$\times$ 申请者评级得分 $+ 1.3687$
　　　$\times$ 学费

c. 不相同

d. 119.5550 千美元或近似 120 000 美元

5. a. $\hat{y} = 31054.26 - 1328.772$
　　　$\times$ 可靠性评分

b. $\hat{y} = 21312.9147 + 136.698$
　　　$\times$ 综合道路测试得分
　　　$- 1446.3449 \times$ 可靠性评分

c. 26 462.7991 美元或近似 26 463 美元

6. a. $\hat{y} = -1.2207 + 3.9576 FG\%$

b. 0.04

c. $\hat{y} = -1.2346 + 4.8166 FG\%$
　　　$- 2.5895 Opp\ 3\ Pt\%$
　　　$+ 0.0344 Opp\ TO$

e. 0.6372

7. a. $R^2 = \dfrac{\text{SSR}}{\text{SST}} = \dfrac{14\ 052.2}{15\ 182.9} = 0.926$

b. $R_a^2 = 1 - (1 - R^2)\dfrac{n-1}{n-p-1}$
　　　$= 1 - (1 - 0.926)\dfrac{10-1}{10-2-1}$
　　　$= 0.905$

c. 是；用模型中的自变量的个数修正后，我们看到 y 的 90.5% 的变异性能被模型解释

8. a. 0.75

b. 0.68

9. a. $R^2 = \dfrac{\text{SSR}}{\text{SST}} = \dfrac{23.435}{25.5} = 0.919$

$R_a^2 = 1 - (1 - R^2)\dfrac{n-1}{n-p-1}$
　　　$= 1 - (1 - 0.919)\dfrac{8-1}{8-2-1}$
　　　$= 0.887$

b. 因为当利用两个自变量时，R^2 和 R_a^2 都表示 y 的变异性能被模型解释的比例增加了，所以更愿意接受多元回归的结果

10. a. $r^2 = 0.6133$；只用一个自变量拟合不太差

b. $R^2 = 0.793$，$R_a^2 = 0.768$
多元回归方程给出毕业生起薪及奖金的更好估计

11. a. $R^2 = 0.5638$，$R_a^2 = 0.5114$

b. 拟合不是很好；但能解释超过 50% 的 y 的变异性

12. a. $\text{MSR} = \dfrac{\text{SSR}}{p} = \dfrac{6\ 216.375}{2}$
　　　$= 3\ 108.188$

$\text{MSE} = \dfrac{\text{SSE}}{n-p-1} = \dfrac{507.75}{10-2-1}$
　　　$= 72.536$

b. $F = \dfrac{\text{MSR}}{\text{MSE}} = \dfrac{3\ 108.188}{72.536} = 42.85$

p 值（分子自由度为 2、分母自由度为 7）$= 0.0001$

因为 p 值 $\leqslant \alpha = 0.05$，所以模型总体上是显著的

c. $t = \dfrac{b_1}{s_{b_1}} = \dfrac{0.5906}{0.0813} = 7.26$

p 值（自由度为 7）$= 0.0002$

因为 p 值 $\leqslant \alpha = 0.05$，所以 β_1 是显著的

d. $t = \dfrac{b_2}{s_{b_2}} = \dfrac{0.4980}{0.0567} = 8.78$

p 值（自由度为 7）$= 0.0001$

因为 p 值 $\leqslant \alpha = 0.05$，所以 β_2 是显著的

13. a. 显著；p 值 $= 0.0001$

b. 显著；p 值 $= 0.0000$

c. 显著；p 值 $= 0.0016$

14. a. $\text{SSE} = 4\ 000$，$\text{MSE} = 571.43$
$\text{MSR} = 6\ 000$

b. 显著；p 值 $= 0.0078$

15. a. $F = 28.38$

p 值（分子自由度为 2、分母自由度为 1）$= 0.0019$

因为 p 值 $\leqslant \alpha = 0.01$，所以拒绝 H_0

b. $t = 7.53$

p 值 $= 0.0007$

因为 p 值 $\leqslant \alpha = 0.05$，所以 β_1 是显著的，x_1 不应从模型中剔除

c. $t=4.06$

$t_{0.025}=2.571$

因为 $t>t_{0.025}=2.571$，所以 β_2 是显著的，x_2 不应从模型中剔除

16. a. $\hat{y}=-0.6820+0.0498\times$收入 $+0.0147\times$获胜率

b. 显著：p 值 $=0.001$

c. 收入是显著的；p 值 $=0.0007$

获胜率是显著的；p 值 $=0.0063$

17. a. 显著；p 值 $=0.0000$

b. 所有的自变量都是显著的

18. a. 143.15

b. 95% 的预测区间是（111.16，175.16）

19. a. 见图 D12—3b 的 Excel 输出

$\hat{y}=83.2+2.29\times3.5+1.30\times1.8$

$=93.555$ 千美元或93 555美元

b. （91.774，95.401）

20. a. 49

b. （44.815，52.589）

21. a. $E(y)=\beta_0+\beta_1x_1+\beta_2x_2$

式中，$x_2=\begin{cases}0，如果是水平1\\1，如果是水平2\end{cases}$

b. $E(y)=\beta_0+\beta_1x_1+\beta_2\times0=\beta_0+\beta_1x_1$

c. $E(y)=\beta_0+\beta_1x_1+\beta_2\times1$

$=\beta_0+\beta_1x_1+\beta_2$

d. $\beta_2=E(y\mid 水平2)-E(y\mid 水平1)$

在 x_2 保持不变时，若 x_1 改变一个单位，则 $E(y)$ 的改变是 β_1

22. a. 15 300 美元

b. $\hat{y}=10.1-4.2\times2+6.8\times8+15.3\times0$

$=56.1$

预测的销售收入：56 100 美元

c. $\hat{y}=10.1-4.2\times1+6.8\times3+15.3\times1$

$=41.6$

预测的销售收入：41 600 美元

23. a. $\hat{y}=-91.7595+1.0767\times$年龄 $+0.2518\times$血压 $+8.7399\times$吸烟者

b. 显著；p 值 $=0.0102<\alpha=0.05$

c. 95 % 的预测区间是（21.35，47.18），或者发生中风的概率是 0.213 5～0.471 8；戒烟并且开始进行某些治疗来降低病人的血压

24. a. Excel 的部分输出如图 D12—24a 所示

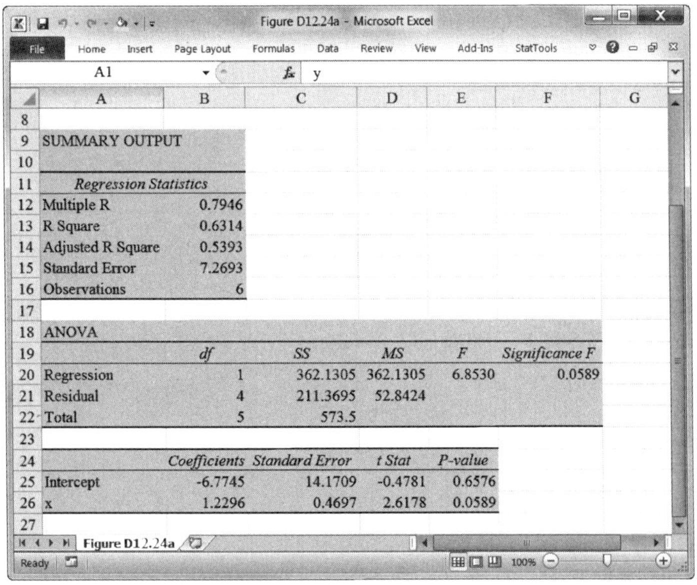

	A	B	C	D	E	F
9	SUMMARY OUTPUT					
11	*Regression Statistics*					
12	Multiple R	0.7946				
13	R Square	0.6314				
14	Adjusted R Square	0.5393				
15	Standard Error	7.2693				
16	Observations	6				
18	ANOVA					
19		*df*	*SS*	*MS*	*F*	*Significance F*
20	Regression	1	362.1305	362.1305	6.8530	0.0589
21	Residual	4	211.3695	52.8424		
22	Total	5	573.5			
24		*Coefficients*	*Standard Error*	*t Stat*	*P-value*	
25	Intercept	-6.7745	14.1709	-0.4781	0.6576	
26	x	1.2296	0.4697	2.6178	0.0589	

图 D12—24a

b. 因为 $F=6.8530$ 对应的 p 值 $=0.0589 > \alpha = 0.05$，所以关系是不显著的

c.

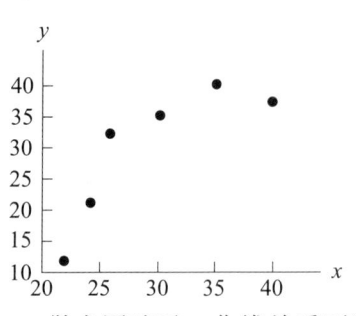

散点图暗示：曲线关系可能是合适的

d. Excel 的部分输出如图 D12—24d 所示

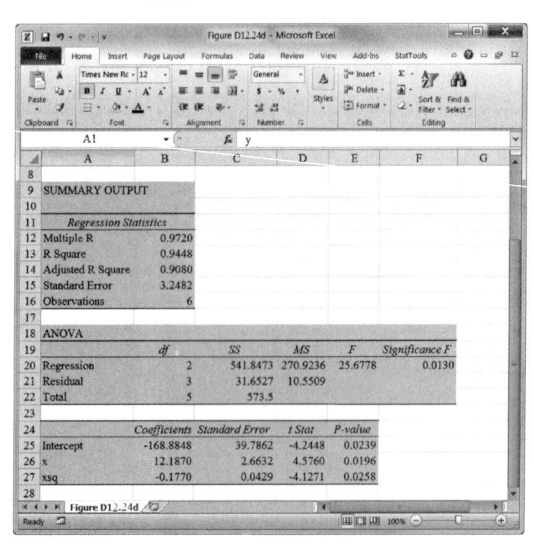

图 D12—24d

e. 因为 $F=25.6778$ 的对应 p 值 $=0.013 < \alpha = 0.05$，所以关系是显著的

f. $\hat{y} = -168.8848 + 12.1870 \times 25 - 0.1770 \times 25^2 = 25.165$

25. a. $\hat{y} = 9.3152 + 0.4242x$；$p$ 值 $= 0.1171$ 表示在 x 和 y 之间关系不显著

b. $\hat{y} = -8.1014 + 2.4107x - 0.0480x^2$

$R_a^2 = 0.9324$；一个好的拟合

c. 20.953

26. b. 不是；呈现出的是曲线关系

c. $\hat{y} = 2.90 - 0.185x + 0.00351x^2$

27. a. $\hat{y} = 8.103 + 7.602x_1 + 3.111x_2$

b. 显著；p 值 $= 0.000$

c. β_1 是显著的；p 值 $= 0.0036$
β_2 是显著的；p 值 $= 0.0003$

28. b. 3.19

29. a. $\hat{y} = 14.4 - 8.69x_1 + 13.517x_2$

b. 显著；p 值 $= 0.0031$

c. 好的拟合

d. β_1 是显著的；p 值 $= 0.0025$
β_2 是显著的；p 值 $= 0.0013$

30. a. $\hat{y} = 35.3950 - 2.8821 \times$ 排量
p 值 $= 0.0000 < \alpha = 0.05$；显著关系

b. $\hat{y} = 35.2289 + 3.4563$ClassMidsize $+ 1.7078$ClassLarge $- 1.9347$ 排量

c. ClassMidsize：p 值 $= 0.000 < \alpha = 0.05$；显著

ClassLarge：p 值 $= 0.000 < \alpha = 0.05$；显著

d. $\hat{y} = 30.9548 + 2.9832$ClassMidsize $+ 1.5088$ClassLarge $- 1.8533$ 排量 $- 1.4306$FuelPremium

e. $F = 317.1329$ 对于的 p 值 $= 0.000 < \alpha = 0.05$；存在总体的显著关系

由于每一个自变量的 p 值也都小于 $\alpha = 0.05$，每一个自变量都是显著的

31. a. $\hat{y} = 67.6762 + 0.0046 \times$ 价格

b. 显著；p 值 $= 0.0004$

c. $\hat{y} = 65.6597 + 0.0003 \times$ 价格 $+ 10.2097 \times$ 质量-E $+ 5.9246 \times$ 质量-VG

d. 显著；p 值 $= 0.0002$

e. 都显著

f. 70；6

附录 C
Microsoft Excel 2010 和统计分析工具

Microsoft Excel 2010 是 Microsoft Office 2010 系统的一个部分，是可以用来组织和分析数据、进行复杂计算和构建大量图形显示的电子表格程序。我们假定读者熟悉诸如选择单元格、输入公式、复制等基本的 Excel 操作。但是，我们假定读者不熟悉 Excel 2010 或 Excel 统计分析的使用。

本附录的目的有两个方面。首先，我们给出了 Microsoft Excel 2010 的概述，并讨论了用工作簿和工作表工作需要的基本操作。其次，我们给出了可以利用 Excel 进行统计分析的工具的概述。这部分包括允许使用者进行其分析的 Excel 函数和公式。

Microsoft Excel 2010 概述

当使用 Excel 进行统计分析时，数据出现在工作簿中，每一个工作簿包括一系列工作表（工作簿是一个包含一个或多个工作表的文件），这些工作表既包含原始数据，也包含输出分析结果。图 1 显示的是每次打开 Excel 时，新建的一张空白工作簿形式。这个工作簿名为 Book1，由 3 张工作表组成，工作表分别名为 Sheet1、Sheet2 和 Sheet3。Excel 通过将工作表标签的名称变为黑体，来突出显示当前工作表（Sheet1），简单点击相应的标签来选择不同的工作表。注意最初选择的单元格是 A1。

位于工作表顶部的宽条称为功能区，位于功能区顶部的标签提供了快速访问相关的命令组。在图 1 的工作簿中显示有 9 个标签：File（文件）、Home（开始）、Insert（插入）、Page Layout（页面布局）、Formulas（公式）、Data（数据）、Review（审阅）、View（视图）和 Add-Ins（加载项）。每一个标签包含一系列相关的命令组。注意，当打开 Excel 时，选择开始标签。当选择开始标签时，图 2 显示可

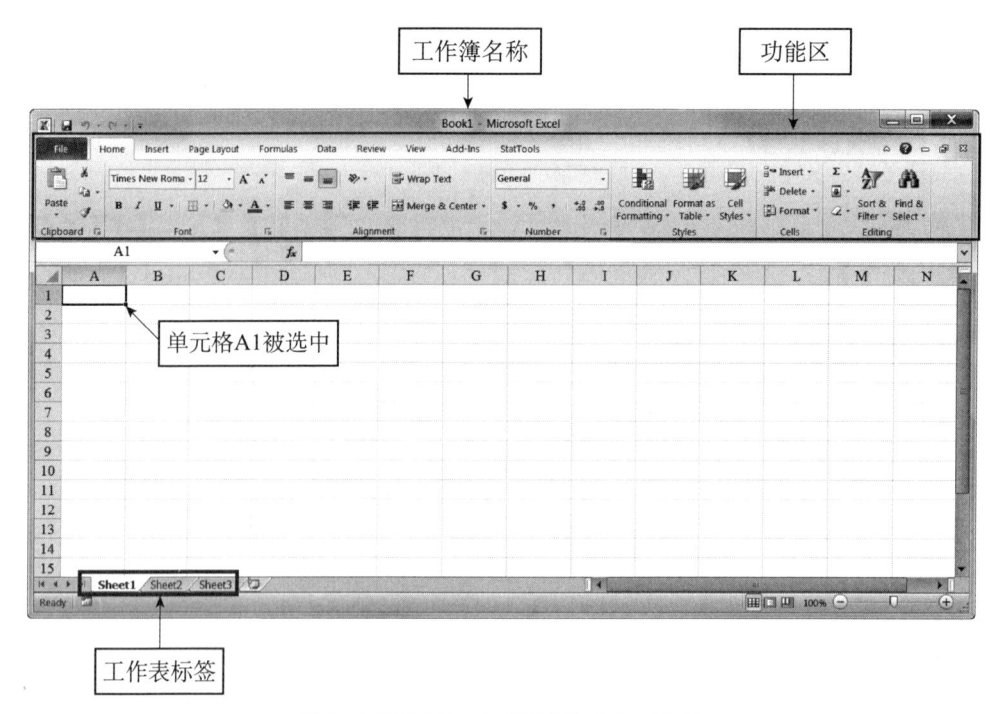

图 1　当打开 Excel 时新建的空白工作簿

利用的组件。在开始标签下，有 7 个组件：Clipboard（剪贴板）、Font（字体）、Alignment（对齐方式）、Number（数字）、Styles（格式）、Cells（单元格）和 Editing（编辑）。每个组件中都编写了命令。例如，为了将所选文字变为粗体，点击开始标签，然后在字体组件中点击 Bold（加粗）按钮。

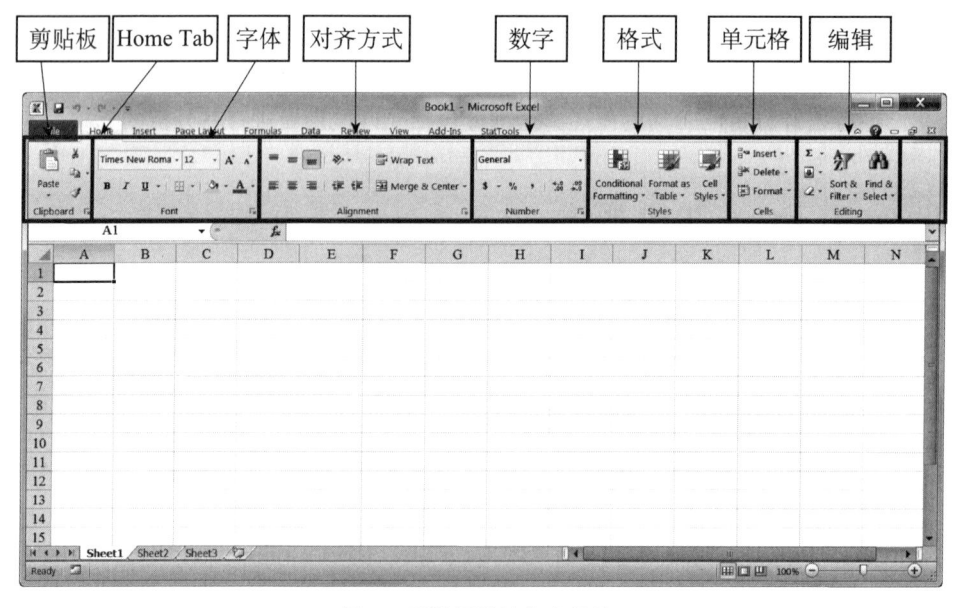

图 2　开始标签的各个组件

图 3 说明了 Quick Access Toolbar（快速访问工具栏）和 Formula Bar（公式栏）的位置。快速访问工具栏是你要快速访问工作簿的选项。在快速访问工具栏上

点击定制快速访问工具栏按钮，就可在快速访问工具栏上增加或移走栏目。

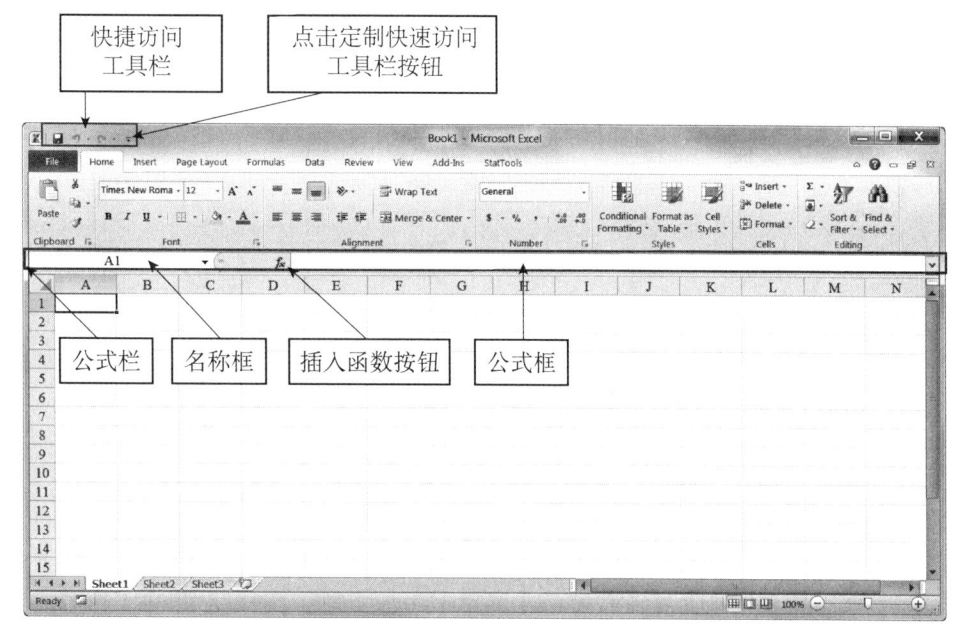

图 3　Excel 2010 的快速访问工具栏和公式栏

公式栏（见图 3）包含 Name Box（名称框）、Insert Function Button（插入函数按钮）和 Formula Box（公式框）。在图 3 中，因为选择了单元格 A1，所以"A1"出现在名称框中。通过用鼠标移动光标到任意单元格并点击或在名称框中键入新单元格位置，你可以在工作表中选择任意单元格。例如，如果你在单元格 A3 中输入"＝A1＋A2"，无论何时你选择单元格 A3，公式"＝A1＋A2"都会出现在公式框中。这一特征很容易看清和编辑一个特定单元格中公式。插入函数按钮使你快速访问 Excel 中可以使用的所有函数。稍后我们演示如何找到和使用一个特定的函数。

工作簿的基本操作

当在工作表标签上点击右键后，图 4 展示了工作表可以执行的选项。例如，为了把当前工作表的名称从"Sheet1"改变为"Data"，需要在名为"Sheet1"的工作表标签上点击右键，并选择 Rename（重命名）选项。当前工作表名称（Sheet1）将被突出，然后键入新文件名（Data），并按 Enter（回车）键，重新命名工作表。

假设你想复制"Sheet1"，在名为"Sheet1"的标签上点击右键后，选择 Move or Copy（移动或复制）选项。当移动或复制对话框出现时，选择 Create a Copy（建立副本）并点击 OK（确定）。被复制的工作表名将为"Sheet1（2）"，如果你愿意，你可以重命名它。

为了给工作簿增加工作表，在工作表标签上点击右键，并选择 Insert（插入）选项，当插入对话框出现时，选择工作表并点击确定。增加的空白工作表标题为"Sheet4"将出现在工作簿中。你也可以点击 Insert Worksheet tab（插入工作表）按钮，来插入一张新工作表。该按钮出现在最后一张工作表标签的右侧。通过

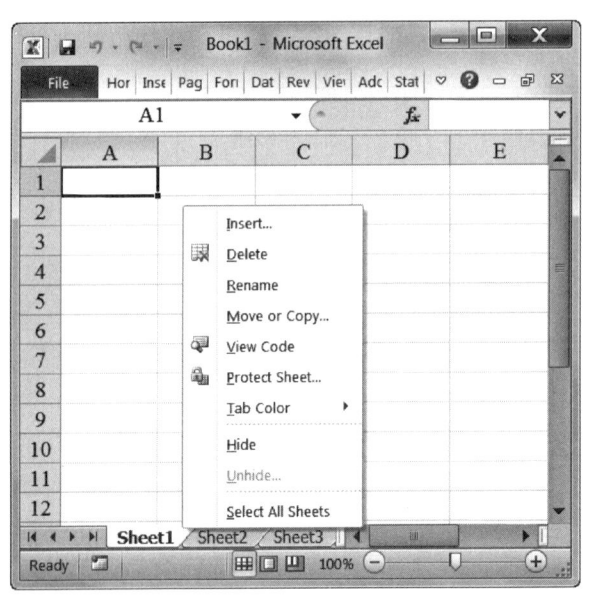

图 4 在工作表标签上点击右键后出现的工作表选项

在工作表标签上点击右键，并选择 Delete（删除），可以删除工作表。在点击删除工作表后，将出现一个窗口，提醒你工作表中的数据将丢失。点击删除，确定你要删除这个工作表。通过使用移动或复制选项，可以将工作表移动到其他工作簿中，或当前工作簿的其他位置。

创建、保存和打开文件

通过将数据手工输入到工作表，或打开另一个已经包含数据的工作簿，数据可以被输入到一张 Excel 工作表中。作为手工输入、保存和打开一个文件的例子，我们将使用第 2 章中 50 次软饮料购买的样本数据。原始数据如表 1 所示。

表 1　　　　　　　　　　　50 次软饮料购买的样本数据

Coca-Cola	Sprite	Pepsi
Diet Coke	Coca-Cola	Coca-Cola
Pepsi	Diet Coke	Coca-Cola
Diet Coke	Coca-Cola	Coca-Cola
Coca-Cola	Diet Coke	Pepsi
Coca-Cola	Coca-Cola	Dr. Pepper
Dr. Pepper	Sprite	Coca-Cola
Diet Coke	Pepsi	Diet Coke
Pepsi	Coca-Cola	Pepsi
Pepsi	Coca-Cola	Pepsi
Coca-Cola	Coca-Cola	Pepsi
Dr. Pepper	Pepsi	Pepsi
Sprite	Coca-Cola	Coca-Cola
Coca-Cola	Sprite	Dr. Pepper
Diet Coke	Dr. Pepper	Pepsi
Coca-Cola	Pepsi	Sprite
Coca-Cola	Diet Coke	

假设你刚打开 Excel，并且想要利用这些数据开展工作，将显示一个包含 3 张工作表的空白工作簿。现在，软饮料数据可以直接输入到其中一张工作表中。如果现在正在运行 Excel，并且没有空白的工作簿，你可以利用以下步骤创建一个空白的工作表。

第 1 步：点击 **File** 标签。

第 2 步：在选项列表中点击 **New**。

第 3 步：当可用模板对话框出现时：

    双击 **Blank Workbook**。

将出现一个包含标签为 Sheet1，Sheet2 和 Sheet3 的 3 个工作表的新工作簿。

假设我们想把 50 次购买软饮料的样本数据输入到新工作簿的 Sheet1 中。首先，在单元格 A1 中输入标签"Brand Purchased"；然后，在单元格 A2：A51 中输入 50 次购买软饮料的数据。为了提醒这个工作表包含数据，利用前面描述的步骤，将这个工作表的名称从"Sheet1"改变为"Data"。图 5 显示了我们刚刚建立的数据工作表。

注：行 21～49 被隐藏。

图 5 包含软饮料数据的工作表

在对这些数据进行分析之前，我们建议你首先保存文件；在某些情况下，使得 Excel 关闭时，这将防止你被迫重新录入数据。用文件名 SoftDrink 将文件保存为 Excel 工作簿，我们将执行如下步骤：

第 1 步：点击 **File** 标签。

第 2 步：在选项列表中点击 **Save**。

第 3 步：当另存为对话框出现时：

选择你希望保存文件的地址；

在 **File name** 框中输入文件名 **SoftDrink**；

点击 **Save**。

Excel 的 Save 命令将文件保存为 Excel 2010 工作簿。在使用文件进行统计分析时，你应该养成定期保存文件的习惯，以免使你丢失你所得到的统计分析结果。直接点击文件标签，并在选项列表中选择保存（键盘快捷键：保存文件，按 CTRL+S）。

有时，你可能需要复制已有的文件。例如，假设你想要将软饮料数据和统计分析结果保存为一个名为"SoftDrink Analysis"的新文件，下列步骤描述如何用文件名"SoftDrink Analysis"来复制 SoftDrink 工作簿以及分析结果。

第 1 步：点击 **File** 标签。

第 2 步：点击 **Save As**。

第 3 步：当另存为对话框出现时：

选择你希望保存文件的地址；

在 **File name** 框中输入文件名 **SoftDrink Analysis**；

点击 **Save**。

一旦保存了工作簿，你就可以使用这些数据继续进行恰当的统计分析。当你用这个文件完成任务后，直接点击功能区右上角的关闭窗口按钮。通过执行如下步骤，你可以在其他时间打开文件，访问 SoftDrink Analysis 文件。

第 1 步：点击 **File** 标签。

第 2 步：点击 **Open**。

第 3 步：当打开对话框出现时：

选择你以前保存文件的地址；

在 **File name** 框中输入文件名 **SoftDrink Analysis**；

点击 **Open**。

我们以点击文件标签访问保存和打开命令开始，演示了保存或打开一个工作簿。一旦你使用 Excel 一段时间后，你将发现它很便于增加快速访问工具栏的这些命令。

使用 Excel 函数

Excel 2010 为数据管理和统计分析提供了大量的函数。如果我们知道需要什么函数并且知道如何使用的话，则只需要把函数直接输入到适当的工作表单元格中即可。如果不能确定应该使用什么函数来完成任务或不能确定如何使用一个特殊的函数，Excel 可以提供帮助。Excel 2010 增加了许多统计分析的新函数，我们利用前面创建的 SoftDrink Analysis 工作簿来说明。

确定恰当的 Excel 函数

为了确定 Excel 中使用的函数，选择我们想要插入函数的单元格；这里已选择单元格 D2。点击功能区上的 **Formulas**（公式）标签，然后从 **Function Library**（函数库）中点击 **Insert Function**（插入函数）按钮。或者点击公式条上的 fx 按钮。两种方法提供的 **Insert Function** 对话框如图 6 所示。

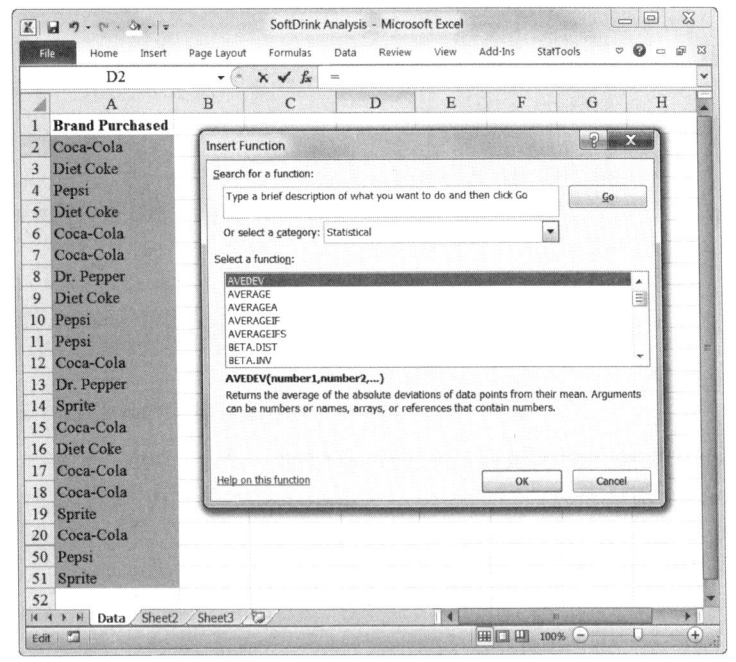

注：行 21～49 被隐藏。

图 6 Insert Function 对话框

Search for a Function（搜索函数）框在 Insert Function 对话框的顶端，使我们输入一条简短说明来描述想做什么，然后点击 **Go**（转到），Excel 在 **Select a function**（选择函数）框中搜索并显示实现任务的函数。但是，在许多情形下，我们可能想要浏览函数的全部类别以寻找可供使用的函数，为此，可用 **Or select a category**（或选择类别）框。它包含了一个向下移动的由 Excel 提供的函数类别清单。图 6 显示我们选择的是 **Statistical**（统计）类别。因此，Excel 的统计函数按字母顺序在 Select a function 框中显示出来。我们看到 AVEDEV 函数列在第一个，接下来是 AVERAGE 函数，以此类推。

图 6 中显示当前选中的函数是 AVEDEV 函数。函数的正确语句和简要描述出现在 Select a function 框的下面。我们可以在 Select a function 框的清单中滑动，来显示每一个统计函数的语句和简要描述。例如，进一步向下滑动，我们选择 COUNTIF 函数，如图 7 所示。注意，现在选择了 COUNTIF，在 Select a function 框下面我们看到 **COUNTIF（range，criteria）**，同时显示 COUNTIF 函数包含两个参数：range 和 criteria。另外，我们看到 COUNTIF 函数的描述是"计算区域中满足条件的单元格的个数"。

注：行 21~49 被隐藏。

图 7　Insert Function 对话框中 COUNTIF 函数的描述

如果选择的函数是我们想要使用的，就点击 **OK**；然后会出现 **Function Arguments**（函数参数）对话框。图 8 显示了 COUNTIF 函数的 Function Arguments 对话框，该对话框中出现建立选中函数的适当参数。当参数输入完成后，点击 **OK**；然后在 Excel 工作表的单元格中插入函数。

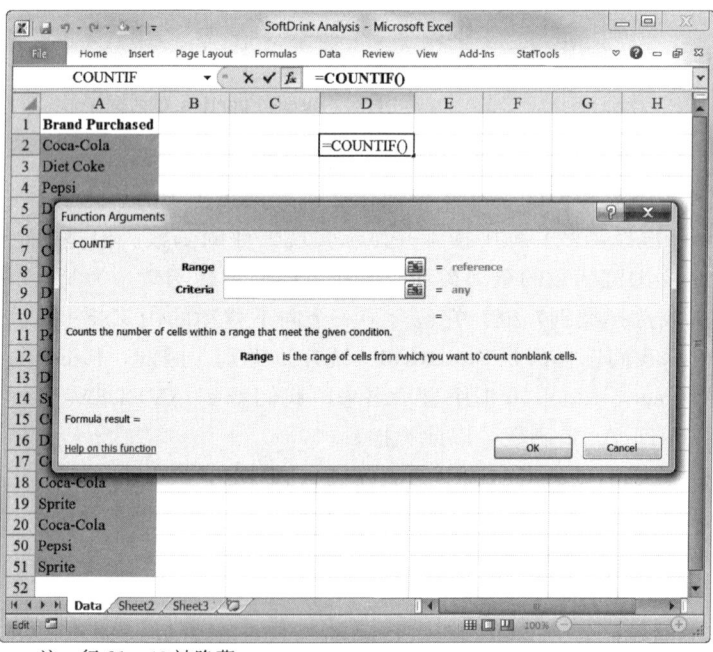

注：行 21~49 被隐藏。

图 8　COUNTIF 函数的 Function Arguments 对话框

在工作表的单元格中插入函数

现在演示如何利用 Insert Function 和 Function Arguments 对话框来选择一个函数，展开它的参数，并在工作表的单元格中插入该函数。

假设我们想用表 1 的数据来编制购买软饮料的频数分布。图 9 是包含我们想要编制频数分布的软饮料数据和标签的 Excel 工作表，购买 Coca-Cola 的频数将出现在单元格 D2 中，购买 Diet Coke 的频数将出现在单元格 D3 中，以此类推。假设我们想使用 COUNTIF 函数来计算这些单元格的频数，并且想从 Excel 得到一些帮助。

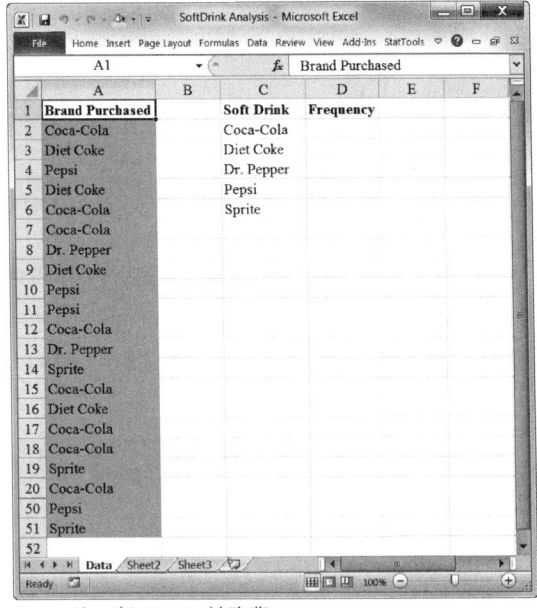

注：行 21～49 被隐藏。

图 9　我们想要编制频数分布的软饮料数据和标签的 Excel 工作表

第 1 步：选择单元格 D2。

第 2 步：点击公式条上的 ■。

第 3 步：当 **Insert Function** 对话框出现时；

　　　　在 **Or select a category** 框中选择 **Statistical**；

　　　　在 **Search a function** 框中选择 **COUNTIF**；

　　　　点击 **OK**。

第 4 步：当 **Function Arguments** 对话框出现时（见图 10）：

　　　　在 **Range** 框中输入 ＄Ａ＄2：＄Ａ＄51；

　　　　在 **Criteria** 框中输入 C2（此时函数值将会出现在紧邻对话框的底线上，其值等于 19）；

　　　　点击 **OK**。

第 5 步：把单元格 D2 复制到单元格区域 D3：D6。

然后出现如图 11 中所示的工作表。背景是公式工作表，前景是数值工作表。公式工作表中显示 COUNTIF 函数已经插入到单元格区域 D2：D6，数值工作表中显示计算出的正确组频数。

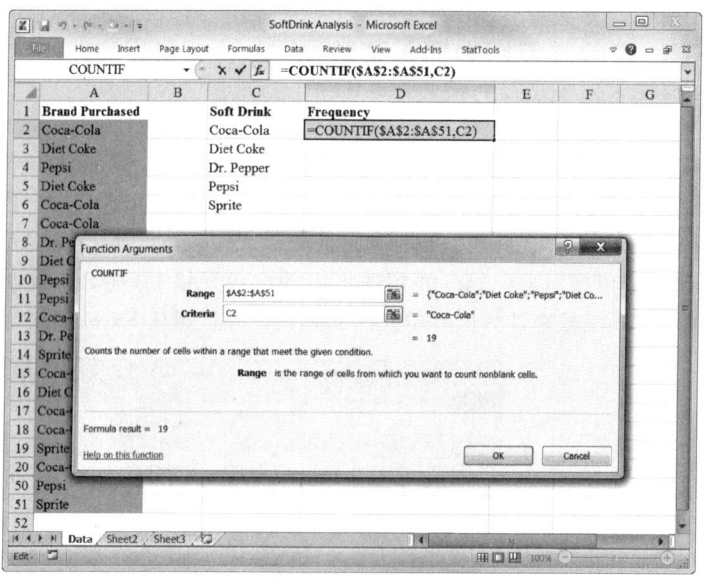

注：行 21～49 被隐藏。

图 10　COUNTIF 函数完成 Function Arguments 后的对话框

我们演示在使用 COUNTIF 函数时 Excel 提供帮助性能的用法，这些步骤对所有 Excel 函数都类似。如果你不知道使用什么函数，或忘记函数的正确名字和（或）语句，则这些性能是特别有帮助的。

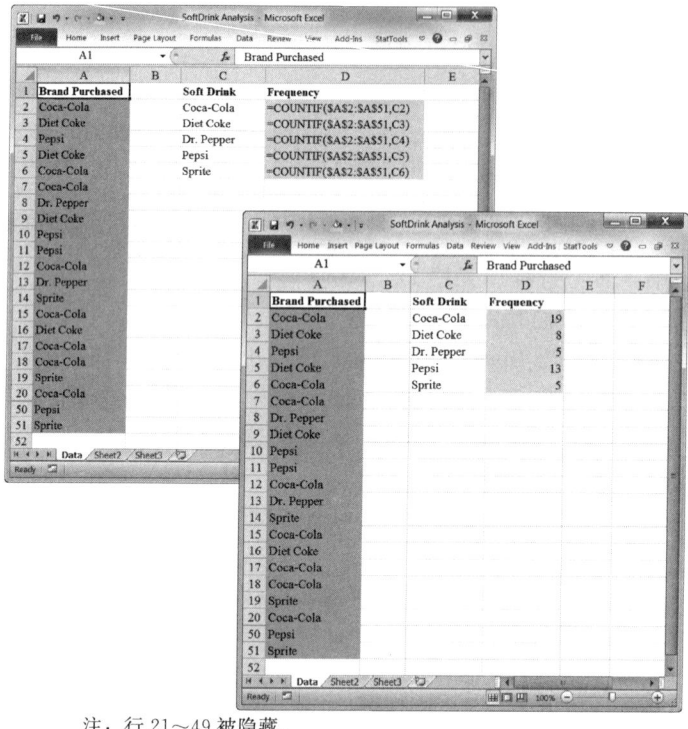

注：行 21～49 被隐藏。

图 11　展示用 Excel 的 COUNTIF 函数编制频数分布的 Excel 工作表

中国人民大学出版社工商管理类翻译版教材

序号	书名	作者	定价	出版年份	ISBN 978-7-300-

（一）工商管理经典译丛

序号	书名	作者	定价	出版年份	ISBN
1	管理学（第11版）	罗宾斯（Stephen P. Robbins）	69	2012	15795-5
2	罗宾斯《管理学（第11版）》学习指导	罗宾斯（Stephen P. Robbins）	35	2013	17932-2
3	管理学（精要版第9版）	孔茨（Harold Koontz）韦里克（Heinz Weihrich）	58	2014	18405-0
4	管理经济学（第4版修订版）	彼得森（H. Craig Petersen）	69	2009	11367-8
5	管理经济学（第11版）	赫斯切（Mark Hirschey）	69	2008	09287-4
6	组织行为学（第14版）	罗宾斯（Stephen P. Robbins）	72	2012	16663-6
7	组织行为学（第9版）	格林伯格（Jerald Greenberg）	75	2011	13603-5
8	战略管理：概念与案例（第10版）	希特（Michael A. Hitt）	59	2012	16621-6
9	战略管理：概念与案例（第13版·全球版）	戴维（Fred R. David）	68	2012	15855-6
10	战略过程：概念、情境、案例（第4版）	明茨伯格（Henry Mintzberg）	69	2012	16331-4
11	人力资源管理（第12版）	德斯勒（Gary Dessler）	79	2012	15723-8
12	会计学（第8版）	亨格瑞（Charles T. Horngren）	79	2010	12543-5
13	公司理财：核心原理与应用（第3版）	罗斯（Stephen A. Ross）	76	2013	18161-5
14	项目管理：管理新视角（第7版）	梅雷迪思（Jack R. Meredith）	78	2011	12977-8
15	MBA运营管理（第3版）	梅雷迪思（Jack R. Meredith）	49.8	2007	08650-7
16	运作管理（第10版）	海泽（Jay Heizer）	89	2012	14890-8
17	运作管理（精要版第3版）	蔡斯（Richard B. Chase）	59	2014	18408-1
18	供应链管理（第5版）	乔普拉（Sunil Chopra）	65	2013	16974-3
19	市场营销原理（第13版）	科特勒（Philip Kotler）	65	2010	11854-3
20	营销管理（第14版·全球版）	科特勒（Philip Kotler）	79	2012	15310-0
21	营销管理（第13版·中国版）	科特勒（Philip Kotler）	75	2009	10459-1
22	管理信息系统（精要版·第9版）	劳东（Kenneth C. Laudon）	59	2012	16254-6
23	质量管理与质量控制（第7版）	埃文斯（James R. Evans）	65	2010	12027-0
24	数据、模型与决策（第4版）	埃文斯（James R. Evans）	59	2011	13605-9
25	电子商务导论（第2版）	特伯恩（Efraim Turban）	59	2011	13747-6
26	电子商务——商务、技术与社会（第7版）	劳东（Kenneth C. Laudon）	72	2014	18478-4
27	商务与经济统计学（精编版第5版）	威廉斯（Thomas A. Williams）	69	2014	19503-2
28	商务统计学（第5版）	莱文（David M. Levine）	65	2010	12492-6
29	管理沟通——以案例分析为视角（第4版）	奥罗克（James S. O'Rourke）	49	2011	12920-4
30	管理思想史（第6版）	雷恩（Daniel A. Wren）	62	2012	14821-2
31	企业伦理学——伦理决策与案例（第8版）	费雷尔（O. C. Ferrell）	49	2012	16016-0
32	职业生涯发展与规划（第3版）	里尔登（Robert C. Reardon）	39	2010	11843-7
33	商业法律环境（第4版）	库巴塞克（Nancy K. Kubasek）	69	2007	08187-8

（二）工商管理经典译丛·市场营销系列

序号	书名	作者	定价	出版年份	ISBN
1	市场营销学（第9版）	阿姆斯特朗（Gary Armstrong）	65	2010	12524-4
2	市场营销学基础（第18版）	佩罗（William D. Perreault, Jr.）	65	2012	15644-6
3	营销管理（第5版·全球版）	科特勒（Philip Kotler）	39	2012	15367-4
4	营销管理（亚洲版·第5版）	科特勒（Philip Kotler）	75	2010	11369-2
5	营销管理：知识与技能（第10版）	彼得（J. Paul Peter）	65	2012	15751-1
6	战略营销：教程与案例（第11版）	凯琳（Roger A. Kerin）	65	2011	13868-8
7	战略品牌管理（第3版）	凯勒（Kevin Line Keller）	72	2009	10655-7
8	服务营销（第6版）	洛夫洛克（Christopher Lovelock）	68	2010	12155-0
9	消费者行为学（第10版）	所罗门（Michael R. Solomon）	68	2014	18249-0

10	消费者行为学（第10版）	希夫曼（Leon G. Schiffman）	65	2011	13608-0
11	消费者行为学案例与练习（第2版）	格雷厄姆（Judy Graham）	20	2011	14211-1
12	营销调研（第6版）	伯恩斯（Alvin C. Burns）	55	2011	13336-2
13	营销渠道（第7版）	科兰（Anne T. Coughlan）	59	2008	09525-7
14	网络营销（第5版）	斯特劳斯（Judy Strauss）	55	2010	12425-4
15	网络营销实务：工具与方法	米列茨基（Jason I. Miletsky）	45	2011	12687-6
16	广告学：原理与实务（第7版）	维尔斯（William Wells）	75	2013	17868-4
17	广告与促销：整合营销传播视角（第8版）	贝尔奇（George E. Belch）	78	2014	19002-0
18	组织间营销管理（第10版）	赫特（Michael D. Hutt）	59	2011	13027-9
19	零售管理（第11版）	伯曼（Barry Berman）	79	2011	13093-4
20	专业化销售：基于信任的方法（第4版）	英格拉姆（Thomas N. Ingram）	48	2009	11219-0
21	销售管理（第9版）	科恩（William L. Cron）	48	2010	11849-9
22	销售管理——塑造未来的销售领导者	坦纳（John F. Tanner Jr.）	48	2010	11767-6
23	营销战略与竞争定位（第3版）	胡利（Graham Hooley）	65	2014	07898-4

（三）工商管理经典译丛·会计与财务系列

1	会计学：管理会计分册（第23版）	里夫（James M. Reeve）	36	2011	13552-6
2	会计学：财务会计分册（第23版）	里夫（James M. Reeve）	65	2011	13783-4
3	会计学原理（第19版）	怀尔德（John J. Wild）	65	2012	14820-5
4	成本与管理会计（第13版）	亨格瑞（Charles T. Horngren）	79	2010	12594-7
5	中级会计学（上、下册）（第12版）	基索（Donald E. Kieso）	168	2008	09457-1
6	高级会计学（第10版）	比姆斯（Floyd A. Beams）	69.8	2011	14636-2
7	审计学：一种整合方法（第14版）	阿伦斯（Alvin A. Arens）	72	2013	16828-9
8	公司理财	伯克（Jonathan Berk）	89	2009	11220-6
9	中级财务管理（第8版）	布里格姆（Eugene F. Brigham）	69	2009	10427-0
10	财务报表分析（第10版）	苏布拉马尼亚姆（K. R. Subramanyam）	59	2009	10826-1
11	跨国公司财务管理基础（第6版）	夏皮罗（Alan C. Shapiro）	59	2010	11779-9

（四）工商管理经典译丛·运营管理系列

1	运营管理：创造供应链价值（第6版）	拉塞尔（Roberta S. Russell）	59	2010	11613-6
2	供应链设计与管理（第3版）	辛奇-利维（David Simchi-Levi）	55	2010	11614-3
3	当代物流学（第9版）	墨菲（Paul R. Murphy）	49	2009	10975-6
4	物流管理与战略——通过供应链竞争（第3版）	哈里森（Alan Harrison）	39	2010	11612-9
5	项目管理：流程、方法与经济学（第2版）	施塔布（Avraham Shtub）	69	2007	08677-4
6	IT项目管理（第3版）	马尔海夫卡（Jack T. Marchewka）	49	2011	13481-9
7	质量管理：整合供应链（第4版）	福斯特（S. Thomas Foster）	59	2013	17142-5
8	供应管理（第8版）	伯特（David Burt）	68	2012	15794-8

（五）人力资源管理译丛

1	人力资源管理：赢得竞争优势（第7版）	诺伊（Raymond A. Noe）	79	2013	17773-1
2	人力资源管理基础（第3版）	诺伊（Raymond A. Noe）	65	2011	13823-7
3	薪酬管理（第9版）	米尔科维奇（George T. Milkovich）	68	2008	09561-5
4	战略薪酬管理（第5版）	马尔托奇奥（Joseph J. Martocchio）	49	2010	11213-8
5	绩效管理（第3版）	阿吉斯（Herman Aguinis）	45	2013	18106-6
6	雇员培训与开发（第3版）	诺伊（Raymond A. Noe）	45	2007	08186-1
7	国际人力资源管理（第5版）	赵曙明 道林（Peter J. Dowling）	45	2012	14734-5
8	组织行为学（第6版）	克赖特纳（Robert Kreitner）	78	2007	08573-9
9	组织中的人际沟通技巧（第3版）	杰纳兹（Suzanne C. De Janasz）	49	2011	13824-4
10	谈判与冲突管理	科尔韦特（Barbara A. Budjac Corvette）	39.8	2009	10388-4

（六）工商管理经典译丛·国际化管理系列/国际商务经典译丛

1	全球商务	彭维刚（Mike Peng）	65	2011	12819-1
2	国际商务谈判	塞利奇（Claude Cellich）	42	2013	18404-3
3	国际商务（第9版）	希尔（Charles W. L. Hill）	75	2013	10660-1
4	全球营销学（第4版）	基根（Warren J. Keegan）	69	2009	10662-5
5	国际企业伦理——全球政治经济中的决策（第2版）	克兰（John M. Kline）	39	2013	18089-2

（七）管理科学与工程经典译丛

1	数据、模型与决策（第10版）	泰勒（Bernard W. Taylor Ⅲ）	78	2011	14005-6
2	管理科学（第2版）	劳伦斯（John A. Lawrence）	75	2009	10318-1
3	管理信息技术（第5版）	图尔班（Efrain Turban）	69	2009	10976-3
4	制造计划与控制（第5版）	沃尔曼（Thomas E. Vollmann）	69	2009	09952-1
5	创新管理——技术变革、市场变革和组织变革的整合（第4版）	蒂德（Joe Tidd）	59	2012	15657-6
6	工程经济学（第5版）	帕克（Chan S. Park）	75	2012	16014-6
7	管理信息系统（第15版）	奥布赖恩（James A. O'Brien）	65	2012	16779-4
8	管理信息系统案例——利用应用软件进行决策（第4版）	米勒（M. Lisa Miller）	49	2013	18076-2
9	现代数据库管理（第10版）	霍弗（Jeffrey A. Hoffer）	68	2013	17076-3
10	知识管理：一种集成方法（第2版）	贾夏帕拉（Ashok Jashapara）	48	2013	17172-2
11	管理科学	史蒂文森（William J. Stevenson）	55	2013	17681-9
12	现代系统分析与设计（第6版）	霍弗（Jeffrey A. Hoffer）	69	2013	15844-0

（八）工商管理经典译丛·简明系列

3	创业学（亚洲版）	弗雷德里克（Howard H. Frederick）	55	2011	13506-9
2	战略管理	韦斯特三世（G. Page West Ⅲ）	45	2011	13607-3
3	战略管理精要（第5版）	亨格（J. David Hunger）	45	2012	15161-8
4	管理学（第8版）	舍默霍恩（John R. Schermerhorn）	50	2011	14220-3
5	管理学原理（第6版）	罗宾斯（Stephen P. Robbins）	62	2009	09989-7
6	创业学（第2版）	卡普兰（Jack M. Kaplan）	48	2009	09957-6
7	商务沟通——数字世界的沟通技能（第12版）	伦茨（Kathryn Rentz）	49	2012	15331-5

（九）工商管理经典译丛·旅游管理系列

1	饭店业战略管理（第3版）	奥尔森（Michael D. Olsen）	45	2013	18013-7
2	饭店经营管理（第2版）	海斯（David K. Hayes）	52	2013	17035-0
3	旅游服务业市场营销（第4版）	莫里森（Alastair M. Morrison）	54	2012	16351-2
4	休闲与旅游研究方法（第3版）	维尔（A. J. Veal）	48	2008	09019-1
5	旅游学（第10版）	格德纳（Charles R. Goeldner）	65	2008	09156-3

（十）工商管理经典译丛·创业与创新管理系列

1	中小企业创业管理（第3版）	卡茨（Jerome A. Katz）	75	2012	14271-5

（十一）其他教材

1	组织行为学经典文献（第8版）	奥斯兰（Joyce S. Osland）	65	2010	12919-8
2	战略管理：解决战略矛盾，创造竞争优势	德威特（Bob de Wit）	39	2008	09299-7
3	案例学习指南：阅读、分析、讨论案例和撰写案例报告	埃利特（William Ellet）	39	2009	10202-3

Essentials of Contemporary Business Statistics, 5e
Thomas A. Williams, Dennis J. Sweeney, David R. Anderson
Copyright © 2012, 2009 by South-Western, a part of Cengage Learning.

Original edition published by Cengage Learning. All Rights reserved. 本书原版由圣智学习出版公司出版。版权所有，盗印必究。

China Renmin University Press is authorized by Cengage Learning to publish and distribute exclusively this simplified Chinese edition. This edition is authorized for sale in the People's Republic of China only (excluding Hong Kong, Macao SAR and Taiwan). Unauthorized export of this edition is a violation of the Copyright Act. No part of this publication may be reproduced or distributed by any means, or stored in a database or retrieval system, without the prior written permission of the publisher.
本书中文简体字翻译版由圣智学习出版公司授权中国人民大学出版社独家出版发行。此版本仅限在中华人民共和国境内（不包括中国香港、澳门特别行政区及中国台湾）销售。未经授权的本书出口将被视为违反版权法的行为。未经出版者预先书面许可，不得以任何方式复制或发行本书的任何部分。

Cengage Learning Asia Pte. Ltd.
5 Shenton Way, # 01-01 UIC Building, Singapore 068808

本书封面贴有 Cengage Learning 防伪标签，无标签者不得销售。

北京市版权局著作权合同登记号 图字：01-2014-0300

图书在版编目（CIP）数据

商务与经济统计学：精编版：第5版/威廉斯等著；张建华等译．—北京：中国人民大学出版社，2014.6
（工商管理经典译丛）
ISBN 978-7-300-19503-2

Ⅰ.①商… Ⅱ.①威… ②张… Ⅲ.①商业统计-教材②经济统计-教材 Ⅳ.①F712.3②F222

中国版本图书馆CIP数据核字（2014）第125026号

工商管理经典译丛
商务与经济统计学（精编版第5版）
托马斯·威廉斯
丹尼斯·斯威尼　著
戴维·安德森
张建华　王健　等　译
Shangwu yu Jingji Tongjixue

出版发行	中国人民大学出版社		
社　　址	北京中关村大街31号	邮政编码	100080
电　　话	010-62511242（总编室）	010-62511770（质管部）	
	010-82501766（邮购部）	010-62514148（门市部）	
	010-62515195（发行公司）	010-62515275（盗版举报）	
网　　址	http://www.crup.com.cn		
经　　销	新华书店		
印　　刷	北京七色印务有限公司		
规　　格	185 mm×260 mm 16开本	版　次	2014年7月第1版
印　　张	32 插页2	印　次	2019年8月第3次印刷
字　　数	756 000	定　价	69.00元

版权所有　　侵权必究　　印装差错　　负责调换

CENGAGE Learning

Supplements Request Form（教辅材料申请表）

Lecturer's Details(教师信息)			
Name： （姓名）		Title： （职务）	
Department： （系科）		School/University： （学院/大学）	
Official E-mail： （学校邮箱）		Lecturer's Address / Post Code： （教师通讯地址/邮编）	
Tel： （电话）			
Mobile： （手机）			

Adoption Details(教材信息)　　原版☐　　翻译版☐　　影印版☐	
Title：（英文书名） Edition：（版次） Author：（作者）	
Local Publisher： （中国出版社）	
Enrolment： （学生人数）	Semester： （学期起止时间）
Contact Person & Phone/E-Mail/Subject： （系科/学院教学负责人电话/邮件/研究方向） （我公司要求在此处标明系科/学院教学负责人电话/传真及电话和传真号码并在此加盖公章。） 教材购买由　我☐　我作为委员会的一部分☐　其他人☐[姓名：　　　　]决定。	

Please fax or post the complete form to(请将此表格传真至)：

CENGAGE LEARNING BEIJING ATTN：Higher Education Division TEL：(86) 10-82862096/ 95 / 97 FAX：(86) 10 82862089 ADD：北京市海淀区科学院南路 2 号 融科资讯中心 C 座南楼 12 层 1201 室　　100080

Note：Thomson Learning has changed its name to CENGAGE Learning

VERIFICATION FORM / CENGAGE LEARNING

教师教学服务说明

中国人民大学出版社管理分社以出版经典、高品质的工商管理、统计、市场营销、人力资源管理、运营管理、物流管理、旅游管理等领域的各层次教材为宗旨。

为了更好地为一线教师服务，近年来管理分社着力建设了一批数字化、立体化的网络教学资源。教师可以通过以下方式获得免费下载教学资源的权限：

在中国人民大学出版社网站 www.crup.com.cn 进行注册，注册后进入"会员中心"，在左侧点击"我的教师认证"，填写相关信息，提交后等待审核。我们将在一个工作日内为您开通相关资源的下载权限。

如您急需教学资源或需要其他帮助，请在工作时间与我们联络：

中国人民大学出版社　管理分社

联系电话：010-82501048，62515782，62515735

电子邮箱：glcbfs@crup.com.cn

通讯地址：北京市海淀区中关村大街甲 59 号文化大厦 1501 室（100872）